中国社会科学院创新工程学术出版资助项目

中国社会科学院马克思主义理论
学科建设与理论研究工程系列丛书

中国社会科学院
马克思主义研究文集

（第4辑·2013-2014）

王伟光　荆惠民　李慎明　邓纯东 ● 主编

中国社会科学出版社

图书在版编目(CIP)数据

中国社会科学院马克思主义研究文集. 第4辑, 2013~2014/王伟光等主编.
—北京: 中国社会科学出版社, 2016.1

(中国社会科学院马克思主义理论学科建设与理论研究工程系列丛书)

ISBN 978 – 7 – 5161 – 7639 – 9

Ⅰ.①中… Ⅱ.①王… Ⅲ.①马克思主义理论—文集 Ⅳ.①A81 – 53

中国版本图书馆 CIP 数据核字 (2016) 第 032690 号

出 版 人	赵剑英	
责任编辑	杨晓芳	
责任校对	朱妍洁	
责任印制	王 超	

出 版	中国社会科学出版社	
社 址	北京鼓楼西大街甲 158 号	
邮 编	100720	
网 址	http://www.csspw.cn	
发 行 部	010 – 84083685	
门 市 部	010 – 84029450	
经 销	新华书店及其他书店	

印 刷	北京君升印刷有限公司	
装 订	廊坊市广阳区广增装订厂	
版 次	2016 年 1 月第 1 版	
印 次	2016 年 1 月第 1 次印刷	

开 本	710 × 1000 1/16	
印 张	40	
插 页	2	
字 数	676 千字	
定 价	139.00 元	

前　言

新中国成立以来，毛泽东、邓小平、江泽民、胡锦涛和习近平同志始终高度重视党的理论工作，重视全党和全社会对马克思主义理论的学习和研究工作。

2004 年 1 月，《中共中央关于进一步繁荣发展哲学社会科学的意见》下发，党中央决定实施马克思主义理论研究和建设工程。

为贯彻落实党中央关于把中国社会科学院努力建设成为马克思主义坚强阵地、党和国家的思想库智囊团、哲学社会科学的最高殿堂的"三定位"要求，中国社会科学院采取了一系列重要举措。2009 年年初决定把加强马克思主义理论学科建设与理论研究作为一项重要工作来抓，并成立中国社会科学院马克思主义理论学科建设与理论研究工作领导小组。小组成立后，注重抓好马克思主义理论学科组织机构的建设，设立马克思主义理论类别的研究室和中心等，同时又注重马克思主义基础理论研究。

为推进马克思主义基础理论研究，2011 年，院马工程领导小组决定每年编辑出版《中国社会科学院马克思主义研究文集》，收录上一年度全院范围内具有代表性的马克思主义研究文章，集中反映全院马克思主义研究的最新成果。《中国社会科学院马克思主义研究文集》[（第 1 辑·2010）、（第 2 辑·2011）和（第 3 辑·2012）] 出版后，收到很好的社会反响。本次出版的为《中国社会科学院马克思主义研究文集》（第 4 辑·2013—2014）。

《中国社会科学院马克思主义研究文集》编委会

2015 年 7 月

目　录

第三编　中国特色社会主义研究

第四编　毛泽东研究

第五编　马克思主义基本理论研究

第六编　马克思主义经济学研究

第七编　马克思主义史学研究

第八编　马克思主义文学理论研究

第九编　国际共产主义运动研究

第十编 国外马克思主义研究

第 一 编

习近平总书记系列重要讲话精神研究

对中国特色社会主义理论体系的丰富和发展

——学习习近平总书记系列重要讲话精神,特别是关于党的意识形态工作讲话精神的体会

王伟光[*]

今天,就学习习近平总书记系列讲话精神,特别是关于党的意识形态工作讲话精神,谈四点体会:

第一,充分认识学习贯彻习近平总书记系列重要讲话精神的重大意义;

第二,必须认真学习、深刻把握习近平总书记系列讲话精神的精神实质和主要观点;

第三,清醒认识意识形态斗争的性质和特点,高度重视党的意识形态工作;

第四,加强党对意识形态工作的领导,打好意识形态主动仗。

一 充分认识学习贯彻习近平总书记系列重要讲话精神的重大意义

党的十八大以来,以习近平同志为总书记的新一届中央领导集体,高举中国特色社会主义伟大旗帜,励精图治、开拓创新,稳中求进、稳中有为,带领全党全国各族人民开创了党和国家事业发展新局面,得到了干部

---

* 王伟光,中国社会科学院院长、党组书记。

群众的衷心拥护和国际社会的高度评价。成绩的取得，凝结着新一届党和国家领导人的政治智慧和理论创造。

一年多来，习近平总书记在党和国家重要会议，在国内考察、出国访问和国际论坛等多种场合，发表了一系列重要讲话。深入学习贯彻习近平总书记系列重要讲话精神，是当前和今后一个时期全党的重大政治任务，这对于全党全国进一步统一思想、统一行动，不断开创中国特色社会主义事业新局面，具有十分重要的理论意义和现实意义。

第一，深入学习贯彻习近平总书记系列重要讲话精神，是统一思想认识、凝聚奋进力量的迫切需要。如何统一思想、统一行动？最根本的还是要用党的科学理论武装头脑，靠马克思主义中国化最新成果来引领。习近平总书记系列重要讲话集中全党智慧，深刻阐明了坚持和发展中国特色社会主义的一系列基本问题，阐明了推进伟大事业、伟大工程的一系列重大课题，反映了我们党治国理政的新思想、新理念，为全党全国人民统一思想、凝聚力量提供了有力理论指导。学习好、贯彻好讲话精神，就会使我们进一步坚定主心骨，保持思想上、政治上、行动上的团结统一，更好地坚持中国道路、弘扬中国精神、凝聚中国力量。

第二，深入学习贯彻习近平总书记系列重要讲话精神，是把握发展大势、明确前进方向的迫切需要。习近平总书记以广阔的视野观察当今世界、观察当代中国，全面分析国际格局发展变化，科学阐明党和国家的历史方位和时代坐标，深刻揭示当代中国发展进步的根本方向，就如何续写中国特色社会主义新篇章，如何在中国特色社会主义道路上实现民族复兴，如何使我们的事业立得住、行得远等问题，做了深入透彻的回答。学习好、贯彻好讲话精神，就会使我们更好地把握国际国内形势的深刻变化，因势而谋、应势而动、顺势而为，进一步增强战略思维和战略定力，排除各种干扰，不动摇、不懈怠、不折腾，牢牢把握开拓前进的正确方向。

第三，深入学习贯彻习近平总书记系列重要讲话精神，是赢得发展新优势、开创事业新局面的迫切需要。习近平总书记系列重要讲话立足我国发展的阶段性特征，着眼于解决发展中的深层次问题、改革中的重点难点问题，就转变经济发展方式、调整经济结构、实施创新驱动发展战略、保障和改善民生等，提出了一系列具有战略性、前瞻性的理念、思路和办法，为全面深化改革、破解发展难题，在今后发展中更好地赢得主动、赢得优势提供了有力指导。学习好、贯彻好讲话精神，就会使我们增强发展信心、把握发展规律、拓展发展空间，全面建成小康社会，加快推进社会主义现代化。

第四，深入学习贯彻习近平总书记系列重要讲话精神，是提高党员干部队伍素养、增强驾驭复杂局面能力的迫切需要。习近平总书记系列重要讲话紧密联系我们党面临的风险考验，联系党员干部队伍现状，就提高理论素养、增强党性修养、转变工作作风、加强各方面知识学习、提高领导科学发展能力等，做了系统阐述，提出了明确要求，为建设高素质执政骨干队伍指明了努力方向。不仅如此，习近平总书记系列重要讲话本身具有丰厚的历史智慧、丰富的思想养分，是党员干部提升理论素养、提升工作能力的思想宝库。学习好、贯彻好讲话精神，必然会进一步提高党员干部队伍的综合素质，更好保持党的先进性、纯洁性，保持党的生机活力，切实承担起党肩负的历史使命。

二　必须认真学习、深刻把握习近平总书记系列讲话精神的精神实质和主要观点

习近平总书记高举中国特色社会主义伟大旗帜，以马克思列宁主义、毛泽东思想和中国特色社会主义理论体系为指导，针对党和国家发展的一系列重大理论和现实问题，围绕改革发展稳定、内政外交国防、治党治军治国发表了一系列重要讲话。习近平总书记的重要讲话进一步阐述了党的十八大精神，对中国特色社会主义发展中的一系列重大理论和现实问题给予了科学的回答，对中国特色社会主义旗帜、制度和道路，对实现中华民族伟大复兴中国梦，对中国特色社会主义基本理论、基本路线、基本纲领、基本经验和基本要求，对全面深化改革，做出了全面深刻的论述，提出了许多治国理政的新思想、新观点、新论断、新要求、新举措和新部署，是党的十八大精神的深化和拓展，是中国特色社会主义理论体系的丰富和发展，是实现"两个一百年"的奋斗目标、实现中华民族伟大复兴中国梦的行动指南。希望同志们反复研读，领会精神实质，掌握其中重要观点。

（一）习近平总书记系列讲话是在我国经济社会发展的决定性阶段坚持和发展中国特色社会主义的政治纲领，是指导我们推进中国特色社会主义伟大实践的行动指南

首先我们看一看习近平总书记系列讲话是在怎样的国内国际环境下提

出来的，把国内国际形势看清了、看透了，就可以把握住习近平总书记系列讲话的精神实质。

从国内看，党的十八大标志着我们党领导的中国特色社会主义事业正处在发展的决定性阶段。一方面，经过 30 多年的改革发展，中国特色社会主义取得了伟大成就，证明了中国特色社会主义道路是中国人民正确的历史选择，证明了中国特色社会主义理论体系是我们事业的科学的思想指南，证明了中国特色社会主义制度是我们必须始终坚持的社会制度。另一方面，我们又面临着国内外极其复杂多变的局面，面临着巨大的压力、挑战和风险。我国正处于经济社会发展的新阶段、关键期和转折点。

从国际看，进入 21 世纪以来，国际形势发生了重大转变，世界力量对比发生了深刻变化，西强我弱的局面正在悄然发生转化，形势越发有利于我国，但斗争却更为激烈，西方反华反社会主义势力更加紧了对我国的打击。2007 年爆发的由美国次贷危机引发的国际金融危机至今还未见谷底，还在持续发酵，已经使得美国政府财政悬崖、政府停摆，欧债危机，日本长期经济低迷……从美国的"占领华尔街"运动到欧洲持续不断的群众运动，到北非中东的一系列动乱，从利比亚事件到叙利亚内战……接连不断地引发了一系列重大国际事件。面对世界金融风险，一方面，中国特色社会主义成功地抵御了国际金融经济危机，证明了社会主义的生命力和马克思主义的真理性；另一方面，以美国为首的西方势力在这场危机中整体实力呈下滑态势，整个敌我对比呈现彼降我升的态势，当然总体上还是西强我弱。这就迫使以美国为首的西方势力加大对我国实施两手策略，一手是经济上有求于我，与我国加强联络与合作；另一手是加紧集中力量打压我们，正如《红楼梦》中所讲的一句话："表面一团火，脚下使绊子。"可以判断，如今美国所谓的"重返亚太"战略表明，美国遏制我们，把社会主义中国作为主要对手的战略修补和部署已经到位，表现为在经济上、政治上、军事上、意识形态领域加紧对我进行西化、分化图谋。尤其反映在意识形态领域，大力推行它的人权理念、普世价值。国际上复杂形势必然反映到国内，各种错误思潮纷纷登台，拼命表现自己，企图影响舆论、影响民众、干扰党的正确领导。

因此，在这样一个关键时期，坚定不移地高举中国特色社会主义伟大旗帜，坚持中国特色社会主义的理论体系、制度和道路，坚持社会主义的改革方向，坚持党的领导，坚持马克思主义，在马克思主义立场、观点、方法的基础上统一思想，是摆在全党面前的十分紧迫的政治任务。

在这样一个关键时刻，习近平总书记系列讲话论述深刻，旗帜鲜明，是非清楚，态度坚决，为我们指明前进的方向，是我们行动的指南。"坚持什么、反对什么"，"肯定什么、否定什么"，发出了十分明确无误的政治信号，使我们心中筑牢主心骨，知道了"为什么做""做什么""怎么做"。更加坚定了对马列主义、对科学社会主义、对毛泽东思想和中国特色社会主义理论体系的信仰，更加坚定了对共产主义远大理想和中国特色社会主义共同理想的信念，更加坚定了走中国特色社会主义道路的决定和信心。习近平总书记系列讲话，如关于中国特色社会主义是社会主义，不是别的什么主义；只有社会主义才能救中国，只有中国特色社会主义才能发展中国；中国特色社会主义是社会主义，不论怎么改革、怎么开放，都要始终坚持中国特色社会主义道路、理论体系和制度；在新的历史条件下体现科学社会主义基本原则的内容不能丢，丢了这些，就不成其为社会主义；不能用改革开放后的历史时期否定改革开放前的历史时期，也不能用改革开放前的历史时期否定改革开放后的历史时期，本质上都是我们党领导人民进行社会主义建设的实践探索；资本主义必然灭亡、社会主义必然胜利，马克思、恩格斯关于资本主义社会基本矛盾的分析没有过时，以及对苏联垮台根本原因的判断等一系列的重要论断；还对经济发展、改革开放、党的建设、转变作风提出了一系列新看法、新部署，这些思想观点在错综复杂的国际国内环境下，为我们指明了方向、明确了目标、树立了必胜的信心和决心；告诉我们坚定理想信念，在大是大非面前绝不含糊，在涉及根本方向、根本原则问题上立场要越发坚定；为中国特色社会主义全面工作做出了新的部署，提出了新的举措，让我们明确了干什么、怎么干。我们要用讲话精神武装头脑，指导实践，推动工作。

（二）习近平总书记系列讲话是全面阐述事关中国特色社会主义前途命运一系列重大原则问题的马克思主义文献，是对中国特色社会主义理论体系的丰富和发展

一是深刻领会关于坚持和创新马克思主义、毛泽东思想和中国特色社会主义理论体系的重要论述。加强思想理论建设，坚持马克思主义指导地位，用马克思主义、毛泽东思想和中国特色社会主义理论体系武装全党，这是习近平总书记系列重要讲话始终强调的我们党的根本政治任务。习近平总书记指出，认真学习马克思主义理论，是我们做好一切工作的看家本领，也是领导干部必须普遍掌握的工作制胜的看家本领。既要把"老祖宗"的话说对，又要把"新话"说好。只有学懂了马克思列宁主义、毛泽东思想和中国特色社会主义理论体系，特别是领会了贯穿其中的马克思主义立场、观点、方法，才能心明眼亮，才能深刻认识和准确把握共产党执政规律、社会主义建设规律、人类社会发展规律，才能始终坚定理想信念，才能在纷繁复杂的形势下坚持科学指导思想和正确前进方向，才能带领人民走对路，才能把中国特色社会主义不断推向前进。习近平总书记还指出，马克思主义必定随着时代、实践和科学的发展而不断发展，不可能一成不变，社会主义从来都是在开拓中前进的；坚持马克思主义，坚持社会主义，一定要有发展的观点，一定要以我国改革开放和现代化建设的实际问题、以我们正在做的事情为中心，着眼于马克思主义理论的运用，着眼于对实际问题的理论思考，着眼于新的实践和新的发展，始终坚持随着时代、实践和科学的发展，不断丰富和发展马克思列宁主义、毛泽东思想，不断丰富和发展中国特色社会主义理论体系。

二是深刻领会关于坚持和发展中国特色社会主义的重要论述。坚持和发展中国特色社会主义，是改革开放以来我们党全部理论和实践的鲜明主题，也是贯穿习近平总书记系列重要讲话的鲜明主题，是理解和把握讲话精神的聚焦点、着力点和落脚点。学习贯彻好习近平总书记系列重要讲话精神，要明确中国特色社会主义是科学社会主义理论逻辑和中国社会发展历史逻辑的辩证统一，必须始终不渝地高举中国特色社会主义伟大旗帜，坚持中国特色社会主义制度，坚定不移地走中国特色社会主义道路；要明确必须以发展的观点对待科学社会主义，不断有所发现、有所创造、有所前进，不断丰富中国特色社会主义的实践特色、理论特色、民族特色、时代特色；要明确中国特色社会主义的真谛要义，增强道路自信、理论自信、制度自信，排除和纠正各种错误思想认识，毫不动摇地坚持、与时俱进地发展中国特色社会主义。

三是深刻领会关于实现中华民族伟大复兴中国梦的重要论述。习近平总书记关于中国梦的重要论述，升华了我们党的执政理念，是中华民族实现民族独立、民族自强的伟大觉醒，是中国特色社会主义的重大思想理论成果。习近平总书记回顾近代以来中华民族发展历程，展望中国未来发展前景，在党的十八大确立"两个一百年"奋斗目标的基础上，鲜明地提出了实现中华民族伟大复兴中国梦，论述了中国梦的重大意义、基本内涵、精神实质、实现路径和实践要求。中国梦的重要论断之所以得到 13 亿多中国人民发自内心的一致拥护，之所以成为海内外中华儿女的最大共识，之所以成为激励全体人民团结奋进的精神旗帜，主要是因为它将共产主义的远大理想和中国特色社会主义的共同理想有机地统一起来，并成功地转化成了人民听得懂的语言、摸得着的未来。

四是深刻领会关于推动社会经济持续健康科学发展的重要论述。牢牢把握发展这一硬道理不放，大力推动科学发展是习近平总书记系列重要讲话的核心要义。习近平总书记指出，发展是解决我国一切问题的金钥匙，是解决我国所有问题的关键，以经济建设为中心任何时候都不能偏离；发展就要坚持以科学发展为主题，坚持稳中求进的工作总基调，扎实推动我国经济持续健康发展。他强调，推动发展要尊重经济规律，坚持有质量、有效益、可持续，在不断转变经济发展方式、优化经济结构中实现增长，切实把发展的立足点转到提高质量和效益上来，再也不能简单以国内生产总值增长率论英雄。他认为，我国经济正处于增长速度换挡期、结构调整阵痛期叠加的阶段，要坚持统筹稳增长、调结构、促改革，坚持宏观政策要稳、微观政策要活、社会政策要托底；要发挥好"两只手"的作用，既要发挥市场作用，通过市场机制增强经济增长的内生活力，更要发挥宏观调控作用，善于运用行政手段实施宏观经济政策，防止增速滑出底线；要推进创新驱动发展，全方位推进科技创新、企业创新、产品创新、市场创新、品牌创新；要加大统筹城乡发展、统筹区域发展力度，促进工业化、信息化、城镇化、农业现代化推进，提高城镇化质量，推动城乡发展一体化；保障和改善民生没有终点站，只有连续不断的新起点，要按照守住底线、突出重点、完善制度、引导舆论的思路，做好保障和改善民生工作，加强社会管理创新和制度建设，深入细致做好群众工作，打牢社会和谐的基础。他还特别指出，建设生态文明是关系人民福祉、关系民族未来的大计；要把生态文明建设融入经济、政治、文化、社会建设各方面和全过程，正确处理好经济发展同生态环境保护的关系，更加自觉地推动绿色发展、循环发展、低碳发展，决不以牺牲环境为代价去换取一时的经济增长，努力建设美丽中国。

五是深刻领会关于全面深化改革开放、不断激发全社会的发展动力和创造活力的重要论述。高唱改革开放的主基调，坚定不移深化改革开放，是习近平总书记着重强调的事关中国命运的决定性问题。习近平总书记系列重要讲话明确了改革的性质、方向、目标、任务、总体思路和重大举措。他强调，进一步发展靠什么？还得靠解放思想，改革开放，靠发展，靠改革，靠创新。他认为，改革开放是党和人民大踏步赶上时代的重要法宝，改革开放只有进行时，没有完成时，在整个社会主义现代化进程中，我们都要高举改革开放的旗帜，决不能有丝毫动摇；要坚持把完善中国特色社会主义制度、推进国家治理体系和治理能力现代化作为全面深化改革的总目标，以促进社会公平正义、增进人民福祉为出发点和落脚点；改革是包括经济体制、政治体制、文化体制、社会体制、生态文明体制和党的建设制度等各个方面的全面改革，必须把握好全面深化改革的重大关系；要充分发挥市场资源配置的决定性作用和更好发挥政府的作用，以经济体制改革为重点，牵引和带动其他领域的改革，使各方面改革协同推进、形成合力；全面深化改革的性质和方向，就是要坚持社会主义市场经济改革方向，中国是一个大国，不能出现颠覆性错误，坚决守住中国特色社会主义这条底线；加强和改善党对全面深化改革的领导，坚持一切从实际出发，以我为主，该改的坚决改，不能改的坚决守住，牢牢把握改革的主动权和领导权。

六是深刻领会关于社会主义民主政治和依法治国的重要论述。人民民主是我们党始终高扬的旗帜，社会主义政治文明是我们党始终不渝的追求，这是习近平总书记系列重要讲话反复强调的基本方针。习近平总书记的系列重要讲话进一步阐明了中国特色社会主义政治发展道路的本质要求，体现了科学执政、民主执政、依法执政的理念和方略。他指出，改革开放以来，我们党团结带领人民成功开辟和坚持了中国特色社会主义政治发展道路，为实现最广泛的人民民主确立了正确方向；坚持中国特色社会主义政治发展道路，关键是要坚持党的领导、人民当家做主、依法治国有机统一；必须继续积极稳妥推进政治体制改革，坚持和完善人民代表大会制度、中国共产党领导的多党合作和政治协商制度、民族区域自治制度以及基层群众自治制度，巩固和发展最广泛的爱国统一战线，发展更加广泛、更加充分、更加健全的人民民主。

七是深刻领会关于加强宣传思想工作，牢牢掌握意识形态工作领导权、管理权、话语权的重要论述。意识形态工作是党的一项极端重要的工作。加强党的意识形态工作，是习近平总书记集中关注的事关党的前途命运、事关国家长治久安、事关民族凝聚力和向心力的重大原则问题。习近平总书记强调，在集中精力进行经济建设的同时，一刻也不能放松和削弱意识形态工作。要始终不渝地坚持和巩固马克思主义在意识形态领域的指导地位，坚持正确的政治方向和学术导向，做到守土有责、守土负责、守土尽责，把思想统一到中央对意识形态工作的形势判断和工作措施上来，切实做好意识形态工作，把意识形态工作的领导权、管理权、话语权牢牢掌握在手中。不能片面地理解"不争论"，更不能以"不争论"为幌子躲避矛盾，当"好好先生"，当"绅士"，"过于爱护自己的羽毛"。要组织力量批判新自由主义、民主社会主义、历史虚无主义、普世价值观，资产阶级民主、自由、人权、平等观，以及质疑改革开放等错误思潮，开展积极的舆论斗争。

八是深刻领会关于国际关系和我国外交战略的重要论述。准确把握我国外交工作面临的新形势、新任务，谋大势、讲战略、重运筹，努力为我国发展争取良好的外部环境，是习近平总书记始终关注的全局性的战略问题。习近平总书记指出，走和平发展道路，是我们党根据时代发展潮流和我国根本利益做出的战略选择；中国将通过争取和平的国际环境发展自己，又以自身发展维护和促进世界和平。习近平总书记对国际关系和我国外交战略的一系列重要论述，体现了我们党对国际格局和中国与世界关系变化的深刻把握，显示了我们党的远见卓识和外交智慧，引领我国外交进入一个新的活跃期和开拓期，创造了良好的和平发展的国际条件。

九是深刻领会关于加强党的建设和反腐倡廉建设，切实提高从严管党治党的能力和水平的重要论述。治国必先治党，治党务必从严，这是习近平总书记自始至终抓住不放松的解决中国一切问题的关键问题。习近平总书记围绕党要管党、从严治党，围绕坚持党的群众路线、密切联系群众，从思想建设、组织建设、作风建设、反腐倡廉建设和制度建设等方面，做了系统的阐述，这些重要论述深刻回答了党的建设的重大理论和现实问题，进一步明确了加强党的建设的关键和重点，为推进党建设新的伟大工程指明了方向，为把我们党建设成为中国特色社会主义事业的坚强领导核心明确了任务和要求。

十是深刻领会关于学好马克思主义哲学、用好马克思主义哲学的重要论述。习近平总书记为我们树立了运用马克思主义立场观点方法分析、认识、解决问题的榜样。马克思主义立场、观点、方法，就是马克思主义的哲学世界观和方法论，就是我们通常讲的辩证唯物主义和历史唯物主义，这是管总的，是共产党人观察和解决一切问题的政治上的望远镜和显微镜，是我们党解决当前和今后一个时期关系党和国家全局的一系列重大理论和现实问题的哲学依据，是全党思想统一、行动一致的最根本的思想基础。习近平总书记系列重要讲话通篇贯穿了一脉相承、一以贯之的一条红线，这就是马克思主义、列宁主义、毛泽东思想和中国特色社会主义理论体系所贯穿的基本立场、基本观点、基本方法，这就是马克思主义哲学世界观方法论，这也是贯穿于习近平总书记系列重要讲话之中的活的灵魂和精神实质。深入学习贯彻习近平总书记系列重要讲话精神，最根本的是学习讲话贯穿的思想精髓即科学的世界观、方法论，学会用马克思主义的立场、观点、方法认识问题、分析问题和解决问题，不断提高马克思主义理论素养和运用马克思主义处理问题的能力。

从科学社会主义发展160多年的历史来看，人类社会状况发生了翻天覆地的变化；从改革开放36年、新中国成立65年、建党93年来看，世情、国情、党情发生了沧桑巨变。然而，所有这些变化中有一点是根本不变的，万变不离其宗，这就是马克思主义、列宁主义、毛泽东思想和中国特色社会主义理论体系所一脉相承的基本原理和精神实质，及其所秉承的哲学世界观、方法论。当前思想领域各种思潮、各种说法都有，诸如历史虚无主义、民主社会主义、新自由主义、普世价值观以及资产阶级民主、自由、人权、宪政观等否定党的领导、否定党的历史、否定社会主义、否定社会主义改革开放等邪说谬论，有些确实让人特别是年轻人感到困惑，也给人莫衷一是、不知所措的感觉。靠什么来解疑释惑，靠什么来统一思想、提高认识，就要靠马克思主义的立场、观点、方法。学习习近平总书记系列重要讲话，心里就有了一个一以贯之的主心骨，就可以任凭风浪起，我自岿然不动。有了马克思主义的立场、观点和方法这个主心骨，掌握了哲学武器，筑牢了思想根基，把住了理论底线，无论遇到什么样的变化，我们都可以应对自如、从容处置，就能够找到解决一切难题的方针、思路和办法。在运用马克思主义立场、观点、方法分析问题、说明问题、解决问题方面，习近平总书记为我们树立了生动的榜样。

实事求是，一切从实际出发，是马克思主义哲学的精髓。习近平总书记系列重要讲话本身就是坚持解放思想、实事求是的思想路线，准确把握客观实际、科学掌握客观规律的创新产物。习近平总书记牢牢把住实事求是精髓，一切从中国国情实际出发，从客观事物本身具有的规律出发，分析问题、认识问题、说明问题，导引出解决当前中国一切复杂难题的良方益药。他强调，在革命、建设、改革各个历史时期，我们党系统、具体、历史地分析了中国社会运动及其发展规律，在认识世界和改造世界过程中不断把握规律、积极运用规律，推动党和人民事业取得了一个又一个胜利。应对当前我国发展面临的一系列矛盾和挑战，关键在于尊重和把握客观规律，按客观规律办事。他客观分析我国国情实际、党情实际和世界发展变化的世情实际，得出了一系列正确判断和科学结论，他的系列重要讲话就是对当今中国实际和世界实际全面把握和实事求是分析的科学成果。

辩证唯物主义是关于自然、社会和思维发展一般规律的普遍概括，是我们共产党人观察分析处理一切问题的思想方法。习近平总书记善于运用辩证法分析复杂事物，全面把握事物变化及其关系，通透辩证思维方式和辩证分析方法。他反复强调要增强战略思维、辩证思维、系统思维、创新思维和底线思维能力，要善于运用辩证法，正确地观察分析事物，研究解决改革发展中的困难和问题，不断增强决策的科学性、前瞻性、主动性。对于学习实践科学发展观，他提出："要特别注意掌握蕴含其中的辩证方法"，"科学发展观是充分贯彻和体现马克思主义唯物辩证法的发展观。它所强调的发展，是正确处理局部与全局、数量与质量、速度与效益关系的又好又快发展，是正确处理人与人、人与社会、人与自然关系的协调发展，是正确处理城市与农村、发达地区与欠发达地区、国内发展与对外开放关系的统筹发展，是正确处理经济、政治、文化、社会以及生态等各方面关系的全面发展，是正确处理当前与长远、现在与未来关系的可持续发展"。他灵活地运用辩证思维方式思考和处理改革开放问题，要求从纷繁复杂的事物表象中把准改革脉搏，把握全面深化改革的内在规律，指出全面深化改革是一项复杂的系统工程，应有总体设计和总体规划，包括总体方案、路线图、时间表以及战略目标、工作重点、优先顺序等。要加强顶层设计，增强改革措施的系统性、协调性，对经济体制、政治体制、文化体制、社会体制、生态文明体制改革进行整体谋划，加强各领域改革的关联性、系统性、协同性研究，使改革举措具有可行性和可操作性，使各项改革举措在政策取向上相互配合、在实施过程中相互促进、在实际成效上相得益彰。

对立统一规律即矛盾规律是辩证法的核心和实质，掌握了矛盾分析方法，也就掌握了辩证法。习近平总书记系列重要讲话通篇贯穿了对立统一的辩证法和矛盾分析方法。他娴熟地运用辩证法的"矛盾论"和"两点论"来观察和处理问题，要求把握全面深化改革的重大关系，处理好解放思想和实事求是的关系、整体推进和重点突破的关系、顶层设计和摸着石头过河的关系、胆子要大和步子要稳的关系，以及改革发展稳定的关系。他关于既要以经济建设为中心，又要重视党的意识形态工作；既要坚定不移地抓好党的建设、反腐倡廉建设，又要坚定不移地、大胆地推进改革开放；既要在新的历史起点上全面深化改革，深化改革又必须牢牢坚持正确方向，坚持和完善我国基本经济制度；既要重视市场资源配置的决定性作用，又要更好发挥政府作用；既要统筹兼顾又要突出重点，既要立足当前又要放眼长远，既要把握国情又要了解世界，既要循序渐进又要竞相突破，既要胸怀全局又要抓好局部，既要治标也要治本，等等，为我们提供了成功运用辩证法的范例。

历史唯物主义是马克思主义关于社会历史发展问题的哲学总说明，是我们共产党人认识社会问题、解决社会问题、推进社会进步的思想武器。习近平总书记告诫我们，历史和现实都充分表明，只有坚持历史唯物主义，科学分析中国社会运动及其发展规律，才能不断把对中国特色社会主义规律的认识提高到新水平，才能不断推进中国特色社会主义的发展。毛泽东同志提出以农村包围城市、武装夺取政权的革命道路，带领人民成功地进行社会主义改造运动，进行艰辛的社会主义探索，取得社会主义建设的伟大成就；邓小平同志果断决定把党和国家工作中心转移到经济建设上来，实行改革开放，成功地开创中国特色社会主义事业；我们党在改革开放实践中不断回答"什么是社会主义，怎样建设社会主义""实现什么样的发展，怎样发展"这些发展中国特色社会主义的重大课题，都是正确运用历史唯物主义的结果。

习近平总书记正是以唯物史观的远见卓识科学地把握了人类历史发展的总趋势，既看到历史发展的光明前景，又清醒地看到当前存在的困难和问题。他告诉我们，既要看到国际金融危机所体现出来的资本主义必然灭亡、资本主义内在矛盾不可调和的历史趋势，同时又要实事求是地看到资本主义现在还有自我调节的能力，总体上还是资强社弱，要有长期斗争的思想准备。正因为站立在彻底的历史唯物主义的立场上，正因为对人类历史发展规律和发展总趋势的彻底的理论把握，他要求我们，必须树立坚定的共产主义理想和中国特色社会主义共同理想。习近平总书记指出，革命理想高于天。没有远大理想，不是合格的共产党员；离开现实工作而空谈远大理想，也不是合格的共产党员。学习贯彻讲话精神，说到底要靠彻底的历史唯物主义的哲学支撑，树立对马克思主义、科学社会主义的坚定信仰，对共产主义和中国特色社会主义的坚定信念，对党和人民事业的坚定信心，对党和人民的无限忠诚；又要把最高纲领和最低纲领统一起来，把远大理想和共同理想统一起来，苦干实干，扎实推进中国特色社会主义伟大实践。

社会基本矛盾原理是历史唯物主义的基本思想，社会基本矛盾分析方法是历史唯物主义的基本方法。习近平总书记从唯物史观社会基本矛盾原理和分析方法出发，把生产力和生产关系的矛盾运动同经济基础和上层建筑的矛盾运动结合起来观察，把社会基本矛盾作为一个整体来观察。他提出，生产力是社会基本矛盾的主要方面，坚持发展、坚持发展生产力仍是解决我国所有问题的关键这个重大战略判断；提出社会基本矛盾是不断发展的，调整生产关系、完善上层建筑相应地不断进行下去，改革开放只有进行时，没有完成时，要适应我国社会基本矛盾运动的新变化，推进改革开放；提出要以经济建设为中心，发挥经济体制改革的牵引作用，带动全面改革，推动我国生产关系与生产力、上层建筑与经济基础相适应；提出了社会主义市场经济体制改革的总体目标、原则方针和实施步骤，以进一步解放和发展社会生产力，促进经济社会全面健康科学发展。

群众观点是唯物史观的根本观点。习近平总书记认为，坚持群众观点和群众路线是历史唯物主义的重要内容，是无产阶级政党的本质要求。一切为了群众，一切从人民的利益出发，是我们党的价值追求，是党开展一切工作的根本目的和宗旨。要进一步实现社会公平正义，通过制度安排更好地保障人民群众各方面权益。要在全体人民共同奋斗、经济社会不断发展的基础上，通过制度安排，依法保障人民权益，让全体人民依法平等享有权利和履行义务。要坚持把实现好、维护好、发展好最广大人民根本利益作为推进改革的出发点和落脚点，让发展成果更多更公平地惠及全体人民。

从群众中来、到群众中去，是建立在唯物史观基础上的党的根本工作路线。习近平总书记指出："人民群众中有的是能者和智者，要虚心向他们求教问策，把政治智慧的增长、执政本领的增强、领导艺术的提高深深扎根于人民群众的实践沃土之中，不断从人民群众中吸收营养和力量。"人民是创造历史的真正主人，正是坚持"一切依靠人民，一切为了人民"，"从群众中来、到群众中去"的马克思主义群众观，习近平总书记大力倡导转变作风、密切联系群众，推动在全党深入开展群众路线教育实践活动，在全面转变作风方面取得良好效果。

当然，习近平同志还对国防和军队建设、"一国两制"、做好港澳台工作、推进祖国统一大业等提出了一系列新思想，我们都需要学习、贯彻落实。

三 清醒认识意识形态斗争的性质和特点，高度重视党的意识形态工作

习近平总书记最近在全国宣传思想工作会议上强调，能否做好意识形态工作，事关党的前途命运，事关国家长治久安，事关民族凝聚力和向心力。我们必须把意识形态工作的领导权、管理权、话语权牢牢掌握在手中，任何时候都不能旁落，否则就要犯无可挽回的历史性错误。

（一）搞清楚什么是意识、什么是意识形态、什么是意识形态斗争、什么是党的意识形态工作

什么是意识形态？意识形态可以拆分为两个词，一个是意识，一个是形态。意识是泛指人的感情、思想、理论、观点等精神性的东西，它包括两个层面的东西：一是低级的社会意识，属于社会心理、感情、下意识、非理性层面的；二是高级社会意识，指思想、理论、观点等理性层面的。

按照辩证唯物主义原则，物质与精神是两大社会现象，物质决定精神，精神反作用于物质。社会存在决定社会意识，实践决定认识。意识是物质长期发展的产物，是人对外部世界的反映，是人脑的机能。

意识形态则是专指人类社会的哲学、政治、经济、法律、文化、艺术、宗教等思想理论观点，意识形态是指思想理论领域的东西，意识形态作为人的思想是人们在长期的社会实践中形成的、在实践中产生的。在阶级社会，意识形态是有鲜明的政治性、阶级性的。

意识形态斗争就是指在思想领域两种根本对立的世界观、价值观、人生观、利益观的对立和斗争，两种不同的理论、观点、政治主张的对立和

斗争。

党的意识形态工作，就是指党必须坚持、贯彻和落实马克思主义的理论、路线、方针、政策，坚持马克思主义的世界观、价值观、人生观。我党作为工人阶级政党、马克思主义政党，与一切剥削阶级政党的世界观、价值观和政治主张是完全对立、格格不入的。

（二）一定要认清意识形态斗争的性质

意识形态具有鲜明的政治性，在阶级社会中，具有鲜明的阶级性。

我们党所坚持的意识形态斗争说到底是工人阶级与资产阶级、社会主义与资本主义、马克思主义与反马克思主义在意识形态领域的斗争，是工人阶级意识形态反对并战胜资产阶级意识形态的斗争。党的意识形态工作的出发点也是坚持这一根本点。

马克思主义基本原理告诉我们，经济基础决定上层建筑，上层建筑具有相对独立性，可以反作用于经济基础。有什么样的经济基础，就有什么样的上层建筑。资本主义经济基础决定了资本主义上层建筑，社会主义经济基础决定了社会主义上层建筑。上层建筑可以分成两部分：一部分是政治的上层建筑，譬如政党、政权、政府、监狱、法庭、警察、军队……另一部分是意识形态的上层建筑，如哲学、政治、经济、文化、艺术、宗教等观点。资本主义私有制决定了资本主义政权是资产阶级专政性质的政权，而资本主义市场经济又决定资产阶级的民主政治体制。资本主义经济基础决定了资产阶级意识形态是为维持资产阶级专政政权和资本主义民主政治体制服务的。同时，上层建筑特别是意识形态的上层建筑具有相对独立性和反作用力。当资本主义经济基础被社会主义经济基础替代以后，建筑在它之上的庞大的上层建筑也会发生变革，为社会主义上层建筑所代替。但其相对独立性和反作用力又决定，上层建筑特别是意识形态上层建筑还不能马上退出历史舞台，它还在拼命地表现自己，并尽可能地维护旧的社会制度。譬如，封建主义灭亡了，但封建主义意识形态久久没有退出历史舞台；资本主义制度不存在了，但资本主义意识形态还在拼命地表现自己。这就决定了在取得政权、建立社会主义制度的国家里，旧的剥削阶级的意识形态还存在，意识形态领域的斗争远远没有结束。

在我国，虽然社会主要矛盾已经不是阶级斗争了，但不意味着阶级、阶级差别、阶级矛盾、阶级斗争就没有了。一定范围内的阶级斗争还存在，而且往往集中表现在意识形态领域，当然在经济、政治、军事、文化等领域也有所表现。一定范围内的阶级斗争，特别是意识形态领域内的阶级斗争在有的时候、在一定条件下还是很激烈的。"树欲静而风不止"，这是不以我们的意志为转移的客观规律。

对意识形态斗争的认识，对意识形态问题的处理，离不开马克思主义阶级分析。离开阶级分析，就会分不清、辨不明、看不透国内外各种社会思潮较量的实质及其主要线索；就会认不清、看不透国内外各种社会意识背后的阶级背景；就会被一些似是而非、模糊不清、模棱两可的东西蒙蔽眼睛；就会不敢大胆地与反马克思主义、反社会主义、反共产党、反人民的思潮展开坚决的斗争；就会逐步地放弃社会主义的思想舆论阵地。离开马克思主义阶级分析，是不能战胜资本主义意识形态的。列宁指出："马克思主义提供了一条指导性的线索，使我们能在这种看来扑朔迷离、一团混乱的状态中发现规律性。这条线索就是阶级斗争的理论。"① "阶级关系——这是一种根本的和主要的东西，没有它，也就没有马克思主义。"②

运用马克思主义阶级分析武器，清醒地认识意识形态斗争的性质，展开积极思想斗争，对于巩固党的执政地位、捍卫社会主义制度来说，是必要的，且是重要的。

当然，坚持意识形态斗争，绝不能回到"以阶级斗争为纲"的老路上去，切忌把阶级斗争泛化、扩大化、绝对化，到处贴标签。在具体把握上，还要分清两类不同性质的矛盾，注意内外有别。阶级分析是一回事，对外策略及说法、具体操作是另一回事。这两回事既一致，又有区别。对意识形态的实质，要心中有数。在具体开展舆论斗争时，要内外有别，讲究策略艺术，做到有理、有力、有节。

（三）一定要充分认识到意识形态斗争的重要性、复杂性、尖锐性、严重性和艰巨性

第一，从中国特色社会主义所处的时代背景来看意识形态工作的重要性。

---

① 《列宁选集》第 2 卷，人民出版社 1995 年版，第 426 页。
② 《列宁全集》第 41 卷，人民出版社 1986 年版，第 92 页。

　　认识清楚中国特色社会主义事业所处的时代背景，才能看清楚意识形态工作的重要性。目前我们所处的时代，就根本性质而言，仍然如马克思恩格斯所判断的那样，处于社会主义与资本主义两种社会形态、两种社会制度、两种前途、两种命运、两条道路、两种力量的反复较量和竞争博弈的时代，即资本主义终究要逐步走向灭亡、社会主义终究要逐步取代资本主义的时代。当然，在较量中有时我上你下，有时我下你上，你中有我，我中有你，有斗争也有策略上的妥协和暂时的合作，有对立不同也有争取发展的共同点，呈现出极其复杂的角斗局面。总体上资本主义走向衰落，但还是强势的，社会主义是代表人类发展方向的新生力量，但还是处在弱势地位。两种社会形态的较量必然在当代世界的意识形态领域反映出来。伴随衰退的总趋势，资本主义必然加大在意识形态领域与社会主义博弈的力量，争夺的重点越发集中在意识形态问题上。误判时代形势，就会错误地判断意识形态斗争的性质，轻视意识形态工作的极端重要性。

　　迄今为止，马克思主义所揭示的总的时代性质和历史趋势并没有改变，只不过经历了三个发展阶段，每个阶段都具有自己的阶段性特征。第一个阶段，是马克思恩格斯所处的自由竞争资本主义和工人运动、社会主义运动兴起阶段。第二个阶段，是列宁所处的垄断资本主义阶段，即帝国主义战争与无产阶级革命阶段。列宁认为该阶段的特征即时代主题是战争与革命。第一次世界大战，引发十月革命；第二次世界大战，引发一系列社会主义革命（包括中国革命），这些历史事实证明了列宁的判断是正确的。第三个阶段，就是 20 世纪七八十年代以来至今的阶段。1989 年"柏林墙"倒塌，1991 年苏东解体，"冷战"结束，形势发生了逆转。邓小平做出总的时代没有变，但有了新的阶段性特征的变化的判断。他关于和平与发展两大时代主题的判断符合第三个阶段性特征的变化。这个判断决定了中国特色社会主义的改革开放与和平发展的总的战略选择。

　　邓小平的判断是对今天资本主义与社会主义两大力量对比发生阶段性变化的科学分析，但并不意味着改变对总的时代性质的判断。我们主张尊重世界文明多样性、发展道路多样性，尊重和维护各国人民自主选择社会制度和发展道路的权利，相互借鉴，取长补短，推动人类文明进步。但不代表两种社会形态的矛盾较量消失了。必须清醒认识到，和平与发展这两大课题至今一个都没有解决，天下仍很不太平，世界仍然很不安宁。这次金融危机说明资本主义内在矛盾依然存在、依然起作用、依然不可调和，只不过表现形式不同,资本主义必然在阵发性的经济危机中逐步走向衰落。总的历史时代并没有改变,马克思主义也没有过时。

两种社会形态、两条道路、两大力量的较量必然在意识形态领域表现出来,表现为社会主义的意识形态、价值取向与资本主义的意识形态、价值取向的激烈交锋和反复较量,这就决定了意识形态斗争的根本性质。而这种较量又同当今复杂的国家利益、民族利益的诉求,同当今复杂的民族、宗教问题,同全世界维护人类生存环境的共同要求纠结在一起,同求和平、求发展的利益争斗纠结在一起,往往为国与国、民族与民族、地区与地区、宗教与宗教之间的利益争夺所掩盖。资本主义意识形态为了掩盖其实质,往往又披上普世的、人权的、全人类的、中立的、抽象的外衣,让人们搞不清楚它的阶级本质。

第二,从一个半世纪以来的世界历史进程看意识形态斗争的复杂性。

一个半世纪以来的世界历史进程,已经发生了四次重大转折,可以分前两次和后两次。前两次转折发生在 20 世纪前半叶。第一次转折发生在 20 世纪初叶,其标志是 1917 年爆发的俄国十月社会主义革命。第二次转折发生在 20 世纪中叶,其标志是 1945 年第二次世界大战之后一系列国家社会主义革命的成功,形成了一个社会主义阵营。社会主义运动从兴起到发展,处于上升期,资本主义则经历了一系列经济危机和两次世界大战的折腾,步入缓慢下降期。

20 世纪八九十年代至今的 20 余年中,又接连发生了两次重大的世界性历史转折。第三次转折发生在 20 世纪末叶,其标志是 20 世纪 80 年代末90 年代初的东欧剧变、社会主义阵营解体,世界社会主义运动陷入低谷。第四次转折发生在 21 世纪初叶,其标志是 2008 年爆发的国际金融危机。这对世界发展格局和中国特色社会主义事业的发展产生的影响,现在仍无法估量。中国特色社会主义的成功使世界社会主义运动呈低潮中起步之势。而美国金融危机却使一些西方国家陷入困境,美国一超独霸格局难以维持,资本主义整体实力趋于下降。

四次转折反映了社会主义不是直线式发展,而是曲折地、波浪式、螺旋式地前进。这种前进过程充满了两种不同世界观、价值观的斗争,即意识形态的争夺。历史事实证明了社会主义意识形态的科学性和生命力,也证明了资本主义意识形态的欺骗性、顽固性和不甘心退出历史舞台的反能量。

第三，从第一个社会主义国家苏联的解体、东欧一系列社会主义国家蜕变看意识形态斗争的严重性。

2012 年 2 月 12 日，习近平总书记在广东调研时明确指出，"苏联为什么解体？苏东为什么垮台？一个重要原因是理想信念动摇了……全面否定苏联历史、苏共历史，否定列宁，否定斯大林，一路否定下去，搞历史虚无主义，思想搞乱了，各级党组织几乎没有任何作用了。"2013 年 1 月 5 日，习近平总书记在新进两委研讨班上明确指出，"苏联亡党亡国一个重要原因就是意识形态领域斗争十分激烈"，"思想搞乱了"。在意识形态领域，放弃马克思主义、放弃正确路线、放弃党的领导，让资产阶级意识形态长驱直入、潜移默化、蛊惑人心、占领阵地，致使党变质是最后导致苏东总崩盘的思想路线根子。

第四，从世界金融危机的爆发及其持续发酵看意识形态斗争的尖锐性。

由美国次贷危机所引发的世界金融危机是一场资本主义的经济危机，进而引发了资本主义的政治危机、社会危机、意识形态危机，说到底是一场资本主义的制度危机。这场危机对当代资本主义世界，进而对资本主义制度是一次严重冲击，引发了西方资本主义阵发性的全面衰退，证明了社会主义的必然性和马克思主义的真理性。这场危机，不仅使资本主义意识形态陷入危机，证明了资产阶级意识形态的反动性、落后性和欺骗性，而且致使两种意识形态的斗争更为激化。

第五，从中国特色社会主义的新成就看意识形态斗争的艰巨性。

形势的变化，一方面，为我们党大力推进中国特色社会主义现代化建设提供了极为有利的氛围、条件和机遇。另一方面，也促使西方资本主义越发运用两手策略：在经济上利用我们、拉拢我们、捧杀我们；同时，在军事上加紧包围我们，在经济上加紧挤压我们，在意识形态领域加强进攻，大力西化、分化我们，使我们面对更加复杂、严峻的考验。西方反华势力越来越把注意力放在意识形态的渗透上，放在打一场"没有硝烟的战争"上，放在"和平演变"、西化、分化、私有化社会主义中国上。

（四）一定要充分认识意识形态斗争于我的有利与不利因素，认清意识形态斗争的严峻局面

国际金融危机所引发的世界格局的深刻变化，为加强和改进意识形态工作提供了有利的条件，当然也有不利的因素和严峻的挑战。

回顾20世纪八九十年代第三次世界性的历史转折，社会主义陷入低谷，暂时处于劣势，资本主义反而上升，显示暂时优势，伴随力量对比格局的变化，意识形态领域呈敌进我退之势，反社会主义、反马克思主义、反对共产党执政的声音甚嚣尘上。西方资本主义到处大力推销新自由主义理念，鼓噪一时，不可一世。由此导致国内反马克思主义、反社会主义、自由主义、历史虚无主义、民主社会主义等错误思潮泛滥。

20多年过去了，2008年金融危机造成的第四次世界性历史转折，一方面使资本主义遭遇前所未有的打击，陷入全面制度危机，呈衰退之势，资产阶级意识形态的集中表现——新自由主义宣告破产，即使在资本主义内部，对资本主义制度的批评之声也不绝于耳。另一方面，中国特色社会主义取得成功，并顶住金融风险，社会主义从低谷中走出。批评新自由主义、资本主义的声音日渐增多，大声呼唤马克思主义、社会主义的声音越发强烈，坚持和发展马克思主义、坚持和发展社会主义、坚持和发展社会主义意识形态的底气更足了。

形势的变化为我们党加强意识形态工作提供了极为有利的氛围、条件和机遇。另外，这种形势也越发促使西方资本主义加大意识形态的攻击力度。以美国为首的西方势力在国际舆论上依然占据主导地位，仍然掌握着文化霸权、媒体霸权，在意识形态领域加强向我进攻。西藏事件、新疆事件都是这种国际大环境的产物，使我们面对更加复杂、严峻的考验。

当前，我国意识形态领域主流是好的，继续保持积极健康向上的良好态势，特别是党的十八大以来，中央采取一系列措施加强马克思主义在意识形态领域的指导地位，收到明显成效。最近中央召开宣传思想工作会议，习近平总书记发表重要讲话，着重强调了要加强党的意识形态工作，进一步明确了党的意识形态工作的极端重要性。

然而也要清醒地看到，意识形态领域的斗争是错综复杂的，并将是长期的。西方与我国在意识形态、社会制度、人权、民主等问题的对抗、对立、斗争十分突出，思想理论领域呈现出十分活跃、十分复杂的胶着状态。境内外敌对势力对我国施压促变的一贯立场没有改变，通过各种途径、运用各种手段，对我国在发展上遏制、思想上渗透、形象上丑化，企图迫使我国放弃马克思主义、放弃社会主义、放弃党的领导，改变政权性质，接受西方价值观念和制度模式。

在思想理论上，鼓吹新自由主义、历史虚无主义、民主社会主义、普世价值论和西方人权民主观，集中攻击马克思主义和科学社会主义；在党的领导和政权性质上，集中推行西方民主政治，企图迫使我国放弃党的领导和中国特色社会主义根本制度（公有制和社会主义政治制度）。意识形态领域始终是渗透与反渗透的重要战场，对敌对势力的攻击任何时候都不可掉以轻心、疏于防范。加强党的意识形态工作的任务更加艰巨繁重。

四 加强党对意识形态工作的领导，打好意识形态主动仗

牢牢把握意识形态工作的领导权、管理权、话语权，是新的历史条件下做好意识形态工作的必然要求，是巩固马克思主义在意识形态领域的指导地位，巩固全党全国人民团结奋斗的共同思想基础的有力保障。

关于如何加强党的意识形态工作，我再谈点建议，供同志们参考。

（一）牢牢把握意识形态工作的领导权、管理权、话语权，必须坚持中心工作与意识形态工作两手抓

党的群众基础和执政基础包括物质和精神两个方面。物质上丧失群众基础要出问题，精神上丧失群众基础最后也要出问题。十年“文化大革命”和1989年“六四”风波从两个方面说明了这个道理。只有把物质文明建设和精神文明建设都搞好，使国家物质力量和精神力量都有所增强，全国各族人民物质生活和精神生活都得到改善，中国特色社会主义事业才能顺利向前推进。我们要按照习近平总书记的要求，充分认识意识形态工作的极端重要性，高度重视意识形态工作，把它摆到全党全国工作大局的重要位置，切实抓好落实。

正确认识物质与精神的辩证关系，正确处理好经济建设与意识形态工作的关系，对于社会主义事业的健康发展至关重要。邓小平同志早在改革开放之初就指出，推动社会主义事业发展，必须坚持物质第一性的历史唯物主义原理，坚持以经济建设为中心；同时，必须高度重视精神力量对经济建设的反作用，高度重视精神文明建设，高度重视意识形态工作，在实践中要实行“两手抓”，做到“两手都要硬”。在今天的新形势下，落实党的十八大提出的宏伟目标，实现中华民族复兴的伟大中国梦，必须继续

坚持这个基本方针不动摇，在坚持以经济建设为中心的同时，高度重视意识形态工作，把它放在极端重要的位置。

当前，世界范围内的各种思想文化斗争日趋激烈，形势日趋复杂。以美国为首的一些西方国家把我国的发展壮大看成是对其价值观和制度模式的挑战，视为心腹大患，想方设法对我们搞思想文化渗透。同时，国内一些错误观点也时有出现。有人公开咒骂、污蔑党的领袖，诋毁党的历史，歪曲和攻击中国近代历史特别是新中国的历史。我国社会仍处于深刻变革的时期，对外开放程度不断加深，各种社会矛盾和问题互相叠加、集中呈现，人们思想活动的独立性、选择性、多变性、差异性明显增强。一些人理想信念不坚定，一些腐朽落后的思想文化借尸还魂、沉渣泛起，拜金主义、享乐主义、极端个人主义蔓延滋长，影响恶劣。由此，意识形态工作一刻都不能放松，更不能削弱。

（二）牢牢把握意识形态工作的领导权、管理权、话语权，必须坚持马克思主义的指导地位

毛泽东精辟格言"领导我们事业的核心力量是中国共产党，指导我们思想的理论基础是马克思列宁主义"是至理名言。马克思主义是党的意识形态工作的灵魂。坚持马克思主义的指导，是搞好我们意识形态工作的关键所在。应把巩固马克思主义在意识形态领域的指导地位、巩固全党全国人民团结奋斗的共同的思想基础，作为意识形态工作的根本任务。贯彻落实全国宣传思想工作会议精神，实现党对意识形态工作的领导权、管理权、话语权，首先必须坚持以马克思主义指导全部宣传思想文化工作，必须把马克思主义立场、观点、方法和理论，贯穿于我们意识形态工作的各个方面。马克思主义指南、共产主义信仰是共产党人的命脉和灵魂。坚持用科学理论武装头脑，帮助广大干部群众学好马克思列宁主义、毛泽东思想、邓小平理论、"三个代表"重要思想、科学发展观，努力学好习近平总书记系列讲话精神，从而真正学会运用马克思主义立场、观点、方法观察和解决问题。当前，用中国特色社会主义理论体系武装全党、教育人民、指导工作，是意识形态工作的重中之重，是基础，是灵魂。把这项基础工作抓紧抓好，使马克思主义、中国特色社会主义深入人心，使科学理论的立场、观点、方法贯穿于全部宣传思想文化工作之中，实现党在意识形态工作方面的领导权、管理权、话语权，就有了基本的工作前提和思想保证。在人民中间要长期不懈地开展正确的世界观、人生观、价值观、利益观的普遍教育。特别是在党员、干部、知识分子、青年学生这几个群体中，长期持久地开展马克思主义世界观、方法论的学习与教育，开展正确的思想教育和舆论引导。对此，必须全党重视、全党动员，狠抓落实，"实干兴邦，空谈误国"，也包括思想教育，不能落空。在教育领域，特别是高校系统，一定要让党的主流意识形态占领师资队伍、占领课堂、占领学生头脑。

（三）牢牢把握意识形态工作的领导权、管理权、话语权，必须提高党的高级干部的马克思主义理论素养

将提高党的中高级干部的马克思主义理论素养，作为抓好党的意识形态工作的关键。毛泽东指出："政治路线确定之后，干部就是决定的因素。"① "在担负主要领导责任的观点上说，如果我们党有一百个至二百个系统地而不是零碎地、实际地而不是空洞地学会了马克思列宁主义的同志，就会大大提高我们党的战斗力……"② 针对今天的情况来讲，如果我们党有一大批系统地而不是零碎地、实际地而不是空洞地掌握了马克思主义的高素质的领导干部，将会大大提高我们党的战斗力，守住党和社会主义的意识形态阵地，战胜西方势力的意识形态进攻，保证中国特色社会主义不变向、不变色、不变味、不变质。

（四）牢牢把握意识形态工作的领导权、管理权、话语权，必须在全部宣传思想工作中坚持党性和人民性的统一

在宣传思想工作中，坚持党性和人民性的统一，是我们党牢牢把握意识形态工作的领导权、管理权、话语权的基本要求。实现这个要求，决定着意识形态各方面工作的理念、原则和方向。党性和人民性从来都是一致的、统一的。我们党是全心全意为人民服务、代表中国最广大人民的根本利益、来自人民为了人民的马克思主义政党。从我们党的本质上说，坚持党性就是坚持人民性，坚持人民性就是坚持党性，党性寓于人民性之中，脱离党性的人民性是不存在的，脱离人民性的党性也是不存在的。坚持党

---

① 《毛泽东选集》第 2 卷，人民出版社 1991 年版，第 526 页。
② 同上书，第 533 页。

性和人民性的统一，是我们党做好各项工作特别是意识形态工作的核心和灵魂。90多年来，我们党在经济建设领域，在宣传思想文化战线，以及文化产品的生产传播等方面，都始终强调要坚持党性和人民性的统一，保证了整个意识形态工作的正确方向，从而切实维护和实现了广大人民群众的根本利益，取得了举世瞩目的伟大成就。

做好意识形态工作，必须讲党性。坚持党性，核心就是坚持正确政治方向，站稳政治立场，无论做理论研究工作，还是做媒体传播工作，无论进行文化产品的创作生产，还是做各类文化成果的运用性工作，都要坚定宣传党的理论和路线方针政策，坚定宣传中央重大工作部署，坚定宣传中央关于形势的重大分析判断，坚决同党中央保持高度一致，坚决维护中央权威。任何一个党员、干部和党组织，如果在坚持党性这个根本问题上没有明确观点和立场，那就是政治上不合格，就没有做党的宣传思想工作最起码的资格。

坚持党性原则，一定要做到旗帜鲜明。所有宣传思想部门和单位，所有宣传思想战线上的党员、干部，都要旗帜鲜明地坚持党性原则。要坚持党管媒体原则不动摇，坚持政治家办报、办刊、办台、办新闻网站。要加强马克思主义新闻观教育，坚决反对西方的所谓"新闻自由"。宣传思想工作者要增强党的意识，尽职尽责为党和人民的事业服务。坚持什么、反对什么，说什么话、做什么事，都要符合党的要求，立场坚定，作风过硬。在理论研究方面，要坚持马克思主义理论的指导，切实发挥好党校、干部学院、社会科学院、高校、理论学习中心组的作用。在媒体的宣传报道方面，要坚持正面报道，坚持正确导向，弘扬社会正气。在文化创作方面，要坚持"二为方向"和"双百方针"，不断推出更多更好的健康有益的文化产品。在思想教育方面，要不断巩固宣传思想文化阵地，坚决同一切错误思想、错误言论和错误行为坚持不懈地开展针锋相对的斗争。

坚持人民性，就是要把实现好、维护好、发展好最广大人民的根本利益，作为整个宣传思想工作的出发点和落脚点。要树立以人民为中心的工作导向，把服务群众同教育引导群众结合起来，把满足需求同提高素养结合起来，多宣传报道人民群众的伟大奋斗和火热生活，多宣传报道人民群众中涌现出来的先进典型和感人事迹，丰富人民的精神世界，增强人民的精神力量，提升人民的精神层次。

坚持党性和人民性，必须正确理解人民群众概念的内涵，正确理解人民利益概念的内涵。在社会生活实践中，有的人把党性和人民性对立起来，或者从某一级党组织、某一部分党员、某一个党员来理解党性，或者从某一个阶层、某部分群众、某一个具体人的具体利益、个人利益来理解人民性，这些理解都是错误的。这不但导致思想上的混乱，也会带来工作上的失误，给党和人民的事业、给全体人民的整体利益造成损害。比如，一些人借口要保护弱者，就自己充当起了弱势群体的"代言人"，动辄以少数人的利益甚至是一个人的私利，来抵制破坏全体人民的整体利益、公共利益。一些别有用心的人，借口保护个别群众利益或私有财产，煽动不满情绪，挑动极少数人公然与党和政府维护全体人民利益的政策、举措相对抗。对于这些情况，我们一方面要保持头脑清醒，保持警惕，要坚持以全体人民整体、长远的根本利益为工作原则，不要被形形色色的"民粹主义"、无政府主义指导下的利益诉求所左右。另一方面，要通过宣传马克思主义关于人民性、人民利益的科学概念、科学观点，消除这些似是而非的，貌似代表弱者、代表人民利益的错误观点的消极影响。

（五）牢牢把握意识形态工作的领导权、管理权、话语权，必须坚持党的正面宣传为主的方针，开展积极的舆论斗争

我们党对意识形态工作的领导权、管理权、话语权，应该体现在理论宣传、媒体传播、文化产品等方面，应该表现为这些宣传与传播中所渗透的观念、理念、导向都是正确的，而不是错误的。它们产生的后果是积极的，而不是消极的；是正面的，而不是反面的。为了确保宣传思想文化全部工作有益于党的事业，有益于全体人民的根本利益，我们必须坚持正面宣传为主的方针。同时，必须与那些宣传、传播有害思想观念的行为做坚决斗争。

坚持团结稳定鼓劲、正面宣传为主，是宣传思想工作必须遵循的重要方针。我们正在进行实现民族复兴中国梦的伟大事业，面临的挑战和困难前所未有，必须坚持巩固壮大主流思想舆论，弘扬主旋律，传播正能量，激发全社会团结奋进的强大力量。要不断提高宣传思想工作的质量和水平，增强吸引力和感染力，让群众爱听爱看、产生共鸣，充分发挥正面宣传鼓舞人、激励人的作用。

坚持正面宣传为主，必须做好舆论引导工作。要做好经济领域热点问题的引导，建立健全信息发布机制和政策解读机制，围绕经济形势、经济政策，主动设置议题，及时发出权威声音。要做好社会热点问题的引导，针对教育、就业、医疗、住房、生态环境、食品安全等方面存在的问题，有针对性地解疑释惑，促进形成良好的社会心理预期。媒体宣传必须树立为党和国家工作大局服务的意识，必须有维护中国长治久安的社会责任感，重视社会情绪的引导，对有的群众存在的对党和政府工作的意见，对由现实利益问题引发的不满，对因社会急剧变革而产生的非理性心态，既不能搞煽情、鼓噪式的炒作，也不能搞重点报道、深度报道、无休止的追踪报道，而是要积极进行疏解，进行化解情绪的阐释，进行消除矛盾的引导，避免积少成多，避免矛盾激化，避免形成恶性倾向、酿成重大事端。要加强和改进对突发事件的引导，做到及时准确、有序开放、有效管理、正确引导，理直气壮占领舆论制高点和道义制高点。舆论监督必须准确定位，按正确的方式进行，要服从党和国家工作大局需要，以帮助党和政府更好工作为目的，开展科学监督、准确监督、依法监督、建设性监督，严厉打击借舆论监督之名损害党和政府的整体形象，攻击党的领导和社会主义制度的行径。

树立阵地意识，一方面是我们的宣传思想文化工作，要努力利用这些阵地把宣传马克思主义、中国特色社会主义理论体系、党的路线方针政策作为重要任务，认真抓好用中国特色社会主义武装全党、教育人民的工作，认真抓好社会主义核心价值体系建设，积极培育和践行社会主义核心价值观，全面提高公民道德素质，培育知荣辱、讲正气、做奉献、促和谐的良好风尚。另一方面是坚决保持我们阵地的纯洁性，保持我们阵地的干净。对那些恶意攻击党的领导、攻击社会主义制度、歪曲党史国史、造谣生事的言论，一切报纸杂志、讲台论坛、会议会场、电影电视、广播电台、舞台剧场都不能为之提供空间；一切数字报刊、移动电视、手机媒体、手机短信、微信、博客、播客、微博、论坛等新兴媒体都不能为之提供方便。事实证明，宣传思想文化阵地，马克思主义的思想不去占领，各种非马克思主义甚至反马克思主义的思想就会去占领。我们决不能给违反四项基本原则、违反党的理论和路线方针政策的错误观点，以及危害人民特别是青少年身心健康的东西提供传播渠道和展示机会，我们一定要通过坚守阵地，发挥好阵地作用，确保文化产品的健康，确保宣传思想导向的正确，确保我们党对意识形态工作的领导权、管理权、话语权。

要科学把握意识形态工作的规律，切实发挥宣传思想部门的管理职能。各级党组织要严格遵守党的政治纪律和宣传纪律，正面传播党和政府的声音，积极开展舆论斗争，大力弘扬社会正气。要做好知识分子工作，特别关注那些工作方式具有特殊性的知识分子，加强对网络意见领袖、网络作家、签约作家、自由撰稿人、独立演员歌手等群体的引导和管理工作，引导好社会舆论，引导好社会情绪。无论是理论研究、宣传报道，还是文艺创作、思想教育，都要把坚持正确导向摆在首位，始终绷紧导向这根弦，讲导向不含糊，抓导向不放松。

坚持正面宣传为主，决不意味着放弃舆论斗争。在事关大是大非和政治原则的问题上，必须增强主动性、掌握主动权、打好主动仗，帮助干部群众划清是非界限、澄清模糊认识，这是我们党牢牢掌握意识形态工作领导权、管理权、话语权的必然要求。按照这个要求，在社会上出现攻击党和政府、攻击社会主义制度的言论时，我们的理论工作者、宣传文化工作者，不能袖手旁观、无动于衷、麻木不仁。而是要以高度的责任感，主动出击，不怕被围攻，不怕被"人肉搜索"，不怕被污名。特别是各级党委及有关的管理部门，不能用"不争论""不炒热""让说话"作为挡箭牌，东西摇摆，左右迎合，畏首畏尾，退避三舍。在舆论斗争中，每一位党员干部都要当冲锋陷阵的"战士"，不能当爱惜羽毛的"绅士"。应该特别指明的是，各级党委及宣传思想部门，要对错误言论开展旗帜鲜明的批评，及时援助那些因为伸张正义而被围攻的同志，做到"一人唱而千人和"，形成一呼百应的态势。在社会主义中国，在舆论斗争中，我们应该而且必须做到"道高一尺，魔高一丈"。总之，为巩固党的意识形态的领导地位，为确保党和国家意识形态安全，我们一定要敢于斗争，善于斗争，敢于亮剑，做到有气势，有分量，有效果。

毛泽东指出："扫帚不到，灰尘照例不会自己跑掉。"① 反动的、错误的思想不斗争，它们是不会自动退出历史舞台的。要旗帜鲜明地用马克思主义立场、观点、方法，利用一切手段、方式，包括新媒体、互联网，组织力量，有力批驳西方"宪政民主""普世价值""公民社会""新闻自由"、新自由主义、历史虚无主义等一切错误观点和思潮。

---

① 毛泽东：《抗日战争胜利后的时局和我们的方针》（1945 年 8 月 13 日），载《毛泽东选集》第 4 卷，人民出版社 1991 年版，第 1131 页。

（六）牢牢把握意识形态工作的领导权、管理权、话语权，必须努力管控好互联网这一舆论斗争的主战场

牢牢把握意识形态工作的领导权、管理权、话语权，必须掌握互联网斗争的主动权，不断取得互联网舆论斗争的新胜利。目前，互联网已经成为一些国家和敌对势力对社会主义国家进行意识形态渗透和攻击的工具，这对我国的意识形态工作提出了新的挑战。互联网是一个"好东西"，为我们党和政府开展工作提供了新的有力途径，为广大人民群众参与社会经济政治生活提供了新的更大舞台。但是，由于互联网的匿名性等特点，它容易被各种敌对势力利用，给各种谣言提供传播场所，特别是它在受到不良影响下形成的强大的网上舆论，有时候会左右社会舆论，绑架党和政府决策，破坏司法公正，影响社会公平正义。网民在互联网上的"反腐败"活动，应该肯定的是在一定程度上取得了一些效果，但是也往往被别有用心的人无限放大，为否定党的领导、否定社会主义制度制造舆论。现在，互联网上还有一种奇怪现象，就是谁发表正面的言论，谁发表支持党和政府的言论，谁驳斥那些攻击、污蔑党和政府的言论，谁就会受到围攻，这很不正常。因此，互联网确实是一把"双刃剑"，是一个我们面临的"最大变量"，管控好了，有利于我们国家和全体人民；管控不好，会伤及我们国家和人民，甚至后患无穷。能不能管控好互联网，是我们能不能保证新形势下意识形态工作领导权、管理权、话语权的关键，也是对我们党的执政能力和执政水平的重大考验。

要把网上舆论工作作为宣传思想工作的重中之重来抓。党和政府应采取经济、政治、行政、法律、教育等手段，确保网络空间清朗起来。党的各级组织、干部、党员、共青团员以及广大人民群众要行动起来，形成一支强大的网军。我们的广大党员、干部和群众，如果都能以网民的身份参与文明、健康、负责任的网上讨论，积极引导网络舆论，就会在很大程度上改善网络舆论生态，净化网络舆论空间，为实现网络舆论的理性、客观、公正、正面、健康，为党和政府顺利开展各项工作，为维护社会和谐稳定，提供良好的环境和氛围。宣传思想部门，要进一步完善网络管理，及时发布各种信息，引导好社会舆论。要鼓励各级党政部门设立官方微博，根据舆情动向主动设置议题，通过权威信息披露，强化热点问题澄清。

要破除所谓的"互联网不能管""互联网管不了"的错误认识和主张，坚定网络可管可控的决心和信心。要加强网络法律体系建设，做到凡是网络涉及国家安全、信息安全、电子商务、个人隐私、未成年人保护等方面都应有法可依。现在，许多国家都在采取法律、行政、经济等方法，实现对互联网舆论信息的监管，我们理应加强这方面的工作。要巩固和扩张网络空间的"红色地带"，促进网络空间的"灰色地带"向"红色地带"转化，进一步挤压网络空间的"黑色地带"。要进一步加强对网络文学的管控和引导，培养一支网络写作队伍，创作更多引导网络文化发展的、具有正能量的网络文艺作品。要进一步管理和引导好网络"意见领袖"，帮助和鼓励他们树立理性、客观的态度，积极为维护全体中国人民的根本利益，为实现中华民族伟大复兴的中国梦而努力。要建立和完善媒体从业人员准入制度，依法打击网络传谣行为，积极推进网络实名制。要切实加强对网站的管理。

（七）牢牢把握意识形态工作的领导权、管理权、话语权，必须积极谋划和实施文化"走出去"战略，打破西方势力的意识形态围剿

着眼于打破美国等西方国家在国际舆论领域的话语霸权，突破其对我国"误读"和"歪曲"的文化屏障，破解所谓的"中国威胁论""中国崩溃论""中国责任论"等唱衰中国的论调，积极开展国际舆论斗争，营造于我有利的国际舆论环境。鼓励一批观点正、学问好的专家学者，从学术的角度，用西方人听得懂的语言、接受得了的方式，阐述中国道路，弘扬中国精神。

（八）牢牢把握意识形态工作的领导权、管理权、话语权，必须认真抓好宣传思想战线的领导班子和队伍建设

牢牢把握意识形态工作的领导权、管理权、话语权，必须全党动手。各级党委要切实加强对宣传思想文化工作的领导，以强烈责任感和担当精神把党管宣传、党管意识形态的要求落到实处。各级党委要进一步加强对宣传思想领域重大问题的分析研判和重大战略性任务的统筹指导，不断提高领导宣传思想工作的能力和水平。要树立大宣传的工作理念，动员各条战线各个部门一起来做，把宣传思想工作同各个领域的行政管理、行业管理、社会管理更加紧密地结合起来。

掌握好意识形态工作的领导权、管理权、话语权，要求宣传思想文化战线以改革创新的精神推进工作，增强主动性、掌握话语权，注重抓基层、打基础，着力转作风、正学风、改文风，建设一支高素质的宣传思想文化队伍，切实履行好围绕中心、服务大局的基本职责，牢牢把握正确舆论导向，凝聚促进改革发展、维护社会稳定的正能量，努力开创宣传思想文化工作新局面。

掌握意识形态工作的领导权、管理权、话语权，要求宣传思想文化部门，守土有责、守土负责、守土尽责。宣传思想部门工作要强起来，首先是领导干部要强起来，班子要强起来。各级宣传部门领导同志要加强学习、加强实践，树立党的意识和大局意识，真正成为让人信服的行家里手。要选择那些忠诚党和人民事业的同志来领导宣传思想文化战线，形成一个领导意识形态工作的政治家集团。真正把那些具有高度的马克思主义理论修养、政治立场坚定、坚持走群众路线的干部，选拔到意识形态工作领导岗位上来。对于那些不合格的干部，要尽快调离宣传思想领导岗位。

意识形态工作的根本任务，就是要巩固马克思主义在意识形态领域的指导地位，巩固全党全国人民团结奋斗的共同思想基础。这两个"巩固"任务的实现，有赖于我们党的宣传、思想、文化、艺术等各方面阵地作用的充分发挥。我们的各类报纸包括党报、都市类报纸，期刊特别是人文社科类期刊、文摘期刊，出版社，全国各级电视台，广播电台，网站，各类图书发行单位，各级文化馆、艺术馆、博物馆等群众文化活动场所，党校、高校的讲台，各类研讨会、论坛，等等，都是意识形态工作的阵地。我们讲的阵地意识，是指各级党委、有关部门对于所有这些阵地的充分占有、保护和利用的自觉意识。充分发挥好意识形态阵地的作用，就要坚决落实全国宣传思想工作会议精神，牢固树立阵地意识。

要加强马克思主义理论队伍建设。要培养一批政治坚定、学贯中西、勇于创新，在国内外有广泛影响的马克思主义理论家队伍；培养一批具有深厚的马克思主义理论功底，熟悉中国国情，精通中国特色社会主义理论，具有创造活力的中青年理论队伍；培养一批思想理论水平高，精通外语，善于在国际舞台上维护我国权益的外向型理论人才；重视对马克思主义理论相关专业的本科生、研究生教育，培养一批高素质的后备人才。文艺界也要加强理论学习，不断提高思想认识水平和业务素质能力。在媒体从业人员中，积极开展思想政治教育，提高他们的政治鉴别力和政治敏锐性。

在长期实践中，我们党的宣传思想工作积累了十分丰富的经验。这些经验来之不易、弥足珍贵，是做好今后工作的重要遵循，一定要认真总结、长期坚持，并在实践中不断丰富和发展。只要我们认真贯彻落实习近平总书记系列重要讲话精神，高度重视意识形态工作，继承弘扬我们党在这方面的优良传统，并根据新的情况、新的形势，努力创造，敢于担当，把习近平总书记系列重要讲话提出的各项工作落到实处，我们就一定能够牢牢掌握好意识形态工作的领导权、管理权、话语权，切实做好党的宣传思想文化等各项工作，不断取得更多更好的成绩。

（九）牢牢把握意识形态工作的领导权、管理权、话语权，必须加强党对意识形态工作的领导权

实行意识形态工作党委负责制，全面加强党的意识形态工作。毛泽东指出："掌握思想领导是掌握一切领导的第一位。"在当前各种思想、思潮和文化争鸣争锋异常激烈、形势十分复杂的情况下，必须全面加强党的意识形态工作，坚持党对意识形态工作的领导，实行意识形态工作党委责任制，主要领导为第一责任人。牢牢掌握意识形态工作的领导权、主动权，用马克思主义的、社会主义的、工人阶级的意识形态战胜反马克思主义的、资本主义的、资产阶级的意识形态，真正占领意识形态领域的制高点，这是中国特色社会主义事业、人民的事业、党的事业不被"颜色革命"的根本保证。

关于经济体制改革方法论的思考

——学习习近平总书记系列重要讲话精神的体会

蔡 昉[*]

一 引言

党的十八大之后，习近平总书记提出了中国梦，作为中华民族伟大复兴这一宏伟愿景的百姓版。世界银行2014年4月底公布了世界各国按照购买力平价的GDP排名。预计2014年年底，中国的GDP将超过美国，跃居世界第一。[①] 长期以来我国GDP和人均GDP都是按汇率方法来换算并与其他国家相比较的。而购买力平价法则是按照货币的实际购买能力来测算货币的价值，并用来测量一个国家的GDP总量。购买力平价法的运用长期以来都有争论。具体到中国而言，使用购买力平价法可能存在两个误判：一是可能低估我们的物价，如低估我们的房价；二是世界银行的测算或许暗含中国的人民币汇率被低估。尽管如此，绝大多数经济学家都认为，无论是按购买力平价还是按汇率比较，中国的GDP超过美国是迟早的事。从GDP这个指标衡量，可以说，已经可以预期一个中国梦。这也意味着中华民族伟大复兴的征程再进一步。

再从历史的角度看中国经济总量的变化。经济史学家麦迪森做过一项非常宏大的工作，他对从史前时期开始的人类的经济活动的情况进行了估

---

　* 蔡昉，中国社会科学院学部委员、副院长。

　① Cris Giles, China to Overtake US as Top Economic Power this Year, *Financial Times*, USA, Wednesday April 30, 2014.

算。利用麦迪森的估算数据并结合近些年的统计信息，可以看到，公元元年到1600年，中国一直是世界上最发达的国家。直到1820年，我国的GDP还占世界的1/3，但随后就迅速下降。1955年到1973年，我国GDP总量和人均GDP占世界比例都降到最低点。1973年以后，特别是1978年以后，我国GDP和人均GDP占世界比例都迅速回升，呈现V字形的轨迹。^①需要注意的是，历史数据通常是以1000年、100年或者几十年的幅度变化的，从2003年开始，则是按年进行统计变化的，这足以说明我国复兴的速度之快。从历史的长时段看，中国的经济呈现由盛至衰的过程，而近些年则表现为以非常快的速度由衰变盛的过程。这可以说是从经济总量和人均收入来注解我们可以预期中国的伟大复兴。笔者认为，无论是否认可世界银行的最新预测，中国经济总量赶超美国指日可待，展现人类历史上唯一经历"由盛至衰"和"由衰至盛"的典范。

很显然，近些年中国经济社会的快速发展是改革开放的结果。不过，在高速增长过后，当下的中国无论是经济还是社会都遇到很多的问题和困难，因而也就面临要不要改革、怎么改革的问题。中共十八大和十八届三中全会关于改革的全面部署中，一个重要精神就是讲改革的方法论问题。习近平总书记系列讲话中也多次论述正确的改革方法论问题。在新一届党中央的政治局第二次集体学习时，习近平讲，"改革开放是前无古人的崭新事业，必须坚持正确的方法论，在不断实践中探索前进"。这是第一次明确地提出改革的方法论问题。他特别强调改革开放是前无古人的崭新事业。怎么理解这句话呢？笔者认为，当今的改革与古代的变法相比，历史上的变法目的是使一个王朝、一个姓氏延续下去，而今天的改革则是在中国共产党的领导下，中国特色社会主义制度的自我完善，改革的目的是服务于"三个代表"的，因此和以前的变法在性质上截然不同。

习近平总书记在湖北调研时，进一步阐述了改革的方法论。他说，"必须在纷繁复杂的事物表象中，把准改革脉搏，把握全面深化改革的内在规律，特别是要把握深化改革的重大关系"。习近平总书记在多次讲话中都提到了改革的方法论。为什么把握深化改革的几个重大关系如此重要？我们研究改革的方法论的目的是什么？

① Angus Maddison, *Contours of the World Economy, 1–2030 AD*, Essays in Macro-Economic History, Oxford University Press, 2007, p. 379, table A. 4; p. 382, table A. 7.

　　首先，可以帮助我们认识改革已经取得的进展。早在党的十八大之前，社会上就有很多讨论。一些人认为，十八大以前很长一段时间，我国的改革是停滞的。例如，针对国有企业的改革有一段时间很快，过去10年国有企业改革则十分缓慢，甚至呈现国进民退的态势。从统计数据上看，这个判断并不能得到有力支持。例如，国有企业无论就其总产值、固定资产还是就业人口占全部企业比重，过去这些年都是持续下降的。当然，仍然存在着国有企业垄断的问题，在资源配置中市场还没有发挥决定性的作用，这正是下一步改革的任务。

　　其次，可以帮助我们认识改革的恰当节奏。从更长的时间段来分析，不同时期改革的侧重点有所不同，每一个时期都有其特点。中国有句老话，文武之道，一张一弛。20世纪90年代国有企业改革带有一定的激进色彩，改革措施在当时造成了一些社会阵痛，比如，大规模的国有企业职工下岗。但改革改变了国有企业的软预算约束，也改变了我们的就业制度，推动了中国劳动力市场的发展。改革的结果是解放了生产力，提高了国有企业的经济活力。经过了本轮改革以后，社会的需要和改革的重点就发生了变化。因此，在过去十年我们更注重于建立一个社会安全网络，更多地考虑将改革的成果惠及大众和民生。近些年来劳动力逐渐变得稀缺，因而改革的重点转变为如何提高劳动者的收入水平，提高他们的劳动生产率。总体上，不同时期的改革具有互补性，而今后的改革面临新的调整和崭新的任务。因此，从国家的层面讲，当下中国非常需要研究改革的方法论问题。

　　最后，帮助我们认识当前改革的紧迫性。从十一届三中全会开始我党形成了每届三中全会侧重改革的惯例，而大家对十八届三中全会更是寄予厚望。因为很多人认为过去十年改革的步伐不够大，一些领域的改革任务没有完成，十一届三中全会提出的改革影响了中国几十年的发展，而十八届三中全会的改革也将引领接下来几十年中国的发展进程。三中全会明确提出：到2020年，在重要领域和关键环节改革上取得决定性成果，完成本决定提出的改革任务，形成系统完备、科学规范、运行有效的制度体系，使各方面制度更加成熟、更加定型。到2020年只剩下六年，接下来的六年必须要改得更有效率一些。研究改革方法论，可以让我们的改革按照正确的方向，更富有成效。下面笔者从几个角度谈一谈学习习近平总书记关于改革方法论讲话的精神。

二 顶层设计与"摸着石头过河"

在接下来的改革中，如何处理好顶层设计和"摸着石头过河"之间的关系，是非常重要的。1994 年，笔者和另外两位作者出版了《中国的奇迹》一书。① 在写作过程中，我们提前看到《世界发展报告（1996）》（以下简称《报告》）的征求意见稿。我们明白了自己应该写什么——回应关于中国改革道路的质疑。当时世界对中国的改革有巨大的争议。改革取得的成就大家都看到了。但是也有很多人唱衰中国，认为中国不太可能最终完成改革，因为改革的方法是错误的，没有根本触动制度本身。《报告》正文前引用两段语录，分别是邓小平和捷克领导人哈维尔的。哈维尔说，"一个人不能分两步跨过同一个鸿沟"，这从思想方法上为激进的改革方式提供了依据。世界银行报告引用的邓小平的话，则是"摸着石头过河"。《报告》尽管对邓小平领导的中国改革持肯定态度，但是在哲学和意识形态上，无疑更认同甚至同情哈维尔的改革方略。这种意识形态甚至影响着后来一些国家对改革路线的选择。

当苏联、东欧国家采纳美国经济学家杰弗瑞·萨克斯设计的休克疗法进行艰难转型时，中国则走出了一条渐进式改革道路。渐进式改革内含了邓小平提出的"摸着石头过河"的思想。笔者以"价格双轨制"改革为例分析中国的渐进式改革。计划经济时期，绝大多数商品都是需要凭票证购买的。如何改革？如果按萨克斯的休克疗法，就是要在一夜之间，所有商品的政府定价全部变为市场定价。我们没有这样做，而是采取价格的放调结合，逐步让价格达到市场均衡水平。什么是市场均衡水平，我们当时并不知道，因此我们先放开一部分非必需商品的价格，作为参照，就逐步了解到市场均衡价格。到 1992 年时人们发现，市场上基本上所有的产品价格都由市场决定了。夸张点说，我们是在不知不觉中完成了价格改革。

另一个例子是企业改革。当时国有企业是国民经济的绝对主体。我们没有一开始就直接对国有企业进行大幅度改革，而是在城市允许多种经济成分的发展，在农村允许和鼓励社队企业即后来的乡镇企业发展。到了 20 世纪 90 年代，国有企业就面临国外和国内两个方面的竞争。当国有企业

① 林毅夫、蔡昉、李周：《中国的奇迹：发展战略与经济改革》，上海三联书店、上海人民出版社 1994 年版。

因为软预算约束等原因越来越没有市场竞争力，很多企业出现严重经营困境时，时任总理朱镕基适时推动国企改革，允许国有企业破产和职工下岗。接下来就有了对国有企业的"抓大放小"，在关系国民经济命脉的产业实行国有企业为主，而中小型的国有企业则允许进行多种形式的改革。

对于中国的经济增长，很多人曾经认为中国的改革由于没有进行彻底的市场化，因此经济增长将是 L 型，而苏联和东欧国家转型后的经济增长尽管在短期内面临一定困难，但很快就会形成 J 型的直线上升的经济增长。近些年的实际情况是怎样的呢？图 1 是中国和不同国家、地区的经济增长情况的对比。其中第一张图是我国和周边国家、地区经济增长的比较。第二张图是我国和一些发达经济体的比较，我们增长比它们快得多，20 世纪 90 年代超过了六个发达国家和地区。第三张图是我国和一些金砖国家的比较，整体来看，我国比其他金砖国家经济发展好得多。第四张图是我国和一些转轨国家经济增长的比较，在 90 年代初中国的增长速度就远远超过它们，直到今天。这些都证明掌握正确的改革方法论，能够给我们带来更快的经济增长和人们生活水平的改善。

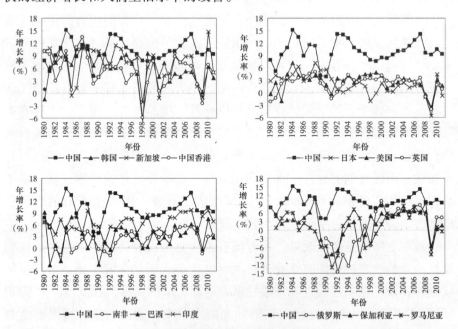

图 1　国际比较中的中国经济增长

资料来源：世界银行数据库，http://data.worldbank.org.cn/indicator/NY.GDP.MKTP.KD.ZG/countries? display = default。

　　在"摸着石头过河"改革思想获得持续成功后，近几年中央提出了关于改革的顶层设计的新思路。那么，顶层设计和"摸着石头过河"二者之间有无矛盾？

　　十七届五中全会文件中第一次出现"顶层设计"的提法。顶层设计意味着改革除了要具有国际视野、历史眼光、战略性、前瞻性之外，更重要的是突破局部利益格局。中国早期的改革是让一些群体得到好处，但不伤害其他利益群体。但今后的改革一定会触动已经形成的利益群体、改变既有的利益格局。因此，今后的改革，就不能完全依赖既有部门，而是必须超越既得利益群体，由中央来统筹制定，超越部门、集团、地区、既得利益群体，从更全面、更长远的视野出发进行制度设计。顶层设计以后在十八大报告和十八届三中全会文件中继续表述。

　　有人认为提出顶层设计就意味着否定邓小平的"摸着石头过河"的改革思路。这是不正确的。"摸着石头过河"是中国早期改革取得成功非常重要的改革思路，而顶层设计则是在当下的中国经济社会发展环境下的重要改革思路，二者并不矛盾。习近平总书记在讲话中也明确了"摸着石头过河"和顶层设计是不矛盾的。通过农村家庭联产承包责任制的例子，可以了解两者之间既不同又有衔接的关系。

　　当农村家庭承包制在一些地区出现时，十一届三中全会对此并没有明确的表态。但随着家庭承包制的逐步铺开，中央文件也不断扩大了对家庭联产承包责任制的认可程度。1984年时农村的家庭联产承包责任制已呈现燎原之势。随后，人民公社改为乡，大队改为村。这个改革过程非常快，仿佛是在实施休克疗法。但实际上整个改革过程中体现的是"摸着石头过河"的思想。农村家庭承包制的改革之所以迅速被接受，很重要的一点是这项改革是典型的"帕累托改进"，因为改革中有明确的群体受益，又没有别的群体利益受损。从目前中国的改革进展来看，"帕累托改进"式改革机会已很少。接下来的改革在为一部分人带来利益的同时，会损害一些群体的利益，而触及既得利益的改革将不可避免的遭遇抵制。例如，现阶段的收入分配制度改革、户籍制度改革、国企改革等都面临这样的问题。

　　因此，中国面临的改革难题是低垂的果子已经摘尽，下一步我们面临的是必须突破所谓的"帕累托改进"的改革，需要进入一个新的阶段。顶层设计很重要的意图就是突破利益固化的藩篱。习近平在广东视察时讲，改革开放是实现中华民族伟大复兴的关键一招，要坚持改革开放正确方向，敢于啃硬骨头，敢于涉险滩，既勇于冲破思想观念的障碍，又勇于突破利益固化的藩篱。从顶层设计看，今后思路更多的是突破既得利益群体的改革。

三 整体推进与重点突破

为什么要讲整体推进？由于任何一个体制都是整体，有自身的逻辑性。因此，改革或完善，就要兼顾改革的整体性、系统性、协同性。改革开放前中国的计划经济模式其实是根据中国当时的实际情况而发展起来的，并不是简单照搬苏联的体制。1949年新中国成立后，经济发展最大的问题是农业经济占主体，当时务农人口占到全部人口的90%，因此当时很自然选择推进工业化。怎么推进呢？在重工业和轻工业之间如何选择呢？人们生活水平和收入水平很低，轻工产品生产出来并没有足够大的消费力和市场。由于重工业的生产短期内不依赖于人们的消费能力，因此当时的选择是推进重工业化带动工业进程，即重点发展生产产品的机器的重工业。重工业是资本密集型产业，而当时资本非常稀缺。我们的办法就是不让市场来决定资本的定价和选择，而是通过计划的方式，扭曲生产要素的价格，实行高度计划分配的体制机制，将资本变成统一地计划分配的物资。为了杜绝企业自发地根据市场的需要生产产品获取利润，国家开始控制企业生产直至将其国有化，最终整体形成计划经济体制。

改革开放后，为了增强企业活力，允许企业发奖金，留利润。价格双轨制实施后，企业完成国家任务后可以自行根据市场需要进行生产。再进一步对国有企业逐步进行改革。中国的计划经济体制曾是一个完整的体系。而改革，就是按照自身逻辑，逐步摸索，到了一定程度，就要考虑到改革的整体推进了。

与整体推进对应的改革方式是重点突破。由于资源往往是有限的，因此在经济建设和改革中既要考虑到整体性，也要有所侧重，突出重点领域。这些重点领域一方面是通过改革能够带动其他领域改革的，另一方面是能够真正带来改革突破的领域，也往往是改革比较容易推进的部分。那么，当下的改革应从哪些领域重点突破？习近平总书记提出，改革要抓住重点，围绕解决好人民群众反映强烈的问题，回应人民群众的呼声和期待，突出重要领域和关键环节，突出经济体制改革的牵引作用。2014年李克强总理所做的《政府工作报告》提出，要"从群众最期盼领域、制约经济社会发展最突出问题改起……破除制约市场主体活力和要素优化配置的障碍"。近些年,一个社会共识是要通过改革避免中等收入陷阱,只有这样才能到2020年达到小康社会、到2050年实现现代化强国的伟大目标。我们面临的一个风险是"中等收入陷阱"。一般而言,一个国家落入"中等收入陷阱"往往会经历四个步骤:第一步,高速经济增长之后的减速;第二步,错误的政策药方和政策失误将经济减速转变为经济长期停滞;第三步,经济停滞后经济总量不再快速增大,国民收入分配状况开始恶化,部分群体在自己的利益得到保障和增多的时候,弱势群体的利益往往减少;第四步,既得利益格局被强化,改革举步维艰,体制弊端也将积重难返。

以中等收入陷阱的"四部曲"来衡量,来分析近些年中国的经济增长情况,可以看出,我们的经济增长减速已经出现,"十一五"时期GDP年平均增长率是11.3%,"十二五"以来,2012年和2013年GDP年增长率是7.7%。经济学家普遍认为中国经济增长已经很难再达到10%以上的速度了。总体看,我国经济增长的确开始自然减速,这也符合世界大多数国家经济发展的规律。一些研究发现,经济增长都会经历一个从快速到慢速的转变。从世界平均情况来看,从高速增长到慢速增长的转折点前后差别十分显著,从前七年的平均增长率6.8%,减到转折点后七年的平均增长率3.3%。[1]

我们再来看中等收入陷阱第二步,即会不会出现政策误判。这一点,取决于我们怎样认识当前出现的经济减速。如果认识正确,政策应对正确,就不会出现第二步。笔者认为,中国经济增长经历了两个转折点,一个是刘易斯转折点。二元经济中,农业过剩劳动力不断转移出来的过程就是经济增长过程。当农业不再有剩余劳动力可供转移时,就达到了刘易斯转折点。我国沿海地区2004年出现了民工荒。一开始人们认为这只是一个暂时情况,后来发现,民工荒不仅没有消失,反而从珠三角到长三角进而蔓延到全国,招工难成为常态。另一个重要的转折点是劳动年龄人口绝对减少。2010年,我国达到了这个转折点,出现了实实在在的劳动人口负增长。可以说,我国长期以来经济增长所依赖的人口红利消失了。人口红利消失导致我国经济的潜在增长率下降。

图2中,1995—2010年,我国GDP的潜在增长率与实际增长率是基本

---

[1] Barry Eichengreen, Donghyun Park, and Kwanho Shin, *When Fast Growing Economies Slow Down: International Evidence and Implications for China*, NBER Working Paper No. 16919, 2011.

一样的，为10.34%。"十二五"时期潜在增长率平均是7.55%。过去两年实际增长率是7.7%，与预测也基本一致。笔者预测"十三五"期间的GDP潜在增长率是6.2%。我国经济增长率持续下降的原因，笔者认为主要是人口红利结束引发的劳动力供给不足。而宏观经济学家则认为，中国经济减速是因为金融危机后美国经济复苏乏力，欧洲的主权债务危机等导致的外部需求不足。这时如果国内需求也不见起色，国家也不通过投资刺激增长，经济增长率当然要下降。因此，绝大多数宏观经济学家给出的政策建议是，既然我们无法左右外国对我们的产品需求，也无法短期提升国内老百姓的购买力和消费欲望，便只能通过大规模投资来刺激经济增长。

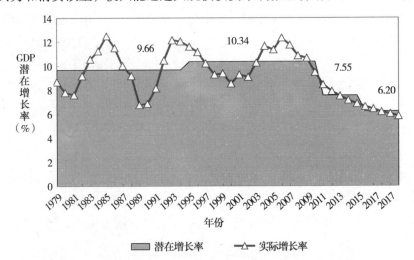

图2　我国GDP潜在增长率和实际增长率（1978—2020年）

资料来源：Cai Fang and Lu Yang, "Population Change and Resulting Slowdown in Potential GDP Growth in China", *China & World Economy*, Vol. 21, No. 2, 2013。

　　笔者认为，误判经济形势可能引发一连串的政策错误。当把经济增长潜力下降的供给方面因素，错误地理解为出口、消费、投资等需求方面问题，进而出台错误的政策时，就容易犯使日本陷入"失去的二十年"的政策错误。如果供给能力不提高，仅仅希望通过提振需求去提高，要求其去超越潜在增长率，经济的最终衰落是必然的。

　　中等收入陷阱的第三步是收入差距持续扩大。目前我国的收入差距已经非常大。近些年随着刘易斯转折点到来引发的农民工工资提高等因素，收入差距有可能会缩小。从官方的数据看，近几年的收入差距确有缩小的趋势。但一些学者认为，官方统计中并不包含个人收入的全部。社会的隐性收入（灰色收入）大多没有被统计进去，而灰色收入的绝大部分（70%—80%）都集中在收入最高的 10% 的人手里。① 因此，如果将隐性收入考虑进去，中国的收入差距要大得多。笔者将这些人的估算数据按照不同的收入组别加入到国家统计局的数据中，如图 3 所示，中国的收入差距就大幅度提高了。尽管收入差距这两年有所减小，但仍然比官方统计大得多。总体来看，劳动力市场对收入差距的减小起到了一定作用。但是资源分配中的问题，如国有企业的处置，矿山资源等资源和资本的分配收入往往没有均等地落到老百姓手里，而这些资本和资源的分配比劳动力市场对收入差距的影响要大得多。发展劳动力市场、扩大就业可以缩小收入差距，但是，资源分配方面的机会不均等导致的收入差距却往往难以抑制。

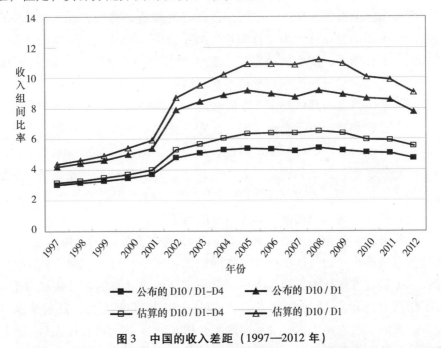

图 3　中国的收入差距（1997—2012 年）

资料来源：公布的 D10/D1 – D4 和 D10/D1 系根据国家统计局《中国统计年鉴》数据计算得到；估算的 D10/D1 – D4 和 D10/D1 系笔者依据王小鲁和国家统计局《中国统计年鉴》数据计算得到。

（1）王小鲁：《国民收入分配战略》，学习出版社、海南出版社 2013 年版；（2）王小鲁：《灰色收入与国民收入分配：2013 年报告》，《比较》2013 年第 5 期。

---

① 参见王小鲁《灰色收入与国民收入分配：2013 年报告》，《比较》2013 年第 5 期。

因此，必须通过全面深化改革标本兼治。在治理腐败之外，改革必须触及更广泛的利益群体。党的十八届三中全会提出的全面深化改革正是基于此，部署了经济体制、政治体制、文化体制、社会体制和生态文明体制的全面改革，成立中央全面深化改革领导小组，以及六个专项小组。中央成立的以习近平为组长的深化改革领导小组和一系列举措彰显了党中央全面深化改革的决心。我们非常期待，这样的更加制度化、规范化、变得更加公平的改革举措能够从制度上遏制可能出现的第三步和第四步，进而阻断中国走向中等收入陷阱的路径。

四 体制改革与经济增长

当前国际上很多人认为，中国正在进行的改革必将损害经济增长。有人甚至将中国的改革称之为"抑制增长型"改革。笔者认为这样的判断是错误的，从长期看，我们的改革不会牺牲增长率，而是为了解放生产力，实现更快的经济增长。改革与增长不是此消彼长的关系。

习近平提出要处理好改革、发展和稳定之间的关系，要坚持把改革力度、发展速度和社会可承受程度统一起来，把保障和改善民生作为各项工作的最终目标、最高检验标准，通过改革发展，确保人民安居乐业、社会和谐稳定。改革、发展和稳定三者各有侧重，互为条件、互相促进。我们要正确认识这一点。如果不认识这一点，是不利于我们改革的顺利推进的。笔者举几个这方面的改革促进增长的例子。

十八届三中全会提出要实施以农民工市民化为核心的户籍制度改革，推动新型城镇化。如何认识中国现在的城镇化水平？目前有两个城镇化指标：一个是官方统计的城镇化指标，是按常住人口计算的。住在城市半年及半年以上的就是城市常住人口。它占全部人口的比例，目前大概是53%。我们知道农民工的定义是离开本乡镇半年及以上的农村人口。所以在统计城镇化率时农民工是被统计到城镇常住人口中的。另一个指标是按全部人口中具有非农业户口的比重来测算城镇化率。2013年中国的非农户口的人口比例是35%—36%，也就是真正意义的城镇化率是35%—36%。这个数据与官方城镇化率53%之间的差距，就是农民工在城市打工但没有户口的制度导致的。没有户口就没有稳定的就业预期，不能享受城市中的各种社会保障，因此大多数农民工不会指望自己长期在城市生活下去。由于户籍制度的限制，社会保障的空缺，这些人的劳动力供给其实是不充分的。也就是说虽然人口红利已经结束，但实际上我们并没有充分利用现有的农村转移劳动力。因此，新型城镇化的概念意味着要实行户籍制度改革，即表现为两个指标的最终并轨。例如，到 2030 年我国城镇化率要达到 70%，那么这些人绝大部分都是有非农业户口的。

笔者认为改革可以立竿见影地带来改革红利，促进经济增长。图 4 是笔者根据几个领域改革的综合经济效果模拟的中国今后一段时间的经济增长率。如果没有显著的改革效应，如图 4 中"趋势"曲线所示，从目前开始减速下去。如果在此基础上，通过教育体制改革，让人们享受到更好的、更均等的教育，以及户籍制度改革，让更多人口变成城镇居民，提高劳动参与率从而增加劳动力供给，通过增强农民工培训以及其他改革提高全要素生产率，都将显著提高未来的潜在增长率。在这几项"改革"的基础上，生育政策调整和完善还会在未来提高生育率，产生提高增长率的效果（如从总和生育率 1.4 到 1.6，再到 1.77 乃至 1.94 的变化情景）。人口红利终究会没有的，但如何选择正确的改革方式，创造改革红利来替代人口红利，则是非常重要的。这样也将让中国远离中等收入陷阱。

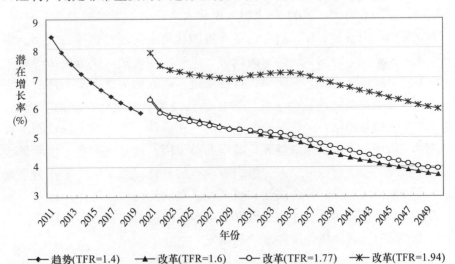

图 4 中国经济增长率模拟（2011—2050 年）

资料来源：Lu Yang and Cai Fang, "China's Shift from the Demographic Dividend to the Reform Dividend", in Ross Garnaut, Cai Fang and Ligang Song（eds.）, *Deepening Reform for China's Long-Term Growth and Development*, Australian National University E Press, 2014.

综上所述，改革和经济增长之间不仅不是此消彼长的关系，反而恰恰是互相促进的关系。认清楚这一点非常重要：一方面，这有利于我们增强道路自信，提升对中国梦的信心，驱散经济悲观论的雾霾，更直接讲有利于增强中外投资者的信心；另一方面，当我们认识到改革是有收益的，也帮助我们在改革中做出正确的方式选择。现在，尽管帕累托改进的改革机会越来越少，但如果能看到改革总体上带来的收益，我们就可以从制度上进行设计，避免收益和成本分配的不对称。2014 年的《政府工作报告》提出形成农民工市民化过程中的成本分担机制，就是说市民化中产生的成本不能由某一个单独的主体承担，而是允许在企业、个人、投资者，以及在中央政府、地方政府和城镇政府之间分担，并分享改革收益。

五　重大改革要于法有据

在改革开放初期，中国的法律体系尚不健全，无法可依的情况经常出现。在一定程度上，当时的改革是不断突破各种传统理念和现行法规束缚的过程。通过 30 余年的改革开放和民主法制建设，如今改革的宏观政治环境已经显著不同。在 2011 年全国人民代表大会上，吴邦国委员长宣布，一个立足中国国情和实际、适应改革开放和社会主义现代化建设需要、集中体现党和人民意志的，以宪法为统帅，以宪法相关法、民法商法等多个法律部门的法律为主干，由法律、行政法规、地方性法规等多个层次的法律规范构成的中国特色社会主义法律体系已经形成。建立在法治基础上、立法和执法的紧密结合，将保证改革方向的正确性、推进的持续性和不可逆转性。特别是当改革越来越涉及既得利益集团，甚至政府本身也将是改革的对象时，要突破任何个人和组织对改革的阻挠，必须以法律作为至高无上的依据，才能保证其合法性和权威性。以法治统领经济体制改革，不仅为改革提供更高的合法性，还可以从更本质的层面找到阻碍制度变迁的上位体制障碍，从而抓住推进改革的嚆矢。

要建立一个法制民主的国家，改革就不能讲长官意志，而是要于法有据。对于改革和法律的关系，社会上有两种互相对立的观点：一种观点认为改革要依法行事，也就是习近平总书记讲的于法有据；另一种观点认为改革就是要打破现行法律束缚，我国的改革过程一开始就是可能要违法的，如果什么东西都要遵法，则不会有这么大的改革成绩。

这种争论在土地制度改革上特别典型。十八届三中全会对农村土地制度有一个巨大的理论突破。城镇化需要土地，农业要搞规模经营、流转土地，农民要获得更多的财产性收入。因此，有三类土地要有更加充分的流动，变成资本流动起来。第一类土地是作为承包地的农业耕地。第二类土地是农村居民的宅基地，盖着房子、院子甚至菜园子。第三类土地是农村集体建设经营用地，这块地可以搞乡镇企业、经营甚至土地开发。十八届三中全会提出的这些土地同地同权以及各种流转和收益形式，在实践中如何实施呢？我们知道，目前农村土地抵押等与现行法律是有冲突的。这个时候我们面临的选择是，依法改革还是突破法律改革。改革如何与现有法律进行协调，就需要改革的智慧。2014 年中央 1 号文件就这些做了进一步的规定。基本方法是试点先行，以便与相关法律的修订和完善相衔接，再进行大范围推广，总体上做到于法有据。

再看生育政策调整的例子。新的单独二孩政策出台之前就经历了长期的等待、论证和权衡。三中全会提出逐步调整和完善生育政策的要求后，尽管媒体和民间积极回应，但有关部门却一度表示中央的政策并没有时间表，没有统一的规定。全国人大常委会就此专门制定了关于推动单独二孩政策实施的决议，非常明确地提出各部门和地区要按照中央精神推进此项政策的实施。这是一次用立法推进改革的非常好的尝试。另一点需要注意的是，我们国家的一些政策和法规在制定时还是预留了很大的改革空间的。仍以计划生育政策为例。长期以来，人们认为我国的计划生育政策就是一个孩子政策，实际上并非如此。在单独二孩政策之前，平均而言，中国 10% 的家庭可以生两个孩子，52% 的家庭生一个半孩子，36% 的家庭生一个孩子；此外，还有 2% 的人口适用于三孩或以上。[①] 因此，新的单独二孩政策与计划生育法并不相悖。

六　结语

近些年来，随着我国经济社会的快速发展，我们距离实现中华民族的伟大复兴越来越近。与此同时，我国的经济体制改革也进入一个更为艰难

---

① 中国发展研究基金会：《中国发展报告 2011/2012：实现人口、经济和社会的协调发展》，中国发展出版社 2012 年版。

的阶段。目前，关于改革存在很多的争议，如果没有正确的方法论作为指导，我们在制定政策时可能会面临难以抉择的局面，进而可能会影响我国下一步的改革进程。习近平总书记关于改革的方法论的系列讲话对于我们理清改革思路，掌握正确的改革方法论具有非常重要的意义。

笔者认为，顶层设计与"摸着石头过河"、整体推进与重点突破、体制改革与经济增长彼此之间并不是非此即彼的关系，而是相互促进和互补的关系，且在不同的改革时期有所侧重，而重大改革都要于法有据也是在改革中要特别强调的。掌握正确的改革方法论，不但可以让我国的改革按照正确的方向前进，而且会更有效率地前进，中华民族的伟大复兴和每个中国人的"中国梦"将更快实现。

正确认识和评价改革开放前后
两个历史时期

——学习习近平总书记"1·5"讲话的一点体会

李慎明*

2013 年 1 月 5 日，习近平总书记在新进中央委员会的委员、候补委员学习贯彻党的十八大精神研讨班上指出："我们党领导人民进行社会主义建设，有改革开放前和改革开放后两个历史时期，这是两个相互联系又有重大区别的时期，但本质上都是我们党领导人民进行社会主义建设的实践探索。**中国特色社会主义是在改革开放历史新时期开创的，但也是在新中国已经建立起社会主义基本制度，并进行了 20 多年建设的基础上开创的。虽然这两个历史时期在进行社会主义建设的思想指导、方针政策、实际工作上有很大差别，但两者决不是彼此割裂的，更不是根本对立的。不能用改革开放后的历史时期否定改革开放前的历史时期，也不能用改革开放前的历史时期否定改革开放后的历史时期。**要坚持实事求是的思想路线，分清主流和支流，坚持真理，修正错误，发扬经验，吸取教训，在这个基础上把党和人民事业继续推向前进。"

十八大报告明确指出："以毛泽东同志为核心的党的第一代中央领导集体带领全党全国各族人民完成了新民主主义革命，进行了社会主义改造，确立了社会主义基本制度，成功实现了中国历史上最深刻最伟大的社会变革，为当代中国一切发展进步奠定了根本政治前提和制度基础。在探索过程中，虽然经历了严重曲折，但**党在社会主义建设中取得的独创性理论成果和巨大成就，为新的历史时期开创中国特色社会主义提供了宝贵经**

---

* 李慎明，中国社会科学院原副院长、研究员。

验、理论准备、物质基础。"

习近平总书记所指出的与十八大报告的上述论断完全一致，都科学、正确、准确地评价了以毛泽东同志为核心的党的第一代中央领导集体的伟大功绩，这深得党心、军心和民心，具有重大意义。

在一些人的印象中，毛泽东根本不会搞经济建设，只会搞阶级斗争。这是一种误解。毛泽东在经济建设上也确实有失误，我们应认真记取。但说毛泽东不懂经济，不会搞经济建设，不是事实。毛泽东时期经济建设的成就与失误相比，成就不仅是主要的，更是伟大的。我们就从经济建设上说：1949 年新中国成立时经济基础十分薄弱。从 1840 年开始，中国进入半殖民地半封建社会。1840 年至 1949 年这 109 年间，我国对外共签订了 1100 多个不平等条约，帝国主义列强直接、间接掠夺了我国大量有形和无形的巨额财富。1949 年，我国钢产量仅有 15.8 万吨；蒋介石逃往台湾时，又带走了国家几乎所有的外汇储备和国家财政所拥有的黄金。旧中国积弱积贫，新中国一穷二白，这绝不是形容词。

新中国一成立，并不是我们要闭关锁国。早在延安时期，毛泽东就多次谈过，革命胜利以后，他要出访的第一个国家，就是到美国去，要向美国学习如何搞现代化工业和现代化农业。还在我国解放战争之时，西方强国便协助蒋介石政府对我解放区实行经济封锁。新中国一成立，帝国主义列强便对我国实行更加严酷的经济封锁，美国等西方强国对我国科技禁运的项目比苏联东欧国家还多出 500 多项。但新中国成立后一直到毛泽东去世的新中国前 27 年：

一是实际上先后打赢了抗美援朝、抗美援越并投入大量的人力、物力和财力进行大、小"三线建设"成功化解苏联霸权主义企图对我国进行的"核打击"这三场较大规模的反侵略战争，有力地捍卫了我国的主权和神圣领土。而在赫鲁晓夫时期，苏联霸权主义利用我国的自然灾害和工作中的失误，逼迫我国还债，企图压迫我国屈服。当时中国欠苏联的各项借款和应付利息共计折合人民币 52 亿余元（其中 60% 以上是抗美援朝战争中我国借支的军事物资的贷款和利息）。按照原定协议，这些外债于 1965 年前全部还清。当时我国建国仅十年有余，工业尚在起步阶段，所以只能用猪肉、鸡蛋、苹果等农产品来偿还。这就加重了人民群众的生活困难。但是，我国人民有志气，到 1964 年，我国提前一年还清了 20 世纪 50 年代欠苏联的全部贷款和利息。

二是独立自主、自力更生研发出"两弹一星一潜艇"。这正如邓小平1988年所说："如果六十年代以来中国没有原子弹、氢弹，没有发射卫星，中国就不能叫有重要影响的大国，就没有现在这样的国际地位。"①

三是建立了独立的比较完整的工业体系和国民经济体系。

以上第二、第三两条，即"两弹一星一潜艇"的研发和独立的比较完整的工业体系和国民经济体系的建立，基本上又都是我国自主研发的技术。

四是建成国计民生所必需的大量的基础设施。李先念明确讲过，基础建设是投入七块产出一块，而加工工业是投入一块产出七块。

五是排除种种干扰加入联合国。由于毛泽东关于"三个世界"划分理论的正确指导，我国与美国、欧洲诸国和日本等主要国家的外交关系取得突破性进展，成功打破外部霸权主义和强权政治对我国的严酷封锁，真正跨入了大国的行列，并即将迎来和平与发展的时代主题。以上五条需要投入大量的人力、物力和财力，并且十分耗时。这为我国的改革开放奠定了坚实的物质财富，又创造了良好的国际环境。

六是毛泽东时期，我国曾一度既无内债，又无外债。当然，不借外债，一度没有内债，甚至严重影响了当时的经济发展，也可以说这是当时工作中的一个失误，是思想僵化的一种表现，我们应从中汲取教训。改革开放就是汲取了这一教训。但从当时的客观情况看，那时还不具备大量引进外资的国际环境；从两分法的角度看，没有内债，也就没有为后人留下还债的包袱。

以上成就的取得，是全国各族人民共同勒紧"裤腰带"、从嗓子眼里抠出食物和节省必要日常生活开支而积攒下大量的物力和财力所换来的。这也是我们大家在毛泽东时代"过穷日子"的主要缘由之一。

《关于建国以来若干历史问题的决议》中明确指出："中国共产党在中华人民共和国成立以后的历史，总的来说，是我们党在马克思列宁主义、毛泽东思想指导下，领导全国各族人民进行社会主义革命和社会主义建设并取得巨大成就的历史。社会主义制度的建立，是我国历史上最深刻最伟大的社会变革，是我国今后一切前进和发展的基础。"② 邓小平说得好："不

---

① 《邓小平文选》第3卷，人民出版社1993年版，第279页。
② 《三中全会以来重要文献汇编》下，人民出版社1982年版，第1107—1108页。

提毛泽东思想，对毛泽东同志的功过评价不恰当，老工人通不过，土改时候的贫下中农通不过，同他们联系的一大批干部也通不过。毛泽东思想这个旗帜丢不得。丢掉了这个旗帜，实际上就否定了我们党的光辉历史。"①

我们审视历史，决不能简单地站在个人得失立场，必须跳出个人局限站在人民和历史乃至最终站在全人类文明进步的角度去观察问题，方可能得到事物的真谛与本质。不能在毛泽东时代自己曾经饿过几天肚子，过了几年穷日子，就把新中国成立后毛泽东时期前27年的艰辛奋斗与后30多年的改革开放割裂甚至对立起来。我们决不能否认新中国前27年的失误和错误，决不能为毛泽东的错误辩护，并一定要认真汲取其中的教训。但失误和错误也不是毛主席一个人的。现在有的人把新中国毛泽东时期说得一无是处，不是糊涂就是别有想法，甚至另有所图。

国际共产主义运动历史经验反复证明，要搞垮一个社会主义国家，首先就要攻击这个国家执政的共产党；要搞垮这个国家执政的共产党，首先就要丑化这个执政党的主要领袖。这是国内外敌对势力企图西化、分化我们的最直接、最便捷、花钱最少但却最有效的手段。苏共亡党、苏联解体的根本教训之一，就是苏联国内外的敌对势力投入大量金钱，创办和引导各种媒体恶毒攻击、抹黑进而从根本上否定斯大林乃至列宁。

什么叫历史？历史由时间与空间组成，是相对于现在的过去式时空的存在。从严格意义上讲，我们现在所读的被叫作"历史"的课本或书籍或相关文章等这些纸质记忆，仅仅是历史中特定人物的记忆或记录或认识。这些记忆或记录或认识是不是历史的本来面貌，揭示的是不是历史的本质和规律，是需要认真地分析与甄别的。恩格斯在19世纪80年代就指出："资产阶级把一切都变成商品，对历史学也是如此。资产阶级的本性，它生存的条件，就是要伪造一切商品，因而也要伪造历史。伪造得最符合资产阶级利益的历史著作，所获得的报酬也最多。"② 法国哲学家、思想系统的历史学家福柯认为："谁控制了人们的记忆，谁就控制了人们的行为的脉动，因此，占有记忆，控制它、管理它，是生死攸关的。"20世纪50年代的美国"麦卡锡时代"，美国当局总共抓捕甚至杀害了多少美国共产党人及其同情者，这是铁幕，无人知晓。1965年，在美国中央情报局支持

---

① 《邓小平文选》第2卷，人民出版社1994年版，第298页。
② 《马克思恩格斯全集》第16卷，人民出版社1964年版，第573页。

下，印度尼西亚军事当局杀害50万—100万印尼共产党及其同情者，连当时的美国媒体也报道说，甚至河水都被染成红色。而在当今的全球化和信息时代，几乎也无人知晓。1957年的"反右"，我们划了55万右派，毋庸讳言，其中有不少受冤枉的同志，但没有处死一个，却全部被描述成"血淋淋"的，地球人都知道。而他们在印度尼西亚杀死的50万—100万人，地球人却几乎无从知晓，无人知晓，更无人谴责。笔者决无意替我们党特别是毛泽东的失误辩护，但国际资本控制的种种媒体就是这样"客观""真实"和"公允"吗?!

早在几年前，习近平总书记在全国党史工作会上就明确指出，要警惕"历史虚无主义"的特有危害，并提醒全党要高度警惕。笔者认为，目前国际垄断资本基于其搞垮苏共和苏联的"经验"，在竭力贩卖马克思主义、社会主义和中国共产党的"历史虚无主义"之时，把主要矛头集中放在攻击毛泽东和毛泽东思想上，这是国内外敌对势力企图在近期甚至近几年围剿、演变、颠覆社会主义中国战略部署十分重要的组成，是其"软实力""巧实力"十分重要的组成。尽管这仅是极少数人的行为，但他们能量很大。加上各种资本控制的种种媒体特别是互联网的扩散与扩张作用，对此我们必须高度重视，认真恰当应对。能否恰当应对国内外敌对势力特别是国际资本操纵的对毛泽东以及周恩来、邓小平等我们党的领袖人物的攻击，这对在现在和今后一个相当长的时期内抵御他们的西化、分化，以确保我们党永不变质，具有重要的战略意义。从一定意义和一定范围讲，敌人比我们强大的只有一点，就是他们可以不顾人类起码的良知与道德，用造谣这一极其堕落和卑鄙的伎俩攻击人。

但历史的经验也已多次证明，谁把以美国为首的西方世界打得越痛，谁就会被以美国为首的西方世界攻得越烈，但广大人民群众最终会对他越亲，把他记得越牢。

2013年1月21日，美国总统奥巴马在第二任总统就职典礼的讲话中指出：作为美国公民，"有义务塑造我们时代的辩题，不仅是通过我们的选票，而且要为捍卫悠久的价值观和持久的理想发声"。马列主义、毛泽东思想和邓小平理论、"三个代表"重要思想、科学发展观不仅是我们的指导思想，而且也是我们共产党人的价值观。在捍卫我们自己国家和阶级的价值观上，就其清醒和坚定性而言，我们应该向奥巴马"学习"。

中国特色社会主义是科学社会主义
理论逻辑和中国社会发展历史逻辑的统一

——在中国社科院学习习近平总书记
"1·5"讲话理论研讨会上的发言

习近平总书记的"1·5"讲话，从六个时间段分析了社会主义思想从提出到现在的历史过程，强调中国特色社会主义是科学社会主义理论逻辑和中国社会发展历史逻辑的辩证统一，是根植于中国大地、反映中国人民意愿、适应中国和时代发展进步要求的科学社会主义，使我们对什么是中国特色社会主义、怎样建设中国特色社会主义有了更深刻的认识，也使我们正确研究中华人民共和国史有了更明确的指导思想。

习近平总书记指出："中国特色社会主义是社会主义而不是其他什么主义，科学社会主义基本原则不能丢，丢了就不是社会主义。"中国特色社会主义的立足点是中国仍处于并将长期处于社会主义初级阶段的国情，所体现的是世界呈现和平与发展两大时代主题的特征，但它作为一种政治理论、社会实践、社会制度，归根结底属于科学社会主义范畴。既然是科学社会主义，当然要遵循它的基本原则。

首先，在经济上，社会主义的根本原则是："一个公有制占主体，一个共同富裕。"① 改革开放初期，我们党针对我国生产力水平仍然较低和过去长期存在平均主义、吃"大锅饭"的现象，提出"让一部分人、一部分

---

* 朱佳木，中国社会科学院原副院长，中华人民共和国国史学会常务副会长。
① 《邓小平文选》第3卷，人民出版社1993年版，第111页。

地区先富起来"，提倡"效率优先、兼顾公平"，允许和鼓励资本参与分配。实行这些政策，对于调动人们的积极性、加快经济发展起了重要作用，但也带来收入差距过大、分配不公和"一切向钱看"的思想倾向等负面影响。为此，我们党自十七大以来，对分配政策逐渐进行调整。党的十八大进一步把"逐步实现全体人民共同富裕"纳入中国特色社会主义定义，把"坚持走共同富裕道路"作为夺取中国特色社会主义新胜利必须把握的八个基本要求之一，把"收入分配差距缩小"放入全面建成小康社会的新要求中，旗帜鲜明地提出"共同富裕是中国特色社会主义的根本原则"。习近平同志当选总书记后，第一次会见中外媒体时便强调，新一届中央领导机构对民族、对人民、对党的一个重要责任，就是努力解决群众生产生活困难，坚定不移走共同富裕道路。所有这些都表明，我们党对分配领域出现的新问题，认识是清醒的，解决的决心是坚定的。

马克思在《哥达纲领批判》中指出："消费资料的任何一种分配，都不过是生产条件本身分配的结果；而生产条件的分配，则表现生产方式本身的性质。"[1] 正因为如此，我们党在推进所有制改革的过程中，始终强调要以公有制为主体、以国有经济为主导。事实说明，只有坚持以公有制为主体，才可能防止两极分化，保证中国特色社会主义的实行。

其次，在政治上，社会主义的基本原则是坚持共产党的领导，坚持人民民主专政，坚持马克思主义的指导。我们党在进行经济体制改革的同时，针对过去一度存在的权力过分集中、忽视民主与法制建设的问题，提出了政治体制改革的任务，并在推进过程中始终强调坚持改革的社会主义方向。早在改革开放之初，邓小平就一再提醒我们："在改革中坚持社会主义方向，这是一个很重要的问题。"[2] "在整个改革开放的过程中，必须始终注意坚持四项基本原则。"[3] 他指出："如果不坚持这四项基本原则，纠正极左就会变成'纠正'马列主义，'纠正'社会主义。"[4] "八九"风波后他又指出："某些人所谓的改革，应该换个名字，叫作自由化，即资本主义化。他们'改革'的中心是资本主义化。我们讲的改革与他们不

---

① 《马克思恩格斯选集》第3卷，人民出版社1996年版，第306页。
② 《邓小平文选》第3卷，人民出版社1993年版，第138页。
③ 同上书，第379页。
④ 同上书，第137页。

同，这个问题还要继续争论的。"① 在要不要坚持改革正确方向的问题上，江泽民、胡锦涛同志同邓小平的主张完全一致。他们的论述说明，党中央历来主张改革要坚持正确方向，这个方向就是社会主义，就是四项基本原则。

在民主、法制方面，我们还存在许多不尽如人意的地方，需要继续深化改革，也需要认真落实已经改革了的制度和法律。但是，改革的目标只能是社会主义制度的自我完善，原则只能是坚持中国共产党领导、人民当家做主、依法治国的有机统一，前提只能是有利于政局稳定、人民团结、经济发展、生活改善。我们过去没有，今后也不能照搬西方多党轮流执政、三权分立的制度。因为这种制度不适合中国国情，如果生搬硬套，不仅不会给中国人民带来真正的民主，解决不了腐败问题，相反，只会引发政局动荡，造成社会混乱、国家分裂、内战爆发、难民成群，使已有的发展成果丧失殆尽，最终退回到被外国势力瓜分的时代。

习近平总书记在"1·5"讲话中还指出：改革开放前后两个历史时期，"是两个相互联系又有重大区别的时期，但本质上都是我们党领导人民进行社会主义建设的实践探索……两者决不是彼此割裂的，更不是根本对立的。不能用改革开放后的历史时期否定改革开放前的历史时期，也不能用改革开放前的历史时期否定改革开放后的历史时期"。毫无疑问，中国特色社会主义是在改革开放后开创的，但它是在改革开放前中国已进入社会主义并进行了 20 多年社会主义建设的基础上开创的。在现实生活中，凡是怀疑和反对改革开放的，往往会用改革开放前的历史否定改革开放后的历史；凡是怀疑和否定四项基本原则的，往往会用改革开放后的历史否定改革开放前的历史；凡是把中国特色社会主义看成"新民主主义的回归"和"民主社会主义""社会民主主义"，或者看成"资本主义复辟"的，往往会把这两个历史时期加以割裂和对立；同样，凡是把两个历史时期加以割裂和对立的，也往往会反对或曲解中国特色社会主义。可见，能否正确认识改革开放前后两个历史时期及其相互关系，与能否正确认识中国特色社会主义的本质之间，具有高度的相关性。

正确评价改革开放前的历史，要分清那段历史的主流和支流。与改革开放后相比，改革开放前的经济发展和人民生活的变化远没有那么显著，

---

① 《邓小平文选》第 3 卷，人民出版社 1993 年版，第 297 页。

但这绝不表明那个时期的成就不伟大、不重要。如同盖楼一样，打地基时不容易让人看出成绩，但楼房盖得快、盖得高，反过来说明地基打得牢。另外，正确评价改革开放前的历史，还要看到那段历史对于改革开放的意义。以毛泽东为核心的党和国家第一代中央领导集体在带领人民进行社会主义建设的过程中，形成了许多正确方针。这些正确方针都是毛泽东思想的组成部分，不过有的在改革开放前并没有很好贯彻，而在改革开放后却得到了认真落实，发挥了和正在发挥着重要作用。因此，改革开放前后的两个历史时期，本质上都是中国社会主义社会的发展阶段，两个阶段共同促成了中国特色社会主义的形成：前一个阶段是后一个阶段的基础，后一个阶段是前一个阶段的继承和发展。

戈尔巴乔夫在苏联掀起一场从否定斯大林到否定列宁、十月革命和苏联历史，再到否定马克思、恩格斯和国际共产主义运动历史的逐步升级的运动，使人民群众产生严重的思想混乱和信任危机、信仰危机，最终导致苏共下台、苏联解体。今天，我们党没有因为改革开放前的历史有错误、有曲折便否定那段历史，而是理直气壮地把新中国 60 多年的历史作为一个光辉的整体加以宣传。这不仅是对待改革开放前历史的正确态度，也从根本上维护了改革开放后的历史，从而有利于人们树立道路自信、理论自信、制度自信，有利于中国特色社会主义事业的巩固和发展。

习近平总书记在"1·5"讲话中又指出："我们既要坚定走中国特色社会主义道路的信念，也要胸怀共产主义的崇高理想……没有远大理想，不是合格的共产党员；离开现实工作而空谈远大理想，也不是合格的共产党员。"早在延安时代，毛泽东就说过："关于社会制度的主张，共产党是有现在的纲领和将来的纲领，或最低纲领和最高纲领两部分的。"① 想不经过为最低纲领或基本纲领的奋斗而一下子达到共产主义，只能是不切实际的空想。建设中国特色社会主义，便是我们党根据在社会主义初级阶段的基本纲领提出的中国人民当前和今后一个很长时间的奋斗目标和任务。我们要深化中国特色社会主义的认识，就要弄清楚党的最高纲领与这个基本纲领的关系。

实现共产主义当然是遥远将来的事，但绝非遥遥无期、虚无缥缈，更不是什么乌托邦。共产主义不仅是指人类社会的理想制度，而且也是指一

---

① 《毛泽东选集》第 2 卷，人民出版社 1991 年版，第 686 页。

种思想体系和一种运动。如果说在井冈山时代、延安时代、西柏坡时代，是共产主义理想支撑了广大党员的意志，那么今天距离共产主义总不会比那时更远。可见，在为实现基本纲领而奋斗的情况下，要求党员牢记党的最高纲领、坚定共产主义理想信念，不仅是必须做到的，也是完全可以做到的。

看一个共产党员是否牢记了党的最高纲领、坚定了共产主义理想信念，有没有客观标准呢？对这个问题，习近平总书记在讲话中也做出了肯定的回答。他指出："衡量一名共产党员、一名领导干部是否具有共产主义远大理想，是有客观标准的。那就是要看他能否坚持全心全意为人民服务的根本宗旨，能否吃苦在前、享受在后，能否勤奋工作、廉洁奉公，能否为理想而奋不顾身去拼搏、去奋斗、去献出自己的全部精力乃至生命。"这就把共产党员坚定理想信念的要求与实际结合得更紧了，更加具体化了，也更便于人们把握和评判了。

习近平总书记的"1·5"讲话，充分体现了党的十一届六中全会通过的《关于建国以来党的若干历史问题的决议》和十一届三中全会以来历次代表大会报告的精神。我们要按照党的十八大的要求，不为任何风险所惧，不被任何干扰所惑，在以习近平同志为总书记的党中央领导下，继续沿着中国特色社会主义道路前进，为2020年全面建成小康社会、2050年基本实现现代化而努力奋斗。

一脉相承，与时俱进

——学习习近平总书记"1·5"讲话的体会

陈之骅*

习近平总书记2013年1月5日在新进中央委员会的委员和候补委员学习贯彻党的十八大精神研讨班上的讲话，是一篇重要的历史文献。在这次重要讲话中，习近平总书记对世界社会主义理论与实践的历史发展进程，做了十分精辟的论述。从中可以领会中国特色社会主义既是对马克思、恩格斯开创并制定的科学社会主义基本原则的继承，又是中国人民在新的历史条件下，根据自己长期的革命实践和探索，对科学社会主义的伟大发展。讲话明确指出："只有社会主义才能救中国，只有中国特色社会主义才能发展中国。这是历史的结论和人民的选择。"总书记的论述思想深邃，逻辑严密，实事求是，语言朴实，不仅提出了一系列新思想和新观点，而且澄清了目前理论界存在的一些错误观点和糊涂思想，是全党和全国人民坚持中国特色社会主义、实现中国梦的强大思想武器。

习近平总书记以历史唯物主义的观点和方法论为指导，从六个时间段全方位地、辩证地分析了社会主义思想从提出到现在的历史进程，内容包括空想社会主义的产生和发展；马克思、恩格斯创立科学社会主义理论体系；列宁领导十月革命胜利并实践社会主义；苏联模式逐步形成；新中国成立后我们党对社会主义的探索和实践；我们党做出进行改革开放的历史性决策、开创和发展中国特色社会主义。这样的分段具有深刻的理论性和鲜明的历史感，它表明这六个时间段是一脉相承和与时俱进的。这是总书记讲话中的一个十分耀眼的亮点。

* 陈之骅，中国社会科学院荣誉学部委员、世界历史研究所研究员。

1516 年，英国人托马斯·莫尔发表了《关于最完美的国家制度和乌托邦新岛的既有益又有趣的全书》（以下简称《乌托邦》）一书。书中叙述一位虚构的航海家航行到一个称为"乌托邦"的地方的见闻。在那里，社会的基础是财产公有制，人们在经济、政治等各个方面都是平等的。他们没有私有财产。产品实行按需分配，没有商品货币关系。他们每天劳动 6 小时，穿统一的工作服，在公共食堂就餐。每人轮流到农村劳动两年，每十年调换一次住房。官吏通过秘密投票方式选举产生，职位不得世袭。人们在劳动之余从事科学、艺术活动和进行游戏。国家奉行一夫一妻制和宗教自由政策。作者在书中强调指出：私有制是万恶之源。它使"一切最好的东西都落到最坏的人手中，而其余的人都穷困不堪"。因此"只有完全废除私有制度，财富才可以得到平均公正的分配，人类才能有福祉"。莫尔是在历史上第一次提出消灭私有制、建立公有制的思想家。

莫尔通过对"乌托邦"国的社会制度的赞扬，批判了英国新生的资本主义关系，特别是抨击了当时的"圈地运动"，描写了由此给劳动人民带来的痛苦。莫尔对"羊吃人"的形象揭露和批判，成了后来马克思在《资本论》中叙述资本主义原始积累的野蛮方法时所引用的生动素材。但是由于时代的局限，莫尔还不可能理解资本主义兴起的意义和它的历史地位，当然也无法指出实现理想社会的真正途径，因而他的"乌托邦"也只能是一个空想而已。

《乌托邦》一书问世以来，社会主义开始成为人类的一种美好理想。此后的 300 年间，一些国家的先进思想家，包括意大利的康帕内拉，英国的温斯坦莱，法国的摩莱里、马布利等人，不断产生对这种未来社会的向往和追求。直到 19 世纪初，法国人圣西门、傅立叶和英国人欧文三位伟大的"批判的空想社会主义者"，把空想社会主义思潮推到了最高峰。他们怀着对广大劳苦大众的深切同情，对资本主义社会，特别是私有制，进行了尖锐的揭露和批判，呼吁建立一个以公有制为基础的、没有人剥削人的理想社会，描绘了未来社会主义社会的蓝图，甚至设计了具体的实现方案。但是无论如何，由于时代的局限性和思想家们的唯心史观，这种思潮注定只是纯粹的空想。但是这些思想家的学说并不是白费的，他们的优秀成果成了后来马克思、恩格斯所创立的马克思主义和科学社会主义思想的重要来源之一。

到了 19 世纪中叶，马克思和恩格斯在资本主义已经有了充分发展，无产阶级已经成为一支独立的政治力量的西欧,经过潜心研究和实际调查,终于创立了科学社会主义的理论,使社会主义从空想变成了科学。这是人类思想史上一个伟大的飞跃。在马克思主义和科学社会主义产生的标志性著作《共产党宣言》中,第一次提出了经典的科学社会主义的基本原则。其主要内容是:**社会主义必然取代资本主义;无产阶级革命是无产阶级进行斗争的最高形式;推翻资产阶级统治的斗争必须有无产阶级政党的领导,并建立无产阶级专政;消灭私有制,建立生产资料公有制;对社会生产进行有计划的指导和调节,实行等量劳动领取等量产品的按劳分配,增加生产力总量,满足全社会成员的需要;占统治地位的思想只能是统治阶级的思想;通过无产阶级专政和社会主义的高度发展,最终向实现消灭阶级、消灭剥削和人的自由而全面发展的共产主义社会过渡。**

马克思、恩格斯同时还反复强调,要从实际出发预测未来社会,坚决反对教条式预测未来和规定未来社会的具体细节,强调科学社会主义原理的运用随时随地都要以具体的时间地点为转移。

在20世纪新的历史条件下,列宁根据他对帝国主义的经济、政治特征的研究,突破了马克思、恩格斯先前的理论,提出了社会主义革命可以在资本主义世界的一个薄弱环节,在少数甚至在单独一个资本主义国家首先取得胜利的理论。正是在这一理论指导下,布尔什维克党在资本主义发展相对落后的俄国,领导十月社会主义革命取得了胜利,建立了世界上第一个社会主义国家,把科学社会主义由理论变为现实,接着又对如何在俄国建设社会主义的理论与实践进行了成功的探索。这些都是列宁把马克思主义和科学社会主义时代化和俄国化的结果,是列宁对马克思主义和科学社会主义的继承、发展和创新。这是科学社会主义发展史上一个重要的里程碑,它已经深深镌刻在世界社会主义的史册上。无论它的敌人和各种无知的理论家对十月革命如何否定,怎样歪曲,怎样谩骂,说它"搞早了""搞糟了"也好,说它"阻碍了俄国的历史发展进程"和"充其量只是布尔什维克发动的一次成功的政变"也罢,最后即使是1991年的苏联解体,都不能抹杀十月革命的历史光辉。

列宁在十月革命取得胜利和苏维埃政权建立以后,为俄国由资本主义向社会主义过渡和开展社会主义建设所设计的蓝图,特别是他制定的新经济政策,也同样凸显了科学社会主义理论创新和马克思主义俄国化的伟大成果。列宁认为,在经济不发达的俄国,要全面开展社会主义建设,必须经过一个较长的过渡时期，而取代"战时共产主义"的新经济政策正是适应这个时期的基本政策。科学社会主义发展的历史进程表明：马克思主义的时代化和本土化常常是相伴而行的；科学社会主义总是与时俱进的。列宁主义是19世纪与20世纪之交自由资本主义进入帝国主义时代的马克思主义，同时又是俄国化了的马克思主义。

习近平总书记把"苏联模式的逐步形成"列为社会主义思想历史发展进程中又一个时间段，以此明确地表明，"苏联模式"是一种社会主义性质的模式，从而肯定了苏联模式在社会主义发展进程中的历史地位。这一论断具有重要的理论价值和现实意义。它澄清了国内外学术界一些错误观点，对于那些否认"苏联模式"的科学社会主义性质、否认"苏联模式"体现了科学社会主义的基本原则的种种谬论和糊涂观念，起到了正本清源的作用，也是对近年来国内外甚嚣尘上的历史虚无主义思潮的一个有力的驳斥。

众所周知，"苏联模式"是在20世纪20年代末和30年代初开始形成的，到30年代中期初具规模，此后又逐步丰富完善。"苏联模式"是在当时苏联的具体条件下实现科学社会主义基本原则的一种探索。因为这一模式的逐步形成是在斯大林执政时期，所以学术界又称之为"斯大林模式"。不过马克思主义者使用这一名词时与大多数西方学者并不一样，后者称呼"斯大林模式"时带有明显的贬义，是与所谓的"斯大林主义"这个名词相呼应的。他们的目的是否定它与马克思主义和科学社会主义的关系。所以总书记的讲话的一个重要意义在于和上述观点划清了界限。

"苏联模式"的基本原则主要是：在政治上的共产党的执政地位和以工人阶级为领导、以工农联盟为基础的苏维埃政权；在经济上的生产资料公有制（包括集体所有制）和按劳分配原则；在意识形态上的马克思主义指导地位等。它们是科学社会主义基本原则和本质特征的集中体现。这些基本原则与马克思、恩格斯在《共产党宣言》中有关这一问题的经典表述是完全一致的。这正是我们肯定"苏联模式"的社会主义性质的基本依据。

"苏联模式"本身有一个形成和发展过程。在20世纪30—40年代，也即其形成初期，它所反映的社会主义制度的优越性和发挥的正能量是非常明显的。不然，苏联在这一时期取得的辉煌成就，特别是社会主义基本制度的确立和巩固、国家工业化的实现、反法西斯卫国战争的伟大胜利和战后国民经济的迅速恢复，便是不可想象和无法解释的。"苏联模式"使得苏联在短短的时间内取得了令西方世界望而生畏的巨大成就。在 1929—1932 年第一个五年计划期间，全国工业总产值年均增长 19.3%，基本形成了现代工业体系；在 1933—1937 年第二个五年计划期间，工业总产值年均增长 17.1%。到 1937 年，苏联的工业生产总值已跃居欧洲第一位和世界第二位。这种"工业化奇迹"与当时主要资本主义国家的经济大萧条形成了鲜明的对照，使社会主义的苏联成为世界经济的一朵奇葩，大大提高了社会主义在世界人民心目中的威信，同时也保证了后来反法西斯战争的胜利和战后国民经济的迅速恢复。如果说苏联的全部历史是一个由兴盛、衰落到败亡的过程，那么 20 世纪 20—40 年代应该属于苏联的兴盛和繁荣时期。

当然，"苏联模式"是存在缺陷和弊端的。这些缺陷和弊端，正如习近平总书记指出的：在所有制上实行单一的生产资料公有制，在经济体制上过分严格的指令性计划经济；在发展战略上过分注重以重工业为主和追求外延式粗放增长；在政治上片面强调阶级斗争和无产阶级专政，权力高度集中和民主法制缺失，以及党政不分、领导干部终身制和个人崇拜盛行；等等。这主要是因为苏联是第一个社会主义国家，而且是在帝国主义层层包围的国际条件下开始进行建设的，没有任何历史经验可资借鉴，因而对什么是社会主义和怎样建设社会主义的问题仍然需要探索。另外，这种探索也受到俄国的历史文化传统和当时科学社会主义理论发展水平的制约和局限。至于最高领导人的个人品质与作风，应该是第二位的。不过在 20 世纪 30—40 年代苏联开始崛起的时期，上述缺陷和弊端并不是主流，而且大都不属于基本制度层面上的问题，是可以通过有效的体制机制改革得到解决的。问题在于苏联领导人未能做到与时俱进。在战后国民经济恢复以后，特别是进入 50 年代以后，由于不尊重客观的经济规律等问题，"苏联模式"的弊端日益显露和加重，成为经济、社会发展的严重体制障碍，改革已经刻不容缓。可是无论是赫鲁晓夫，还是勃列日涅夫时期，都未能进行及时和正确地改革，从而使"苏联模式"日趋僵化，为后来的苏联解体埋下了祸根。

从 80 年代初期开始，以戈尔巴乔夫为代表的苏联领导人打着所谓"改革"的旗号，推行"人道的民主的社会主义"路线，背离了马克思主义的正确方向，放弃了《共产党宣言》提出的科学社会主义的基本原则。现实的和历史的原因相互交织，加上西方"和平演变"策略攻势的强化和推波助澜，终于造成了苏联解体和苏共垮台的恶果，使世界社会主义遭受重大的挫折。但是，苏联解体并不等于社会主义的失败。相反，它使全世界的马克思主义者和共产党人通过认真思考"苏联模式"的经验教训，结合本国的具体情况进行新的探索，进一步发展和创新社会主义的理论与实践。

中国特色的社会主义正是在汲取"苏联模式"的历史教训，扬弃"苏联模式"的基础上，在新的历史条件下通过自己的长期探索和实践逐步形成的。这里有一个坚持基本原则和基本制度以及与时俱进的问题。科学社会主义的基本原则是不能变的，但具体的呈现方式和与之有关的理论和实践是可以而且必定要与时俱进的（当然，在本国范围内的发展不存在空间的问题）。只有这样，马克思主义才能不断发展创新，社会主义才能不断开拓前进。众所周知，我国在建国初期曾经学习"苏联模式"的经验，但不久就觉察到了这一模式的局限性，它的不足、错误和缺点，因而毛泽东很早就明确提出要"以苏为鉴"，独立探索。他写的《论十大关系》和《论人民内部矛盾问题》等重要著作就是这种探索的标志。

改革开放以后，邓小平继承并发展了毛泽东思想，在新的历史条件下结合当代中国实际和时代特征，开创了中国特色社会主义并提出了社会主义初级阶段的理论。此后中国特色社会主义理论在实践和探索中又不断丰富和发展。

习近平总书记指出，"新中国成立后我们党对社会主义的探索和实践"和"我们党作出进行改革开放的历史性决策、开创和发展中国特色社会主义"，是继"苏联模式的逐步形成"之后的两个重要的时间段，并从历史和现实两个方面对它们进行了全面、具体和深入的论述，其理论价值和现实意义是非常重要的。

第一，从这里可以看到，中国特色社会主义属于马克思、恩格斯所创立的科学社会主义的范畴。这是因为它的基本原则没有变化。邓小平同志制定的"四项基本原则"和"一个中心、两个基本点"是科学社会主义基本原则的集中体现，和《共产党宣言》中提出的重要原则是完全一致的。据此，习近平总书记强调指出："中国特色社会主义是社会主义而不是其他什么主义。科学社会主义基本原则不能丢，丢了就不是社会主义。"这就是说，中国特色社会主义不是"民主社会主义"，也不是"人道的民主的社会主义"和其他形形色色所谓的"社会主义"，更不是什么"中国特色的资本主义"。这是对党内外、国内外关心和质疑中国道路的人们的一个明确回应。

第二，习近平总书记强调指出："中国特色社会主义，是科学社会主义理论逻辑和中国社会发展历史逻辑的辩证统一，是根植于中国大地、反映中国人民意愿、适应中国和时代发展进步要求的科学社会主义，是全面建成小康社会、加快推进社会主义现代化、实现中华民族伟大复兴的必由之路。"这一论断具有极其深刻和十分重大的创新的意义。中国特色社会主义理论一方面是对19世纪中叶发轫于西欧的马克思主义和20世纪初期出现在俄国的列宁主义的进一步发展与创新；另一方面是150多年来中国人民及其优秀的代表，特别是90多年来中国共产党人在我国新的时空条件下求人民解放、谋民族复兴进行长期艰难探索（包括成功的经验与失败的教训）的结果。这两个方面是历史的辩证统一，是马克思主义时代化和中国化的充分体现。由此可见，中国特色社会主义的实质是在坚持马克思主义基本原理和科学社会主义基本原则的基础上，从中国的实际出发，不照抄、照搬别国的经验和模式，走具有中国特色的社会主义道路。

第三，习近平总书记把新中国成立以后我们党领导人民进行社会主义建设划分为改革开放前和改革开放后两个时间段，指出这是两个紧密联系又有重大区别的时期，两者不能割裂，更不能对立，并特别强调不能用改革开放后的历史时期否定改革开放前的历史时期，也不能用改革开放前的历史时期否定改革开放后的历史时期。由于这两个重要的时间段都发生在中国，因而不存在空间不同的问题。

历史事实证明，新中国建立以后的第一个30年间，以毛泽东为首的中国共产党第一代领导集体引领全国人民建立和巩固了社会主义基本制度，取得了社会主义建设的伟大成就，为改革开放奠定了思想、物质和制度基础。其间，尽管走了一些弯路，但这是探索上出现的挫折和失误，是支流，不是主流。在改革开放以后的30年间，在邓小平开创的中国特色社会主义理论的指引下，我们的国家始终坚持改革开放，并取得了前所未有的发展。这是与前一时期区别的主要表现。但这是在坚持"四项基本原则"前提下进行的，从而既赶上了世界发展的步伐和时代前进的潮流，又坚持了社会主义方向和党的领导，避免了重蹈苏联的覆辙。总之，总书记关于"两个阶段"的划分具有很大的新意和针对性，不仅澄清了一些错误思想，明确了一系列过去含含糊糊、说不清楚的，而又存在种种争议的问题，同时进一步诠释了马克思主义和科学社会主义是一脉相承，与时俱进的。

把牢意识形态工作主动权的若干关键点

——学习习近平总书记"8·19"讲话精神的体会

樊建新[*]

党的十八大以来，以习近平为总书记的党中央对意识形态工作高度重视，把意识形态工作作为党的一项极端重要的工作来抓。在 2013 年全国宣传思想工作会议上，习近平发表了"8·19"重要讲话，强调经济建设是党的中心工作，意识形态工作是党的极端重要的工作。他指出，宣传思想工作就是要巩固马克思主义在意识形态领域的指导地位，巩固全党全国人民团结奋斗的共同思想基础。党员、干部要坚定马克思主义、共产主义信仰，脚踏实地为实现党在现阶段的基本纲领而不懈努力，扎扎实实做好每一项工作，取得"接力赛"中我们这一棒的优异成绩。他特别指出，领导干部特别是高级干部要把系统掌握马克思主义基本理论作为看家本领，老老实实、原原本本学习马克思列宁主义、毛泽东思想特别是邓小平理论、"三个代表"重要思想、科学发展观。他还着重强调，党校、干部学院、社会科学院、高校、理论学习中心组等都要把马克思主义作为必修课，成为马克思主义学习、研究、宣传的重要阵地。新干部、年轻干部尤其要抓好理论学习，通过坚持不懈学习，学会运用马克思主义立场、观点、方法观察和解决问题，坚定理想信念。这一讲话旗帜鲜明，掷地有声。

当前，意识形态领域形势复杂，舆论斗争尖锐激烈。要落实好中央对意识形态工作的精神，需要集中精力抓好几个关键环节。

* 樊建新，中国社会科学院马克思主义研究院副院长、研究员。

一 充分认识意识形态工作在党的全部
工作中的极端重要性

经济工作搞不上去要翻船，意识形态搞不上去也要翻船。如果意识形态领域出了导向性问题，经济建设的方向也会跟着出问题。这反映了社会历史的发展规律，也是我们党从长期革命、建设、改革历史中得出的宝贵经验。邓小平同志始终强调"两手抓，两手都要硬"，原因正在于此。他还讲过，改革开放以来最大的失误是教育，是思想政治教育，是坚持四项基本原则不够一贯。改革开放以来最大的两次动荡，都是因为思想政治工作的软弱涣散和资产阶级自由化泛滥造成的。在意识形态领域出了大毛病，政治的稳定、国家的安定都没有保证，一旦遇上自然灾害、突发事件，再加上别有用心的人的煽动，直接导致的后果就是政治动乱、"颜色革命"。

在这个方面，苏共亡党亡国的教训要深刻汲取。苏共垮台、苏联解体正是从搞乱思想开始的。苏联国内外敌对势力主要做了两件事：一是放弃宪法第六条，否定了共产党领导和执政地位的合法性；二是集中丑化和攻击斯大林及其领导时期苏联的历史，进而否定共产党执政的历史根据。思想上的防线垮掉之后，再在经济领域搞全面私有化、休克疗法，就一路畅通无阻了。西方国家在这个问题上有着高度自觉。苏共中央主管意识形态工作的雅科夫列夫是被美国中情局收买的人，他在苏联解体过程中起了重要的鼓吹、组织作用，被称为社会主义苏联的"掘墓人"。

现在我们面临的意识形态形势非常严峻。一方面，我们在中国特色社会主义道路上取得了巨大的成就，所以我们有条件、有资格讲道路自信、理论自信、制度自信。但同时也要看到，在我国没达到中等发达国家经济发展水平之前，西方在经济上将一直保持相对优势，所以，意识形态领域资本主义和社会主义的斗争将会长期存在。目前，中国实际上变成西方敌对势力西化分化的主要对象。在他们多年来不遗余力的推动、干预下，民主化、自由化、私有化已经形成了某种思潮、某种势力，有着广泛的影响力，对此不能等闲视之。如果我们没有高度自觉，看不清问题的实质，对这些错误认识不给予明确回答和辨析，而是无原则地退却，必然带来严重后果。要想真正坚持共产党的执政地位和领导，坚持社会主义道路，意识形态领域的斗争是回避不了的。对此不能抱有任何幻想。

二 把牢意识形态工作的主动权，关键是抓领导

意识形态工作是党的工作的一部分，要改变当前的严峻局面，牢牢把握这场斗争的主动权，必须做到这样几点：一是全党都要重视思想理论工作。意识形态领域的工作不仅是宣传部门、党委书记一家的事情，只有党政一起抓，才能形成合力，合力才有力量。省委书记要亲自抓社论，抓报纸，抓广播。要鼓励省部级领导沉下心来研究理论问题，学点新闻的艺术，写出有分量的文章。二是要发挥组织的作用，运用组织的力量，使有关的党员干部充分了解中央关于意识形态工作的精神，使大家对中央精神都有明确的、统一的了解，以便形成强大的统一的力量。三是对中央提出的要求，必须要检查落实的情况。对于不加以落实或者是敷衍塞责的情况，要有明确的组织处理措施。

意识形态领域的原则是非，事关党和国家的发展方向、发展道路，归根到底也是党和国家的命运问题，所有的领导干部，谁也不允许做旁观者，更不允许以放弃思想斗争把自己打扮成开明派，来博取廉价的赞词，这是对党的事业极不负责任的表现。有些人就是在自由化势力的压力下不敢坚持原则。现在有的人无条件地讲包容，把它等同于取消思想战线上必要的斗争，是非常错误的。取消思想斗争就是给反社会主义的思潮开路。要使动摇者不动摇，首先自己要坚定。

在实际工作中，很多人认为意识形态工作与经济发展相比，是可有可无的，意识形态领域中的斗争与他们没有关系。因而，在实践中，这个问题的重要性更多仅停留在口头上。一些马克思主义理论研究和建设工程专家下大力气"磨"出来、经中央审定的教材，都无法真正"落地"。有的领导干部忙于搞各种评奖、活动，目的是为了出政绩、谋升迁，而没有真正下工夫学习理论。即使是有文件规定要做的事，也要看风向、看形势，眼睛只看着上面，上面有动作就做，没有就不做。领导讲了，强调了，才跟着讲，跟着强调。如果领导强调得不够，就跟着敷衍了事。对于中国特色社会主义建设提出的新的理论要求，他们看不到、学不好、答不上，因而不能很好地承担本职工作。对于错误思潮，只有像反动口号一类的出格的东西才能看出问题，一进入学术领域，如以学术研究的面目出现的民主、宪政讨论，就看不懂、辨不明，容易被人家牵着鼻子走。意识形态斗争只有演变到一触即发的现实

问题才能感觉到，否则就认为天下太平、万事大吉。

对于意识形态工作中的矛盾与冲突，尤其是棘手问题，不愿抓、不敢抓、不会抓，是上述几种干部共同的精神状态。不愿抓就是根本同情对立面，不敢抓就是怕惹事，不会抓就是不懂行，出了事被动应付。做理论宣传的干部自身都没有坚定的马克思主义信仰，如何去影响、引导他人？这样的精神状态如果不改变，后果不堪设想。

三　对思想理论战线队伍的基本情况要做到心中有数

意识形态领域是一个没有硝烟的战场。要想在这个战场上打胜仗，首先要分清楚敌我。中央、省市的思想宣传部门，必须掌握马克思主义理论队伍的基本状况。哪些人是真正坚持马克思主义真理的，哪些人表面上是马克思主义者而实际上是不赞成的，哪些人是比较糊涂的，哪些人是持观望态度的，哪些人是反对马克思主义的，心里必须有底。然后才能搞清楚团结谁，依靠谁，打击谁。

现在看来，一些部门对这个问题基本心中无数。对于新闻、理论、文化艺术各个领域，都不甚了解，有一种瞎子摸象的感觉。一些单位在学术评审、项目论证、成果评奖时，只看"名气"不看倾向，选入了一些非马克思主义甚至是反马克思主义的"专家"。他们在党性原则、唯物史观、党的教育方针等一些基本问题上与党公开唱反调。而对于这些人选，基层单位推荐上来，上级单位也不提任何意见，照单全收。对理论界毫无了解，就更谈不上组织队伍、谋划作战、守土有责了。这种状况如果不改变，马克思主义理论队伍的建设就是一句空话，意识形态领域的斗争也会不战而退。

在意识形态领域，学术和政治的关系极为密切。当前，党的政治理论阵地基本上是我们掌握的，但在更为基础的学术研究领域，变化已经非常严重。在政治、经济、历史、法律、新闻等各个领域，马克思主义被边缘化的情况比比皆是。现在，全国高校中开设《资本论》课程的已经屈指可数；以马克思主义为指导进行学术研究，往往被扣上"观点陈旧""极左"等帽子而受到各种打压，一些马克思主义学者的学术文章都难以在报刊上面世。相反，大量模糊是非界限、反对社会主义基本制度、反对共产党领导的奇谈怪论则大行其道。一些媒体上经常可以看到一些人鼓吹私有化的言论。某高校一位研究所所长公开宣扬宪政的著作获了多项政府奖。主张让个人主义成为时代主旋律、批判党的教育方针的著作，也能获得各种奖项。这些人的学术与政治地位扶摇直上，一批批的博士、硕士随之培养出来。这样下去，这支队伍的颜色会慢慢改变，政治理论阵地也会被人家逐渐占领。

四　不能用正面宣传代替有针对性的批驳

意识形态领域的大是大非斗争，是科学和反科学的斗争，是真理和谎言的斗争。要坚持正确方向，澄清思想混乱，必须旗帜鲜明、理直气壮。我们一方面要坚持党的基本路线的旗帜，即一个中心、两个基本点，既不封闭僵化，也不改旗易帜；另一方面要坚定地、鲜明地反对各种形式的资产阶级自由化思想。两者不能分开，缺一不可。

要旗帜鲜明，就不能遮遮掩掩、欲说还休。在理论上破和立的问题，不能互相替代。正面讲不等于反驳错误观点。现在有的批判文章写得四平八稳，空话套话连篇，没有针对性、斗争性，让人看了不知所云。如果对错误观点不作公开驳斥，人民群众就难以辨明理论是非，"主旋律"也很难起到应有的社会影响。长此以往，我们就会逐步丧失在人民群众中的话语权，进而导致人民群众对党的理论的怀疑、反对。

正面宣传为主，在实践中不能变成就事论事，不能简单地变成"有什么问题就解决什么问题"，不能变成"不许就事论理、不许见微知著、不许从个别当中看到一般"。在一些单位，奉行"不炒热"原则，把不批评或仅在有限范围内批评错误观点变成了一般工作原则。对于造谣、诬蔑党的历史、党的领袖的情况，也不闻不问，或是在有限的范围内做点到为止的批评，而不去认真地梳理、解决。这样，客观上助长了错误思潮的大行其道。

意识形态领域的一些单位，包括一些重要媒体，在这方面都需改进作风。必须对中央的精神及时反映，要发表有针对性的文章，不允许吞吞吐吐，有暧昧的态度。一些主流媒体的理论版很少有人爱看，原因就在于文章没有针对性、战斗性，无法反映、解决人民群众真正关心的理论问题。这样的"主旋律"怎么可能产生影响？这看起来是个文风问题，实质上是对党的理论是不是真信、是不是真懂的思想问题。而且，有的媒体本身思想倾向就有问题，有的刊物发表了不少歪曲党的历史的文章。

五　对错误思潮和观点要有组织地批驳

集中优势力量打攻坚战，是我们党的宣传工作的优良传统。散兵游勇式的零星文章形不成气候。相关部门应该下大力气、组织专门力量来研究意识形态的倾向与动向，对错误的东西做细致梳理，分清主次，集中力量批驳其中危害最大的观点，澄清理论是非。中央对意识形态领域存在的问题非常重视，旗帜鲜明地反对错误思潮和观点，但学界对中央的一些精神的认识并不一致。对此，默不作声不行，我们应当对错误思潮逐一拿出有理有据的批驳文章。这样的文章不在多而在精，写出来要管用。有了这样的"压场石"，才能最大限度地支持、团结朋友，批驳、孤立敌对势力。

宣传工作要真正取得实效，还需要做大量的细致的组织工作。有的部门、有的领导把宣传工作简单化为开会传达，认为只要发了文件、开过会议了，就算贯彻落实了，这是非常要命的形式主义错误。近些年来，我们党制定了许多好的政策，说了很多很好的话，但往往在实际中是落空的，原因就在于此。

六　党的宣传思想工作也要严明纪律

严明纪律，特别是政治纪律是我们党的制胜法宝。我们要真正下决心，采取一些组织措施，切实纯洁党员队伍，这样党才会有战斗力，才会在人民群众中间有威信。对于从事思想宣传工作的党员和干部，必须要求他们遵守党章党纪，遵守宪法法律，如果不能够做到，违反党的政治纪律，必须采取坚决措施。比如，一些多年来坚称共产党执政非法的党员学者，一些长期散布攻击中国特色社会主义、攻击公有制的言论的党员学者，一些长期刊发抹黑党的领导人、歪曲党的历史的文章的媒体，始终未受党的纪律的约束，这是极不正常的现象，应当下决心、想办法管一管了。

总之，要做好党的意识形态工作，必须增强主动性、掌握主动权、打好主动仗，而抓领导、抓队伍、抓阵地、抓纪律是把牢意识形态工作主动权的关键所在。

深化对意识形态工作"极端重要性"的认识

——学习习近平总书记"8·19"讲话精神的体会

李春华[*]

我们现在所说的"意识形态工作",是泛指一切与意识形态相关的工作,包括对意识形态的理论研究和对意识形态的宣传工作。邓小平曾将意识形态工作的范围概括为宣传工作、文艺工作、教育工作、新闻工作、理论工作等。① 按此理解,从事意识形态工作的人,应包括政治家、社会活动家、新闻记者、文艺工作者、理论工作者、宣传工作者、社会科学领域的研究人员及宣传工作的领导者。② 我们党在不同的历史时期,对于与意识形态工作相关工作,曾使用过"宣传工作""政治宣传""教育宣传""鼓动工作""宣传鼓动工作"等称谓。这称谓都是同一系列的概念,具有基本相同的含义。高度重视、善于做好宣传思想工作或意识形态工作,是我们党的政治优势和优良传统,是我们党凝聚力量、战胜艰难险阻、夺取一个又一个胜利的重大法宝。党从成立之日起,就把这一工作放在了党的全部工作的重要位置上,在广泛的领域开展了形式多样、卓有成效的宣传鼓动工作,在唤起民众、鼓舞士气、瓦解敌军等方面发挥了极其重要的作用,成为中国革命取得最后胜利的"第二大武器"。我们党对宣传思想工作或意识形态工作的重要地位和作用一直用"生命线"一词来概括和表述。这是一种形象的比喻和凝练性表达,其含义是强调宣传思想工作对经

---

* 李春华,中国社会科学院马克思主义研究院思想政治教育研究室主任、研究员,主要从事思想政治教育重大理论与重大现实问题研究。

① 《邓小平文选》第2卷,人民出版社1994年版,第255页。

② 刘建明等:《宣传舆论学大辞典》,经济日报出版社1993年版,第1—1524页。

济工作和其他一切工作起保证作用，包含着政治支持、思想引导、服务保证、精神动力等含义。

习近平总书记在继承我党的优良传统和宝贵经验的基础上，对意识形态工作的重要地位和作用进行了新的阐述。2013 年 8 月 19 日，习近平总书记在全国宣传思想工作会议上的重要讲话（习近平总书记"8·19"重要讲话）强调："经济建设是党的中心工作，意识形态工作是党的一项极端重要的工作。"这一论述深刻阐明了党的中心工作与意识形态工作的定位和关系。一方面，再次明确指出了经济工作在各项工作中的中心地位。在新的历史时期，集中精力把经济工作搞上去，这是全党工作的中心、重心，是摆在第一位的、首要的工作。其他一切工作，包括宣传思想工作，都必须紧紧围绕经济建设这个中心来展开工作，既不能脱离这个中心，也不能代替这个中心。另一方面，深刻阐明了意识形态工作的极端重要性。在坚持以经济建设为中心的同时，必须高度重视意识形态工作的极端重要性，切实改变当前一些地方忽视宣传思想工作的倾向，努力防止和克服工作中存在的"一手硬一手软"的状况。

所谓"极端重要"，就进一步增强"重要"的程度。也可以理解为党的意识形态工作或宣传思想工作，是党的整个事业中带有根本性、战略性、全局性、关键性的工作。习近平总书记在"8·19"重要讲话中指出："意识形态工作是党的一项极端重要的工作，能否做好意识形态工作，事关党的前途命运，事关国家长治久安，事关民族凝聚力和向心力。"关于意识形态工作的"极端重要性"，除学界普遍从"三个事关"的角度来论述之外，笔者认为，应从物质层面和精神层面探讨意识形态工作的"极端重要性"。从根本上说，意识形态反映并服务于特定阶级的利益。社会主义意识形态是无产阶级和最广大人民群众的利益和要求的反映和体现。从精神层面来看，意识形态工作的"极端重要性"在于巩固我们党执政的"精神基础"。坚实的精神文化基础，具有凝心聚气、强基固本的作用，可以增强人民群众对执政党的价值认同感，可以为中国特色社会主义建设提供精神动力和智力支持。因此，巩固党的群众基础和执政基础，包括物质和精神两方面。

一　维护最广大人民群众的根本利益

马克思唯物史观认为，意识形态是指由政治思想、法律思想、道德、艺术、哲学和宗教等意识形式组成的思想观念体系。意识形态具有鲜明的阶级性。它总是与一定的处在某种经济基础之上的阶级思想相一致的，总是产生和存在于一定的阶级社会之中。因此，意识形态是对一定社会经济形态和政治制度的反映，从而也是对一定阶级、阶层或社会集团利益与要求的反映。社会意识形态的功能在于，为一定社会阶级或集团的行为提供合法性论证，为其政治纲领、思想观念、价值取向、行为规范和目标理想提供理论依据，解决其举什么旗帜、走什么道路、以什么样的精神面貌、朝着什么样的目标前进的问题。作为与一定社会的经济和政治直接相联系的观念、观点、概念的总的意识形态，对社会经济结构以及政治结构具有巨大的能动反作用。所以，从维护阶级统治的一般规律来说，如果一个统治阶级要想维护自己的统治使自己不至于覆灭，它就必须加强自己的意识形态工作，牢固地占领思想阵地，这是一切阶级执政掌权以后的基本规律，无产阶级要维护自己的阶级统治当然也不例外。正因为如此，马克思、恩格斯指出："统治阶级的思想在每一时代都是占统治地位的思想。这就是说，一个阶级是社会上占统治地位的物质力量，同时也是社会中占统治地位的精神力量。支配着物质生产资料的阶级，同时也支配着精神生产的资料，因此，那些没有精神生产资料的人的思想，一般地是隶属于这个阶级的。"① 毛泽东也指出，"掌握思想领导是掌握一切领导的第一位"，并认为意识形态这个领域存在着长期的较量和斗争。无产阶级不去占领，资产阶级必然会乘虚而入。因而，毛泽东主张要彻底肃清党内的各种非无产阶级思想，注重意识形态领域的阵地建设，要"教育党员用马克思列宁主义的方法去作政治形势的分析和阶级势力的估量"②。邓小平也指出："我们一定要把思想政治工作放在非常重要的地位，切实认真做好，不能放松"③，"在意识形态领域中，同各种妨害四个现代化的思想习惯进行长

① 《马克思恩格斯选集》第1卷，人民出版社1995年版，第98页。
② 《毛泽东著作选读》上册，人民出版社1986年版，第33页。
③ 《邓小平文选》第2卷，人民出版社1994年版，第342页。

期的、有效的斗争"①。胡锦涛曾经明确指出：必须"高度重视和切实做好意识形态工作。意识形态领域历来是敌对势力同我们激烈争夺的重要阵地，如果这个阵地出了问题，就可能导致社会动乱甚至丧失政权。敌对势力要搞乱一个社会、颠覆一个政权，往往总是先从意识形态领域打开突破口，先从搞乱人们的思想入手"②。

意识形态之所以被统治阶级所重视，从根本上说，在于意识形态反映并服务于特定的利益。从马克思唯物史观来看，社会存在决定社会意识，社会根本利益对于意识形态具有决定性作用。意识形态是通过社会或阶级利益的棱镜对社会关系的反映。意识形态就是以某种特定利益为基础的需要、愿望、目标等的观念、思想和理论体系。一个社会占统治地位的意识形态，往往是"以阶级利益为基础、以政治信仰为核心、以社会关系为对象、以思想文化为内容、以深入人心为原则、以实践精神为特征、以引领社会为目的的集体性社会观念体系"③。在这一体系中，社会利益是一定阶级的意识形态的基础和根本。任何意识形态无非都是一定阶级或社会集团自身利益的反映和表达方式。意识形态的实质，是特定阶级或集团出于本阶级根本利益考虑形成的系统化的思想观念体系。因此，可以说，意识形态最本质的功能就在于利益阐释、利益综合、利益维护、利益协调、利益表达的功能，从而为维护特定社会集团的利益服务，最终实现其特定的社会宗旨和目的，即一定的利益目标。当然，作为意识形态基础的利益，并不是个别人的个人利益，而是一个社会或一个集团的整体利益，根本性的、全局性的利益；不是简单的、直接的某种具体物质、文化需要，而是通过一定政治、经济关系所表现出的根本社会要求。这种性质的社会利益，不是单独存在的，必然与特定的社会经济政治关系相联系，并体现在特定的社会经济、政治制度之中。因此，在现代社会中，任何一种重要的意识形态都要以为巩固现存社会制度或为推翻现存社会制度为宗旨。这也就决定了，一定的社会制度必然要保护自己的意识形态的统治地位，进而排斥各种异己的意识形态。因为，一个社会或一个集团维护自己的意识形态也就是维护与之相应的制度，就是维护自己的统治地位，从而最终维护自己的利益。

---

① 《邓小平文选》第2卷，人民出版社1994年版，第209页。
② 《十六大以来重要文献选编》，中央文献出版社2006年版，第318页。
③ 陈淑雅：《意识形态和意识形态控制理论》，博士学位论文，河南大学，2012年。

社会主义意识形态，是与社会主义的基本经济制度和政治制度相适应的、以马克思主义为根本指导、体现着社会主义制度的本质要求的思想意识观念体系。

既然任何意识形态都与某种特定社会利益联系在一起，都有一定的利益指向，那么，社会主义意识形态也不例外。共产党是广大无产阶级和人民群众利益的代表，作为社会主义意识形态指导思想的马克思主义是无产阶级和广大人民群众根本利益的理论概括。因而，社会主义意识形态，是以马克思主义为指导、以实现最广大人民群众根本利益为根本目标的思想观念体系。社会主义意识形态之所以成为"科学的意识形态"就在于其代表的利益关系符合科学的标准，并通过促进利益总量的增加、促进利益关系的合理化、排除利益实现过程中的干扰来实现社会主义意识形态的利益目标。

社会主义意识形态是无产阶级和最广大人民群众的利益和要求的反映和体现，因而社会主义意识形态工作的开展，必须从人民群众的根本利益出发，为社会主义的经济、政治、文化和社会发展服务，充分体现习近平总书记在讲话中所强调的，"党性和人民性的一致"。一方面，毫不动摇地坚持党性原则，坚定政治立场，坚持正确政治方向，坚定宣传党的理论和路线方针政策；另一方面，坚持要把实现好、维护好、发展好最广大人民根本利益作为出发点和落脚点，坚持以民为本、以人为本，丰富人民精神世界，满足人民精神需求。不仅如此，宣传思想工作也要关注人民群众的物质需求，为人民群众排忧解难。

社会主义意识形态工作是社会主义建设事业的重要组成部分，在社会主义建设总体布局中占有重要的地位。在当前我国改革发展的关键阶段，利益格局和阶层结构的日益分化，不同阶层、不同利益群体的利益性矛盾日益增多，甚至一些价值性矛盾出现。[①] 在国家通过经济发展和政策调整来解决这些问题的同时，我们的意识形态工作，就是要大力宣传改革发展与最广大人民群众根本利益之间的关系，重点加强对收入分配差距问题、先富与后富问题、公平与正义问题的教育，引导人们树立正确的利益观、公正观和共富观。既要正视而不回避当前存在的问题，又要使人们认识产生问题的原因；既要看到我们在解决这些问题上的努力和成绩，又要看到

---

① 参见李培林《社会冲突和阶级意识》，社会科学文献出版社 2005 年版，第266页。

问题依然存在，有些还很严重；既要看到由于各种因素而导致的解决问题的任重道远，又要看到社会主义制度在解决这些问题上的优越性，使广大干部群众对党和国家充满信心，从而为实现中华民族伟大复兴的中国梦凝聚其强大的精神力量。

二 巩固我们党执政的"精神基础"

做好意识形态工作，有利于巩固我们党执政的"精神基础"，即从精神文化层面巩固党的执政地位。党的执政基础，是一个包含物质基础、思想理论、精神文化基础和群众基础等诸多方面的系统工程。坚实的精神文化基础，具有凝心聚气、强基固本的作用，可以增强人民群众对执政党的价值认同感，可以为中国特色社会主义建设提供精神动力和智力支持。因此，巩固党的群众基础和执政基础，包括物质和精神两方面。在当前，党执政的"精神基础"，就是社会具有高度的精神文明，社会主义核心价值体系深入人心并得到普遍践行，人们普遍具有正确价值追求、理想信念、积极向上的道德风尚、健康的精神生活、自信与自强的激情与活力，以及由此产生的强大的精神力量。社会的精神文化，具有凝聚人心、积聚力量的作用，激励和鼓舞人们为求得民族独立和国家富强而共同奋斗。因此，在现阶段，以社会主义核心价值体系为基本内容的意识形态，是我们党长期执政的思想源泉和价值认同，为党长期执政提供强大的思想源泉、精神动力和智力支持，构成了党执政的"精神基础"。

习近平在讲话中强调："只有物质文明建设和精神文明建设都搞好，国家物质力量和精神力量都增强，全国各族人民物质生活和精神生活都改善，中国特色社会主义事业才能顺利向前推进。"邓小平早就指出，物质贫困不是社会主义，精神贫困更不是社会主义。物质文明建设和精神文明建设要两手抓、两手都要硬。江泽民曾指出，一个民族、一个国家，如果没有自己的精神支柱，就等于没有灵魂，就会失去凝聚力和生命力。有没有高尚的民族精神，是衡量一个国家综合国力强弱的一个重要尺度。社会发展需要强大的物质力量和社会制度的保障，但也需要思想文化等精神力量的支持。

改革开放以来，我们在经济建设上取得了巨大的成就，巩固了党执政的物质基础。中国改革开放 30 多年来，社会经济飞速发展，人民生活水平大幅度提高，整个社会走向进步文明，这一切举世瞩目、有目共睹，广大人民群众为之骄傲与自豪，世界为之震撼与敬仰。然而，与物质文明建设巨大成就形成反差的是一些人的精神困惑、思想迷茫和道德失范。随着改革开放的日益深化，经济体制、社会结构、利益格局的大调整、大变革，"经济成分、分配方式、组织方式、就业方式和生活方式日益多元化"的这"四个多样化"，极大地增强了人们思想活动的独立性、差异性、多变性和选择性，人们的思想意识呈现出多元、多样、多变的复杂局面。普世价值、历史虚无主义等各种非马克思主义、反马克思主义思潮不时发出杂音、噪音；享乐主义、拜金主义、极端个人主义等非社会主义思想意识大量存在，在一些地方还严重存在，部分社会成员信仰缺失，思想道德失范，有些人世界观、人生观、价值观发生扭曲，是非混淆、善恶颠倒、荣辱不分的现象还时有发生。精神生活低俗等现象还相当普遍，极端偏激的不良社会情绪也日益滋生。许多在新中国成立以来早已绝迹的封建迷信丑恶现象又沉渣泛起，腐败现象已经发展到引起一部分群众对党和政府不信任的程度。由此可见，不是物质生活好了就一切都能水到渠成，物质文明强大了，精神文明并不一定自然而然地提高。因此，在坚持以经济建设为中心、大力加强社会物质文明建设的同时，切记不可放松和削弱社会主义精神文明建设。只有物质文明建设和精神文明建设都搞好，国家物质力量和精神力量都增强，全国各族人民物质生活和精神生活都改善，中国特色社会主义事业才能顺利向前推进。

意识形态的基础是社会利益，意识形态的实质在于为维护特定社会集团的利益服务。但意识形态并非直接作用于社会利益，而是通过作用于人的思想而实现这一目的。意识形态工作本身是构筑人的精神支柱、塑造人的灵魂的工作，是凝聚力量提高文化"软实力"的工作。社会意识是关于社会精神生活、现象及其过程的总概括，是人们对一切社会生活的过程和条件在观念上的反映，它包括社会精神生活的一切意识要素和观念形态，是一个复杂的精神文化体系。社会意识形式从社会生活中概括提炼出来的比较系统的、自觉的、抽象化的、高水平的社会意识，是具有相对稳定的意识形式，如艺术、道德、政治法律思想、宗教、哲学和科学等。精神文化的现实形态不是游离于社会主体之外的某种精神实体，而是体现在一定社会主体的精神生活内容、精神面貌和精神文化素质上，通过主体的生活方式、思维方式和实践行为方式表现出来，并通过主体的社会实践对象化在社会物质生活和生产过程中。可见，社会意识作为社会精神文化的现实形态，既是一个复杂的精神文化体系，又集中地体现在社会主体的精神生活内容、精神面貌和精神素质上，并通过主体的实践对象化在社会物质生活和生产过程中。因此，当前党意识形态工作，要密切结合人们的思想实际来开展工作。主流意识形态的世界观、人生观和价值观能为社会提供价值导向，使全体社会成员自觉遵循主流意识形态的价值规范。最后使民众具有统一的意志、统一的目标和统一的行动。主流意识形态"为世人确定意义"，社会主义意识形态工作有助于培养共同的政治观念，树立共同的政治理想，使广大人民支持社会主义政治建设的目标，使社会主义的政治发展得到人们的普遍认可和赞同，从而达到维护政治稳定、促进政治发展的根本目标。

加强和改进意识形态工作，一是大力加强精神文明建设中的政治思想建设，坚定不移地坚持以马克思主义理论为指导，确保马克思主义在意识形态领域中的主导地位。用马克思主义和社会主义思想去指导理论、宣传、教育、新闻、出版、文艺等部门的工作，去占领思想文化阵地。紧紧抓住社会主义核心价值体系这个根本，将其贯彻到哲学、道德、宗教、艺术，以及经济、政治思想等社会主义意识形态的各个领域当中去。哲学社会科学的创造和发展，离不开马克思主义的指导，不能没有社会主义方向的指引。积极地抵制各种错误思潮和腐朽思想的影响，坚决反对普世价值、历史虚无主义等错误思潮，坚持改革的社会主义方向。二是以马克思主义为指导，大力进行树立正确精神支柱的工作。从当前实际出发，结合人们的思想状况，针对当前存在的个人主义、享乐至上、挥霍浪费等不良社会风气，坚持不懈地对全国人民特别是青少年进行爱国主义、集体主义、社会主义和自力更生的思想教育以及革命传统教育，对共产党员、共青团员和先进分子还要经常进行共产主义的思想教育。通过宣传工作和思想教育，使人们树立正确的世界观、人生观和价值观；培养有理想、有道德、有文化、有纪律的社会主义新人，提高全民族的思想道德素质和科学文化素质。三是繁荣社会主义的科学文化事业，生产积极健康的精神文化产品，满足人们不断增长的多样化、多层次的精神文化需求。各类文化知识传播体系和单位，要把德育放在首位，确立正确的政治方向，既要坚持百花齐放、百家争鸣的方针，更要坚持为人民服务和为社会主义服务的方向，坚守文化创作和文化生产的社会责任和道德原则，坚决抵制一切丑恶腐朽的东西和精神垃圾。

高度的精神文明，不仅可以促进经济的持续稳定的发展，推动物质文明建设和整个社会的全面进步，而且能为我们党的执政奠定"精神基础"。只有巩固马克思主义在意识形态领域的指导地位，巩固全党全国人民团结奋斗的共同思想基础，以马克思主义基本理论和共产主义信念统一全党、全国各族人民的思想，才能实现社会安定团结、和谐有序、良好的风尚道德；只有注重物质文明建设，也重视精神文明建设，发挥精神力量引领社会、动员大众、凝聚人心、推动发展的强大支撑作用，才能在精神文化层面巩固党执政的群众基础，巩固党的执政地位。

三　引导复杂多变的舆论生态良性发展

舆论"是社会中相当数量的人对于一个特定话题所表达的个人观点、态度和信念的集合体"①。由于社会客观存在着不同的甚至是对立的社会群体，他们的利益诉求、价值观、信念、情感等是不同的，因而也就必然出现不同的舆论。客观上来看，一个利益的多元性的社会，必然存在着代表不同利益群体的各种舆论，也就必然形成了一个结构多元复杂的"舆论生态系统"。这个系统正如"自然生态系统"一样，也需要保持平衡，实现良性发展。中国社会转型传统利益格局的打破，是我国当下多元舆论生态产生的社会现实基础。但是，社会舆论生态的失衡，与新媒体的信息传播有直接的关系。新媒体的出现，打破了原有的媒体舆论格局，使舆论生态的结构发生了纷繁复杂的变化。如何培育健康的舆论生态环境，建设积极向上的新媒体文化？作为引领社会、动员大众、凝聚人心的意识形态工作更加凸显了自身的"极端重要性"。

一般认为，新媒体是相对于原有的报刊、广播、电视等传统媒体之后发展起来的新兴媒体形态。中国是新兴媒体相对发达的国家，拥有全世界最大的用户群体。目前，我国互联网网民已近6亿人，手机网民有4.6亿人，其中，微博用户达3亿人。从网络普及以来，特别是微博出现以后，一个有别于传统的新的舆论生态系统正在形成。中国进入了一个"人人都

---

① 徐慰增、何得乐等：《不列颠百科全书》（国际中文版）第14卷，中国大百科全书出版社2007年版，第5—9页。

有麦克风""人人都是记者""人人都是新闻发布者""人人都是评论员"的"自媒体"时代。网络、微博、微信等新媒体对舆论生态系统的影响越来越大，"众声喧哗"成为舆论生态系统的常态。新媒体具有传播快捷、沟通顺畅、公开透明、表达自由等优势。网络、微博、微信等新媒体提供了一个强大的传播信息、表达声音的平台，成为不同利益群体进行利益表达的方式；给每个社会成员提供了表达机会，特别是弱势群体维护基本权益的平台。政府通过微博和民众进行交流沟通，进行信息发布，便于接受群众的监督和批评。全民"织围脖""刷微信"，或发布"新闻"，或传播信息，或表明态度和倾向。新媒体提供了表达诉求新的渠道，提供了公民参与公共事务的接口，带动了社会进步，因而成为社会舆论生态中正常、合理的组成部分。

然而，本来给人们带来诸多好处的新媒体，却成了一些人肆无忌惮、胡作非为的场所。新媒体的即时性、自主性、开放性和互动性为人们提供了一定程度的话语自由，但这里的自由同时也带来了很多负面的东西。一些人进行不负责任的评论，非理性地宣泄情绪，发布不实的消息，夸大甚至肆意捏造事实造谣惑众。"网络推手""网络水军"等队伍起到了推波助澜的作用，他们利用一些事件不时掀起舆论风暴。新媒体成为许多公共话语和公民行动的策源地，甚至成为"无组织的组织力量"。尤其是微博的兴起，使舆论场更加充满变数和不可控性。微博作为一种"点对面"的即时通信工具，通过社会传播，成为一种"生活化媒体"，一些鸡毛蒜皮的事都可能被"围观"放大成极具轰动效应的重大舆论事件，引发和此事毫无关系的人群关注，制造巨大的舆论场。2012年的"北京长安街枪战"事件，2013年"南周"新年献词事件……无不是通过网络、微博传播发酵。2015年2月，东莞扫黄行动，本来是一场揭丑黜恶的正义之举，一个是非明确的事件，竟也在网上搅起了不小的舆论风波。这些片面、虚假甚至捏造的信息，不仅混淆视听、误导民意，损害国家的整体形象，降低政府公信力，更值得注意的是，一些势力操纵网络舆论，编造政治谣言，恶意抹黑党和政府形象，削弱社会主义主流价值观的认同度，腐蚀和瓦解我们党的执政根基。

习近平总书记在讲话中强调，根据形势发展需要，要把网上舆论工作作为宣传思想工作的重中之重来抓。这充分体现了党中央的与时俱进和对互联网发展趋势的准确把握。从根本上说，当前我国舆论生态的良性发展，一是要解决那些如利益、公平等引发社会情绪的问题。二是要建立健全法律法规，运用法律武器管好舆论，这是保障正确舆论引导的根本手段。但是，要引导作为精神属性的社会舆论，最直接的途径还是要发挥意识形态特别是主流意识形态在舆论导向中重要的作用。可以说，意识形态工作的重要功能，就是做好社会舆论的引导工作，营造良好的社会舆论环境。舆论可以诱导社会思潮、影响意识形态。舆论工作十分重要，事关大是大非，事关人心向背，事关安定团结和社会进步。面对新媒体引发的复杂多变的舆论生态系统，决不能听之任之，放任自流。因此，以掌握舆论和引导舆论为中心议题的意识形态工作，显得"极端重要"。

舆论引导或舆论导向，是一定的引导者针对具体的社会舆情，运用一定的舆论载体，依据一定的社会意识形态要求，使被引导者按照引导者的意图、方向、规章从事社会活动的传播行为。舆论引导一般通过对当前社会舆论的评价、对当前社会舆论及舆论行为的引导、就某一社会事实制造舆论等来实现对舆论的引导。舆论引导对社会的作用有正向和负向的区别：正向舆论引导能够对社会发展起到推动和促进作用，而负向舆论引导则对社会发展起到破坏和阻滞作用。因而，舆论导向的正确与否，对于一个政党和国家的稳定和发展具有不同意义。舆论引导活动普遍存在于各个历史时期的民族国家之中，不必说我国处于社会转型和新媒体冲击的情况下需要舆论引导，就是一向标榜新闻自由和舆论自由的美国，垄断资产阶级有意识运用一定的社会意识形态引导公众思想观念也是不争的事实。托马斯·戴伊在《谁掌管美国》一书中也指出，"在美国那些控制消息流通的人，属于美国最有权力的人"，而"文艺节目、新闻报道和新闻特写是计划用来向群众传送固定的自由主义观点的"。①

掌握舆论和引导舆论，是意识形态工作的重要内容。意识形态作为一定阶级或社会集团政治制度、经济形态和根本利益的自觉反映，是理论化、系统化的思想观念体系，其重要功能就是引导整个社会和全体社会成员形成符合自身的思想观念、理想信念、道德信仰、价值取向和行为方式。坚持正确的舆论导向，是我们党对意识形态或思想宣传工作的根本要求。思想宣传工作部门与各类媒体在反映舆论、评介舆论的过程中有选择地进行宣传报道，对社会舆论起到正确的引导作用，从而体现着党的执政

---

① 转引自刘春波《舆论引导论》，博士学位论文，武汉大学，2013 年。

能力在意识形态领域的控制力和影响力。

在新媒体时代舆论生态系统的复杂态势的当下，正确的舆论引导尤显重要。新媒体作为一种载体，本身是中性的东西，正如西方学者埃瑟·戴森所言："数字化的世界是一片新的疆土，可以释放难以形容的生产能量，但它也可能成为恐怖主义和江湖巨骗的工具，或是弥天大谎和恶意中伤的大本营。"这正说明了它需要正确的引导。当前，由网络、博客、微博等自媒体构成的新兴媒体，已成为意识形态舆论引导的重要领域，成为舆论斗争的主战场。因此，在当前我国的意识形态工作，要增强政治意识、大局意识、责任意识、危机意识，解放思想、实事求是、改革创新，全面提升网上舆论工作水平，培育健康的新媒体舆论生态环境，引导复杂多变的舆论生态良性发展。

首先就是要掌握舆论工作领导权和主动权，加强和改进党对新媒体舆论工作的领导。各级党委和政府要从全局高度、战略高度，切实把网上舆论工作摆上重要位置，列入重要议事日程。主要负责同志要亲自抓，把全党动手和部门负责相结合，形成全党、全社会共同做网上舆论工作的良好格局。面对新媒体复杂的舆论环境，领导干部要自觉培养舆论意识，提高舆论引导水平和运用舆论力量推进工作的能力，善于通过新媒体来了解社情民意、了解群众关心的热点问题和群众的倾向性意见。"在舆论宣传中，把握好话语时机既要抢占话语先机，又要抓准时间节点"，"抓准了时间节点，才能做到抓关键抓重点，适应民众的关注点，有效化解公众的思想疑虑"。① 要及时发布正确的舆论信息，引导公众扫除疑惑、清除不良信息、清理掉垃圾信息。同时，要切实加强人才队伍建设，加强网络编辑从业人员管理，开展大规模培训，形成一支政治素质高、业务能力强的网络人才队伍。

其次，要加强阵地建设，有效地应对复杂的新媒体舆论场。

要坚持正面宣传为主，深入开展中国特色社会主义和中国梦的宣传教育，大力弘扬主旋律、积极传播正能量。加强和改进舆论引导，以马克思主义为指导，对新媒体中的各种思潮、模糊认识和社会情绪以及普遍关注的社会热点问题进行有效的阐释、引导和疏导，使其成为党的舆论宣传的重要载体和阵地。要积极培育健康向上的新媒体文化，构建和谐有序的舆论生态环境，引导复杂多变的舆论生态良性发展。

---

① 参见刘春波《舆论引导论》，博士学位论文，武汉大学，2013 年。

参考文献

1. 任贤良：《统筹两个舆论场 凝聚社会正能量》，《红旗文稿》2013 年第 4 期。

2. 李宝善：《充分认识意识形态工作的极端重要性》，《人民日报》2013 年 9 月 12 日第 14 版。

3. 鲁炜：《把网上舆论工作作为宣传思想工作的重点》，《人民日报》2013 年 9 月 18 日第 16 版。

4. 陈飞、杨超：《党的宣传思想工作理论的重大创新》，《光明日报》2013 年 11 月 12 日第 1 版。

5. 姜胜洪：《妥善应对新媒体对我国主流意识形态的挑战》，《前沿》2012 年第 21 期。

6. 李英田：《从利益角度把握中国特色社会主义理论体系形成发展的基本规律》，《浙江社会科学》2008 年第 3 期。

原载《思想政治教育研究》2014 年第 2 期

第 二 编

中国共产党党建研究

马克思主义群众观与中国共产党的群众路线

李 捷[*]

当前，群众路线教育实践活动正在全党深入开展。这次教育实践活动的一大亮点，就是中共中央政治局率先垂范，习近平总书记和中央政治局常委亲自带头。大家普遍感到，党的优良传统作风又回来了。

群众路线是我们党的生命线和根本工作路线。开展党的群众路线教育实践活动，是实现党的十八大确定的奋斗目标的必然要求；是保持党的先进性和纯洁性、巩固党的执政基础和执政地位的必然要求；是解决群众反映强烈的突出问题的必然要求。认真学习马克思、恩格斯、列宁关于马克思主义群众观的论述，认真学习毛泽东、邓小平、江泽民、胡锦涛、习近平关于党的群众路线的论述，回顾党的密切联系群众的优良传统，可以增强投身群众路线教育实践活动的自觉性。

一 马克思主义群众观的提出是人类社会思想发展史上的伟大变革

如同马克思主义的辩证唯物主义和历史唯物主义的诞生，是人类思想史上一次深刻变革一样，基于历史唯物主义世界观的马克思主义群众观的提出，在以下几方面发生了具有决定意义的根本转变。

（一）从以精神为主体到以实践为主体

以往的哲学家，无论在宇宙观上持唯物主义观点还是持唯心主义观

---

* 李捷，《求是》杂志社社长，研究员。

点，但在人类社会发展规律的认识上，都陷入了历史唯心主义。这是因为，在认识和分析人类社会历史现象时，人们都是从特定的立场、观点出发的，不可能超出阶级的和历史的局限。只有在无产阶级登上世界政治舞台之后，作为无产阶级根本利益的代表者的思想家，才有可能站在先进社会生产力发展的根本要求、先进文化的发展方向、无产阶级和最广大人民的根本利益的基点上，深刻总结人类社会发展的历史规律和未来趋势。这就是马克思主义的诞生。

马克思主义的经典作家从不同角度阐述了物质生产及人们在物质生产中形成的相互关系对于人类社会的决定意义，阐述了精神文化生活等上层建筑对于人类社会经济基础的反作用，阐述了人类社会所必然经历的社会形态，从而创立了历史唯物主义。在此基础上，创立了马克思主义群众观。它告诉我们，推动人类社会发展进步的基础，是人们的社会实践活动，这种实践活动，既是物质财富产生的源泉，也是思想文化艺术创作的源泉。对此，马克思、恩格斯、列宁都有专门的论述。

马克思、恩格斯在作于 1844 年的《神圣家族》中指出："思想本身根本不能实现什么东西。思想要得到实现，就要有使用实践力量的人。"[1] 在作于 1845 年的《德意志意识形态》中还指出：人类第一个历史活动就是生产满足生活需要的资料。"这是人们从几千年前直到今天单是为了维持生活就必须每日每时从事的历史活动，是一切历史的基本条件。"[2]

恩格斯在作于 1880 年的《社会主义从空想到科学的发展》中也指出："一切社会变迁和政治变革的终极原因，不应当到人们的头脑中，到人们对永恒的真理和正义的日益增进的认识中去寻找，而应当到生产方式和交换方式的变更中去寻找；不应当到有关时代的哲学中去寻找，而应当到有关时代的经济中去寻找。"[3]

马克思、恩格斯的这些精辟论述，将以往哲学家们一直奉为神圣的精神的发展和实现是人类社会的主体的观点彻底扭转过来，实现了从以精神为主体到以实践为主体的历史性变革，为马克思主义群众观奠定了坚实的哲学基础。

---

① 《马克思恩格斯文集》第 1 卷，人民出版社 2009 年版，第 320 页。
② 同上书，第 531 页。
③ 《马克思恩格斯文集》第 3 卷，人民出版社 2009 年版，第 547 页。

此后，列宁又在领导俄国革命的亲身实践中，深切地感受到群众性工人运动在实践中的极端重要性。列宁在作于 1914 年的《俄国社会民主工党中央委员会在布鲁塞尔会议上的报告和给出席该会议的中央代表团的指示》中说："群众性的工人运动的实践的重要性决不次于理论，而且只有这种实践才能对我们的原则作出真正的检验。"①

列宁的这段论述，不仅指出了群众性工人运动实践的重要性，而且进一步指出了这一实践对于原则的检验作用。

（二）从英雄主体到人民主体

在马克思主义创立历史唯物主义以前，绝大多数思想家都夸大个人特别是所谓英雄人物在人类社会发展史中的地位和作用。将人民群众在物质生产和精神生产中的决定性作用，以及在推动人类历史发展进步的社会变革中的决定性作用，深刻地揭示出来，从而确立了以人民为主体的马克思主义群众观。

马克思、恩格斯在作于 1844 年的《神圣家族》中指出："历史活动是群众的活动，随着历史活动的深入，必将是群众队伍的扩大。"②

恩格斯在作于 1886 年的《路德维希·费尔巴哈和德国古典哲学的终结》中指出："如果要去探究那些隐藏在——自觉地或不自觉地，而且往往是不自觉地——历史人物的动机背后并且构成历史的真正的最后动力的动力，那么问题涉及的，与其说是个别人物，即使是非常杰出的人物的动机，不如说是使广大群众、使整个整个的民族，并且在每一民族中间又是使整个整个阶级行动起来的动机。"③

列宁根据自己的体验，更是充分肯定人民群众在历史变革特别是社会主义革命中的决定性作用。他在作于 1908 年的《社会民主党在俄国革命中的土地纲领》中指出："没有千百万觉悟群众的革命行动，没有群众汹涌澎湃的英勇气概，没有马克思在谈到巴黎工人在公社时期的表现时所说的那种'冲天'的决心和本领，是不可能消灭专制制度的。"④

俄国十月革命胜利前夕，列宁在作于 1917 年 9 月的《政论家札记》

---

① 《列宁全集》第 25 卷，人民出版社 1988 年版，第 409 页。
② 《马克思恩格斯文集》第 1 卷，人民出版社 2009 年版，第 287 页。
③ 《马克思恩格斯选集》第 4 卷，人民出版社 2012 年版，第 255—256 页。
④ 《列宁全集》第 17 卷，人民出版社 1988 年版，第 151 页。

中说："我们并不苛求马克思或马克思主义者知道走向社会主义的道路上的一切具体情况。这是痴想。我们只知道这条道路的方向，我们只知道引导走这条道路的是什么样的阶级力量；至于在实践中具体如何走，那只能在千百万人开始行动以后由千百万人的经验来表明。"①

这段重要论述，进一步指明了无产阶级政党在深刻把握走向社会主义道路的探索进程中，必须紧紧地依靠阶级力量，依靠人民群众的创造性实践。

（三）从为少数人谋利益到为大多数人谋利益

这也是马克思主义同以往任何理论的根本区别。过去的一切理论，本质上都是为特定的阶级和利益集团做理论和学理支撑的，但都有一个特点，就是总企图把自己的理论说成是具有"普世价值"的理论，是属于一切人的理论。自马克思主义创立以来就公开宣布，这一理论是属于无产阶级的，从而也是为最广大的人民群众谋利益的。

马克思、恩格斯在作于 1848 年的《共产党宣言》中指出："过去的一切运动都是少数人的，或者为少数人谋利益的运动。无产阶级的运动是绝大多数人的，为绝大多数人谋利益的独立的运动。"② 他们还指出，共产党人没有任何同整个无产阶级的利益不同的利益。"共产党人为工人阶级的最近的目的和利益而斗争，但是他们在当前的运动中同时代表运动的未来。"③

列宁也在作于 1917 年七八月间的《论立宪幻想》中强调："无产阶级政党的义不容辞的责任就是和群众在一起。"④ 他还在作于 1920 年四五月的《共产主义运动中的"左派"幼稚病》中指出："哪里有群众，就一定到哪里去工作。"⑤

马克思主义群众观的这一论断，不仅使依据这一理论建立起来的马克思主义政党根本区别于其他任何政党，而且为马克思主义政党既坚持无产阶级政党的阶级性又坚持无产阶级政党的人民性和群众性奠定了坚实的理论基石。

---

① 《列宁全集》第 32 卷，人民出版社 1985 年版，第 111 页。

② 《马克思恩格斯文集》第 2 卷，人民出版社 2009 年版，第 42 页。

③ 同上书，第 65 页。

④ 《列宁全集》第 32 卷，人民出版社 1985 年版，第 28 页。

⑤ 《列宁选集》第 4 卷，人民出版社 2012 年版，第 162 页。

（四）从少数人统治多数人的国家到建立人民当家做主的新型国家

既然马克思主义政党是为大多数人谋利益的，建立人民当家做主的新型国家，就是其奋斗目标之一。

马克思、恩格斯指出："过去一切阶级在争得统治之后，总是使整个社会服从于它们发财致富的条件，企图以此来巩固它们已经获得的生活地位。无产阶级只有废除自己的现存的占有方式，从而废除全部现存的占有方式，才能取得社会生产力。无产阶级没有什么自己的东西必须加以保护，他们必须摧毁至今保护和保障私有财产的一切。"

随后，他们又深刻总结 1871 年巴黎公社革命的经验，得出了无产阶级不能运用现成的国家机器，而要彻底打碎它，建立起真正实行多数人对少数人统治的新型国家机器。这是人类历史上国家观念的重大变革。

列宁领导俄国十月革命建立起人类历史上第一个社会主义政权，这一实践证明了马克思、恩格斯的论断是正确的。列宁在作于 1917 年 11 月的《全俄工兵代表苏维埃第二次代表大会文献》中进一步指出："一个国家的力量在于群众的觉悟。只有当群众知道一切，能判断一切，并自觉地从事一切的时候，国家才有力量。"①

列宁还根据苏维埃俄国的社会主义实践，明确指出："正是劳动群众才应该是全部国家生活的基础。""只有相信人民的人，只有投入生气勃勃的人民创造力泉源中去的人，才能获得胜利并保持政权。"②"社会主义不是少数人，不是一个党所能实施的。只有千百万人学会亲自做这件事的时候，他们才能实施社会主义。"③"不吸引更多的人民阶层参加社会建设，不激发一直沉睡的广大群众的积极性，就谈不上什么革命的改革。"④

后来社会主义国家的实践证明，彻底打碎建立在少数人剥削多数人、少数人压迫多数人制度基础上的旧式国家机器，初步建立起代表最广大人民群众根本利益的新型国家政权，还仅仅是"万里长征走完了第一步"，"革命以后的路程更长，工作更伟大、更艰苦"。而且，如果脱离了人民群众，或者自身的路线和方针政策出了问题，社会主义的国家政权也会有变

---

① 《列宁选集》第 3 卷，人民出版社 2012 年版，第 347 页。

② 《列宁全集》第 33 卷，人民出版社 1985 年版，第 57 页。

③ 《列宁选集》第 3 卷，人民出版社 2012 年版，第 464 页。

④ 《列宁全集》第 34 卷，人民出版社 1985 年版，第 141—142 页。

质的危险，甚至亡党亡国。

（五）共产党人执政后的最大危险——官僚主义

列宁根据苏维埃俄国的短期实践便敏锐地发现，马克思主义政党执掌全国政权以后面临着新的更为严峻的考验。他在写于1922年2月的一封信中尖锐地指出："共产党员成了官僚主义者。如果说有什么东西会把我们毁掉的话，那就是这个。"①

列宁还在作于1917年11月的《全俄中央执行委员会会议文献》中指出："社会主义不是按上面的命令创立的。它和官场中的官僚机械主义根本不能相容；生气勃勃的创造性的社会主义是由人民群众自己创立的。"②

列宁为了反对和防止官僚主义，进行了不懈的探索，采取了包括建立工农检察院等措施。在这些探索中，列宁反复强调，重要的一点就是党和国家要经常同群众保持真正的联系，而不要脱离群众。

列宁在作于1920年七八月间的《共产国际第二次代表大会文献》中指出："我们需要的是能够经常同群众保持真正的联系的党，善于领导这些群众的党。"③

列宁还在作于1922年2月的《政论家札记》中深有感触地强调："在日常生活中改变党的工作方式，改造党的日常工作，使党成为革命无产阶级的先锋队，使党不但不脱离群众，而且日益接近群众，唤起他们的革命意识，发动他们参加革命斗争，这是一件最困难但又最重要的事情。"④

可以说，从马克思、恩格斯总结巴黎公社经验时提出的防止社会公仆成为社会统治者，到列宁总结苏维埃俄国的初步实践提出的防止共产党员成为官僚主义者，已经深刻地揭示出马克思主义政党执掌全国政权以后面临的最大危险。

总之，上述转变，即从以精神为主体到以实践为主体、从英雄主体到人民主体、从为少数人谋利益到为大多数人谋利益、从少数人统治多数人的国家到建立人民当家做主的新型国家，以及揭示了共产党人执政后的最大危险——官僚主义，使无产阶级政党同以往任何政党严格区别开来，也

① 《列宁全集》第52卷，人民出版社1988年版，第300页。
② 《列宁全集》第33卷，人民出版社1985年版，第53页。
③ 《列宁全集》第39卷，人民出版社1986年版，第225页。
④ 《列宁选集》第4卷，人民出版社2012年版，第642—643页。

使无产阶级政党成为执政党所建立的国家同以往任何国家严格区别开来。

可以说，马克思主义群众观是马克思主义政党保持先进性和纯洁性，保持生机和活力的源泉。在理论和实践上丢掉了它，党就不可能领导革命取得胜利，更不可能巩固和长期保持执政地位。

二 中国共产党的群众路线是在领导艰苦卓绝的中国革命过程中形成和发展起来的

中国共产党自诞生之日起，就一直在探索领导工人运动和农民运动的规律，为把党建设成为一个群众性的马克思主义政党而努力。我们党之所以能够从仅有 50 多位党员的党迅速发展壮大起来，在党成立之后的短短几年间就掀起了中国工人运动第一次高潮和北伐战争中的工农运动新高潮，根本的原因就在于我们党立足于宣传群众、组织群众。

我们党真正形成了一条适合于中国国情的群众路线，是从大革命失败后毛泽东同志领导创建井冈山革命根据地开始的。从这时起，我们党不但继续坚持和发展了宣传群众、组织群众这两大优势，而且创造了武装群众建立新型人民军队的新鲜经验，创造了建立工农兵政权的新鲜经验。从井冈山时期到中央苏区，再到延安时期，党的群众路线逐步形成。

（一）宗旨为民——全心全意为人民服务的世界观、价值观、人生观、权力观

毛泽东指出："全心全意地为人民服务，一刻也不脱离群众；一切从人民的利益出发，而不是从个人或小集团的利益出发；向人民负责和向党的领导机关负责的一致性；这些就是我们的出发点。共产党人必须随时准备坚持真理，因为任何真理都是符合于人民利益的；共产党人必须随时准备修正错误，因为任何错误都是不符合于人民利益的。"①

全心全意为人民服务，既是中国共产党人的唯一宗旨，也是共产党人的世界观、价值观、人生观和权力观。毛泽东在 1944 年《为人民服务》中强调："为人民利益而死，就比泰山还重。""应该使每个同志明了，共

---

① 毛泽东：《论联合政府》（1945 年 4 月 24 日），载《毛泽东选集》第 3 卷，人民出版社 1991 年版，第 1094—1095 页。

产党人的一切言论行动，必须以合乎最广大人民群众的最大利益，为最广大人民群众所拥护为最高标准。"①

（二）取信于民——共产党人的先锋模范作用

在革命时期，中国共产党之所以能够赢得民心、取信于民，很重要的一点就是靠发挥共产党人的先锋模范作用。

毛泽东指出："共产党员是一种特别的人，他们完全不谋私利，而只为民族与人民求福利。他们生根于人民之中，他们是人民的儿子，又是人民的教师，他们每时每刻地总是警戒着不要脱离群众，他们不论遇着何事，总是以群众的利益为考虑问题的出发点，因此他们就能获得广大人民群众的衷心拥护，这就是他们的事业必然获得胜利的根据。"②

毛泽东还强调指出："共产党员在政府工作中，应该是十分廉洁、不用私人、多做工作、少取报酬的模范。共产党员在民众运动中，应该是民众的朋友，而不是民众的上司，是诲人不倦的教师，而不是官僚主义的政客。共产党员无论何时何地都不应以个人利益放在第一位，而应以个人利益服从于民族的和人民群众的利益。因此，自私自利，消极怠工，贪污腐化，风头主义等，是最可鄙的；而大公无私，积极努力，克己奉公，埋头苦干的精神，才是可尊敬的。"③

（三）心系于民——以人民根本利益为出发点和归宿的群众观点

在长期革命斗争中，中国共产党的党员干部之所以能够和人民群众结成鱼水关系、血肉联系，很重要的原因是相互之间的心心相通、命运相连。

毛泽东指出："群众观点是共产党员革命的出发点与归宿。从群众中来，到群众中去，想问题从群众出发就好办。部队中的负责同志要替士兵着想，机关、学校的负责同志要替大厨房着想，替杂务人员着想，所有的

---

① 毛泽东：《论联合政府》（1945年4月24日），载《毛泽东选集》第3卷，人民出版社1991年版，第1096页。

② 毛泽东：《中共中央为抗战六周年纪念宣言》（1943年7月2日），载《毛泽东文集》第3卷，人民出版社1996年版，第47页。

③ 毛泽东：《关心群众生活，注意工作方法》（1934年1月27日），载《毛泽东选集》第1卷，人民出版社1991年版，第138页。

共产党员要替人民着想。"①

群众观点还体现在自觉接受群众监督上。正如毛泽东所说："共产党是为民族、为人民谋利益的政党，它本身决无私利可图。它应该受人民的监督，而决不应该违背人民的意旨。它的党员应该站在民众之中，而决不应该站在民众之上。"②

正因为中国共产党是以人民根本利益为出发点和归宿的，所以它在长期革命实践中形成了为人民利益坚持真理、修正错误的优良传统。

毛泽东指出："因为我们是为人民服务的，所以，我们如果有缺点，就不怕别人批评指出。不管是什么人，谁向我们指出都行。只要你说得对，我们就改正。你说的办法对人民有好处，我们就照你的办。'精兵简政'这一条意见，就是党外人士李鼎铭先生提出来的；他提得好，对人民有好处，我们就采用了。只要我们为人民的利益坚持好的，为人民的利益改正错的，我们这个队伍就一定会兴旺起来。"③

（四）问政于民——从群众中来、到群众中去的群众路线

把群众路线作为中国共产党的根本工作路线，并将实行从群众中来、到群众中去的群众路线同认识—实践—再认识—再实践的辩证唯物主义的认识论紧密结合起来，是毛泽东的一个突出贡献。

毛泽东指出："在我党的一切实际工作中，凡属正确的领导，必须是从群众中来，到群众中去。这就是说，将群众的意见（分散的无系统的意见）集中起来（经过研究，化为集中的系统的意见），又到群众中去作宣传解释，化为群众的意见，使群众坚持下去，见之于行动，并在群众行动中考验这些意见是否正确。然后再从群众中集中起来，再到群众中坚持下去。如此无限循环，一次比一次地更正确、更生动、更丰富。这就是马克思主义的认识论。"④

① 毛泽东：《切实执行十大政策》（1943年10月14日），载《毛泽东文集》第3卷，人民出版社1996年版，第71页。

② 毛泽东：《在陕甘宁边区参议会的演说》（1941年11月6日），载《毛泽东选集》第3卷，人民出版社1991年版，第809页。

③ 毛泽东：《为人民服务》（1944年9月8日），载《毛泽东选集》第3卷，人民出版社1991年版，第1004—1005页。

④ 毛泽东：《关于领导方法的若干问题》（1943年6月1日），载《毛泽东选集》第3卷，人民出版社1991年版，第899页。

（五）造福于民——认真实行新民主主义政治、经济、文化纲领

即使在革命战争年代，中国共产党在创立和建设革命根据地、抗日根据地和解放区的时候，也从来没有忘记在条件许可的情况下，为广大劳动人民群众谋取实实在在的利益。毛泽东指出："群众生产，群众利益，群众经验，群众情绪，这些都是领导干部们应时刻注意的。"①

正是在造福于民的思想指导下，中国共产党在各个根据地认真实行了代表中国最广大人民群众根本利益的新民主主义政治、经济、文化三大纲领，在中国树立起一面进步、民主、幸福的旗帜。

在毛泽东的科学总结下，形成了中国共产党新民主主义革命的总路线和总政策，即"无产阶级领导的，人民大众的，反对帝国主义、封建主义和官僚资本主义的革命，这就是中国的新民主主义的革命，这就是中国共产党在当前历史阶段的总路线和总政策"。

与此同时，还形成了中国共产党土地改革工作中的总路线和总政策，即"依靠贫农，团结中农，有步骤地、有分别地消灭封建剥削制度，发展农业生产，这就是中国共产党在新民主主义的革命时期，在土地改革工作中的总路线和总政策"。

正因为有这样的总路线和总政策，才使中国共产党深入人心、赢得人心，在长期革命战争中始终得到人民群众的衷心拥护和支持，出现了淮海战争中翻身农民积极支援前线的生动景象。

中国共产党的三大优良传统作风，每一点都是和群众路线紧密相连的。毛泽东指出："以马克思列宁主义的理论思想武装起来的中国共产党，在中国人民中产生了新的工作作风，这主要的就是理论和实践相结合的作风，和人民群众紧密地联系在一起的作风以及自我批评的作风。"这里，理论联系实践，首先的和主要的是要联系人民群众的实践；自我批评的作风，出发点和归宿也是一切从人民的根本利益出发，以团结的愿望，经过批评和自我批评，达到新的基础上的更加巩固的团结。

---

① 毛泽东：《为中直军直生产展览会的题词》（1943 年 11 月），载《毛泽东著作专题摘编》（上），中央文献出版社 2003 年版，第 273 页。

三 中国共产党的群众路线在社会主义建设时期 紧紧围绕防止执政党因脱离群众而变质问题 做了新的探索

新中国成立以后,以毛泽东同志为核心的党中央领导集体,坚持和发展了群众路线,并就如何防止党和党员脱离群众、如何防止各级政府和领导干部由人民公仆变成官僚主义者做了集中的探索。

(一)提出"两个务必",以此作为防止执政党因脱离群众而变质探索的一条主线

毛泽东在新中国成立前夕,就在党的七届二中全会上告诫全党:"务必使同志们继续地保持谦虚、谨慎、不骄、不躁的作风,务必使同志们继续地保持艰苦奋斗的作风。"

他还特别指出:"因为胜利,党内的骄傲情绪,以功臣自居的情绪,停顿起来不求进步的情绪,贪图享乐不愿再过艰苦生活的情绪,可能生长。因为胜利,人民感谢我们,资产阶级也会出来捧场。敌人的武力是不能征服我们的,这点已经得到证明了。资产阶级的捧场则可能征服我们队伍中的意志薄弱者。可能有这样一些共产党人,他们是不曾被拿枪的敌人征服过的,他们在这些敌人面前不愧英雄的称号;但是经不起人们用糖衣裹着的炮弹的攻击,他们在糖弹面前要打败仗。我们必须预防这种情况。"

这些论述,成为毛泽东关于防止执政党因脱离群众而变质探索的一条主线。

(二)提倡艰苦朴素、艰苦奋斗,防止腐化堕落

毛泽东有一句十分经典的话:"艰苦奋斗是我们的政治本色。"[①] 他还指出:"我们历来提倡艰苦奋斗,反对把个人物质利益看得高于一切,同时我们也历来提倡关心群众生活,反对不关心群众痛痒的官僚主义。"[②]

---

① 毛泽东:《艰苦奋斗是我们的政治本色》(1956 年 11 月 15 日),载《毛泽东文集》第 7 卷,人民出版社 1999 年版,第 162 页。

② 毛泽东:《论十大关系》(1956 年 4 月 25 日),载《毛泽东文集》第 7 卷,人民出版社 1999 年版,第 28 页。

毛泽东还把"勤俭建国"作为治国理政的重要方针，指出："要使全体干部和全体人民经常想到我国是一个社会主义的大国，但又是一个经济落后的穷国，这是一个很大的矛盾。要使我国富强起来，需要几十年艰苦奋斗的时间，其中包括执行厉行节约、反对浪费这样一个勤俭建国的方针。"①

毛泽东还对"勤俭"二字做了这样的解读："我们的国家一要勤，二要俭，不要懒，不要豪华。懒则衰，就不好。"②

（三）坚持群众路线，防止脱离群众，并提出要建立一定的制度来保证群众路线和集体领导的贯彻实施

毛泽东在新中国成立以后，多次结合马克思主义的认识论强调指出："力量的来源就是人民群众。不反映人民群众的要求，哪一个人也不行。要在人民群众那里学得知识，制定政策，然后再去教育人民群众。所以要当先生，就得先当学生，没有一个教师不是先当过学生的。而且就是当了教师之后，也还要向人民群众学习，了解自己学生的情况。"③

毛泽东在认识和纠正"大跃进"错误的过程中，还总结出两条深刻的经验教训："一定要每日每时关心群众利益，时刻想到自己的政策措施一定要适合当前群众的觉悟水平和当前群众的迫切要求。凡是违背这两条的，一定行不通，一定要失败。"④

毛泽东在社会主义建设时期对群众路线的认识，还曾经上升到制度层面来加以确保。他鉴于斯大林犯错误的教训提出："我们需要建立一定的制度来保证群众路线和集体领导的贯彻实施，而避免脱离群众的个人突出和个人英雄主义，减少我们工作中的脱离客观实际情况的主观主义和片面性。"⑤

---

① 毛泽东：《关于正确处理人民内部矛盾的问题》（1957 年 2 月 27 日），载《毛泽东文集》第 7 卷，人民出版社 1999 年版，第 240 页。

② 毛泽东：《在中国共产党第七届中央委员会扩大的第六次全体会议上的结论》（1955 年 10 月 11 日），载《毛泽东著作专题摘编》（上），中央文献出版社 2003 年版，第 935 页。

③ 毛泽东：《学习马克思主义的认识论和辩证法》（1963—1965 年），载《毛泽东文集》第 8 卷，人民出版社 1999 年版，第 324 页。

④ 毛泽东：《党内通信》（1959 年 3 月 17 日），载《毛泽东文集》第 8 卷，人民出版社 1999 年版，第 33 页。

⑤ 毛泽东：《共产党人对错误必须采取分析的态度》（1956 年 4 月），载《毛泽东文集》第 7 卷，人民出版社 1999 年版，第 19 页。

（四）提出正确处理人民内部矛盾问题，既把解决好这个问题作为党和国家政治生活的总题目，更把它作为社会主义建设时期贯彻群众路线突破口

在 1956 年社会主义改造基本完成以后，党面临着人民内部矛盾突然增多、许多领导干部仍然习惯于把群众闹事当作敌我矛盾来处理的局面。毛泽东认为，严格区分敌我矛盾和人民内部矛盾这两类不同性质的矛盾，实际上也就是在社会主义建设时期继续贯彻群众路线的问题。

毛泽东指出："所谓正确处理人民内部矛盾问题，就是我党从来经常说的走群众路线的问题。共产党员要善于同群众商量办事，任何时候也不要离开群众。党群关系好比鱼水关系。如果党群关系搞不好，社会主义制度就不可能建成；社会主义制度建成了，也不可能巩固。"①

毛泽东坚信："中国应当是辩证法发展的国家。""采取现在的方针，文学艺术、科学技术会繁荣发达，党会经常保持活力，人民事业会欣欣向荣，中国会变成一个大强国而又使人可亲。"② 这正是他提出正确处理人民内部矛盾学说想要达到的理想中的和谐社会。

（五）提出要打掉官气，以普通劳动者的姿态出现，并把它列入中央和地方党委的工作方法之一

毛泽东一生最厌恶的就是官气和官僚主义习气。他在新中国成立以后反复强调的就是领导干部一定要以普通劳动者的姿态出现。他指出："官气是一种低级趣味，摆架子、摆资格、不平等待人、看不起人，这是最低级的趣味，这不是高尚的共产主义精神。以普通劳动者的姿态出现，则是一种高级趣味，是高尚的共产主义精神。"③

毛泽东还把这一点单独列为《工作方法六十条》中的第 26 条，强调："以真正平等的态度对待干部和群众。必须使人感到人们互相间的关系确实是平等的，使人感到你的心是交给他的。""人们的工作有所不同，职务

---

① 毛泽东：《一九五七年夏季的形势》（1957 年 7 月），载《建国以来毛泽东文稿》第 6 册，中央文献出版社 1992 年版，第 547 页。

② 毛泽东：《在南京上海党员干部会议上讲话的提纲》（1957 年 3 月 19 日），载《毛泽东文集》第 7 册，人民出版社 1999 年版，第 291 页。

③ 毛泽东：《干部要以普通劳动者的姿态出现》（1958 年 5 月 20 日），载《毛泽东文集》第 7 卷，人民出版社 1999 年版，第 378 页。

有所不同，但是任何人不论官有多大，在人民中间都要以一个普通劳动者的姿态出现。决不许可摆架子。一定要打掉官风。"①

四　中国共产党的群众路线在改革开放
新时期的创新发展

在开创改革开放和现代化建设新时期的关键时刻，我们党面临着一个迫切的问题，就是要把在"文化大革命"中遭到严重破坏的党风和社会风气彻底扭转过来。正是在这样的背景下，党中央做出一个重要论断，就是党风关系党和国家的生死存亡。通过 20 世纪 80 年代的整党，既清除了"文化大革命"造成的帮派体系和"打砸抢分子"，又密切了党和群众的联系。在此基础上，党的群众路线的实践创新和理论创新，随着改革开放的深入，随着社会主义市场经济的建立和完善，随着新世纪新阶段中国特色社会主义各项建设事业的发展，不断向前发展。这些发展集中地体现在以下几个方面。

第一，在党的指导思想上贯穿群众路线。通过形成邓小平理论、"三个代表"重要思想、以人为本的科学发展观，继承和发展了毛泽东思想的活的灵魂——实事求是、群众路线、独立自主，使党的宗旨、群众观点、群众路线得到弘扬和提升。

第二，在改革开放和现代化建设指导方针上贯彻群众路线。各项工作都要把有利于发展社会主义社会的生产力，有利于增强社会主义国家的综合国力，有利于提高人民的生活水平，作为总的出发点和检验标准。发展为了人民，发展依靠人民，发展成果由人民共享。

第三，在中国特色社会主义建设总体布局上贯彻群众路线。在经济建设上，要认真纠正只见物不见人的错误倾向，发展社会主义生产的目的是为了最大限度地满足人民不断增长的物质和文化生活需求。在政治建设上，要始终坚持党的领导、依法治国和人民当家做主的高度统一，坚定不移走中国特色社会主义政治发展道路。在文化建设上，要以科学的理论武装人，以正确的舆论引导人，以高尚的精神塑造人，以优秀的作品鼓舞

---

① 毛泽东：《工作方法六十条（草案）》（1958 年 1 月），载《毛泽东文集》第 7 卷，人民出版社 1999 年版，第 355 页。

人，提高全民族的思想道德素质和科学文化素质。在社会建设上，要按照民主法治、公平正义、诚信友爱、充满活力、安定有序、人与自然和谐相处的总要求和共同建设、共同享有的原则，以保障和改善民生为重点，解决好人民最关心、最直接、最现实的利益问题，使发展成果更多、更公平地惠及全体人民，努力形成全体人民各尽其能、各得其所而又和谐相处的局面。在生态文明建设上，要树立尊重自然、顺应自然、保护自然的生态文明理念，坚持节约优先、保护优先、自然恢复为主的方针，坚持生产发展、生活富裕、生态良好的文明发展道路，为人民创造良好生产生活环境，实现中华民族永续发展。

第四，在党的建设总体布局上贯彻群众路线。牢牢把握加强党的执政能力建设、先进性和纯洁性建设这条主线，全面加强党的思想建设、组织建设、作风建设、反腐倡廉建设、制度建设，增强自我净化、自我完善、自我革新、自我提高能力，建设学习型、服务型、创新型的马克思主义执政党，确保党始终成为中国特色社会主义事业的坚强领导核心。

第五，在反腐倡廉建设上贯彻群众路线。坚持和发展中国特色反腐倡廉道路，坚持标本兼治、综合治理、惩防并举、注重预防方针，全面推进惩治和预防腐败体系建设，做到干部清正、政府清廉、政治清明。

第六，在党和国家的奋斗目标上贯彻群众路线。在改革开放和社会主义现代化建设的奋斗目标上，要充分彰显人民利益、人民诉求、人民期盼。正如习近平总书记指出："人民对美好生活的向往，就是我们的奋斗目标。""实现中华民族伟大复兴，就是中华民族近代最伟大中国梦。"党的十八大提出"两个一百年"的奋斗目标，随后习近平总书记提出实现中华民族伟大复兴中国梦理念，都得到全国各族人民的一致拥护。

回顾改革开放30多年走过的历程，中国特色社会主义事业每取得一项重要进展，中国特色社会主义理论体系每取得一项重要创新，无不是在新的历史条件下坚持和发展党的群众路线的结果。

以邓小平为核心的党的第二代中央领导集体，受命于伟大历史转折时期，成功开创了中国特色社会主义。邓小平指出："群众是我们力量的源泉，群众路线和群众观点是我们的传家宝。党的组织、党员和党的干部，必须同群众打成一片，绝对不能同群众相对立。如果哪个党组织严重脱离群众而不能坚决改正，那就丧失了力量的源泉，就一定要失败，就会被人民抛弃。全党同志，各级干部，特别是领导干部，必须经常记住这一点，经常用这个标准检查自己的一切言行。"①

邓小平还指出:"什么叫领导?领导就是服务。"②"对干部和共产党员来说,廉政建设要作为大事来抓。"③"形式主义也是官僚主义。要腾出时间来多办实事,多做少说。"④

以江泽民为核心的党的第三代中央领导集体,受命于危难之际,捍卫了中国特色社会主义,成功把中国特色社会主义推向21世纪。江泽民指出:"推进改革和建设需要我们解决的问题不少,好办法从哪里来呢?不是从天上掉下来的,也不是我们头脑里固有的,归根到底是来自于人民群众创造历史的丰富多彩的实践。谁深深扎根于人民之中,同广大群众结合在一起,谁就有力量、有智慧、有办法,就能够经受考验,战胜困难,作出突出的成绩。人民,只有人民,才是我们工作价值的最高裁决者。"⑤

江泽民还指出:"如果长期执政以后我们的干部丧失了当年夺取政权和建设初期那样一种蓬勃朝气,那样一种昂扬锐气,那样一种浩然正气,而变得明哲保身,事不关己、高高挂起,形式主义、官僚主义严重,以至滥用权力,使党和人民的利益受到损害,那么,我们最后必然失去最广大人民的拥护和支持。这是历史兴亡的规律,古今中外,概莫能外。对这个问题,各级领导干部一定要警醒。"⑥

新世纪新阶段,以胡锦涛为总书记的党中央,成功在新的历史起点上坚持和发展了中国特色社会主义。胡锦涛指出:"高度重视群众工作,坚持人民主体地位,发挥人民首创精神,是由我们党的性质决定的,也是由我们党的根本宗旨决定的。群众是真正的英雄,是我们党的力量源泉和胜利之本。党和人民事业能不能顺利发展,关键在我们党能不能始终保持同

---

① 邓小平:《贯彻调整方针,保证安定团结》(1980年12月25日),载《邓小平文选》第2卷,人民出版社1994年版,第368页。

② 邓小平:《把教育工作认真抓起来》(1985年5月19日),载《邓小平文选》第3卷,人民出版社1993年版,第121页。

③ 邓小平:《在武昌、深圳、珠海、上海等地的谈话要点》(1992年1月18日—2月21日),载《邓小平文选》第3卷,人民出版社1993年版,第379页。

④ 同上书,第381—382页。

⑤ 江泽民:《做一个新时期合格的领导干部》(1995年6月30日),载《论党的建设》,中央文献出版社2001年版,第181页。

⑥ 江泽民:《领导干部要牢固树立正确的权力观》(2002年1月25日),载《江泽民文选》第3卷,人民出版社2006年版,第419—420页。

人民群众的血肉联系，能不能充分调动人民群众的积极性、主动性、创造性。"①

胡锦涛还指出："九十年来党的发展历程告诉我们，来自人民、植根人民、服务人民，是我们党永远立于不败之地的根本。以人为本、执政为民是我们党的性质和全心全意为人民服务根本宗旨的集中体现，是指引、评价、检验我们党一切执政活动的最高标准。"②

以习近平为总书记的新一届党中央，以新的面貌、新的作风揭开了实现中华民族伟大复兴的新篇章。习近平指出："我们党来自人民、植根人民、服务人民，党的根基在人民、血脉在人民、力量在人民。"

习近平还指出："在任何时候任何情况下，与人民同呼吸共命运的立场不能变，全心全意为人民服务的宗旨不能忘，群众是真正英雄的历史唯物主义观点不能丢，始终坚持立党为公、执政为民。"

以上这些充分说明，无论在任何时候、任何情况下，群众路线始终是我们党的生命线和根本工作路线。只要坚定不移地坚持群众路线，我们就能够战胜前进道路上的各种风险和考验，沿着中国特色社会主义去努力实现中国梦。

五　在新的历史起点上坚持和创新群众路线

当前，正在深入开展的群众路线教育实践活动，针对形式主义、官僚主义、享乐主义、奢靡之风这"四风"，认真贯彻"照镜子、正衣冠、洗洗澡、治治病"的总要求，以真正实现自我净化、自我完善、自我革新、自我提高。这实际上对在新的历史起点上，坚持和创新群众路线提出了更高的要求。

这次群众路线教育实践活动提出要"照镜子"，也就是要认真对照党章检查自己。党章规定："党在自己的工作中实行群众路线，一切为了群众，一切依靠群众，从群众中来，到群众中去，把党的正确主张变为群

---

①　胡锦涛：《继续抓住和用好重要战略机遇期，确保实现"十二五"时期发展的目标任务》（2010 年 10 月 18 日），载《十七大以来重要文献选编》（中），中央文献出版社 2011 年版，第 1010 页。

②　胡锦涛：《在庆祝中国共产党成立九十周年大会上的讲话》（2011 年 7 月 1 日），载《十七大以来重要文献选编》（下），中央文献出版社 2013 年版，第 441 页。

的自觉行动。"始终同人民群众保持血肉联系是中国共产党的优良传统和最大政治优势。可以说,党章所规定的群众路线,是我们党领导中国革命、建设和改革全部历史经验的总结。

为什么从严治党要从整治"四风"开始?为什么进行群众路线教育要从整治"四风"开始?正如习近平总书记在 6 月 18 日中央召开的党的群众路线教育实践活动工作会议上的重要讲话中所说:"执政党的党风关系党的形象,关系人心向背,关系党和国家生死存亡;加强和改进党的作风建设,核心问题是保持党同群众的血肉联系;马克思主义执政党的最大危险就是脱离群众。"

整治"四风",是为了在新的历史条件下更好地坚持和弘扬党的优良传统作风。习近平总书记指出:"党的优良作风,就是我们党历来坚持的理论联系实际、密切联系群众、批评和自我批评以及艰苦奋斗、求真务实等作风。"

当前在群众路线问题上面临的突出问题,即形式主义、官僚主义、享乐主义、奢靡之风。这"四风"不仅损害了党在人民群众中的形象,更损害了党群干群关系。面对前所未有的风险和挑战,坚持群众路线、密切联系群众,是实现党的十八大确定的奋斗目标的必然要求,是保持党的先进性和纯洁性、巩固党的执政基础和执政地位的必然要求,是解决群众反映强烈的突出问题的必然要求。

从党的历史看始终有三大危险相伴随:一是脱离实际的危险;二是脱离群众的危险;三是腐败变质的危险。正是在不断应对各种危险和考验的过程中,我们党逐步形成了自我净化、自我完善、自我革新、自我提高的超常能力,保证了我们党度过一个又一个风险,战胜一个又一个挑战,纠正一个又一个错误,创造一个又一个奇迹。

党的历史证明,如何保持党的先进性、纯洁性永不变质,是一个长期的课题。要回答和解决好这个课题,不是一朝一夕的功夫。如何保持理论联系实际的优良传统和作风?如何保持密切联系群众的优良传统和作风?如何保持艰苦奋斗、为民务实清廉的优良传统和作风?如何发扬批评和自我批评的优良传统和作风?这些都是要在中国特色社会主义的实践探索中,不断地破解,又不断地继续探索的,决不可停留在某一阶段而止步,决不可满足于阶段性成果而自满。

但无论如何,我们对党抱有充分的信心,对中国特色社会主义事业抱有必胜的信心。关键在于：一是坚持理想信念，从根本上打牢群众观点、群众意识、根本宗旨，过好权力关、利益关、亲情关。二是求真务实取信群众，不能搞形式主义失信于民。三是密切联系群众，不能搞官僚主义高高在上。四是紧紧依靠群众，不能搞宗派主义小集团、小圈子。五是全心全意为了群众，不能搞享乐主义、奢靡之风，把个人欲望个人私利扩大化。

以上几点，说到底，是一个必须同传统观念彻底决裂的问题。所谓"传统观念"，就是传统的旧社会长期遗留下来的剥削阶级意识、腐朽思想。如何决裂？最为根本的就是：按照实现中华民族伟大复兴中国梦的奋斗目标，以马克思主义的世界观、人生观、价值观为指导，打破国家整体利益、人民根本利益碎片化的利益格局，建立既体现科学发展观精神实质和国家整体利益、人民根本利益，又充分调动各方面积极性的新型利益格局。这需要全党上下按照习近平总书记的一系列重要讲话精神，全面贯彻十八大精神，认真贯彻落实科学发展观，实现民族复兴中国梦，扎实工作，做出不懈努力。

我们要通过这次群众路线教育实践活动，使自身得到一次马克思主义群众观的深刻教育，得到一次党的群众路线优良传统的深刻教育，得到一次认清"四风"危害的深刻教育，得到一次如果严重脱离群众就会亡党亡国的深刻教育。使我们增强在中国特色社会主义伟大实践中贯彻落实群众路线的自觉性，充分发挥我们党的两大传统优势，即组织优势和宣传优势，组织群众、宣传群众、教育群众，为实现中华民族伟大复兴中国梦而努力奋斗！

论加强共产主义理想信念教育

李崇富[*]

党的十八大报告，为了保障我国到 2020 年实现全面建成小康社会的宏伟目标，就全面推进党的建设新的伟大工程，全面提高党的建设科学化水平，做出了深刻精辟的论述和系统周密的部署。报告中提出了"建设学习型、服务型、创新型马克思主义执政党"[①] 的历史性任务，要求全党以改革创新精神，从"要抓好思想理论建设这个根本""抓好党性教育这个核心"和"抓好道德建设这个基础"的认识高度，切实抓好全党的思想理论学习和思想教育工作。通过这种学习和教育，共产党员应当达到的政治素质、思想觉悟和道德境界，集中到一点，就是要"坚定理想信念，坚守共产党人精神追求"。可以认为，在全体党员特别是在干部队伍中切实加强理想信念教育，使其树立和坚定社会主义、共产主义的理想信念，是党的建设中一项根本性、基础性任务，切不可等闲视之！

一 革命理想高于天

为着推动和指导全党学习贯彻十八大精神，习近平总书记 2013 年发表的"1·5"重要讲话，围绕党的十八大主题和主线，在高瞻远瞩、旗帜鲜明地阐明"坚持和发展中国特色社会主义"的几个重大理论问题时，其感人至深的一个思想亮点，是重新唱响了"革命理想高于天"的主旋律。

重申"革命理想高于天"，具有振聋发聩的现实针对性。改革开放以

---

　* 李崇富，中国社会科学院学部委员、马克思主义研究院研究员、中国历史唯物主义学会会长，博士生导师。

　① 胡锦涛：《坚定不移沿着中国特色社会主义道路前进　为全面建成小康社会而奋斗》，载《人民日报》2012 年 11 月 18 日。下引此文，不再注明出处。

来，我们党在马克思主义基本原理指导下，根据我国长期处于社会主义初级阶段的基本国情，制定和贯彻党在现阶段的基本路线、基本纲领和基本政策，从而克服了我国曾一度存在的"超阶段"的观念、政策和做法。这是完全正确和必要的。但这同共产党人必须矢志不渝地坚持共产主义理想信念，决不是对立的而是统一的。党和邓小平同志在继承毛泽东时代的思想和功业的基础上，所开辟的中国特色社会主义道路，旨在从建设"初级阶段的社会主义"起步，为建设"够格"的、完全和成熟的社会主义，最终实现共产主义，而脚踏实地奋斗和前进。

其实，从邓小平到江泽民，再到胡锦涛都一再要求全党，既要坚定不移地贯彻执行党在现阶段的基本路线、基本纲领和基本政策，又要坚持不懈地抓好理想信念教育，实现党的最高纲领与现阶段基本纲领、共产主义远大理想与中国特色社会主义"共同理想"的统一。邓小平多次强调：在建设社会主义精神文明的"四有"（有理想、有道德、有文化、有纪律）中，"我们最强调的，是有理想"，"我们共产党人的最高理想是实现共产主义，在不同历史阶段又有代表那个阶段最广大人民利益的纲领"。因此，我们才有"共同的理想和坚定的信念"，才能团结广大人民群众，万众一心，共同奋斗，争取胜利。他甚至强调说："没有这样的信念，就没有凝聚力。没有这样的信念，就没有一切。"①

尽管如此，我们党现有的 8200 多万党员的思想状况，我们干部队伍的思想状况，我国理论界的思想状况，乃至整个社会的思想道德状况，在肯定其主流是好的和比较好的前提下，所存在的问题和倾向，还是相当严重、不容乐观的和令人忧虑的。在国内外各种错误思潮和腐朽没落文化的自发影响、浸润和渗透下，在市场经济逐利性冲击下，在权力、金钱和美色等消极诱惑下，特别是在世界社会主义运动处于低潮，而西方敌对势力趁机对我国实施"西化"和"分化"战略的大背景中，有不少党员干部对马列主义和毛泽东思想，丧失了感情和信仰；对社会主义和共产主义，淡化和丧失了理想信念，以至于马克思主义"过时论"和"无用论"，共产主义"渺茫论"和"乌托邦论"，在社会上、在部分党员干部中，仍然很有市场。这是一些领导干部"前腐后继"的根本原因；甚至有个别党员干部由此滑向和公开散布"反共"立场。例如，有人从恩格斯晚年的一篇文

---

① 《邓小平文选》第 3 卷，人民出版社 1993 年版，第 190 页。

章中，别有用心地抽出 93 个字，肆意加以歪曲，胡说从中找到了"马克思主义真经"，就是恩格斯晚年抛弃了"共产主义"，而成为"民主社会主义的首创者"；接着，他还把中国特色社会主义，曲解为"民主社会主义"和"新资本主义"。这种人恶意歪曲、公然反对社会主义和共产主义，到了肆无忌惮、无以复加的地步！

前车覆，后车诫。苏联是当时世界的"两超两霸"之一，有 74 年的发展史，苏共有近 2000 万党员，掌握着能够"毁灭"世界若干次的大量核武器。看似强大无敌的苏联，在国内外敌对势力反共、反社会主义政治攻势面前，毫不设防、毫无斗志，反而祸起萧墙、同流合污、毁于一旦。究其直接原因，是十分明显和令人痛心的，就是由于该党及其领导层的思想变质，即由隐而显地背叛了马列主义信仰，抛弃了社会主义和共产主义理想信念，而导致党的指导思想和政治路线变质，进而演变为亡党亡国的历史性倒退。一个丧失马克思主义灵魂的共产党，其人数再多、组织再大、历史再辉煌，也是列宁所说的"稻草人"，会不打自倒；一个缺乏社会主义和共产主义理想信念，缺少精神支柱的党员干部，其职位再高、资历再老，在各种诱惑和考验面前，都会丧失立场和腐化堕落。

虽然我们党顶住了东欧剧变的政治冲击，把准了改革开放的正确方向，从而开创、维护和不断推进着中国特色社会主义事业。但是，当年苏共所面对的挑战和考验，对中国共产党人来说，在一定意义上也同样存在。我们党内某些个人和局部也发生了并正在发生着类似当年苏共发生的那种消极变化。正是针对这种现实危险和思想理论混乱的情况，党的十八大报告明确指出："对马克思主义的信仰，对社会主义和共产主义的信念，是共产党人的政治灵魂，是共产党人经受住任何考验的精神支柱。"习近平总书记在"1·5"重要讲话中，所阐明的关于共产主义理想与现实工作的辩证关系，就是对这个重要论断的贯彻和发挥。他郑重要求：共产党员特别是党员领导干部要做共产主义远大理想和中国特色社会主义共同理想的坚定信仰者和忠实践行者。并说，我们既要坚定走中国特色社会主义道路的信念，也要胸怀共产主义的崇高理想，矢志不移贯彻执行党在社会主义初级阶段的基本路线和基本纲领，做好当前的每一项工作。革命理想高于天。没有远大理想，不是合格的共产党员；离开现实工作而空谈远大理想，也是不合格的共产党员。衡量一名共产党员、一名领导干部是否有共产主义远大理想，是有客观标准的，就是要看他能否坚持全心全意为人民服务的根本宗旨，能否吃苦在前、享受在后，能否勤奋工作、廉洁奉公，能否为理想而奋不顾身去拼搏、去奋斗、去献出自己的全部精力乃至生命。一切迷茫迟疑的观点，一切及时行乐的思想，一切贪图私利的行为，一切无所作为的作风，都是与此格格不入的。习近平总书记的这些话，讲的是何等深刻、何等好啊！他既深刻阐明了坚持共产主义远大理想和做好现实工作的辩证关系，又对全体党员特别是领导干部提出了衡量其应有政治素质、思想觉悟、道德境界的客观标准和原则要求。其中"革命理想高于天"一句话，就是对此做出的精辟准确、形象生动的高度概括。这应当成为一切共产党人的座右铭！

第一，之所以"革命理想高于天"，就在于以共产主义理想作为核心内容和终极目标的"革命理想"，根植于马克思主义普遍真理，体现了人类社会发展的一般规律，顺应了世界历史发展的总趋势，是任何人、任何力量都无法阻挡、不可逆转的历史潮流。无论现在各国垄断资产阶级势力如何强横和狡诈，无论世界上一切"反共""反社会主义"势力如何气势汹汹，也不论资本主义各国的社会主义革命力量目前还多么分散和弱小，但世界社会主义运动处于低潮是暂时的；资本主义生产方式所固有的、对抗性的、自身无法解决的基本矛盾，则是长远起作用的因素，是它必然衰败的根本原因。因此，社会主义经过长期发展必将代替资本主义，而社会主义又必将发展到共产主义。这是不可移易的世界历史大趋势。这是"革命理想高于天"的现实性、必然性和高尚性之所在。

第二，之所以"革命理想高于天"，就在于共产主义事业，是人类历史上最彻底、最崇高、最神圣的革命伟业。在马克思主义话语体系中，"科学社会主义"与"科学共产主义"，"无产阶级革命""社会主义革命"与"共产主义革命"，在本质上是同义语。只是马克思把代替资本主义的未来社会，划分为"共产主义社会第一阶段"和"共产主义社会高级阶段"，而列宁则把共产主义社会第一阶段，称为"社会主义社会"。于是共产主义社会及其理想，就一般专称它的高级阶段；即便如此，列宁还说过：在社会主义社会，"既然生产资料已成为**公有**财产，那么'共产主义'这个名词在这里也是可以用的，只要不忘记这还**不是**完全的共产主义"①。邓小平进一步讲清了中国社会主义初级阶段同共产主义的联系和区别。他

---

① 《列宁专题文集 论社会主义》，人民出版社 2009 年版，第 38 页。

指出，现在"中国社会主义处在一个什么阶段，就是处在初级阶段，是初级阶段的社会主义。社会主义本身是共产主义的初级阶段，而我们中国又处在社会主义的初级阶段，就是不发达的阶段。一切都要从这个实际出发，根据这个实际来制定规划"①。这包括我国在现阶段必须坚持公有制为主体、多种所有制经济共同发展的基本经济制度。因此，无论是我国当年所进行的社会主义改造和建设，还是正在建设的"初级阶段的社会主义"，以及发展到将来生产资料完全成为**公有**财产的更高阶段的社会主义，其实质和发展目标都是一致的，都是要创造条件，逐步实现马克思所讲的两个"最彻底的决裂"和四个"达到"。即在取得社会主义革命完全胜利和生产力充分发展的基础上，逐步消灭私有制、消灭剥削、消灭阶级、消灭三大差别，使工人阶级和全人类获得彻底解放，使所有人实现全面而自由的发展，使人类社会进入由必然王国向自由王国的飞跃。

第三，之所以"革命理想高于天"，就在于它集中体现了共产主义思想体系的科学的预见性、坚定的目标性和长远的导向性，是代表工人阶级根本利益、贯穿社会主义事业全过程和事关其成败的实践纽带、政治灵魂、行动指南、精神支柱和力量源泉。因此，工人阶级及其政党领导的一切革命、建设和改革事业，都不能缺少共产主义思想体系及其远大理想的引领，否则就不可能获得胜利。其实，毛泽东同志早在指导我国新民主主义革命和发展新民主主义经济、政治、文化的现实工作中，就从共产主义思想体系的长远指导作用同新民主主义行动纲领的实践之间的联系和区别上，把这个问题讲清和讲透了。他指出："在现时，毫无疑义，应当扩大共产主义思想的宣传，加紧马克思主义的学习，没有这种宣传和学习，不但不能引导中国革命到将来的社会主义阶段上去，而且也不能指导现时的民主革命达到胜利。但是我们既应把对于共产主义的思想体系和社会制度的宣传，同对于新民主主义的行动纲领的实践区别开来；又应把作为观察问题、研究学问、处理工作、训练干部的共产主义的理论和方法，同作为整个国民文化的新民主主义的方针区别开来。把二者混为一谈，无疑是很不适当的。"②

共产主义是理论、运动和制度的统一。共产主义制度的最终确立，必

---

① 《邓小平文选》第3卷，人民出版社1993年版，第252页。
② 《毛泽东选集》第2卷，人民出版社1991年版，第706页。

须经历无产阶级革命和社会主义建设的多个循序渐进、不能超越的发展阶段，作为实现其伟大目标的历史性阶梯。但在其中任何阶段，都必须依靠马克思主义即共产主义思想体系及其远大理想的指导和引领。既然当年革命先辈搞新民主主义革命，就是因为有了共产主义思想体系及其远大理想的实际指导，才能使"民主革命达到胜利"；那么，我们在现阶段要做好改革开放、建设中国特色社会主义的各个领域的现实工作，就更需要共产主义思想体系及其远大理想的实际指导。马克思主义"老祖宗"不能丢，科学社会主义的基本原则不能丢，社会主义和共产主义的理想信念不能丢。否则，我们共产党人就丧失了根本，就会因为缺乏"政治灵魂"和"精神支柱"而迷失方向和腐化变质。可以说，"革命理想高于天"是最质朴的真理，是共产党人安身立命的革命箴言。

二　理想信念教育必须常抓不懈

习近平总书记重申"革命理想高于天"，就是极言其根本性和重要性。改革开放以来，我们党的包括"理想信念教育"在内的思想理论建设，不能说没有抓，也不能说没有取得一定成效。但在一定程度上，往往先是重重提起，然后轻轻放下，最后不了了之。就党员理想信念教育而言，可以说，是由于全党有不少人的认识不到位，而导致行动不到位，乃至于说的多做的少、口号多措施少、要求多实效少。

从对其认识看，党章中早有明确规定："中国共产党党员是中国工人阶级的有共产主义觉悟的先锋战士。"[①] 在"有共产主义觉悟"中，就包含着有社会主义和共产主义理想信念。而问题的关键就是在党的建设中，如何有步骤、有制度保障地使更多的党员努力争取和达到这一条。

在马克思列宁主义中有条重要原理，就是"工人阶级单靠自己本身的力量，只能形成工联主义意识"，"社会主义学说……它的产生是革命的社会主义知识分子的思想发展的自然和必然的结果"。"现代科学社会主义"，是从马克思和恩格斯"创造的哲学理论、历史理论和经济理论中发展起来的"。"可见，社会主义意识是一种从外面灌输到无产阶级的阶级斗争中去的东西，而不是一种从这个斗争中自发地产生出来的东西。""因此，对社

---

① 《中国共产党章程》，人民出版社 2012 年版，第 22 页。

会主义思想体系的**任何轻视**和**任何脱离**，都意味着资产阶级思想体系的加强"和"受资产阶级思想体系的支配"①。

可是，马克思列宁主义原本是提倡"自觉性"和反对"自发性"的这条理论"灌输"原理或原则的，却被许多人有意无意地、望文生义地曲解为一种教条式的、简单的、生硬的宣传和教育方法，而反复地加以批评和否定。我们应当把理论上自觉"灌输"的原则，同不恰当的教育和宣传方法，做出明确区分，而不能简单地混为一谈，以使全党提高学习和掌握马克思主义基本理论的自觉性。

其实，这条缘由当年还是马克思主义者的考茨基提出并被列宁加以肯定、重申和阐发的原理，是要求我们共产党人应从行动上努力做到：

第一，一切共产党员都必须认真研学马克思列宁主义，真诚接受共产主义教育，才能确立马克思主义信仰，成为共产主义者，即形成社会主义信念和坚定共产主义理想。即使工人阶级出身、有长期革命和工作经历的人，也不能例外。一个人的科学社会主义意识，不可能因为有参加社会主义运动的工作经验，就能自发地产生；在社会主义制度下，个人收入高了、家庭生活好了，也不可能自发地形成社会主义信念和共产主义理想。其工作经验和利益关联，是他们能够接受和信仰马克思主义的客观条件，但其是否接受和相信马克思主义，还必须通过学习和"灌输"其基本理论，即用马克思主义革命学说，也就是用无产阶级思想体系来武装自己的头脑，从而懂得历史规律，自觉地走历史必由之路，才能真正具有立足于实践基础和理论逻辑之上的社会主义信念、共产主义理想。那些抱着"入党做官"动机不放，因而把讨好、巴结和逢迎领导放在首位，以图升官发财，而不真学、真懂、真信、真用马克思主义的人，是不可能真正坚持社会主义道路、践行共产主义理想和道德的。

第二，一切有阅读和研究能力的共产党员，特别是领导干部，都应结合自己的工作实际和思想实际，认真研读和领会马克思主义基本原理及其精神实质，认真学习其他有关而必要的科学知识，力求掌握和运用马克思主义立场、观点和方法。列宁指出："只有了解人类创造的一切财富以丰富自己的头脑，才能成为共产主义者。"② 那些文化和理论水平较高的共产

---

① 《列宁选集》第 1 卷，人民出版社 1995 年版，第 317—318、326—327 页。
② 《列宁专题文集　论无产阶级政党》，人民出版社 2009 年版，第 281—282 页。

党人，应当热情地向周围其他同志、向人民群众，努力做好思想宣传工作，以帮助更多同志学习和了解马克思主义，以利于领会和贯彻党的路线方针政策。因此，在党的建设中，应当狠抓"建设学习型、服务型、创新型马克思主义执政党"的落实。全党学习马克思主义，不能流于形式、走走过场，更不能停留在普遍要求和一般号召上。党中央现任领导集体应当像毛泽东同志那样，为党员领导干部列出必读书目。既要提倡和引导党员和干部个人自觉地学习钻研马克思主义，也要加强学习的组织、督促、检查和落实，而且应持久不懈地紧抓不放，一直坚持抓下去。

第三，全党的思想理论建设和党员干部的理论学习，要形成制度，要有得力的举措，要有正确的舆论和政策导向，不断加以引导和提高。我们党要建设成为学习型的马克思主义执政党，要学习的东西固然很多（包括学习体现党的路线方针政策的重要文献，必要的经济、法律、管理和历史等知识），但其中最为重要和有决定意义的，是要持久不懈地坚持学用马克思列宁主义、毛泽东思想和中国特色社会主义理论体系。我们中国共产党人，当然要重点学用马克思主义中国化的"创新理论"，因其具有最切近的、更具操作性的指导作用。但这必须同学习和掌握必读的马克思主义经典著作及其基本原理相结合，才有利于领会和掌握中国化马克思主义的理论基础及其精神实质。更为基本和不可代替的是，一切共产党人要树立和坚定社会主义、共产主义理想信念，就必须学习和掌握马克思、恩格斯和列宁所创立和阐发的辩证唯物主义和历史唯物主义、政治经济学和科学社会主义学说，通过领会其中所揭示的历史规律，才能建立起自己对马克思主义的信仰，并坚定其理想信念。在这个重大问题上，党和国家的舆论导向和用人导向，最为紧要和关键。在党的干部政策上，应当长期坚持"四化"方针，把具备马克思主义的必要的理论素养，列为选拔和任用中高级党政干部，尤其是意识形态领域的领导干部的一项必不可少的基本条件。只有使党和国家的领导权牢牢地掌握在忠诚的马克思主义者手中，中国特色社会主义事业才有希望和保障。当共产党员们都力求成为"中国工人阶级的有共产主义觉悟的先锋战士"，当领导干部们都力求成为真学、真懂、真信、真用马克思主义的表率，才能形成全党学用马克思主义浓厚风气的社会环境。

三　理想信念教育重在改造世界观

一切共产党人都应树立和坚定社会主义、共产主义理想信念的问题，归根到底，是阶级立场和世界观问题。只有真正站在工人阶级立场的人们，才能拥护、学懂和掌握马克思主义的科学世界观；只有真正学习和领会了辩证唯物主义和历史唯物主义世界观的人们，才能拥护、学懂和掌握马克思的剩余价值学说和科学社会主义，从而才能真正树立和坚定社会主义、共产主义理想信念。因此，党员的理想信念教育，应重在引导人们改造自己的世界观。近些年来，在党的思想理论建设中，不大提倡和引导党员干部自觉地改造世界观，党内也未能经常而认真地开展批评和自我批评，往往只强调重在"正面宣传"和"正面引导"，实际上是在回避开展党内积极的思想斗争。这样，极不利于党的思想理论建设，极不利于党员的思想觉悟和思想道德素质的提高，极不利于党员理想信念教育的加强和获得实效。为要造成有利于加强党内理想信念教育的舆论环境、社会氛围和思想基础，笔者建议应努力做到以下几点。

其一，在党内应重提和引导党员特别是领导干部自觉地改造世界观。只要你立志成为一名真正的共产党员，成为"中国工人阶级的有共产主义觉悟的先锋战士"，那么人人都应当自觉而不断地改造自己的世界观，即使出身工人阶级的党员，即使职位再高、资历再老的干部，也不能例外。我们常说，世界观的转变是一种根本的转变，在实质上，这并不是一种政治话语，而是一种认识论的哲学话语。马克思主义世界观，即辩证唯物主义和历史唯物主义哲学，是工人阶级的科学世界观。这种世界观所论证和代表的工人阶级的根本利益，就是为消灭私有制、消灭剥削、消灭阶级，最终实现共产主义社会，而提供哲学论据以启发理论自觉；就是要不断克服各种不符合工人阶级根本利益的、不符合坚持社会主义、共产主义发展方向的各种非无产阶级思想，以使共产党人的思想境界，顺应社会发展的客观规律和历史大趋势，而能自觉地为之奋斗和奉献。

因此，共产党人在改造客观世界的同时，应当自觉地坚持改造自己的主观世界。这就是使自己的主观不断符合客观，是变历史必然为思想自由的认识过程。这在实质上是一个认识论问题。所以，毛泽东在《实践论》中说："世界到了全人类都自觉地改造自己和改造世界的时候，那就是世界的共产主义时代。"① 共产党员作为"有共产主义觉悟的先锋战士",当然要首先身体力行之。

其二,共产党人特别是领导干部自觉地改造世界观的过程,离不开党内开展正确的批评和自我批评。这作为我们党的"三大作风"之一,是应当继承和弘扬的党的优良传统。但近些年来,我们党在纠正原有"过火"的党内斗争等"左"倾错误时,有些人走向另一个极端,奉行无原则的"老好人主义",在党内政治生活中,也就淡化了积极的思想斗争,放弃了必要的批评和自我批评。党员世界观问题的解决同党内思想认识矛盾的解决,往往是密不可分的。只有通过党内开展积极的思想斗争,才能分清是非、鼓励先进、帮助后进,从而正确解决党内的思想认识矛盾。

毛泽东在《矛盾论》中指出:"党内不同思想的对立和斗争是经常发生的,这是社会的阶级矛盾和新旧事物的矛盾在党内的反映。党内如果没有矛盾和解决矛盾的思想斗争,党的生命也就停止了。"② 毛泽东的这个论断,在阶级斗争仍在一定范围内仍将长期存在的社会主义建设新时期,对于解决党内矛盾仍然具有指导意义。现在党内的矛盾,除了极少数违法犯罪行为以外,一般都是同志之间的人民内部矛盾,仍应采用"团结—批评—团结"的方法和加强思想政治工作,来及时加以解决和化解。如果放弃党内批评和积极的思想斗争,同志之间思想不见面,就会使一些人平常发生的小错误,逐步积累、演变和转化为大错误,乃至会犯政治错误,直至违法犯罪。近些年来,有一批党员干部"前腐后继",自我毁灭。虽说这是由于改革开放、发展市场经济大环境中的种种诱惑所致,但不能认为,这同党内政治生活不健全、不能及时开展必要的批评和自我批评、党内理想信念教育不到位,完全没有关系。

其三,共产党人必须坚持改造主观世界同改造客观世界的统一。我们主张共产党人都应努力学习和掌握马克思主义世界观,确立和坚定社会主义、共产主义理想信念,这本身并不是目的。其目的完全在于实践应用,在于更好地维护和发展中国特色社会主义事业,逐步实现"社会主义本质",即"解放生产力,发展生产力,消灭剥削,消除两极分化,最终达

---

① 《毛泽东选集》第 1 卷,人民出版社 1991 年版,第 296 页。
② 同上书,第 306 页。

到共同富裕"①，直至最终实现共产主义。共产党人必须在改造客观世界的同时，努力改造自己的主观世界，才能够成为推进中国特色社会主义事业的骨干力量。

马克思指出："要消灭私有财产的**思想**，有共产主义**思想**就完全够了。而要消灭现实的私有财产，则必须有**现实的**共产主义行动。"② 马克思还指出："**思想**从来也不能超出旧世界秩序的范围：在任何情况下它都只能超出旧世界秩序的思想范围。思想根本不能**实现什么东西**。为了实现思想，就要有使用实践力量的人。"③ 尽管马克思主义是指导无产阶级革命和社会主义建设的普遍真理，共产主义理想体现了人类历史发展的必然趋势，但停留在这种思想理论本身，则既不能触动资本主义旧世界的一根毫毛，也不能对社会主义事业有丝毫助益。所以，社会主义信念和共产主义理想的现实力量，就在于它会以共产党的路线方针政策为中介，以共产党人的言行为示范，能够被人民群众所掌握，而"理论一经掌握群众，也能变成物质力量"④，即改造旧世界和建设新社会的强大社会力量。

在为中国社会主义和共产主义事业的长期奋斗中，中国共产党的领导和共产党人的先锋模范作用，是这项宏图伟业的中流砥柱和主心骨，由此掌控和引领着当代中国社会发展进步的方向。任何共产党人的实践行为，都是由其思想意识，特别是由其理想信念作为"思想总开关"，来掌控和支配的。所以，当今中国共产党人，特别是居于关键性领导岗位的共产党人，如果能够坚持改造主观世界同改造客观世界的统一，能够以坚定的社会主义和共产主义理想信念来指导、引领和规范自己的职责和言行，那么中国特色社会主义事业就定然势不可当、日益兴旺发达。

① 《邓小平文选》第 3 卷，人民出版社 1993 年版，第 252 页。
② 《马克思恩格斯全集》第 42 卷，人民出版社 1979 年版，第 140 页。
③ 《马克思恩格斯全集》第 2 卷，人民出版社 1957 年版，第 152 页。
④ 《马克思恩格斯文集》第 1 卷，人民出版社 2009 年版，第 11 页。

党的领导是依法治国、建设法治国家的根本保证和根本要求

邓纯东[*]

刚刚落幕的十八届四中全会，描绘了中国法治建设的宏伟蓝图。全会强调，党的领导是全面推进依法治国、加快建设社会主义法治国家最根本的保证。必须加强和改进党对法治工作的领导，把党的领导贯彻到全面推进依法治国全过程。宪法和法律是国之重器，镇国之纲，能否维护宪法法律权威、能否维护人民权益、能否维护社会公平正义、能否维护国家安全稳定，是国家治理能力现代化的重要表征。而这一切都必须在党的领导下进行，只有坚持党对全局事业的领导，对依法治国的统领，才能立"良法"行"善治"。

一 近代历史表明，中国建成法治国家，只有在中国共产党领导下才有可能

我们党成为执政党，是历史的选择、人民的选择。邓小平指出："没有共产党的领导，肯定会天下大乱，四分五裂。历史事实证明了这一点。……没有党的领导也就不会有社会主义制度。"[①] 党的领导，是中国特色社会主义最本质的特征，也是社会主义法治最根本的保证。

晚清政府和民国的法治实践之所以失败，归根到底是因为缺乏一个真正代表人民意志的有力的政党。晚清政府开国会、立宪法的宪政实践，败

---

* 邓纯东，中国社会科学院马克思主义研究院党委书记、院长，研究员。

① 《邓小平文选》第 2 卷，人民出版社 1994 年版，第 391 页。

在皇族内阁追求"皇权永固"，而非民生第一，是一场皇族内阁的政治骗局，本质上是自保的新借口，无法拿到选票的人民，自然就拿起了枪炮对准皇权。民国政府的宪政实践从开始就意味着失败，从1912年的倡导"主权在民"的《中华民国临时约法》，到1914年袁世凯授意的《中华民国约法》，再到1919年段祺瑞执政期间提出过的《中华民国宪法草案》，再有1923年曹锟宪法即《中华民国宪法》，1925年段祺瑞再次执政时又提出《中华民国宪法草案》。宪政实践几经易手，因人立法、因人修法、因人废法，原本严肃的《宪法》像玩具一样任意�饬。不管是晚清还是民国，宪政失败原因很多，其中有政府背弃承诺的原因，也有社会认同程度极低的原因，但最重要的是缺乏一个强有力的政党的领导，没有人民的主心骨，宪法不是为了人民，而是为了迎合政治家权谋和贿选交易的需要。

没有一个真正代表最广大人民利益的强有力的政党的领导，要推行宪法，其结果要么是遭到顽固派抵制而出现宋教仁流血事件；要么是生出无数"小皇帝"、大军阀打着宪法的幌子强奸民意，致使国家四分五裂；要么是沦为国民党代表的大地主、大买办阶级独裁专政的工具。只有在中国共产党这个代表先进阶级，以马克思主义科学理论为指导，按照民主集中制组织起来，能够代表全体中国人民根本利益的党的领导下，中国才有可能建设社会主义法治国家。现在我们发展社会主义市场经济，面对各种问题和挑战，只有在党的领导下，才能确保社会主义法治原则的贯彻，才能确保司法机关正确执法，才能通过法治有力地保障全体人民的根本利益。

法治是治国理政的基本方式，党的领导是治国理政的核心。离开了党的领导，人民真实意志就无法集中体现，更没有办法上升为国家意志。在法治中国建设中，必须坚持发挥党总揽全局、协调各方的领导核心作用。新中国法治建设的成功在于，党领导人民制定法律，遵循人民利益高于一切，妥善处理党的领导和依法治国的关系，坚持依法执政。一方面，党的领导更多是把握法治建设的政治方向，为依法治国提供指导思想，不是干预具体的执法和司法行为。正如习近平总书记指出，要善于运用法治思维和法治方式领导司法工作，各级党组织和领导干部支持法院、检察院依照宪法和法律独立行使职权。另一方面，对于司法机关而言，依照宪法和法律办事，以事实为依据、以法律为法律，伸张正义、维护公平，就是党的领导的具体体现。

二 坚持党对立法工作的领导，才能确保良法可立

立"良法"才能行"善治"。坚持党对立法工作的领导，这是党的领导在依法治国上的首要要求。坚持中国共产党是工人阶级的先锋队和中国各族人民的先锋队，没有自己的特殊利益，能够代表中国最广大人民的根本利益。坚持党对立法工作的领导，使党的主张上升为国家意志、法律条文，有利于使宪法和法律体系更好地把党的主张和人民意志统一起来，既切实巩固党的执政地位，又充分保障人民当家做主的权利，坚持恪守以民为本、立法为民的理念，破除立法工作中的部门化倾向，使每一项立法都符合宪法精神、反映人民意志、得到人民拥护。

中国共产党把马克思主义作为自己的指导思想，坚定社会主义信念。坚持党对立法工作的领导，立法工作才不会迷失方向，才能确保法律体系的社会主义性质，深入贯彻社会主义核心价值观。坚持党的领导，建设中国特色社会主义法治体系，必须坚持立法先行，发挥立法的引领和推动作用。

加强党对立法工作的领导，要完善党对立法工作中重大问题决策的程序。凡立法涉及重大体制和重大政策调整的，必须报党中央讨论决定。党中央向全国人大提出宪法修改建议，依照宪法规定的程序进行宪法修改。法律制定和修改的重大问题由全国人大常委会党组向党中央报告。这些充分体现了我们党坚持依宪治国、依宪执政的决心和信心。当然，依宪治国和依宪执政，绝不是搞资产阶级的宪政，而是在坚持党的领导和中国特色社会主义制度前提下的社会主义法治模式。

党领导立法工作，要求我们在立法工作的实践中，决不能简单照搬西方国家的原则、内容和程序，而是必须从中国社会主义社会治理的需求出发，在党的领导下进行，这是立法工作的第一个关键环节。我们制定的法律，是适用的还是不适用的，是善法良法还是恶法，由谁领导、以什么样的理念做指导，这是基本前提，决不能含糊。我们的立法工作，必须是有利于加强党的领导而不是削弱甚至否定党的领导，必须是有利于实现人民当家做主而不是否定、破坏人民当家做主，必须是有利于推进社会主义法治国家建设而不是延迟、阻碍法治建设进程。

三 坚持党对执法工作的领导，
才能确保良法善治可为

法律的生命力在于实施，法律的权威也在于实施。建设社会主义法治国家，必须在党的领导下，切实推进依法行政。国家政权机关依法治国的各项实践，都应体现党的领导、监督、支持和保证作用。坚持党对执法工作的领导，不是以党代政、干预司法，而是在法治建设的各个环节中发挥各级党组织的领导、保证、支持和监督作用，确保公正、确保规范、保护人权。没有党对法治工作的有力领导，让每一个部门、每一个地方、每一个执法者，自由裁量，自行其是，无组织，无纪律，就会离依法治国越来越远，国家和社会就会一团糟。事实一再表明，我们现实中的许多错案，都是离开党组织监督或司法人员离开党性原则做出来的。坚持党的领导，才是避免冤假错案最有效的方式。

党必须加强对政府执法工作的领导，加快建设职能科学、权责法定、执法严明、公开公正、廉洁高效、守法诚信的法治政府。一些重大的、人民群众高度关注的、关系改革发展稳定的执法案件，必须听取党组织的意见和建议，以确保行政执法的公平公正。要加大关系群众切身利益的重点领域执法力度。党对政府执法工作的领导，首先，要体现在政府部门的执法工作上，要认真学好党的路线方针政策，明确执法的内容和目的都应该体现党的意志，实现党的主张。其次，政府及其各部门的党组织，为本部门的业务工作要起好保证、监督作用。最后，政府及其部门的党组织要抓好党的建设工作，管好政府工作人员，使他们的施政行为体现党的意志和要求。

司法机关依法独立办案和党对司法工作的领导，并不是对立的。决不能把司法机关依法独立办案、公正司法，理解为司法独立。司法机关公正司法，强调的是排除干预，而不是拒斥党对司法工作的领导。不能把党对司法工作的领导理解为干预司法工作。党对司法工作的领导，包括司法机关党组织对执法过程的监督，对党员司法人员的工作提出要求与进行监督，包括由党组织依党内规范形成党组织意图，并以党组织身份而非党员干部个人身份提出重大司法案件的指示，确保司法人员不滥用权力等，其根本目的恰恰是为了切实体现司法公正。各级党政机关和领导干部要支持法院、检察院依法独立公正行使职权，个人不得干预司法活动、插手具体案件处理。同时，各级司法机关中的党组织，必须始终处于司法机关业务工作的领导地位，有权力、有义务及时开展对司法人员、司法活动的有力、有效监督。这些措施既体现了我们党对司法工作的坚强领导，也体现了支持司法部门公正司法的明确态度。

四 加强党对法治工作的组织领导，为依法治国提供组织保证

政治路线确定以后，干部是决定因素。加强党对法治工作的领导，从组织上确保党的领导地位是关键。党对法治工作的组织领导，包括司法机关的党组织的设立与发挥作用，包括党组织推荐的人选通过法定程序成为国家政权机关的领导人员，通过国家政权机关实施党对国家和社会的领导。要充分发挥党总揽全局、协调各方的组织优势和领导作用，使党的主张通过法定程序成为国家意志，使党组织推荐的人选通过法定程序成为国家政权机关的领导人员，通过国家政权机关实施党对国家和社会的领导，运用民主集中制原则维护中央权威、维护全党全国团结统一。同时，党员干部要自觉提高运用法治思维和法治方式深化改革、推动发展、化解矛盾、维护稳定的能力，提高把党的意志和主张贯彻到自身工作中的能力。

要健全党领导依法治国的制度和工作机制，完善保证党确定依法治国方针政策和决策部署的工作机制和程序。例如，完善党委依法决策机制，党委要定期听取政法机关工作汇报，党政主要负责人要履行推进法治建设第一责任人职责等，领导和支持工会、共青团、妇联等人民团体和社会组织在依法治国中积极发挥作用。人大、政府、政协、审判机关、检察机关的党组织和党员干部要坚决贯彻党的理论和路线方针政策，贯彻党委决策部署，党组织要领导和监督本单位模范遵守宪法法律。政法委员会必须长期坚持，政法机关党组织要建立健全重大事项向党委报告制度等。

五 坚持党的思想领导，为依法治国奠定巩固的思想基础

坚持党的思想领导，发挥党的思想政治教育优势，是坚持我国法治正

确方向的保证。我们建设法治国家，在全社会树立法治意识，必须弄清的前提是，走建设有中国特色社会主义的法治道路，必须以正确的思想理论、法治理论、法治精神为指导。是以马克思主义及其中国化成果——中国特色社会主义理论为指导，还是以西方资产阶级法治理论、法治观念、法治精神为指导，决定了我们法治建设道路的方向，也决定着中国法治建设、国家民族的前途命运。历史逻辑与现实根据决定，中国的法治建设，正如中国的整个现代化建设一样，必须以马克思主义及其中国化成果为指导，才能保证正确方向，从而保证国家和民族的美好未来。

首先，全社会的法治意识是由党的意识形态而非资本主义法治精神引领的。我们党来自人民、植根人民、服务人民，党的根基在人民、血脉在人民、力量在人民。人民群众的拥护和支持，是党执政最牢固的政治基础和最深厚的力量源泉。党的性质和宗旨决定了党的各级组织和领导干部必须坚持一切权力属于人民的基本原则，牢固树立法律信仰，在宪法和法律范围内活动，决不允许有超越宪法和法律的特权，坚决维护宪法和法律的权威。全面推进依法治国，必须坚持党的领导、人民当家做主、依法治国有机统一，坚定不移走中国特色社会主义法治道路。只有社会主义才能实现最广泛的人民民主，只有党领导下的社会主义法治才能保障最广泛的人民民主。所有这些，都是决定我国法治方向与成败的根本性问题，坚持党的思想领导，必须通过党的思想领导，使这些重要原则得到贯彻，从而保证我们法治建设的正确方向。当前，一些资本主义国家把"法治"与"民主""人权"等资本主义核心价值捆绑在一起，大搞意识形态输出。一些别有用心的人也想利用西方的法治观、民主观来改造中国的政治法律结构，进而改变中国的发展方向。他们往往是通过强调"三权分立"或片面强调司法独立来弱化党的领导，甚至排斥、否定党的领导。坚持党对法治建设的领导，就必须对此保持高度的警惕，必须坚决抵制在法治建设上"西化"，照抄照搬别国的法治理念和法治模式的企图。

其次，加强理想信念教育，有利于促进司法人员职业精神、公正意识的养成。理想信念是道德的基础。加强法治队伍建设，要把思想政治建设摆在首位，以理想信念教育为重点，深入开展社会主义核心价值观和社会主义法治理念教育，坚持党的事业、人民利益、宪法法律至上。在立法、执法、司法机关各级领导班子建设上，强调突出政治标准，把善于运用法治思维和法治方式推动工作的人选拔到领导岗位上来。这些措施对于进一步加强党对法治工作的领导，不断提高法治队伍正规化、专业化、职业化水平具有重要意义。

最后，国家和社会治理需要法律和道德共同发挥作用。法律是成文的道德，道德是内心的法律。我们要坚持把依法治国和以德治国结合起来，既重视发挥法律的规范作用，又重视发挥道德的教化作用，以法治体现道德理念、强化法律对道德建设的促进作用，以道德滋养法治精神、强化道德对法治文化的支撑作用，引导公民既依法维护合法权益，又自觉履行法定义务，做到享有权利和履行义务相一致。在弘扬以德治国优良传统的同时，必须加强对中国传统法律文化的研究，汲取中华法律文化精华，借鉴国外法治有益经验，加以综合创造，形成新的具有中国特色的法律制度和法律文化，使法治与德治相辅相成，相互促进，坚定不移走中国特色社会主义法治道路，建设社会主义法治国家。

总之，党对依法治国的领导不仅是一个口号、一个原则，而且是系统全面的，是实实在在的，是贯彻在全面推进依法治国的整个过程之中和各方面的。切实坚持党对依法治国的领导，必须要有工作载体，要有体制机制保障。

加强世界观改造和唯物史观教育
坚定共产主义信念

侯惠勤[*]

总书记讲话对于推动深入学习十八大精神具有重要指导意义，它表明，**在一些重大的理论问题上全党还需要进一步把思想统一到十八大的认识上。讲话充满历史感，把中国特色社会主义放在近 500 年世界社会主义的探索历史中，使其上接历史源头，下接人类未来，**揭示了中国特色社会主义和科学社会主义的内在一致性，这样，坚决实践中国特色社会主义和坚定共产主义远大理想也就高度统一起来。的确，革命理想高于天，没有共产主义远大理想，不是合格的共产党员，当然，空谈理想放弃实际努力也不是合格的共产党员。

坚定共产主义理想，在当前需要解决三大难题：一是共产主义的实现是一个相当漫长的历史过程，在缺乏足够的经验依据的前提下，如何确立共产主义的科学根据？二是现实状况是"西强东弱"、世界社会主义依然处于低潮，我们如何确立必胜信心？三是如何看待鸦片战争以来的中国历史，证明社会主义是中国历史发展的必然、中国人民的历史选择？习近平同志指出，解决共产主义理想信念问题，关键在树立马克思主义世界观、确立历史唯物主义观点。多年来西方意识形态反对所谓"宏大叙事"、力推所谓"细小叙事"的非意识形态化渗透，对于马克思主义世界观、历史观的解构危害极大。

---

* 侯惠勤，中国社会科学院马克思主义研究院教授、博士生导师。

一　历史唯物主义开创了对于资本主义的科学批判，从而奠立了共产主义的历史根据

写《经济增长的阶段：非共产党宣言》的罗斯托认为，马克思、恩格斯在写《共产党宣言》的时候，只有英国一国完成了工业革命，经济处于起飞阶段，而其他国家还都是处在经济起飞的准备阶段，马克思在这个时候就得出了否定资本主义的结论，显然其依据不是事实、不是科学，而是一种道德浪漫情绪。在他看来，马克思没有考虑到，任何经济起飞都要付出社会和经济成本，任何国家的经济起飞都会出现社会贫富分化，就像一个马鞍形，分化到一定程度就会回落。马克思没有看到这点，所以错了。在我们看来，马克思主义的科学性和真理性，首先表现在他对资本主义的批判方式并不是简单依据当时的一些贫富分化事实，更不是道德愤慨的情绪宣泄，而是立足于揭示资本主义的客观本性。

其一，从人类历史发展的客观规律出发批判分析资本主义。与空想社会主义不同，马克思不是从"邪恶"而是从"革命作用"上分析资本主义，从而把批判建立在对资本主义否定封建主义历史规律的准确把握上。这就是说，马克思把对于资本主义的否定，建立在历史的客观必然性而不是人类理性的所谓"迷误"上。

其二，资本主义设定了自身的发展极限，表现为自我否定的过程。马克思批判资本主义的又一个原则，是内在否定原则，即自我否定。内在矛盾是事物变化的根据，资本主义的最终否定力量来自资本本身。《宣言》中有这样一个判断："资产阶级除非对生产工具，从而对生产关系，从而对全部社会关系不断地进行革命，否则就不能生存下去。"[①] 马克思后来在《资本论》中进一步发挥了这一观点，指出资本的本性和生命力就在于，通过追逐超额利润而获取最大值的剩余价值，因而需要永不停步地自我扩张，而使其止步的不可逾越的界限却恰恰就是资本自身。

其三，马克思依据当时资本主义暴露的典型事实，首先是经济危机这一典型事实，揭示了资本主义发展的基本矛盾和历史趋势。事实证明，资本主义永远解决不了两极分化和人的异化这两大对抗矛盾，而社会化大生

---

① 《马克思恩格斯选集》第 1 卷，人民出版社 1995 年版，第 275 页。

产终究要引领人类跨越这一历史界限。因此，资本主义的灭亡和共产主义的到来是历史的必然。

二 历史唯物主义预告了超越资本主义的社会主义现代化的兴起，从而奠定了共产主义的经验基础

近代以来中华民族的深重灾难、屈辱命运和艰难抗争，无不和以鸦片战争为起始的西方列强的入侵紧密联系。**如何看待这种入侵，成为全部道路之争的焦点**。在"西化"的观点看来，入侵尽管也伴随着血腥和压迫，但其带来了现代文明则总是历史的进步，因而"西化"是唯一的出路；而在马克思主义看来，这种入侵虽然依靠了现代文明，却不能使被侵略国享受现代文明成果，因而**不仅本质上是野蛮的，而且预示了资本主义文明的衰落和社会主义文明的兴起**。马克思在谈到英国对印度入侵的后果时指出："印度人失掉了他们的旧世界而没有获得一个新世界，这就使他们现在所遭受的灾难具有一种特殊的悲惨色彩，使不列颠统治下的印度斯坦同它的一切古老传统，同它过去的全部历史，断绝了联系。"① 这一认识成为催生跨越资本主义"卡夫丁峡谷"思想的重要依据。列宁依据资本主义进入帝国主义阶段、出于高度依赖和"重新瓜分"殖民地的需要，"当世界上其他地方已经瓜分完毕的时候，争夺这些半附属国的斗争也就必然特别尖锐起来"的事实，不仅论证了帝国主义是现代战争的根源，而且只有社会主义才是殖民地半殖民地获得解放的出路。② 毛泽东依据中国新民主主义革命道路的经验，确立了建立一个社会主义伟大国家的发展方向，并庄严宣告："西方资产阶级的文明，资产阶级的民主主义，资产阶级共和国的方案，在中国人民的心目中，一齐破了产。"③

从理论上说，资本主义现代化之所以此路不通，而社会主义现代化之所以成为必然的历史选择，是因为进入帝国主义时代以后，对于发展中国家，尤其如中国这样的发展中大国，由于一些初始条件（如没有形成统一的世界

---

① 《马克思恩格斯选集》第 1 卷，人民出版社 1995 年版，第 762 页。
② 《列宁选集》第 2 卷，人民出版社 1995 年版，第 845 页。
③ 《毛泽东选集》第 4 卷，人民出版社 1991 年版，第 1471 页。

市场，没有形成稳固的势力范围，没有形成世界范围"核心—边缘"的二极结构等，因而可以在一定程度上自由竞争）的丧失，**作为一个统一的国家自发地走向现代化已无可能**。从实践上看，发展中国家之所以在资本主义主导的世界格局中步履维艰，就是因为落后和受控使得资本主义国家所经受过的**历时性矛盾挤压成共时性矛盾**，因此各种矛盾错综复杂、各种恶果叠加显现。而且，资本主义利用与其经济政治实力相应的思想文化上的优势，不断地制造落后是因为没有实行资本主义的神话，加剧了发展中国家的混乱和分裂。**选择资本主义现代化道路，对于中国只能意味着国家分裂、国内混乱、国际依附、历史中断的无序状态，只能是死路一条。**因此，中国现代化之路必定如此，即在社会自觉力量的领导下，先取得政治独立和民族解放，继而取得经济独立和国家发展，再借此参与国际竞争，全面走向世界，实现现代化目标。**在这一过程贯穿始终、起领导核心作用的自觉社会力量，就是中国共产党。承认历史发展的规律性以及自觉利用历史规律的可能性，形成领导中华民族伟大复兴的政治核心力量，是中国特色社会主义形成的历史和理论前提，也是中国梦的圆梦力量。因此，是否坚持中国共产党的领导，也就成为辨别中国梦和借中国梦兜售"西化梦"的根本界限。**

三　历史唯物主义给了我们面对现实、坚定信念的"战略定力"，奠立了共产主义的方法论依据

　　我国今天面临着两个"三不变"的基本现实：一是就国内而言：今天仍然处于并将长期处于社会主义初级阶段的基本国情不变，主要矛盾仍然是人民日益增长的物质文化需要和落后的社会生产之间的矛盾不变，我国仍然作为世界上最大的发展中国家的国际地位不变；二是就国际而言：西方发达国家仍然具有经济科技的优势地位并对我采取高压态势不变，西方利用各种方式"西化""分化"我国的图谋不变，我国将继续面临复杂多变的国际环境但坚持改革开放、通过学习资本主义发展社会主义的大战略不变。在这样的现实面前，必须有正确的思想方法，既不被假象迷惑，又不粉饰太平。这里的关键是正确看待马克思关于两个"必然"和两个"决不会"判断间的关系。

　　往往有人用两个"决不会"去否定两个"必然"和两个"彻底决裂"，并借以否定十月革命及其开创的社会主义道路，鼓吹资本主义不可

超越，否定共产主义的光明前景，因此，我们必须对两个"必然"、两个"决不会"和两个"彻底决裂"三者间的关系有一个透彻的理论把握。笔者认为，两个"必然"是马克思主义的战略思想，也就是说，从战略上、从历史的发展规律和当今历史的总趋势上，资本主义的灭亡和社会主义的胜利的确同样是不可避免的。这是一个战略分析，表明了历史不可逆转的大潮流、大趋势。两个"决不会"是一个战术思想，就具体的国家或地区以及具体的历史发展阶段而言，资本主义不但还有自我调整的空间，而且在科技和经济上的优势地位也不会立即丧失。社会主义还需要走艰难的道路，社会主义取代资本主义需要经历一个较漫长的历史过程，不能指望速战速决，要有应对困难的充分准备，这是必须遵循的战术原则。

但是，需要指出，战略管全局、大势、本质和结局，因而是我们信念的依据；而战术管局部、现状、细节和过程，因而是我们行动的依据。战略和战术从一定意义上看也是"务虚"和"务实"的关系。务虚不是空谈，而是看清大形势、理清大思路、把握大方向、奠定大依据，达到提高信心的目的，因而是实事求是、求真务实的重要组成部分。我们党在重大的战略转折关口，总要进行理论务虚，充分证明了其重要性。与之相对的务实，并非求真务实的大务实，而是具体组织实施的行动方案，因而必须充分依据当下的主客观条件，必须充分认识当前的艰难险阻，必须善于处理发展和收缩、坚持和妥协、优势和劣势的关系，以达到不断有所改善、有所突破、有所进展的目的，争取现有条件下的最好结果。两者不能错位。如同毛泽东所讲，在战略上要藐视敌人，在战术上要重视敌人。我们在战略上一定要有共产主义的胜利和资本主义的灭亡是必然的信心，借以确立我们的战略目标和理想信念。但是在具体的实践中我们必须重视对手，要看到资本主义在今天还有较大的调节空间，在今天和今后的一个时期还具有优势地位，战胜资本主义是一个很长的历史过程。如果把战略变成了战术，就可能犯超越历史阶段的错误；如果将战术变成战略，则可能犯迷失方向、悲观失望的错误。用两个"决不会"去否定两个"必然"，就是犯了用战术思想取代战略思想的错误。

只要我们坚持不懈地进行世界观的改造，不断地打磨理论素质和政治素质，那么在今天的情况下做共产主义远大理想的坚定信仰者也是可能的。

弘扬南梁精神　坚持群众路线

张祖英[*]

在波澜壮阔的中国革命历程中，南梁因具有不能取代的光荣特殊地位而彪炳史册。以南梁为中心的陕甘边区，曾经是刘志丹、谢子长、习仲勋等老一辈无产阶级革命家创建的土地革命战争后期中国共产党唯一的一块苏区根据地。它为中央红军二万五千里长征提供了落脚点，为红军北上抗日提供了出发点。形成了以"面向群众、全心全意为人民服务为核心，实事求是、一切从实际出发，自力更生、艰苦创业，解放思想、实干开拓等"为主要内容的南梁精神。南梁精神是支撑陕甘边苏区在中国革命的危难时刻得以存在，并且起到改变中国革命进程支点作用的伟大力量。南梁精神是陕甘边苏区革命精神的总称，它既是我们党的苏区精神的重要组成部分，又与井冈山精神、苏区精神、长征精神一脉相承地成为延安精神的源泉，是中国革命特定历史时期形成的一种宝贵精神财富。

一　南梁精神集中体现了党的群众路线

（一）坚定不移地走群众路线

中国共产党领导人民革命的一个显著特点，是革命初起时敌人异常强大和残暴，而革命的力量只是"星星之火"。以毛泽东为主要代表的中国共产党人在领导中国革命过程中，创造性地运用马克思主义关于人民群众历史作用的理论和关于无产阶级政党的先锋队思想，在极其艰难困苦的条件下，发挥党的无产阶级先锋队作用，始终保持与人民群众的血肉联系。中国共产党建党之初曾经明确提出，党的任务是为中国广大人民的利益而

---

[*] 张祖英，中国社会科学院马克思主义研究院副院长、研究员。

奋斗，进行革命活动要联系群众、发动群众，开展群众运动。1922 年党的第二次全国代表大会就曾指出："党的一切运动都必须深入到广大的人民群众里面去。"在中央苏区，毛泽东创造性地把马克思主义群众观运用于党的建设和苏区建设，他指出苏维埃工作的原则是"朝着最能够接近广大群众，最能够发挥群众的积极性与创造性，最能够动员群众执行苏维埃的任务，并且最能够争取任务完成的速度，使苏维埃工作与革命战争、群众生活需要完全配合起来"[①]。陕甘边苏区党政军民创造性的革命实践所培育的"南梁精神"是具有生动的"南梁特色"的，但与中央苏区和各个苏区精神一致的是，坚定不移地走群众路线，始终保持与人民群众的血肉联系，全心全意地为人民服务，也是"南梁精神"的灵魂。刘志丹、谢子长、习仲勋等陕甘边革命根据地领导人始终把建立人民政权、维护人民群众利益作为革命的根本目的，充分相信群众、紧紧依靠群众、真心关心群众，始终和群众打成一片、融为一体，形成了"只见公仆不见官"的陕甘边区特有的和谐生动局面，他们以共产党人对人民的无限忠诚和无私服务赢得了人民群众的热烈拥护和坚决支持；边区群众努力生产争当模范，积极参军参战，支持革命政权、保卫红色家园，为根据地的发展壮大提供了坚实保障。

（二）党的宝贵的群众领袖

今天，我们所学习了解到的当年在陕甘边苏区南梁根据地军民中广为传诵的刘志丹、谢子长、习仲勋等老一辈无产阶级革命家的许多感人故事，无一不体现出他们无限热爱人民群众，和边区军民打成一片，而战士们和乡亲们又深深地爱戴他们的"血肉联系"。毛泽东曾经称赞刘志丹为"群众领袖，民族英雄"，称赞习仲勋是"从群众中走出来的群众领袖"。1942 年秋召开西北局高干会议期间，党组织称赞习仲勋是"党的宝贵的群众领袖"。1943 年 8 月，毛泽东在一次干部大会上，意味深长地说："一个人死了开追悼会，群众的反映怎样，这就是衡量一个人的标准。有些人高高在上，官位很大，称首长，好像老百姓都拥护他，其实这不能说明问题，要看最后的盖棺论定，要看老百姓开追悼会那天落不落眼泪。有些干部死了，我看老百姓就不见得落泪，他是自封的群众领袖。因为你做了

---

① 《毛泽东文集》第 1 卷，人民出版社 1993 年版，第 343 页。

官，老百姓不得不和你打交道，其实公事一办完，人家就掉头而去，不大理你了。真正的群众领袖做到开追悼会那天，群众就会觉得他死了很可惜，至少不会觉得死了也好，还可以省下小米。刘志丹同志牺牲后，百姓伤心得很，这说明他是真正的群众领袖。"刘志丹壮烈牺牲 7 周年时，毛泽东曾经亲笔题词"我到陕北，和刘志丹同志见过一面，就知道他是个很好的共产党员，他的英勇牺牲，出于意外，但他的忠心耿耿，为党为民的精神，是永远留在了党与人民中间，而不会磨灭的"。

二　南梁精神昭示着必须坚持和发展党的群众路线

今天我们缅怀刘志丹、习仲勋等革命先辈，学习他们的革命精神，重温毛泽东主席的谆谆教导，从中能够深切感悟到的是，中国共产党点燃的革命的星星之火可以燎原，追根溯源，是我们党代表了人民的根本利益，始终坚持了党的群众观点和群众路线，始终保持了与人民群众的血肉联系，群众路线是我们党的生命线，"血肉联系"是我们党的宝贵政治资源和财富。尽管党在革命与执政时期的历史条件与任务有所变化，但是党的生命线绝不能丢失。

（一）必须坚持人民主体地位

党的十八大提出在新的历史条件下夺取中国特色社会主义新胜利，必须牢牢把握八方面基本要求，其中，第一个基本要求就是"必须坚持人民主体地位"，这是马克思主义唯物史观的一个基本观点。人民群众是历史的主体，是创造历史的动力，历史活动是群众的事业。对于已经执政 60 余年的中国共产党而言，在新的历史条件下，坚持人民主体地位，坚持和发展党的群众路线，是马克思主义政党的政治品质与政治能力的新要求，是以马克思主义的态度，坚持人民利益高于一切，稳固人民政权的新的政治自觉。包括南梁在内的历史经验告诉我们，无论世情、国情及党情发生什么变化，都必须坚持和发展党的群众路线，都必须在党的一切事业和工作中坚持人民主体地位，其实质是"一切为了人民、一切来自人民、一切属于人民"，即党的事业的目的、出发点和落脚点都在于人民，得到人民拥护并带领人民前进。

（二）保持党同人民群众的血肉联系是一个永恒课题

党的十八大报告在党的建设必须坚决实现的四项基本要求中，明确提出"坚持全心全意为人民服务。党除了工人阶级和最广大人民群众的利益，没有自己的特殊利益。党在任何时候都把群众利益放在第一位，同群众同甘共苦，保持最密切的联系"。对于执政党来说，党群关系的实质也是执政地位的合法性、执政基础的稳固性问题。对于已经执政60余年的中国共产党而言，在新的历史条件下，坚持和发展党的群众路线，必须始终保持同人民群众的血肉联系。历史的逻辑就是这样，马克思主义政党的先锋队性质，决定了始终保持同人民群众的血肉联系，是共产党与生俱来的"天性"，它伴随着党的产生、发展与消亡的全过程，除非党的性质发生改变。包括陕甘边苏区南梁根据地艰苦卓绝的斗争实践在内的我们党90多年的光辉发展历程说明，什么时候、什么地方党的群众路线执行得好，同人民群众的血肉联系好，人民群众的利益实现维护发展得好，党的事业发展就顺利；否则，党同人民群众的血肉联系受损，我们的事业就遭受挫折。2013年6月18日，习近平总书记在党的群众路线教育实践活动工作会议上强调"保持党同人民群众的血肉联系是一个永恒课题"。

三 让南梁精神辉映新时期党的群众工作

当前全党正在按照党的十八大部署"深入开展以为民务实清廉为主要内容的党的群众路线教育实践活动，着力解决人民群众反映强烈的突出问题，提高做好新形势下群众工作的能力"。2011年1月，习近平总书记在中央党校省部级干部进修班座谈时强调："群众工作是我们党的优良传统和政治优势。群众工作的本质是密切党群关系，核心是正确处理人民内部矛盾。"

（一）正确处理人民内部矛盾问题

改革开放新的历史条件，给保持党同人民群众的血肉联系，做好群众工作创造了有利条件。特别是党的十六大以来，立足新的历史起点，树立科学发展观，坚持以人为本，顺应人民群众新期待，干群关系有了新进步，群众工作取得新成效。但是也存在一些新情况和新问题，存在某些损害党群关系的严重问题，党的群众工作面临严峻的新考验。做好新时期群众工作，需要根据新情况、新特点创新联系群众方式，但是根本在于坚持马克思主义政党的先锋队性质和宗旨，坚持党的群众观点和群众路线，保持党同人民群众的血肉联系，正确处理人民内部利益矛盾问题。

我国正处于并将长期处于社会主义初级阶段，社会主要矛盾是人民群众日益增长的物质文化需求与落后的社会生产之间的矛盾。在实行改革开放经济社会转型过程中，由于经济体制深刻变革、社会结构深刻变动、利益格局深刻调整、思想观念深刻变化，由于发展不平衡、不协调、不可持续问题短期内难以根本解决，人民内部各种矛盾问题不可避免地大量显现出来。处在改革的攻坚期、发展的关键期、矛盾的凸显期，应该说引发矛盾问题的原因及其解决途径是多方面的，最根本的是要靠改革和发展来解决，而这一切都是对于党执政能力的考验，执政的实质就是执政党要正确处理好与人民群众的关系，核心的是要处理好人民内部矛盾，维护好最广大人民群众的切身利益。新时期人民内部各种矛盾集中地表现为具体利益矛盾问题。马克思曾经指出："人们奋斗所争取的一切，都同他们的利益有关。"① 较之改革开放前所不同的是，今天的中国社会利益主体多元化了，不同阶层之间、部门之间、行业之间、区域之间、单位之间、个人之间等，似乎都存在竞争及其相对独立的利益保护，党的群众工作面对不同的工作对象的利益诉求。由于经济、政治、社会地位差异，由于享有改革发展成果利益的差异，所引起生活方式、思想观念、利益诉求等的不同，导致社会不稳定因素增加，党的群众工作难度加大。需要特别注意的是，近年来维权式群体利益矛盾不断上升，突出问题有征地、拆迁引发的安置、就业、补偿等问题，还有关于劳动报酬、工伤待遇、社会保险和经济补偿等劳动争议案件问题。必须着眼于新时期人民内部矛盾的特点分析把握群众工作的变化规律，切实做好群众工作。

（二）站稳群众立场积极取信于民

做好群众工作，需要各级党政组织和干部坚持党性与人民性的统一，时时处处与人民在一起，全心全意维护群众利益。应当看到，在利益主体多元化格局下一些党政组织及干部的公信力严重下降。所谓公信力，就是

① 《马克思恩格斯全集》第1卷，人民出版社1960年版，第82页。

人民群众的信任度。一方面从党的群众工作对象看，人民群众的权利意识增强了，由于市场经济体制使人们的利益关系具有社会契约性，不是在计划经济条件下的那么简单听从了。另一方面在社会阶层以及各方面利益主体的利益博弈中，一些党政组织及干部严重掺杂了包括部门利益和个人利益在内的私利，甚至漠视群众利益、巧取豪夺、与民争利、腐败变质，不能取信于民；一些党政组织及干部在某些社会矛盾中站在了群众的对立面、是非不分、欺上瞒下、以权压人。在当前复杂的社会矛盾面前，他们不仅不能代表党和政府行使公共权力，反而亵渎了党和政府的形象，破坏了党群关系，甚至引起民愤。有分析认为，由于一些党政组织及干部的公信力严重下降，使某些社会矛盾积淀，在利益诉求中长期受挫的群体有可能成为一种反社会势力，给党的执政基础造成风险。还有一些党政组织及干部在社会矛盾处理与社会管理中处于被动状态。他们在面对群众、处理社会矛盾问题时，不主动作为，而是被动应付。遇到问题他们坐等上级指示、消极敷衍应对，甚至看着矛盾不断扩大激化，也不愿做、不敢做，以致一误再误、一错再错。他们即使处理问题也只会用行政手段、用权力压制，或者是打"太极拳"、推诿搪塞、模糊表态，往往是在上级领导出面，或是公共媒体等干预之后，才有所作为。这些年来，一些党政组织及干部似乎养成了只对上负责，而不对下负责的习惯，只听上面的话，不听群众的话，他们漠视人民群众，常常把难办的群众利益问题，推给下级或是"下一届"去做。这些党政组织及干部实际上迷失了政治方向，把党和国家的利益抛在脑后，与党离心离德；他们丢掉了党的群众工作的优良传统，已经没有与群众站在一起了，群众也不听他们的了。今天，在进行党的群众路线教育实践活动中，我们深切缅怀陕甘边苏区根据地革命先辈，学习南梁革命精神，就是要在我们党内呼唤出越来越多的像刘志丹、习仲勋那样的心中装着人民群众，始终同人民群众同呼吸、共命运、心连心，深受人民信任爱戴的"党的宝贵的群众领袖"。让南梁精神与井冈山精神、长征精神、延安精神等革命传统精神一起，成为我们每一个中华儿女为实现中华民族伟大复兴之中国梦而拼搏奋斗的强大精神力量。

参考文献：

1. 蔡钊利：《新时期推动群众工作创新的思考》，《中国延安干部学院学报》2011年第4卷第2期。

2. 辛薇:《必须始终保持党与人民群众的血肉联系》,《杭州日报》2009 年 11 月 5 日第 9 版。

3. 史志钦主编,戴立兴副主编:《全球化与世界政党变革》,中共中央党校出版社 2007 年版。

4. 张祖英:《始终保持党同人民群众的血肉联系是九十年来党风建设的核心问题》。

第 三 编

中国特色社会主义研究

中国特色社会主义的民族特色

辛向阳[*]

在党的十八大报告中，胡锦涛指出：我们一定要毫不动摇坚持、与时俱进发展中国特色社会主义，不断丰富中国特色社会主义的实践特色、理论特色、民族特色、时代特色。这是一个重要的理论判断，在四大特色中，民族特色具有鲜明的特征，这突出地体现在我们优秀的传统文化日益成为中国特色社会主义的重要组成部分。

一 优秀传统文化被赋予马克思主义的科学内涵而成为中国特色社会主义理论体系的重要内容

（一）毛泽东、邓小平对实事求是进行了马克思主义的科学解释，因而成为毛泽东思想、邓小平理论的重要内容

实事求是是毛泽东最早在延安时期提出来的一个思想路线，是1941年5月19日在《改造我们的学习》中首先提出来的。实事求是原是中国古代的一个成语，最早出现在班固的《汉书·河间献王传》里。唐朝大学者颜师古将其解释为"务得事实，每求真是也"。毛泽东汲取了"实事求是"的中国表达。毛泽东之所以使用实事求是作为党的思想路线与毛泽东所处的湖湘文化有紧密联系。湖湘文化一直强调起而经邦，强调终极理想的实现必须要改造外部世界，强调"不说大话，不骛虚名"，强调实事求是。湖湘人士的特点就是背着地图跋山涉水，亲历山川，以求验证，他们究心兵事地理，慨然以天下为己任。在湖湘儒学的熏陶下，近代湖南人形成了一种自己的文化精神，就是实事求是的精神。毛泽东从辩证唯物主义

---

* 辛向阳，中国社会科学院马克思主义研究院研究员、博士生导师。

的高度对它进行了科学阐释，赋予它新的含义，使它成为中国共产党思想路线的简明概括。毛泽东对实事求是做了经典性的阐述："'实事'就是客观存在的一切事物，'是'就是客观事物的内部联系，即规律性，'求'就是我们去研究。"① 经过这样的解释，实事求是就成了我们党宝贵的精神财富。

实事求是，是邓小平理论的重要内容，又是这个理论形成、发展并构筑成科学体系的基石，贯穿于整个理论体系之中。邓小平多次讲道："我是实事求是派。"② 他称"实事求是是马克思主义的精髓"。"我读的书并不多，就是一条，相信毛主席讲的实事求是。过去我们打仗靠这个，现在搞建设、搞改革也靠这个。"③ 在论及中国这样一个经济文化比较落后的国家如何建设社会主义和如何巩固和发展社会主义的问题时，他提出：就是尊重实践，从实际中提出问题；尊重人民群众，从亿万群众的伟大实践中去找解决问题的办法。他明确指出：解决中国发展问题，"不是靠本本，而是靠实践，靠实事求是"。④

（二）江泽民对与时俱进进行了马克思主义的科学解释，因而成为"三个代表"重要思想的重要内容

与时俱进一词，源于中华民族传统文化的奠基作品之一《周易》的"与时偕行""与时消息"。《易经》的"益卦"中有这样一句话："天施地生，其益无方。凡益之道，与时偕行。"意思是说，给人民大众带来利益，就像高天降下雨露，大地滋生万物，没有什么固定的方法。如果抓关键，就是随时令前进，把握时机施行。与时俱进由来已久，1910 年年初，蔡元培撰写《中国理论学史》。针对清朝末年中国思想文化界抱残守旧、故步自封的局面，蔡元培通过中西文化对比，指出"故西洋学说则与时俱进"。他把散见于中国古书中的"与时偕行""与时俱化""与时俱新"等激励人的说法概括综合为"与时俱进"。江泽民对与时俱进进行了马克思主义的解读："与时俱进，就是党的全部理论和工作要体现时代性，把握

---

① 《毛泽东选集》第 3 卷，人民出版社 1991 年版，第 801 页。
② 《邓小平文选》第 3 卷，人民出版社 1993 年版，第 209、249 页。
③ 同上书，第 382 页。
④ 同上。

规律性，富于创造性。能否始终做到这一点，关系到党和国家的前途命运。"① "与时俱进"的"时"，讲的就是时机和时代。马克思主义是共产党人认识世界和改造世界的科学理论，必须随时代变化而发展，才能永远葆有强大的生命力。共产党人要为人民利益而奋斗，必须使党的理论、党的事业、党的建设与时俱进，而且要善于把握时机，既要反对超越时代的空想主义，也要反对落后于时代的教条主义。

（三）胡锦涛对求真务实进行了马克思主义的科学解释，因而成为科学发展观的重要内容

求真务实在中华民族历史上也是源远流长，这突出体现在宋明时期的浙东学派的思想上。宋代的刘宗周对"知"与"行"的关系做了研究，强调求"真知"，"即知即行是谓真知"；明代的朱舜水认为"圣贤之学，俱在践履"，"学问之道，贵在实行"。胡锦涛2004年1月12日在十六届中纪委第三次会议上的讲话中讲对求真务实做了马克思主义的科学解释："求真务实，是辩证唯物主义和历史唯物主义一以贯之的科学精神，是我们党的思想路线的核心内容，也是党的优良传统和共产党人应该具备的政治品格。"② 十八大报告指出："解放思想、实事求是、与时俱进、求真务实，是科学发展观最鲜明的精神实质。"这一精神实质把科学发展观与马克思列宁主义、毛泽东思想、邓小平理论、"三个代表"重要思想紧密联系在一起，成为中国特色社会主义理论体系最新成果；这一精神实质贯穿于科学发展观的第一要义、核心立场、基本要求、根本方法之中，使整个体系焕发出勃勃生机。

二 优秀传统文化被赋予科学社会主义的全新内涵而成为中国特色社会主义建设的重要内容

（一）邓小平、江泽民和胡锦涛赋予儒家文化中的"小康"思想以鲜明的科学社会主义内涵

小康，最早源出《诗经》："民亦劳止，汔（qì）可小康。"大意是百

---

① 《江泽民文选》第3卷，人民出版社2006年版，第537页。
② 《十六大以来重要文献选编》（上），中央文献出版社2006年版，第724页。

姓倘若也能有劳有休，就可以说接近小康水平了。而作为一种社会模式，小康最早在西汉儒家经典《礼记·礼运》中得到系统论述。"今大道既隐，天下为家。各亲其亲，各子其子。货力为己。大人世及以为礼，城郭沟池以为固，礼义以为纪，以正君臣，以笃父子，以睦兄弟，以和夫妇，以设制度，以立田里，以贤勇知，以功为己，故谋用是作，而兵由此起。禹、汤、文、武、成王、周公，由此其选也。此六君子者，未有不谨于礼者也，以著其义，以考其信，著有过，刑仁讲让，示民有常，如有不由此者，在执者去，众以为殃，是谓小康。"到了东汉末年，儒家的代表人物何休作《春秋公羊解诂》提出，社会的发展要有三个阶段：衰乱世—升平世—太平世。其中第二阶段即升平世就等于是"小康社会"。可以讲，小康的理想是千百年来中国人的一个梦想。

1979 年 12 月 6 日，邓小平在会见日本首相大平正芳时使用"小康"来描述中国式的现代化。他指出："我们要实现四个现代化，是中国式的现代化。我们的四个现代化的概念，不是像你们那样的现代化的概念，而是'小康之家'。到本世纪末，中国的四个现代化即使达到了某种目标，我们的国民生产总值人均水平也还是很低的。要达到第三世界中比较富裕一点的国家的水平，如国民生产总值人均一千美元，也还得付出很大的努力。所以，我只能说，中国到那时也还是一个小康的状态。"① 邓小平对于2000 年中国的"小康社会"有系统的设想：（1）人均 GDP 比 1980 年翻两番，达到 800—1000 美元；（2）人口稳定在 12 亿 5000 万左右，人口素质有较大提高；（3）国民生产总值达到 10000 亿—12000 亿美元；（4）人民的生活虽不富裕，但日子好过，经济发展使所有的人得益，没有太富的，也没有太穷的，日子普遍好过；（5）对外贸易额达到 2000 亿美元；（6）粮食产量达到 9600 亿公斤；（7）突出地提出和解决东西部地区经济差距问题；（8）成为第三世界中比较富裕一点的国家；（9）初步建立社会主义市场经济体制；（10）教育经费占 GDP 的比例应该在 5% 左右；（11）政治体制改革要有大的突破；（12）在高科技领域，中国在世界上要占有一席之地。

2000 年我们实现了总体小康，江泽民提出全面建设小康社会。党的十六大提出到 2020 年全面建成小康社会。这里的"全面"意味着什么呢？

---

① 《邓小平文选》第 2 卷，人民出版社 1994 年版，第 237 页。

全面建设小康社会、全面建成小康社会中的"全面"含义是十分丰富的：
(1) 全面意味着小康不仅仅是物质上的小康，还有精神上的"小康"、政治上的"小康"、法治上的"小康"、信用上的"小康"、生态环境上的"小康"等，它要涵括社会各个层面。仅有一个层面的"小康"不叫全面建成小康。(2) 全面意味着全国所有的地区都实际上超过了小康的最低标准线。(3) 全面意味着全国绝大部分人的实际收入水平都超过了小康的底线，也就是中等收入者占多数，消灭了绝对贫困。2020 年的全面建成的小康是怎样的景象？(1) GDP 比 2000 年翻三番，达到 60 万亿元人民币（10 万亿美元），接近甚至会超过美国的 GDP。(2) 人均 GDP 将超过 6000 美元，达到中等发达国家的水平。(3) 人口保持在 15 亿以内。(4) 基本实现工业化，成为世界高端工厂，所生产的产品占全世界产量的 25% 左右。(5) 农村劳动力的比重下降到 40% 以下，城市人口占到 60%。(6) 生态环境明显改善，森林覆盖率达到 24% 以上。(7) 居民的预期寿命达到 75 岁，享受比较完善的医疗保险服务。(8) 年进出口总额达到 40000 亿美元。(9) 建成创新型国家。(10) 形成了完善的法律体系，依法治国的精神和内容都得到了全面落实。(11) 政治文明比较发达，民主制度比较健全，民主形式比较丰富，公民有序的政治参与比较普遍。(12) 初步建成文化强国。

胡锦涛在党的十七大报告中提出了实现全面建设小康社会奋斗目标的新要求：增强发展协调性，努力实现经济又好又快发展。转变发展方式取得重大进展，在优化结构、提高效益、降低消耗、保护环境的基础上，实现人均国内生产总值到 2020 年比 2000 年翻两番；扩大社会主义民主，公民政治参与有序扩大，依法治国基本方略深入落实，全社会法制观念进一步增强，法治政府建设取得新成效，更好地保障人民权益和社会公平正义；加强文化建设，明显提高全民族文明素质，社会主义核心价值体系深入人心，覆盖全社会的公共文化服务体系基本建立，文化产业占国民经济比重明显提高、国际竞争力显著增强，适应人民需要的文化产品更加丰富；加快发展社会事业，全面改善人民生活，覆盖城乡居民的社会保障体系基本建立，人人享有基本生活保障，合理有序的收入分配格局基本形成，中等收入者占多数，绝对贫困现象基本消除，人人享有基本医疗卫生服务；建设生态文明，基本形成节约能源资源和保护生态环境的产业结构、增长方式、消费模式。到 2020 年全面建设小康社会目标实现之时，我们这个历史悠久的文明古国和发展中社会主义大国，将成为工业化基本实现、综合国力显著增强、国内市场总体规模位居世界前列的国家，成为人民富裕程度普遍提高、生活质量明显改善、生态环境良好的国家，成为人民享有更加充分民主权利、具有更高文明素质和精神追求的国家，成为各方面制度更加完善、社会更加充满活力而又安定团结的国家，成为对外更加开放、更加具有亲和力、为人类文明做出更大贡献的国家。

党的十八大报告进一步推进了对于全面小康社会的认识，报告提出：根据我国经济社会发展实际，要在十六大、十七大确立的全面建设小康社会目标的基础上努力实现新的要求：（1）经济持续健康发展。转变经济发展方式取得重大进展，在发展平衡性、协调性、可持续性明显增强的基础上，实现国内生产总值和城乡居民人均收入比2010年翻一番。（2）人民民主不断扩大。民主制度更加完善，民主形式更加丰富，依法治国基本方略全面落实，法治政府基本建成，司法公信力不断提高，人权得到切实尊重和保障。（3）文化软实力显著增强。社会主义核心价值体系深入人心，文化产业成为国民经济支柱性产业，社会主义文化强国建设基础更加坚实。（4）人民生活水平全面提高。基本公共服务均等化总体实现，全民受教育程度和创新人才培养水平明显提高，就业更加充分，收入分配差距缩小，社会保障全民覆盖。（5）资源节约型、环境友好型社会建设取得重大进展。

（二）江泽民、胡锦涛赋予传统文化中的"和谐"思想以鲜明的社会主义内涵

2002年10月24日，江泽民在访问美国期间，在乔治·布什总统图书馆礼堂发表演讲时指出："2000多年前，中国先秦思想家孔子就提出了'君子和而不同'的思想。和谐而又不千篇一律，不同而又不相互冲突。和谐以共生共长，不同以相辅相成。和而不同，是社会事物和社会关系发展的一条重要规律，也是人们处世行事应该遵循的准则。"这就把中国古代的传统文化转化为一条"社会事物和社会关系发展的重要规律"，不仅拓展了对于传统文化的价值认知，而且为和谐社会建设奠定了理论基础。

胡锦涛2005年2月在省部级主要领导干部提高构建社会主义和谐社会能力专题研讨班上的讲话指出，"我国历史上就产生过不少有关社会和谐的思想。比如，孔子说过'和为贵'；墨子提出了'兼相爱''爱无差等'

的理想社会方案；孟子描绘了'老吾老以及人之老，幼吾幼以及人之幼"的社会状态；《礼记·礼运》中描绘了"大道之行也，天下为公，选贤与能，讲信修睦。故人不独亲其亲，不独子其子，使老有所终，壮有所用，幼有所长，矜、寡、孤、独、废、疾者皆有所养'这样一种理想社会；太平天国运动的领袖洪秀全提出要建立"务使天下共享'，'有田同耕，有饭同食，有衣同穿，有钱同使，无处不均匀，无人不饱暖'的社会；康有为在《大同书》中提出要建立一个'人人相亲，人人平等，天下为公'的理想社会。这些思想虽然带有不同时代和提出者阶级地位的烙印，但都在一定程度上反映了广大人民群众对美好生活的向往。"中国历史上和谐的思想很丰富：（1）天人合一的宇宙观。《易经》说，依据自然规律的变化，人类获得自己的命运，变化中有差异和冲突，但最后会走向太和，而和的价值指向是万国的繁荣与安宁。（2）和实生物的世界观。事物由"和"产生，没有"和"就没有万物，"和"是万物之母。郑国的史伯对郑桓公讲：虞、夏、商、周之兴，都与他们能协和万邦衣食人民有关，而周幽王以来东周之所以衰败，毛病就出自"去和而取同"上，"夫和实万物，同则不继。以他平他谓之和，故能丰长万物归之；若以同裨同，尽乃弃矣"（《国语·郑语》）。史伯以自然现象做比喻，谈论了多样性的协和是宇宙万物发展的基础，单一的东西、单一的取向是没有生命力的。（3）和而不同、求同存异的价值观。2000多年前的思想家孔子提出"君子和而不同，小人同而不和"。这就要求人们之间要彼此尊重各自不同的观点，在相互尊重的基础上找到共同点。（4）和为贵、兼相爱的处世观。中国文化中特别强调和为贵、国和万事成、家和万事兴等观念，强调人们之间的融洽关系。（5）政通人和、和则一的政绩观。《左传·襄》讲："八年之中，九合诸侯，如乐之和，无所不谐。"中国传统文化一直奉行"天时不如地利，地利不如人和"的政治理念。

三　优秀传统文化被赋予鲜明的共产党人的要求而成为中国特色社会主义发展的不竭动力

（一）毛泽东用姜子牙的故事阐述了中国革命成功的三大法宝

　　1939年7月9日，在对陕北公学赴华北抗日前线的同学讲话时，毛主席谈笑风生，边讲，边走动，边做手势。他号召同志们"深入敌后，动员群众，坚持抗战到底"。他引用古典小说《封神榜演义》里一个故事做比喻说："当年姜子牙（姜太公）下昆仑山，元始天尊赠了他杏黄旗、四不像、打神鞭三样法宝。现在你们出发上前线，我也赠你们三样法宝，这就是统一战线、武装斗争、党的建设。""法宝论"成为我们党的建设中重要的话语。

我国进入社会主义现代化建设的新时期后，邓小平仍然十分强调统一战线的法宝作用，他指出："统一战线仍然是一个重要法宝，不是可以削弱，而是应该加强，不是可以缩小，而是应该扩大。"① 在改革开放新时期，邓小平把解放思想作为发展中国特色社会主义的一大法宝。在他看来，解放思想就是在马克思主义指导下打破习惯势力和主观偏见的束缚，研究新情况，解决新问题；解放思想就是使思想和实际相符合，使主观和客观相符合，就是实事求是。江泽民强调："解放思想、实事求是，是建设中国特色社会主义理论的精髓，是保证我们党永葆蓬勃生机的法宝。"胡锦涛指出："解放思想，是党的思想路线的本质要求，是我们应对前进道路上各种新情况新问题、不断开创事业新局面的一大法宝，必须坚定不移地加以坚持。"这种话语不仅生动活泼，而且来自中国深厚的历史文化传统，很容易为群众所掌握，在实践中发挥了巨大的作用。

（二）科学发展观彰显着中国传统文化的高远价值

科学发展观在形成过程中，不仅借鉴了当今世界一些国家发展的先进经验，而且从我们民族优秀文化传统中汲取了丰富的营养。科学发展观是在继承中华民族优秀文化传统的基础上提出来的。胡锦涛指出："现时代中国强调的以人为本、社会和谐、与时俱进、和平发展等思想，既有着中华文明的深厚根基，又体现了时代发展的进步精神。"胡锦涛把这种优秀传统文化渊源归纳为"四个历来"：历来注重以民为本，尊重人的尊严和价值；历来注重自强不息，不断革故鼎新；历来注重社会和谐，强调团结互助；历来注重亲仁善邻，讲求和睦相处。② 这就深刻揭示了科学发展观与中国传统文化之间的内在关系，给古老的中国文化注入了时代活力，使中国优秀传统文化不断开出新花、新叶、新果。中华文明历来注重以民为

---

① 《邓小平文选》第 2 卷，人民出版社 1994 年版，第 204 页。
② 《十六大以来重要文献选编》（下），中央文献出版社 2008 年版，第 724 页。

本，尊重人的尊严和价值。早在千百年前，中国人就提出"民惟邦本，本固邦宁""天地之间，莫贵于人"，强调要利民、裕民、养民、惠民。

科学发展观所倡导的中国的和平发展道路有着深厚的中国历史文化传统。2005年12月中国国务院新闻办公室发表的《中国的和平发展道路》白皮书明确指出："中国坚定不移地走和平发展道路，是基于中国历史文化传统的必然选择。中华民族历来就是热爱和平的民族。中华文化是一种和平的文化。渴望和平、追求和谐，始终是中国人民的精神特征。"2006年4月21日，胡锦涛在美国耶鲁大学发表演讲时指出："中华文明历来注重亲仁善邻，讲求和睦相处。中华民族历来爱好和平。中国人在对外关系中始终秉承'强不执弱'、'富不侮贫'的精神，主张'协和万邦'。中国人提倡'海纳百川，有容乃大'，主张吸纳百家优长、兼集八方精义。"①的确如此。600多年前，中国明代著名航海家郑和率领当时世界上最强大的船队"七下西洋"，远涉亚非30多个国家和地区，带去的是茶叶、瓷器、丝绸、工艺，没有侵占别国一寸土地，带给世界的是和平与文明，充分反映了古代中国与有关国家和人民加强交流的诚意。中国的和平发展道路立足当代，中国的发展不仅造福13亿中国人民，也给世界各国带来了巨大的市场和发展机遇。中国的发展有利于世界和平力量的增长。

（三）社会主义核心价值体系蕴含着丰富的民族精神和民族价值观

十八大报告指出："大力弘扬民族精神和时代精神，深入开展爱国主义、集体主义、社会主义教育。倡导富强、民主、文明、和谐，倡导自由、平等、公正、法治，倡导爱国、敬业、诚信、友善，积极培育社会主义核心价值观。"无论是核心价值体系中的民族精神，还是核心价值观中的"富强、民主、文明、和谐，自由、平等、公正、法治，爱国、敬业、诚信、友善"，都包含着丰富的传统优秀文化。源远流长、博大精深的中华文化，为中华民族发展壮大提供了强大的精神力量，为人类文明进步做出了不可磨灭的重大贡献。

中华文明历来注重自强不息，不断革故鼎新。这方面的事例很多，如5000年前的炎帝最早发明了集市交易，使民知贸易。《周易·系辞下传》讲："神农氏作……日中为市，故天下之民，聚天下之货，交易而退，各

---

① 2006年4月22日，中新网。

得其所。"唐代司马贞的《史记·补三皇本记》讲：炎帝"教人日中为市，交易而退，各得其所"。立日市的记载说明了炎帝始创了交易制度。相传随着全氏族的发展兴旺，人们开始拿自己多余的东西去换所需要的东西，逐渐有了交换。但往往拿石器的人想换麻布，带麻布的人却不需要石器，交换不成只好背着笨重的东西来回白跑。炎帝便想寻找一种"人人都需要之物"以便于交换。他发现小米很抢手，人皆吃饭，他便引导人们以物换物，先把物品换成小米，再用小米取换自己的需要物，从而形成以"小米"作为一般等价物的交换惯例。据说在山西上党地区，用"米"做交换媒介的方式从古到今一直兴到1951年粮食统购统销止。买卖中、工资以至公费读书均曾有以米折算的习惯。虽然有了等价交换物，但炎帝又发现来交易的人因早晚不一，误时误工还交换不成，便又因势利导，确定"以日影正中午时为准"。结果时间地点集中，货物丰盛，市场交易制度形成。再如，中国古代的四大发明深刻影响了世界历史的发展。英国哲学家弗兰西斯·培根指出，印刷术、火药、指南针"这三种发明已经在世界范围内把事物的全部面貌和情况都改变了：第一种是在学术方面，第二种是在战事方面，第三种是在航行方面；并由此又引起难以计数的变化来：竟至任何教派、任何帝国、任何星辰对人类事务的影响都无过于这些机械性的发现了"。马克思评论："火药、指南针、印刷术——这是预告资产阶级社会到来的三大发明。火药把骑士阶层炸得粉碎，指南针打开了世界市场并建立了殖民地，而印刷术则变成了新教的工具，总的来说变成了科学复兴的手段，变成对精神发展创造必要前提的最强大的杠杆。"①

十八大报告指出：实践充分证明，中国特色社会主义是当代中国发展进步的根本方向，只有中国特色社会主义才能发展中国。我们也可以说，只有中华民族优秀灿烂的文化才能使中国特色社会主义之树结出丰硕的成果。

原载《理论探讨》2013年第1期

---

① 《马克思恩格斯全集》第47卷，人民出版社1979年版，第427页。

辩证思维下的"中国道路"解读

贺新元[*]

十八大报告提出的"道路自信"和习近平总书记强调的"中国梦"，实质上都是在指向"中华民族伟大复兴"。中华民族伟大复兴之路，就是"中国道路"。

可是，"中国道路"命题在中国发展"奇迹"中为世人所热议，有肯定，也有否定，有片面，也不乏全面，呈现出多种思潮和议论，甚至还出现借议"中国道路"来攻击中国共产党、攻击马克思主义、攻击中国特色社会主义、攻击中华民族复兴的思潮，炮制出"中国特色资本主义""国家资本主义""中国威胁论""中国责任论""中国前景不确定论"，等等。面对这些，我们需要从本质上揭示"中国道路"演化的系统性与必然性，在历史纵向发展中（从时间维度）认识"中国道路"强大而内在的生命力，在国际横向比较中（从空间维度）认识"中国道路"演化的艰巨性与优越性，进而获知"中国道路"内在的社会主义价值取向。本文着重从辩证思维视角把"中国道路"放在一个时空中、一个历史与逻辑统一的分析框架或范式里，通过摆事实、讲道理的方式尝试对"中国道路"做一解读，以提升我们对"中国道路"全程式与全景式理解，进而坚定对中国特色社会主义道路的自觉和自信。

对于"中国道路"，历史已作答，人民已选择。理论证明不能替代历史证明，历史证明则需要逻辑分析，而逻辑分析要靠历史生活来验证。

---

* 贺新元，中国社会科学院马克思主义研究院中国化部副部主任，副研究员，西藏社会科学院特邀研究员，法学博士，主要从事中国特色社会主义理论与实践、当代西藏问题研究。

一 "中国道路"历史起点和逻辑起点的辩证统一

历史是人的历史,逻辑是人在历史进程中形成的思维及能力,逻辑来自历史,历史是逻辑的实践体现与现实展开。

历史和逻辑统一,是辩证唯物主义和历史唯物主义的活的灵魂,是认识事物的主要方法,特别是哲学社会科学研究要遵循的基本原则。恩格斯在研究政治经济学时,对历史与逻辑统一的方法予以高度重视,他指出:"对经济学的批判,即使按照已经得到的方法,也可以采用两种方式:按照历史或者按照逻辑。既然在历史上也像在它的文献的反映上一样,大体说来,发展也是从最简单的关系进到比较复杂的关系,那么,政治经济学文献的历史发展就提供了批判所能遵循的自然线索,而且,大体说来,经济范畴出现的顺序同它们在逻辑发展中的顺序也是一样的。"① 同理,在错综复杂的历史现象中形成与发展的"中国道路",其上面覆盖着许多那些令人眼花缭乱的表面现象。因此,按上引恩格斯的话来理解,"中国道路"必然伴有历史与逻辑发展的高度一致,但要洞察其中的本质规定性,必须搞清楚"中国道路"的历史起点与逻辑起点。

"中国道路"的历史起点始于哪里?目前,学界有不同观点,大致可归纳为四种:第一种观点把历史起点定格在 1978 年改革开放,认为"中国道路"就是在改革开放中形成的中国特色社会主义道路;第二种观点把历史起点定位于 1949 年新中国成立,认为"中国道路"就是中国社会主义革命、建设与改革之路;第三种观点则把历史起点定在 1921 年中国共产党成立,认为"中国道路"就是中国共产党领导各族人民进行新民主主义和社会主义革命、社会主义建设与改革开放之路;第四种观点认为,"中国道路"就是一条中华民族伟大复兴的道路,其历史起点是 1840 年鸦片战争。何来复兴?是因为 1840 年鸦片战争后中华民族开始沦为帝国主义侵略与剥削的对象,进入百年屈辱阶段。笔者揣度,前三种观点看似有道理,但都缺乏对历史纵深和国际地缘变化的把握,从而有盲人摸象之嫌。第四种观点则体现了历史起点与逻辑起点的统一,这也是笔者完全认同的。

---

① 《马克思恩格斯文集》第 2 卷,人民出版社 2009 年版,第 603 页。

"中国道路"是一个时空概念，在一定的时间与空间内探索、生成、演化、延伸。这里的"一定的时间"是指从1840年第一次鸦片战争开始，"一定的空间"不仅仅指地理空间，主要是指中国与西方资本主义的殖民扩张相遭遇的政治、经济、文化空间。在时间上，"中国道路"只有进行时，没有完成时；在空间上，"中国道路"不仅具有中国特色，而且具有世界意义。因此，"中国道路"的历史起点应定位于1840年鸦片战争。主要理由如下：从外部而论，在西方资本主义以先进工业文明为武器的高歌猛进的全球殖民扩张中，在西方人眼里的丰饶的"东方帝国"自然成为其扩张的一个主要对象国，1840年便成为中国与西方空间上的遭遇、在时间上的体现，也是中国传统文明与西方资本主义工业文明正面深度"接触"的关键性一步，尽管这一步是在西方的坚船利炮下被迫展开的。从内部而论，中国历经数千年建立起来的中央王朝和周边藩属国之间的这种"华夏秩序"或"天朝礼治体系"，虽说当时在世界上很有影响力，也还没有出现一个能完全与中国相抗衡或相对称的其他国家力量，据统计，清王朝在1820年的GDP还占据着世界总量的近1/3。但是，自缚于"天下唯我独尊"之茧的清王朝，无视外部世界发生的深刻变革，依然把自己闭关在一个"天朝帝国"的"天花板"之下，致使中华民族在政治、经济、文化、科技等领域都相继落后于西方，直到1840年鸦片战争才在"洋人"的重击之下慢慢睁开蒙眬双眼，结果睁眼所看到的却是一片满目疮痍的景象：中国开始逐渐沦为一个半封建半殖民地国家。从内外结合而论，1840年鸦片战争成了中华民族前途与命运的分水岭。中国古老体制（这种"华夏秩序"或"天朝礼治体系"）和传统农业文明在西方新老列强和新崛起的日本的冲击下慢慢解体和转型。自此，中华民族处在水深火热中经受封建主义煎熬的同时，相继历受并反抗西方资本主义和日本法西斯主义的侵略，开启一条中华民族复兴之路。

刚履新的习近平总书记在和其他中共中央政治局常委一起参观《复兴之路》展览时指出："现在，大家都在讨论中国梦，我以为，实现中华民族伟大复兴，就是中华民族近代以来最伟大的梦想。"这句话既为"中国道路"的历史起点是1840年做了权威注解，又点出了中华民族伟大复兴是"中国道路"的逻辑起点。

中华民族伟大复兴理所当然成为"中国道路"的逻辑起点。逻辑起点是一种理论或思想起始的范畴，往往以起始概念的形式表现。一般情况下，它必须同时具备以下四个要件：其一，此逻辑起点是一个最基本、最简单的质之规定；其二，此逻辑起点是构成该理论或思想的研究对象的基本单位；其三，此逻辑起点内涵贯穿于该理论或思想发展的全过程；其四，此逻辑起点范畴有助于形成完整的科学理论体系。由此观之，"中国道路"的逻辑起点就应该属于"中华民族伟大复兴"。"中华民族伟大复兴"是"中国道路"研究中的一个最基本、最简单的质之规定，是"中国道路"研究中的一个最基本概念，贯穿于"中国道路"发展的全过程，也只有借助于此基本范畴才能更好地理解与研究"中国道路"的必然性、客观性与完整性。这与1840年鸦片战争这一"中国道路"的历史起点完全统一对应起来了。逻辑与历史是统一的，历史的起点同时也是逻辑的起点。对此，恩格斯深有感悟："历史从哪里开始，思想进程也应当从哪里开始，而思想进程的进一步发展不过是历史过程在抽象的、理论上前后一贯的形式上的反映；这种反映是经过修正的，然而是按照现实的历史过程本身的规律修正的，这时，每一个要素可以在它完全成熟而具有典型性的发展点上加以考察。"①

历史起点与逻辑起点统一的"中国道路"是一条与西方不一样的现代化道路，前途光明，过程曲折。1840年开始，中国由盛而衰，逐步沦落为一个半封建半殖民地社会，中华民族陷入任人肆意宰割的境地，同时开始在西方资本主义的殖民下被动地卷入资本主义世界体系中探寻自己的现代化道路。1840年开始，中国面临着两大历史任务，即反对帝国主义和封建统治，争取民族解放和国家独立；实现国家富强和民族复兴。1840年开始，中国由衰而盛，逐步上升为一个伟大而强盛的国家，中华民族在一次次失败中奋力崛起，同时找到一条不同于西方的现代化道路。这条道路是由各路仁人志士为救亡图存而奋勇探索，由中国共产党人率领各族人民为中华民族伟大复兴而踏出来的一条光明大道。

以一定历史阶段及其所承担的历史任务为标准，走过172年的"中国道路"可划分为两个历史阶段四个时段：第一个历史阶段即为第一时段，是1840年至中国共产党诞生前的80年，主要是各路仁人志士为救亡图存而做出的各种尝试与努力，虽然遭受一次又一次的失败与挫折，但这些尝试与努力没有白费，对"道路"进行了不断试错式的探索，尽管这种方式

---

① 《马克思恩格斯文集》第2卷，人民出版社2009年版，第603页。

付出了血与生命的极大代价，却换来了对"道路"的深刻认识和正确道路的选择。这条道路就是仁人志士"在半殖民地半封建社会探求救亡图存的道路"。第二历史阶段由中国共产党诞生始，主要是中国共产党人站在前人试错探索的基础上，领导全国各族人民，把马克思主义基本原理与中国具体实际和时代特征相结合，不断引领国家独立、民族解放、国家富强、人民富裕，实现中华民族伟大复兴和现代化，这一历史阶段可分三个时段，即革命、建设与改革开放。这三个时段最终孕育出中国特色社会主义道路。

"中国道路"就是行进在这四个时段合成的两个历史阶段中，第一历史阶段是比较，是试错；第二历史阶段是选择，是展开。前者是基础，是前提；后者是开花，是结果，即开出"中国特色社会主义"之花，结出"中国特色社会主义道路"之果。

第一历史阶段的近百年历史，实际上就是一幅中国各路仁人志士前赴后继不断抗争、救亡图存的斗争图景。在此图景里，一面是西方列强对中国发动两次鸦片战争、中法战争、中日甲午战争、八国联军侵华等一系列侵略战争，西方列强之间为争夺势力范围而发动第一次世界大战催生着俄国"十月革命"的胜利，以及中国政府不断签订的割地、赔款以及部分主权沦丧的不平等条约；一面是中国经历洋务运动、戊戌变法、太平天国运动、义和团运动，以及孙中山领导的旧民主主义革命等一系列的抗争运动。从中可以看到，中国不同的阶级和政治力量，纷纷登上政治舞台，提出并实践各式各样"主义"下的救国方案：有旧式的农民起义，有封建贵族内部的改良，有民族资本主义的改良，有资产阶级的民主革命。然而，这些"主义"与"运动"都未能把中华民族和中国人民从积贫积弱、任人宰割的悲惨境况中解救出来。对此，毛泽东曾有过精辟的描述："西方资产阶级的文明，资产阶级的民主主义，资产阶级共和国的方案，在中国人民的心目中，一齐破了产。"[1] 这一次次的抗争与失败教育了历史和人民：不触动封建根基的改良运动和照搬西方资本主义的方案，都不可能完成中华民族救亡图存的民族使命和反帝反封建的历史任务。怎么办？中华民族的希望到底在哪里？历史和人民在经过近百年血与火的奋争后，终于找到属于自己的"主义"与"运动"以及领导者和依靠力量。这个"主义"

[1] 《毛泽东选集》第4卷，人民出版社1991年版，第1471页。

就是俄国十月革命送来的马克思列宁主义，这个"运动"就是社会主义运动、阶级斗争，领导者就是中国共产党，依靠力量就是中国工人阶级和广大农民阶级，即工农联盟。从此，"中国道路"进入第二历史阶段，中华民族的命运开始了历史性的变化，密纳发的猫头鹰在黄昏到来时才起飞，古老的东方大地将有一缕曙光喷薄而出。

第二历史阶段的近百年历史，就是中国共产党领导新民主主义和社会主义革命、社会主义建设与改革的一幅波澜壮阔的历史画卷。在这幅画卷中，一面是刚从第一次世界大战的阴霾中走出的西方主要资本主义国家复又于1929年陷入全球经济危机，为转移国内经济危机继而再次发动第二次世界大战，并催生了全球民族解放运动浪潮；随着大批民族国家的独立特别是社会主义国家的建立，西方采取了一系列战略战术如"马歇尔计划"、和平演变等来围堵、遏制、颠覆社会主义国家，经过内外因素的发酵，苏联解体了、东欧剧变了，社会主义运动陷入低潮。一面是中国共产党人团结领导全国各族人民披荆斩棘，经北伐战争、土地革命、抗日战争和解放战争，以及土地改革和社会主义改造，在斗争中把马克思主义基本原理与中国具体实际相结合，产生了毛泽东思想，开辟了新民主主义和社会主义革命道路，建立了中华人民共和国，建成了社会主义基本制度，获得了国家独立与民族解放。这就为中华民族伟大复兴奠定了政治前提与制度基础。这是中国共产党肩负民族独立和人民解放历史重任的革命道路。

从仿照苏联社会主义模式到结合国情改造苏联模式于我用，从国民经济的恢复到独立的比较完整的工业体系和国民经济体系的建成，从"三面红旗"到"文化大革命"，从遭遇西方封锁到重返联合国，中国共产党人在探索中国式的社会主义建设中取得了成就、经历了曲折、留下了教训、积累了经验，进而从正反两方面为中国能够成功走出一条"新路"奠定了一定的物质与思想基础。这是探索建设社会主义新中国的道路。

"文化大革命"十年浩劫为社会主义建设带来新的生机，使党对"什么是社会主义，怎样建设社会主义"，对如何认识与处理社会主义与资本主义的关系有了更新、更深刻的认识。这些认识使党在30多年来的改革开放过程中成功地战胜了一个又一个困难，取得了一个又一个胜利。取得的认识、战胜的困难、取得的胜利主要表现在：在建设社会主义路径认识上，从解放思想到十一届三中全会党和国家工作中心转移至经济建设和改革开放；在经济体制认识上，从计划商品经济到社会主义市场经济；在社会主义再认识上，从社会主义初级阶段理论到社会主义本质理论；在中国特色社会主义总布局上，从物质文明与精神文明"两位一体"到"五位一体"；在马克思主义中国化理论创新上，从邓小平理论到"三个代表"重要思想再到科学发展观并形成了中国特色社会主义理论体系；在凝聚力量统一思想上，从邓小平的《解放思想，实事求是，团结一致向前看》到1992 年南方谈话再到习近平 2012 年南方考察；在国际交往上，从申奥成功、加入世界贸易组织到举办奥运；处置了从"八九"风波到西藏"3·14"事件和新疆"7·5"事件的社会政治风险；克服了从"非典"到"5·12 地震"的国内灾难；承受了从东欧剧变到全球金融危机的国际政治经济震荡；在经济成就上，从 1978 年 GDP 总量世界排名第 15 名到 2010 年跃居第二名；在中国特色社会主义道路演化上，从邓小平在党的十二大提出"走自己的路，建设有中国特色的社会主义"到十三大确立中国特色社会主义"一个中心、两个基本点"的总路线，到十四大提出建立社会主义市场经济体制，到十六大宣布全面建设小康社会，到十七大把中国特色社会主义概括为"一条道路"和"一个理论体系"，再到十八大把中国特色社会主义的"一条道路""一个理论体系"和"一个制度"统一起来，并要求全党应该坚定"道路自信、理论自信、制度自信"，并通过中国特色社会主义道路达到中华民族伟大复兴。这一件件历史事件证明了中国改革开放是成功的，在改革开放中形成的中国特色社会主义道路"是科学社会主义理论逻辑和中国社会发展历史逻辑的辩证统一，是根植于中国大地、反映中国人民意愿、适应中国和时代发展进步要求的科学社会主义，是全面建成小康社会、加快推进社会主义现代化、实现中华民族伟大复兴的必由之路"①。这就是改革开放的道路，就是建设中国特色社会主义道路。

可以说，没有第一历史阶段的探索，也就很难有历史与人民对马克思主义、社会主义和中国共产党的选择，或者至少还得在黑暗中继续很长时间的摸索。

总之，自 1840 年以来，救国寻路，民族复兴，是中国的基本政治主题。

---

① 习近平：《毫不动摇坚持和发展中国特色社会主义，在实践中不断有所发现有所创造有所前进》，《人民日报》2013 年 1 月 6 日。这是习近平总书记在新进中央委员会的委员、候补委员学习贯彻党的十八大精神研讨班开班式上的讲话。

二　"中国道路"开拓中的辩证思想

自 1840 年鸦片战争始，中国人民反帝反封建的斗争不绝于耳，形式多样的斗争却屡战屡败。中国共产党诞生之后在历经的次次与种种挫折中，不断总结经验与吸取教训，日渐完善与成熟地把马克思主义基本立场、基本观点和基本方法运用到中国实际当中，并最终找到了中国革命、建设和改革开放的正确道路，进而相继取得一系列阶段性胜利，即新中国成立、对社会主义建设的探索和中国特色社会主义道路的开拓。这里面凝聚的最基本的内核，用毛泽东的话说，就是"学会把马克思列宁主义的理论应用于中国的具体的环境。……使马克思主义在中国具体化，使之在其每一表现中带着必须有的中国的特性，即是说，按照中国的特点去应用它"①；用哲学语言来说，就是要使主观符合客观。正确处理主观与客观的关系，使主观符合客观，是当代中国革命、建设和改革开放的基本问题。

概言之，"中国道路"途经中国共产党成立前的探索和中国共产党成立后的革命、建设、改革，在辩证思想中艰难前行。用列宁的"辩证法是革命的'代数学'"思想来观照"中国道路"的发展轨迹与实践，我们可以说，辩证法也是"中国道路"的"代数学"。下文主要论述"中国道路"演进的第二历史阶段的三个时段，即新民主主义和社会主义革命道路、社会主义建设道路与在改革开放进程中形成的"中国特色社会主义道路"。

辩证法告诉我们，自我不断运动、变化和发展的人类社会要获得竞优系统，离不开人类充分发挥自身的"革命""建设""改革"因素，去"能动"地改造社会。在俄国，列宁将辩证法中"革命"因素成功地运用到俄国革命运动中，取得社会主义革命胜利；把"建设"因素运用到俄国社会主义实践中，探索出一套符合当时俄国实际的"新经济政策"，但斯大林迫于国际形势而过早放弃"新经济政策"，走上一条政治经济文化高度集权化的道路。之后，"改革"因素要么迟迟不能到位，要么干脆就来个"休克疗法"的突变式"改革"，最后致使苏联社会主义事业大厦訇然坍塌，并殃及东欧所有社会主义国家。在中国，以毛泽东、邓小平、江泽

① 《毛泽东选集》第 2 卷，人民出版社 1991 年版，第 534 页。

民、胡锦涛为代表的中国共产党人却以巨大的理论勇气与政治智慧，坚持"走自己的路"，把辩证法中的"革命""建设""改革"因素成功地运用到中国革命、建设与改革开放的实践中，走出一条包括中国特色的新民主主义和社会主义革命道路、社会主义建设道路和中国特色社会主义道路的"中国道路"。"中国道路"成功开拓的辩证思维集中体现在必然性和偶然性、可能性和现实性、普遍性和特殊性等几对范畴及其相互关系上。以下对应性地择几组关系试图以点代面来论述"中国道路"开拓中必然包含的辩证思想。

中国革命道路在偶然性中前行，以必然性形式出现。"中国道路"的历史轨迹是众多偶然因素共同作用的合力所致。晚年恩格斯对历史发展提出一种"合力论"："历史是这样创造的：最终的结果总是从许多单个的意志的相互冲突中产生出来的，而其中每一个意志，又是由于许多特殊的生活条件，才成为它所成为的那样。这样就有无数互相交错的力量，有无数个力的平行四边形，由此就产生出一个合力，即历史结果。"[1] 同样，促成"中国道路"这一"历史结果"的历史合力中存在一个"整体的、不自觉地和不自主地起着作用的力量"，这个力量就是：生产关系与生产力的矛盾，上层建筑与经济基础的矛盾，以及由此导致的阶级矛盾演变和激化的程度；还有国际阶级矛盾在国内体现的民族矛盾。除此之外，还存在许多偶然性的力量因素。

历史向前发展是一种"被断定为必然"的运动，同时又是以碎片式的历史事件的"纯粹的偶然性构成"，这种"偶然的东西，是一种有必然性隐藏在里面的形式"。[2] 中国革命道路就是这样一种由诸多偶然性表现出来的并最终接近必然性的正确道路。

当然，偶然性不可能自动接近必然性，过程离不开历史主体——人的作用。在中国革命道路的开拓中，以毛泽东为代表的中国共产党人发挥着不可替代的历史作用。他们始终坚持马克思主义所提示的"两个必然"原理，紧紧抓住第一次世界大战、巴黎和会、五四运动、俄国十月革命等国际国内事件的影响，创立中国共产党；抓住各帝国主义在中国的矛盾及所支持的国内军阀割据混战的机遇，与国民党携手合作而进行北伐战争；汲取

① 《马克思恩格斯文集》第 10 卷，人民出版社 2009 年版，第 592 页。
② 《马克思恩格斯文集》第 4 卷，人民出版社 2009 年版，第 299 页。

"四一二"和"七一五"反革命政变的教训，在南昌打响武装起义第一枪；经秋收起义、广州起义，第一个农村革命根据地——井冈山革命根据地开辟，一条农村包围城市、武装夺取政权的不同于俄国革命道路的中国式革命道路——井冈山革命道路开始；行进在这条道路上的中国共产党在遭受国民党四次强大"围剿"的洗礼后，在广大群众中的影响力越来越深，根据地面积随之越来越大，中央革命根据地和中华苏维埃政府成立；第五次反"围剿"失败，突围北上，开启伟大的长征之路，革命火种得以保存且从东燎原到西，从南燎原到北，延安革命根据地开创，革命新局面打开；运筹延安，决胜全国，在民族危亡之刻，放弃党争，与国民党再度合作，在统一战线下，八年抗日奋战胜利，形成独具特色的延安革命道路；重庆民主协商建国未果，我解放区遭到国民党的全面攻击，解放战争爆发，国民党势力被赶到台湾，中华人民共和国成立；肃清国民党反动派在大陆的残余武装力量和土匪，没收、赎买官僚资本和民族资本企业并把其改造成为社会主义性质的企业，开展"三反""五反"运动，国民经济在三年内迅速恢复；"三化一改"的社会主义改造完成，社会主义基本制度建立。

割裂来看，这些都是一个个、一件件偶然性事件；系统来看，这些看似碎片的偶然性事件，却有机地勾勒出新民主主义和社会主义革命的发展链和发展必然性。

中国建设道路在可能性中选择，以现实性展开。社会主义政权取得，社会主义基本制度建立，不等于建成了社会主义。夺取政权，只是为建设建成社会主义提供现实的可能性。如何使这种可能性变现，依然离不开辩证法。但是，能否将这种可能性转化为现实性，能否建成社会主义，还将是一项十分艰巨的任务，需要付出巨大的努力。在俄国，由于认识上的问题，加上特殊的战争环境，十月革命后实行的"战时共产主义政策"导致1921年春国内的政治经济危机。面对严酷的现实，列宁晚年对落后国家如何建设社会主义的道路进行了卓有成效的探索，提出一个"新经济政策"，发展国家资本主义和商品经济。但由于后继者没有很好地在建设社会主义中运用辩证法，列宁当时所认为的"最后的，也是最重要、最困难"的"在破坏了的封建基地和半破坏的资本主义基地上为新的社会主义大厦奠定经济基础"①的经济建设还没有根本完成，就过早宣布苏联已经建成社

---

① 《列宁专题文集　论社会主义》，人民出版社 2009 年版，第 246 页。

会主义，这就为后来苏联解体埋下了隐患。

然而，反观中国社会主义建设探索中的经验教训，也证明可能性变现实性不是自然而然，也不能一蹴而就。1956年4月，毛泽东发表的《论十大关系》初步总结了我国社会主义建设的经验，提出了探索适合我国国情的社会主义建设道路的任务。党的第八次代表大会确立的正确的路线方针政策，既符合国情，又一定程度上摆脱了苏联经验模式的束缚，但在苏联二十大秘密报告的影响下被搁置，接着就是反右倾运动、社会主义建设总路线、"大跃进"、人民公社运动、三年自然灾害、中苏论战，直至发动长达十年的全局性的社会内乱——"文化大革命"。1981年通过的《关于建国以来党的若干历史问题的决议》对1956年至1976年的20年是这样评价的："由于我们党领导社会主义事业的经验不多，党的领导对形势的分析和对国情的认识有主观主义的偏差，'文化大革命'前就有过把阶级斗争扩大化和在经济建设上急躁冒进的错误。后来，又发生了'文化大革命'这样全局性的、长时间的严重错误。这就使得我们没有取得本来应该取得的更大成就。"①

比较苏联社会主义建设，总结新中国成立到"文化大革命"结束27年的经验教训，我们明白了一个道理：从社会主义政权取得到建成社会主义的这种可能性到现实性的道路是非常漫长的，有时甚至需要迂回前进，做必要的后退，而后再更好地前进。那么，社会主义究竟应该怎样建设？邓小平在改革开放初期曾说过："社会主义究竟是个什么样子，苏联搞了很多年，也并没有完全搞清楚。可能列宁的思路比较好，搞了个新经济政策，但是后来苏联的模式僵化了。"② 邓小平认为，当时的苏联"新经济政策"如果能坚持下去，社会主义建设由可能变现实的基础就有了。也正是基于这样的判断，邓小平才以巨大的理论勇气和政治智慧，果断地把以"阶级斗争为纲"转变到以"经济建设为中心"，开启了改革开放，在汲取1956年到"文化大革命"结束的经验教训的基础上，继续探索"走自己的路，建设有中国特色的社会主义"。

中国改革道路坚守着普遍性，以特殊性形式体现。无疑，作为一般规律的普遍性与特殊性的统一贯穿于中国革命、建设与改革道路全程。但在

---

① 《十一届三中全会以来重要文献选读》（上），人民出版社1987年版，第303页。
② 《邓小平文选》第3卷，人民出版社1993年版，第139页。

改革过程中形成的中国特色社会主义道路，则是最能体现中国共产党人把科学社会主义基本原则与中国实际和时代特征相结合的典范。

马克思主义革命导师一直强调，他们的"学说不是教条，而是行动的指南"①，并要求马克思主义者在每个历史关头和历史阶段都必须根据基本原理对各种关系和具体特点，做出经得起客观检验的最确切的分析、判断与政策。

列宁曾经针对当时有人对十月革命道路的指责，严厉地提出批评："他们到目前为止只看到过资本主义和资产阶级民主在西欧的发展这条固定道路。因此，他们不能想象到，这条道路只有做相应的改变，也就是说，做某些修正（从世界历史的总进程来看，这种修正是微不足道的），才能当作榜样。"② 之后，列宁又强调："一切民族都将走向社会主义，这是不可避免的，但是一切民族的走法却不会完全一样，在民主的这种或那种形式上，在无产阶级专政的这种或那种形态上，在社会生活各方面的社会主义改造的速度上，每个民族都会有自己的特点。"③ 列宁这些话的意思非常明显：我们不能把马克思、恩格斯关于人类社会发展的规律性、普遍性进行教条化、凝固化，而要根据时间、地点、条件的变化做出适当的修正，如果不这样，无异于用规律性、普遍性去限定社会的发展，用人的主观意志去支配历史运动，这就是完全抹杀普遍性与特殊性的辩证关系，严重者会滑入历史宿命论的泥淖，而与辩证法背道而驰。

毛泽东则用中国语言特色把"具体地分析具体的情况"概括为"马克思主义的最本质的东西""马克思主义的活的灵魂"④。至于如何做到"具体地分析具体的情况"，他强调中国共产党人，要"善于应用马克思列宁主义的立场、观点和方法，善于应用列宁斯大林关于中国革命的学说，进一步地从中国的历史实际和革命实际的认真研究中，在各方面作出合乎中国需要的理论性的创造"⑤。结果，成功地开创出中国特色的革命道路和建设道路。

《关于建国以来党的若干历史问题的决议》指出："马克思、恩格斯、

---

① 《列宁专题文集　论马克思主义》，人民出版社2009年版，第300页。
② 《列宁专题文集　论社会主义》，人民出版社2009年版，第357页。
③ 同上书，第398页。
④ 《毛泽东选集》第1卷，人民出版社1991年版，第187页。
⑤ 《毛泽东选集》第3卷，人民出版社1991年版，第820页。

列宁、斯大林的科学著作是我们行动的指针,但是不可能给我国社会主义事业中的各种问题提供现成答案。"① 邓小平在 1989 年会见戈尔巴乔夫时也说过类似的话语:"马克思去世以后一百多年,究竟发生了什么变化,在变化的条件下,如何认识和发展马克思主义,没有搞清楚。绝不能要求马克思为解决他去世之后上百年、几百年所产生的问题提供现成答案。列宁同样也不能承担为他去世以后五十年、一百年所产生的问题提供现成答案的任务。真正的马克思列宁主义者必须根据现在的情况,认识、继承和发展马克思列宁主义。"②

"文化大革命"结束后,邓小平秉承普遍性与特殊性相统一的辩证思想,并把其运用到"什么是社会主义,怎样建设社会主义"这一主题当中,开创了建设有中国特色社会主义的新局面。首先,邓小平站在时代的高度,分析、把握中国特殊的国情。一方面,邓小平高度重视对新的历史时代的把握,提出了世界时代主题已由战争与革命向和平与发展转变的科学论断。他指出:"现在世界上真正大的问题,带全球性的战略问题,一个是和平问题,一个是经济问题或者说发展问题。和平问题是东西问题,发展问题是南北问题。"③ 另一方面,邓小平也高度重视对我国特殊国情的分析。他认为,中国底子薄、人口多、耕地少,生产力落后、商品经济不发达,"社会主义本身是共产主义的初级阶段,而我们中国又处在社会主义的初级阶段,就是不发达的阶段"④。这一国情决定中国社会主义发展道路不同于马克思、恩格斯的设想,将具有自己的独特之处,正如列宁所说的,"世界历史发展的一般规律,不仅丝毫不排斥个别发展阶段在发展的形式或顺序上表现出特殊性,反而是以此为前提的"⑤。就是在这种特殊性前提下,中国共产党人在国际共产主义运动中成功走出了一条在落后国家如何建设社会主义的康庄大道。

事非经过不知难。站在今天,回溯 30 多年改革开放的历程,社会主义初级阶段理论、社会主义本质论、社会主义市场经济、中国特色社会主义民主政治、社会主义核心价值体系、中国特色社会主义法律体系等,与

---

① 《十一届三中全会以来重要文献选读》(上),人民出版社 1987 年版,第 323 页。
② 《邓小平文选》第 3 卷,人民出版社 1993 年版,第 291 页。
③ 同上书,第 105 页。
④ 同上书,第 252 页。
⑤ 《列宁选集》第 4 卷,人民出版社 1995 年版,第 776 页。

中国特色社会主义道路结伴而行的中国特色社会主义理论体系、中国特色社会主义制度无不体现出科学社会主义的普遍性与中国特色的特殊性的科学统一。

当然，偶然性与必然性的统一并非只体现在中国革命道路中，在建设与改革道路中也充满偶然性与必然性的统一。例如，在改革开放中通过"非典"这一偶然性事件导出的"科学发展观"绝不是偶然的，而是建立在多年实践经验基础上的，是对30多年改革开放经验的总结。可能性与现实性的统一绝非只体现在中国建设道路中，在革命与改革道路上同样存在。例如，改革开放进程中的社会主义与市场经济的结合问题，就充分展现了可能性与现实性的统一问题。普遍性与特殊性的统一更是贯穿于中国革命、建设与改革当中，如革命时期的农村包围城市、武装夺取政权的道路和社会主义改造，建设时期对社会主义的中国式探索。

三　"中国道路"发展的辩证指向

唯物辩证法告诉我们，任何新生事物都有一个从小到大、由弱到强、逐渐发展壮大的过程。作为人类历史上崭新的社会制度——社会主义制度在经济文化较为落后的中国建立，本身就是一个新生事物，"不是一种一成不变的东西"，而是一个"应当和任何其他社会制度一样，把它看成是经常变化和改革的社会"，① 需要不断自我完善和发展。这种自我完善与发展就是辩证法过程，同时又是自然历史过程。

其实，辩证法本身就是"最完备最深刻最无片面性的关于发展的学说"②。以毛泽东、邓小平、江泽民、胡锦涛为代表的中央领导集体在中国特色社会主义事业的探索与实践中，娴熟地运用唯物史观和辩证法，通过对中国社会结构和国际形势的分析论证了中国经济社会发展战略、战略实施的策略问题。战略性主要是指"两个一百年"目标③的实现，策略性主要是指为实现这一伟大战略目标而采取的逐渐形成的"五位一体"总体布局。"五位一体"总体布局大大丰富了中国特色社会主义道路的内涵，不

---

① 《马克思恩格斯全集》第37卷，人民出版社1971年版，第443页。
② 《列宁选集》第2卷，人民出版社1995年版，第310页。
③ "两个一百年"是指：到中国共产党成立100年时全面建成小康社会，到新中国成立100年时建成富强、民主、文明、和谐的社会主义现代化国家和实现中华民族伟大复兴。

仅从视野上开阔了中国特色社会主义道路的前景，对中国特色社会主义建设规律和人类社会发展规律的认识也深化了一步，并且从价值目标取向上超越了中华民族伟大复兴的高度而指向人类理想社会。

在迂回中曲折前进的"中国道路"的创造充满着历史运动的辩证法。从这个意义上讲，辩证法不仅是中国革命道路的"代数学"，而且是中国建设道路的"代数学"和中国改革道路的"代数学"。由于中国共产党人在90余年的革命、建设与改革中逐步掌握与成功运用着这一规律，中国才取得今天的"根本性成就"。党的新一届领导集体正在继续把这一规律运用到中国特色社会主义事业伟大实践中，抓住历史的偶然性、可能性、特殊性给予中国的每一个、每一次机遇，去努力实现"两个一百年"目标。

历史和现实都告诉我们，只有社会主义才能救中国，只有中国特色社会主义才能发展中国，这是历史的结论、人民的选择。随着中国特色社会主义不断发展，我们的制度必将越来越成熟，我国社会主义制度的优越性必将进一步显现，我们的道路必将越走越宽广。我们就是要有这样的道路自信、理论自信、制度自信，真正做到"千磨万击还坚劲，任尔东西南北风"。①

纵观从1840年至今的中国近现代史，"中国道路"，从历史走来，艰难困苦，玉汝于成；"中国道路"，向历史走去，乘风破浪，铸造辉煌。今天，"比历史上任何时期都更接近中华民族伟大复兴的目标"，"比历史上任何时期都更有信心、有能力实现这个目标"②。这就是我们道路自信之所在。

但是，由于"道路关乎党的命脉，关乎国家前途、民族命运、人民幸福。在中国这样一个经济文化十分落后的国家探索民族复兴道路，是极为艰巨的任务"③，尽管前面的摸索付出许多，收获许多，但任务的艰巨性和复杂的国际环境，决定了今后的发展注定还会出现彷徨、曲折甚至失误，我们一定要有忧患意识。

---

① 习近平：《毫不动摇坚持和发展中国特色社会主义，在实践中不断有所发现有所创造有所前进》，《人民日报》2013年1月6日。这是习近平总书记在新进中央委员会的委员、候补委员学习贯彻党的十八大精神研讨班开班式上的讲话。

② 习近平：《中华民族伟大复兴是最伟大中国梦，我们比任何时期都更接近这个目标》，《解放日报》2012年11月30日。

③ 胡锦涛：《坚定不移沿着中国特色社会主义道路前进　为全面建成小康社会而奋斗——在中国共产党第十八次全国代表大会上的报告》，人民出版社2012年版，第10页。

四　结语

当前，思想理论市场上存在一种"消解过去"和"否定现在"的"怪"现象，如用改革开放后的历史时期否定改革开放前的历史时期，或用改革开放前的历史时期否定改革开放后的历史时期，或把中国特色社会主义看成是"新民主主义的回归"，等等。这种"消解过去"和"否定现在"意味着什么？大家都心知肚明，对于一个民族、一个国家而言，缺乏客观理性且系统地看待历史，甚至任意割裂历史或根据需要对立历史阶段，在思想和理论上都可能造成巨大的负面影响。

鉴于此，笔者通过以上论述，一旨在抛砖引玉，以求方家的注意与批评指正；二旨在厘清"中国道路"内涵的系统性与历史演进的必然性。这样做，有利于澄清"中国特色社会主义道路"不是如国内外有些学者所称的"中国特色资本主义道路""中国式民主社会主义道路"，有利于把握中华民族的崛起是中国人民的自觉过程和历史的自然过程的统一，其中体现的"中国道路"是中国人民自觉奋斗过程的路径反映，也是中国历史在全球大历史中自然演变的必然结果，进而有助于全党全国人民坚定这样的道路自信。

参考文献：

1. 习近平：《毫不动摇坚持和发展中国特色社会主义，在实践中不断有所发现有所创造有所前进》，《人民日报》2013 年 1 月 6 日。

2. 习近平：《中华民族伟大复兴是最伟大中国梦，我们比任何时期都更接近这个目标》，《解放日报》2012 年 11 月 30 日。

3. 《十一届三中全会以来重要文献选读》（上），人民出版社 1987 年版。

4. 《马克思恩格斯文集》第 4 卷，人民出版社 2009 年版。

5. 《马克思恩格斯文集》第 10 卷，人民出版社 2009 年版。

6. 《列宁专题文集　论社会主义》，人民出版社 2009 年版。

7. 《毛泽东选集》第 4 卷，人民出版社 1991 年版。

8. 《邓小平文选》第 3 卷，人民出版社 1993 年版。

原载《马克思主义研究》2013 年第 6 期

要警惕对民族复兴中国梦的
误导和曲解

钟　君*

一　中国梦不是西方宪政梦

一段时间以来，"宪政"概念受到追捧。一些人宣称宪政是解决当前中国问题的良药，把中国梦说成是"宪政梦"。事实上，这些人心目中的"宪政"，是西方资本主义的宪政，这样的"宪政梦"只是看上去很美。

首先，"宪政梦"不等于"法治梦"。西方宪政倡导法治，但其倡导的法治是少数人运用法律对多数人的统治，即拥有生产资料的少数资产阶级对多数无产阶级的法制化统治。"宪政"的核心内容是三权分立、多党轮流执政、司法独立制度，这些制度看似民主、自由，但其实质都是为资本主义制度和资产阶级服务的。"相当多的人把'宪政'仅仅理解为'法治'，即政府必须落实宪法对公民权利的保护，同时自身严格按宪法和法律办事。但宪政的本来含义是用宪法来制约国家的权力，不管这个权力是由封建帝王行使，还是由民主政府行使。"① 美国被公认为是典型的宪政国家，"但美国的宪法本身是一个矛盾体，一方面在根本上保障资产阶级垄断生产资料、剥削人民大众的权力；另一方面又在很多地方谈民主人权、全民自由。这两者是无法同时存在的。究竟哪个方面的条款更能得到落实呢？显然是前者"②。在美国这样一个典型的资本主义国家，垄断资产阶级

---

* 钟君，中国社会科学院马克思主义研究院马克思主义发展研究部经济与社会建设研究室主任，博士。

① 王绍光：《民主四讲》，生活·读书·新知三联书店 2008 年版，第 35 页。
② 马钟成：《美国宪政的名不副实》，《人民日报》（海外版）2013 年 8 月 6 日第 1 版。

占国家的统治地位，其宪政制度和法治理念只是统治阶级愚弄人民大众的迷魂药和障眼法罢了。

其次，"宪政梦"不等于"民主梦"。不可否认，历史上宪政作为近代资产阶级革命的主要政治成就，对于推翻封建专制统治，实现资产阶级民主，起到了重要作用。在实践中，西方宪政制度在保护公民个人权利、防止专制暴政方面的确有其可取之处。但西方宪政制度的产生绝不是用来保障最广大人民群众当家做主的，而是保障少数垄断资产阶级当家做主的。西方宪政实质上是用宪法来约束民主，弱化民主的无限权力。更准确地说，宪政不但约束了政府的权力，也用宪法等法律体系约束着广大人民群众的民主权利。因此，宪政不仅不等同于民主，而且是用来约束民主、反对民主的制度设计。

最后，"宪政梦"并不都是美梦。中国曾在辛亥革命后颁布《临时约法》实行宪政，孙中山制定了行政、立法、司法、监察及考试五权独立的五权宪法，试图"以五权分立救三权鼎立之弊"。但是后来，五院制政府成了国民党内部各派系斗争的场所，也成了蒋介石个人独裁的牺牲品。印度一直是欧美国家认定的亚洲最大的宪政民主国家，但等级森严的种姓制度，猖獗的官商勾结，严重的两极分化，令人担忧。菲律宾在20世纪70年代被美国人誉为亚洲民主的橱窗，但国内政局混乱，贪污腐败问题严重。日本作为亚洲宪政民主标杆也因黑金政治、家族政治饱受诟病。时下的伊拉克、利比亚、埃及在西方宪政理论的指导下进行的政治更替带来的痛苦和创伤令人扼腕。苏联戈尔巴乔夫搞的政治体制改革，也是因为以西方宪政为蓝本而彻底失败。因此，宪政只不过看上去很美。

中国梦的实现绝不能指望西方宪政制度，必须以中国特色社会主义制度做保障。中国特色社会主义崇尚法制，建设中国特色社会主义就是要完善社会主义法制，建设社会主义法治社会。新中国成立之初，就颁布施行了具有临时宪法作用的《中国人民政治协商会议共同纲领》，1954年第一届全国人大第一次会议通过了《中华人民共和国宪法》。1978年，我们党召开具有重大历史意义的十一届三中全会，开启了改革开放历史新时期，发展社会主义民主、健全社会主义法制成为党和国家坚定不移的基本方针。根据党的十一届三中全会确立的路线方针政策，总结我国社会主义建设正反两方面经验，适应我国改革开放和社会主义现代化建设、加强社会主义民主法制建设的新要求，1982年制定了我国现行宪法。1988年、

1993 年、1999 年、2004 年，全国人大分别对我国宪法个别条款和部分内容做出必要的也是十分重要的修正，使我国宪法在保持稳定性和权威性的基础上紧跟时代前进步伐，不断与时俱进。

我国宪法以国家根本法的形式，确立了中国特色社会主义道路、中国特色社会主义理论体系、中国特色社会主义制度的发展成果，反映了我国各族人民的共同意志和根本利益，成为历史新时期党和国家的中心工作、基本原则、重大方针、重要政策在国家法制上的最高体现。30 多年来，我国宪法以其崇高的法制地位和强大的法制力量，有力保障了人民当家做主，有力促进了改革开放和社会主义现代化建设，有力推动了社会主义法治国家进程，有力促进了人权事业发展，有力维护了国家统一、民族团结、社会稳定，对我国政治、经济、文化、社会生活产生了极为深刻的影响。

与西方资本主义宪政通过明确多党制、三权分立等制度只保障少数资产阶级利益不同，中国特色社会主义政治制度和法律体系坚持国家一切权力属于人民的宪法理念，最广泛地动员和组织人民依照宪法和法律规定，通过各级人民代表大会行使国家权力，通过各种途径和形式管理国家和社会事务、管理经济和文化事业，共同建设，共同享有，共同发展，成为国家、社会和自己命运的主人。按照宪法确立的民主集中制原则、国家政权体制和活动准则，实行人民代表大会统一行使国家权力，实行决策权、执行权、监督权既有合理分工又有相互协调，保证国家机关依照法定权限和程序行使职权、履行职责，保证国家机关统一有效组织各项事业。根据宪法确立的体制和原则，正确处理中央和地方的关系，正确处理民族关系，正确处理各方面利益关系，调动一切积极因素，巩固和发展民主团结、生动活泼、安定和谐的政治局面。适应扩大人民民主、促进经济社会发展的新要求，积极稳妥推进政治体制改革，发展更加广泛、更加充分、更加健全的人民民主，充分发挥我国社会主义政治制度优越性，不断推进社会主义政治制度自我完善和发展。正因为如此，2012 年 12 月 4 日，习近平同志在纪念现行宪法公布实施 30 周年纪念大会上发表重要讲话，强调要"恪守宪法原则、弘扬宪法精神、履行宪法使命"，强调"宪法的生命在于实施，宪法的权威也在于实施"，"任何组织或者个人，都不得有超越宪法和法律的特权。一切违反宪法和法律的行为，都必须予以追究"。

二 中国梦不是自由放任梦

20世纪七八十年代以来，随着高新科技的迅猛发展，生产力获得巨大发展，资本主义由国家垄断向国际垄断发展。为适应这种需要，新自由主义意识形态化，成为国际垄断资本推行全球一体化的重要工具。

新自由主义曾经在相当一段时间里被当作经济快速增长的代名词，被奉为增加财富的法宝。然而，新自由主义作为当前西方资本主义国家的主流意识形态，解决不了资本主义的基本矛盾，即企业内部生产的有组织性与整个社会的无组织状态之间的矛盾或一个国家或跨国企业内部的有组织性与全球资本生产和运动无序性之间的矛盾。新自由主义所主张的自由化，主要是指全盘私有化以及金融自由化、贸易自由化、投资自由化等，这实际上是对广大发展中国家经济主权的弱化，符合国际垄断资本利益。2007年美国次贷危机爆发，随之而来的金融危机，引起全球的经济危机持续至今。此次经济危机根源于资本主义基本矛盾，其直接原因是绝对自由化的经济理念。新自由主义鼓吹市场原教旨主义，把市场机制说成是万能的，认为市场这只"看不见的手"会源源不断地创造出无尽的财富。实际上，资本主义市场边界的无限扩大，公平势必会被效率侵蚀，从而造成两极分化。实践证明，即使资本主义经济运作也不可能全面市场化，也不可能不要政府干预。新自由主义主张全面私有化，把决策权交给追求自身利益最大化的私人业主，取消公有制的主体地位。从某种意义上说，全面私有化就是两极分化的代名词。生产资料占有的不平等是在私有制基础上出现的，因而两极分化是以私有制的存在为前提的。没有私有制，就不会有两极分化。即使在资本主义社会，全面私有化也因为它不符合生产力发展的内在要求而无法实现。

西方国家推行新自由主义，在世界范围内造成工人大量失业、贫富两极分化、政府垮台、社会动乱等严重社会问题，对广大发展中国家更是造成灾难性后果。现在，世界上最富有国家的人均收入比最贫穷国家高出330多倍。"在英美等发达国家，实行新自由主义所鼓吹的私有化、减税和削减社会福利等政策，导致消费需求不足，金融投机猖獗，虚拟经济恶性膨胀，收入差距进一步拉大。2000年美国贫困人口为3160万，2008年为3980万，2009年达到4240多万，占其总人口的14.13%。国际金融危机使世界失业人口猛增。据国际劳工组织评估，世界失业人口从 2007 年的 1.9 亿增加到 2009 年年底的 2.1 亿。世界粮农组织和粮食署报告显示，目前全世界人口约为 67 亿。全球饥饿人口由 2008 年的 9.15 亿，上升到 2009 年的 10.2 亿，增加了 11%。"[1] 由此可见，新自由主义带来的绝不是广大人民群众的自由致富美梦。

中国特色社会主义制度强调以公有制为主体，多种所有制经济共同发展；以按劳分配为主体，多种分配方式并存。这种基本经济制度从法律和制度层面保障了公有制的主体地位，防止了全面私有化可能带来的两极分化。经济社会发展水平越高，就越需要社会提供更多的公共物品。而公共物品的生产和流通，不可能完全建立在私有制的基础之上，必须建立在公有制基础上。当前，必须始终坚持以公有制为主体的社会主义基本经济制度，高度警惕私有化风险，防止贫富差距扩大化，防范两极分化可能会引起的社会动荡等风险。与此同时，要使公有制的具体实现形式不断因时而进，使国有资本在产业结构不断升级变迁的过程中保持相当的流动性，确保国有经济的控制力。

总之，中国梦是国家富强、民族振兴、人民幸福的梦，必须坚持中国特色社会主义制度，始终坚持公有制为主体，坚持按劳分配为主体，坚持把市场经济与社会主义基本制度相结合，从而避免跌入新自由主义陷阱。

三 中国梦不是"普世价值"梦

西方"普世价值"打着"自由、平等、民主、博爱"的幌子，宣扬这些价值是客观存在的人类共同价值观，放之四海而皆准。其实，这种"普世价值"不过是人们的美好幻想而已。

价值和价值观是两个不同的概念，决不能混为一谈。价值是在人类社会实践中主体与客体之间存在的客观关系，具体到社会生活中，价值就是主体与客体之间的利益的实际满足关系。一个事物作为客体能满足主体的利益需要，我们就可以说，这个事物有价值。通俗地说，价值就是利益。而价值观是人们对世界本体（存在）之间的客观关系的认知，通俗地说，价值观就是人们对某个事物可能有用或者无用的感觉和认知，是价值事实

---

[1]　李慎明：《从国际金融危机进一步认清新自由主义的危害》，《红旗文稿》2010 年第 6 期。

的反映。这种反映可能是真实的，也可能是虚假的。人们有时会一厢情愿地希望满足自己的一切利益需要，但由于资源的稀缺性，人们的利益需要只能得到一部分的满足。当前，我们的世界在整体上还是阶级社会，阶级分化依然存在，因此，普遍适用于所有国家、民族和阶级的"普世价值"是不存在的，只不过是人们的一个良好的愿望而已。

"普世价值观"的基础在于人类共同利益，如果缺乏共同利益的支撑，"普世价值"只能作为一种美好的愿望或幻想而存在（例如，关于"世界大同"及各种乌托邦的追求），不具有真正的意义。因此，"普世价值观"只能是未来共产主义社会的价值观。人类共同利益的出现需要形成真正的人类共同体，真正的人类共同体存在的社会将是取代资本主义社会的共产主义社会，这就是"自由个人的联合体"。在此之前，我们只能为建立这种联合体创造条件。因此，不能把价值和价值观混为一谈，更不能浪漫地把虚假的"普适价值观"当成普适性的价值事实。

图 1　2014 年 5 月 4 日，山东省青岛市在五四广场举行"我的中国梦　青春勇担当"
纪念五四运动 95 周年公益服务集中行动

西方推崇"普世价值"的背后,有着鲜明的政治取向和价值取向:宣扬普世价值的个人崇拜和迷信西方的资产阶级抽象的价值观念和基本制度,主张资本主义是人类"最终制度归宿"。鼓吹"普世价值"的实质是淡化意识形态,意图实现"非意识形态化"。"'非意识形态化'的结果是抽象人性论的泛滥。把社会矛盾的最终解决归结为抽象人性(良知、爱、同情心、容忍等),把人性不仅视为超阶级、民族、历史阶段的抽象存在,而且视为可以创造一切'奇迹'的神奇力量(例如,可以改变物种本性,使'狼爱上羊'一类)。"① 淡化意识形态的本质是把资本主义的意识形态中性化、普遍化、神圣化、绝对化为超阶级和超时代的所谓的"普世价值",然后用所谓的"普世价值"来置换资本主义价值的概念,从而用资本主义价值观来取代社会主义价值观,用资本主义意识形态取代社会主义意识形态。实际上,"普世价值"与资本主义价值是同义的,只是采用了不同表达形式而已。

尽管"普世价值"总是打着"人类文明""世界文明"的幌子,但是其目标非常明确,一是在理论上消解共产主义理想和社会主义理想,以历史终结的名义确立资本主义在道德和价值上的制高点。二是在方法论上消解马克思主义的阶级观点和阶级分析方法。其最终目的是按照西方资本主义的民主模式全面颠覆我国的社会主义政治制度,根本改变我国民主政治建设的社会主义方向。"普世价值"通过鼓噪"民主宪政",从政治体制改革打开"突破口",实行"全盘西化",改行资产阶级多党制,走所谓的"宪政之路",从而使共产党放弃领导权,颠覆中国社会主义制度。对此,我们必须始终保持警惕。

四 中国梦不是个人主义梦

个人主义是资产阶级价值观的核心,其基本特征就是把个人价值看得高于一切,把个人的特殊利益凌驾于社会公共利益和他人利益之上,为达到个人目的,甚至不惜损害和牺牲社会公共利益和他人利益。在个人主义者看来,对人性的尊重就是对个人利益的尊重。实际上,个人并不完全等于人性,人性不是个人的简单叠加,还包括人和人之间的社会关系。正是

① 侯惠勤:《我国意识形态建设的第二次战略性飞跃》,《马克思主义研究》2008年第7期。

这种社会关系的存在决定了个人利益需要服从集体利益。但在个人主义者眼里，只有原子式的个人，而没有社会化和集体化的个人。个人主义是生产资料私有制在人们意识中的反映。作为私有制的产物，它是一切剥削阶级共同的道德原则。在资本主义上升时期，它作为资产阶级反对封建禁欲主义、专制主义和宗教统治的有力思想武器，曾发挥过解放思想的积极作用，但同时又有鲜明的损人利己的弊端。随着资本主义的发展，资产阶级个人主义发展到了顶点，成为极端个人主义。极端个人主义者为了榨取更多的剩余价值，损人利己，损公肥私，尔虞我诈，唯利是图，甚至要求国家、集体、他人的利益服从于个人利益。

中国梦凝结着民族、国家、人民共同的利益追求，体现了集体主义价值观。集体主义根植于社会主义制度，同社会主义的基本经济制度和政治制度相联系，是社会主义的核心价值原则和道德原则之一。集体主义强调个人与集体在根本利益上是一致的，个人要自觉维护集体的利益，在个人利益与集体利益发生矛盾的时候自觉以集体利益为重，只有坚持以集体利益为重，才能形成推动实践发展的历史合力，才能集中力量办大事。

坚持集体利益为重是社会主义的制度优势。在强调集体利益为重的同时，集体主义并不抹杀个人利益的合理性和正当性，主张要充分尊重、关心和保护个人的正当利益，促进集体利益与个人利益的两个最大化。集体主义价值观具体表现为人民至上的价值原则。人民至上是由我国的国体和我们党的性质等根本制度属性决定的基本价值。"人民"是以先进阶级为基础的社会群体，因而是和绝大多数个人的命运紧密相连的具体概念，而绝不是一个空洞的集合名词。坚持人民的历史主体地位，才使得历史客观规律的发现成为可能（突破个体主体的局限性），使得历史规律性和选择性的统一成为可能，使得超越个人利益和献身共同理想具有坚实的基础。

中国特色社会主义制度保证了广大人民群众根本利益的一致性，从而确保我们现在的集体在本质上属于"真实的集体"。马克思、恩格斯强调要建立"真实的集体"，反对虚假的或与个人相对抗的集体。在《德意志意识形态》中，他们把集体分为"真实的集体"和"虚构的、冒充的集体"，他们指出："从前各个人联合而成的虚假的共同体，总是相对于各个人而独立的；由于这种共同体是一个阶级反对另一个阶级的联合，因此对于被统治的阶级来说，它不仅是完全虚幻的共同体，而且是新的桎梏。在真正的共同体的条件下，各个人在自己的联合中并通过这种联合获得自己的自由。"① 今天我国社会主义初级阶段的集体，虽然还没有达到马克思、恩格斯所说的"真实的集体"的标准，但我国的根本政治制度和基本政治制度确立了人民的政治主人翁地位，以公有制为主体的基本经济制度保证了集体利益与人民的个人利益在根本上是一致的。因此，在这个意义上，我们今天的集体在本质上属于"真实的集体"的范畴。

中国特色社会主义制度，构建出新型的国家、社会、个人关系。个人主义造成了个人利益同社会利益、国家利益的对立。中国特色社会主义制度则把国家利益、社会利益与个人利益的统一建立在制度和法治的基础上，体现了国家、社会与个人之间的互动关系，展示了国家利益、社会利益与个人利益统一关系的全面性。这样，社会主义核心价值观及其道德原则，就会更充分表现出自己的时代特点，从而就更加具有了生命力。中国梦正是这样一种新型国家、社会、个人关系的话语表达。

中国特色社会主义保证了中国梦的实现能始终坚持集体主义价值原则和人民至上的价值观。人民代表大会制度保证了人民是国家和社会的主人，使国家权力最终掌握在广大人民手中，保证全国各族人民依法享有宪法和法律规定的民主、自由和权利，真正实现了最广泛的人民民主。中国共产党领导的多党合作和政治协商制度团结和包容社会不同阶层和利益群体能够进行充分的合作、参与和协商国家事务。坚持尊重多数与照顾少数的统一，坚持广泛民主与集中领导的统一，使人民群众的知情权、参与权、表达权和监督权得到更好的保障，使社会各方面的愿望和要求得到更充分的反映和实现。民族区域自治制度充分尊重了少数民族的民族情感，尊重了各民族的主体地位，真正实现了少数民族人民翻身解放，保障了少数民族人民成为自己的主人。基层群众自治制度通过制度化的方式确保在基层政权和基层社会生活中逐步实现人民的直接民主。宪法和村民委员会组织法、居民委员会组织法明确规定基层群众自我管理、自我教育、自我服务，进行民主选举、民主决策、民主管理、民主监督，从而真正保证了最基层群众的各项权利。公有制为主体、多种所有制经济共同发展的基本经济制度，既保证了公有制经济中生产资料公平占有的制度优越性，有利于广大人民群众更好地共享改革发展的成果，防止两极分化，促进共同富裕和人的全面发展；又保证了非公有制经济的正常发展，有利于激发人民

---

① 《马克思恩格斯文集》第1卷，人民出版社2009年版，第571页。

群众的积极性和创造力。

在中国特色社会主义制度的保障下，党和政府必将以保障和改善民生为重点，多谋民生之利，多解民生之忧，解决好人们最关心、最直接、最现实的利益问题，在学有所教、劳有所得、病有所医、老有所养、住有所居上持续取得新进展，努力让人民过上更好的生活。每一个中国人的个人之"梦"，必将汇聚成为中华民族之"梦"，成为全民族的集体梦想。

启蒙的中国命运：历程及其反思[*]

李潇潇　王海锋^{**}

考察启蒙以及现代化在中国的命运，不能服从主观思想的外部反思。思想的有效性与社会发展的演进规律有着内在的一致性，因为问题的产生与时代的实际呼声深切相关。中国的现代化进程有其历史逻辑的规定性，把握了这一历史逻辑，才能深刻理解中国现代化的命运。如果不是落入西方启蒙话语发生与发展的思维框架，或以西方的经验作为衡量中国道路的历史尺度，就应该承认，思考启蒙的问题，没有什么比"启蒙与中国的命运"这一议题更为重要。对这个问题的分析与解答，不仅关系到怎么理解西方的启蒙思想以及近代以来中国启蒙的问题，也关系到中国近现代历史的评价问题、中国共产党在启蒙中的历史作用问题，更关系到如何在超越启蒙中实现中华民族的伟大复兴问题。

一　中国启蒙的问题解析

围绕何为启蒙、近代知识分子与启蒙、启蒙与反启蒙、启蒙与现代性等问题的讨论，不应作为一种"纯理论"的"实验室"式的研究，而要把近代以来的中国的启蒙放入到思想史和现实的双重维度，尤其是放到历史的境遇中去加以思考。我们需要清楚三个核心问题：何为中国意义上的启蒙？对于近代中国而言，启蒙与救亡究竟是何种关系？当代中国应如何批

---

* 本文为中国社会科学杂志社重点课题"中国学术的思想高度——基于马克思主义的视角"和 2011 年度国家社科基金青年项目"历史唯物主义世界观的当代阐释"（项目编号：11CZX007）的阶段性成果。

** 李潇潇，中国人民大学哲学院博士研究生，中国社会科学杂志社编辑；王海锋，中国社会科学杂志社编辑，哲学博士。

判性地面对启蒙的思想遗产?

康德曾指出,启蒙"就是人类脱离自己所加之于自己的不成熟状态"①。这意味着,启蒙的思想实质就是人类理性的自觉,即从蒙昧走向文明,从对上帝的信仰走向对人类自身理性的信仰。在这个意义上,启蒙的核心和重点在于倡导个体的自由与解放。这种源自西方的启蒙,其最大的成就在于,在对宗教的批判和反思中,把人从宗教的精神奴役之中解放了出来,实现了个体理性的自我张扬,从而彰显了人的个性和主体性。基于对启蒙思想的继承、批判与超越,马克思在《〈黑格尔法哲学批判〉导言》中提出:"真理的彼岸世界消逝以后,历史的任务就是确立此岸世界的真理。人的自我异化的神圣形象被揭穿以后,揭露具有非神圣形象的自我异化,就成了为历史服务的哲学的迫切任务。于是,对天国的批判变成对尘世的批判,对宗教的批判变成对法的批判,对神学的批判变成对政治的批判。"②

启蒙所倡导的那些激励人心的口号,之所以在短时间内赢得了近代中国知识分子的向往,其根本原因在于,处在从传统社会走向现代社会历史进程中的近代中国需要这样的理论。但是,以辛亥革命为代表的近代早期启蒙之所以未彻底实现中华民族的独立与解放,其根本的原因在于,在没有认清中西方历史境遇的前提下,试图"移植"西方的启蒙模式,却并未深刻洞察到中国的世情和国情。这就决定了,我们应该在重点分析西方启蒙的基础上,对中国意义的启蒙的前提、具体的路径和未来的目标做出新的探索。信仰与理性的冲突是文艺复兴以来西方启蒙的核心矛盾。当学者们倡导"要有勇气运用你自己的理智"③ 的时候,其背后的深层含义是,人应该回归人自身,即黑格尔所说的:"人应该尊敬他自己,并应自视能配得上最高尚的东西。"④ 因而,在近代西方启蒙哲学家的视域中,个人的权利和自由才是启蒙的最终目标。而对近代中国而言,其实也面临着类似于西方的问题,只不过要克服的对象不是基督教,而是统治中国数千年的传统儒家思想,是在破解思想统治的过程中实现个体的自由与解放。因此,启蒙思想一进入中国就受到深深禁锢在思想牢笼中的中国人的欢迎。

---

① [德] 康德:《历史理性批判文集》,商务印书馆 1990 年版,第 22 页。
② 《马克思恩格斯选集》第 1 卷,人民出版社 2012 年版,第 2 页。
③ [德] 康德:《历史理性批判文集》,商务印书馆 1990 年版,第 22 页。
④ [德] 黑格尔:《小逻辑》,商务印书馆 1980 年版,第 36 页。

但是，由于西方列强依仗作为工业革命成果的船坚炮利，使中国在频频遭受侵略中丧失了部分主权，变成了半殖民地半封建的社会，因此对于中国而言，救亡是时代面临的最迫切的问题，也构成启蒙能否实现其思想价值的前提。在救亡中实现启蒙的时代逻辑，决定了中西方启蒙的路径、任务、目标，其所倚重的主体力量等必然是不同的。

在中国，救亡与启蒙经历着共时态的历史语境。换句话说，近代中国既要实现救亡，又要实现启蒙，启蒙与救亡共时态地存在，显然是由当时中国的时代环境所造成的。

1840 年鸦片战争的爆发，标志着中国已丧失完整性的主权。正如马克思所言："随着鸦片日益成为中国人的统治者，皇帝及其周围墨守成规的大官们也就日益丧失自己的统治权。历史好像是首先要麻醉这个国家的人民，然后才能把他们从世代相传的愚昧状态中唤醒似的。"[1] 自此以后，在世界历史的进程中，中国被逐步纳入西方帝国主义的版图。在国家沦为西方殖民地的境遇下，谈论个人的自由与解放，对于此时的中国人来说，无疑缺少政治前提。同样，把中国纳入殖民地盘的西方侵略者，并不想让中国真正进入西方意义上的"启蒙"议程。他们的目标只有一个：征服与掠夺。处在西方殖民掠夺中的中国除非实现民族的独立和国家的自强，否则根本无法实现人民民主和自由的宏伟目标，所谓的个体权利和自由也只能是空中楼阁。

中国人自主探索的启蒙之路，其核心的主题是：中国向何处去？对于这个问题，最具代表性的是 20 世纪 20 年代，中国人对于个体自由和国家富强的关系问题的思考。

中华民族发展的一切前提是国家主权和民族独立，离开这个前提，任何发展都只能是空谈。对于近代的中国而言，启蒙与主权国家的建立紧密相关。但作为侵略者的西方国家，并不愿意中国实现民族的独立和富强，它们唯一想造成的事实是，让中国始终成为它们的殖民地，成为原料的供应地和产品的销售地。这也就决定了如果按照西方所指定的路线图，中国的启蒙顶多只是西方启蒙的"翻版和复制"。在这个意义上，对近代中国而言，不是不要直接实现启蒙的目标，而是缺乏实现西方意义上的启蒙的历史机遇。因此，中国的启蒙必然和救亡紧密相关。

---

① 《马克思恩格斯选集》第 1 卷，人民出版社 2012 年版，第 779 页。

虽然在深层的意义上，知识精英注意到了中国需要启蒙的客观性和必然性，但由于其自身的局限性，他们无法真正跳出"救亡与启蒙"二元对立的思维模式，因此，在真实面对当时中国的问题时，就只能按照西方启蒙的逻辑和框架来打量中国的社会现实。在我们看来，对于鸦片战争以来的中国而言，启蒙在本质上就是现代化，就是通过新旧民主革命实现国家主权，从而为民族解放和人民自由开辟道路和确立政治前提。

二 启蒙与近代中国的历史选择

依据近代中国的历史逻辑，中国的启蒙将以何种思想为指导？将由谁来主导？将选择走怎样的道路？这些构成我们思考的又一重大理论问题。其可以简单地概括为：指导思想、领导力量和道路的问题。在这个意义上，近代中国启蒙的过程实际也就是指导思想、道路和领导力量的选择过程，就是各种思想交锋，诸多道路选择和领导力量博弈的过程。

近代中国的启蒙，大致经历了从科学技术启蒙到政治文化制度启蒙，再到思想启蒙的过程。如前分析，对于近代的中国而言，启蒙的任务并不是单纯地以西方之思想"启"中国之"蒙"，而是通过民族救亡运动，实现民族的解放和国家的独立，以此来促使人的独立自由和解放。在这一过程中，选择何种思想作为指导思想——是以中国传统思想，还是以西方理论，抑或以马克思主义为指导思想——的问题成为争议的焦点。历史已经证明，对于近代中国而言，选择何种思想作为实现启蒙的指导思想，必然取决于当时"国家的需要"。

在当时的时代境遇下，基于对封建主义的痛恨和旧的制度文化的厌恶，尤其是清王朝的统治被推翻和西方的民主自由思想传入以后，以中国传统文化来救亡图存的思路很快就被否决和扫地出门。虽然也经历了诸如"研究问题、输入学理、整理国故，再造文明"[①] 这样的讨论，但很快其声势就在新思潮的涌动中偃旗息鼓，"中国传统文化不能救国"几乎成为共识。在此之后，争论的焦点问题迅疾转变为：在中西文明的对话中选择何种西方思想理论作为指导思想，来实现中华民族的富强和复兴问题。

近代以来，传入中国的西方思想理论（包括马克思主义）可谓纷繁杂

---

① 《胡适文选》，亚东图书馆 1947 年版，第 55 页。

呈，各种思潮涌动并产生激烈的交锋。但是，就是在马克思主义内部，对于社会主义的理解也纷繁杂呈："除了科学社会主义即马克思主义之外，还有空想社会主义、基尔特社会主义、无政府主义、修正主义、新村主义、泛劳动主义、工读主义以及合作主义、无政府工团主义、社会的无政府主义、团体的无政府主义，等等，都打着'社会主义'旗号，蜂拥而来。"① 这反映出当时中国社会现状之复杂。正是在社会动荡不安、革命风起云涌的历史背景下，以"研究国学、保存国粹"、抵制"全盘欧化"为主旨的国粹主义，以"反对包括政府在内的一切统治和权威，提倡个体之间的自助和个体的平等、自由"为理想的无政府主义，以倡导"阶级斗争"、号召通过革命斗争来推翻资本主义，实现人类自由和解放，实现共产主义为目标的社会主义，竞相登上历史的舞台。

客观来讲，上述三种思潮的蓬勃兴起，并不是国人的一时心血来潮，而是顺应时代和整个社会期待的结果。但是，为何马克思主义所倡导的社会主义思潮能在思想的交锋中胜出，并成为推动近代中国启蒙的指导思想，成为指导中国革命的主导思想和时代的最强音，根本原因在于，不论是保守主义还是自由主义都不能适应当时的世情和国情，无法满足中国人民通过革命斗争实现民族独立和国家富强、人民自由的需要，而马克思主义却能做到这点，自然在历史的选择中脱颖而出。

指导思想与社会道路的选择是一致的。而历史和现实也告诉我们，只有适合中国实际和国情的道路才是最佳道路。在近代启蒙的过程中，对于道路的选择大致表现为以下三种：一是主张以改良的方式来建立"君主立宪"制的国家的道路；二是主张通过西方的政治经济社会发展模式来推行议会制的资本主义道路；三是主张通过革命的方式，建立人民当家做主的社会主义国家的道路。中国人民对上述三种道路并不是一开始就有了清醒的认识，而是在历史的发展进程中，通过比较、鉴别才逐渐有了初步判断和最终的选择。

鸦片战争之后，逐渐走向衰落的清王朝中的有识之士意识到，如果不进行变革，其自身的统治势必将受到威胁。为此，一批思想开放的贤达人士开始了对中国道路的新探索，他们主张在经济上发展民族工商业；在文化上兴办学校，学习西方的先进思想，尤其是自然科学知识；在政治上，

---

① 丁守和：《中国现代史论》，中国社会科学出版社 1980 年版，第 179 页。

主张在保留清朝世袭统治的基础上，实行君主立宪的资本主义制度。但事实却表明，这种"不伤筋骨"的对封建统治的"修修补补"并不能挽救民族危亡，更不能救人民于水火。

不同于保守派所倡导的"君主立宪"的道路，一批先进的知识分子倡导，必须以照搬西方的政治经济社会发展模式，推行宪政和民主的资本主义道路，这也是当时先进知识分子所倡导的道路。在他们看来，破解中国的问题，救民族以危亡必须彻底实现政治制度的变革，必须建立起一个以"三权分立"为核心理念和框架的政治制度。那么，这一道路能走下去吗？事实证明，很难。原因在于，它没有考虑到中国依然处在半殖民地半封建社会的国情，没有最大限度地调动起人民群众的革命热情，尤其是占人口绝大多数的农民的积极性，更没有认清西方侵略者的本质。因此，归于失败是历史必然。

改良主义者和自由主义者没有做到的，马克思主义者做到了。"在一个半殖民地的、半封建的、分裂的中国里……求得国家的富强，多少年来多少人做过这种梦，但是一概幻灭了。"① 唯独中国共产党人认清了这点。中国的富强必须借助于马克思主义，必须实现马克思主义的中国化。它重新点燃了人们追求自由和解放的梦想和激情。邓小平曾一针见血地指出："人们提出这样一个问题，如果中国不搞社会主义，而走资本主义道路，中国人民是不是也能站起来，中国是不是也能翻身？让我们看看历史吧。国民党搞了二十几年，中国还是半殖民地半封建社会，证明资本主义道路在中国是不能成功的。中国共产党人坚持马克思主义，坚持把马克思主义同中国实际结合起来的毛泽东思想，走自己的道路，也就是农村包围城市的道路，把中国革命搞成功了。"② 由此，我们可以清楚地看到，在近代的启蒙与救亡的过程中选择走社会主义的道路，是中国人民的选择和历史的必然。

与此同时，农民、知识分子、小资产阶级、工人阶级，作为近代中国的几个主要的社会阶级，究竟谁能成为近代中国启蒙的领导力量，同样成为当时的热点问题。

面对民族的危亡，近代知识分子最先觉醒，并以理论的方式实现了对中国国家命运的关注。然而，实践证明，近代中国的知识分子虽然能够推

---

① 《毛泽东选集》第3卷，人民出版社1991年版，第1080页。
② 《邓小平文选》第3卷，人民出版社1993年版，第62—63页。

动思想的启蒙，但是一旦遇到实践的革命，其实力显然受到制约。其中的主要原因在于，在西方的启蒙话语主导下的中国知识分子无法真正有效地接近社会底层的广大群众，也无法发动这一最为主要的革命力量投身革命。正如历史学家黄仁宇所言："过去的中国近百年史，过于注重上层结构，很少涉及低层。"① 这点在中国寻求救亡的过程中表现得尤其突出。不论是辛亥革命，还是五四运动，虽然都大大地推进了中国的现代化进程，但是其存在的根本缺陷在于，没有发动群众，更没有调动群众参与社会历史变革的积极性和主动性。因此，凡是由知识分子所倡导的启蒙运动，只能演变为一曲悲壮的史诗。由此观之，这种由知识精英所倡导的启蒙运动显然只能做到"小部分人的觉醒"，而无法唤醒"广大的群众"，因而失败在所难免。

由此导致的结果必然是，启蒙走上了精英主义的路线。"知识精英以民众的监护人自居，是一种反启蒙心态。之所以是一种反启蒙心态，是因为知识精英们自以为从西方接受了一整套的启蒙口号和价值观念，就掌握了绝对真理，就有资格成为民众的启发者和新时代的圣人。"② 但结果是，知识分子为群众所不屑，最终只能成为革命的一分子，却不能成为革命的主导力量。

后来的历史实践也证明，任何一种企图简单地依靠知识分子，走一条由知识精英引导的而缺乏群众基础的启蒙之路的想法，都不是一种实事求是的态度，同样，若一味地只是简单指望群众自我的觉醒，并认为能够由此实现民族解放和国家独立的想法，亦不是一种科学客观的态度。那种企图通过"史学界革命""学界革命""文界革命""小说界革命"来发动启蒙并实现民族独立的想法只能是高在云端的幻想。

与此形成鲜明对照的是，中国共产党却具备了当时知识分子所缺乏的东西。正是在马克思主义的指导下，中国共产党客观充分地认清了中国处在封建主义、帝国主义、官僚资本主义压迫下的国情，不是把启蒙简单理解为思想的启蒙，而是理解为通过国家和民族的救亡来实现人民当家做主，实现个体自由和解放的革命运动。同时，中国共产党最大限度地团结了广大人民群众。中国共产党不是把启蒙简单视为一部分人的事业，而是

① 黄仁宇：《资本主义与二十一世纪》，生活·读书·新知三联书店 1997 年版，第 510 页。
② 邓晓芒：《20 世纪中国启蒙的缺陷》，《史学月刊》2007 年第 9 期。

看作以其为核心的全体中国人的事业。因此，不论是在战略上倡导"农村包围城市""建立革命根据地"，还是在措施上主张"建设最为广泛的革命统一战线""推行土地革命"等，都使其最大限度地团结了广大人民群众，从而使得推翻"三座大山"的任务不再成为一己之使命，而成为全体中国人追求民族独立、国家富强和人民解放、自由幸福的目标。

三　启蒙仍是未竟的事业

明确了启蒙不是简单按照西方模式和思想路径进行的现代化，新民主主义革命的胜利，社会主义基本制度的建立，为个人解放和自由、为当代中国一切发展进步，奠定了根本政治前提和制度基础，那么这是否意味着，启蒙的任务就自然完成了呢？在笔者看来，只要中国尚未进入完全意义上的社会主义成熟阶段，我们依然走在启蒙的路上。

较之于1840年的中国，当代中国已经实现了完全意义上的民族解放和国家独立，但是，我们并没有实现完全意义上的民族复兴和国家富强，因而，启蒙所追求的个体的解放、自由和幸福也尚值得期待。在这个意义上，对于当代中国来说，依然需要启蒙，需要在超越西方启蒙的基础上将启蒙继续向前推进。

当摩西·门德尔松认为"一个民族的启蒙乃是取决于知识的分量"①的时候，他没有认识到道路的选择更为根本。道路关乎国家的前途、民族的命运和人民的幸福。在近代中国的启蒙中，正因为中国共产党带领中国人民明智地选择了社会主义的道路，我们才最终实现了民族的解放和国家的独立，才有了人民的当家做主。因此，对于当代中国的启蒙而言，超越西方意义的启蒙，继续沿着中国特色社会主义的启蒙之路走下去无疑是至关重要的问题。倘若沿着精英主义的路子思考问题，将启蒙的知识"高悬"于人民头顶，深陷于高深的概念体系和抽象的思维框架，而对迫切的现实问题无所触动，也就无益于中国问题的解决。因此，历史的启示在于，真正引导近代中国启蒙的是，有这样一批人，他们能够代表先进的生产力、先进思想和先进文化以及广大人民的根本利益，能够找到救国的真

---

① ［德］门德尔松：《论这个问题：什么是启蒙？》，载［美］詹姆斯·施密特编《启蒙运动与现代性：18世纪与20世纪的对话》，上海人民出版社2005年版，第58页。

理，并将其转化为伟大的认识工具。毛泽东深刻地总结道："马克思列宁主义的伟大力量，就在于它是和各个国家具体的革命实践相联系的。对于中国共产党来说，就是要学会把马克思列宁主义的理论应用于中国的具体的环境。"① 1840 年以来的中国历史也证明，只有把马克思主义和中国的实践相结合，才能最大限度地发挥马克思主义的力量。因此，在当代中国的启蒙中，应该也必须把马克思主义和中国的现代化实践结合起来，用发展着的马克思主义来推动当代中国的启蒙。

改革开放是决定当代中国命运的关键抉择。当代中国的启蒙，较之于近代中国的启蒙，其所处的历史境遇、时代背景、历史条件均已发生了巨大的变迁。改革开放是中国人民在新的时代条件下进行的新的伟大革命，其宏伟目标就是要解放和发展社会生产力，实现国家现代化，让中国人民富裕起来，振兴伟大的中华民族，并在这一过程中推动社会主义制度自我完善和发展，使中国特色社会主义作为一种崭新的制度形态丰富人类的文明。

改革开放 30 多年来，在中国共产党的领导下，我们已经开辟出了一条属于自己的启蒙道路，这就是中国特色社会主义道路。

历史哲学家维科（又译维柯）在《新科学》中曾指出："民政社会的世界确实是由人类创造出来的，所以它的原则必然要从我们自己的人类心灵各种变化中就可以找到。任何人只要就这一点进行思索，就不能不感到惊讶，过去哲学家们竟倾全力去研究自然世界，这个自然界既然是由上帝创造的，那就只有上帝才知道；过去哲学家们竟忽视对各民族世界或民政世界的研究，而这个民政世界既然是由人类创造的，人类就应该希望能认识它。"② 维科的这一主张吹响了近代西方启蒙的号角，同时也唤醒了人类对于自身理性的认知，因为它表明，历史是由人类自身创造的，而不是由神创造的，人类能够认识并创造自己的理想生活。近代中国的启蒙事实上也证明了这一点。但是，这并不意味着我们可以不加限制地来张扬人的理性，使其狂妄到极致。杜维明就告诫人们："现代生态环保的困境和战争的问题，乃至世界上发生的贫富不均，还有各种的国际化造成的反全球化运动，使大家觉得——不仅仅是我们，还有西方的杰出知识分子，都认为

---

① 《毛泽东选集》第 2 卷，人民出版社 1991 年版，第 534 页。
② ［意］维柯：《新科学》上卷，商务印书馆 1989 年版，第 154 页。

启蒙所代表的启蒙理性，没有办法带领人类走过 21 世纪。"① 应该说，他只说对了一半，另一半是：如果我们能够超越西方意义的启蒙，坚持公有制为主体，坚持中国共产党的领导，坚持把马克思主义作为指导，坚持集体主义精神，我们就能完全超越西方的启蒙，就能带领人类"走过 21 世纪"。

要真正实现上述的目标，在笔者看来，关键在于坚持中国特色社会主义的道路不动摇，即不走僵化封闭的老路，不走改旗易帜的邪路，而要走改革开放的新路。我们需要在总结本国经验的基础上，在与世界文明对话的过程中，不断丰富中国特色社会主义道路的理论内涵，不断挑战中国特色社会主义道路的思想内容，由此才能在时代和历史的变迁中，走出一条属于中国人自己的启蒙之路。西方式的启蒙已经不再值得我们留恋，超越西方意义的启蒙势在必行。

---

① 杜维明：《新当代儒学的转化与创新》，《社会科学》2004 年第 8 期。

美国的经济战、苏联解体及其对中国的警示

梁 孝[*]

近年来,西方霸权国家遏制我国发展的战略企图越来越明显。我国要警惕其军事威胁,同时,更要警惕其隐蔽的经济战。当年美国政府针对苏联经济的脆弱点进行隐蔽经济战,令其陷入货币财政危机,并接连施以组合拳,致其分崩离析。这段历史值得我们高度重视和借鉴。

一 苏联经济的脆弱性及其形成原因

20 世纪 80 年代初,美国总统里根提出要遏制、打击苏联扩张势头,挽回美国的颓势。当时的中央情报局局长威廉·凯西提出了针对苏联的隐蔽经济战。经济战并不是简单的经济制裁、经济封锁和经济实力竞争。威廉·凯西所说经济战是一种非常规战争,其核心是通过对一个国家经济体进行研究,找到它的脆弱性,找到其咽喉命脉,并针对这种脆弱性,通过经济手段进行打击,削弱其国力,进而颠覆其政权。[1] 据此,威廉·凯西组织专家组对苏联经济的脆弱性进行研究。研究结果发现,苏联国民经济体系对油气出口高度依赖。"在部分年份中,石油和天然气所赚取的硬通货占据苏联全部硬通货的 60%—80%,并且这些收入成为苏联经济体制的一个支柱。苏联虽然从西方赚取硬通货,但它需要用这笔钱从西方购买粮

---

* 梁孝,中国社会科学院马克思主义研究院。

① 参见〔美〕彼得·施魏策尔《里根政府是怎样搞垮苏联的》,殷雄译,新华出版社2001年版,第15页。

食和技术，以维持经济体制这个庞然大物。"①

苏联有完整的工业体系，以它为中心形成了社会主义阵营的内部市场，其综合国力可以和美国抗衡。苏联怎么会是一个高度依赖资源出口的国家呢？

不过，苏联在晚期确实是一个高度依赖石油出口的国家，其根本原因就是苏联经济结构严重失衡。苏联重工业、轻工业和农业的比例是6∶2∶2，尤其是关系国计民生的粮食无法自给，只能靠不断地增加进口来补足。在后期，苏联成为世界上最大的谷物进口国。1970年，苏联进口谷物仅220万吨；而1985年，苏联进口谷物已经达到4560万吨。"到1980年代中期，每3吨粮食加工产品中就有1吨是用进口粮食生产的。畜牧产品的生产是建立在谷物进口基础上的。苏联不得不签署供应谷物的长期协定，承担每年必须从美国购买不少于900万吨、在加拿大购买不少于500万吨、在阿根廷购买不少于400万吨的粮食。"② 而油气资源出口创汇是购买粮食最主要的资金来源。

这种经济结构比例严重失衡要追溯到斯大林时期的超高速工业化发展战略。如果我们把视野放大，就会看到，工业革命之后，现代大工业成为大国争霸的基础，也是任何国家生存与发展的基础。苏联无产阶级政权建立之初，生产力不发达，工业弱小。外部英、法、德、美、日等列强虎视眈眈，国家的生存已经成问题。因此，苏联已经没有按部就班，先农业、再轻工业、最后重工业的发展时间。它必须在短期内集中一切资源迅速发展以国防军事为中心的重工业。这样，形成了苏联的计划经济，也形成了苏联以重工业为中心的国民经济体系。在一定意义上，这是以备战为目标，为军事工业服务的国民经济体系。为了集中有限的资源进行高速工业化，苏联不得不从农业生产中抽调资源投入到重工业化中。苏联农村集体化的目的也是为了完成这一任务。但是，这在一定程度上影响了苏联的农业，尤其是粮食生产。

第二次世界大战之后，美苏旋即进入冷战状态，苏联以军事工业为中心的经济结构并没有根本变化。苏联领导人在第二次世界大战后曾大力发

---

① ［美］彼得·施魏策尔：《里根政府是怎样搞垮苏联的》，殷雄译，新华出版社2001年版，第123页。

② ［俄］亚·维·菲利波夫：《俄罗斯现代史（1945—2006）》，吴恩远等译，中国社会科学出版社2009年版，第170页。

展农业，补贴传统产粮区，开垦新土地，对农村投资逐年增加。总体来说，在 1980 年以前，粮食产量还是在增加的。但是，与此同时，苏联也在迅速工业化和城市化，城市人口不断增加。1956 年城市人口约 8820 万人，1990 年城市人口约为 19060 万人，[①] 增长了约 1 倍。同时，还要考虑到随着生活水平的提高，人们饮食结构也在发生变化，肉、蛋、奶的消费量增加，从而对粮食的需求也在加大。另外，苏联还要为东欧一些国家提供粮食援助。总之，粮食收购量与粮食需求量之间的缺口逐渐加大，粮食储备不断下降。因此，从 1962 年起，苏联的粮食开始依赖于国际市场，开始从美国、加拿大和澳大利亚进口谷物。

但是，从国际市场进口粮食需要硬通货，这又成为困扰苏联领导人的难题。苏联军事重工业强大，但轻工业偏弱，在国际市场上没有竞争力，无法通过出售工业产品换取足够的硬通货。苏联最初只能通过出售黄金储备从国际市场上购买粮食。1963 年，由于粮食低产，国家粮食储备减少，苏联领导层不得不决定从国外大量购买粮食。为此拨付黄金 372.2 吨，这一次就用掉黄金储备的 1/3 以上。[②] 长此以往，黄金储备是无法支撑粮食大规模进口的。

实际上，20 世纪 70 年代初，苏联领导层开始考虑发展科技，提升工业竞争力，解决经济不平衡问题，准备专门就科技革命问题召开一次苏共中央全会，并委托专家组起草了一份纲领性文件。但是，非常巧合的是，1973 年，中东战争爆发，并引发世界性的经济危机。国际油价暴涨 10 余倍，而苏联的秋明油田正好大规模产油。石油收入从天而降。

令苏联领导人头疼的外汇储备和粮食问题居然就此轻而易举地解决了。苏联学者阿尔巴托夫回忆当时的情景："我国的领导——无论是政治的还是经济的完全高枕无忧了，开始迅速地大肆挥霍起这笔巨大的、历史上只能开采一次的财富了。从 1973 年起，我们在历史上第一次成为粮食净进口国，并且对这种进口上了瘾，就像吸毒者上了海洛因的瘾一样。还开始了进口大量设备——基本上都是最普通的设备，这些设备我国工业也是有能力生产的。同时，还越来越多地用石油出口换回的资金去支持钢

---

① ［俄］E. T. 盖达尔：《帝国的消亡——当代俄罗斯的教训》，王尊贤译，社会科学文献出版社 2008 年版，第 119 页。

② 参见［俄］亚·维·菲利波夫《俄罗斯现代史（1945—2006）》，吴恩远等译，中国社会科学出版社 2009 年版，第 102 页。

管、压缩机站、钻探设备和卡车等这类产品的出口……有一点显而易见，就是这种天上掉下来的意外之财妨害了及时进行经济改革。"① 还有一点，苏联利用这笔石油收入在世界范围内不断扩张势力范围。

但是，石油收入不仅没有解决苏联的经济不平衡问题，而且加重了这种不平衡，形成了其经济致命的脆弱性。苏联用石油出口换取巨额外汇，也就是美元，再用美元大量进口粮食。粮食依赖于北美，石油的价格控制在沙特等国家，美元的发行权由美国控制。粮食、美元和石油是一个国家的战略物资，而苏联的这些战略资源却高度依赖国际市场，实际上都控制在自己的敌人手中，形成严重外部依赖，失去主导权，从而招致了外部打击。

二 美国发动以经济战为中心的隐蔽战

美国秘密战略的核心就是消耗、减少苏联的硬通货——美元，使苏联无法进口粮食和技术设备，置苏联貌似强大的经济体于死地，然后利用经济困境激化民族矛盾，颠覆苏联社会制度，肢解苏联。

里根政府的具体措施包括以下几个方面：

第一，美国秘密资助阿富汗的伊斯兰游击队，给予大量先进武器，并帮助进行人员培训。同时，美国一方面暗中大力支持团结工会，另一方面以波兰镇压团结工会为借口对波兰给予经济制裁。苏联为此不得不每年向波兰提供30亿—40亿美元的经济援助。

第二，对苏联进行技术封锁，不让苏联得到提高石油产量，修建石油、天然气管道所需的关键技术。千方百计阻止西方银行给苏联石油项目提供贷款。这样，苏联计划中的重要油气管线一直无法完工，石油生产和输出能力受到极大影响。

第三，压低国际石油价格。里根政府通过为沙特政府提供安全保障，并提供最先进的预警机和毒刺式导弹，与沙特结成反苏同盟。1985年，沙特骤然加大石油产量。1985年11月，每桶原油30美元，5个月后，国际油价暴跌至每桶12美元。②

① ［俄］格·阿·阿尔巴托夫：《苏联政治内幕：知情者的见证》，徐葵、张达楠等译，新华出版社1998年版，第219页。

② 参见［美］彼得·施魏策尔《里根政府是怎样搞垮苏联的》，殷雄译，新华出版社2001年版，第271—272页。

1986 年国际油价骤降，苏联外汇储备一下子减少 2/3。随后发生切尔诺贝利核电站核泄漏事故和亚美尼亚大地震，又消耗了大量外汇储备。此时，苏联政府相应地应该推行经济收缩计划。但是，刚刚上台的戈尔巴乔夫在 1986 年正在推行经济全面加速发展计划。这是一个经济扩张计划，需要进口大量的西方技术和设备。其结果是计划不可避免地失败了，同时又耗费了宝贵的外汇储备。

此时，苏联既无法通过迅速提高油气产量来获取相应的美元，又没有外汇储备，同时还要偿还大量外债。在美国的隐蔽经济战打击下，再加之各种偶然因素，苏联陷入了严重的财政危机。而国际商业银行也迅速察觉到苏联的财政危机，纷纷拒绝给苏联提供贷款。

苏联 1989 年 3 月的一份文件显示了财政危机的严重程度。"可自由兑换的货币的结算非常紧张，债务超过了商品出口的年度收入两倍有余。支付利息即需耗费将近 20 亿卢布，超过石油出口所获可自由兑换货币的全部进款。……目前的情况是，我们必须将出口所获得的全部可自由兑换货币进款用于偿还外债。"[1] 也就是说，苏联的石油出口收入只够偿还债务利息，已经没有外汇进口粮食、技术、设备以及各种经济运行必需的资源。苏联庞大的国民经济体系开始停止运行，尤其是粮食和日用消费品的匮乏开始引发国内混乱。

戈尔巴乔夫不得不转向美国和欧洲各国政府寻求贷款，向自己的冷战敌人借钱。此时此刻，苏联已经丧失了主导国家发展方向的能力。如果向美国和西方政府贷款，就要按照西方的要求进行经济和政治体制改革。如果拒绝西方的要求，就无法获得贷款，也就无法大量进口粮食和设备，这个国家就会陷入大灾难之中，戈尔巴乔夫的政治生命也将彻底终结。

继里根之后的美国总统老布什抓住这一点，以贷款为要挟，以明暗两手继续打击苏联。

在明的方面，老布什不断以对苏联的贷款和解除经济封锁为诱饵，迫使戈尔巴乔夫不但收缩苏联的势力范围，并要求苏联按照西方的标准做出经济政治改革。

1990 年第一次伊拉克战争前，为了使戈尔巴乔夫放弃伊拉克，老布什

---

① ［俄］E.T. 盖达尔：《帝国的消亡——当代俄罗斯的教训》，王尊贤译，社会科学文献出版社 2008 年版，第 195 页。

保证继续支持戈尔巴乔夫改革，并保证尽快废除冷战给贸易带来的壁垒，提供某些人道主义技术援助，鼓励私人投资者。但是，老布什只是给予口头上的支持，没有做出提供大规模财政援助的承诺。① 同年，戈尔巴乔夫同意两德统一，甚至同意德国留在北约。表面上，戈尔巴乔夫强调政治因素，但是，"他们对德国人谈论的是金钱。当科尔的国家安全顾问霍斯特·泰尔奇克于 5 月份在莫斯科和苏联领导人秘密会晤时，雷日科夫和其他苏联领导人详细地谈论了苏联的经济困难，并强调需要大量的贷款"②。1990 年 3 月 11 日，立陶宛宣布独立。3 月 18 日，莫斯科终止对立陶宛的石油供应。同年 6 月，美苏首脑会晤，戈尔巴乔夫说服老布什总统签订贸易协定。"但是他不得不接受两个条件……第二个条件仍然是秘密不公开的，即贸易协定得到国会批准之前戈尔巴乔夫必须解除对立陶宛的经济制裁。"③ 在这之后，莫斯科只得又恢复了石油供应。这加剧了波罗的海三国独立的倾向，开启了苏联解体的进程。

　　从中东到东欧再到苏联国内，戈尔巴乔夫步步退让。很多人认为戈尔巴乔夫是社会主义的"叛徒"。实际上，从货币财政危机的角度来看，苏联已经无力维持原有的势力范围，不得不收缩。戈尔巴乔夫确实在"卖国"，但不是"叛卖"，而是廉价"甩卖"苏联的政治资产来延缓即将到来的经济崩溃。至于"新思维""全人类利益"等旗号，只是遮羞布而已。后来接起这个烂摊子的青年改革派首领盖达尔倒是说得明白："既然获得巨额贷款是一种刚性需求，那就不得不让政策适应能够提供贷款者的要求。外汇储备减少后，商业性贷款渠道变得越来越难以走通，苏联领导人唯一的出路似乎只能是尝试着利用改革和新思维及业已改善的与西方的关系，来获得足以战胜货币金融危机的资金。"④

　　直到苏联解体，虽然戈尔巴乔夫使尽全身解数，但西方的贷款和援助只是吊在驴子鼻子前面的胡萝卜，怎么向前走也吃不着。美国和西方口惠而实不至，除了少量的粮食、药品等"人道主义援助"，根本就不提供重

---

　　① ［美］小杰克·F. 马特洛克：《苏联解体亲历记》（上），吴乃华等译，世界知识出版社 1996 年版，第 480 页。

　　② 同上书，第 449 页。

　　③ 同上书，第 445 页。

　　④ ［俄］E. T. 盖达尔：《帝国的消亡——当代俄罗斯的教训》，王尊贤译，社会科学文献出版社 2008 年版，第 195 页。

大的财政援助。直到苏联彻底解体之后，西方区区 100 亿美元的援助才刚被批准。对于西方大国坐视苏联陷入危机，后来的俄罗斯总理普里马科夫认为："非常可能的是，终究反映了西方不情愿和不希望援助苏联'振兴'，一律平等地进入世界共同体。"① 这位俄罗斯前总理说得太委婉了。以美国为首的西方不仅不希望苏联振兴，而是希望苏联崩溃，并且暗中采取各种手段分裂肢解苏联。

以美国为首的西方主要是抓住苏联长期存在的民族矛盾，利用苏联迅速恶化的经济形势，在暗地里支持反政府力量和行动，支持民族分裂主义，挑动民族矛盾，培植反政府力量，支持极端民族主义者的独立倾向。

以美国为首的西方暗中花费大笔经费支持苏联矿工长时间罢工，在苏联内部制造混乱，使苏联经济雪上加霜。同时，西方支持波罗的海等加盟共和国境内兴起的"人民阵线"。② 据前克格勃人员披露，在立陶宛和拉脱维亚闹独立期间，为在波罗的海沿岸三个共和国中煽动民族间纠纷，西方特工部门国外的民族主义组织，展开了广泛的活动。比如，在立陶宛，在美国"绿色贝雷帽"分队接受过专业军事训练的美国公民艾维·安德留斯成为立陶宛议会的防卫指挥官，策划、指挥了一系列针对苏军的爆炸、攻击。③ 与此同时，美籍拉脱维亚人巴甫洛夫斯吉斯·瓦尔吉斯（奥尔伯特·罗蒙德）进入拉脱维亚，他同样在美国"绿色贝雷帽"里受到军事训练，是"世界拉脱维亚人联合会主席"④。

一旦苏联政府考虑动用武力打击极端民族分裂主义时，西方就会以拒绝贷款为要挟。当戈尔巴乔夫曾考虑打击波罗的海三国愈演愈烈的独立势头时，老布什表示，美国不支持三国独立，但苏联政府一旦出兵，这将影响美国双边关系的改善。⑤ 或者说，将不会向苏联提供贷款。戈尔巴乔夫只能放弃波罗的海三国。

在美国的明暗两种打击面前，戈尔巴乔夫进退失据，直至分崩离析。

① ［俄］叶夫根尼·普里马科夫：《大政治年代》，焦广田等译，东方出版社 2001 年版，第 85 页。

② 张树华：《英国前首相撒切尔夫人谈瓦解苏联》，《红旗文稿》2010 年第 11 期。

③ 参见［俄］维·什罗宁《克格勃 X 档案》，赵云平译，新华出版社 2003 年版，第 153—154 页。

④ 同上书，第 155—156 页。

⑤ 参见［俄］亚·维·菲利波夫《俄罗斯现代史（1945—2006）》，吴恩远等译，中国社会科学出版社 2009 年版，第 256 页。

三　我国经济的弱点和风险

苏联经济结构中农、轻、重比例严重不平衡，导致粮食依赖国际市场，又只能通过石油出口换取美元购买粮食。粮食、石油和美元依赖国际市场。这种经济脆弱性被自己的对手抓住，招致致命打击，丧失了自主权，失去了运用国家力量的能力，被自己的敌人玩弄于掌心，而庞大的军事力量居然无用武之地。苏联的教训值得我们高度重视。

21 世纪以来，国际政治经济格局发生深刻变化。产业结构调整、产业升级是我国的战略目标。随着我国产业不断向国际分工的中高端挺进，这必将对欧美在国际分工中的高端地位形成冲击。中国产业占领高端之时，也就是西方霸权终止之日。这种核心冲突不是简单的让利或善意的沟通所能弥合的。西方霸权国家惯用的均势战略就是在全球范围内和地区范围内，抑强扶弱，打击对它具有潜在威胁的国家。我国已经成为世界第二大经济体。不管在全球还是东亚地区，中国都必然成为霸权国家遏制的目标。

为了维护其霸权，但又顾忌我国的国防力量，霸权国家极有可能利用打击苏联的方式，利用我国经济的"脆弱点"进行隐蔽经济战，对我国进行打击。在国际大国博弈日趋复杂激烈的情况下，我们必须超越纯粹的经济思维，从国家安全的角度思考我国的经济弱点。

粮食是关系国家生存的战略物资。新中国成立后我国高度重视粮食生产。但是，我国人口多，耕地少，再加之工业化、城市化，粮食安全压力极大。石油是工业的"粮食"。我国石油对国际市场依赖大，且离中东、非洲和拉美等产油区航路遥远，自主能力差。

从产业结构来说，我国经济的龙头在东部沿海，东部沿海经济的支柱是外向型企业，大进大出，两头在外。我国经济的快速发展得益于发挥廉价劳动力优势参与国际分工，在中低端制造业迅速占领国际市场。但也形成了其特有的弊端。沿海地区凭借其地理优势，以廉价劳动力为相对优势参与国际分工和竞争，发展迅速。西部的人力、物力向东部集中，导致东、西部发展不平衡。大多数沿海企业没有核心技术和自主品牌，企业利润空间小，承受国际危机能力差。劳动者低工资是这种模式的前提，必然导致广大劳动者在国民财富分配中所占比重少，形成社会两极分化。这又进一步形成国内市场消费能力不足，无法容纳不断发展的生产力，只能通过外部市场消化过剩生产力，形成了对国际市场的过度依赖。由于国内市场狭小，加之国际性的经济危机，我国过剩资金在实体经济中缺乏投资渠道，转而进入虚拟经济领域，导致我国楼市暴涨，经济出现泡沫化。

因此，我国要警惕霸权国家发动隐蔽经济战，通过利用货币霸权操纵利率、汇率，进行贸易战，大幅炒作国际粮价和资源价格，打击我国的外向型制造业，利用国际热钱冲击我国金融市场，吹大经济泡沫之后再刺破泡沫。

因此，从国家安全的角度出发，必须加强我国经济的自制性。

第一，我国必须保证粮食、石油和外汇储备的安全和自主。近年来一些国家的内乱，都不同程度源于国际粮价暴涨。我国要保障粮食的自给自足，加强粮食储备，保证耕地的绝对数量和质量。从长远看，强化我国粮食安全最重要的是提高农民种粮的积极性，这需要以农民的利益为中心进一步进行农村粮食改革。同时，在基因技术迅速发展的年代，粮食安全也表现在对良种研发主导权的控制上。在利用国外技术和资金的同时，我国要保证良种研发技术体系的自主性，绝对不能让跨国公司控制我国的良种研发。

石油是工业的粮食。我国已经成为世界上最大的石油进口国之一，石油对外部依赖性极大，这是我国经济的隐忧。不同原因造成的石油价格暴涨都会冲击我国经济，更不要说因为战争造成石油运输线中断。我国已经开始注重石油储备，并加强石油供应线路的多样化。从长远看，我国要加强新能源开发，实行能源的多样化，以弥补石油的对外依赖。加强技术研发，提升现有油气能源的利用率。家用小轿车已经成为我国石油消耗的重要组成部分。我国要加大宣传，提升人民群众的节能意识。

从一定意义上，外汇储备也是事关国家安全的战略物资。一旦一个国家出现大事，这个国家就可以利用外汇储备在国际范围内筹集物资，解决国内问题。而一旦外汇告罄，这个国家就会陷入危机，不得不受制于国际资本。苏联后期就是因为外汇储备消耗殆尽，无法从国外进口急需的粮食和日常消费品，从而导致国内大乱。我国要高度重视外汇储备的安全。国际金融危机充分暴露了西方金融行业的掠夺性和欺骗性，在这种情况下，对于利用外汇投资西方金融资产，我国相关部门应当保持慎重。同时，宝贵的外汇储备绝对不能用于一些炫耀式、奢侈性工程，随意耗费。维护外汇储备更重要的是维护我国金融主导权。利用资本自由流动掠夺财富成为西方资本积累的重要方式。在我国经济存在一定泡沫的情况下，我国要牢牢掌握金融主导权，限制国际资本，让其在我国不能随意进出。

第二，加强我国经济的整体均衡，减轻对外依赖性。随着生产力的发展，一个经济体自然会从国内市场走向国际市场。但是，还要看到，像英国和美国这样的大国，都有一个繁荣的国内市场。这个消费市场甚至是拉动全球经济的火车头。同时，一个经济体是否能够持续，最重要的是要看资本是否愿意持续在这个经济体投资，通过生产扩大消费市场，从而形成生产和消费的良性循环。就我国而言，由于我国已经形成的外向型经济和过于对外依赖，我国国内过剩资本没有出路。我国的战略目标应该是扭转这种经济不均衡。因此，与其鼓励过剩资本向外投资（除能源、资源类），不如由政府提供优惠政策，将过剩资金引向西部地区。通过西部地区的投资生产形成新的国内消费市场，由此形成国外市场和国内市场相结合，经济的内部循环和外部循环相结合。这样，将增强我国经济经受外部恶意冲击的能力。

第三，保持壮大国有企业，提升国家主导经济的能力。在国际博弈中，国有企业是后发国家国家力量的基础，是国家能力的脊梁。在我国，国有企业承担重大职能。其一，它是国家实行赶超战略的主体和基础。当今世界各个产业都被几家跨国公司垄断，只有通过国有企业，不计短期经济效益，才能承担赶超战略，为产业升级提供平台。其二，增强国家调控能力，弥补市场失灵。其三，承担我国经济合理布局、均衡发展战略任务。其四，保证国防工业发展，提升国防科技能力。其五，在民生建设中承担重要责任。

国有企业将是我国维护国家稳定的制度和物质基础。一旦国有企业私有化，国家能力将大大削弱，失去抵御外部的恶意攻击的调控手段和能力。苏联解体后，俄罗斯彻底实行私有化和市场化，国家经济命脉迅速被少数寡头控制，俄罗斯国家能力在此期间极度衰败。俄罗斯总统叶利钦的助理谢尔盖·兹维列夫承认，叶利钦所能控制的只有克里姆林宫，"这块小小的城堡就是叶利钦唯一能统治的地方……所有他现在能做的事，就是更换总理和自己的办公厅主任"[1]。1999 年，俄罗斯的经济产值只有 1990年的一半。只是在普京总统打击经济寡头，对重要石油企业再次实行国有

---

[1] ［美］克里斯蒂娅·弗里兰：《世纪大拍卖——俄罗斯转轨的内幕故事》，刘卫、张春霖译，中信出版社 2004 年版，第 17 页。

化，提升国家控制能力之后，俄罗斯才在一定程度遏制了颓势。

因此，我们要反对从抽象的西方自由主义经济学教科书出发对国有企业进行私有化的观点，优化国有企业，让其更好地承担起自己的战略职能。

四 结语

1973 年从天而降的石油财富让苏联放弃了优化产业结构、提升国家自主能力的努力，导致后来的大灾难。我国要吸取苏联的教训。保障战略物资安全，平衡优化产业结构，优化壮大国有企业，提升国家自主发展能力，这不仅要求技术创新、制度创新，还要求发展战略创新。因此，我国政府要放弃一些短期应时政策，放弃一些驾轻就熟的政策手段，迎难而上，艰辛探索，为中华民族的伟大复兴承担起自己的责任。

原载《黑龙江社会科学》2013 年第 2 期

信息网络化对中国文化安全的挑战

张小平[*]

一 网络传播的特点与趋势

网络传播与传统的文化传播方式不同，具有自由性、快捷性、交互性、开放性、海量性等特点，网络化的传播方式具有强大的渗透功能，这就为企图"分化""西化"中国的西方敌对势力的文化和意识形态渗透提供了条件。由于网络文化具有非对称性和强大的渗透性，西方发达的网络技术手段和强势的文化输出对中国文化的传播和防御能力构成很大挑战。近几年，通过网络进行的非法传教活动日益增多，很多打着信仰自由幌子的境外宗教组织纷纷建立中文网站，随时随地进行宗教渗透活动，有些还成为西方国家"反华"的政治工具。

中国的网络技术相对落后，对信息的传播和防御能力相对有限，而发达国家借助信息优势成为信息强国。因此，在网络化境遇下的国际文化竞争中，目前中国难以取得优势地位，由美国发起并由美国主导的互联网成为美国等西方国家向全世界推销自己的意识形态、价值标准、社会文化的平台，文化的双向交流变成了单向的文化输出。发达国家利用网络优势对发展中国家的优秀文化进行贬低、丑化，使发展中国家的思想意识、价值体系、民族文化与信仰体系受到严重的动摇。对于"信息弱国"来说，其信息资源、信息产业、信息传播、信息安全被控制在"信息强国"手中，它们原有的思想文化、价值观念和生活方式面临着被"信息强国"加以改

---

* 张小平，中国社会科学院马克思主义研究院研究员、文化与意识形态研究室主任，哲学博士，主要从事当前文化领域重大理论与现实问题研究。

造的危险。网络正在成为展示世界主要国家和社会的形形色色的主义、思潮及价值观念的"主要平台"。发达国家的文化入侵不可抗拒地使受众产生亲近感、信任感，最后认同、倚靠这种文化理念，同时对自己的民族自尊心、自豪感产生动摇。网络潜移默化地影响着这些国家的文化、消费、宗教等方面，从而改变这些国家的社会心理基础。美国通过相对传统而言更加潜移默化、深藏不露、循序渐进、隐蔽隐形的方式形成全球文化传播网络，在社会主义文化的各个层面和领域进行传播、辐射、渗透，严重地冲击和消解社会主义文化，给社会主义国家人民群众的生活方式、行为方式、情感方式、思维习惯、价值取向甚至文化认同带来更深层次的冲击。

互联网给世界提供了一个无比庞大的虚拟空间。随着视频技术、网络电视、无线上网技术的出现，传统的报刊、广播、影视都可以整合到互联网之中，成为全方位的立体信息平台。传统的大众传媒是单向式的文化传播，播什么，怎么播，什么时候播，受众只是被动的接受者，任何个人想把自己的声音传播出去，都要经过这些权威性的传播机构的筛选和改造。而互联网提供了一个新的虚拟公共空间，互联网的传播特征是无中心的，是共享互动的，每个人都可以成为信息的发出者，也可以成为接收者。通过 BBS、网站、聊天室、博客和网上跟帖等多种多样的形式，互联网中拥有无数的网络虚拟公共空间。而且，随着无线上网、微博、微信技术的出现，人们可以随时随地在网络上发表自己的意见，对各种问题不断地交流讨论，由此形成了巨大的舆论空间。网络舆情，泛指来自互联网的舆论情态，是网民通过互联网发出的言论声音、情绪意见。由于互联网本身的特点，网民人数的庞大，致使网络舆情成为当下影响社会舆情的重要一环，很多来自网络的声音常常能引发一系列社会事件，成为影响文化安全和社会稳定的重要因素。还有一点也非常重要，网络是无国界的，人们可以在网络中任意漫游。也正是由于这些原因，网络压倒了传统的传媒工具，在今天成为影响最大的传媒。

互联网已经成为国内外舆论斗争的主战场。网络为广大群众提供发表意见的窗口、政治参与的渠道和意见表达的平台，有助于曝光腐败现象；是对权力制约的新途径，降低了监督成本，促进政府依法执政，传播现代理念和知识，对社会文明进步有重要促进作用；极大加快了政府信息公开的力度和进程，网络围观改变社会，已经成为一种重要的舆论阵地，网络对于高层聆听民间声音，自上而下推进民主建设有积极作用。与此同时，网络曝光腐败现象，容易滋生悲观、不满的社会情绪，影响民众的国家认同和凝聚力；网络舆论背景复杂，有时是敌对势力在操纵，有时反映的是错误的价值导向；网络传播虚假信息和低俗文化，易误导年轻人。网络不实消息的散布，大量消极事件的传播，对于凝聚团结国民有着较为不利的影响；网络舆论随意性大，政府的决策依赖网络有很大的局限性；网上有大量非理性言论，以及网络暴力，危害社会和谐稳定。

互联网发展的大众化、媒体化、数字化趋势更加凸显。随着互联网技术门槛的不断降低，网民群体加速向普通大众发展。互联互动、即时传播、共享共用的特征，使互联网的媒体功能日益凸显。互联网的普及促进了社会各领域的数字化，"数字化生存"成为当今社会的发展趋势。

二 信息网络化的传播方式对中国文化安全的挑战

(一) 互联网已成为美国等西方国家向目标国家推行其文化传播战略的关键平台

众所周知，美国拥有军事霸权、政治霸权、金融霸权，但是，美国还拥有信息传播霸权。正是凭借着信息传播霸权，美国可以向它所确定的目标国家进行全方位的信息覆盖，就像用炮弹覆盖阵地一样。近年来，美国利用互联网拓展新的传播渠道。比如，以基金会的名义资助建立网站，利用当地知识分子宣传美国价值观，抨击当地政府"独裁""损害人权"，等等。凭借着占据绝对优势的传播能力，美国可以长期对自己所针对的国家展开大规模的宣传战，逐渐影响人们的思想观念。而一旦这个国家出现非正常的重大事件，这些媒体就可以凭借其优势，在第一时间把美国想要全世界知道的谎言传播出去。这些报道往往移花接木，歪曲事实，在国际上丑化这个国家的形象，在该国内造成思想混乱，使该国政府处于被动地位。就这样，通过长期的信息轰炸，侵蚀其文化价值观，削弱其政府的合法性，当然，在形式上，还要保持客观报道的形式。美国政治精英正是看到了互联网传播的巨大威力，希望控制互联网，进而控制互联网中公共空间的舆论导向，把它变为最新的文化渗透渠道。

早在1993年，美国政府就在"信息高速公路计划"中宣称："高速发展的'全球信息基础设施'将促进民主的原则，限制集权主义政权形式的蔓延；世界上的人民，通过'全球信息基础设施'，将有机会获得同样的信息和同样的准则，从而使世界具有更大意义上的共同性。"① 1995 年，在布宜诺斯艾利斯的一次会议上，美国副总统戈尔还针对"信息高速公路计划"发表演讲，指出互联网的发展将使美国得以在全球推广其国家理念，"促进民主"。美国前国务卿奥尔布赖特也曾经说过："中国不会拒绝互联网这种技术，因为它要现代化。这是我们可乘之机，我们要利用互联网把美国的价值观送到中国去。"2010 年 1 月 21 日，当时的美国国务卿希拉里发表题为"网络自由"的演讲。希拉里提出："新技术本身不会在自由和进步的过程中选择方向，但是美国会。我们主张一个所有人都可以平等接触到知识和思想的单一互联网。我们认识到这个世界的信息平台将由我们和他人共同打造。"② 希拉里实际是说，美国政府要用最新的互联网技术推动"自由""进步"，当然，这个"自由""进步"的具体含义是由美国来定义的。而事实也正如美国设想的那样，"对互联网的控制已经成为以美国为首的西方国家推行其文化传播战略的'制高点'，网络正在成为他们进行文化传播和渗透的'高端平台'"③。互联网以前所未有的速度裹挟着西方世界的价值观进入中国，冲击着中国的主流意识形态、思想文化、价值理念、生活方式等。

2011 年 3 月 19 日，英国卫报报道，美国正在开发新型软件用来操纵互联网舆论，并给人们演示了美国如何利用网络新技术进行文化渗透。这种新技术是美国军方和一家本土公司秘密开发的新型软件，这种软件可以让一个美国军人在登录网站时拥有 10 个 IP 地址，而且是与美国军方毫无联系的地址。这样，就可以伪造来自全国或全世界各地的声音，制造有利于美国的网络舆论。风靡全球的社交网站"脸书"（Facebook）和微博站点"推特"（Twitter）是这款新软件的主要目标。这一消息自然引起舆论哗然。美国中央司令部发言人赶紧解释，让国民放心，最多只安排 50 名士兵操纵软件，而且是在非英语国家。而这些非英语国家是说阿拉伯语、波斯语、乌尔都语和普什图语的国家。④ 也就是说，这一软件是用来操纵

---

① 牛晋芳、孔德宏：《必须重视网络时代我国意识形态的安全问题》，《理论探索》2003 年第 1 期。

② 王琛元：《网络自由：美国国家战略新时代》，2010 年 4 月 7 日，凤凰网（http://finance.ifeng.com/news/industry/20100407/2018836.shtml）。

③ 王存奎：《论网络信息时代的国家文化安全》，载《文化安全与社会和谐》，知识产权出版社 2008 年版，第 252 页。

④ Nick Fielding, Ian Cobain, Revealed: US spy operation that manipulates social media, theguardian, Thursday 17 March 2011 13.19, http://www.guardian.co.uk/technology/2011/mar/17/us-spy-operation-social-networks.

阿拉伯国家、伊朗、巴基斯坦和阿富汗等国家网络舆论的，诱导这些国家的网络舆论符合美国的利益。那么，这类技术难道不会应用到中国吗？在我们的网络公共空间中，是不是早就存在着这样的虚假舆论？

（二）国内文化安全前所未有地受到来自互联网的种种挑战

网络文化挑战集体主义思想和社会主义信念。网络文化弱化了国民的集体主义思想，网络对个人价值的极度张扬必然导致自我中心主义、个人主义的膨胀与泛滥，这种个人主义网络观毫无疑问会使国家长期培育起来的集体主义道德观受到冲击。西方国家以网络传播媒介作为对发展中国家的控制手段和工具，直言不讳地公开宣传它们的政治主张、人生观、价值观，在这些传媒信息的影响下，使一些人的人生观、价值观、道德观发生扭曲和错位，他们把拜金主义、享乐主义、极端个人主义作为自己的价值取向和人生追求的目标，有的人甚至崇拜西方的意识形态和社会制度，成为"西化"的俘虏。

网络发展增加了社会主义意识形态防御的难度。网络对个人价值的极度张扬，必然导致个人主义的膨胀和泛滥，而过于强调个人势必会与社会主义核心价值观的基本要求发生冲突。与此同时，网络中存在着大量的冗余信息、盗版信息、虚假信息、失真信息、过时信息和错误信息，这些灰色信息，既误导网民的心理，不利于网民的健康发展，也在一定程度上湮没、淡化和削弱了主流意识形态。网络新媒体逐步被网络恐怖主义、网络信息垄断、网络语言霸权、网络文化入侵等利用，成为危害国家意识形态安全，动摇我国政治稳定发展的重要工具。

网络文化对主流意识形态的防御能力构成挑战。由于网络扮演了时空超越者与压缩者的角色，以往花12小时乃至更长时间才能传递的信息，现在瞬间可以完成，不同国家、不同地区、不同民族的不同文化形态间的交流、对话机会大大增加。在网络文化冲击下，一些人认为对于民族的网络文化，可以不进行意识形态的捍卫和保护，可以淡化国家主权，相当一部分网民对国家政治生活关心的意识逐渐减弱，其结果是在大是大非的关键时刻失去基本的辨别力。

网络信息对社会主义价值观的主导地位造成冲击。网络是一个信息宝库，同时也是信息的垃圾场。每天在网上传播的信息不计其数，面对互联网中海量信息的不断轰炸，相当多的网民特别是正在成长的青少年缺乏足够的鉴别这些信息的能力，甚至没有足够的时间和精力去消化这些信息，表面上拥有无数信息，实际上可能茫然不知所措，或者陷入人云亦云之中，失去了自己的真正思想。一些境外西方反动势力以及邪教组织，大肆利用互联网恶毒攻击社会主义制度，散布政治谣言，诽谤党和国家主要领导人，进行反动宣传和思想文化渗透，误导一些缺乏鉴别力的网民特别是青年学生，严重影响其是非判断和行为选择。

网络使社会主义核心价值体系的导向性受到冲击。网上各种不良信息腐蚀着青少年的思想灵魂。互联网上的色情和低俗内容严重地污染着网络生态环境，严重地腐蚀着广大网民的思想灵魂，尤其损害未成年人的健康成长。互联网中各种宣扬暴力、色情、淫秽和封建迷信的低俗、庸俗、媚俗、恶俗内容通过网络游戏、网络文学、网络短片、网络贴图等不同载体形式传播，严重冲击我国社会主义核心价值体系。大量的网络游戏充斥着打斗、血腥、暴力。网络暴力游戏寓意识形态与价值观于话语权中，体验快感、暴力和权力欲望作为一种社会象征行为不断改变青少年的生活习性与价值观念。没有底线、没有任何节制的网络短片恶搞成风，恣意泛滥，弱化社会主义核心价值的导向功能，尤其以恶搞红色经典的短片危害为甚。这些都是新自由主义在网络时代泛滥，对我国主流价值观的侵蚀、消解、颠覆的表现，危害大而且隐蔽。

网上极端情绪危害社会稳定。微博平台最突出的问题就是谣言，扭曲真相、罔顾事实的谣言在微博上大行其道。除了谣言之外，还有大量不负责任的言论在微博上获得广泛关注。挑动民族仇恨、煽动阶层对立、威胁公共秩序等极端言论，侵犯个人隐私、诽谤、攻讦、谩骂等不良行为屡见不鲜，乱象纷呈。这些言论在反映一些民众特定情绪的同时，也存在将问题简单化、娱乐化、极端化的倾向。网络推手利用谣言制造网络焦点，操纵网络民意。微博是"自媒体"，从理论上讲每个人的话语权是平等的。但现实情况相反，在微博上传播重大信息、拥有强大动员能力的并不是一般网友，而是"意见领袖"。由于"意见领袖"在微博客上有更多的话语权、更大的号召力，公众对其言论质量的期待也不同于普通网友。但少数"意见领袖"缺少自律，有意或无意发布不实消息，放言立论偏激，放大现实社会中原已存在的社会矛盾和偏激心态，让某些极端化的言论占上风，引发网络舆论动荡，将公共事件进一步变成社会行动，直接危及社会稳定。

　　网络舆论的蔓延可能会消解执政党对意识形态的领导权。"网络舆论"是在一定的网络空间内，民众围绕各种社会现象、社会事件、社会问题的发生、发展和变化，所表达的态度、意见和情绪等的总和。目前中国的网络舆论有三个值得关注的特点：第一是带有极端情绪化的批判性。网络舆论通过网络将某些社会情绪和观点迅速发展为主导性意见书，这就使其理智性大为降低，表现出明显的批判色彩。网络舆论的批判性集中体现为参与者对社会资源分配上的不满、对社会权威的质疑、对主流观点的对抗。网民在面对一个新的社会事件时，受潜意识中的不信任和不满情绪的左右，较少去理性核实事件的真实性，就一边倒地在网上发表偏激言论，对社会进行批判。这种批判的情绪化倾向非常明显，实际上是一种极端情绪的表达。这种极端情绪孕育着诸多对主流意识形态的否定因素，在一定程度上消解了主流意识形态的信仰权威。第二是自发聚集起来的规模性。在我国，农民、低收入者与青少年在网民总数中占据很大比例，他们都是社会的弱势群体。在网络舆论的传播过程中，身处群体中的弱势个体会产生一种巨大的力量感，网络的空间延展性又使这种力量迅速膨胀。与此相对应的，是对个人欲望的放任和不加节制，个人的责任感不复存在了。一旦极端的情绪占了上风，群体成员就会被偏激的观点所感染，造成人多势众的局面，表现在网络舆论中就是语言暴力的泛滥，对他人乃至对社会的攻击在网络论坛、BBS、个人博客等网络空间中普遍存在。第三是群体感染演化而成的操纵性。网络舆论的操纵性体现在群体压力作用下的群体感染。群体感染是在集合行为中，某种观念、情绪或行为在暗示机制的作用下，以异常速度蔓延开来的过程。经过这个过程，一种情绪、一种观点会迅速扩散并支配整个人群，并引发整个人群的激烈行动。当下，我国处于社会转型期，各种社会矛盾凸显，民意诉求相对不畅，一种网络舆论压力倾向已经形成，即网络舆论力量是可以用来影响社会问题的解决的，只要自己或他人已经或有可能遭遇不公，都可以利用网络发布信息、宣泄情绪。这种网络意识一旦失控，将成为干扰行政运行和政治发展的不利因素。

　　信息网络化的传播方式削弱了政府对信息的控制力。互联网的发展打破了传统媒体的地域性，使舆论导向出现一定程度的失控。一方面，从国际范围上来说，由于互联网的全球性和开放性，大大增强了个人和组织发布、交流和接受信息的能力。在网络世界中，用户可以得到来自世界各地的各种各样的信息,网上的不良信息会对执政党和国家的舆论导向直接构成威胁。另一方面,从国家内部来说,在社会的转型期,利益的分化和组合形成的各种思想观念迫切地要求借助媒体表达出来。互联网的平等、自由和广泛参与性为它们实现这种愿望提供了契机。而这些信息的交换和共享往往带来很大的不确定性和复杂性,给舆论导向的控制带来很大的困难。一些持不同政见者都把网络当成自己的论坛,大肆宣讲自己的主张,从而获得了更多的支持。一些网络公民把个人的自由看得高于国家安全,政府对信息的控制力呈下降趋势。

此外,网络传播的海量性所造成的信息选择的多样性和价值取向的多元性,也在一定程度上冲击着我国主流意识形态的控制力和导向力,弱化了对社会主义意识形态的权威认同。网络的开放性、多元性和交互性,一方面为人们提供了获取信息和言论表达的新途径,网络一定程度上成为化解社会矛盾、疏导社会不良情绪的减压阀;另一方面,开放、多元、交互的信息传播方式加大了中国意识形态的控制难度,人们在海量的信息面前也可能不再被动接受主导媒体的灌输和教育,不再简单追随主流意识形态,从而导致对主流意识形态认同的弱化。而网络接受信息的隐蔽性和方便性,又给国家利用法律法规来规范网络市场带来很大的难度。如何积极利用、大力发展、科学管理互联网,已成为一个重大而紧迫的课题。

三 应对之策

面对互联网对文化安全的种种挑战,首先,我们应当顺应网络传播所固有的特点和趋势,将其当作中国文化建设的历史性机遇。互联网使得中国特色社会主义文化的传播获得了新的技术载体、新的传播渠道和新的言论空间,从而有助于增强社会主义意识形态的传播力、吸引力和凝聚力。尽管当前信息网络化严峻考验着中国意识形态的控制力,网络文化的活跃和意识形态话语权在网络世界的缺位,已经形成中国意识形态领域的极大反差。但是,我们必须抓住当今中国社会信息化过程中文化建设这一难得的历史机遇,将互联网作为推行我们文化传播战略的关键平台。借助这一平台,可加强主流意识形态的吸引力、凝聚力,提高主流意识形态对网络文化的控制力和引导力,以确保我国意识形态安全以及文化安全。我们应通过抓住网络世界,来赢得未来的文化影响力,赢得年轻一代,进而提升中国的国际形象。

其次，要加强网络监管。网络作为虚拟社会，其管理应当与现实社会一样，依法管网。为此，应加强网络立法执法，并辅以行政、技术、道德等方面的措施。借鉴国外网络管理经验，依法治理和监管网络，建立健全网络监管制度与处罚条例，制定打击网络犯罪和网络谣言的法律。开发相关技术手段，重视和加强科技手段的监控。

最后，要优化传统媒体，办好主流网络媒体。据调查，访问最多的网站是新浪网、凤凰网、中国社会科学网、人民网、搜狐网、新华网、网易、中国知网等。值得注意的是，在新闻类网站中，选择凤凰网多于选择主流网络媒体人民网和新华网。这表明，主流网络媒体需要加强建设，在增强对网民的吸引力上下功夫。主流媒体应当传统业务和网络业务并重，更加关注底层民众的诉求，反映他们的愿望和呼声，协调好两个舆论场的关系。主流媒体要积极参与网络化进程，影响大众舆论，否则会失去很大的舆论空间，进而丧失影响力。网络意见领袖影响力巨大，应当高度重视网络意见领袖现象，从引导策略上重视网络意见领袖的特征并发掘培养爱国的网络意见领袖，同时要重视网络舆论引导及网络意见领袖中存在的问题，也要重视"网络特工"、网络水军、删帖公司等现象背后的政治、经济因素。

新闻舆论监督：凝聚
反腐败的民意支撑

宋小卫　向　芬[*]

新闻舆论监督是现代民主政治的重要组成部分，也是防治腐败的一种长效的、制度化的尖兵利器。正如国务院新闻办公室发布的《中国的反腐败和廉政建设》白皮书（2010）所言：中国的新闻媒体在建言献策、参与监督、揭露腐败等方面发挥着重要作用。

在我国当代的政法和传媒文化语境中，新闻舆论监督与舆论监督、媒体监督等表述是基本同义的。其核心内涵都是指新闻媒体根据公众的诉愿、媒体记者的访查或者党政机关的要求，对各种社会不良现象尤其是公权机关、公职人员的违纪、违法乃至腐败行为予以批评、揭露，为惩治腐败和廉政治理提供健康有利的舆论环境和民意支持，为人民群众行使知情权、参与权、表达权、监督权提供公共传播的媒介资源与条件。

本文分别从新闻舆论监督反腐败的现行制度框架、新闻舆论监督反腐败的媒体实践、对新闻舆论监督支持工作的改进与拓展空间三个方面概要地介绍和报告国家防治腐败工作领域新闻舆论监督的基本情况。

一　我国新闻舆论监督反腐败的现行制度框架

可以从新闻媒体法制建构、媒介传播政策规制、传媒行业内部管理和自律规范三个方面描述我国新闻媒体以舆论监督的方式参与国家反腐廉政建设的基本制度框架。

* 宋小卫，中国社会科学院新闻与传播研究所研究员；向芬，中国社会科学院新闻与传播研究所副研究员。

（一）法制建构

我国《宪法》第三十五条、第四十一条分别规定："中华人民共和国公民有言论、出版、集会、结社、游行、示威的自由。""中华人民共和国公民对于任何国家机关和国家工作人员，有提出批评和建议的权利；对于任何国家机关和国家工作人员的违法失职行为，有向有关国家机关提出申诉、控告或者检举的权利，但是不得捏造或者歪曲事实进行诬告陷害。"这两条规定，是党的十七大报告提出的人民的"知情权、参与权、表达权、监督权"的法律基础，也是《国家人权行动计划（2009—2010）》中阐述的新闻记者的"采访权、批评权、评论权、发表权"的法律基础。值得强调的是，《宪法》第四十一条中所指称的批评、建议、申诉、控告或者检举，也都属于《宪法》第三十五条所确认的公民言论自由的范畴，之所以在第四十一条中予以特别确认，是因为针对国家机关和国家工作人员的批评和诉愿表达，对于民主政治和国家治理而言具有特殊的重要性，应予其较之一般的言论自由更具优先性的制度保障与权利保护。上述《宪法》两项条款，是确认我国新闻媒体以舆论监督的方式参与国家廉政建设合法权利的最高法律规范。

在全国人大及其常委会的国家立法层面，目前尚未制定综合调整新闻媒体及新闻传播领域社会关系的单行基本法律，但在《消费者权益保护法》（1993年）、《价格法》（1997年）、《安全生产法》（2002年）、《节约能源法》（2007年）、《食品安全法》（2009年）、《环境保护法》（2014年）等相关法律中，设置了舆论监督的倡导性规范。例如，1993年出台的《消费者权益保护法》第六条第三款规定："大众传播媒介应当做好维护消费者合法权益的宣传，对损害消费者合法权益的行为进行舆论监督。"2014年制定的《环境保护法》第九条第三款规定："新闻媒体应当开展环境保护法律法规和环境保护知识的宣传，对环境违法行为进行舆论监督。"这类倡导性规范没有强制执行力，而是一种提倡、鼓励性的规定，用以体现立法者对新闻媒体积极开展舆论监督的责任强调和价值引导。

在地方人大的立法中，近十余年来全国大部分省、市、自治区的人大常委相继颁布了《预防职务犯罪条例》，其中多数都确认了新闻媒体在预防职务犯罪的监督保障体系中的舆论监督作用。例如，《云南省预防职务犯罪工作条例》（2013年）第二十六条规定："国家机关、国有企业、事业单位、人民团体及其工作人员应当接受舆论监督，支持新闻媒体依法履行职责。对新闻媒体反映的涉嫌职务违法违纪问题，有关单位应当调查处理并反馈处理结果。"《青海省预防职务犯罪工作条例》（2013 年）第二十五条规定："新闻媒体应当开展预防职务犯罪工作的宣传报道。有关国家机关和单位对新闻媒体报道和反映的问题，应当及时调查处理。新闻媒体及从业人员在开展预防职务犯罪工作宣传报道时，应当遵守法律法规、新闻纪律和职业道德。"

在行政法规层面，目前含有新闻媒体舆论监督专设条款的国务院行政立法尚不多见①，专门规范传媒行业的两部行政法规《广播电视管理条例》（1997 年）、《出版管理条例》（2001 年，2011 年修订，2014 年修改）中，均无"舆论监督"的表述②。但这两部行政法规对报刊和广播电视传播活动的保障性、规范性和义务性的规定，实际上也是对报刊和广播电视等传统媒体开展舆论监督所应获享的保障、应当遵守的义务的规定。例如，有关新闻报道真实原则的规定；有关禁载、禁播内容的规定；有关合法出版物受法律保护，任何组织和个人不得非法干扰、阻止、破坏出版物的出版等规定，都与新闻媒体的舆论监督报道活动密切关联。

值得一提的是，2009 年年底，最高法院制定出台了《关于人民法院接受新闻媒体舆论监督的若干规定》，对媒体旁听庭审和采访报道制度等做出了明确具体的规定。它既是对人民法院接受新闻舆论监督成功做法的概括归纳，也是对人民法院接受新闻媒体舆论监督工作的进一步规范，对于保障公众的知情权、参与权、表达权和监督权，提供了强有力的制度保障。

在媒体行政管理部门制定的部委规章及相关规范性文件中，对新闻媒体的舆论监督工作设置了更细化的规定。2005 年，当时的国家广播电影电视总局为贯彻落实中共中央办公厅《关于进一步加强和改进舆论监督工作的意见》和中宣部《加强和改进舆论监督工作的实施办法》，研究制定了《关于切实加强和改进广播电视舆论监督工作的要求》（以下简称《要求》）。该《要求》强调，要支持广播电视新闻采编人员正确开展舆论监

---

① 1996 年公布的《中共中央、国务院关于切实做好减轻农民负担工作的决定》中要求："要发挥人大、政协的监督作用，加强群众的民主监督和舆论监督。要严肃处理各种加重农民负担的行为。"

② 《广播电视管理条例》（1997 年）第三条中提到"舆论导向"，原文为："广播电视事业应当坚持为人民服务、为社会主义服务的方向，坚持正确的舆论导向。"

督，为开展舆论监督创造必要的条件。要注意保护广播电视新闻采编人员的合法权利，保证广播电视舆论监督正常进行，要支持广播电视机构特别是中央和省级广播电视机构记者的采访活动，为采访报道提供方便。该《要求》还提出，要从坚持建设性监督、科学监督和依法监督三个方面改进广播电视的舆论监督工作。要敢于揭露现阶段有条件解决的问题，同时要跟踪报道有关部门采取的措施和处理结果；对地方、部门已经依法处理、妥善解决的孤立事件或个别问题，一般不再进行公开批评报道；严格把握跨地区舆论监督；新闻采编人员开展舆论监督工作，如果与报道对象或利害关系人是夫妻关系、直系血亲关系、三代以内旁系血亲关系及近姻亲关系，或是素有往来的朋友、同乡、同学、同事等关系以及存在具体的经济、名誉等利益关系等情况，应当回避；等等。

2007年，当时的国家新闻出版总署印发了《关于保障新闻采编人员合法采访权利的通知》（以下简称《通知》）。该《通知》明确指出，新闻采访活动是保证公众知情权，实现社会舆论监督的重要途径，有关党政机关及其工作人员要为新闻机构合法的新闻采访活动提供便利和必要保障，并就各级党政机关及其工作人员和各新闻单位保障记者采访活动提出了七个方面的要求。2008年，国家新闻出版总署又印发了《关于进一步做好新闻采编活动保障工作的通知》，明确提出保障新闻单位对涉及国家利益、公共利益的事件依法享有知情权、采访权、发表权、批评权、监督权，并从六个方面做出加强保障的规定，同时也督促各新闻机构认真履行新闻工作职能，严厉打击假记者和伪造、仿制新闻记者证等各种违法活动，严禁借新闻采访活动搞有偿新闻、索贿受贿，严禁借舆论监督搞敲诈勒索。这些规章和规范性文件的出台，对推动新闻舆论监督工作的健康发展、维护新闻媒体和记者合法权益发挥了积极作用。

此外，同样值得关注的是，国内一些地方政府也根据当地实际情况，制定了若干富有特色的促进和保障新闻舆论监督的地方行政规范文件。例如，山西省环保厅为加强和改进舆论监督工作，充分发挥舆论监督在促进生态文明建设和构建社会主义和谐社会中的积极作用，于2011年出台了《山西省环境保护舆论监督制度》（以下简称《制度》），这一制度明确了环保舆论监督的意义、重点内容，同时规范了环境保护舆论监督涉及的企业、个人和新闻采编人员的行为。该《制度》要求，新闻媒体开展舆论监督应当坚持新闻报道、舆论监督的基本要求，涉及的部门和企业必须认真对待积极整改，直至问题完全解决。对重大问题，应把处理结果反馈给新闻单位，以便跟踪报道。被批评单位和个人对舆论监督有异议时，可通过正当途径向有关部门反映或者通过法律程序解决，不得以任何手段干扰新闻舆论监督工作。这种将新闻舆论监督纳入地方法制建设体系的先行先试，也在为更大范围、更高层级的全国性新闻舆论监督立法积累着经验与条件。

（二）政策规制

在我国的新闻媒体管理体系中，国家的执政党——中国共产党的领导居于核心地位，按照"党管媒体""党管干部"的原则，中国共产党为国内新闻传播事业健康、有序地发展提供有效的政治保证和组织保障。因此，党的媒介政策对国内新闻媒体的活动具有很强的组织约束性和规制力，在很多情况下，党中央专门就新闻传播与媒体管理制定的基本政策，往往成为国家创制新闻传播与媒体建制法规的先导性规范。

早在新中国成立初期，党中央就非常重视新闻媒体积极发挥反腐倡廉的舆论监督作用。1950年年初，中共中央做出了《关于在报纸刊物上展开批评和自我批评的决定》（以下简称《决定》），要求"在报纸刊物上展开对于我们工作中一切错误和缺点的批评与自我批评"，揭露党内存在的官僚主义、命令主义和各种消极腐败现象。该《决定》颁行后，全国各级党政机关及各地报社积极贯彻，报道了各地的一些典型违法乱纪事件，使不少群众反映强烈的问题受到重视而得以及时处理。当时党内尚未启用"舆论监督"这一表述，这方面的工作机制在许多方面尚不完善，但它开启了中国共产党执政后搭建新闻舆论监督基本政策的历史进程，积累了一些有益的经验和启迪。

中国共产党的中央级文件启用"舆论监督"的表述，始于1987年党的十三大政治报告。该报告第五部分"关于政治体制改革"的第五节"建立社会协商对话制度"中提出："要通过各种现代化的新闻和宣传工具，增加对政务和党务活动的报道，发挥舆论监督的作用，支持群众批评工作中的缺点错误，反对官僚主义，同各种不正之风做斗争。"其后的历次全国党代会政治报告都对舆论监督问题有所阐述。2002年党的十六大政治报告在第五部分"政治建设和政治体制改革"的"加强对权力的制约和监督"一节中，提出"加强组织监督和民主监督，发挥舆论监督的作用"。表明舆论监督的主要对象是对权力的监督。十八大报告在谈到"建立健全权力运行制约和监督体系"时，强调要"加强党内监督、民主监督、法律监督、舆论监督，让人民监督权力，让权力在阳光下运行"。

2004 年，中共中央颁布的《中国共产党党内监督条例（试行）》（以下简称《条例》），首次以党内法规的形式从党内监督制度的高度定位舆论监督，明确了舆论监督与党内监督的关系，把舆论监督制度作为十项党内监督制度之一，提出：新闻媒体要在党的领导下按照有关规定和程序，通过内部反映或公开报道，发挥舆论监督的作用。党的各级组织和党员领导干部应当重视和支持舆论监督，听取意见，推动和改进工作。该《条例》对于中央有关部门及地方党委开展舆论监督制度建设起到了重要的示范作用。中共海南省委在同年 12 月出台了《中共海南省委关于舆论监督工作的暂行规定》，这是省级地方党委第一个关于舆论监督的专门性党内法规；2005 年 6 月，中共浙江省委颁布了《浙江省党内监督十项制度实施办法（试行）》，其中一个办法是《中共浙江省委组织部舆论监督制度实施办法》，它从制度层面对舆论监督工作做了具体规定。

2005 年 4 月，中共中央办公厅下发《关于进一步加强和改进舆论监督工作的意见》（以下简称《意见》），从舆论监督的重要作用、原则要求、当前重点、重视支持、社会责任、组织领导六个方面对加强和改进舆论监督做了具体规定，同时要求"各地区各部门要认真研究制定加强和改进舆论监督工作的具体办法"。该《意见》提出的新闻媒体当前舆论监督的重点包括：加强对违法违规行为的监督，揭露和批评有法不依、执法不严、贪赃枉法等问题；加强对党和政府的方针政策落实情况的监督，反映人民群众对党和政府工作的希望和建议，揭露和批评有令不行、有禁不止、阳奉阴违、各行其是等行为；加强对侵害群众利益行为的监督，揭露和批评以各种手段和方式侵害群众利益的现象和行为；加强对社会丑恶现象、不道德行为和不良风气的揭露和批评；加强对党纪政纪执行情况的监督，揭露和批评失职渎职、滥用权力、消极腐败等行为，促进干部队伍廉政建设。

在中共中央办公厅印发《关于进一步加强和改进舆论监督工作的意见》的同时，中宣部出台了《加强和改进舆论监督工作的实施办法》（以下简称《办法》）。根据《意见》和《办法》，国家广电总局等有关部门和各省、自治区、直辖市党委，各级市县党委及各级地方媒体等都根据这两个中央文件的精神并结合各自的工作实际制定了具体的实施意见，对加强和改进新闻舆论监督工作的制度建设起到了积极的推动作用。

近年来，党的舆论监督思想及相关政策着力推进的一个重要方向，就是利用舆论监督推进预防和惩治腐败体系建设，强化舆论监督的反腐功能。

中共中央 2005 年 1 月印发的《建立健全教育、制度、监督并重的惩治和预防腐败体系实施纲要》，从"切实加强社会监督"的角度对舆论监督的作用做了明确表述。2008 年 6 月，中共中央发布的《建立健全惩治和预防腐败体系 2008—2012 年工作规划》明确将新闻媒体列为惩治和预防腐败体系的监督主体之一，要求：加强和改进舆论监督，重视和支持新闻媒体正确开展舆论监督。各级领导干部要正确对待舆论监督，增强接受舆论监督的自觉性，听取人民群众的意见和呼声，推动和改进工作。新闻媒体要坚持科学监督、依法监督和建设性监督，遵守职业道德，把握正确导向，注重社会效果。

在 2013 年 12 月印发的《建立健全惩治和预防腐败体系 2013—2017 年工作规划》中，进一步重视了网络媒体的舆论监督作用，强调"运用和规范互联网监督"，"党报党刊、电台电视台和重点新闻网站要办好反腐倡廉专栏和专题。坚持正确舆论导向，完善反腐倡廉网络舆情信息工作机制。健全新闻发布制度，严肃宣传纪律，加强对外宣传工作"。

与此同时，中共中央也越来越强调新闻媒体在具体的政务和行业领域发挥应有的舆论监督功用，推进新闻舆论监督反腐实践的具体化。例如，2005 年 8 月，中共中央纪委等部门发布的《关于清理纠正国家机关工作人员和国有企业负责人投资入股煤矿问题的通知》中要求："各地在清理纠正工作中，要充分发挥社会监督和舆论监督的作用，公开举报电话、设立举报信箱，鼓励煤矿职工和人民群众举报国家机关工作人员和国有企业负责人投资入股煤矿问题。"2009 年 8 月，中央办公厅、国务院办公厅印发的《关于开展工程建设领域突出问题专项治理工作的意见》中也明确要求"充分发挥新闻媒体的作用，加强对工程建设领域的舆论监督和社会监督"。2013 年，中共中央、国务院制定的《党政机关厉行节约反对浪费条例》中也规定，党政机关及其工作人员要"重视各级各类媒体在厉行节约反对浪费方面的舆论监督作用。建立舆情反馈机制，及时调查处理媒体曝光的违规违纪违法问题"。

（三）新闻业界社团规范与媒体自律准则

在我国新闻舆论监督反腐败的现行制度框架构成中，最贴近新闻媒体日常业务体验的一类规则体系就是新闻业界社团规范与媒体自律准则，它主要包括新闻业界各层级的职业自律准则和业务操作规范，以及新闻界全国性社团为维护新闻工作者合法权益所建立的相关保障机制。

中国记协通过的《中国新闻工作者职业道德准则》（2009年第3次修改）表述了中国新闻工作者开展舆论监督的工作原则，即把坚持正面宣传为主与加强和改进舆论监督统一起来，积极反映人民群众的正确意见和呼声，批评侵害人民利益的现象和行为，依法保护人民群众的正当权益。加强和改进舆论监督，着眼于解决问题、推动工作，坚持准确监督、科学监督、依法监督、建设性监督。

国家广电总局2004年发布的《中国广播电视编辑记者职业道德准则》也对广播电视的舆论监督报道原则做了更加专业化的阐述，其第十六条、第十七条、第十八条分别规定："不参与任何可能有损于自身公正和信誉的组织及活动；不在自己服务的媒体上发表本人及亲属涉诉事件的报道和评论；不阻挠正当的舆论监督。""正确行使舆论监督职能，勇于批评和揭露违法违纪行为、消极腐败现象和违背社会公德的不良风气，弘扬社会正气，捍卫社会公正，维护社会稳定。""批评性或揭露性报道要有利于问题的解决。不追求所谓'轰动效应'、哗众取宠；不以个人情绪代替政策法律、发泄私愤、中伤他人。尊重被批评者申辩的权利。"

相比媒体的其他报道而言，舆论监督类的报道具有高风险、高成本、高专业技术含量、高影响度的突出特征，各家、各类新闻媒体都对舆论监督类的报道格外重视并根据自己的媒介定位和长期积累的实践经验制定出相关的操作规范，以求为本单位的新闻舆论监督工作提供履职尽责、防范法律风险的专业化指引，保证新闻舆论监督报道的水准和品质。

例如，中央人民广播电台总编室于2012年编纂了《宣传管理手册》，对多年来广播电视宣传管理的相关规范梳理分类，以便于查阅的体例汇编，成为广播采编人员和管理者的重要依据和参考工具书，其中收录的《宣传管理条例》对舆论监督报道做出了明确规范，要求每个记者在采访中严格贯彻。而中央人民广播电台的"中国之声""经济之声"等频率和《新闻纵横》《天天315》等从事舆论监督的栏目组，对于舆论监督报道的流程、记者的职责等都有明文规定，以保证舆论监督报道的公正性。例如，该台的"中国之声"特别报道部为提示记者在采制舆论监督报道时防范失误、规避风险，制定了《舆论监督报道十记》，其具体内容为：

1. 与当事双方保持必要的距离，从任何一方获取利益的行为不仅会影响立场，也为职业准则不允许。

2. 各类纠纷尽量不要涉足，如的确要做，节目要体现均衡原则，各方的声音、意见都要有。特别是不能回避事件的重要当事人，要给他们说话的机会。

3. 报道基本原则是对事不对人，尤其要注意避免报道对非责任人带来的负面影响。

4. 要注意甄别专家观点的政治正确性，他们的谈话有时看似很精彩，其实有失客观。

5. 在报道没有经过查处的事件和人物时，不能使用定性的、下结论的词语，要用事实说话。

6. 每一个写进稿件的事实都必须经过认真核实，避免合理想象，你的推理和判断往往站不住脚。

7. 避免情绪化、偏激的判断和言辞，无论事实还是评论，都要注意留有余地。

8. 不和被采访对象争论，做一个冷静的提问者和倾听者。

9. 采访之后如未及时播放，再发时要了解最新进展。

10. 为自我保护，采访中的重要证据要注意保留。

再如，中央电视台新闻中心的一些品牌舆论监督栏目，也制定了自己的具体报道规范，以《焦点访谈》为例，它建立了严格的把关审查制度以确保真实客观，要求把好选题关、采访关、编辑关和播出关。

选题关：要求按照"政府重视，群众关心，普遍存在"的选题原则，主动而创造性地在党和政府的工作重点、群众关注的热点、各级政府部门着力解决的难点这"三点"之间寻找报道的结合点，把宣传党和政府的意志与反映人民群众呼声有效地结合起来，主要反映社会进步与发展过程中存在的问题和现象。选题实行"四级报批制度"，坚决杜绝"包打官司"、假公济私的情况。选题做不做，先要论证，再进行报批；经过报批进入操作的选题，没有正当理由，记者不能擅自停止。

采访关：要求记者一定要到达现场，要不畏艰险，多方取证，要把握事实和相关信息的真实性和准确性，对事实的把握一定要看得见、摸得着，严禁道听途说。

编辑关：要让证据环环相扣，要把握事实的整体性和完整性，严禁断章取义。

播出关：节目的审看有刚性标准，严格实行"三级审片制"，制片人、部主任和台领导对与导向、事实有关和可能违反法律法规、宣传纪律和职业道德的内容，层层进行"过滤"。要求用过程、细节、人证、物证展示事实，要求证据链必须完整，要求联系实际做出评价。

此外，《焦点访谈》栏目组对于人员队伍也有明确要求：不能吃拿卡要、不能出入娱乐场所，要做到尊重事实，不主题先行；平等对待每个采访对象，不盛气凌人；兼听则明，保持话语权的平衡；不当法官；不把个人的好恶带进节目中；不陷入局部利益的纷争；不超越事实做出判断；不以偏概全；不在动态事实中只交代阶段性事实。这些具体的要求，能够保证其采编播出的舆论监督节目做到准确监督、科学监督、依法监督和建设性监督。

在新闻工作者的所有从业活动中，最容易受到权益伤害从而也最需要获得权益保障的工作领域，就是新闻舆论监督的采访和报道。一项全国媒体舆论监督情况调查的结果显示，在媒体开展舆论监督的过程中，41.2%的被调查媒体表示会经常遇到采访受阻的情况，58.8%的媒体表示有时会遇到采访受阻的情况。媒体舆论监督的阻力主要来自被采访对象的不配合、拒绝，甚至暴力抗拒。有多达35.3%的拒访者采取极端行为，实施暴力阻挠，个别企业甚至采用极端手段恐吓和报复记者。[①] 中华全国新闻工作者协会（以下简称中国记协）早在1998年就成立了维护新闻工作者合法权益委员会（以下简称维权委），作为维护新闻单位和新闻工作者合法权益的专门性机构，依法维护新闻工作者的合法权益，保护其不受侵犯，努力促进新闻工作者合法权益得到充分的实现，推动全社会对新闻工作者合法权益的重视和保护。

维权委根据其制定的《中华全国新闻工作者协会维护新闻工作者合法

---

① 参见孙京平《我国媒体舆论监督情况调查分析报告称舆论监督日益成为反映民意化解矛盾重要途径》，《中国新闻出版报》2011年6月21日第5—6版。

权益委员会处理案件程序和办法》（2001 年）、《中华全国新闻工作者协会维护新闻工作者合法权益委员会工作细则》（2003 年），受理记者在执行采访报道任务时受到阻挠、恐吓、暴力胁迫、人身伤害等方面的投诉，也受理新闻单位在从事采访、报道、发表等正常的新闻业务活动时遭到围攻、冲击、破坏等方面的投诉。维权委处理投诉案件的具体方法包括：

1. 为投诉人出具口头或书面意见；2. 支持投诉人起诉；3. 与有关部门协商解决；4. 督促有关地方和部门对责任者进行处理；5. 居中调解；6. 召开专题座谈会、研讨会；7. 公开发表公告、声明、慰问电、抗议书、声援信或谴责文章、消息等。

维权委还可以通过新闻媒体对侵犯新闻工作者合法权益的事件进行曝光，对新闻工作者表示声援或慰问。对于严重的侵权事件，由维权委决定，向中央有关部门编发内参，以得到中央的重视和支持。

维权委曾针对北京电视台、兰州晨报、黑龙江日报、湖南人民广播电台、湖南电视台、中国食品质量报、重庆晨报、重庆电视台、重庆电视二台、重庆人民广播电台、湖北电视台、楚天都市报、光明日报等新闻单位的记者、通讯员在执行采访报道任务时遭受暴力侵袭导致人身伤害、被非法限制人身自由以及公私财产损害等严重侵犯新闻工作者合法权益的事件，发表了义正词严的声明，促使肇事者受到了法律惩处，维护了新闻工作者和新闻单位的合法权益。

2014 年 1 月，中国记协又公布了《中国新闻工作者援助项目实施办法》，对因公殉职、因履行新闻职责身体伤残的新闻工作者（及其家属）提供公益性的经济资助，以弘扬职业精神、职业道德，体现党和政府对新闻工作者的关心爱护，拓展权益保障工作新局面。

上述新闻传播法制建构、政策规制和新闻业界的社团规范与媒体自律准则为中国新闻媒体反腐败的舆论监督提供了制度化的保障、规范和引导空间，当然，上述制度能否全部落地，发挥最大的实际效用，还有赖于各地的制度执行力。同时，随着国家的发展和社会的进步，上述各种制度也会与时俱进地调整和不断完善。例如，《瞭望》周刊曾在 2004 年第 31 期发表一篇题为《中央关注舆论监督》的文章，介绍了"实施舆论监督的十条主流意见"，其中第四条意见"舆论监督要把握好信息来源渠道"中特别强调，"要特别注意：不能根据互联网、小报小刊和境外媒体的信息来寻找舆论监督的线索"①；2005 年中央下发的《关于进一步加强和改进舆论监督工作的意见》中也强调舆论监督报道内容"不得编发互联网上的信息"。到了 2010 年，国务院新闻办公室在其发布的《中国的反腐败和廉政建设》白皮书（2010 年 12 月）中则已明确表示："网络监督日益成为一种反应快、影响大、参与面广的新兴舆论监督方式。中国高度重视互联网在加强监督方面的积极作用，切实加强反腐倡廉舆情网络信息收集、研判和处置工作，完善举报网站法规制度建设，健全举报网站受理机制及线索运用和反馈制度，为公民利用网络行使监督权利提供便捷畅通的渠道。与此同时，加强舆论监督的管理、引导和规范，维护舆论监督的正常秩序，使舆论监督在法制轨道上运行。"说明国家行政管理部门对新闻媒体利用网络开展舆论监督已经持有更加积极开放的立场和姿态。

二　我国新闻媒体反腐败的舆论监督实践

目前，我国已经形成了由中国共产党党内监督、人大监督、政府内部监督、政协民主监督、司法监督、公民监督和舆论监督组成的具有中国特色的权力制约和监督体系。各监督主体既相对独立，又密切配合，形成了整体合力。② 其中舆论监督的主力军，就是报刊、电视、广播等新闻媒体及其新闻网站，新闻传播的公开性、广泛性、及时性和强大的舆论动员能力，使其成为现代国家腐败治理和廉政建设不可或缺的尖兵利器，当代各国的新闻媒体也无不将舆论监督、揭露权力腐败作为基本的社会担当和职业精神的重要体现。2014 年 8 月 25 日下午，中央政治局常委、中央纪委书记王岐山在政协十二届全国委员会常务委员会第七次会议上所做的报告中也强调指出，推进党风廉政建设和反腐败斗争，要发挥群众和媒体监督的正能量。

2013 年，中宣部、中国记协等决定在新闻战线探索建立媒体社会责任报告制度，推动媒体每年定期公开发布履行社会责任的情况报告。2014 年 6 月 9 日，国内首批 11 家试点中央新闻单位、新闻网站和地方新闻单位的社会责任报告正式对外发布，其中"开展新闻舆论监督"的情况，就是这

---

① 杨桃源：《中央关注舆论监督》，《瞭望》2004 年第 31 期。
② 国务院新闻办公室：《中国的反腐败和廉政建设》白皮书（2010 年 12 月）

些报告呈现的媒体履行社会责任的重要内容。

●《河北日报社会责任报告（2013 年）》摘录

舆论监督是党报重要的社会责任，也是拓展党报公信力和影响力的重要途径。《河北日报》发挥党报传统优势，不断改进和提高公开监督和内参监督的监督水平，适时适度适量刊发，努力实现科学监督、依法监督、建设性监督，使舆论监督在改进工作、解决问题、促进团结、维护稳定方面发挥了重要作用。

以舆论监督推动中心工作开展。《河北日报》把推动中心工作作为开展舆论监督的重要出发点，紧紧围绕中央大政方针执行情况和省委、省政府重点工作选题，关注经济建设和改革发展中的一些全局性、政策性问题以及需要研究解决的深层次问题，开设有《追访》《记者暗访》《报网互动　民生直通》等专栏。在党的群众路线教育实践活动中，还充分发挥党报的舆论监督作用，深入走访调查，以深度报道的形式刊发了百姓心声、记者暗访、记者调查、热点关注、问题追踪五组系列报道，特别是记者暗访系列几乎篇篇引起有关部门的关注，起到了很好的舆论监督作用。2013 年 10 月在第 1 版新设的《追访》专栏，对政府政策落实和惠民承诺追踪报道，社会反响很好。

以舆论监督帮助群众解决合理诉求。《河北日报》把反映群众合理诉求作为舆论监督的重要内容，贯穿于日常报道之中，要求进行建设性监督而不是破坏性监督，化解矛盾而不是激化矛盾，推动问题解决而不是制造新的问题。刊发的《提问高铁新火车站》《关注高速拖车救援收费问题》《谁来培养技术工人》等系列报道，在群众诉求和政府能够做到的地方寻找结合点，提出合理化建议，一些问题正在逐步解决。特别是《民生大视野》专栏，紧紧抓住群众关心的利益问题展开调查研究，推出的《土地碎片化　流动资金少　农技服务缺　种粮大户期盼帮一把》《有人没房住，有房没人住——个别保障房缘何"晒太阳"》《"电梯惊魂"频上演，怪谁？》《"小农水"，别断流》等稿件，及时反映了群众所盼所愿，引起有关部门重视。①

---

① 《河北日报社会责任报告（2013 年度）》，2014 年 9 月 2 日，中国记协网（http：//news.xinhuanet. com/zgjx/2014—06/09/c_ 133390623. htm）。

● 《湖北广播电视台责任报告（2013 年）》摘录

舆论监督直面社会问题，化解社会矛盾，促进社会和谐，是媒体的重要义务和责任。湖北广播电视台以建设者姿态开展舆论监督，积极提升主流媒体的社会引导能力。2013 年，在省纪委、省委宣传部领导下，湖北广播电视台将运行八年的"广播政风行风热线"节目部拓展成为广播、电视、报纸、网络四位一体媒体问政平台，邀请 64 个政府职能厅局、公共服务企业和 3 个市（州）政府负责人轮流上线，节目共播出 254 期，上线嘉宾 1006 人，共收到咨询投诉电话 82188 件，经节目部筛选梳理后转给省直各部门办理的共 2691 件，群众咨询、投诉转办件的解决率超过 98%，群众满意率达到 85% 以上。精心承办的《落实责任、教育惠民》媒体问政特别节目和《落实责任、保障民生》2013 政风行风评议活动特别节目，首次将参加民主评议政风行风的 9 个政府部门集中在电视演播厅，让广大群众直接参与评议和监督，共接到现场热线电话 1200 多个，参与互动的观众、听众、网友近 10 万人次；人民网、新华网、凤凰网等 37 家权威门户网站先后进行了报道。湖北垄上频道开辟《村委会值班室》直播节目，热线呼入量突破 8 万条，登记在案热线信息超过 1 万条，共回复处理问题 5800 余件。《经视直播》《新闻 360》等栏目以"当负责任的记者、做能帮忙的新闻"为宗旨，彰显建设者作为。《金银湖上现"孤岛"，3 万人出行难于上青天》《居民急盼公交微循环延伸 2 公里解决出行难》等报道贴近民生，帮助解决群众困难，受到社会好评。对贩卖血液现象、假冒"周黑鸭"事件的跟踪采访，引起政府部门、相关单位和社会公众的强烈关注。①

● 《中国青年报社会责任报告（2013 年）》摘录

2013 年，《中国青年报》在全国两会等重大新闻事件和突发社会热点事件中，加强宣传报道和舆论引导工作，全年针对重大社会问题，加强舆论监督，很多报道形成社会关注的亮点、焦点，产生积极广泛的社会影响。

法治社会版作为《中国青年报》履行舆论监督责任的重点版面，2013 年部门所有记者、约稿地方记者几十次下基层，走访地域从云贵

---

① 《湖北广播电视台媒体社会责任报告（2013 年度）》，2014 年 9 月 2 日，中国记协网（http：//news. xinhuanet. com/zgjx/2014—06/09/c_ 133390660_ 6. htm）。

高原最大的淡水湖到中原腹地的违法楼盘，深入群众了解现实问题，采写刊发了《多个豪华别墅和高尔夫球场项目"包抄"抚仙湖》等一系列深度调查报道。这些报道在社会上产生较大反响，不少使监督单位引起充分重视迅速整改。

2013 年 3 月底，本报记者在京参加面向国家科技重大专项培养工程博士校企对接会时发现，欧美国家含金量高的工程博士学位在国内存在严重异化的趋势："不统考英语、不看重论文"的个性化授予方式，给了权势阶层钻营的条件与空间；"985"高校与承担国家科技重大专项企业各执一词，互不"买账"；国家顶层设计严重滞后与缺失。经过近 20 天的调查采访，《中国青年报》教育科学版独家刊发《别让工程博士变味也沦为升官砝码》稿件，让权贵者混戴博士帽子满天飞的趋向大白天下。

本报记者对这一事件继续追踪，发现"985"高校不对外发布招生简章，极力回避学费与培养费等敏感问题，把建房子、买设备与教师工资等间接成本都核算成工程博士培养成本；把国家研究生计划内与计划外打通，变成对计划内研究生也收费，且收费达到 6 位数字，与 MBA、EMBA 学员收费相当，不享受奖学金；说一套做一套，明目张胆地把国家免学费培养的工程博士学位沦为挣钱工具。本报在第一时间刊发了《部分"985"高校被指借招工程博士挣钱》等系列稿件。

这组系列报道得到了教育部、科技部与国务院学位委员会办公室的配合。教育部领导批示：一是责成相关部门与单位把国家设置工程博士专业学位，培养工程领域"领军"人才的政策、标准与要求宣传好，贯彻好；二是过去的经验教训不少，要把好事办好；三是对违规招收工程博士的"985"高校，取消其试点资格。①

我国新闻媒体开展反腐倡廉的舆论监督，主要有"意见呈现"和"事实报道"两种形式，其中"意见呈现"包括媒体发表自家的评论和反映、报道社会各界的意见和主张，"事实报道"包括对社会某类较为普遍的现象的报道和对新近发生的具体个案的报道。

① 《中国青年报社会责任报告（2013 年度）》，2014 年 9 月 2 日，中国记协网（http：//news. xinhuanet. com/zgjx/2014—06/09/c_ 133393562. htm）。

（一）舆论监督反腐倡廉的意见呈现方式之一

新闻媒体发表评论，即新闻记者、编辑和时评撰稿人在自家媒体上发表评论，对社会上的渎职枉法、权力滥用、贪污腐化等现象进行剖析、抨击，向有关部门提出惩治的对策和建议。

●年度媒体舆论监督范例

评论：《民生工程为何不得民心》，2013年10月3日南京广播电视台新闻综合频道播出。获得第二十四届中国新闻奖电视评论二等奖。

这是一篇针对政府工作的重分量评论、舆论监督，是南京市属媒体第一次对雨污分流工程进行重分量的监督报道，主创人员从海量的调查采访中提炼素材和观点，通过详尽的事实和深入的分析，对南京市引发民怨的大规模雨污分流工程进行了批评。全片观点鲜明，逻辑缜密，语言和画面表现力强，是一篇优秀的电视评论。

该电视评论播出后引起了巨大社会反响，当天的收视率达6.08%，节目的主动监督一定程度上起到了议程设置的作用，此后的一段时间，雨污分流工程的问题引起了各大媒体的关注和讨论，并推进了相关部门的深刻反思和整改。[1]

（二）舆论监督反腐倡廉的意见呈现方式之二

新闻媒体反映、呈现公众的意见和诉求，即新闻记者、编辑通过采访、编发人民群众对社会上的渎职枉法、权力滥用、贪污腐化等现象的意见、批评和谴责。

●年度媒体舆论监督范例

调查结果报道：《90.8%公众力挺中央继续严厉整治"四风"——专家建议完善预决算制度以使整治"四风"问题长久化制度化》，《中

---

[1] 引自第二十四届中国新闻奖评委会对《民生工程为何不得民心》的"作品评介"与"社会效果"的说明，2014年9月3日，中国记协网（http://news.xinhuanet.com/zgjx/2014—06/18/c_133417596.htm）。

国青年报》2013 年 11 月 12 日第 7 版。

2013 年 11 月，中央党的群众路线教育实践活动领导小组印发《关于开展"四风"突出问题专项整治和加强制度建设的通知》，对已进行 5 个多月的中央整治"四风"活动进行系统总结，强调把专项整治作为教育实践活动整改落实的重中之重。《通知》出台后，中国青年报社社会调查中心迅速组织实施调查，收集了解公众关于整治"四风"的第一手民意。在不到一周的时间里，17100 名网友参与意见表达。记者采访了普通公众和专家，结合数据分析形成报道。

报道刊发后，引起强烈反响，不仅几十家网站当天转载，人民网、本报评论版等还针对调查数据推出相关报道。与此同时，该报道还受到了中央主要领导以及中纪委主要领导的关注与批示。批示中对本报社调中心的调查结果给予肯定，并指示要根据调查结果以及采访中的专家观点，将整治"四风"行动制度化、法律化。[①]

(三) 舆论监督反腐倡廉的事实报道类型之一

媒体的新闻工作者通过调查采访，报道一定范围内较为普遍存在的某类权力滥用、权力失范、权力腐败等相关现象和事实。

●年度媒体舆论监督范例

通讯：《一天陪洗八次澡　迎来送往该改了——来自基层的中国民生见闻》，2012 年 12 月 19 日播发。获得第二十三届中国新闻奖文字通讯二等奖。

这是一篇新闻性、时效性和贴近性很强的稿件。当时恰逢中央八项规定刚刚发布，明令要求厉行节约。新华社记者从内蒙古、陕西、北京、湖北、广东等地历时半个多月深入采访，分别采访了政府官员、司机、饭店工作人员、专家等，敏锐地挖掘出接待浪费在全国存在的共性问题。记者调查发现，基层接待任务非常繁重，群众意见很大。基层干部忙于接待根本无暇顾及本职工作，更是苦不堪言。稿件中提到的基层干部忙于接待导致的"一天洗八次澡"问题具有很强的

---

① 邱春燕：《引导社会热点　加强舆论监督——中国青年报的社会责任担当》，载《中国新闻传播的发展——现状与趋势研究报告（2013—2014）》，中国社会科学出版社 2014 年版。

典型性，被网民评为当前基层接待浪费的经典案例。

稿件一播发便成为网络热门话题，大量网民关注并引发强烈共鸣，以"县长一天洗八次澡"为关键词的新闻网页达到 94 万个。平面媒体采用达到近百家，《新华每日电讯》《中国青年报》等刊发评论，希望"一天陪洗八次澡"止于"八项规定"。①

（四）舆论监督反腐倡廉的事实报道类型之二

媒体的新闻工作者通过调查采访，报道新近发生的某些权力滥用、权力失范、权力腐败等相关案例和事件。

●年度媒体舆论监督范例

通讯：《北京北海地坛公园暗藏高端会所　公园方称"曝光也没用"》，《经济参考报》2013 年 11 月 29 日第 12 版。获得第二十四届中国新闻奖文字通讯二等奖。

一些优质、稀缺的公共资源正沦为权势和资本的附属品并滋生腐败现象，公众对此普遍感觉不平和焦虑。该篇通讯抓住"乙十六会所"侵占国家重点文物保护单位北海公园、地坛公园这一突出典型，以体验式的笔触、丰富的细节、均衡的文本结构和富有逻辑的叙述，揭露了公益价值被粗暴地商业化"变现"的现实，成为一个具有标本意义的观察样本，为制度化治理措施的出台，做了直接、有益的舆论推动。

该篇通讯刊登后，新华网、人民网和腾讯网、新浪网、搜狐网等权威新闻、门户网站在首页显著位置推出，300 多家网络媒体转载，在多家网站当日和本周点击量排行榜上位居前列。一些主流平面媒体就此刊发评论。住建部、国家文物局等部门先后给本报来电了解相关情况，北京市有关部门展开专门调查。2013 年 12 月 8 日，中办、国办印发《党政机关国内公务接待管理规定》，明确提出"不得使用私人会所、高消费餐饮场所"。2013 年 12 月 25 日，中央纪委、中央教育实践活动领导小组发出《关于在党的群众路线教育实践活动中严肃

---

① 引自第二十三届中国新闻奖评委会对《一天陪洗八次澡　迎来送往该改了——来自基层的中国民生见闻》的"作品评介"与"社会效果"的说明，2014 年 9 月 3 日，中国记协网（http://news.xinhuanet.com/zgjx/2013—06/18/c_132464489_2.htm）。

整治"会所中的歪风"的通知》。另外，2014 年 1 月，乙十六北海店和红领巾公园店已被政府停业整顿。①

●年度媒体舆论监督范例

通讯：《湖南省江永县：一些领导子女绕道进行政事业单位》，《中国青年报》2013 年 11 月 15 日第 8 版。

2013 年 11 月 15 日，中国青年报独家刊发的这篇报道，反映了部分县领导子女伪造外地任职的人事档案，再调进本地行政事业单位的现象。两天后，涉事 7 名领导子女被江永县清退。

举报这一事件的网帖 2013 年年初就出现了，省调查组也到江永调查过。此后，不见任何消息。中国青年报报道后，央视、新华社等媒体也先后跟进报道。在媒体不断追问和中央领导批示之下，江永县"违规进人案"继续发酵。2014 年 2 月，原江永县委书记伍军（被处分时任永州市零陵区区委书记）、原县长陈景茂（被处分时任江永县县委书记）、县编办主任、县人力资源和社会保障局局长、县组织部副部长、县教育局副局长等 6 名官员被免职，另有 9 人受党纪处分。

2014 年 3 月 31 日，中央组织部、人力资源和社会保障部联合通报，江永县因此事 15 名失职渎职人员被追责，另有 7 名县级领导干部受处分。其中，该县前后两任县委书记被免职，1 人免职时为副厅级干部。②

新闻舆论监督的实践表明，促进权力规范运行，防治权力腐败，离不开舆论监督的强化。现实中，一些干部"不怕内部通报，就怕公开见报"，正体现了舆论监督的威力。"通过舆论监督激发出'十目所视''十手所指'的效果，发挥好扶正祛邪、以儆效尤的教育警示作用，就能促进权力在阳光下运行。"③ 目前，尽管公民个体通过基于互联网的各种新媒体应用

---

① 引自第二十四届中国新闻奖评委会对《北京北海地坛公园暗藏高端会所 公园方称"曝光也没用"》的"作品评介"与"社会效果"的说明，2014 年 9 月 3 日，中国记协网（http://news. xinhuanet. com/zgjx/2014—06/17/c_ 133395605. htm）。

② 许雯：《人民网：融合与创新》，载《中国新闻传播的发展——现状与趋势研究报告（2013—2014）》，中国社会科学出版社 2014 年版。

③ 《人民日报》评论员：《加大舆论监督力度——论持之以恒落实八项规定》，《人民日报》2014 年 5 月 2 日第 1 版。

所开展的"网络反腐"迅速发展，主流新闻媒体的新闻舆论监督仍然是我国反腐败的主力军。

中国社会科学院舆情调查实验室2013年实施的一项全国舆情指数调查显示①，在我国公众对政府和各种社会组织、团体的信任度排名中，新闻媒体在受信任程度方面排在第三位，仅次于中央政府和法院，比例达到了64.8%②（见图1）。

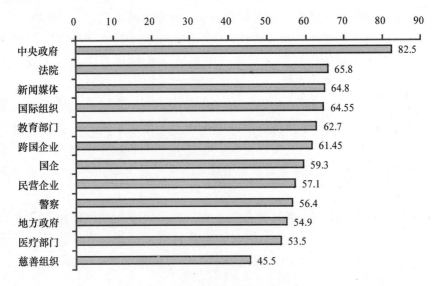

图1 民众对各类社会组织信任度（%）

调查还显示，在公众心目中，当需要向政府相关部门表达诉求时，选择通过"向媒体反映"的比例超过了四成，仅排在"向政府相关部门反映"之后，居第二位（见图2）。③

---

① 该项调查覆盖中国一二三线城市共计20个，具体为一线城市4个：北京、上海、广州、深圳；二线城市9个：成都、杭州、沈阳、西安、长沙、郑州、石家庄、长春、福州；三线城市7个：淄博、淮安、中山、襄阳、包头、阜阳、台州。调查对象设定为最近3个月未接受过调查访问的人员，样本容量为2000人，每城市100个样本，抽样方式为分层随机抽样，调查周期为一周，调查问卷采取网络在线调查方式填答。调查内容包括热点舆情、社会意识和价值观、对外意识、媒体接触与使用四个方面。

② 刘志明主编：《中国舆情指数报告（2013年）》，社会科学文献出版社2014年版，第86—87页。

③ 同上书，第89页。

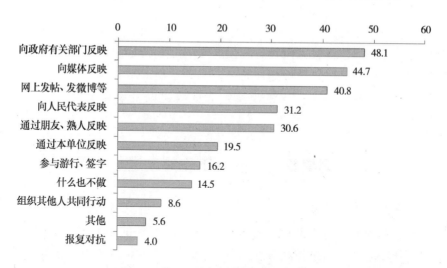

图2 民众选择反映问题的渠道（%）

调查结果同时显示，接近八成的受访公众认为通过"媒体曝光/媒体热线"的方式是比较有效的诉求途径，排在第一位，远高于其他几种方式（见图3）。①

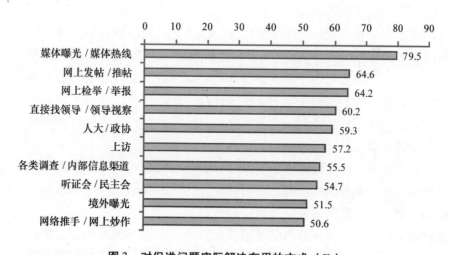

图3 对促进问题实际解决有用的方式（%）

---

① 刘志明主编：《中国舆情指数报告（2013年）》，社会科学文献出版社2014年版，第90页。

上述调查表明，目前国内的新闻媒体在汇集和表达民众诉愿、化解社会矛盾、促进问题解决方面具有较强的影响力和公信力，各级、各类新闻媒体理应不负人民群众的信托和期待，充分珍视、用好自己的影响力和公信力，通过舆论监督为国家的反腐败和廉政建设凝聚和倡扬广泛的民意支撑。

三 对新闻舆论监督支持工作的改进与拓展空间

2014年3月，中央宣传部、国家新闻出版广电总局等九部门联合印发了《关于深入开展打击新闻敲诈和假新闻专项行动的通知》，决定在全国范围内开展打击新闻敲诈和假新闻专项行动。当年6月，国家新闻出版广电总局通报了《河南青年报》违法违规案、《西南商报》记者张豪违法违规案、《南方日报》记者胡亚柱违法违规案等8个典型案件。据国家新闻出版广电总局负责人介绍，2013年以来，新闻报刊领域共受理举报案件400余件，其中不少涉及新闻敲诈和假新闻。而在新闻敲诈和假新闻案件中，有不少是打着新闻媒体网站、网站区域频道和网站记者名义进行的，也基本上是以"舆论监督""调查""曝光"相要挟攫取利益。这些害群之马的存在，损害了新闻媒体公信力，污损了新闻工作者的形象，恶化了新闻媒体的生态发展环境。《关于深入开展打击新闻敲诈和假新闻专项行动的通知》发出以后，中央主要新闻媒体以及各地党报、电台、电视台都给予了高度关注，全国有上千家媒体进行了宣传报道，形成了强大的舆论氛围，群众举报明显增多，出现了全社会对不法行为人人喊打的局面和声势，取得了重要的阶段性成果。

相比之下，目前国内对新闻媒体依法开展舆论监督合法权益的保障力度尚有不足。新闻媒体反腐败的舆论监督往往需要承担较高的新闻职业风险和外部压力，记者在采访过程中经常面临各种干扰、阻挠甚至被打、被扣押等风险。除媒体正常采访受阻情况之外，报道刊播受阻也是舆论监督被阻挠的另一种形式。有调查数据显示，在批评性报道能否顺利刊播这一问题上，被调查媒体表示其干预主要来自说情者和上级机关，两者分别占到69.1%和61.8%，成为阻挠舆论监督的主要阻力。这种情况容易造成人们对一些上级机关权力滥用的质疑，甚至引发对立情绪，造成社会矛盾。媒体舆论监督的阻力主要来自被采访对象的不配合、拒绝，甚至暴力抗拒，有多达 35.3% 的拒访者采取极端行为，实施暴力阻挠。近年来，不时发生记者在采访中被殴打、非法扣留，摄像和摄影器材、设备被砸被毁，个别企业甚至采用极端手段恐吓和报复记者等阻挠媒体舆论监督的事件。[1]

因此，建议中央宣传部、国家新闻出版广电总局、记协等相关部门，在全国范围内适时开展打击非法干扰新闻舆论监督、侵害新闻工作者合法权益的专项行动，查办并公布这方面的典型案件。同时，进一步加强和发挥好中国记协维护新闻工作者合法权益委员会的维权作用，根据《中华全国新闻工作者协会维护新闻工作者合法权益委员会处理案件程序和办法》和《中华全国新闻工作者协会维护新闻工作者合法权益委员会工作细则》的规定，积极开展工作。目前，中国记协网公布的《记协维权典型案例》所收录的 15 个典型案例，发生日期最近的仅止于 2005 年，还没有收录 2006 年至今的任何案例。该网站《维权服务》栏目刊登的消息，也止于 2008 年，需要及时更新。

鉴于相比新闻媒体的其他报道而言，采写反腐败方面的舆论监督报道成本高、风险大、难度也大，因此在每年的中国新闻奖、长江韬奋奖评选中，应对舆论监督方面的报道和在舆论监督方面卓有贡献的新闻工作者在评分标准上增加适当的权重。同时，鉴于舆论监督已被我国党政决策部门确认为权力制约和监督体系的重要构成，与党内监督、人大监督、政府内部监督、政协民主监督、司法监督和公民监督共同形成既相对独立，又密切配合的有中国特色的监督体系，可考虑由中共中央纪律检查委员会、中华人民共和国监察部与中宣部、国家新闻出版广电总局、中国记协等单位联合创设"中国新闻舆论监督奖"，对卓有成效地开展新闻舆论监督的新闻媒体、新闻工作者及其优秀的舆论监督作品给予褒扬和奖励。

原载中国社会科学院新闻与传播研究所创新工程"新闻传播发展趋势研究"项目组/编：《中国新闻传播的发展——现状与趋势研究报告（2013—2014）》，中国社会科学出版社 2014 年版。

---

[1] 孙京平：《我国媒体舆论监督情况调查分析报告称舆论监督日益成为反映民意化解矛盾重要途径》，《中国新闻出版报》2011 年 6 月 21 日第 5—6 版。

第 四 编

毛泽东研究

毛泽东与内参

——基于《建国以来毛泽东文稿》的搜索

尹韵公[*]

众所周知，内参及其机制是我们党创造的富有中国特色新闻传播体制的重要组成部分。笔者曾经在《论中国独创特色的内部参考信息传播工作及其机制》的论文中，对我国内参及其机制的诞生、萌芽、成长和发展，做了简洁而明快的宏观描述。① 虽然其中也提到了毛泽东不可低估的重大作用，然而，由于论述的重心偏于整体和全局，故无法对毛泽东的内参思想和内参做法做出更多的阐释。这不能不是一个缺憾，因为从现在已经公开的大量而丰富的党史国史资料来看，在中共第一代领导核心人物中，论及内参的创建，实际上毛泽东为此付出的心血不可否认是最多的，他做出的努力也不可否认是最大的。

厚达 13 册的《建国以来毛泽东文稿》（以下简称"毛文稿"），正是一个极其有力的证明。该书公开发表了毛泽东从 1949 年 9 月至 1976 年 9 月的 27 年间许多过去未公开的电文、讲话、信件、批示、改稿等。毫无疑问，这些文稿不仅是毛泽东思想研究不可多得的珍贵文献，而且还是毛泽东某个领域具体思想研究的重要资料。更为难得的是，以编年形态出现的"毛文稿"，可以使我们获得这样一个特别宝贵的视角：不是用静态的、固化的、直线的，而是用动态的、变化的、曲线式的眼光来认识和看待毛泽东的思想发展过程，从而有利于我们能够做到更加客观、更加准确、更加全面、更加系统地理解和把握整个毛泽东思想体系及其构成。

---

* 尹韵公，中国社会科学院中国特色社会主义研究中心主任，研究员。
① 参见《新闻与传播研究》2012 年第 1 期。

本文将基于《建国以来毛泽东文稿》（1—13 册）的搜索，依据相关史料，着力探讨和阐发毛泽东为内参及其机制的形成和成熟所做出的不可磨灭的重大贡献和独特功绩，以及毛泽东运用内参作为治国理政重要抓手的典型例证。

一

从"毛文稿"中统计，毛泽东批示过的内参近 240 件。这肯定不是最终的精确数字，因为已经发现一些回忆文章提到的毛泽东批示过的内参，并没有被归拢搜集到"毛文稿"中，况且毛泽东本人是一个工作狂，他批示过的内参估计还有不少因诸种原因而未曾公开。

毛泽东兴趣极广，知识面极广，阅读范围从来没有边界，他的知识深度、厚度和广度是世所罕见的。这个性格特点决定了毛泽东阅读过的内参品种，也是相当多的。从"毛文稿"中统计，毛泽东看过的内参品种达 30 多种，如新华社的《内部参考》和《参考资料》，中共中央宣传部的《宣教动态》，中央办公厅及其下属秘书局、机要室的《情况简报》和《来信摘要》，外交部的《国际时事资料》和《新情况》，中央统战部的内参，总政治部的《工作通讯》，中共中央调查部的《调查通报》，光明日报的《简报》，中国科学院的《科学简讯》、中国科学院哲学社会科学学部的《哲学社会科学动态》，北京市委办公厅的《简报》，江西省委宣传部的《思想动态》，国家计委的《计划工作简报》，中央农村工作部的《农村简讯》，中共中央对外联络部的《外事简报》，共青团中央的《团的情况》，等等。其中，毛泽东批示最多的内参品种是新华社的《内部参考》、中宣部的《宣教动态》、中央办公厅的《情况简报》等三种，批示份数占总量的 60% 以上。

不容置疑地，"毛文稿"是一部不可多得的可靠信史。它提供的丰富文献，为我们厘清内参及其机制的成长史，尤其是毛泽东在其中发挥的独特而重大的作用，展示了一幅爽朗而明丽的鲜亮图景。

从"毛文稿"获悉，毛泽东在新中国成立后批示第一封群众来信是在1950 年 5 月 11 日。这封信是清华大学学生鲍洁如参加南下工作团时，为反映中共浙江省宁波地委农村工作中出现的一些违法乱纪情况写的，该信由北京市委摘报。毛泽东见信后，提笔写下语词严厉的批语：

华东局，并转浙江省委，并告中央局、分局，并转各省委、区党委、地委：接北京市委送来浙江工作同志张景鑫一信，特转给你们。这种违反政策及命令主义的工作作风，是不能忍耐的，必须实事求是，彻底检查，切实纠正，并以结果报告中央。各省各县有同样情形的，必须检查纠正，并例行整党整干，彻底纠偏。①

可以看出，进城初期的毛泽东显得异常谨慎，对伤害群众的命令主义作风甚至有点反应过度。同时，毛泽东也非常善于举一反三，抓住典型，教育一大批。通过宁波的错误，要求全党纠偏。

毛泽东收到的第一封直接写给他的群众来信，是1950年清华大学机械系几位应届毕业生寄的。这几位向毛泽东反映分配工作中存在学用不一致的问题，毛泽东于8月8日在来信中批语：

周：此事是谁人负责，请加处理，将此信发交处理机关的负责同志重加审查，并将结果告我为盼。②

这里的"周"，是指周恩来，毛泽东将查处此事的工作，交给了周恩来办理。对于执政党而言，人民群众来信就是下情上达的信息传播渠道，人民群众来信反映的许多情况，也是执政党进行正确执政的真实依据。同时，执政者阅读人民群众来信，还是执政者密切联系群众、听取群众呼声的有效途径。人民群众来信愈多，表明人民群众对执政党的信任度愈高。新中国成立刚一年多，中共中央办公厅秘书室鉴于人民群众寄给中央、毛主席本人的来信日益增多，为此专门报告，提出各中央局、省委、地委设立处理群众来信的机构或指定专人负责，并建立起登记、研究、转办、检查、档案等必要的制度，是今后把这项工作做得更认真周到的关键所在。毛泽东收到这个报告后，于1950年11月30日写下批语：

各中央局，分局，并转所属大市委，省委，区党委：
兹将中央办公厅秘书室11月29日给毛主席关于处理群众来信问

① 《建国以来毛泽东文稿》第1册，中央文献出版社1987年版，第335页。
② 同上书，第463页。

题的报告发给你们。我们同意报告中所提意见，请你们对群众来信认真负责，加以处理，满足群众的要求。对此问题采取忽视态度的机关和个人应改正此种不正确态度。望加检讨，并盼电复。①

毛泽东的这个批示连同这个报告，在共和国的群众来信史上，具有十分重要的意义。它表明：我国人民群众来信的制度化和规范化从此走上了坦途。

毛泽东办事风格向来是抓得很紧，不抓则已，一抓到底。第二年，中央办公厅秘书室将 1951 年 1 月至 3 月近 2 万封群众来信的分类处理情况，向毛泽东做了汇报，毛泽东再次写下批语：

　　各中央局，并转分局，省委，区党委，市委，地委，县委；各大行政区，各省市区，各专区，各县人民政府的党组，并告中央人民政府各部门的党组：

　　必须重视人民的通信，要给人民来信以恰当的处理，满足群众的正当要求，要把这件事看成是共产党和人民政府加强和人民联系的一种方法，不要采取掉以轻心置之不理的官僚主义的态度。如果人民来信很多，本人处理困难，应设立适当人数的专门机关或专门的人，处理这些信件。如果来信不多，本人或秘书能够处理，则不要另设专人。下面是专门处理人民给我来信的秘书室关于处理今年头三个月信件工作的报告，发给你们参考，我认为这个报告的观点是正确的。②

这个报告还说道"还有 9000 多封，是地方组织动员群众写的成批致敬信，有的现在还继续向这里寄。这种情形，无法一一回信，准备给该地以总的回信"，毛泽东对此加写以下批语："组织群众成批地写致敬信是不好的，以后不要这样做。"③

从这个批语可以再次看出，毛泽东是极其重视群众来信的。在前信中，毛泽东认为省委以上党的机构应认真对待和处理人民群众来信；而在

---

① 《建国以来毛泽东文稿》第 1 册，中央文献出版社 1987 年版，第 691 页。
② 《建国以来毛泽东文稿》第 2 册，中央文献出版社 1988 年版，第 310 页。
③ 同上书，第 311 页。

半年以后的信中，毛泽东则进一步认为不仅在县委以上党的机构中，而且在县政府以上的政府机构中，还有在中央党政部门中，都要建立"专门机关或专门的人"来处理人民群众来信。换句话说，毛泽东要求县处级以上领导干部都要高度重视人民群众来信处理工作，并要求以此设立专门机构应对。毛泽东的第二个批语标志着我国人民群众来信处理的全面体制建设，已在新中国成立的第二年初步创成。总之，毛泽东的这两个批语，在我国信访史和内参史上，具有重大的历史意义。它为以后的工作，奠定了不可磨灭的坚实基础。

毛泽东不仅倾力促成和推动人民群众来信工作的制度建设，而且对轻视群众来信的领导机关也毫不留情地严厉批评，责令整改。在 1953 年年初的"三反"运动中，毛泽东发现山东省政府积压了 7 万多封群众来信没有处理，而"省以下各级党政组织积压了多少人民来信，则我们还不知道，可以想象是不少的"。毛泽东痛斥"这是反动统治阶级对待人民的反动作风"，是"反人民的作风，国民党的作风"。毛泽东要求全国各级党政部门"仿照山东办法"，"从处理人民来信入手，检查一次官僚主义、命令主义和违法乱纪分子的情况，并向他们展开坚决的斗争"①。

如果说，广泛建立人民群众来信制度是我国内参机制的一大支柱的话，那么，在新闻单位普遍创办《内部参考》之类的刊物，则是我国内参机制的又一大支柱。我党内参史最早可追溯到土地革命战争时期，1931 年 11 月成立的红色中华通讯社就创办了以抄收国民党中央社和其他电台播发消息为主的《无线电材料》，这份内部刊物后来逐渐演变成为以刊登国外通讯社消息为主的著名内参即《参考消息》。在人民革命战争胜利的前夜，我党中央英明地预见到，随着我党将从一个砸烂旧制度的革命者，必然地要转换成创立新政权的建设者的角色改变，我党作为执政党对来自全国各地和各方面的信息需求量必将大增，故此我党中央于 1948 年 6 月 5 日发出了《中共中央关于新华社应供给多种资料的指示》，强调："为了帮助中央了解各地情况，各新华总分社和分社除了供给各种准备发表的新闻稿外，并须担负供给各种参考资料的任务。此种资料，包括各解放区所发的地方性的文件（如条例、命令、指示信、社论等或其摘要），各解放区的某些不公开发表的重要情况，及其他中央指定调查、搜集的资料而为机密电台和陆上交

① 《建国以来毛泽东文稿》第 4 册，中央文献出版社 1990 年版，第 9 页。

通所不能担负者。"① 在这份具有里程碑意义的我党第一份关于内参工作的中央文件精神的鼓舞下，新华社于 1949 年 9 月 22 日正式创刊《内部参考》。一个文件的发布，一个内刊的诞生，这两大重要举措有力地表明：我党独创的具有中国特色新闻传播体制的内参及其机制已经初步创成。

从"毛文稿"得知，毛泽东批示的第一份《内部参考》是 1950 年 9 月 14 日出版的第 222 号，该期刊载的《各地公家采购人员在津乱抓物资破坏统一采购》一文，引起毛泽东注意，他随即批给周恩来阅，要周与薄一波商量，由各大区派人在天津设联合办事处。此后，毛泽东多次在《内部参考》上批示，说明这种内参已经越来越受到毛泽东的关注。1953 年 1 月 16 日，毛泽东在收到新华社向中央高层和中央各部门发送的"《内部参考》征求意见表"后，写下了意义深远的重要批语：

> 我认为此种内部参考材料甚为有益。凡重要者，应发到有关部门和有关地方的负责同志，引起他们注意。各大区和各省市最好都有此种《内部参考》，收集和刊印本区本省本市的内部参考材料。②

毛泽东的批语是一种鲜明的态度表达，释放出强烈的信号：一是这是毛泽东首次对内参刊物表示肯定和赞赏；二是这是毛泽东首次要求各省市都创办内部参考材料；三是这是毛泽东首次为推动内参及其机制建立的全面化和系统化而做出的重大指示。从我国内参史的纵向发展来看，毛泽东的这个批语，毫无疑问地，是一个耀眼夺目的标志性事件。从"毛文稿"显示的史实看，自此以后，毛泽东阅读的内参品种明显增多，毛泽东批示的内参也明显增多。由此可见，毛泽东为我国内参及其机制的创立和形成乃至成长做出的重大而独特的历史性贡献，实是不言而喻的。

与以反映国外动态的《参考消息》有所区别，群众来信、各部门和各地区内参、媒体内参这三大维度，共同构建了以反映国内问题为主的内参及其机制框架。这三条长长的、粗粗的内部信息渠道，保证了中央政府和最高领导层能够基本掌握全盘，知晓主要情况，保证了不敢说 100% 但可

---

① 新华社新闻研究所编：《新华社文件资料选编》第 1 辑，新华社新闻研究所出版社，第 148 页。

② 《建国以来毛泽东文稿》第 4 册，中央文献出版社 1990 年版，第 28 页。

以肯定至少80%以上的底层信息能够自下而上地源源不断地被送至最高领导层面前，从而使这些有用的有价值的丰富信息，成为中央最高决策层治国理政的重要依据。

除上述体制性内部信息渠道外，毛泽东还创造了一个了解真实情况的个人信息渠道。20世纪50年代中期，为了更多地直接了解农村基层动向，毛泽东要求身边的警卫人员返乡探亲期间，调查农村情况，回部队后写成书面调查材料，报告给他。对警卫战士的调查报告，毛泽东看得非常认真，连错别字和用错了标点符号，他都一一改正过来。见到文通字顺、内容实在的报告，毛泽东会写下"很好"或"写得不错，有分析，有例证"之类的批语。读到反映负面情况的报告，毛泽东则会写下"此地缺粮，农民不满，值得注意"；或"此乡粮食有些问题，不大。合作社有些问题"；或"人民有意见"之类的批语。毛泽东有时还会把警卫战士的调查报告批给有关省委书记和其他党和国家领导人，以促使反映的问题得到尽快解决。① 不过，史料显示，毛泽东的这种个人信息渠道做法，可能不是一个常态，20世纪60年代以后似乎很少见到了。

二

作为我国内参及其机制的创建者和推动者，作为我党领导核心集体中的核心人物，毛泽东居于中枢，立足顶端，掌控全局，号令天下。毛泽东曾经对新华社社长吴冷西说过："《参考资料》和《内部参考》我每天必看。"② 毛泽东办公除了阅读各省市、各部门的工作报告外，阅读内参也成为每天的规定动作。他阅读的内参肯定要多于甚至大大多于批示内参，看过的不一定批示，批示的一定是细读过的。毛泽东的内参批示是毛泽东思想十分重要的组成部分，在一定意义上讲，可能是更接近毛泽东的思想部分，更容易摸准毛泽东的思路和想法。毛泽东的重要论著大多要磨过几个月或几年，而内参批示内容则是直接地、及时地反映了毛泽东在某个时空节点上对某个事件的明确看法和鲜明判断。毛泽东的内参批示有长有短，也有详有略，但有一点丝毫不用怀疑：毛泽东的每一件内参批示都是在体

---

① 武健华：《毛主席怎样培育8341部队》，《炎黄春秋》2012年8月。
② 吴冷西：《忆毛主席》，新华出版社1995年版，第141页。

制内晴空响起的惊雷，甚至还可以形成大政方针的磅礴力量。毛泽东日理万机，工作繁重，每天源源不断送上案桌的各种内参信息，则是他治党治国治军不可或缺的重要抓手。纵观毛泽东的内参批示内容，大致有以下几个突出特征。

（一）善于归纳，善于概括，善于举一反三，善于抓出普遍意义的东西

毛泽东的政治敏感力绝对一流，他常常从个别的内参信息抓住其潜藏的普遍意义，并把它拎出来展现，从而显示出毛泽东高超的领导艺术和领导方法。譬如，毛泽东看到新华社的一篇内参后，于1953年2月2日批示新华社："一月三十日《内部参考》载《河北省农村基层干部违法乱纪情况严重》一稿，很有用处。请将此稿发给各中央局、分局、省委和市委的同志们阅看，作为参考。并请令知各省市新华分社仿照河北分社的办法，从各省市方面采访此类消息刊入《内部参考》。河北省委负责同志林铁、薛迅等集中地揭露了该省基层组织中发生的许多违法乱纪事件，证明中央一月五日关于反对官僚主义、命令主义和违法乱纪的指示已经引起了他们的注意。但大多数省市还无这样的反映，故请你们注意在各省市采访这同一主题的消息，并将其中最典型的消息通报各中央局、分局、省委和市委，以促起他们的注意。"① 毛泽东敏锐地看出这篇内参的价值所在：报道的是具体个案，反映的却是普遍类似，将其树为典型，推动一般。毛泽东这种高明的工作方法，在他的主政生涯中尤其是新中国成立以后经常使用。例如，新中国成立初期的婚姻法试点时，毛泽东看到中央贯彻婚姻法运动委员会办公室编印的内参《贯彻婚姻法运动情况简报》第11号后，写下批语："简报上的许多材料，都应当公开报道，并发文字广播，三五天一次，方能影响运动的正确进行。如本号凤城县的好事例及各地的不好事例，凡典型性的，都应当公开报道。请与人民日报和新华社同志商酌处理。"② 类似以上抓住典型、推动工作的内参批示，"毛文稿"中还有一些，这也从一个方面反映出了毛泽东的执政特点。

（二）善于发现问题，善于抓住问题，善于应对问题

毫无疑问，毛泽东每天接到的信息是海量的，如何从海量信息中发现

---

① 《毛泽东新闻工作文选》，新华出版社1983年版，第175页。

② 《建国以来毛泽东文稿》第4册，中央文献出版社1990年版，第120页。

和抓住问题，又如何应对和处理问题，这也彰显出毛泽东作为大政治家的杰出能力。譬如，新华社《内部参考》1957 年 2 月 27 日第 2139 期刊登了《大公报》反映的《对中央负责同志的肉食供应工作浪费情况甚为严重》的消息，毛泽东 3 月 4 日阅后批示给中办主任杨尚昆："内有对中央负责同志肉食供应严重浪费一文，请据此检查，分清责任，予以处罚。并将情形告我为盼。"① 新华社记者根据毛泽东的批示，对此事做了调查，刊登在《内部参考》1957 年 4 月 4 日第 2170 期的调查报告说："《大公报》反映的情况有些属实，但也有夸大之处。北京市对中央负责同志的肉食供应，几年来和特种供应（对象是各国使馆、大饭店、外宾、专家、高级医院等）的标准相同，并没有其他特殊的要求和规定。全市每天特种供应的猪 60 口，占全市每天供应量的 5%，其中只有 3 口左右是供应部分中央负责同志的（目前约 160 户），不足全市特殊供应量的 5%。至于要求严格，是因为此类供应如质量不好或不卫生，极易造成不好的政治影响。"毛泽东于 4 月 6 日看后，再次批示给杨尚昆："160 户每天 3 头猪，如以每头 150 斤计算，共有 450 斤，每户每天得肉约 3 斤弱，仍太多，有一斤或一斤半就够了，可减少一半，请你研究是否可行，我以为是可行的，似应减半执行，以示同甘共苦。现在供应油肉到户，实际上有很大浪费，至少有三分之一浪费掉了。请酌办。"② 不可想象的是，堂堂管理 6 亿人口大国的最高领导人对这么一个微小问题，给予的关注竟然是如此之细！

又如，新华社《内部参考》1958 年 2 月 26 日第 2429 期上报道山东灾情日趋发展，灾民断粮、要饭、外逃现象相当严重。毛泽东 3 月 5 日阅后批示给邓小平："此件所载山东灾情问题，请用电话向舒同询问一下，问他们是否注意了此事，救济办法如何？"③ 同年 4 月 1 日，广东省潮安县有人给中办写信，反映潮安县委书记在整风"反右"斗争中自杀的情况，希望中央从速派人彻查。毛泽东于 4 月 27 日阅后，批示给中共广东省委第一书记陶铸："此件所提问题，请派一个政治上强的同志去彻查一次。宗派主义可能是有的，但死者有无因而致死的特殊情况，也值妥善详查。去的人不要带任何预定估计，完全从寻找真理出发。情况弄清，群疑可释。

---

① 《建国以来毛泽东文稿》第 6 册，中央文献出版社 1992 年版，第 364 页。
② 同上书，第 365 页。
③ 《建国以来毛泽东文稿》第 7 册，中央文献出版社 1992 年版，第 105 页。

闻你病了，要静心养病，好了再工作，不急忙。潮汕这件事情，可用几句话交付一位书记去办就行了。"① 同年9月5日，安徽省灵璧县无署名群众给毛泽东写信，反映该县灾情严重，已饿死不下500人，请求中央派人调查处理。毛泽东于10月2日阅后，批示给中共安徽省委第一书记曾希圣："是否属实，请派人去那里查一下，酌量处理。"② 依照毛泽东的批示，安徽省委派出检查组下去检查，并将调查结果于12月23日报告了毛泽东，说信中反映情况基本属实，省委对此做了自我批评，并采取纠正措施。同年11月14日，毛泽东看到新华社《内部参考》1958年11月11日刊登的《邯郸专区伤寒疫病普遍流行》一文，说"今年入秋以来，河北省邯郸专区伤寒疫病普遍流行，患病人数之多、蔓延之快是历年来所未有的，其主要原因是领导干部只注意生产，忽视群众生活，卫生工作搞得不好等等"。时正值中共中央政治局召开扩大会议，毛泽东批示道："此件印发到会各同志。很值得注意，是一个带全国性的问题，注意工作，忽视生活，必须立即引起全党各级负责同志，首先是省、地、县三级的负责同志的注意，方针是：工作生活同时并重。"③ 同年12月1日，毛泽东批语道："最近几期新华通讯社的《内部参考》，载了许多件各地（一部分人民公社）发生强迫命令、违法乱纪的材料，很值得看一下，请各同志予以注意。"④ 毛泽东的这个批语还有一个背景：当年9月，湖北随县县委发现本县金屯乡所谓"亩产六万斤中稻"的信息是"假卫星"后，即对乡社干部做了处理。中共湖北省委第一书记王任重将此事的调查报告了毛泽东，毛泽东指示邓小平：将他的批语和王任重的报告一并作为中共八届六中全会文件在会上印发，其目的是要全党一起来纠正错误风气。

以上选择的史料均是出自同一年，即1958年，几乎均为同一信息来源即新华社《内部参考》，据此可以看出，一是毛泽东是不缺信息的；二是内参机制尤其是新华社是不缺席的，没有失职的；三是后来的历史证明，毛泽东的信息选择和信息判断的能力是很强的；四是毛泽东的批语显示他的头脑是冷静的，处置也是正确的。

---

① 《建国以来毛泽东文稿》第7册，中央文献出版社1992年版，第189页。
② 同上书，第436页。
③ 同上书，第530页。
④ 同上书，第615页。

（三）风起青萍，纵横捭阖，山河壮色，历史起伏

毛泽东是历史巨人，作为党的最高领导核心，他的一举一动都牵动着国家走势的神经。显而易见地，他的内参批示也反映着他治国思路的新想法和新方向。历史上的一些重大转折，往往源于一些不起眼事件的开头。毛泽东的内参批示，就是有力的证明。譬如，解放军总政在 1964 年 6 月 2 日编印的《工作通讯》第 131 期上，刊登了林彪在同年 5 月 9 日听取总政副主任刘志坚、傅钟和总政文化部副部长陈其通关于全军第三届文艺会演情况汇报后，对部队文艺工作发表了谈话。毛泽东于 6 月 4 日阅后，批示给江青："江青阅。并于六月五日去找林彪同志谈一下，说我完全赞同他的意见，他的意见是很好的，并且很及时。"① 实际上，这个批示为 1966 年 4 月 10 日中共中央转发的《林彪同志委托江青同志召开的部队文艺工作座谈会纪要》埋下了伏笔。前后对照，因果了然。又如，毛泽东于 1963 年 12 月 12 日看到了中宣部文艺处同年 12 月 9 日编印的《文艺情况汇报》后，即写批语："此件可一看，各种艺术形式——戏剧、曲艺、音乐、美术、舞蹈、电影、诗和文学等等，问题不少，人数很多，社会主义改造在许多部门中，至今收效甚微。许多部门至今还是'死人'统治着。不能低估电影、新诗、民影、美术、小说的成绩，但其中的问题也不少。至于戏剧等部门，问题就更大了。社会经济基础已经改变了，为这个基础服务的上层建筑之一的艺术部门，至今还是大问题。这需要从调查研究着手，认真地抓起来。"似乎意犹未尽，毛泽东又加写了一句："许多共产党人热心提倡封建主义和资本主义的艺术，却不热心提倡社会主义的艺术，岂非咄咄怪事。"② 这个批示与半年后的另一个批示相互呼应，相互印证。毛泽东于 1964 年 6 月 27 日看了中宣部关于全国文联和各协会整风情况的报告后，即写下了措辞更为激烈的批语："这些协会和他们所掌握的刊物的大多数（据说有少数几个好的），十五年来，基本上（不是一切人）不执行党的政策，做官当老爷，不去接近工农兵，不去反映社会主义的革命和建设，最近几年，竟然跌到了修正主义的边缘。如不认真改造，势必在将来的某一天，要变成像匈牙利裴多菲那样的团体。"③

---

① 《建国以来毛泽东文稿》第 11 册，中央文献出版社 1996 年版，第 81 页。
② 《建国以来毛泽东文稿》第 10 册，中央文献出版社 1996 年版，第 436 页。
③ 《建国以来毛泽东文稿》第 11 册，中央文献出版社 1996 年版，第 91 页。

后来的国史学家都认为，以上几个毛泽东的内参批示，均成为"文革"发动的不可忽略的重大因素。事实上，类似这般引发重大事件的内参批示，在"毛文稿"中还有一些。历史的确令人玩味不已！

（四）既有大动作，也有小举止，既眺望风云变化，也关心民间百姓，扫视一切，洞察入微

面对国内形势和全球震荡，毛泽东用大智慧，展大手笔，写大文章；面对普通百姓和弱势群体的诉求，毛泽东则耐心倾听，积极解决。中央办公厅秘书室 1962 年 2 月 23 日编印的《群众反映》第 13 期上刊载了上海工人金祥根同年 2 月 12 日给毛泽东的信，说最近物价不断提高，真使人坐卧不宁。工人响应党的号召，节衣缩食，十多年来积蓄的一些钱，眼看着一天天地贬值，心里比刀割还难过。现在有很多人看到这种情况，不想再储蓄了。为此，金祥根提出两项建议：（1）政府尽最大努力稳住物价，使人民对币值有充分的信心；（2）每月公布物价总指数，存款采取保本保值的办法。毛泽东于同年 3 月 4 日阅后，将来信批示给主管财经工作的国务院副总理李先念："先念同志：请你找几个内行同志在一起，研究一下，看这个文内所提两项办法是否可能做到，怎样做到，何时做到。如有结果，请告我。"①

"文革"期间，一批老干部被迫害致死，其家属遭受精神上、物质上的双重打击，甚至基本生活都难以为继，他们不得不向中央申诉。这里试选几例：（1）中办信访处 1972 年 5 月编印的《要信摘报》第 100 号上刊登了原一机部副部长白坚之子白克功给毛泽东的信，信中陈述了白坚革命简历和死因，恳请中央早日为他做出政治结论。毛泽东阅后，于同年 5 月 31 日做出批示："送总理阅处。白坚在我的印象里不错，应为他作出政治结论。"②（2）中办信访处 1972 年 7 月 2 日编印的《来信摘要》第 465 号上刊登了原国防部副部长、北京军区政委廖汉生子女同年 7 月 1 日写给毛泽东的申诉信，毛泽东阅后即批道："送总理阅处。我看廖汉生和杨勇一样是无罪的，都是未经中央讨论，被林彪指使个别人整下去的。此件你阅后请交剑英、德

---

① 《建国以来毛泽东文稿》第 10 册，中央文献出版社 1996 年版，第 61 页。
② 《建国以来毛泽东文稿》第 13 册，中央文献出版社 1998 年版，第 299 页。

生一阅。"① 一年多以后，廖汉生出任中国人民解放军军事科学院政治委员。

（3）中办信访处 1972 年 8 月 10 日编印的《来信摘要》第 545 号上刊登了原中央党校校长林枫子女写给毛泽东的信，说林枫身患多种疾病，请求让林枫从秦城监狱放出，治疗休养。毛泽东于同年 8 月 11 日阅后批示："连原信一起，请汪印发政治局各同志。我意放他出来治病。林枫问题过去没有弄清楚，有些证据不足，办案人员似有一些逼供信。"② 1973 年 7 月 7 日，林枫给毛泽东写信说："在您和党中央的亲切关怀下，我到阜外医院治病已经十个多月了。"信中请求恢复组织生活，还揭发了林彪在东北的几个问题。7 月 10 日，毛泽东阅后批示："纪、汪酌处。"毛泽东要纪登奎、汪东兴酌情处理。类似这样的批示，尚有一批，不可能在此一一列出。

每年向毛泽东反映各地信息的群众来信是很多的，而每年毛泽东批示的群众来信也是不少的。然而，毛泽东对群众来信从来都是"对事不对人"，即只对反映信息做出判断，而不对来信者本人表明态度。在毛泽东一生中，只有一次例外，即对群众来信既对事也对人，这就是著名的"李庆霖来信"。李庆霖系福建莆田县城郊公社下林小学教员，他于 1972 年 12 月 20 日写信给毛泽东，反映他孩子在下乡插队时所遇到的种种困难以及在上山下乡知识青年招工、招生、招干工作中存在的拉关系、走后门等情况。毛泽东接信后"留中不发"，其间多次翻出阅读，沉思良久。四个月后，毛泽东毅然决然地做出了生平第一次也是唯一一次空前绝后的惊天决定：直接给群众来信的作者回信。毛泽东于 1973 年 4 月 25 日写道："李庆霖同志：寄上 300 元，聊补无米之炊。全国此类事甚多，容当统筹解决。"③ 毛泽东的复信犹如雷霆万钧之力，推动此事迅速解决。同年 5 月，中央工作会议做出《关于当前知识青年下乡工作中几个问题的解决意见》；同年六七月，国务院召开全国知识青年上山下乡工作会议，拟定了《关于知识青年上山下乡若干问题的试行规定草案》。一封普通平常的群众来信，经过中央高层"点化"，便可形成决策，产生巨大效应，这就是内参的威力。

由于内参具有一定的神秘性，所以其中有些惊心动魄的情节，外人难以知悉，一旦解密，世人方恍然大悟。譬如陈景润的经历。陈景润作为数

---

① 《建国以来毛泽东文稿》第 13 册，中央文献出版社 1998 年版，第 302 页。
② 同上书，第 307 页。
③ 同上书，第 349 页。

学家的科研突出成果，当时人们并不清楚。1973 年 4 月，新华社女记者顾迈南通过实地深入采访，写了两篇内参，一篇是《中国科学院数学研究所助理研究员陈景润作出了一项具有世界先进水平的成果》，另一篇是《助理研究员陈景润近况》，着重介绍了陈景润狭窄的住房和多病的身躯。这两篇内参引起了高层重视，江青在内参上写道："主席，此事还是请你过问一下为好，至少要先把他的病治好。"毛泽东阅后批示："请文元同志办。"姚文元跟着批写："陈景润同志的论文在哲学上有什么意义?"① 在毛泽东作为最高权威的强力干预下，陈景润的工作、生活环境迅速得到改观，不仅身体逐渐好转，而且经周恩来提名当选为第四届全国人大代表。从某种角度讲，陈景润也算是内参曾经创造出千万个奇迹中的一个。

不可否认，内参是党内不同观点、不同看法的交流平台。"文革"期间，党内健康力量同"四人帮"曾在这个平台上进行过殊死交锋。毛泽东曾经利用这个平台鲜明地表达过他的政治情绪、政治立场、政治倾向及其斗争技艺，不过个中缘由与是非判断，恐怕只能付与历史和后人加以评判了。

三

综上所述，毛泽东不仅是内参及其机制的创办者和建设者，而且还是内参及其机制的推动者和践行者。内参及其机制是毛泽东治党治国治军的重要抓手，也是毛泽东掌控八方信息、密切联系群众的重要渠道。毛泽东曾经深刻指出："下情不能上达，上情不能下达，危险之至。"② 内参及其机制的作用发挥得越好，这种执政的危险性程度也就越低;反之，就会越高。毛泽东创立的内参及其机制所形成的传播思想、工作方法和工作作风，已被实践有力地证明是适合中国国情的，也是行之有效的。它已经深刻地影响了毛泽东以后中共最高领导层的历届班子及其所作所为，而且也被历届班子所认可和接受，至今在中国社会的高层管理中仍然无所不能、无处不在地显示着它那强大无比的生命力。

---

① 《先锋国家历史》2009 年第 3 期。
② 《建国以来毛泽东文稿》第 8 册，中央文献出版社 1993 年版，第 167 页。

毛泽东《加强宗教问题的研究》的
当代价值[*]

习五一^{**}

1963 年年底，毛泽东主席做出《加强宗教问题的研究》的重要批示。根据毛主席的批示，任继愈先生创建了世界宗教研究所，成为当代中国马克思主义宗教学的奠基者。毛主席的批示言简意赅，高屋建瓴。在当前复杂的形势下，研究践行毛主席关于加强宗教问题研究的批示具有重要的现实意义。

一 《加强宗教问题的研究》的战略意义

1963 年 12 月 30 日，毛泽东主席在中共中央转发中央外事小组、中央宣传部关于加强研究外国工作的报告上写下批语："对世界三大宗教（耶稣教、回教、佛教），至今影响着广大人口，我们却没有知识，国内没有一个由马克思主义者领导的研究机构，没有一本可看的这方面的刊物。《现代佛学》不是由马克思主义者领导的，文章的水平也很低。其他刊物上，用历史唯物主义的观点写的文章也很少，例如任继愈发表的几篇谈佛学的文章，已如凤毛麟角，谈耶稣教、回教的没有见过。不批判神学就不能写好哲学史，也不能写好文学史或世界史。"①

───────────

＊ 本文系国家社会科学基金项目"马克思主义无神论中国化研究"（项目编号：14BKS115）的阶段性成果。

＊＊ 习五一，中国社会科学院科学与无神论研究中心主任、研究员，中国无神论学会副理事长、秘书长。

① 毛泽东：《加强宗教问题的研究》，载《毛泽东文集》第 8 卷，人民出版社 1999 年版，第 353 页。

　　毛主席批示的精神，从国际战略角度提出研究宗教问题的重要性，对于创立当代中国马克思主义宗教学，具有战略性的指导意义。认真分析这一批示，有三个要点：一是宗教研究要掌握在马克思主义者手中；二是要坚持用历史唯物主义的观点研究宗教；三是要批判宗教神学。

　　第一，宗教研究要掌握在马克思主义者手中。1959 年 10 月，毛泽东主席请任继愈先生到中南海菊香书屋面谈。毛主席对任先生说："你写的那些研究佛教史的文章我都读了。我们过去都是搞无神论，搞革命的，没有顾得上这个问题。宗教问题很重要，要开展研究。"毛泽东第一次对学者提出研究宗教的重要性。他指出："研究宗教需要外行来搞，宗教徒有迷信，不行，研究宗教也不能迷信。"他强调科学世界观对宗教研究的重要性。所谓"《现代佛学》不是由马克思主义者领导的，文章的水平也很低"。这就是说马克思主义学者与宗教信徒不同，研究宗教，要坚持唯物论和无神论，而不能坚持唯心论和有神论。

　　毛泽东在延安讲授辩证法唯物论时，就明确指出宗教有神论是唯心主义。他指出："哲学的唯心论是将认识的一个片段或一个方面，片面地夸张为一种脱离物质、脱离自然的神化的绝对体。唯心论就是宗教的教义，这是很对的。"[1]

　　第二，要坚持用历史唯物主义的观点研究宗教。实事求是，是马克思主义的根本观点。习近平同志将其视为"毛泽东思想活的灵魂"[2]。马克思主义学者研究宗教必须从客观实际出发，用历史来说明宗教，而不能用宗教来说明历史；坚持社会存在决定社会意识，从一定历史时期的物质生活中寻找精神生活的秘密；坚持一分为二的辩证态度，既肯定宗教积极的一面，也批评其消极的一面。

　　从政策策略上分析，高明的马克思主义者认为，宣传科学无神论与贯彻宗教信仰自由的政策并不矛盾。1927 年 3 月，毛泽东同志在《湖南农民运动考察报告》中指出："菩萨是农民立起来的，到了一定时期农民会用他们自己的双手丢开这些菩萨，无须旁人过早地代庖丢菩萨。共产党对于这些东西的宣传政策应当是：'引而不发，跃如也。'菩萨要农民自己去

<hr/>

① 毛泽东：《辩证法唯物论（讲授提纲）》，载《毛泽东著作专题摘编》上册，中央文献出版社 2003 年版，第 19 页。

② 习近平：《在纪念毛泽东同志诞辰 120 周年座谈会上的讲话》，《人民日报》2013 年 12 月 27 日。

丢，烈女祠、节孝坊要农民自己去摧毁，别人代庖是不对的。"①

共产党人既要坚持历史唯物主义和辩证唯物主义的科学世界观，又要团结爱国进步的宗教界人士，建立统一战线。1940 年 1 月，毛泽东同志在《新民主主义论》中指出："这种新民主主义的文化是科学的。它是反对一切封建思想和迷信思想，主张实事求是，主张客观真理，主张理论和实践一致的。在这点上，中国无产阶级的科学思想能够和中国还有进步性的资产阶级的唯物论者和自然科学家，建立反帝反封建反迷信的统一战线；但是决不能和任何反动的唯心论建立统一战线。共产党员可以和某些唯心论者甚至宗教徒建立在政治行动上的反帝反封建的统一战线，但是决不能赞同他们的唯心论或宗教教义。"②

第三，研究宗教要批判宗教神学。毛泽东要求我们的研究机构和刊物是"由马克思主义者领导"的，研究文章是"用历史唯物主义的观点写的"。这种马克思主义的宗教研究，必须坚持无神论立场。批示中明确地要求"批判神学"。

马克思主义经典作家指出，神灵观念是宗教教义的哲学核心，是宗教区别于其他意识形态的关键要素。宗教神学属于唯心主义哲学范畴。毛泽东在延安讲授辩证法唯物论时，指出："一切哲学的唯心论及宗教的神道主义的本质，在于它们从否认世界的物质统一性出发，设想世界的运动及发展是没有物质的，或在最初是没有物质的，而是精神作用或上帝神力的结果。"③ 比如，基督教说上帝创造世界，佛教将宇宙万物运动发展归之于神力。有神论观点本身虽然完全不能支撑起宗教的大厦，然而，它是走向宗教的坚硬桥梁。研究宗教问题如果不坚持无神论，不批判神学，就离开了马克思主义，就不是马克思主义的宗教研究。

根据毛主席的批示，任继愈先生创办当代中国第一个宗教学研究机构——世界宗教研究所。任先生坚持以马克思主义为指南，领导全所科研人员开展宗教研究。他指出："只有马克思主义宗教学应用辩证唯物主义

① 毛泽东：《湖南农民运动考察报告》，载《毛泽东选集》第 1 卷，人民出版社 1991 年版，第 33 页。
② 毛泽东：《新民主主义论》，载《毛泽东选集》第 2 卷，人民出版社 1991 年版，第 707 页。
③ 毛泽东：《辩证法唯物论（讲授提纲）》，载《毛泽东著作专题摘编》上册，中央文献出版社 2003 年版，第 21 页。

和历史唯物主义的科学世界观来分析和研究宗教问题，才是最彻底、最科学的无神论。"① 科学无神论就是马克思主义宗教学的哲学基础，"它既要揭示宗教发生、发展和走向消亡的规律，就必须具体研究各种宗教产生的根源和发展的历史；它既要说明宗教的本质及其在社会历史中的作用，就必须具体研究各种宗教的历史、教义、教派、经典、理论及其社会意义，具体研究宗教与社会上的阶级斗争和其他意识形态（哲学、伦理、法律、文化、艺术、科学）的关系"②。

任先生指出："自然科学认识自然，为创作物质财富提供知识；社会科学认识社会，认识人类自身，说明人类社会发展的规律。人类的前途，国家的命运，事业的成败，人文科学、社会科学有时起着决定性的作用。"③ 科学是反映自然、社会和思维发展客观规律的科学知识与方法体系，主要包括自然科学和社会科学。自然科学主要是研究自然和揭示自然界规律，社会科学主要研究人类社会和揭示社会产生、存在和发展的规律。科学的本质在于创新，科学的特性在于讲实话和揭示真相，"只有在讲实话、揭示真相的基础上，人类才能获得真正的自由。人类获得自由绝不是建立在对鬼神的畏惧、诏媚、贿买和奉献财物的基础上"④。马克思主义宗教学者始终坚持马克思主义科学真理，始终坚持树立科学世界观、人生观和价值观，始终坚持科学无神论宣传和批判宗教有神论。

在任继愈领导下，当代中国的马克思主义宗教学健康发展，成绩斐然。任继愈总主编的大学教材《宗教学原理》（出版时更名《宗教学通论》）《佛教史》《基督教史》《伊斯兰教史》等，成为我国宗教学各主要领域的奠基性著作。任继愈主编的《道藏提要》《中国道教史》《宗教大辞典》《佛教大辞典》《中华大藏经》影响深远，其"持论之严谨，学术立场之公正"，获得海内外学术界的高度评价。

"研究宗教，批判神学"，是任先生为纪念毛主席逝世一周年撰写文章的主标题。这一主题精确概括了毛主席批示的精神，对于创立当代中国马

---

① 任继愈：《代自序》，载《宗教学讲义》，国家图书馆出版社 2013 年版，第 2 页。

② 同上。

③ 任继愈：《无神论教育与科教兴国》，载《任继愈讲演集》，人民日报出版社 2010 年版，第 252 页。

④ 任继愈：《弘扬科学精神，提高民族素质》，载《任继愈宗教论集》，中国社会科学出版社 2010 年版，第 223 页。

克思主义宗教学具有战略性的指导意义。

二 "研究宗教，批判神学"的困境

近些年来，随着宗教热的升温，在各种宗教出巨资资助宗教研究的背景下，在宗教研究领域，宣扬宗教的积极作用成为主流话语，而分析宗教消极作用的声音被边缘化。在宗教研究领域，科学无神论的声音微弱，几乎成为"绝学"。从"宗教学的角度"研究宗教，成为主导话语。某些学者极力推崇某种宗教文化，将其诠释为"道德的源泉""民主的根基"，甚至是"科学的前提"。海内外神学家联手推动"汉语基督教神学运动"进入中国内地思想文化教育领域，已经形成影响当代中国主流话语圈的态势。

这种"学术神学"思潮在某些学术权威的倡导下，已经成为影响学术研究方向和制定政策的因素。一位著名学术权威认为，"长期以来中国内地语境及其人们的观念中有着'批判神学'的影响"，"学术神学"需要"正名"。① 关于如何界定"学术神学"，他赞同汉语基督教运动发起者的论述，即"学术神学"也是"关于基督上帝的理性化言说，'上帝''神'或终极之在是神学的主词"，而当其"关于'神'的言说"已经"形成一套理性化的知识系统"时，理所当然可以"成其为神学"。② 这位权威人士高度评价"学术神学"对当代中国人文社会科学领域的影响。他认为："'学术神学'是中国内地'学界'对基督教的重新认知和对'神学'的重新定义，它对两者在当今中国的定位既造成挑战，亦带来机遇。这也是中国当代人文知识分子对其宗教认知，尤其是对基督教的认知的一次重新梳理和鉴别。其思想启蒙乃空前。"③ 在这些宗教研究领域权威人士的大力推动下，"学术神学"学术范式的确形成对"批判神学"学术范式的挑战。

随着"宗教热"的兴起，宗教在高等院校的传教活动逐渐由秘密转向

---

① 卓新平：《学术神学：当代中国基督教研究的一种新进路》，载金泽、邱永辉主编《中国宗教报告（2008）》，社会科学文献出版社 2008 年版，第 151 页。

② 刘小枫：《汉语神学与历史哲学》，（香港）汉语基督教文化研究所 2000 年版，第 86—87页。

③ 卓新平：《学术神学：当代中国基督教研究的一种新进路》，载金泽、邱永辉主编《中国宗教报告（2008）》，社会科学文献出版社 2008 年版，第 156 页。

公开，特别是"汉语基督教神学运动"，进入大学讲堂和国家研究机构。北京一所著名高校，聘请外国神学家长期开课，讲授《圣经》。一些境外传教士以教授的身份登上大学讲台，组织出版传教著作。北京某著名大学翻译丛书，出版美国威廉·邓勃斯基的《理智设计论——科学与神学之桥》，作者在提要中明确宣布："本书从考察用圣经迹象指导人类决策开始。"① 大力推销现代版的神创论——智能设计论。在当代中国大学校园里，海外基督教教会成为传播福音的主要力量。某些著名高校为传教士向大学渗透自觉不自觉地开启绿灯放行，高校与神学家联姻，成为西方基督教界向中国高等教育领域渗透的重要手段。

校园基督教传播的组织形式是不断建立发展校园团契，而网络传教成为其重要的虚拟形式。校园基督教传播的隐性方式是进入教学领域，进行文化宣教。这样扩张态势的传教中，大学生基督教徒出现比较快的增长趋势。很多调查研究表明，大学生的信教人数占学生总数的比例高于全国教徒占全国总人口的比例，而且呈逐年上升之势。

2011—2012 年，笔者承担中国社会科学院国情调研重点项目《当代大学生信教群体状况调查——以北京大学为重点》。课题组调查时发现，在当代中国大学校园里，宗教现象逐渐升温。浮出水面的标志之一是，大学生宗教信徒持续增长。根据此次国情调研的样本，大学校园传教的现象比较普遍，遇到校园传教学生的比率高达到 60%，基督教势力最为活跃。大学生信徒不断增长，呈上升趋势，其中基督教徒比例最高。田野考察表明，非注册类型的大学生基督教团契增长迅速，其神学倾向，认为政府依法管理宗教事务是干涉宗教信仰自由，只有参加家庭教会，才能获得"纯正的信仰"。这类基督教团契与现实社会之间的张力较大。②

校园基督教传播隐性方式是进入教学领域，进行文化宣教。根据笔者的调查，在大学讲坛上，有些教师罔顾宗教赖以产生的社会历史基础、宗教的有神论本质及其消极性，片面强调科学的局限与宗教的优长，忽视马克思主义与科学无神论思想的教育，不利于培养学生客观理性认识宗教问题。宗教类课程任课教师在授课过程中往往带有某种宗教倾向性。例如，

① ［美］威廉·邓勃斯基：《理智设计论——科学与神学之桥》，清华哲学翻译系列，卢风译，中央编译出版社 2005 年版，第 1 页。
② 习五一：《应当重视当代中国大学生信教不断升温的现象》，《科学与无神论》2013 年第 6 期。

在一门关于基督教概论的通选课中，教师将"圣弗兰西斯的祈祷词"作为重要参考材料下发，强调"宗教不仅是一种信仰、一种价值观、一种生活方式本身，宗教更是一种文化、一种人类对世界乃至自身的理解和解说方式"，甚至是"一种人类内在的精神特质"，将基督教鼓吹为"西方世界社会群体的美善之源和精神之基"。① 站在大学的讲坛上，利用公共教育资源，传播宗教，属于违法行为。坚持"教育与宗教相分离"，是国家三令五申的重要法规。1995 年颁布的《中华人民共和国教育法》明确规定："国家实行教育与宗教相分离。"我们反对宗教信仰向教育领域渗透，是贯彻"政教分离"的国家法律，是顺应历史发展的趋势，不是对宗教信仰者的敌意。信不信教，应当完全成为个人的私事，信仰是公民的权利，应当得到尊重，但是在国家的决策上，没有上帝和神灵的位置。

课题组调查时发现，近些年来，境外基督教势力的大力资助，是著名高等院校中宗教因素日益增多的重要因素之一。其中邓普顿基金会（The John Templeton Foundation）最为活跃。邓普顿基金会成立于 1987 年，具有基督教背景，其创办人约翰·邓普顿（1912—2008）是一位投资家，也是一位基督徒。目前全世界奖金最高的个人年度奖——邓普顿奖，由该基金会颁发。2012 年度邓普顿奖颁发给达赖喇嘛，其政治意图十分明显。该基金会资金雄厚。据称，2011 年捐赠的金额已达 23 亿美元。该基金会资助的研究项目具有明显宗教倾向。就全球范围而言，它资助的研究项目涉及自然科学、医学和心理学等学科。而在中国，其主要资助对象是人文社会科学领域的学者，尤其是哲学和宗教研究者，目标是改变中国知识分子的思想和价值观念。

以邓普顿基金会资助的"科学、哲学和信仰：中国学者计划"项目为例。这个项目于 2005 年启动，由美国加尔文学院获得，项目经费为 200 万美元。该项目的目标是："在中国产生一个成熟的有关'哲学、科学和信仰'的交流体制，用以训练学者，强化对中国大学生的教育，并维持和深化在中国的调研。"具体方案包括：（1）邀请 24 位中国研究生和 9 位博士后到贝勒大学、圣母大学和加尔文学院等教会大学和神学院访问学习；（2）提供 1 万册有关图书；（3）召开系列讲座和研讨会，由基督教哲学家协会选派 12 位学者轮流执教；（4）选 24 位中国学者到西方国家开密集研

---

① 习五一：《宗教神学应当进入大学校园吗？》，《科学与无神论》2013 年第 4 期。

讨会；（5）在北京大学召开重要会议，请基督教哲学家协会成员到场；（6）由北京大学出版社出版论文集，并作为教科书广泛采用。该项目负责人还表示，期望中国的知识分子会在今后做出"独特而有力的贡献"。这个方案和目标鲜明地指向推动中国知识分子的基督教化。①

邓普顿基金会资助的项目在高等院校产生的影响值得深入调查研究。北京大学、武汉大学已有多位毕业生到美国教会大学或神学院学习。其中，有些人士成为基督教职业传教者，在北京大学等高等院校开展传教活动，组织大学生基督教团契，拒绝中国基督教三自爱国教会的领导，成为政府依法管理宗教事务的难题。

从国际战略格局和国家安全战略上考察，宗教不只是一种文化，而且也是一种非常有效的政治手段。就从当前世界看，凡发生血腥冲突的地方，几乎没有不与宗教相联系的；对大多数地区和国家言，不了解战争的宗教背景，就不可能了解战争的文化原因。打着宗教旗号制造事端，在我们国内的西藏问题、新疆问题上已是有目共睹，而对我国潜在威胁最大的，乃是美国基督教新基要主义的全球扩张战略。

美国称霸世界的意识形态基础之一是，"美利坚民族是上帝选中来拯救人类的"。美国当局"人权高于主权"的理念，深深根植于美国意识形态传统。虽然美国宪法规定政教分离，宗教势力不能干预政治，但是，在现实生活中，宗教对政治的影响无所不在。攻击中国缺乏宗教自由，支持以达赖喇嘛为首的西藏分裂势力，就是美国基督教保守势力干涉中国内政的表现。

美国基督教新保守主义势力向全球推行扩张性传教战略。他们向世界各地，特别是中国内地派遣英语教师、文化机构、志愿人员、政治经济顾问等，其中相当大的比例具有基督教福音派背景。"这种传教扩张态势是全球化时代美国意识形态向外扩张的主要形式之一。他们通过各种手段和途径，不遗余力地在我国培植和扶植宗教势力，抵制政府依法管理，抗衡爱国宗教组织，使他们培植的宗教势力成为改变中国社会制度最重要的民间'民主'力量。他们认为这是改变中国意识形态和政治制度，最终把崛

① 习五一等：《当代大学生信教群体状况调查——以北京大学为重点》（调查报告），未刊稿。

起的中国纳入西方文明体系的最有效的途径。"①

西方宗教右翼势力特别善于利用合法渠道，深入我国文化教育和学术研究阵地，培植力量，宣传他们的世界观、价值观和政治观，与我国主流意识形态对立。他们有强大的政治背景，雄厚的资金，长远的战略，以及为扶植和培训宣教骨干的教育体系。与这种强大的宗教文化传播阵势相比，我们科学无神论的声音过于微弱。这种形势若不及时改变，后患无穷。

三 "研究宗教，批判神学"的当代价值

在中华民族历史上，人文主义思想丰富多彩，儒释道多元兼容，宗教处于亚文化地带。在当今社会，社会主义核心价值体系日渐深入人心，但同时又受到国际国内各种极端宗教势力和思潮的严重挑战，迫使我们在思想文化领域必须挺身应对。在改革开放进入深水区的新形势下，研究践行毛主席关于加强宗教研究工作的批示具有重要的现实意义。

在境外宗教渗透日益增强的影响下，在当前学术界，各种新"有神论"相当活跃，力图割裂马克思主义同无神论的关系，贬低科学无神论的地位。一位当代马克思主义哲学家精辟地指出："当前，在宗教研究领域中，一面以奉行马克思主义宗教观相标榜，一面拒绝和反对无神论的研究宣传教育，是一种相当普遍的现象。有些声称坚持马克思主义宗教观的学者，不仅自己离开无神论立场和对神学的批判研究宗教问题，而且反对无神论的研究和宣传，斥之为破坏宗教和谐、社会和谐。无神论研究被排斥在宗教研究之外。宗教学成为显学，而无神论成为濒危学科。"②

在目前的学科分类体制下，无神论被划归在宗教学中，作为一个分支学科。然而，在全国高等院校和科研机构中几乎没有无神论研究机构，自然也没有培养无神论专业的研究生机制。国家社科基金指南中有关科学无神论的项目，往往空有其名。即使有坚持科学无神论立场的学者申报，在宗教学权威的评审中，也难以通过。在中国社科院马克思主义理论学科建设工程中，将科学无神论列为濒危学科大力扶持，是有远见的战略性

---

① 习五一：《警惕国际基督教右翼势力的文化渗透》，《马克思主义研究》2013 年第 3 期。
② 田心铭：《马克思主义的宗教研究必须坚持无神论立场》，《马克思主义研究》2014 年第 3 期。

举措。

2009 年 12 月 24 日，中国社科院批准成立"马克思主义无神论研究室"。这是自 20 世纪任继愈先生创建的"科学无神论研究室"被更名后，目前中国再次出现的实体性无神论研究机构。这是具有转折性的重要举措。此举不但组建了一个专业的科学无神论研究机构，有利于社会主义核心价值体系的建设，而且必将影响全国有关领域的思想趋势和学术结构向良性转变，对先进文化的建设和民族素质的提高，都能产生积极的作用。

2010 年 4 月 20 日，中国社科院批准成立"科学与无神论研究中心"。这是当代中国第一个"科学与无神论研究"的社会平台。该中心的发展目标，不仅要成为马克思主义无神论的学术研究中心，开展科学无神论宣传、教育的基地，而且要成为针对宗教意识形态化、境外敌对势力利用宗教渗透的应对战略研究中心。

近年来，随着马克思主义理论建设工程的不断推进，科学无神论重新出现在学术研究领域，不仅在宗教研究领域浮出水面，而且更多地出现在马克思主义研究的领域中。虽然科学无神论已经成为中国社科院马克思主义建设工程重点建设学科，但力量仍然十分薄弱。从学术研究领域来看，国内专业从事科学无神论研究的学者寥寥无几，声音十分微弱。

当前，在宗教研究领域中，某些号称马克思主义宗教观的学者，绝口不谈无神论，力图将科学无神论从马克思主义宗教理论和社会主义意识形态中剔除出去。马克思主义的宗教研究要不要坚持无神论，"研究宗教"是否要"批判神学"，至今是一个存在着严重分歧的问题。在纪念毛主席关于加强宗教研究工作的批示 50 周年之际，宗教研究学术界各抒己见，反映不同的价值取向。

一种声音是坚持"研究宗教，批判神学"的学术范式。《科学与无神论》杂志的主编杜继文教授在接受《马克思主义研究》编辑部采访时指出，我国对宗教的真正研究，实际就开端于毛泽东 1963 年 12 月 30 日的批示，当前宗教研究繁荣的局面当然与此有关。但也不可否认的是，今天的宗教研究有许多人和机构走入了歧途，宗教研究的知识性传播变异成了信仰性传播。随着市场经济的开放和扩大，相当一部分人把宗教知识也当成了赚钱的工具，"创收"与"吃教"的价值法则日益支配着宗教研究的性质和倾向。本应客观独立、力求把握宗教面貌的科学研究，不同程度地蜕变成了为宗教树碑立传，讴歌鬼神信仰的传教活动；有关宗教的科学知识，蜕变成为一些人的信仰对象。在响应毛泽东"研究宗教"方面，虽然取得一定的成就，但"批判神学"方面存在失误。"神学布道"进入社会公共领域，特别是国家高校和科研单位，在某种意义上甚至把持着所谓"宗教学"领域的主导权和话语权。①

一种声音是质疑"研究宗教，批判神学"的学术范式。一位研究当代宗教的学者在《中国民族报》发表文章认为："客观地说，50年来的宗教研究，在研究目的上的确存在着重大转向。""从批判宗教到理解宗教，堪称当代中国宗教研究最大的范式转换。""由说宗教的坏话到说宗教的好话，宗教研究团队的性质也有了变化，逐渐产生了几种类型。一是对宗教持厌恶态度的'批判神学'学者；二是对宗教价值持肯定态度，但本身并不曾皈信宗教的学者，其中有些人因对宗教的好话说得太多而被称为'文化宗教徒'；三是本身是宗教信仰者的宗教学者。在大学和研究机构，占主流的，是第二种，也就是本身没有宗教身份认同，但认同宗教的现代价值的学者。"这位学者认为，当代中国"宗教供给的严重短缺，荒漠化了当代中国人的精神生活，加剧了人心的浮躁与社会的动荡，桎梏了中国社会的现代化。这一背景，或许就是以理解宗教、同情宗教为基本特征的'文化宗教徒'出现的社会基础"②。

"文化宗教徒"出现的社会基础的确值得深入研究。这是当代中国社会在改革和转型时期复杂的国内外因素决定的。然而，当代中国社会是否存在"宗教供给的严重短缺"；当代中国人民的精神生活是需要加强"以人为本"的社会主义核心价值体系建设，还是需要呼唤宗教道德拯救所谓的"社会精神危机"，的确是研究当代中国宗教的学者需要面对的实际问题。

我们应当深入分析宗教伦理体系的历史地位和作用。一方面它利用神圣的戒律规范人类的行为，超越人类社会早期的野蛮状态，推动了人类社会的文明；另一方面历史上的宗教迫害赤裸裸地践踏了人类社会的基本道德原则。随着人类社会的不断发展，道德伦理体系将走向更高的阶段，即人文主义道德规范。它能够建立道德准则、道德责任和整个人类社会的幸

---

① 《"宗教研究"亟须拨乱反正，"批判神学"必须开展补课——访中国社会科学院宗教研究所原所长杜继文》，《马克思主义研究》2013年第5期。
② 魏德东：《从批判宗教到理解宗教》，《中国民族报》2013年8月13日。

福安康。笔者认为，人文主义道德是人类社会发展的必然趋势，当前社会主义核心价值体系的建设，是人文主义道德发展的高级阶段。

"研究宗教"，是否要"批判神学"，应当百家争鸣，可以见仁见智。笔者认为，离开科学无神论立场，必然会曲解马克思主义宗教观。虽然讲无神论未必是马克思主义，但不坚持无神论一定不是马克思主义。正如一位马克思主义哲学家所指出的："无神论是马克思主义理论大厦最底层的基石，是马克思主义其他一切理论的前提。否定马克思主义的无神论，就从根本上否定了马克思主义。"①

宗教研究不只是对宗教观念的研究，它还要研究各个有影响的宗教的历史和现状，研究宗教与道德、科学及其他社会意识的关系，宗教与国家、社会的关系，宗教的历史作用，以及对宗教的政策和管理，等等。揭示宗教观念的实质，不能代替其他方面的研究。然而，由于有神论的宗教观念在一切宗教中都居于基础地位，是宗教之为宗教的根本特征，所以站在无神论的立场科学地揭示一切宗教观念的实质，对于研究宗教的其他方面具有基础性的地位。无神论立场对于全部宗教研究来说，都是追求真理、成为科学所不可缺少的条件。毛泽东的批示中指出："不批判神学就不能写好哲学史，也不能写好文学史或世界史。"② 不站在无神论的立场"批判神学"，不能正确认识宗教在其中所起的作用，因而不能不影响对哲学史、文学史、世界史的科学认识。

党的十八大以来，以习近平为总书记的党中央对加强意识形态工作，保持党的先进性、纯洁性做出进一步战略部署。习近平总书记从理想信念是否坚定、政治上是否可靠的高度，对有的干部不信马列信鬼神，从封建迷信中寻找精神寄托，热衷于算命看相、烧香拜佛，遇事"问计于神"，提出尖锐批评；并要求强化和落实意识形态工作的领导责任，确保主流思想和舆论占领意识形态阵地。

中央有关部门高度重视做好抵御境外利用宗教对高校进行渗透和防范校园传教工作。文件要求"把马克思主义无神论教育作为抵御渗透和防范校园传教的基础性工作，在思想政治理论课和有关专业课程中充实内容，

---

① 田心铭：《"无神"是马克思主义一切理论的前提》，《科学与无神论》2013 年第 5 期。
② 毛泽东：《加强宗教问题的研究》，载《毛泽东文集》第 8 卷，人民出版社 1999 年版，第353 页。

通过多种形式强化宣传教育"。"加强宗教学教学科研机构管理，把马克思主义无神论贯穿到学科建设和人才培养之中，坚持以马克思主义为指导深入开展宗教学研究工作。"可见，加强科学无神论学科建设，是抵御境外宗教渗透和防范校园传教工作的重要组成部分。

中国社会的历史文化背景是马克思主义无神论中国化的出发点。笔者认为，中国化的马克思主义无神论形成两条基本原则。

第一，政教分离和宗教信仰自由的原则。在社会政治和经济层面，宗教必须适应中国人民的总体利益，适应社会发展的历史进程，不允许利用宗教威胁国家安全与民族团结，不允许利用宗教颠覆社会主义制度。保障宗教在信仰层面完全自由；从而把信仰问题与政治问题严格区分开来。

第二，思想教育要"春风化雨"，意识形态建设要"针锋相对"。宗教有神论的观念是错误的，是与科学和唯物论相对立的，但它属于世界观思想问题，不能动用行政手段解决，只能采取说服教育的方法，而且主要通过社会的实际变革，由信仰者自觉决定。正如毛主席所说的"引而不发，跃如也"①，这是对人民群众讲的；作为布道手段的文化神学，跨越信徒的私人信仰空间，与主流社会叫板，争夺思想文化阵地，争夺青少年一代，就需要分辨是非，理论批判，即所谓"研究宗教，批判神学"②。

在社会主义核心价值体系中，科学无神论的唯物主义世界观和积极的人生观占有重要地位。以习近平同志为总书记的党中央一再强调，要巩固马克思主义的指导地位，要增加社会主义意识形态的吸引力和凝聚力。科学无神论的作用不容忽视。一个时期以来，有种舆论，力图将科学无神论从马克思主义宗教理论和社会主义意识形态中剔除出去。这是危险的，既不符合人类社会历史的发展趋势和当代社会的世俗化潮流，也与中华民族的人本主义传统相悖。

参考文献：

1. 毛泽东：《加强宗教问题的研究》（1963年12月30日），载《毛泽东文集》第8卷，人民出版社1999年版。

---

① 毛泽东：《湖南农民运动考察报告》，载《毛泽东选集》第1卷，人民出版社1991年版，第33页。

② 龚育之、逄先知、石仲泉：《毛泽东的读书生活》，生活·读书·新知三联书店1986年版，第4页。

2. 毛泽东：《辩证法唯物论（讲授提纲）》，载《毛泽东著作专题摘编》上册，中央文献出版社 2003 年版。

3. 任继愈：《任继愈宗教论集》，中国社会科学出版社 2010 年版。

4. 《"宗教研究"亟须拨乱反正，"批判神学"必须开展补课——访中国社会科学院宗教研究所原所长杜继文》，《马克思主义研究》2013 年 5 期。

5. 田心铭：《"无神"是马克思主义一切理论的前提》，《科学与无神论》2013 年第 5 期。

6. 田心铭：《试论无神论研究宣传教育与宗教信仰自由的统一》，《科学与无神论》2011 年第 6 期。

7. 习五一：《警惕国际基督教右翼势力的文化渗透》，《马克思主义研究》2013 年第 3 期。

8. 习五一：《宗教神学应当进入大学校园吗?》，《科学与无神论》2013 年第 4 期。

9. 习五一：《应当重视当代中国大学生信教不断升温的现象》，《科学与无神论》2013 年第 6 期。

原载《科学与无神论》2014 年第 6 期

毛泽东实践思想本质再思考

欧阳英[*]

在当代，人们对于毛泽东实践思想的研究无论在思维方法还是在思想内容上，显然都与传统存在着巨大的差异，这种差异在带给人们对于毛泽东实践思想本质更加深入认识的同时，也使毛泽东实践思想有了与时俱进的发展空间。毛泽东的《实践论》已经影响了现代中国的几代人，他的实践思想是一座含金量极大的"富矿"，甚至是弥久而时新的课题。在此，本文力求通过重新整理毛泽东实践概念的发展过程，积极推出一些新的结论：政治哲学思考是毛泽东认识实践本质的最初起点；认识论思考是毛泽东认识实践本质的重要转折点；唯物史观思考是毛泽东认识实践本质的根本理论基础。

一 毛泽东实践概念的历史沿革

毛泽东实践概念的诞生经历了一个较为复杂的历史发展过程。最初，在青年毛泽东那里，只有"运动"的概念。在井冈山时期，毛泽东提出了"调查研究"的概念。在延安时期，随着《实践论》的问世，毛泽东的"社会实践"概念正式确立。

（一）"运动"

青年毛泽东虽然寻求大本大源并没有明确结果，但如果联系他对客观宇宙规律和人生世界真谛的基本理解，我们不难发现支配他的思想行为选择的一个具有本体论意义的观念，这就是《体育之研究》中所说的"动"：

---

* 欧阳英，中国社会科学院哲学研究所研究员。

"人者，动物也，则动尚矣。人者，有理性的动物也，则动必有道。然何贵乎此动邪？何贵乎此有道之动邪？动以营生也，此浅言之也；动以卫国也，此大言之也，皆非本义。动也者，盖养乎吾生，乐乎吾心而已。……天地盖惟有动而已。"① 这里的"动"，显然是一个哲学意义上的最高范畴，这是天地身心的最根本、最原始的本性，而且"动"还是宇宙的目的所在。从青年毛泽东以后的思想发展来看，"动"这个具有本体论意义的观念的确立是较具根本性的，他对社会、人生和知行问题的许多看法最终受到它的影响。

在青年毛泽东的心目中，改造中国与世界，首先要有大哲学家、大伦理学家，即是掌握了"大本大源"的圣贤。"欲动天下者，当动天下之心，而不徒在显见之迹。动其心者，当具有大本大源。……夫本源者，宇宙之真理。天下之生民，各为宇宙之一体，即宇宙之真理，各具于人人之心中，虽有偏全之不同，而总有几分之存在。今吾以大本大源为号召，天下之心其有不动者乎？天下之心皆动，天下之事有不能为者乎？"② 这些论述反映了青年毛泽东最初持有的是以理驭行知行观，极其肯定知对于行的决定作用，希望借助掌握了"大本大源"的圣贤之力改变中国的命运。青年毛泽东曾经甚至认为，"心力"就是主体的精神、信念产生的力量，也就是意志。他曾以《心之力》为题，做了一篇受到杨昌济赞赏的文章。

师范学校毕业后，随着积极投身激烈的社会斗争之中，青年毛泽东的思想发生了巨大的变化，他开始重新认识"行"的重要性。从十月革命和五四运动的历史实际中，毛泽东开始看到过去他没有发现的人民大众显现出来的巨大力量，开始觉得许多人虽然"办了些教育，却无甚效力"，从而明确提出，实行社会改造的"根本的一个办法，就是民众的大联合"，"因为一国的民众，总比一国的贵族资本家及其他强权者要多"，而且"历史上的运动不论是哪一种，无不是出于一些人的联合。较大的运动，必有较大的联合"③。在这里，毛泽东不仅在思想上发生了重大变化，看到依靠民众的大联合来实现救国救民理想的重要性，而且还较为明确地使用"运动"范畴来表明自己对实践活动的理解。

---

① 《毛泽东早期文稿》，湖南出版社1990年版，第69页。
② 毛泽东于1917年8月3日致黎锦熙的信。
③ 《毛泽东早期文稿》，湖南出版社1990年版，第338页。

（二）"调查研究"

重视调查研究是毛泽东早年就已建立起来的思维模式。新文化运动前期，毛泽东指出，对于社会改造，怎样研究，怎样破坏，怎样建设，依靠头脑的"冥想"必然陷入错误，拿到社会上去"多行不通"，要想思想合于实际，则必须"实地调查及研究"①。罗学瓒于1920年7月14日从法国写信给毛泽东，列举了种种现象，批评留法学生中有的人犯了道听途说、先入为主、不调查研究的坏毛病。他痛切地指出，像这种不调查对象的事实，"以主观所有去笼罩一切"，就是"主观迷"。他还批评用"感情的好恶，来断定事物的是非""无普遍的观察，总是拿一部分推断全局""无因果的观察，总是拿一时现象推断全局"等主观主义的认识错误。他认为，这正是思想界混乱的原因！因此他主张留学生必须"尽调查留心的责任"，才能真正得到"考察求学的利益"。毛泽东完全赞成他的看法，认为他对这种不调查的主观主义"说得最透彻"，应当把这种批评意见，"印刷四万万张。遍中国人每人给一张就好"②。

上述事例表明，在毛泽东那里与"调查研究"相关的概念的使用是较早的，但是，"调查研究"真正作为一个重要的哲学范畴提出却是在井冈山时期。20世纪20年代末期，大革命失败以后，中国革命转入低潮时期。为了探索革命的途径和方式，解决中国向何处去的问题，不少人开始研究中国社会性质问题。正是在这样的背景之下，毛泽东于1930年做了一系列农村社会状况调查，其中包括：《寻乌调查》《兴国调查》《东塘等处调查》，以及围绕土地革命的方式和效果而写的《赣西南土地分配情形》《分青和出租问题》《木口村调查》，等等。这种调查的意义，正如毛泽东在《反对本本主义》中所说的那样："社会经济调查，是为了得到正确的阶级估量，接着定出正确的斗争策略。"③

如果说，毛泽东早期关于实践概念的思考主要是围绕"运动"范畴而展开的，那么，在1930年做了一系列农村社会状况调查之后，毛泽东关于实践概念的思考明显地发生了一种深刻的变化。毛泽东此时已较为明确

---

① 参见黎永泰《中西文化与毛泽东早期思想》，四川大学出版社1991年版，第198页。
② 《新民学会资料》，人民出版社1980年版，第120页。
③ 《毛泽东选集》第1卷，人民出版社1991年版，第113页。

地认识到"运动"这个概念不足以全面地概括与总结实践问题，因此，他开始大胆使用"调查研究"这一概念来表达他对实践问题的理解。在《兴国调查》的整理后记中，毛泽东说道："实际政策的决定，一定要根据具体情况，坐在房子里想象的东西，和看到的粗枝大叶的书面报告上写着的东西，决不是具体的情况，倘若根据'想当然'或不合实际的报告来决定政策，那是危险的。过去红色区域弄出了许多错误，都是党的指导与实际情况不符合的原故。所以详细的科学的实际调查，乃非常之必需。"①

《反对本本主义》（原题《调查工作》）是毛泽东于 1930 年 5 月在江西寻乌进行大规模农村调查之后写下的调查报告。这本小册子的重要意义不仅在于批判了教条主义，从调查研究的角度阐明了辩证唯物论的反映论，而且还在于它集中地反映了毛泽东在关于实践问题思想认识上所发生的重大变化，是毛泽东多年来从事调查研究的理论总结。"没有调查，没有发言权""中国革命的胜利要靠中国同志了解中国情况""一切结论产生于调查情况的末尾，而不是在它的开头""怎样纠正这种本本主义？只有向实际情况作调查"，等等，都是毛泽东在文中给予人们的振聋发聩的重要思想。

（三）"社会实践"

毛泽东正式使用"社会实践"范畴来概括他对实践问题的理解，是进入延安之后的事情，它的最重要的表现形式就是《实践论》一书的问世，自此之后，毛泽东通常通过使用"社会实践"范畴来表达他对实践问题的理解。或许是深感"调查研究"范畴容易与"狭隘经验主义"相混淆，毛泽东不仅用《实践论》作为自己新书的标题，而且还在该书中明确使用社会实践范畴来表达自己对实践问题的理解。这一切均表明毛泽东对实践问题的把握已由自发进入到自觉、由素朴进入到科学。

毛泽东在《实践论》的开篇提出"认识对社会实践的依赖关系"②，因此，在科学地使用"社会实践"范畴的基础上，毛泽东在坚持唯物主义反映论的前提下，抓住了旧唯物主义认识论的要害和教条主义在认识论上的致命弱点，突出了马克思主义哲学的实践思想。《实践论》建构了一个

---

① 《毛泽东农村调查文集》，人民出版社 1982 年版，第 182—183 页。
② 《毛泽东选集》第 1 卷，人民出版社 1991 年版，第 282 页。

以社会实践为基础，以理论和实践、知和行的具体的历史的统一为核心的认识论体系。它系统地将理论和实践的关系加以科学阐述，使关于实践本质的基础性问题得到较为根本的解决。

在《实践论》中，毛泽东敢于突破中国传统知行观在范畴上的限制而大胆使用"社会实践"范畴，因此，毛泽东实践思想被正式纳入马克思主义实践观的发展轨道上来，自此毛泽东实践思想开始以马克思主义实践观中国化的形式出现，毛泽东也由此成为马克思主义实践观中国化当之无愧的创始人。虽然"调查研究"与"社会实践"两大范畴之间并不存在本质性的区别，但是，毛泽东从"调查研究"范畴过渡到"社会实践"范畴，却表明了一次全面、深刻的思想变革。从理论研究的范围来看，在《反对本本主义》阶段，毛泽东是研究从实际出发的重要性，以调查研究的成果去反驳当时出现的"唯书""唯上""唯先哲"的做法。因此，他从现实斗争中抓住了调查研究这个基本范畴，以此出发去解决认识与实践的相互关系问题。"调查研究"这个范畴虽然把握了实践活动的基本存在形式，但还不能反映实践活动的全部丰富内容，因而从哲学思维的高度来看，它还没有达到从整体上把握实践活动的水平。人类实践活动并不仅仅体现为调查研究这样一种活动形式，而是以人类的所有的社会实践活动形式为基础的。这就要求在"调查研究"范畴的基础上进一步有所发展，形成同这个范畴紧密相连而又高于它的新范畴。通过借鉴马克思主义实践观中的"社会实践"范畴，毛泽东科学地解决了上述问题。

二 政治哲学思考是毛泽东认识实践本质的最初起点

前面分析中提到"运动"是毛泽东最初使用的实践概念。著名的"驱张运动"之后，青年毛泽东在1920年9月26日撰写的《湖南自治运动应该发起了》一文中谈道："无论什么事有一种'理论'，没有一种'运动'继起，这种理论的目的是不能实现出来的。湖南自治，固然要从'自治所以必要'，'现在是湖南谋自治的最好机会'，'湖南及湖南人确有自立自治的要素与能力'等理论上加以鼓吹推究，以引起尚未觉悟的湖南人的兴趣和勇气。但若不继之以实际的运动，湖南自治，仍旧只在纸上好看，或者在口中好听，终究不能实现出来。……现在所缺少的只有实际的运动，而现在最急须的便也只要这实际的运动。"① 这里不断出现的"运动""实际的运动"等范畴,一方面表明青年毛泽东使用"运动"范畴来宣传他对实践活动的理解与态度,另一方面也反映出青年毛泽东是以政治哲学作为起点开始其关于实践本质的思考的。

救亡图强的政治抱负,促使青年毛泽东一开始的关注点便是政治以及政治运动。"运动"作为青年毛泽东最初的实践概念的表达就表明了这一点。因此,青年毛泽东对于"运动"概念的使用,我们更应该看到其政治哲学蕴意。或者换句话说,政治哲学思考应被视为毛泽东认识实践概念本质的重要起点。孙中山指出:"政就是众人之事,治就是管理,管理众人之事,便是政治。"② 所谓政治就是"管理众人之事",与此有关的思考所涉及的便是政治。之所以说青年毛泽东认识实践本质带有政治哲学思考的特点,主要就在于:第一,以改造中国与世界为己任。第二,主张实现"民众的大联合"以及发动"较大的运动"。

随着参加中国共产党、早期革命工作的不断深入,毛泽东开始更加自觉使用"运动"概念。《国民革命与农民运动》《湖南农民运动考察报告》等著作的相继问世不仅反映了青年毛泽东对农民运动这种实践形式的关注,而且也是青年毛泽东较为成熟地使用"运动"这个概念来表达他对实践问题的理解,是用"运动"这个有着实践范畴意义的概念来总结与概括当时的农民革命行动的正式亮相。

1926年9月,在《农民问题丛刊》第一辑出版时,毛泽东写了一篇序言,题为《国民革命与农民运动》。他在这篇文章中指出:在经济落后的半殖民地进行革命,"最大的对象是乡村宗法封建阶级(地主阶级)",他们是国内统治阶级、国外帝国主义的唯一坚实的基础。不动摇这个基础,就不能动摇这个基础的上层建筑物。根据这一分析,毛泽东认为若无农民从乡村中奋起打倒地主阶级的特权,军阀和帝国主义的势力就不会从根本上倒塌。如果只说要打倒军阀而不要打倒乡村的封建阶级,那就是不知轻重本末。由此,他进一步阐明:"农民问题乃国民革命中心问题,农民不起来参加并拥护国民革命,国民革命不会成功;农民运动不赶速的做起来,农民问题不会解决;农民问题不在现在的革命运动中得到相当的解

---

① 《毛泽东早期文稿》,湖南出版社1990年版,第517页。
② 《孙中山全集》第9集,中华书局1986年版,第254页。

决，农民不会拥护革命。"① 毛泽东批评一些同志只重视做城市工作，而忽视农民运动的倾向，号召要有大批的同志立刻下决心，去做那组织农民的浩大的工作，"向党里要到命令，跑到你那熟悉的或不熟悉的乡村中间去，夏天晒着酷热的太阳，冬天冒着严寒的风雪，挽着农民的手，问他们痛苦些甚么，问他们要些甚么。从他们的痛苦与需要中，引导他们组织起来；引导他们向土豪劣绅争斗；引导他们与城市的工人学生中小商人合作，建立起联合战线；引导他们参与反帝国主义反军阀的国民革命运动"。

毛泽东撰写《湖南农民运动考察报告》一文是为答复当时党内党外对于农民革命斗争的责难，他在强调理论的指导意义的同时，努力证明实际发生的运动是检验认识正确性的标准。他明示世人，马克思主义是正确的，在马克思主义的革命理论指导下的中国农民革命运动取得了"四十年乃至几千年未曾成就过的奇勋。这是好得很。完全没有什么'糟'，完全不是什么'糟得很'。'糟得很'，明明是站在地主利益方面打击农民运动起来的理论，明明是地主阶级企图保存封建旧秩序，阻碍建设民主新秩序的理论，明明是反革命的理论"②。

有着 2 万多字的《湖南农民运动考察报告》叙述了湖南农民所做的 14 件大事，认为它们都是革命的行动和完成民主革命的措施。说农民运动"攻击的形势，简直是急风暴雨，顺之者存，违之者灭。其结果，把几千年封建地主的特权，打得落花流水"。"孙中山先生致力国民革命凡四十年，所要做而没有做到的事，农民在几个月内做到了。这是四十年乃至几千年未曾有过的奇勋。这是好得很。"报告还指出要"推翻地主武装，建立农民武装"。

三　认识论思考是毛泽东认识实践本质的重要转折点

毛泽东实践概念经历了一个由"运动"作为开端，再到概括出"调查研究"直至"社会实践"概念问世的发展过程。这种发展过程本身说明政治哲学是毛泽东认识实践本质的重要起点，但同时应当看到的是，认识论思考是作为毛泽东认识实践本质的转折点出现的，这主要体现为"调查研

---

①　金冲及主编：《毛泽东传（1893—1949）》，中央文献出版社 1996 年版，第 117 页。
②　《毛泽东选集》第 1 卷，人民出版社 1991 年版，第 16 页。

究"概念的提出以及对它的科学阐释。

如果说"运动"概念侧重于体现行动特点的话，那么"调查研究"概念则更多地体现出认识论特点。在毛泽东那里实践概念出现了由"运动"到"调查研究"的大跨度发展，表明毛泽东在认识实践本质上出现了重要的思想转折，而从"调查研究"概念本身所包含的内容来看，这种转折的基础正是认识论思考。

《反对本本主义》一文，虽然只有短短的 7000 字，却浓缩包含了毛泽东以"调查研究"作为主要范畴来表达他对实践问题的理解与新的阐发，充分体现出认识论视域的特性。

第一，它阐述了调查研究是辩证唯物论认识论的基础，是洗刷唯心精神的根本方法。毛泽东提出"一切结论产生于调查情况的末尾，而不是在它的开头"，这一论述使他关于实践问题的认识已发生深刻的认识论转变这一事实变得一目了然。它表明，毛泽东不再仅仅从实践对理论的检验功能上把握实践的意义，此时的他已认识到调查研究就是认识的开头、起点，人们的认识就是在调查研究的过程中产生的，是调查研究的产物，而不是调查研究的起点。毛泽东说道："共产党的正确而不动摇的斗争策略，决不是少数人坐在房子里能够产生的，它是要在群众的斗争过程中才能产生的，这就是说要在实际经验中才能产生。"① 在这里他实际上已将调查研究视为党的斗争策略即人的主观认识的真正来源。而且正是在这种认识的基础上，他彻底清算了唯心主义。他指出："离开实际调查就要产生唯心的阶级估量和唯心的工作指导，那末，它的结果，不是机会主义，便是盲动主义。"②

第二，它指明了调查研究本身就是一种实践形式，是主观与现实统一起来的一座桥梁。毛泽东说道："我们调查工作的主要方法是解剖各种社会阶级，我们的终极目的是要明了种种阶级的相互关系，得到正确的阶级估量，然后定出我们正确的斗争策略。"③ 对于那些停留在事物的表面做文章的调查研究的结果，毛泽东则形象地形容：就像挂上了一篇狗肉账，像乡下人上街听了许多新奇故事，又像站在高山顶上观察人民城郭，它们不

---

① 《毛泽东选集》第 1 卷，人民出版社 1991 年版，第 115 页。
② 同上书，第 112 页。
③ 《毛泽东农村调查文集》，人民出版社 1982 年版，第 6 页。

可避免地陷入主观性、片面性和表面性的错误。毛泽东甚至明确提出调查研究就是解决问题。"你对于那个问题不能解决么？那末，你就去调查那个问题的现状和它的历史吧！你完完全全调查明白了，你对那个问题就有解决的办法了。"① 因此，一直以来，毛泽东都号召到群众中做实际调查，并且把我党的任务归结为争取群众，战胜敌人。毛泽东关于调查研究的思想，科学地解决了理论和实践如何结合的问题，为马克思主义普遍原理和中国革命具体实践相结合找到了关键性的环节。

第三，它对在真理标准问题上的错误观点做出了列举与批判，进一步阐明了调查研究是检验真理的重要标准。毛泽东列举并批判了在真理标准问题上的几种错误情形：（1）"先哲标准"。毛泽东在批判本本主义时指出："我们说马克思主义是对的，决不是因为马克思这个人是什么'先哲'，而是因为他的理论，在我们的实践中，在我们的斗争中，证明了是对的。"② 在这里，为了使人们充分认识到"先哲标准"的危害性，他明确将"先哲标准"作为一种错误倾向列举出来。（2）"本本标准"。毛泽东认为，由于文化落后，许多中国的农民有"以为上了书的就是对的"的心理，"不谓共产党内讨论问题，也还有人开口闭口'拿本本来'。"所以他明确指出："马克思主义的'本本'是要学习的，但是必须同我国的实际情况相结合。我们需要'本本'，但是一定要纠正脱离实际情况的本本主义。"③ 在这里，毛泽东通过区分"本本"与"本本主义"，而将"本本主义"作为一种错误的倾向做了批判。（3）"上级标准"。毛泽东指出："我们说上级领导的指示是正确的，决不单是因为它出于'上级领导机关'，而是因为它的内容是适合于斗争中客观和主观情势的，是斗争所需要的。"④ 最后，对于上述错误认识，毛泽东提出了纠正的办法："怎样纠正这种本本主义？只有向实际情况作调查。"⑤ 所以，毛泽东实际上力求通过澄清在真理标准问题上的一些糊涂认识，扫清在树立正确的真理标准的过程中出现的一些思想障碍，从而为人们认清调查研究是检验真理标准这一原理奠定思想认识基础。

---

① 《毛泽东选集》第 1 卷，人民出版社 1991 年版，第 110 页。
② 同上书，第 111 页。
③ 同上书，第 111—112 页。
④ 同上书，第 111 页。
⑤ 同上书，第 112 页。

毛泽东一生都重视调查研究，并亲自做过许多调查研究。他在总结经验的基础上，把广泛的调查研究概括、提炼为实事求是的工作方法和认知态度的最基本的一点。毛泽东指出："我的经验历来如此，凡是忧愁没有办法的时候，就去调查研究；一经调查研究，办法就出来了，问题就解决了。打仗也是这样。凡是没有办法的时候，就去调查研究。"[①] 他甚至还强调："马克思、恩格斯提出的那些原理原则是经过调查得出的结论。如果没有伦敦图书馆，马克思写不出《资本论》。列宁的《帝国主义论》，现在印出来的是一本薄薄的本子，他研究的原始材料，比这本书不知厚多少倍。列宁的哲学著作《唯物主义和经验批判主义》，是他用好几年时间研究哲学史才写出来的。""没有那些胜利和那些失败，不经过第五次反'围剿'的失败，不经过万里长征，我那个《中国革命战争的战略问题》小册子也不可能写出来。因为要写这本书，倒是逼着我研究了一下资产阶级的军事学。有人讲我的兵法靠两本书，一本是《三国演义》，一本是《孙子兵法》。《三国演义》我是看过的，《孙子兵法》当时我就没有看过。""那里打仗，形势那么紧张，谁还管得什么孙子兵法，什么战斗条令，统统都忘记了的。打仗的时候要估计敌我形势，很快做出决策，哪个还去记得那些书呢？你们有些人不是学过四大教程吗？每次打仗都是用四大教程吗？如果那样就完全是教条主义嘛！"[②] 毛泽东还指出，用马克思主义的基本观点，做周密的调查，是了解情况的最基本的方法。只有这样，才能使我们具有对中国社会问题的最基础的知识。[③] 毛泽东把调查研究活动，视为"比什么大学还要高明的学校"，其中有许多书本上学不到的东西。孙中山的"三民主义"、马克思的学问都不是在学校的书本里学到的，而是在社会这个大学校，从调查研究中获得。

四 唯物史观思考是毛泽东认识实践本质的根本理论基础

在 1921 年新年新民学会在湘会员大会上，毛泽东积极主张用俄国劳

---

① 《毛泽东传（1949—1976）》，中央文献出版社 2003 年版，第 1147 页。
② 《毛泽东文集》第 8 卷，人民出版社 1999 年版，第 262—263 页。
③ 《毛泽东的读书生活》，生活·读书·新知三联书店 1986 年版，第 266 页。

农专政的方法改造中国和世界，认为改良的社会政策，社会民主主义、无政府主义和罗素与温和的共产主义都是行不通的，只有激烈的劳农主义（列宁主义）用阶级专政的方法，最宜采用。元月 21 日在给蔡和森的信中毛泽东进一步指出："唯物史观是吾党哲学的根据，这是事实，不像唯理观之不能证实而容易被人摇动。我固无研究，但我现在不承认无政府的原理是可以证实的原理，有很强的理由。"① 由此可见，青年毛泽东不仅相信社会运动的力量，而且已坚定地相信改造中国社会的运动只有用马克思主义的唯物史观来指导。因此，他关于改造中国社会运动的理解已经建立在唯物史观的基础上了。

准确地说，毛泽东真正自觉地在实践问题上运用唯物史观是在延安时期，特别是体现在《实践论》中。《实践论》的开篇伊始，毛泽东便明确指出："马克思以前的唯物论，离开人的社会性，离开人的历史发展，去观察认识问题，因此不能了解认识对社会实践的依赖关系，即认识对生产和阶级斗争的依赖关系。"② 在这里毛泽东刻意强调，认识对社会实践依赖关系这一结论是以人的社会性、人的历史发展去观察认识问题得出来的。同时从"社会实践"概念本身的提出来看，它所体现的也正是人的社会性与实践的有机结合。总体说来，毛泽东实践思想与马克思主义哲学之间的联系，不是可以用一个宽泛的概念所能概括的，更确切地说应该是唯物史观。也就是说，唯物史观成为毛泽东认识实践本质的根本理论基础。

对于毛泽东实践思想来说，唯物史观既是其确立的根本理论基础，也是其发展的重要理论保证。特别是从毛泽东通过将认识论与历史观结合，科学地发现了"从群众中来，到群众中去"的认识路线，从而极大地丰富和发展了马克思主义认识论这一点来看，毛泽东实践思想是带有极强的历史性的。毛泽东实践思想的许多结论都是对社会历史现象加以反映的结果，而不是以自然界为研究对象的产物，这一点充分反映出毛泽东实践思想的唯物史观理论基础特点。毛泽东坚持并多次强调，人民群众是社会历史的创造者，是推动世界历史的动力；社会实践是千百万人民群众的实践；在人民群众中蕴藏着巨大的创造力和智慧；党的一切工作都是为了人民群众。而且正是由于将上述重要的历史观点积极运用到认识过程中，毛

① 《毛泽东书信选集》，人民出版社 1983 年版，第 15 页。
② 《毛泽东选集》第 1 卷，人民出版社 1991 年版，第 282 页。

泽东才进一步看到了群众路线对于认识论的重要作用。

日本学者新岛淳良评价道:"毛泽东不是从正面触及人脑如实反映自然这一教义,只是说人的认识全靠实践。当时,毛泽东清楚地区别了人类的实践和人们的实践,指出一般情况下人们的实践不仅受到历史的制约,而且还要受到每个人参加实践的方式和作风的制约。"① 从这段论述中可以对毛泽东实践思想的唯物史观基础形成更进一步的了解。对于毛泽东来说,具体个人实践的最大特征就在于它是受制于具体历史发展的。脱离具体历史,具体个人是无法进行实践活动的;同时对于具体个人实践活动的了解,也是无法脱离具体历史的。毛泽东曾经指出:"有一种人,抱着一技之长和一孔之见,再也没有进步,这对革命虽则在一地一时有些作用,但是没有大的作用。我们要求有大的作用的战争指导者。一切战争指导规律,依照历史的发展而发展,依照战争的发展而发展;一成不变的东西是没有的。"② 因此,在毛泽东那里,坚持社会存在第一性,是从事社会实践的最基本前提。马克思指出:"历史不过是追求着自己目的的人的活动而已。"③ 由此可见,实践的观点不仅是马克思主义认识论的首要的基本观点,而且也是马克思主义唯物史观的基本观点。从本质上说,人类历史正是在人们追求着自己目的的社会实践活动中得到实现的。

五 结语

关于实践的政治哲学思考开了一个好头,让青年毛泽东看到开展革命"运动"的必要性。"运动"与"行动"之间的天然联系,表明青年毛泽东一开始所关注的是实践的"行"的特质。当毛泽东从认识论角度指出"调查研究"的重要性时,标志着毛泽东由实践的"行"转向"知",看到了"知"在实践中的重要意义。当毛泽东从唯物史观角度指出认识对于"社会实践"依赖性时,毛泽东的实践思想成为"知行统一"观,所强调的是:"我们的结论是主观和客观、理论和实践、知和行的具体的历史的统一,反对一切离开具体历史的'左'的或右的错误思想。"④ 因此,总

---

① 《日本学者视野中的毛泽东思想》,中央文献出版社 1988 年版,第 49 页。
② 《毛泽东选集》第 1 卷,人民出版社 1991 年版,第 173—174 页。
③ 《马克思恩格斯全集》第 2 卷,人民出版社 1957 年版,第 118—119 页。
④ 《毛泽东选集》第 1 卷,人民出版社 1991 年版,第 295—296 页。

体说来，在毛泽东深入把握实践本质的过程中，无论是政治哲学思考，还是认识论思考，以及唯物史观思考，都是缺一不可的。

长期以来，对于政治哲学思考在毛泽东认识实践本质中的作用，人们并没有提及。其实，在这个过程中政治哲学思考之所以是重要的，就在于它使青年毛泽东很快便进入对改造世界的思考之中，而这种思考与马克思在《关于费尔巴哈的提纲》中提出以往的"哲学家们只是用不同的方式解释世界，而问题在于改变世界"① 这一论断之间有着殊途同归之妙。实践的本质在于改造世界，青年毛泽东关注改造中国与世界，是直接切入实践本质的关键。在这种情形之下，毛泽东在对实践本质加以认识的最初的政治哲学思考环节是极为重要的。重视政治哲学思考，并不意味着认识论思考与唯物史观思考可以被忽略。在毛泽东认识实践本质的过程中，无论是政治哲学思考，还是认识论思考，乃至唯物史观思考均发挥了重要作用，这一点既意味着毛泽东实践思想的形成与发展是上述思考"三位一体"的统一，同时也说明任何单一强调上述任一思考重要性的做法都是不可取的。

原载《毛泽东研究》2012 年卷，湘潭大学出版社 2013 年版

---

① 《马克思恩格斯选集》第 1 卷，人民出版社 1995 年版，第 61 页。

毛泽东的权力观

陈志刚[*]

权力问题是政治哲学关注的一个重大理论问题，也是党的建设、民主政治建设必须正确处理的一个重大实践课题。毛泽东的权力观是毛泽东思想的重要组成部分，重温毛泽东同志权力观，以及反思其治理权力异化和腐败的经验教训，对于我们树立正确的权力观，建立健全权力运行的制约和监督机制，开拓中国特色社会主义反腐倡廉道路，具有重要的意义。

一 毛泽东权力观的来源和演变

20 世纪早期是个思想激荡的时代。毛泽东在其求学生涯中，为了探索救国救民的真理，博览群书，努力汲取中外思想文化的精华。在这个探索的过程中，毛泽东的思想不断演变，不断成熟。与此相适应，毛泽东的权力观也经历了一个发展演变的过程，从最初的民本主义转向资产阶级自由主义和无政府主义，最终转向马克思主义。

中国传统文化中有丰富的民本主义思想。毛泽东通过在私塾和东山学堂的学习，在中国传统文化上积淀深厚，因此其最初的权力观具有很深的民本主义烙印。毛泽东在其 1913 年摘录的笔记《讲堂录》中指出："人心即天命，故曰天视自我民视。天命何？理也。能顺乎理，即不违乎人；得其人，斯得天矣。然而不成者，未之有也。"[①] 在毛泽东看来，统治者的权力并不来自虚幻的天命，并不是天生的，而来自民众的授予。但是，如何

* 陈志刚，中国社会科学院马克思主义研究院中国化部副主任、研究员，哲学博士，主要从事党建理论、社会发展理论研究。

① 《毛泽东早期文稿》，湖南出版社 1990 年版，第 588 页。

改变腐败的社会，实现政权的更替，毛泽东接受资产阶级改良主义的观点，主张对社会结构实行自上而下的渐进调整而不是自下而上的革命性变革。在 1915 年给湘生的信中，他不但十分推崇康有为、梁启超，而且坚持英雄史观，认为"来日之中国，艰难百倍于昔，非有奇杰不足言救济"。毛泽东这时并没有看到普通民众在社会变革中的重要作用。

在权力观的形成过程中，毛泽东还深受西方资产阶级的民主思想的影响。1912 年在长沙湘乡会馆寄居期间，毛泽东曾有半年多的时间泡在湖南省立图书馆，阅读了大量西方 18、19 世纪资产阶级民主主义和自然科学的著作，比较系统地接受了西方近代思想文化的熏陶。1913 年考入长沙师范学校后，在研读经史子集著作的同时，又广泛阅读了西方哲学和伦理学著作。因此，在 1919 年的五四运动展示普通民众在社会和国家变革中的力量时，毛泽东就倾向于主张平民革命的克鲁泡特金无政府主义思想。克鲁泡特金虽然也强调民众的主导作用，但他所主张的平民革命是拒斥马克思的暴力革命道路，而和毛泽东此前接受的康梁改良主义有一致之处。而且因为无政府主义拒斥一切权力、崇尚自由平等，充满着比马克思主义还激进的色彩，所以这一思想在当时的知识分子中很有影响。在《湘江评论》创刊宣言中，毛泽东明确主张"要借平民主义的高呼"打倒各种强权。他认为，打倒强权的方法有两种，即激烈的、温和的。用激烈的方法，主张暴力革命，实际上是"用强权打倒强权，结果仍然得到强权。不但自相矛盾，并且毫无效力"。毛泽东赞同温和的方法，拒绝一切权力。"在对人的方面，主张群众联合，向强权者为持续的'忠告运动'。实行'呼声革命'——面包的呼声，自由的呼声，平等的呼声——'无血革命'。不至张起大扰乱，行那没效果的'炸弹革命''有血革命'。"[1]

在 1920 年，毛泽东的思想又再次发生变化。一方面，毛泽东从 1919 年年底以来的驱逐军阀张敬尧的运动中认识到面对现实世界激烈的阶级对抗，面对军阀张敬尧的暴力镇压，仅仅依靠"呼声革命""无血革命"是不够的，而必须依靠阶级斗争，丢掉改良主义的幻想。另一方面，毛泽东在北京的四个来月以及奔赴上海的途中，读了许多关于俄国情况的书，对俄国情况有了更多了解，并与李大钊、陈独秀有更深的接触、交流。另外，毛泽东还就改造中国的方法问题，与蔡和森等进行了深入的讨论。通

---

[1] 《毛泽东早期文稿》，湖南出版社 1990 年版，第 293—294 页。

过对现实的深刻反省和思考，毛泽东看到了俄国暴力革命的重要意义，转向了马克思主义。他在 1920 年 12 月致蔡和森等的信中，明确地指出："俄国式的革命，是无可如何的山穷水尽诸路皆走不通了的一个变计。"①只有通过暴力革命，才能实现权力的更替；也只有先建立革命的政权，以此为保障，才可能对旧社会进行改造、教育。在 1920 年 11 月 25 日给向警予的信中，毛泽东指出："政治界暮气已深，腐败已甚，政治改良一途，可谓绝无希望。吾人惟有不理一切，另辟道路，另造环境一法。"② 在 1921 年的时候，他更是深刻地分析了资产阶级改良主义和无政府主义存在的不足之处："社会政策，是补苴罅漏的政策，不成办法。社会民主主义，借议会为改造工具，但事实上议会的立法总是保护有产阶级的。无政府主义否认权力，这种主义恐怕永世都做不到。温和方法的共产主义，如罗素所主张极端的自由，放任资本家，亦是永世做不到的。激烈方法的共产主义，即所谓劳农主义，用阶级专政的方法，是可以预计效果的，故最宜采用。"③

"纸上得来终觉浅，绝知此事要躬行。"纵观毛泽东权力观的演变可以看出，毛泽东虽然在 1919 年五四运动后了解到马克思主义，并在《民众的大联合》中首次提到"马克斯"，但他并未一开始就倾向于马克思主义，而是在驱张运动之后才选择了马克思主义。

二 毛泽东权力观的主要内容

毛泽东权力观包含着丰富的内容。限于篇幅，本文只对毛泽东关于权力的主体、根源、直接来源、消亡等问题进行阐述。

首先，关于权力的主体问题，坚持一切权力属于人民。

权力的主体问题是权力观的核心和基石问题。坚持人民的权力主体地位，这是毛泽东权力观一以贯之的核心思想。早在湖南自治运动掀起的时候，毛泽东就自发地主张人民是权力的主体，认为湖南自治运动应该由"民"发起，搞"民治"，而不是"官治"。否则，在民以外的自治，"是

---

① 《毛泽东书信选集》，人民出版社 1983 年版，第 5—6 页。
② 《毛泽东早期文稿》，湖南出版社 1990 年版，第 548 页。
③ 《毛泽东文集》第 1 卷，人民出版社 1993 年版，第 2 页。

不能长久的"。"虽则具了外形，其内容是打开看不得，打开看时，一定是腐败的，虚伪的，空的，或者是干的。"① 如果"把少数特殊人做治者，把一般平民做被治者，把治者做主人，把被治者做奴隶。这样的治者，就是禹汤文武，我们都给他在反对之列"②。

彻底转向马克思主义后，毛泽东明确强调，一切权力应该属于人民，人民才是国家权力的主体，必须建立真正属于广大人民群众自己的国家政权。在毛泽东看来，因为"人民只有人民，才是创造世界历史的动力"③，所以，"我们的权力是谁给的？是工人阶级给的，是贫下中农给的，是占人口百分之九十以上的广大劳动群众给的"④。正因此，毛泽东认为："共产党是为民族、为人民谋利益的政党，它本身决无私利可图。它应该受人民的监督，而决不应该违背人民的意旨。"⑤ 在毛泽东的领导下，"一切权力属于人民"被明确地写入新中国的第一部宪法之中。

其次，关于政治权力的根本来源问题，明确强调经济基础是保障政治权力的前提条件。

马克思明确指出，经济基础决定上层建筑，"政治权力只不过是经济权力的产物"⑥。"现代的国家政权不过是管理整个资产阶级的共同事务的委员会罢了。"早在 1919 年，毛泽东就十分深刻地认识到经济实力对于政治权力的重要作用，不过他并没有明确地把经济当作政治权力的唯一来源。他认为："贵族资本家及其他强权者人数既少，所赖以维持自己的特殊利益，剥削多数平民的公共利益者，第一是知识，第二是金钱，第三是武力。"⑦ 他认为，贵族资本家有了知识和金钱，他们即便设军营练兵，设工厂造枪，于是生出了强弱的阶级，维系着统治。成为一个马克思主义者以后，他在革命战争中充分地认识到，没有经济的后盾，革命政权就不可能获得巩固的保障。"把革命战争和经济建设的物质基础确切地建立起来"，"这是一个伟大的任务，一个伟大的阶级斗争"⑧。为此，我们党高

---

① 《毛泽东早期文稿》，湖南出版社 1990 年版，第 516—517 页。
② 同上书，第 523 页。
③ 《毛泽东选集》第 3 卷，人民出版社 1991 年版，第 1031 页。
④ 《建国以来毛泽东文稿》第 12 册，中央文献出版社 1998 年版，第 581 页。
⑤ 《毛泽东选集》第 3 卷，人民出版社 1991 年版，第 809 页。
⑥ 《马克思恩格斯全集》第 12 卷，人民出版社 1998 年版，第 80 页。
⑦ 《毛泽东早期文稿》，湖南出版社 1990 年版，第 339 页。
⑧ 《毛泽东选集》第 1 卷，人民出版社 1991 年版，第 122 页。

度重视土地问题和革命根据地生产力的发展。毛泽东指出，"要增加生力军保护革命，非解决土地问题不可"。土地问题的解决既关系到财政问题，也关系到兵士问题。"因农民要保护他们的土地，必勇敢作战。"①

在抗日战争中，毛泽东还明确地指出："如果我们不能解决经济问题，如果我们不能建立新式工业，如果我们不能发展生产力，老百姓就不一定拥护我们。"② 在新中国成立前夕召开的七届二中全会上，毛泽东更是明确地指出发展经济才能巩固党的政治权力："如果我们在生产工作上无知，不能很快地学会生产工作，不能使生产事业尽可能迅速地恢复和发展，获得确实的成绩，首先使工人生活有所改善，并使一般人民的生活有所改善，那我们就不能维持政权，我们就会站不住脚，我们就会要失败。"③ 另外，毛泽东又坚持政治上层建筑对经济基础具有反作用的观点，主张"政治权力和意识形态（即思想）是为经济服务的"④。

再次，关于政治权力的直接来源问题，提出了"枪杆子里面出政权"⑤的响亮论断。

马克思明确指出："暴力是每一个孕育着新社会的旧社会的助产婆。"无产阶级为了获得政治权力，必须通过暴力革命推翻资产阶级政权。列宁也明确地指出："政权问题是一切革命的根本问题。"⑥ 毛泽东坚持发展了这个论断。在 1927 年的八七会议上，他对大革命失败的教训进行了深刻的总结，强调全党"要非常注意军事，须知政权是由枪杆子中取得的"⑦。毛泽东认为，中国共产党只有掌握自己的武装力量，才能以革命的武装反对反革命的武装，夺取全国政权。后来，他在《矛盾论》中又进一步解释指出："在阶级社会中，革命和革命战争是不可避免的，舍此不能完成社会发展的飞跃，不能推翻反动的统治阶级，而使人民获得政权。"⑧ "枪杆子里面出政权"这个响亮论断，一针见血地指明了政权的直接来源，也为中国革命的基本方式指明了正确的方向。

_____

① 《毛泽东文集》第 1 卷，人民出版社 1993 年版，第 43 页。
② 《毛泽东文集》第 3 卷，人民出版社 1996 年版，第 147 页。
③ 《毛泽东选集》第 4 卷，人民出版社 1991 年版，第 1428 页。
④ 《建国以来毛泽东文稿》第 7 卷，中央文献出版社 1992 年版，第 26 页。
⑤ 《毛泽东选集》第 2 卷，人民出版社 1991 年版，第 547 页。
⑥ 《列宁专题文集　论社会主义》，人民出版社 2009 年版，第 129 页。
⑦ 《毛泽东文集》第 1 卷，人民出版社 1993 年版，第 47 页。
⑧ 《毛泽东选集》第 1 卷，人民出版社 1991 年版，第 334 页。

最后，关于权力消亡的问题，辩证看待权力的消亡和强化。

马克思曾指出，在未来的共产主义社会，国家将消亡，政治权力也将消亡。但是在过渡阶段必须坚持无产阶级专政。毛泽东深刻地理解马克思主义关于政治权力消亡的观点。一方面，他认为政治权力的消亡是必然的。"人到老年就要死亡，党也是这样。阶级消灭了，作为阶级斗争的工具的一切东西，政党和国家机器，将因其丧失作用，没有需要，逐步地衰亡下去，完结自己的历史使命，而走到更高级的人类社会。"① 另一方面，他又强调，权力的消亡是有一定历史条件的，是伴随着阶级的消亡而消亡的。只要阶级和阶级斗争还存在，国家权力就不能消亡，相反，还必须加强。权力的强化是为了权力的消亡。不过，与反动政权被革命政权所推翻、灭亡不同，革命的社会主义政权则是自然消亡。"对于工人阶级、劳动人民和共产党，则不是什么被推翻的问题，而是努力工作，创设条件，使阶级、国家权力和政党很自然地归于消灭，使人类进到大同境域。"②

在 1949 年 6 月全国革命胜利之际，针对当时的反动派提出的"你们不是要消灭国家权力吗"的诘难，毛泽东明确指出："我们要，但是我们现在还不要，我们现在还不能要。为什么？帝国主义还存在，国内反动派还存在，国内阶级还存在。我们现在的任务是要强化人民的国家机器，这主要地是指人民的军队、人民的警察和人民的法庭，借以巩固国防和保护人民利益。"③ 他说，没有这些专政的工具，"革命的人民如果不学会这一项对待反革命阶级的统治方法，他们就不能维持政权，他们的政权就会被内外反动派所推翻，内外反动派就会在中国复辟，革命的人民就会遭殃"④。不仅如此，毛泽东认为，革命的专政和反革命的专政，性质是相反的。反革命的专政是少数人对多数人的专政，而革命的专政则是多数人对少数人的专政。

总的来说，毛泽东在权力观上既坚持了马克思主义，又发展了马克思主义。坚持从历史唯物主义的视角来分析权力问题，这是毛泽东权力观的重要特点，也是毛泽东权力观具有科学性的重要保证。正是在这种科学权力观的指导下，毛泽东把人民群众置于重要的地位，团结和带领人民通过

---

① 《毛泽东选集》第 4 卷，人民出版社 1991 年版，第 1468 页。
② 同上书，第 1469 页。
③ 同上书，第 1475—1476 页。
④ 同上书，第 1478 页。

暴力革命推翻了三座大山，建立了人民民主专政的巩固政权。

三 权力民主的探索

"一切权力属于人民"并不是一个抽象的原则，必须体现在具体的权力运行机制之中。为了实现真正的而不是形式上的人民民主，构建一个让广大人民群众真正掌握权力的机制，避免权力被少数人掌控，毛泽东对权力运行的民主机制进行了积极的探索。

第一，吸纳不同阶层的人民群众参与经济社会管理，切实保障权力民主。

列宁在领导苏维埃政权建设的过程中，曾提出："重要的就是普遍吸收所有的劳动者来管理国家。"[1] 毛泽东继承发展了列宁的这一光辉思想，强调权力不能仅仅为某一个阶层所垄断，而必须让不同阶层的人民共同参与经济社会的管理。

首先，在抗日战争时期，在陕甘宁边区实践了"三三制"。毛泽东认为，党对根据地的领导权，不能依靠人数的优势来实现，像蒋介石政府那样搞独裁，而必须依靠质量优势来实现，靠党的正确政策和有力的群众工作来实现。在这一思想的指导下，陕甘宁边区政府推行"三三制"，要求共产党、非党的左派进步分子和中间派的代表在根据地政府各占1/3。"三三制"的推行，使陕甘宁边区政府与国民党统治区形成了鲜明的对比，成为享誉全国的模范政府、民主政府。

其次，建立了人民代表大会制度和中国共产党领导的多党合作与政治协商制度。新中国成立后，在毛泽东的领导下，我国建立了人民代表大会制度，为实现人民当家做主，一切权力属于人民，提供了坚实的制度保障。此外，毛泽东还推动建立了共产党领导的多党合作与政治协商制度。陕甘宁边区"三三制"的成功实行，为中国共产党执政提供了范例。1948年1月，毛泽东认为未来的新中国将继续广泛吸收民主分子参加，"使民主政府成为共产党领导的各革命阶级的代表人物联合组成的政府，而不是共产党一党包办的政府，这样对于团结中国百分之九十以上的老百姓一道

---

[1] 《列宁选集》第3卷，人民出版社1995年版，第464页。

奋斗是有利益的"①。为此，毛泽东广泛邀请民主人士共商国是，发起召开了全国政治协商会议。在中央政府的首届人事安排中，众多部门中还广泛吸纳了许多非中共人士，甚至很多部门当中任职的民主人士的比例远远超过了1/3。中国共产党的权力民主举措，极大地调动了社会各阶层人士献计献策建设新中国的积极性。然而，随着1957年的反右扩大化，一些民主党派人士受到牵连，或被撤职或有职无权，民主党派的参政议政和监督功能几乎丧失殆尽。

最后，探索了"三结合"权力平等机制。毛泽东所倡导的"三结合"实践体现为两个方面：一是体现为"两参一改三结合"的企业管理体制。毛泽东认为："所有制问题基本解决以后，最重要的问题是管理问题，即全民所有制的企业如何管理的问题，集体所有的企业如何管理的问题。"②劳动者的管理权，"是社会主义制度下劳动者最大的权利，最根本的权利。没有这种权利，劳动者的工作权、休息权、受教育权等等权利，就没有保证"③。在毛泽东看来，这种管理权不能仅仅体现为权利，还必须体现为权力，即实实在在的、直接参与的对生产资料和劳动产品进行配置、处置的权力。因此，他要求在企业管理中，采取集中领导和群众运动相结合，工人群众、领导干部和技术人员"三结合"，干部参加劳动，工人参加管理。"两参一改三结合"不仅使普通劳动者管理生产劳动的权利提升为一种权力，有效制约了官僚主义，避免了劳动群众的边缘化，而且对于保证劳动生产中人与人之间的平等关系、促进生产力的发展具有重要的意义。二是"三结合"体现在政府管理之中。毛泽东提出，"文化大革命"中重新建立起来的革命委员会，必须成为一个革命的、有代表性的、有无产阶级权威的临时权力机构，实行一元化方式，取消中国共产党和政府的分别，合为一体，而人员构成则采取"三结合"的方式，由革命干部代表、群众组织代表和"工宣队""农宣队"或部队军管代表组成。在这种机构中，干部由于熟悉业务，一般负责日常业务；工农兵代表掌管大政方针；群众组织代表维护本单位下层人员的利益。虽然毛泽东试图把革命委员会打造成一个权力民主的机构，但革命委员会作为派性斗争的产物，在没有法制保

---

① 《毛泽东文集》第5卷，人民出版社1996年版，第13页。
② 《毛泽东文集》第8卷，人民出版社1999年版，第134页。
③ 同上书，第129页。

障的前提下，并不能真正实现权力民主。

第二，初步探索了党政分开的问题。

毛泽东认为，党对政府的领导，并不意味着党要取代政府，直接管理国家。早在革命时期，他就清醒地认识到党在群众中很有威权而政府的威权则差很多的现象，"许多事情为图省便，党在那里直接做了，把政权机关搁置一边"。他明确指出，党不能越俎代庖，取代政府，"以后党要执行领导政府的任务；党的主张办法，除宣传外，执行的时候必须通过政府的组织。国民党直接向政府下命令的错误办法，是要避免的"①。新中国成立以后，毛泽东明确地指出，我们党坚持的领导方针是："大权独揽，小权分散。党委决定，各方去办。办也有决，不离原则。工作检查，党委有责。"② 然而，在"文化大革命"中，党和政府的职责分别被取消了，在加强党的一元化的口号下，一切权力往往集中于党委，而党委的权力又集中于书记，特别是第一书记手中，如此以至"党的一元化领导，往往因此而变成了个人领导"③。

第三，初步探索了党代会常任制和领导职务任期制。

在党的八大前后，毛泽东从斯大林晚年错误中认识到，党代会长期不召开，势必影响党内民主的实现，使党的权力中心集中于少数人，尤其是党的总书记手中。总结苏联教训，毛泽东提出党代会常任制的思想。"定期召开会议，进行批评和自我批评，这是一种同志间互相监督，促使党和国家事业迅速进步的好办法。"④ 1956 年 4 月 28 日，他在中共中央政治局扩大会议上的总结讲话中指出："是否可以仿照人民代表大会的办法，设党的常任代表。我们有人民的国会，有党的国会，党的国会就是党的代表大会。我们已经有十年没有开党的代表大会了，有了常任代表制度，每年就非开会不可。是不是可以考虑采用这个办法，比如五年一任。"⑤ 毛泽东的这一建议，得到了中央领导集体的一致赞同。邓小平在八大所做的《关于修改党的章程的报告》中高度评价了这一制度创新，认为："代表大会常任制的最大好处，是使代表大会可以成为党的充分有效的最高决策机关

---

① 《毛泽东选集》第 1 卷，人民出版社 1991 年版，第 73 页。
② 《毛泽东文集》第 7 卷，人民出版社 1999 年版，第 355 页。
③ 《邓小平文选》第 2 卷，人民出版社 1994 年版，第 328 页。
④ 《毛泽东文集》第 6 卷，人民出版社 1999 年版，第 406 页。
⑤ 《毛泽东文集》第 7 卷，人民出版社 1999 年版，第 54 页。

和最高监督机关，它的效果，是几年开会一次和每次重新选举代表的原有制度所难达到的"，"这种改革，必然可以使党内民主得到重大的发展"①。

另外，总结苏联的教训，毛泽东还对任期制和废除领导职务终身制进行了宝贵的探索。1956 年夏季在北戴河准备八大的过程中，毛泽东向中央提出了他不再当国家主席和党的主席的设想。9 月 13 日，在主持召开七届七中全会第三次会议时，毛泽东再次谈到此事，并建议设立名誉主席的职务。他明确指出："我是准备了的，就是到适当的时候就不当主席了，请求同志们委我一个名誉主席。名誉主席是不是不干事呢？照样干事，只要能够干的都干。"② 据此，八大通过的党章做出了修改，提出："中央委员会认为有必要的时候，可以设立中央委员会名誉主席一人。"经过酝酿，在 1959 年 4 月召开的第二届全国人大一次会议上，毛泽东辞去了国家主席，由刘少奇接任，实现了他不当国家主席的设想。毛泽东主动辞去国家主席的行为，在国际共产主义运动中是史无前例的事情，其意义和影响巨大。不过，后来由于国内外形势的变化，他没有再次提出当初要辞去党的主席的要求。

概括地说，权力运行的正常化、制度化，是保障权力民主的有效举措。无论是不同阶层、部门的分权，还是权力的任期制，都是为了切割权力，防止权力为少数人所享有，打破权力的垄断和等级机制，切实维护人民民主。不过，毛泽东的这些探索，都是初步的，有的未能很好地贯彻下去，如"两参一改三结合"；有的只是一种理想，在实践中并未找到具体的落实途径，如党政分开和废除职务终身制问题；有的设计还是比较粗糙的，在操作执行程序上缺乏明确规定，如民主党派的参政议政问题。毛泽东的这些实践创新充分表明了他对权力民主、权力平等的高度重视，奠定了中国特色社会主义民主政治的根基，不但在当时具有前瞻性的意义，而且为后来的改革开放积累了宝贵经验。

四 权力异化、腐败的治理

既然一切权力属于人民，权力就必须公正地行使，坚持为人民服务的

---

① 《邓小平文选》第 1 卷，人民出版社 1994 年版，第 233 页。
② 《毛泽东文集》第 7 卷，人民出版社 1999 年版，第 111 页。

宗旨，而不能以权谋私。所以，在毛泽东看来，权力意味着责任，意味着服务。一切不认真履行权力的官僚主义，以及滥用权力的腐败行为，都是与党的宗旨相违背的，是对人民赋予的权力不负责任的表现。为了保障一切权力属于人民，毛泽东对共产党和社会主义国家中存在的腐败现象给予了高度重视。

第一，高度重视权力的腐败问题，敏锐地看到了执政时期的权力异化和腐败问题的严峻性和长期性。

在革命即将夺得全国胜利之际，毛泽东敏锐地认识到党在执政条件下，权力掌握着更多的资源，有着更多的诱惑，面临着比战争中更大的权力腐败的危险。因此，他在七届二中全会上告诫全党全军："因为胜利，党内的骄傲情绪，以功臣自居的情绪，停顿起来不求进步的情绪，贪图享乐不愿再过艰苦生活的情绪，可能生长。因为胜利，人民感谢我们，资产阶级也会出来捧场。"① 因此，毛泽东强调，我们党必须高度重视权力异化和腐败问题。他指出："如果国家，主要的就是人民解放军和我们的党腐化下去，无产阶级不能掌握住这个国家政权，那还是有问题的。"② 新中国成立后，1952 年 1 月 4 日毛泽东亲笔修改的《人民日报》的社论更是明确指出："对于贪污、浪费和官僚主义的严重现象，如果不加以彻底肃清，它们就要腐蚀我们的党，腐蚀我们的政府，腐蚀我们的军队，腐蚀一切财政经济机构和一切革命的群众组织，使我们的许多干部人员身败名裂，给我们的国家造成极大的灾害，一句话，这就有亡党、亡国、亡身的危险。"不仅如此，毛泽东也敏锐地认识到，"官僚主义和命令主义在我们的党和政府，不但在目前是一个大问题，就是在一个很长的时期内还将是一个大问题"③。为此，他认为我们党每隔一段时间就要来一个整风运动。

第二，揭示了权力异化和腐败的根源。毛泽东认为，贪污、腐败、浪费、官僚主义这些东西是旧社会遗留下来的余毒，"就其社会根源来说，这是反动统治阶级对待人民的反动作风（反人民的作风、国民党的作风）的残余在我们党和政府内的反映的问题"④。之所以党在执政条件下面临着更严峻的腐败问题，就是因为革命的胜利使得一些同志革命意志消退、革

---

① 《毛泽东选集》第 4 卷，人民出版社 1991 年版，第 1438 页。
② 《毛泽东文集》第 5 卷，人民出版社 1996 年版，第 262 页。
③ 《毛泽东文集》第 6 卷，人民出版社 1999 年版，第 254 页。
④ 同上。

命热情不足，讲奉献少了，讲享受、争权夺利多了。因此，为了预防权力的异化和腐败，首要的问题是要注重思想教育。为此，他要求全党干部牢记"两个务必"的思想，牢固树立为人民服务的思想，破除私有观念，坚持大公无私，反对以权谋私。为了加强思想教育，毛泽东在新中国成立后围绕着"三反""五反""四清"等问题开展了一系列的整党和整风运动。

第三，探索了权力监督的多种路径。为了避免亡党亡国的危险，走出一条新路，毛泽东从多个方面探索了权力治理和监督的机制问题。首先，建立了党内监督机制。为了更好地执行党的政治路线和各项具体政策，密切联系群众，克服官僚主义，新中国成立后我们党先后成立了纪律检查委员会和监察委员会。其次，建立了共产党领导的多党合作与政治协商制度，广泛吸纳民主人士参政议政，从党外进行民主监督。再次，重视群众监督。1952 年，政务院发出《加强人民通信员和人民检举接待室的指示》，要求各地方政府设立人民检举箱，建立人民来信来访制度，鼓励群众揭露和批评党员、干部的违法乱纪行为。最后，毛泽东重视舆论监督。毛泽东要求"吸引人民群众在报纸刊物上公开地批评我们工作中的缺点和错误"[1]，"凡典型的官僚主义、命令主义和违法乱纪的事例，应在报纸上广为揭发"[2]。

高度重视思想教育和注重群众监督，是毛泽东防治权力异化和腐败的两个重要特点。毋庸置疑，毛泽东对权力异化和腐败的防治举措，有其合理和成功的地方。从成效来说，"建国以后，我们党在扫除旧社会的污泥浊水、保持党和国家机关清正廉洁方面，取得了举世公认的成就"[3]。不过，其中也存在着深刻的教训。这主要表现在以下三个方面。

第一，依靠运动反腐，忽视了法律、制度的重要作用。

毛泽东主张发动群众、依靠群众来监督政府，反对官僚主义的思路无疑是应该肯定的，但他把群众路线等同于群众运动，认为群众运动"主要是依靠群众的直接行动，而不依靠法律"[4]，认为"什么工作都要搞群众运动，没有群众运动是不行的"[5]，主张"踢开党委闹革命"，并在"文化大

---

① 《建国以来重要文献选编》第 1 册，中央文献出版社 1992 年版，第 190 页。
② 《毛泽东文集》第 6 卷，人民出版社 1999 年版，第 255 页。
③ 《江泽民文选》第 1 卷，人民出版社 2006 年版，第 323 页。
④ 《建国以来重要文献选编》第 10 册，中央文献出版社 1994 年版，第 140 页。
⑤ 《建国以来毛泽东文稿》第 7 卷，中央文献出版社 1992 年版，第 433 页。

革命"中取消了党的纪律检察机关和党的纪律的条款,取消了对党员遵纪守法的要求,则是不可取的。这导致了严重的无政府主义现象。不仅如此,毛泽东还低估了群众思想认识的复杂性,忽视了党要教育和引导群众的责任。"文化大革命"的实践证明,正是由于缺乏党对群众运动的正确引导,由于法律被破坏和被轻视,不同的造反派之间出现了混战,很多无辜群众被牵连、被利用,遭到了迫害。群众在运动中的自我教育并没有达到毛泽东的预期效果,相反,这场运动使群众思想更加混乱,良好的社会风气被破坏了,给党和国家带来了灾难。总结"文化大革命"的教训,反腐败既要依靠人民群众、发动人民群众,也要引导群众,让群众在法制的范围内参与反腐败。

第二,没有深刻把握产生权力异化和腐败问题的复杂原因。在反腐败斗争中,毛泽东把权力问题放在重要地位,这无疑反映了毛泽东的敏锐性。但是在权力腐败的根源上,毛泽东过于强调思想内因,并过多地归结于资产阶级思想的侵蚀,而忽视了几千年的封建主义等级制、特权思想、官本位意识和小农意识的影响,这无疑有偏颇之处。他没有充分重视到体制机制的不完善,作为外因,也是产生权力腐败的一个重要原因。邓小平曾指出,在新中国成立的20多年中,由于我们"没有自觉地、系统地建立保障人民民主权利的各项制度,法制很不完备,也很不受重视,特权现象有时受到限制、批评和打击,有时又重新滋长"①。在"文化大革命"中,一些"造反派"打着维护"文化大革命"和毛泽东权威的幌子,变成了新的特权机构,随意地编造罪名,致使很多人遭受了迫害。

第三,过于强调权力的集中,对权力的制约不够重视。英国历史学家阿克顿勋爵(Lord Acton)在给曼德尔·格雷夫顿主教(Bishop Mandell Greighton)的信中曾说:"权力倾向于腐败,绝对的权力导致绝对的腐败。"② 应该说,毛泽东是重视权力监督的,他试图通过党外党内的监督以及群众的监督来治理权力的腐败。但是,毛泽东并没有明确地认识到权力制约的重要性,这从后来监察部门的撤销可以看出来。另外,毛泽东过于强调权力的集中,认为只有集中才能保证党的一元化领导。毛泽东没有看到,"权力过分集中,妨碍社会主义民主制度和党的民主集中制的实行,

---

① 《邓小平文选》第2卷,人民出版社1994年版,第332页。
② George Seldes: *The Great Thought*, Ballantine Books, 1985, p. 3.

妨碍社会主义建设的发展，妨碍集体智慧的发挥，容易造成个人专断，破坏集体领导，也是在新的条件下产生官僚主义的一个重要原因"①。而且，毛泽东本人也把自己凌驾于党中央之上，破坏了党内的民主集中制。

　　总的来说，毛泽东对执政条件下权力腐败的严峻性、长期性的认识是敏锐的，他提出的要让人民起来监督政府，要发动群众，在原则上也是正确无疑的。这都是毛泽东留给我们的重要财富。但是，他从整体上并没有成功地走出一条民主监督的新路。要开拓反腐倡廉的新局面，既需要我们继承发展毛泽东的权力观，坚持权为民所赋、权为民所用，加强对权力的监督和制约，也需要我们吸取教训，在加强思想教育，发动群众、走群众路线的同时，更加注重治本，更加注重预防，更加注重制度建设，努力构建教育、制度和监督并重的惩治与预防腐败体系。

原载《中国特色社会主义研究》2013 年第 6 期

----

① 《邓小平文选》第 2 卷，人民出版社 1994 年版，第 321 页。

日本的毛泽东研究状况述评
（2009—2013）*

郑　萍**

一　如何看待当代的日本毛泽东研究

日本是全球中国研究成果最多的国家。他们对中国的关注，以深细、广泛、系统、执着见长。认识日本的毛泽东研究，需要在中日关系史以及世界社会主义运动史的大框架下进行。全球格局、地缘政治以及日本国内政局的走向，也是观察日本毛泽东研究不可或缺的要素。冷战结束前后，随着世界两大阵营的此消彼长，日本的毛泽东研究开始呈现淡化和弱化趋势，但依然是全球资本主义国家的大宗。从整体趋势看，左翼思潮不再占主流，相关研究人员、研究机构即使是在左翼思想依然延续的情况下，也逐渐被淹没在所谓"纯学术"的学院式研究风气之中。同时，由于中国国内大量有关毛泽东的原始文献被披露，相关研究不断深化与细化，日本原有左翼科研机构在冷战时期所独有的科研优势，不复存在。因此，原有的左翼样态研究，不再独占鳌头，而是成为众多中国研究的分支。特别是近年来，右翼学者与左翼学者的对立日益凸显，对左翼不无削弱作用。右翼学者不仅在政治上反动，而且在学统上背离日本学界一向崇尚的严谨求实学风。他们的所谓毛泽东研究，"以论代史"，别有用心，主观性极强，已经称不上是"学术"。2013 年，日本著名的左翼毛泽东研究专家竹内实先

---

* 本文是英文论文 "A Review of Studies on Mao Zedong in Japan（2009 – 2012）", *International Critical Thought*，Vol. 3，No. 4，2013 的中文版，增加了 2013 年度信息，并做了部分修改。

** 郑萍，中国社会科学院马克思主义研究院副研究员，教育学博士，近期主要研究方向为日本的毛泽东研究、日本左翼思潮研究。

生去世，或许可以看作日本毛泽东研究由左翼思潮占主流向非左翼凸显转型完成的一个标志。如何突破现有的局促格局，走向振兴，是摆在日本左翼学者们面前的最大挑战。

不过，无论左翼抑或右翼，或者中间派学者，他们有一个基本共识，即毛泽东虽已去世 30 多年，但毛泽东依然是解读当代中国的核心要素。因此，日本的毛泽东研究成果，在包括日本在内的西方国家依然是数量最多的。2009 年，时值新中国成立 60 周年，在日本国会图书馆以关键词"中国"检索到的图书有 3783 件，期刊文章有 8370 件；而以"毛泽东"为关键词检索到的图书则为 24 件，报刊文章 36 件。2013 年是毛泽东诞辰 120 周年，"中国"研究图书 1894 件、报刊文章 6563 件，"毛泽东"研究的图书和文章则分别为 16 件、27 件。很明显，相比之下，关键词"毛泽东"的研究的确不多。此外，以关键词"毛泽东"检索到的图书和报刊文章，2010 年为 33 件、24 件；2011 年为 29 件、18 件；2012 年为 25 件、24 件。然而，通过对这些信息的分析，仍可以看出 2009 年以来日本研究毛泽东的一些新走向与新变化。

二 研究机构、学术团体及代表人物

第一，传统的研究机构、学术团体仍旧是研究重镇，但与现实的联系更加紧密，关注对象更加宽泛，更加关注新中国成立后的毛泽东，力图在新的形势下有所作为，发出声音。近年来较活跃的学术团体，首先要提到的仍旧是 1951 年成立的日本现代中国学会，主办刊物《现代中国》，现有会员约 700 人。现代中国学会继 2007 年以"重审'毛泽东时代'——中华人民共和国的再认识"为题的年会报告之后，在新中国成立 60 周年的 2009 年，召开了国际研讨会"中华人民共和国的 60 年——中国的成就与未来走向"。根据这两次年会的主题论文等成果，2009 年出版了论文集《新中国的 60 年——从毛泽东到胡锦涛的连续与不连续》①，共收论文 12 篇，集中反映了当代日本毛泽东研究的基本状况。东京大学名誉教授近藤邦康、首都大学教授奥村哲、爱知大学教授砂山幸雄等，处于不同学术背

---

① ［日］日本现代中国学会编：《新中国的 60 年——从毛泽东到胡锦涛的连续与不连续》，东京：创土社 2009 年版。

景和立场的作者们分别从政治、经济、法律、外交、文化等方面就毛泽东
与新中国的关系（贡献和失误、正负面影响）进行了整体梳理评价，观点
主张不尽相同，甚至相悖，但是相关研究的代表作品，反映了当代日本学
者对新中国 60 年间各种社会思想理论动态的捕捉情况。

其次，1946 年成立的中国研究所是第二次世界大战结束后在日本成立
的第一家专门研究当代中国问题的学术机构，主办刊物《中国研究月报》。
这个刊物近期的毛泽东研究特点，是通过刊登与毛泽东有关的书评，对现
有研究进行回应，表明作者的观点。刊登有庆应大学教授高桥伸夫为学习
院女子大学讲师金野纯的专著《中国社会与大众动员——毛泽东时代的政
治权力与民众》① 写的书评（2009 年第 4 期），东京大学教授代田智明为
明治大学教授丸川哲史专著《鲁迅与毛泽东：中国革命与现代性》写的书
评（2010 年第 10 期），神奈川大学终身教授小林一美为冯克·迪克特专
著《毛泽东的大饥荒》以及杨继绳著作《毛泽东：大跃进秘录》两本书写
的书评（2012 年第 6 期）等。由于该研究所的学术声誉甚高，所以这些
书评颇有代表性，很值得关注。

此外，一些学术研究杂志及大学的学刊，也是毛泽东研究成果的重要
发表平台。如《久留米大学法学》刊发小竹一彰《关于毛泽东论人民内部
矛盾初期版》（2013 年第 68 号）的文本考察、广岛哲学会编《哲学》上
刊发沟本章治论文《从朱子哲学看毛泽东〈实践论〉〈矛盾论〉》（2012
年第 64 卷）、《佛教大学大学院纪要》刊发土田秀明论文《关于毛泽东
〈矛盾论〉构想的考察——以毛泽东的抗日战争观为中心》（2009 年第 37
期）、《东洋大学大学院纪要》刊登土田秀明论文《对泡尔生〈伦理学原
理〉批注的一个考察：杨昌济与毛泽东的初期思想》（2012 年第 49 卷）、
历史科学协议会主办《历史评论》刊发和歌山大学教授三品英宪论文《毛
泽东时期中国的统治正当性逻辑与社会》（2012 年第 746 期）、《明治大学
教养论集》刊发石井知章论文《K. A. 魏特夫的中国革命论（其二）：毛
泽东的抬头与第二次统一战线之形成与崩溃（上、下）》（2011 年总第 467
期；2011 年总第 472 期），等等。总体看，对毛泽东经典论文的研究仍受

---

① 金野纯的专著从社会学角度考察《中国社会与大众动员——毛泽东时代的政治权力与民
众》，受到极高的关注，另有多篇书评分别刊登在《现代中国》《历史评论》《社会经济史学》
《亚洲经济》等日本学界的重要刊物上，书评者从地方史、革命史等角度进行了评介。

日本学者关注，且上述研究承袭了日本学界的好传统，大都扎实、严谨，力求论有所据，虽然水平不一，有些观点可商榷，但确是相关研究的主脉与骨干。

第二，新成立的当代中国研究基地引人注目，在把毛泽东研究推向系统化、深入化、国际化方面有望取得成效，反映了新的动向。2007年，作为与人文研究机构的共同项目启动的基地联合项目"当代中国地区研究"，至2013年已汇集了以早稻田大学、京都大学、庆应大学、东京大学等八个研究基地的中国研究力量，通过人员整合、资源共享而创建网络型学术组织。各基地实行五年计划、通过立项开展专题研究，目的是为实现"当代中国学"研究系统化，并培养年轻的研究人员。2009年创办了中文年刊《日本当代中国研究》，以此向海外推出能代表日本中国研究的最新优秀成果。从各基地的立项情况看，毛泽东研究作为近现当代中国研究中的重要部分，受到很大重视。例如，近年来在中国颇为走红的京都大学共同研究组负责人石川祯浩就于2010年4月23日，在《当代中国文化的深层结构》项目启动会议上，就"以毛泽东未公开著作集为例"做了报告。① 这批年轻学者与曾经的左翼学者界限明显，更多地表现为美欧自由主义知识分子的特点，创新意识强，急于建构话语模式，也有一定的学术功力。

第三，在日中国学者开始进入学界主流，已经具有一定的话语声音，但有分化趋向。居日中国学人在各种学术交流平台上抛头露面已屡见不鲜，他们的学术发言权也不断提升，甚至占据重要位置。上文介绍的研究机构、学术团体以及基地中，都可以看到他们的研究成果。早稻田大学教授刘杰担任《日本当代中国研究》编委，日本现代中国学会编《新中国的60年——从毛泽东到胡锦涛的连续与不连续》收入有中国学者、日本神户大学教授（回国后任上海交通大学教授）季卫东论文《作为中国式抵抗权思想的当代毛泽东》、日本桃山学院大学副教授唐成论文《毛泽东时代的中国经济成果》等，可以说明日本学界日益看重这些在日中国学人的成果。这些学者，熟悉中国和日本的国情，了解双方的学术话语特性，与两国本土学者在研究视角和观点上均有所区别。但是，他们相互之间的立场观点也歧异明显，其中甚至有人完全接受并运用西方的研究理念，有

---

① http://www.zinbun.kyoto-u.ac.jp/~rcmcc/group107-gb.htm.

失公正客观。特别是由于出身背景、生存压力等原因，他们还无法左右话语权。

三 研究方法上的几个特征

第一，重视史料的传统仍然强劲，在史料发掘上不遗余力。

以已故京都大学终身教授竹内实主持编辑的《毛泽东集》（东京：北望社 1970—1972 年版）和《毛泽东集补卷》（东京：苍苍社 1983—1986 年版）为标志的日本毛泽东文献搜集编纂的传统和成就广为人知。至今，日本学者依然承袭此风，以此为能。但相关工作显然难度空前，因此有关成果只能是补苴罅漏，如觅古董。当然，这是非常难能可贵的。2010 年 9 月，横滨国立大学终身教授村田忠禧在西藏博物馆发现一封毛泽东 1954 年 4 月 10 日写给达赖喇嘛的信，在当时公开出版的文献中尚未收录。他就此进行了考证，建议进一步公开史料。① 中央大学教授斋藤道彦披露并考证了一篇题为《反对统一》、发表于 1920 年 10 月 10 日上海《时事新报》、署名"毛泽东"的文章，指出这篇文章在竹内实监修《毛泽东集》《毛泽东集补卷》以及长沙《大公报》均未见到。② 2004 年 6 月，《文艺春秋》杂志公开了一桥大学教授加藤哲郎发现的毛泽东写给日本共产党原领导人野坂参三（曾用名"冈野进""林哲"）的两封亲笔信后，2010 年，庆应大学教授寺出道雄等人重新解读其中毛泽东于 1945 年 5 月 28 日写的一封信，分析毛泽东在写信时对战争结束后的中美、中日关系的构想。③ 立命馆大学教授北村稔以一份当时任南斯拉夫《政治报》驻北京记者于 1966 年 8 月至 12 月发表的报道为基础，"尝试着对'文化大革命'开始时的 1966 年 8 月期间，刘少奇与毛泽东、邓小平之间展开的权力斗争的核心部分进行探讨"④。观点姑且不论，但这些还是反映了日本学者对史料发掘的精细精神，这是他们的特长。

第二，重视外来的作品，力图给出自己的评价，但在评价过程中，泥

---

① ［日］村田忠禧：《关于在西藏博物馆发现的毛泽东写给达赖喇嘛的信》，日华人教授会议、NPO 中日学术交流中心编《东亚论坛》2011 年总第 7 期。

② ［日］斋藤道彦：《关于毛泽东的〈反对统一〉》，《中央大学论集》2012 年总第 33 期。

③ ［日］寺出道雄、徐一睿：《毛泽东给野坂参三的信》，《三田学会杂志》2011 年第 2 期。

④ ［日］北村稔：《毛泽东与刘少奇、邓小平》，《立命馆文学》2010 年总第 619 期。

沙俱下，不免偏颇。

颇受日本学者关注的外来翻译书籍，主要有罗德里克·麦克法夸尔、沈迈克合著的《毛泽东最后的革命》（朝仓和子译，东京：青灯社2009年版）、菲利普·肖特的《毛泽东传》（山形浩生等译，东京：白水社2010年版）、冯克·迪克特的《毛泽东的大饥荒》（中川治子译，东京：草思社2011年版）、杨继绳的《毛泽东：大跃进秘录》①（伊藤正等译，东京：文艺春秋2012年版），贾帕斯·贝克的《饿鬼》（川胜贵美等译，东京：中央公论新社2012年版）、钱理群的《毛泽东与中国》②（羽根次郎等译，东京：青土社2012年版）、李锐的《中国共产党私史》③（小岛晋治编译，东京：岩波书店2013年版）等。这些翻译出版的著作，或自称涉猎中国各省的秘密文件，或声称进行过缜密的调查采访，或反映美国汉学界的成果，因此颇受日本学界关注。日文版一问世，就有专家纷纷撰写书评大力推荐。其实，这些著作可议之处甚多，其中三位中国作者的作品，并未被中国主流学界接受。但是，由于这些著作具有所谓的"震撼力"，揭露了不少所谓的"历史真相"，不免流走一时。相反，近年来中国内地学界主流研究中取得的很多重大成果，却在日本社会和学界没有引起什么反响。这表明，日本的毛泽东研究，浸淫于西方汉学的整体环境之中，很大程度上与出卖所谓学术噱头纠缠在一起，这是许多正直的日本学者所看不惯的。究其原因固然很多，有一点不可否认，正如一桥大学大学院研究员阿部干雄所指出，一些日本学者"单纯照抄西方的价值观"，"他们的中国大陆观完全是划一的，把中国看作是'（压抑的）一党专政'、'没有报道自由'、'缺乏民主'"的国家。④ 而如果仅从这种角度来挑选中国存在的问题进行翻译介绍，当然会背离科学精神。由于日本一贯有重视"情报"的传统，所以引进外来作品，今后依然会源源不断，因此，甄别真相，将继续成为正直的学者们的研究课题。

第三，重视实证研究，追踪历史细节，有碎片化倾向，难免出现误区。

---

① 原著名《墓碑》，香港：天地图书2008年版。日文版是中文版的缩写，内容约为原文的70%。

② 原著名《毛泽东时代和后毛泽东时代》，台北联经出版2012年版。

③ 原著名《李锐新政见：何时宪政大开张》，香港天地图书2009年版。

④ ［日］阿部干雄：《中国革命结束了吗？——评丸川哲史著〈鲁迅与毛泽东：中国革命与现代性〉》，《情况：为了变革的综合杂志第三期》2010年第7期。

日本是资本主义国家，学术界对中国主流学术成果持怀疑态度，这丝毫不奇怪，但是，他们由此而对来自中国主流学者的客观研究成果介绍不足，则不能不让人感到遗憾。他们自身以及来自西方的一些著作和论文，往往过分聚焦于历史细节，被细节遮蔽双眼，从而忽略了时代背景以及对其他宏观因素的考察，偏离历史主义的研究原则，最终得出脱离历史语境的结论。更有人戴着有色眼镜看毛泽东，在科学研究的幌子下，试图达到污蔑、抹黑毛泽东的目的。而这种作品，在日本学术界持续受到一些人的关注，甚至成为研究的基础材料。例如，小仓正昭以李志绥的《毛泽东私人医生回忆录》（新庄哲夫译，东京：文艺春秋 1994 年版）为依据，考察毛泽东在整风运动、"大跃进"、人民公社、社会主义教育运动、"文化大革命"等一系列所谓权力斗争中反映出的思想、人格和政治理想，① 就不属于"论从史出"，而是主题先行。还有人依据张戎《毛泽东：鲜为人知的故事》（土屋京子译，东京：讲坛社 2005 年版），摘录出题为《毛泽东的战略与人生》的文章，试图将毛泽东丑化为极端个人主义、极具谋略、残忍、欺骗的人物。② 其实，李志绥、张戎的书早就广受批驳，以此类出版物做研究依据，除了表明作者的政治偏见与立场，已经与学术研究多有距离。

当然，对这类书籍，公正的日本学者进行了坚决抵制与驳斥。如横滨国立大学终身教授村田忠禧、横滨市立大学终身教授矢吹晋，均有专文发布，本文不再重复。③ 值得一提的是，小仓正昭从中国传统的"对"的思想角度考察毛泽东的思维及行为模式、丸田孝志关于毛泽东图像的研究④，在研究视角上颇有特点。

---

① 小仓正昭的这一专题论文共 7 篇，2012 年开始发表，汇总于 2013 年度《铃鹿工业高等专门学校纪要》第 46 卷（创立 50 周年纪念号）。

② ［日］高田常信：《毛泽东的战略与人生》，《德岛文理大学比较文化研究所年报》2010 年总第 26 期。

③ 村田忠禧针对李志绥的《毛泽东私人医生回忆录》，翻译了林克等著《历史的真实》（香港：利文出版社 1995 年版），日文书名为《〈毛泽东的私生活〉的真相》（东京：苍苍社 1997 年版）。矢吹晋批驳张戎等的《毛泽东：鲜为人知的故事》的书评最先发表在日本 21 世纪中国综研编《中国情报源》（东京：苍苍社 2006 年版），后收入他的论文集《中国政治经济的虚实》（东京：日经 BP 社 2007 年版，第 8—61 页）。中文版可参见郑萍编译《矢吹晋评〈毛泽东：鲜为人知的故事〉及其在日本的反响》，http://www25.big.jp/~yabuki/2007/maoshuping-gb0710.pdf。

④ ［日］丸田孝志：《中国共产党根据地的权力与毛泽东图像》，载丸田孝志《革命的仪礼》，东京：汲古书院 2013 年版，第 177—213 页。

四　研究内容上的若干热点问题

近年来，日本学者的毛泽东研究与美欧以及中国同行的研究具有很强的同步性。如对毛泽东的评价、对毛泽东时代的重新审视、对中国共产党和毛泽东的执政逻辑的质疑、对中国共产党以及毛泽东与共产国际的关系、毛泽东在海外的影响、毛泽东与中国传统思想的关系、关于毛泽东经典著作的研究、青年毛泽东思想形成的研究等，都是近期毛泽东研究中关注较多的课题。当然，对于那些有待加强和深入探讨的问题，日本和西方学者之间更容易具备共同的意识，更容易对话。另外，即便日本学者之间，他们的学术背景、基本立场、研究方法、表述方式也不尽相同，有时还会大相径庭。我们既要看到他们之间的同一性，也要看到其歧异性。

第一，关于改革开放前后两个历史时期的连续性与不连续性。自从中国开始中国特色社会主义道路的探索以来，如何认识中国改革开放前后两个历史时期的关系，就成为日本学者关注的问题。在新中国成立60周年到来之际，关于这个问题的讨论更是成为一个热点。日本现代中国学会从2006年开始，对新中国的历史进行全面探讨，于2009年编辑出版《新中国的60年——从毛泽东到胡锦涛的连续与不连续》①。该书分为"再论毛泽东时代""再论邓小平时代""在胡锦涛时代复活的毛泽东""世界史中的中国"四个部分，对所谓毛泽东时代以及后毛泽东时代进行了专题研讨。相对于许多人把中国改革开放前后时期割断、分别看待的看法，该书更多地阐述了毛泽东时代与改革开放后的历史时期之间的多种意义上的连续关系。

例如，从政治学与社会学相互结合的角度，学习院女子大学讲师金野纯的《文革时期民众的集体行为》（第33—58页）、立命馆大学教授宇野木洋的《从作为问题的近代看"毛邓"时代——关于后文革时期文化批评领域的预备考察》（第161—185页）、首都大学教授奥村哲的《冷战与中国的社会主义体制——作为历史的毛泽东时代》（第269—292页），归纳

---

① ［日］日本现代中国学会编：《新中国的60年——从毛泽东到胡锦涛的连续与不连续》，东京：创土社2009年版。东京成德大学阿南友亮、东京大学加岛润等人发表在《现代中国》2010年总第84号（第161—171页）上的书评也很有参考价值。

起来看，不论观点如何，他们把毛泽东时代进行的"无产阶级专政""文化大革命""阶级斗争""群众运动"等，看作实现社会主义体制的方法，其结果，对于促进国内民众的均质化，加强一体性、凝聚性，形成新中国的"近代国民性"发挥了作用。在他们梳理下的新中国的60年，就是不间断地培养近代国民的过程。另外，从法学角度，上海交通大学教授（兼任神户大学教授）季卫东的论文《作为中国式抵抗权思想的当代毛泽东》（第189—209页）梳理了毛泽东时代"造反有理"命题的提出动机、逻辑内涵以及社会意义，认为这个命题在互联网高度发达的时代，在实行政治经济法治改革中将被赋予新的内涵和形式得以扬弃，而"新的毛泽东形象"则被作为一种民众的"抵抗权的符号"存在。这些论文，立足于民族国家认同的视角，引入集体记忆、社会结构的方法，显得很有创辟，对我们也有一定启发。

关于改革开放前的经济成就，学术界原本存在"是否濒临崩溃"的争论。桃山学院大学副教授、在日中国学人唐成的《毛泽东时代的中国经济成果——以国民经济水准为焦点》（第59—82页），对包括消费、教育、卫生在内的人民生活水平进行了国内、国际的纵向和横向比较，做出了肯定性评价，与一些认为毛泽东时代经济几近崩溃的意见不同。唐成认为，如果没有毛泽东时代经济发展成果为基础，改革开放后中国经济发展的"奇迹"是无法实现的。东京大学加岛润在对唐成论文的评论中提出，在肯定毛泽东时代经济发展的"正的遗产"的同时，也要考虑无效率的制度和组织等"负的遗产"。[①] 不过，毛泽东时代在经济上存在"正的遗产"，二人并无分歧，而这种观点，之前早有日本学者指出，但唐成的文章仍很值得关注。

此外，有学者对"1978年"这个被认为是当代中国历史上的转折点的意义进行了重新探讨。爱知大学教授砂山幸雄的论文《思想解放与改革开放》（第107—132页）指出，从思想文化史角度看，"1978年"的转折不仅停留在"脱离'文革'"一点上，当时的"解放思想"表现出多样的方向性、可能性，但这些在之后的历史过程中逐渐被单线条的"改革开放"思想所压倒。另外，针对通常把1978年十一届三中全会看作划分改

---

① ［日］加岛润：《书评：新中国的60年——从毛泽东到胡锦涛的连续与不连续》，《现代中国》2010年总第84号。

革开放转折时期的通行看法，神户大学教授加藤弘之在《改革开放的开始与结束》（第133—159页）中从引进市场经济的角度考察，还指出实际上改革开放早于此前已经有局部性的起步，而之后在某些方面也出现过阻挠改革开放的情况。这篇文章看到了十一届三中全会之前的改革开放因素，有一定的合理性。当然，加藤的文章把中国的改革开放说成是向国家主导的资本主义过渡，属于西方学者的基本观点，但他充分肯定了改革开放所取得的成功。

第二，关于毛泽东与中国革命和现代性的讨论。改革开放以来，中国学界对中国近现代史的叙事模式出现了争论。与革命史观相对应，出现了包括现代化模式的多样化的研究主张。尽管早有日本学者采用这种叙事模式，但中国学界的变化，还是对日本的中国研究产生了重大影响。2010年至2011年出版的《新编原典中国近代思想史》（共7卷）（野村浩一等编，东京：岩波书店）就反映了这一新的研究动向。该书关注"文明""近代""革命"三个支点，翻译整理了中国近现代思想史的相关资料约300篇，包括毛泽东起自《民众的大联合》、截止到《关于"三反""五反"的斗争》的文稿和谈话共20余篇。这些文献中既有革命文献，还有从国民统合、学术、女性等视角收编的文章，一定程度上体现了当今日本学者对中国近现代史的基本立场。

近年来，从现代性角度研究毛泽东几乎成为日本学者的普遍特征，这一点从现代中国学会编《新中国的60年——从毛泽东到胡锦涛的连续与不连续》所收论文也可以看出。日本学者关于毛泽东与中国革命和现代性的研究，绕不开已故著名评论家竹内好的观点。东京大学终身教授近藤邦康表明，自己从"中国近代与毛泽东"视角研究毛泽东时，就是以竹内好的毛泽东研究为基础的。[①] 竹内好于1951年发表论文《毛泽东评传》认为，作为后发展地区，东方的近代化是在对西方的抵抗中展开的，毛泽东率领中国人民最终取得革命胜利，在经历了1927年至1930年在井冈山根据地的斗争后形成了"毛泽东思想"，从此，马克思主义与毛泽东思想合为一体，马克思主义与毛泽东思想成为同义词，这是"纯粹毛泽东"，或

---

① ［日］日本现代中国学会编：《新中国的60年——从毛泽东到胡锦涛的连续与不连续》，东京：创土社2009年版，第9页。

称"原始毛泽东"。① 对于竹内好的评价，子安宣邦进行了重新解读，提出质疑。他认为，竹内好的毛泽东认知"过于文学性"，竹内好在"人民中国"成立之初对"毛泽东"形象进行的"惊人"表述，是因为"毛泽东"是竹内好对"近代日本"的自我否定而重构出的他者形象，是具有新的价值的、革命的、"中国式近代"的人格形象的肉体体现，竹内好把对于"人民中国"内在的抵抗与斗争、生长与成熟的全部解读，统统集中到"毛泽东"身上；但是，20 世纪 60 年代以后，竹内好描画出的"中国革命"、"毛泽东"形象丧失了光芒，而其建构者竹内好也从此陷入了沉默。②

通过对文学家鲁迅和政治家毛泽东进行比较研究，也是这个研究课题的一个切入点。明治大学副教授丸川哲史出版专著《鲁迅与毛泽东：中国革命与现代性》（东京：以文社 2010 年版），以鲁迅和毛泽东的实践活动为中心，把内战、抗日、建国、"文革"、改革开放整个革命史看作是中国特有的走向现代化的尝试，分析了通过"革命"这种"残酷的选择"构筑起来的中国的现代性。作者认为，中国的现代性并非在作为一个帝国主义国家而独立的过程中形成，而是以反对日本帝国主义的领土割据的五四运动为起点形成的，"反帝""捍卫主权""党""干部""整风""思想改造"这些不同于西方近代概念的关键词，成为中国现代性特征的表述。一桥大学大学院研究员阿部幹雄认为丸川哲史的书，是在当代沿用了竹内好的问题意识，即通过考察中国的现代性，来批判日本的现代性本身，是"作为方法的亚洲"。③ 冈山大学终身教授岩间一雄的三篇连载论文《鲁迅与毛泽东》，指出鲁迅与毛泽东在对待中国革命问题时，在通过反封建、农民革命来推翻旧社会这些点上存在共同性，但在打破民众的奴隶精神以形成自主自立的主体而采取的方法上却存在"文学的方法"和"大众的"方法之间的本质性区别。④

第三，关于"大跃进"的探讨。"大跃进"期间的自然条件、死亡人

---

① 〔日〕竹内好：《毛泽东评传》，《中央公论》1951 年第 4 期。

② 〔日〕子安宣邦：《文学的、过于文学的"毛泽东"：读竹内好〈毛泽东评传〉》，《现代思想》2012 年第 11 期。

③ 〔日〕阿部幹雄：《中国革命结束了吗？——评丸川哲史著〈鲁迅与毛泽东：中国革命与现代性〉》，《情况：为了变革的综合杂志第三期》2010 年第 7 期。

④ 〔日〕岩间一雄：《鲁迅与毛泽东》，《人权 21》2009 年第 6 期、2009 年第 10 期、2010 年第 2 期。

数和人为因素等，是学者们争论的热点。日本学者关于这些问题的探讨，主要通过翻译出版外来的研究成果来体现。如迪克特的《毛泽东的大饥荒》、贝克的《饿鬼》，以及杨继绳的《毛泽东：大跃进秘录》等翻译作品即是。针对这些著述，日本学者发表了多篇激烈的评论，从中可以读出他们关注的问题。神奈川大学终身教授小林一美对迪克特和杨继绳的书做了长篇评论，称它们为"迄今为止的纪念碑式的著作"，认为它们"详细介绍了档案资料中的统计数据，具有很高的记录价值"。对于"大跃进"中死亡的人数，迪克特推算为4500万（第9、455页），贝克援用了3000万（第371页）的数据，杨继绳推算为3600万（第16、25页）。对于这些出入很大的数字，学界争议很大，而评论者却未置一词。对于"大跃进"失败的原因，小林一美特别指出，由于大多数的地方党员完全不了解什么是社会主义、共产主义，甚至包括毛泽东及多数的中央干部都对社会主义理论一知半解，而一般民众文化水平低，因此，从党员到干部都在宏大的空想之中，试图依靠"暴力"来实现"共产主义"。针对日本学者对"大跃进""大饥荒"等敏感、难点问题上的研究成果不足的现状，小林一美颇为不满。他批评道："现在的日本学者缺乏学术探讨的锐利精神，难以成就自身的独立研究；他们有嗅着气氛、避开对'危险、深刻的政治问题'进行调查和研究的倾向；他们应该考虑自己的研究的价值和意义，考虑研究在国际上是否有前沿性。"① 这种论调，既有对日本学者的鞭策，但字里行间，也具有某种意识形态的内涵。

第四，关于毛泽东与"文化大革命"的研究。学者们从不同角度关注这个问题。近藤邦康秉持他的一贯观点，指出"抵抗外来的侵略，突破内在的束缚，发挥人民的力量，把国家独立和人民革命相结合"是贯穿于作为革命者和建设者的毛泽东的思想中的根本思想，由此出发，毛泽东试图通过"文化大革命"实现新世界，此中具有复杂的国际和国内背景，但其方法是"自我破坏性自我毁灭性"的。② 金野纯认为"文化大革命"是发生在一党专政的极度政治化的生活世界里的各种变动的总称，他把聚光灯

---

① ［日］小林一美：《两本巨著，追踪毛泽东时代的悲剧，"饿死几千万人"的实态：杨继绳〈毛泽东：大跃进秘录〉、冯克·迪克特〈毛泽东的大饥荒〉》，《中国研究月报》2012 年第 6 期。

② ［日］日本现代中国学会编：《新中国的 60 年——从毛泽东到胡锦涛的连续与不连续》，东京：创土社 2009 年版，第 5—32 页。

对准政治社会学侧面，认为这个时期民众独特的集体行为，不仅仅缘于中国社会的阶级结构特征或毛泽东的个人性格等，而是社会结构、"被身体化的价值观和行为样式"、政治过程相互作用的表现。金野认为，"文化大革命"期间的群众运动，"同时具有对政权的反叛和忠诚的相反向量"，在"反体制的同时，又宣誓忠诚于其顶峰的毛泽东"。①

而日本马克思主义经济学家、庆应大学教授大西广则从社会经济文化以及人的发展的角度展开对"文化大革命"中"文化革命"的分析。大西广在论文《毛泽东、文化革命与文化层次》中提出，"文化大革命"是毛泽东对社会主义运动的贡献。他认为，"文化大革命"是一场不同经济利益者之间的阶级斗争，如果从当时人的发展水平来看，毛泽东进行了合理的政策判断。他指出："人的发展内容和程度"是社会制度转换的前提，"要变革社会，需要变革人自身"，因此，毛泽东发动"文化大革命"，其实就是"文化的革命"。正因为毛泽东认识到了儒家思想和资本主义文化之间的连续性，因此他把"文化革命"的对象指向了"封建文化"和"资本主义文化"二者，但由于当时人们的文化发展水平的限制，"文化革命"最终失败。又由于"革命方式"也存在严重问题，最终变成了"非文化的""文化革命"。从这个角度讲，"尽管毛泽东的'文化革命'的意图正确，但时期过早，因此成为'非文化的'"革命。② 日本的学术研究具有较大的宽容度，从大西广的文章可知，即使"文化大革命"这样的敏感议题，在日本也不乏对之予以正面评价的学者。

或许在中国读者看来，日本的整个中国研究，时常会给人怪怪的感觉，毛泽东研究也不例外。有时，他们会"幼稚"得可爱，有时又会"荒唐"得可笑。对个别历史细节与碎片的"钻研"，还会显得笨拙。凡此，均与日本的历史文化以及日语特有的表达方式密切相关，需要"他者"深邃地进入其语境才能通晓。令人欣慰的是，在右翼学者以及政治上别有用心的人之外，日本从不缺乏学养深厚、真诚正派的中国研究专家。他们刻苦钻研、兢兢业业、立场公正、对华友好，是日本的中国研究队伍中的健康力量。这一特征，在关于毛泽东的研究格局中表现得很明显。在他们看

---

① ［日］日本现代中国学会编：《新中国的60年——从毛泽东到胡锦涛的连续与不连续》，东京：创土社2009年版，第33—58页。

② ［日］大西广：《毛泽东、文化革命与文化层次》，载社会主义理论学会编《资本主义的极限与社会主义》，东京：时潮社2012年版，第77—92页。

来，"毛泽东是了不起的伟人"；毛泽东不仅是中国的，也是值得全世界人民研究的；① 毛泽东是个说不完的话题，"毛泽东仍然是评价中国的非常重要的标准"②。因此，他们对与毛泽东有关的文献与成果，倾注了极大的热情与精力。尽管他们得出的一些结论，中国学者或许并不认可，但不可否认，他们的研究成果值得中国学者参考或借鉴。我们关注日本的毛泽东研究，也应该把注意力主要集中在这些学者身上。

参考文献：

1. ［日］村田忠禧：《毛泽东著作研究的回顾与今后的课题》，《晋阳学刊》2013年第6期。

2. 尚庆飞：《近年来国外毛泽东研究若干趋势的分析与思考》，《马克思主义与现实》2013年第6期。

3. 程麻：《日本毛泽东研究的宽与深》（上、下），《中国社会科学报》2010年7月13日、2010年7月20日。

4. 郑萍：《冷战后日本的毛泽东研究》，《毛泽东邓小平理论研究》2009年第9期。

5. 周一平：《日版〈毛泽东集〉〈毛泽东集补卷〉校勘与研究》，香港：中国国际文化出版社2013年版。

6. 何培忠、石之瑜编：《当代日本中国学家治学历程——中国学家采访录（1）》，中国社会科学出版社2011年版。

7. 冯昭奎：《勉为其难：日本人如何研究中国》，《世界知识》2008年第5期。

8. 何培忠：《日本学界在当代中国研究上的探索与成就》，载朱政惠主编《海外中国学评论》第3辑，上海辞书出版社2008年版，第170—182页。

---

① 郑萍：《日本学者的毛泽东研究：与村田忠禧教授对话》，载金民卿、赵智奎主编《马克思主义中国化研究报告 No.6：毛泽东与马克思主义中国化》，社会科学文献出版社2013年版，第92—97页。
② ［日］大西广：《毛泽东、文化革命和文化层次》，载社会主义理论学会编《资本主义的极限与社会主义》，东京：时潮社2012年版，第91页。

第 五 编

马克思主义基本理论研究

论马克思主义的科学整体性研究

——围绕"四个哪些"的阐述

程恩富　余　斌[*]

中央实施马克思主义理论研究和建设工程已有十年，成就斐然。2013年7月19日召开的全国宣传思想工作会议，强调这一建设工程要继续开展。建设工程一贯强调，要回答哪些是必须长期坚持的马克思主义基本原理，哪些是需要结合新的实际加以丰富发展的理论判断，哪些是必须破除的对马克思主义的教条式的理解，哪些是必须澄清的附加在马克思主义名下的错误观点，要用科学的态度对待马克思主义。本文拟从上述"四个哪些"视角和若干理论来阐述马克思主义的科学性和整体性。

一　必须长期坚持的马克思主义基本原理

马克思主义整体性离不开马克思主义基本原理。只有经过人类社会发展实践和自然科学发展的实践检验了的，而又长期有效的基本观点和理论，才称得上是马克思主义的基本原理。事实上，现在世界上没有哪一门科学、哪一种发展变化着的事物能够推翻马克思主义的基本原理或基本观点。例如，在马克思主义哲学领域，物质与意识相互关系的基本原理，认识与实践的基本原理，生产力与生产关系、经济基础与上层建筑相互关系的原理，社会存在决定社会意识、社会意识对社会存在有反作用的原理，唯物辩证法三个基本规律和基本范畴等；在马克思主义政治经济学领域，

---

　*　程恩富，中国社会科学院学部委员，马克思主义研究学部主任，博士生导师；余斌，中国社会科学院马克思主义研究院马克思主义原理研究部主任、研究员。

社会分工原理、劳动价值原理、剩余价值原理、社会生产和再生产原理、土地和地租原理、国家经济原理、国际经济原理等；在科学社会主义领域，关于资本主义和社会主义两个必然原理、无产阶级专政原理、公有制原理、按劳分配和按需分配原理、共产主义原理等，都没有过时。如果采用西方经济学的表达方法，不少马克思主义原理就可以称之为"定理"或"定律"。比如，马克思经济学的许多原理就可以称之为价值定理、货币定理、资本定理、地租定理、再生产定理，等等。

既然马克思主义基本原理具有科学性、长期性和有效性的特征，那就必须持久坚持，而不存在无须长久坚持的任何基本原理。不必长期坚持的只是根据这些基本原理所做出的因一时一地的特殊情况而得出的具体论断。即便如此，一旦相同的特殊情况出现，原先的论断就仍然有其可取之处，而不能仅仅因为时代变化了，就随便抛弃之。事实上，后世出现的问题并不都是新问题，只要旧的问题还存在，还没有解决，那么针对旧问题的原理甚至方案就仍然有效。只要资本主义制度还没有消灭，只要雇佣劳动的本质未变，那么不论其形式如何变化，马克思主义经典作家关于资本主义制度本质特征的推断就仍然成立，马克思主义关于资本主义的基本原理就仍然有效。

例如，马克思在《资本论》中指出："资本主义生产过程，在联系中加以考察，或作为再生产过程加以考察时，不仅生产商品，不仅生产剩余价值，而且还生产和再生产资本关系本身：一方面是资本家，另一方面是雇佣工人。"① 马克思的这一理论，在100多年后实行社会主义市场经济的中国仍然是成立的。改革开放以来，在多种经济成分中，资本主义经济成分的比重越来越大，国有经济等公有制经济的比重日益萎缩，国有企业职工数急剧下降，反映出劳动者日益成为雇佣工人，劳资矛盾和冲突也日渐增多，进一步验证了马克思的上述理论的科学性和有效性。如果不坚持马克思主义基本原理，对资本主义生产过程的上述特性加以限制，反而搞"市场万能论"的市场原教旨主义，放纵甚至助推私有制生产过程的上述特性，那么，社会主义性质的改革开放就可能从社会主义经济制度的自我完善异化为大规模发展资本主义经济关系。

关于马克思主义基本原理，有论著提出，马克思主义最基本原理可包

---

① 《马克思恩格斯文集》第5卷，人民出版社2009年版，第666—667页。

括"马克思主义在意识形态领域指导地位的原理等"①。其实，并不是马克思主义经典作家提到的任何东西，包括一些长期有效甚至也需要长期坚持的东西都可以称为基本原理。如马克思主义在意识形态领域指导地位的原理，就更适合作为原则。

马克思本人曾经指出："无论是发现现代社会中有阶级存在或发现各阶级间的斗争，都不是我的功劳。在我以前很久，资产阶级历史编纂学家就已经叙述过阶级斗争的历史发展，资产阶级的经济学家也已经对各个阶级作过经济上的分析。我所加上的新内容就证明了下列几点：（1）阶级的存在仅仅同生产发展的一定历史阶段相联系；（2）阶级斗争必然导致无产阶级专政；（3）这个专政不过是达到消灭一切阶级和进入无阶级社会的过渡。"② 这表明，在关于阶级、阶级斗争和阶级分析的学说中，仅有上述三点可以称得上是马克思提出的相关理论，当然这不排除还有其他马克思主义经典作家提出的相关理论，但资产阶级历史编纂学家和资产阶级经济学家所提出的相关内容，只是为马克思所利用。而这三条理论，则属于马克思独创的阶级学说的基本原理。

还需要指出的是，列宁曾经指出："实践标准即一切资本主义国家近几十年来的发展进程所证明为客观真理的，是马克思的整个社会经济理论，而不是其中的某一部分、某一表述等等。"③ 因此，当我们试图从马克思的整个学说中抽出这一部分或那一部分来组成基本原理及其体系时，必须避免破坏马克思学说的整体性。实际上，当人们在经济领域关注马克思的劳动价值论、剩余价值学说和关于资本主义社会的基本矛盾和主要矛盾的基本原理时，马克思关于货币和金融的理论正日益凸显其在对现代垄断经济社会和新帝国主义认识上的重要性。而通常不进入马克思主义哲学、政治经济学和科学社会主义三大组成部分的马克思的《数学手稿》等，也不应当为人们所遗忘。马克思主义基本原理主要体现在三大组成部分，但又广泛存在于历史学、政治学、社会学、人类学、文化学、法学等学科，均应得到高度重视。

最后，必须提出和解释的难题是：马克思主义基本原理还能不能发

---

① 靳辉明：《深入研究马克思主义基本原理的几点思考》，《高校理论战线》2009 年第 6 期。
② 《马克思恩格斯文集》第 10 卷，人民出版社 2009 年版，第 106 页。
③ 《列宁专题文集 论辩证唯物主义和历史唯物主义》，人民出版社 2009 年版，第 50 页。

展？可以发展的马克思主义观点是否仅仅限于理论判断？笔者的回答是：马克思主义基本原理是可以随着实践的发展或理论认识的深化而得到丰富性和扩展性发展与创新的。以劳动价值论为例，马克思沿袭当时西方经济学家的普遍方法，将政治经济学研究的出发点和基本范围定位在社会物质生产领域，因而其劳动价值论的分析层面也局限于物质生产。这在非物质生产极不发达的 19 世纪，是无可非议的，因为理论的重点同实践的需要分不开。可是，当今世界，包括中国在内的各个国家，精神劳动和服务劳动在社会总劳动中所占的比重日渐增大，非物质生产部门在社会总部门中所占的比重日渐增大，智力劳动在个人劳动总支出中所占的比重也日渐增大。在一些发达国家，物质生产所占的比重已不到一半。在这种情况下，我们必须及时拓展政治经济学和劳动价值论的出发点与研究范围，把马克思和西方学者当时没有重点分析的非物质生产领域纳入进来探讨。而我们把马克思关于活劳动创造为市场交换而生产的商品价值，以及纯粹为商品价值形态转换服务的流通不创造价值的科学精神和原理，发展为凡是直接为市场交换而生产物质商品和精神商品，以及直接为劳动力商品的生产和再生产服务的劳动，其中包括自然人和法人实体的内部管理劳动和科技劳动，都属于创造价值的劳动或生产劳动。这一"新的活劳动价值一元论"，不仅没有否定马克思的核心思想和方法，而且恰恰是遵循了马克思研究物质生产领域价值创造的思路，并把它扩展到一切社会经济部门后所形成的必然结论和原理。

简言之，马克思主义基本原理必须坚持和灵活运用，马克思主义基本原理可以随着实践的发展或理论认识的深化而得到丰富性和扩展性的发展与创新。

二 需要发展的马克思主义理论判断

笔者认为，可以给出马克思主义四层面的新定义。从创立主体层面界定，马克思主义是由马克思、恩格斯创立和后继者不断发展的理论体系；从学术内涵层面界定，马克思主义是关于自然、社会和思维发展的一般规律的学术思想和科学体系；从社会功能层面界定，马克思主义是工人阶级及其政党进行社会主义革命和建设以及过渡到共产主义社会的指导思想和科学体系；从价值观念层面界定，马克思主义是关于人生信仰和核心价值的社会思想和科学体系。

既然马克思主义的基本原理可以发展和创新，那么，马克思主义的理论判断自然也可以发展和创新。譬如，列宁在马克思和恩格斯的理论基础上，做出帝国主义是资本主义的最高阶段，并具有垄断性、腐朽性或寄生性、垂死性或过渡性的重要理论判断；列宁还做出帝国主义时期经济政治发展不平衡，而社会主义革命可以在一国首先胜利并进行社会主义建设的重要理论判断；毛泽东做出新中国成立前我国是半殖民地半封建的"两半社会"，可以实现"农村包围城市，武装夺取政权"的重要理论判断；邓小平做出我国是社会主义初级阶段，可以实行社会主义市场经济的重要理论判断。此外，中外马克思主义学术界依据时代和实践的变化和研究的深化，在经济学、哲学、政治学、社会学、人类学、国际关系学等方面，也提出过许多马克思主义新的理论判断。下面，笔者具体讨论在马克思主义发展史上几个重要的理论判断。

其一，邓小平发展性地做出关于社会主义本质的理论新判断。"社会主义的本质，是解放生产力，发展生产力，消灭剥削，消除两极分化，最终达到共同富裕。"① 这一理论判断包含了三个层次：第一层"解放生产力，发展生产力"是物质基础；第二层"消灭剥削，消除两极分化"是经济制度保障；第三层"共同富裕"是经济目标。这三个层次相互依存，相互作用，共同体现了社会主义是生产力与生产关系矛盾运动的统一体。但有人以为邓小平在这里没有提到公有制和私有制，就是不要公有制及其主体了，这是对邓小平思想的严重歪曲。邓小平多次强调，公有制为主体，不搞两极分化或共同富裕，是社会主义的两个密切相连的根本原则。

其二，江泽民发展性地做出"三个代表"的重要理论判断。"我们党必须始终代表中国先进生产力的发展要求，代表中国先进文化的前进方向，代表中国最广大人民的根本利益。这是坚持和发展社会主义的必然要求，是我们党艰辛探索和伟大实践的必然结论。"② 这是因为，中国共产党是中国工人阶级的先锋队。党的这一阶级性质决定了"三个代表"的先进性，而"三个代表"又反映和体现了党的性质。党的工人阶级先锋队性质，决定了要通过建立和代表社会主义先进生产关系来代表先进社会生产

———

① 《邓小平文选》第3卷，人民出版社1993年版，第373页。
② 《江泽民文选》第3卷，人民出版社2006年版，第536页。

力的发展要求，决定了我们党必须代表先进文化的前进方向，决定了我们党代表全国各族人民的根本利益，而这些代表的内涵同时又反映和体现党的工人阶级先锋队性质。可见，"三个代表"是辩证统一的科学体系。有人认为是私有制代表先进生产力，是美国好莱坞的主要影视作品能够代表先进文化的前进方向，是社民党代表全体人民的根本利益。这是极其错误的。

其三，胡锦涛发展性地做出关于科学发展观的重要理论判断。他认为，科学发展观的第一要义是发展，核心立场是以人为本，基本要求是全面协调可持续，根本方法是统筹兼顾。这是新形势下对实现什么样的发展和怎样发展等重要问题做出的新的科学回答，是马克思主义关于发展的世界观和方法论的重要表述。其中包括一系列内涵，如以经济建设为中心，但必须是与政治建设、文化建设（意识形态建设）、社会建设、生态文明建设和国防建设等相结合；要统筹改革发展稳定、内政外交国防、治党治国治军各方面工作，统筹城乡发展、区域发展、经济社会发展、人与自然和谐发展、国内发展和对外开放，统筹各方面利益关系，努力形成和谐发展的新局面。

其四，习近平发展性地做出关于中国梦的重要理论判断。他在第十二届全国人民代表大会第一次会议闭幕会上发表讲话时说："实现中华民族伟大复兴的中国梦，就是要实现国家富强、民族振兴、人民幸福。"[1] 中国梦的理论判断具有历史继承性：一方面，中国梦是近代中国的复兴之梦，它今天被总结和概括，但却诞生于近代中国革命的历史进程中；另一方面，对于当代中国来说，这个梦想只有在马列主义及其中国化理论指导下，才能逐步转化为现实。在这个问题上不能有误区。中国梦和中国特色社会主义共同理想在本质上是内在统一的，两者不能割裂开来。现在提出中国梦是历史的、现实的，也是未来的理论判断，就采用了一种新词来生动通俗地加以表达，也有益于在国际层面对中国道路、中国精神、中国力量和中国模式的传播和沟通。它针对当前国际国内普遍存在的、对中国特色社会主义事业的质疑，表明了我国坚持发展和完善社会主义的信心和决心。客观地看，经过新中国成立 60 多年来和改革开放 30 多年的发展，中

---

① 习近平：《在第十二届全国人民代表大会第一次会议上的讲话》，《人民日报》2013 年 3 月 18 日。

国的经济实力和综合国力有了显著增强，人民生活水平有了很大提高，但发展起来后的问题不比不发展时少。现实情况也表明，有些问题的解决已经到了刻不容缓的时候，如贫富差距、腐败问题、生态问题等。如果解决不好，会直接削弱广大人民群众对改革、对未来发展的信心。应当说，有关中国梦的理论判断，既与当前国内外的深刻背景有关，又和我国未来发展的客观要求有关。要消除对全面深化改革的误区并调动国内各种积极因素促进发展，只能在坚持和发展中国特色社会主义的基础上，进一步明确未来社会主义改革发展的方向，更好地凝聚改革发展共识。中国梦理论判断所包含的"两个一百年"目标，对此进行了很好的解答，可以增强我国加快改革发展的信心。

三　必须破除对马克思主义的教条式理解

对于马克思主义的错误理解，往往导致修正主义或教条主义，甚至某些教条主义理解还会导致修正主义，因而在马克思主义整体性研究中必须破除教条式理解。

导致各种教条主义的原因至少有两个。首先，是因为未能全面掌握马克思主义的理论。这主要是由于没有全面地阅读马克思主义经典著作，未能在马克思主义经典著作中注意到马克思主义经典作家是如何实事求是地发展自己的理论判断的，甚至不知道其中的一些早期论断后来已经被替代。当年，马克思和恩格斯在《德意志意识形态》中谈到德国新出现的批判家时指出："他们和黑格尔的论战以及互相之间的论战，只局限于他们当中的每一个人都抓住黑格尔体系中的某一方面来反对他的整个体系，或反对别人所抓住的那些方面。"① 同样地，我们在反对教条主义时，也必须防止犯新的教条主义的错误，不要用一种教条主义来反对另一种教条主义，更不能用教条主义来反对马克思主义的整个体系。

其次，是因为没有掌握辩证法，尤其是忽视了偶然性的作用。以偶然性为例，马克思指出："如果'偶然性'不起任何作用的话，那么世界历史就会带有非常神秘的性质。这些偶然性本身自然纳入总的发展过程中，并且为其他偶然性所补偿。但是，发展的加速和延缓在很大程度上是取决

---

① 《马克思恩格斯全集》第3卷，人民出版社1960年版，第21页。

于这些'偶然性'的，其中也包括一开始就站在运动最前面的那些人物的性格这样一种'偶然情况'。"① 而把偶然性当作必然性，或者不顾偶然情况死抠必然性理论，则是教条主义者常犯的两种错误。对于后者，恩格斯曾经指出："可惜人们往往以为，只要掌握了主要原理——而且还并不总是掌握得正确，那就算已经充分地理解了新理论并且立刻就能够应用它了。"② 确实，整个人类历史的发展变化肯定是有规律的，是一些必然规律决定的，其中包括人民群众是历史发展的根本动力，但我们不可教条主义地认为，某些关键性的偶然因素（含某些关键性人物及其性格、能力等特点）就不会决定某一历史事件或某一特殊的历史时期及其性质和特点。

本文重点以当前学界有重要分歧的马克思关于"两个决不会"理论为例，阐明对马克思主义不能采取教条主义的诠释和应用性分析。

1859 年马克思在《〈政治经济学批判〉序言》中写道："无论哪一个社会形态，在它所能容纳的全部生产力发挥出来以前，是决不会灭亡的；而新的更高的生产关系，在它的物质存在条件在旧社会的胎胞里成熟以前，是决不会出现的。"③ 这一论断被称为"两个决不会"。有人企图以此说明列宁的十月革命和中国革命是没有物质基础和经济条件的。有人则认为，马克思关于资本主义丧钟已经敲响的论断是个别论断，它后来为具有科学性的普遍原理所取代，如"以'两个决不会'取代西欧即将发生社会主义取代资本主义革命的观点"④。但是，马克思关于资本主义丧钟已经敲响的论断发表在 1867 年出版的《资本论》第 1 卷中，写作于"两个决不会"之后，是马克思根据资本主义的历史发展所得出的更为科学的结论。

而列宁在谈到恩格斯是如何细心、如何深刻地考察了现代资本主义的形态变化时指出："尽管托拉斯有计划性，尽管资本大王们能预先考虑到一国范围内甚至国际范围内的生产规模，尽管他们有计划地调节生产，我们还是处在资本主义下，虽然是在它的新阶段，但无疑还是处在资本主义下。在无产阶级的真正代表看来，这种资本主义之'接近'社会主义，只是证明社会主义革命已经接近，已经不难实现，已经可以实现，已经刻不容缓，而决不是证明可以容忍一切改良主义者否认社会主义革命和粉饰资

① 《马克思恩格斯文集》第 10 卷，人民出版社 2009 年版，第 354 页。
② 同上书，第 594 页。
③ 《马克思恩格斯文集》第 3 卷，人民出版社 2009 年版，第 592 页。
④ 陈先达：《论马克思主义基本原理及其当代价值》，《马克思主义研究》2009 年第 3 期。

本主义。"① 列宁的这"四个已经"表明,"两个决不会"并不是取代西欧即将发生社会主义取代资本主义革命的观点。西欧之所以没有发生社会主义取代资本主义的革命或者革命没有成功,不是社会生产力水平还不够高和资本主义基本矛盾缓和了,而是取决于各个时期资产阶级与无产阶级的阶级力量和阶级能动性的对比,即客观上是由于资产阶级从政治、法律、专政和意识形态等方面强力有效地打压和妖魔化共产党和马克思主义,以及革命的主观条件不足(表现为无产阶级政党及其战略与策略的能力相对不足)造成的,而绝不是出自"两个决不会"的推论。有人还从"两个决不会"来解释苏东社会主义国家的蜕变,更是教条主义的无稽之谈。

为了把中国的改革开放引导到错误的路线上去,一些反对列宁的社会主义革命的人士向我们推荐福利资本主义即所谓的民主社会主义,说什么马克思主义硕果仅存的遗产就是民主社会主义,说什么欧洲社会民主党人凭借议会民主政治、混合所有制经济、社会市场机制和福利保障制度这四大法宝,成功地实现了资本主义制度与社会主义制度的对接,在西欧和北欧建设起了民主社会主义的和谐社会。

但是,如果资本主义制度不是总体必然要灭亡,为什么要去与社会主义制度"对接"呢?如果民主社会主义或社会民主主义即福利资本主义真有那么好,为什么美国爆发金融和经济危机后欧美国家不是增加福利反而要大力削减福利呢?而且为什么没有听谁说要民主社会主义的西欧和北欧去救资本主义的美国,反而有人吵着要社会主义的中国去救美国和欧盟,让危机中的美欧资本主义抓住和拖累"一枝独秀"的中国特色社会主义呢?

各种资本主义的任何"对接"都不能改变它和它的对接产物逐步灭亡的总趋势和命运。虽然资本主义制度在苏东国家重新复辟(邓小平语),但它不等于资本主义重新获得了生命。正如历史上封建王朝曾在法国资产阶级革命后复辟,并不说明封建王朝重新获得了生命一样。这也正如当下资本主义抓住整个人类深陷世界气候环境灾难一样,近些年来,我国在经济发展中遭遇的气候环境灾难和贫富两极分化等严重妨碍科学发展和社会稳定等问题,也都与我国多种经济成分之一的资本主义成分的过度发展有关。

---

① 《列宁全集》第31卷,人民出版社1985年版,第64—65页。

最重要的是，既然强调的是"决不会"，那么，当"决不会"的情形在现实中已经出现时，就恰恰说明"决不会"的前提已经不存在了。因而苏联社会主义国家和新中国的建立，便已经表明在当年的旧俄国和旧中国，新的更高的生产关系的物质存在条件已经在旧社会的胎胞里成熟了。我们决不能放弃历史提供给中华民族的最好机会，坚决避免遭受资本主义制度所带来的一切灾难性的波折。①

可见，破除对于"两个决不会"的教条式理解，有助于坚定"社会主义必然胜利"和"资本主义必然灭亡"即"两个必然"的信心，坚定走中国特色社会主义的决心，有助于我们在复杂多变的国际形势中把握历史前进的方向，从容应对国际局势。

四　必须澄清的若干错误观点

马克思主义科学性和整体性的研究，离不开澄清一些有关马克思主义的错误观点。比如，以为马克思的"重建个人所有制"是重建生产资料或劳动力的个人所有制，股份制和农村家庭联产承包制是其实现形式；以为马克思的政治经济学比以前和同时代的经济学论著缺少数学和定量分析；以为马克思的经济学著作是经济哲学而非经济学作品；以为马克思的经济周期和经济危机原理过时了；以为社会主义公有制不能与市场经济体制高效结合；以为社会主义市场经济条件下无法实行按劳分配；等等。诸如此类的错误观点，在中外理论界比较流行，必须一一加以廓清。列宁说得好："科学的发展在提供愈来愈多的材料，证明马克思是正确的。因此要同他进行斗争就不得不加以伪装，不是去公开反对马克思主义的原理，而是假装承认它，却用诡辩来阉割它的内容，把马克思主义变为对资产阶级无害的神圣的'偶像'。"② 对马列主义及其中国化理论采取修正主义、折中主义、经验主义和教条主义，均会产生需要纠正的理论、政策和实践的误区。限于篇幅，以下主要分析和澄清当前热议的股份制性质和特点上的误论。

---

① 余斌：《马克思恩格斯关于资本主义的基本思想及其当代意义》，《马克思主义研究》2011年第 1 期。

② 《列宁全集》第 26 卷，人民出版社 1990 年版，第 239 页。

在《资本论》第 3 卷中，马克思在谈到股份公司的成立时提道："那种本身建立在社会生产方式的基础上并以生产资料和劳动力的社会集中为前提的资本，在这里直接取得了社会资本（即那些直接联合起来的个人的资本）的形式，而与私人资本相对立，并且它的企业也表现为社会企业，而与私人企业相对立。这是作为私人财产的资本在资本主义生产方式本身范围内的扬弃。"① 如何理解这个"消极扬弃"，学术界曾广泛地展开过争论。有人把股份制都说成是公有制或新型公有制。其实，股份制本身是资本和财产的组织方式。如果私人资本控股，就明显具有私有性质，大体属于私有制的实现形式。如果公有资本控股，就明显具有公有性质，大体属于公有制的实现形式。

先分析个人分散持股的公众公司。假定股票全部由个人持有，这类股份公司的性质与个人业主制的古典私人企业有些差异，是以社会企业形态出现的私有制，或者说是带有产权复合性的私有制。再分析法人相互持股的股份公司。假定两家以上的股份公司（含股份银行）各自有一部分由个人持股，而另一部分甚至大部分由它们相互持股，这类公司的本质同完全由个人持股的公众公司一样，只不过是更具有社会企业性质的私有制，或者说是带有更多产权复合性和社会性的私有制。那种以为私人所有、企业或某种机构共同支配和使用的所有制，都是社会主义性质的"新型公有制"的观点，显然是误论，并很容易得出美、日、欧等资本主义社会已比中国更早地进入了社会主义初级阶段性质的社会经济形态了。

不应当过分赞扬由股东代表大会、董事会、监事会和高级经理人员组成的相互依赖又相互制衡的现代公司治理结构。马克思早就根据当年的英国案例指出，在资本主义生产的基础上，一种涉及管理工资的新的欺诈勾当在股份企业中发展起来，这就是：在实际的经理之外并在他们之上，出现了一批董事和监事。对这些董事和监事来说，管理和监督实际上不过是掠夺股东、发财致富的一个借口而已。破产法庭进行的审理表明，这种监督工资照例和这种挂名董事实际行使的监督成反比。② 事实上，股份制在创立公司、发行股票和进行股票交易方面再生产出了一整套投机和欺诈活动。"它们是发展现代社会生产力的强大杠杆，但是它们还没有像中世纪

① 《马克思恩格斯文集》第 7 卷，人民出版社 2009 年版，第 494—495 页。
② 同上书，第 438—439 页。

的帮会那样，形成自己团体的良心，来代替它们那由于组织本身的缘故而摆脱了的个人责任感。"① 现代西方发达国家股份公司中频频出现的丑闻，如美国安然公司破产案和多次金融危机中暴露出来的经济丑闻等，有力地持续印证着马克思的观点，证明着这一现代私有企业制度始终存在着严重痼疾。

正因为如此，马克思还指出迄今越来越突出的私有股份制的特点和趋势："不应当忘记，在股份公司中联合起来的不是单个人，而是资本。由于这一套做法，私有者变成了股东，即变成了投机家。资本的积聚加速了，其必然结果就是，小资产阶级的破产也加速了。特种工业巨头出现了，他们的权力同他们的责任则成反比，因为他们只对他们所有的那一大宗股票负责，而支配的却是公司的全部资本。他们形成了比较固定的成员，而大多数股东却不断地变更。工业巨头依靠该公司的影响和财富，能够收买个别不安分的人。在寡头董事会之下的，是由进行实际工作的公司管理人员和职员组成的官僚集团，而直接在他们之下的，是大量的、与日俱增的普通雇佣工人。随着雇佣他们的资本数量的增加，他们的依赖程度和孤立无援的程度也相应地加深，但是随着代表这种资本的人数的减少，他们也越来越具有危险性。"② 对此，马克思认为："傅立叶不朽的功绩在于，他预言了这种现代工业形式，把它称为工业封建主义。"③

当然，私人股份公司是对个人业主制的古典私有制的消极扬弃，有其积极作用，社会主义公有制也可以改造性地自觉利用，但必须坚持公有资本的控股。同时，要大力发展被马克思高度评价为"积极扬弃"私有制的工人合作制。④ 澄清"股份制就是公有制"的错误观点，揭示各种私有制和产权关系的表象和实质，有助于防止对公有制实行资本主义私有化的改制，防止国有资产在股份制改革中的大量流失，保护人民群众共有的财产不被极少数人所侵占，更好地运用股份制来发展和壮大公有经济的主体力量与国有经济的控制力和影响力。

---

① 《马克思恩格斯全集》第 12 卷，人民出版社 1962 年版，第 610 页。
② 同上书，第 37—38 页。
③ 同上书，第 38 页。
④ 《马克思恩格斯文集》第 7 卷，人民出版社 2009 年版，第 499 页。

五 结语

马克思早就提醒我们："应当时刻记住，一旦在我们面前出现某种具体的经济现象，决不能简单地和直接地用一般的经济规律来说明这种现象。"① 同样地，一旦在我们面前出现某种错综复杂具体的社会现象，也决不能简单地和直接地用马克思主义基本原理来说明这种现象。但如果仅仅是无法简单地和直接地加以说明，就有误地修正或"变革"马克思主义基本原理或元理论，那不仅不符合马克思主义，也不符合一般科学。马克思强调："庸俗政治经济学以为，政治经济学科学与其他一切科学的特征差别在于，后者力图说明被掩盖在日常现象后面的，因而按其形式总是与日常现象（例如，太阳围绕地球运动的现象）相矛盾的本质，而前者则宣称日常现象单纯转化为同样日常的观念是科学的真正事业。"② 显然，把新的历史时期的日常现象单纯转化为同样日常的观念，是不能代表理论上的新成就的，更是不能冒充为马克思主义理论新发展的。

如果说，我们不能无论做什么都到马克思主义经典作家的书本里去找依据，找答案，那么，我们就更加不能到非马克思主义者甚至反马克思主义者的书本里去找依据，找答案，或者明明是在那些存在严重错误的书本里找依据、找答案而故意不提出处，而装作是自己的理论创新。

诚然，这并不是说，我们要"干脆闭起眼睛"不看资产阶级科学，甚至不看包括极端反动的学说在内的最荒谬的学说。列宁早就指出过，这样做是绝对有害的，但他也明确地指出："不是闭起眼睛不看资产阶级科学，而是注意它，利用它，批判地对待它，不放弃自己完整的明确的世界观，这是一回事；匍匐在资产阶级科学面前，重复马克思'有片面性'等等这类具有十分明确意思和意义的词句，这是另一回事。其次，如果说到'重复和转述'，那么重复和转述柏姆－巴维克和维泽尔、桑巴特和施塔姆勒本身，难道先天地比重复和转述马克思更值得注意吗？司徒卢威竟然能够（请注意，在俄国书刊中）发现重复马克思的'害处'（原文如此！），难道过去和现在就没有看出非批判地重复时髦的资产阶级'科学'的时髦修

① 《马克思恩格斯文集》第 8 卷，人民出版社 2009 年版，第 318 页。
② 《马克思恩格斯全集》第 47 卷，人民出版社 1979 年版，第 631 页。

正的害处吗？得出这样的观点和这样不可宽恕地'闭起眼睛不看'现代的
'思想动摇'，离开马克思主义是多么遥远啊！"① 联系当今中外知识界的
各种思潮和争议，深感马克思主义经典作家身体"不在场"，但其原理和
方法始终"在场"，一切非马克思主义的错误观点在马克思主义科学整体
性面前都将失误而"下场"！

原载《学术研究》2013 年第 12 期

---

① 《列宁全集》第 3 卷，人民出版社 1984 年版，第 585 页。

文本视域中的马克思[*]

魏小萍[**]

马克思一生著述颇丰，以马克思命名的马克思主义事业在几乎整个20世纪的时间段里被全世界1/3左右的人所信奉、所践履，这在人类文明史上是绝无仅有的现象，至今没有一个哲学家、思想家的理论能够跨越国家和民族的界限发挥如此巨大的社会效用。这一方面体现了马克思主义创始人的理论，与其他思想家、哲学家的理论不同，在思想、观念与现实之间构筑了实践的桥梁；另一方面也体现出马克思主义创始人的理论形成本身与人类社会历史发展进程的内在关联性，它本身是人类探索自身发展模式的结晶。从国际视野来看，20世纪末的东欧剧变在一定程度上动摇了人们对这一理论的信念，21世纪初发端于美国而在世界范围内蔓延开来的金融危机，又在一定程度上将人们的视线重又引向马克思。马克思不仅没有随着历史的进程和变迁而离我们的时代渐行渐远，相反，历史的变迁与时局的动荡，使马克思重又成为我们这一时代的炙热话题。如何理解和认识马克思及其哲学思想，比以往任何时候都为人们所关注。在这里，笔者一方面以时代境遇为背景，另一方面借助于《马克思恩格斯全集》历史考证版（MEGA^2）的编辑出版机遇，通过对马克思与恩格斯、马克思与马克思主义关系的初步分析，对马克思哲学思想及其理论的基本发展路径做一些最初步的梳理。

一　马克思与恩格斯

马克思和恩格斯是马克思主义的共同创始人，两人共同践行着对资本

---

[*]　本文是笔者2013年3月20日在南京政治学院马克思主义学院讲稿基础上修改而成。
[**]　魏小萍，中国社会科学院哲学研究所研究员。

主义社会的批判和对社会主义、共产主义的理论探索，为了将这一批判和向往能够付诸实践的理论研究奉献了自己毕生的精力。正是从这一方面来说，两人有着高度的一致性，并且在理论研究活动中始终存在着高度的默契。然而两人之间在基本观点上的高度一致和理论研究中的高度默契，并不是说两人之间就不存在差异了，无论从哲学思维方式还是从研究旨趣，以及由这一旨趣而形成的研究领域方面来说，马克思和恩格斯之间是有着区别的。

从两者之间的一致性方面来看，当马克思和恩格斯因《德法年鉴》（1844 年）而相互了解时，就发现他们对当时激进的批判家青年黑格尔派的批判路径存有异议，与之不同，马克思和恩格斯认为对资本主义社会的批判不应该从其观念、思想意识和道德层面出发，而应该从其现实的社会关系、经济关系出发。并且借助于共同撰写《德意志意识形态》（写作于1845—1846 年）的机会，在其第一章《费尔巴哈章》中，一方面厘清了自己与青年黑格尔派的关系，另一方面阐述了自己的观点。而在随后的《共产党宣言》（1848 年）中，鲜明地表达了自己对共产主义的信念是建立在废除私有制、改变生产关系，构建以生产资料公有制为基础的社会关系基础上的，这与他们批判资本主义社会的思路是一致的。

从两者之间的区别来看，马克思和恩格斯两人不仅在具体的哲学思维方式上存在着差异，如马克思更加受着德国古典哲学的影响，而恩格斯则更多地受着英国唯物主义的影响；而且除了早期共同创作的《神圣家族》《德意志意识形态》《共产党宣言》，两人的研究知趣、研究领域也是非常不同的。

恩格斯在很早就撰写了《国民经济学大纲》（1844 年），并且这一文章对马克思的影响很大，然而，当马克思全身心地投入到政治经济学批判研究的工作中去以后，恩格斯就放弃了政治经济学的批判性研究工作。这一方面是由于恩格斯所从事的商业性活动（这既是继承家业的一种活动，也是出于经济上支持马克思的需要）使其难以全力以赴地从事理论研究；另一方面恩格斯认为，既然马克思已经全身心为他们共同事业的理论基础进行研究，他就可以腾出手来从事更加广泛的、适合自己兴趣的哲学研究（《自然辩证法》，写作于 1873—1883 年），同时也可以应对当时的理论纷争（《反杜林论》，写作于 1878 年）。马克思去世以后，恩格斯在自己的余生放弃了个人的哲学研究兴趣，为了完成马克思的遗愿，在马克思研究手稿的基础上撰写了《家庭、国家和私有制的起源》（1884年），全力以赴地整理马克思的政治经济学批判手稿，编辑出版《资本论》第2卷、第3卷，同时又承担起了捍卫和宣传马克思主义的重任（《路德维希·费尔巴哈和德国古典哲学的终结》，写作于1886年）。但是恩格斯对马克思主义哲学的解释和宣传工作，却同时使马克思主义哲学带有了自己的特色。

与恩格斯在论战和兴趣研究中所涉及的广泛哲学问题有所不同，马克思一生的研究视域更加集中、深刻，并且主线明确：人类解放作为一种理念支撑着马克思和恩格斯共同的学术研究和政治活动生涯，但是马克思在其一生的学术生涯中更加有意识地、自觉地主导着研究思路从抽象到具体的进展。从早期的《论犹太人问题》（1844年）、《〈黑格尔法哲学批判〉导言》（1844年）、《1844年经济学哲学手稿》到1857—1858年的《政治经济学批判》，直至耗费了其毕生精力的《资本论》。然而马克思的这一研究主线由于被"苏联模式"分别置于哲学和政治经济学两个不同领域而体现不出其内在的逻辑关系，尤其是在哲学领域，恩格斯的哲学著作占据的分量明显要重于马克思个人文本的分量，而《德意志意识形态》和《共产党宣言》作为两人的合著，其合作情况比较复杂，由于史料的欠缺，至今并没有明确的解释。

这一现象在某种程度上能够解释为什么苏联模式的马克思主义哲学教科书体系缺乏马克思哲学思想的问题意识了。这一现象并不仅仅局限于东方世界，在一定程度上，由于马克思本人著作编辑、出版的相对滞后（《1844年经济学哲学手稿》20世纪30年代才出版），即使在西方世界，一些马克思主义者们也是通过马克思主义式的宣传来理解马克思主义的，对马克思本人的哲学思想路径知之不多，这使得另一些西方的马克思学者常常将马克思与马克思主义区别对待。

二　马克思与马克思主义

马克思与马克思主义的关系比马克思与恩格斯的关系要复杂得多。马克思主义是一个集合概念，以马克思主义创始人的思想为核心，还包含后来在不同时间和地域范围中马克思主义的继承者和发展者的思想，如在国际范围内获得广泛认可的列宁的哲学思想、毛泽东的哲学思想，等等。不过马克思主义继承者的思想在很大程度上结合着当时的时代和地域，具有各自的时代、地域特征和立足于本国情况的发展。

苏联的情况就是一个例子，在初建社会主义制度之后，为了构建无产阶级意识形态的需要，马克思主义的宣传和教育成为首要的任务。列宁在恩格斯《反杜林论》的基础上对马克思主义进行的三个组成部分即哲学、政治经济学和科学社会主义的区分，成为苏联建立马克思主义学科的基础。根据这一区分可以看到，马克思主义政治经济学与马克思有着最为直接的关联，科学社会主义中恩格斯阐述的内容多一些，马克思主义哲学的内容从其创始人的角度来看，恩格斯的哲学著作占据着很大分量；从继承者的角度来看，列宁的哲学思想也占据着相当的分量。

苏联模式马克思主义体系的三个组成部分和马克思主义哲学的基本内容，是与苏联当时的普及教育和宣传的需要相适应的。苏联作为世界上第一个社会主义国家，需要构建与资产阶级意识形态相对立的无产阶级意识形态，姑且不论是否既往的哲学思想都属于资产阶级的范畴，把世界是物质的、物质是运动的、运动是有规律的辩证唯物主义基本观点作为马克思主义哲学的基础以教育广大人民群众，抵御当时非常浓厚的宗教色彩，本无可厚非。但是马克思对资本主义社会分裂现象的批判及其深层次的分析，在普及性的马克思主义哲学教科书体系中难以得到体现，以马克思命名的马克思主义的核心问题意识已经发生了转移，而问题本身并没有因此而消失，数十年后的历史剧变就是最好的说明。

苏东剧变后，更多的人从反思的意义上意识到历史唯物主义理论在马克思主义哲学中的分量，马克思主义哲学是辩证唯物主义还是历史唯物主义的争论也在更大的范围内展开。辩证唯物主义的内容在很大程度上是恩格斯文本的体现，历史唯物主义的内容体现在马克思和恩格斯共同创作的文本中，马克思在1859年的《〈政治经济学批判〉序言》中对历史唯物主义的基本原则集中加以经典性的概述。

历史唯物主义是马克思主义哲学的核心，目前，这一观点在很大的范围内为人们所认可，但是马克思主义是人道主义还是科学主义的争论，说明历史唯物主义的概括似乎也不能完全统一人们对马克思主义哲学思想的理解，强调历史主体和人的价值的学者倾向于前者，而强调历史的客观性和规律性的学者倾向于后者。当人们热衷于对马克思的哲学思想进行某个主义的定性时，恰恰忽略了马克思的主题问题意识。

马克思一生的研究路径主题清晰、明确，马克思的哲学思想丰富、深刻，早期德国古典哲学对马克思有着很大的影响，但是马克思在某种意义上叛逆了德国古典哲学。19 世纪 50 年代以后，英国的经验唯物主义通过政治经济学的领域对马克思有着一定的影响，所以我们很难用某个单一的哲学派别来界定马克思的哲学思想。

今天的国际大背景能够唤起人们怀念马克思的正是马克思批判资本主义的问题意识。那些所谓超前的"后现代"，以前卫的方式通过夸大马克思话语中的 19 世纪特征来体现马克思主义哲学理论的过时；那些所谓的现实派，则通过夸大马克思和恩格斯话语中描述未来社会的浪漫成分来强调其乌托邦因素及其不切实际的成分；那些所谓的务实派，则通过将马克思主义哲学归类为斗争哲学而因其与时代之"音"的不协调而敬而远之，这些观点实际上都忽略了或者规避着马克思的问题意识。

然而，马克思意识中的问题不仅没有消失，而且还在世界范围蔓延开来。全球化的发展趋势将资本的逻辑带到这个世界的每一个角落，在推动全球文明和现代化进程的同时，也使原民族、国家范围内的矛盾在国与国之间的规模上再现出来。与此同时，这一趋势也将马克思的话语推向全球，回到马克思和重读马克思的呼声在 20 世纪末已经悄然兴起，21 世纪初肇始于美国的金融危机及其向世界范围的扩展，在西方世界从更加广泛的范围使人们回想起马克思对资本逻辑的经济学—哲学批判，寻求不同于资本主义世界的替代模式，成为萦绕在世界上空的幽灵。

三 文本语境中马克思的哲学思想及其问题意识

由于历史、地域、政治、文化等各方面的原因，使得人们所理解的马克思主义具有非常广义而又复杂的内涵，在一些情况下被庸俗、被贬义，在另一些情况下被从不同的哲学话语语境中进行解读，这种现象在一定程度上遮蔽了马克思的问题意识。早在 20 世纪 80 年代，为了从西方马克思主义学者那里"理析"出马克思，英国的马克思主义学者撰写了《马克思主义之前的马克思》（大卫·麦克莱伦，1980 年）；21 世纪初，为了从苏东的解体中"拯救"出马克思，美国的马克思主义学者又撰写了《马克思主义之后的马克思》（汤姆·洛克莫尔，2002 年）。这两位作者的"马克思"虽然撰写于不同的历史时期，但其共同之处是以马克思的文本和马克思的研究路径为依据来解读马克思。

马克思早期是一个理想主义者（idealist），并非唯心主义者（idealist），这体现在他的中学毕业论文中，在大学期间受到德国古典哲学观念论（i-dealism）的影响，但是并不同意德国古典哲学家黑格尔对现实社会的解释方式，也不同意黑格尔的叛逆者青年黑格尔派对现实社会的批判方式。在《论犹太人问题》中，马克思将政治解放与人类解放的概念区别开来，体现出自己的志在高远。在《〈黑格尔法哲学批判〉导言》中形成了从一个社会的经济关系去解释法的关系，从市民社会去解释国家、政治的基本观点。在《1844 年经济学哲学手稿》中明确了自己对资本主义社会的批判靶在于资本主义社会的异化劳动及其社会分裂现象，并且向自己提出了这样的问题：资本、工资与土地三者的分离以及在这一分离基础上形成的社会分裂①是如何形成的。这一问题意识从历史程序的视角将马克思的视线进一步引向政治经济学领域，又从历史发生学的视角将马克思的视线引向历史人类学领域。

首先，从第一个方面来看，从异化劳动及其异化了的社会关系的角度来批判资本主义社会，马克思已经将自己的批判思路与青年黑格尔派的批判思路区别开来，即从哲学、道德观念的批判转向对现实社会经济关系的批判。但是在《1844 年经济学哲学手稿》时期，虽然将社会关系的分裂与劳动的异化联系起来思考问题，并从这一角度论证人与人之间关系的异化、人的自由自在类本质的异化，至于这一异化是如何发生的，并没有任何论证。因此，这一批判只能针对异化劳动或者剥削关系的现象，但是并不能解释这一现象在信奉自由、公正和平等的资本主义社会关系中是如何发生的。

对这一社会现象发生原因的关注，以及当时政治经济学研究正在成为一门显性科学，马克思的研究视野转向了政治经济学领域。从MEGA²第 IV 部分呈现的马克思的阅读资料中能够看到，仅仅以《政治经济学原理》冠名的著作，马克思就读了不下四位作者的作品，有些作品是在读了法文版之后，再读英文原版。然而与这些政治经济学家不同，马克思的关注焦点并不仅仅是去理解和认识兴盛中的资本主义经济关系及其经济的增长机制，而是尝试着去理解与资本主义经济增长相伴而行的社会分裂现象的形

---

① 《马克思恩格斯全集》第 3 卷，人民出版社 1995 年版，第 266 页；参见 MEGA2，I/2，第 363 页。

成和发展。

其次，从第二个方面来看，对于马克思晚年在没有完成《资本论》第2卷、第3卷的情况下而去关注和研究当时新发现的人类学资料，学者们给出了各种不同的解释。在这里，笔者给出的另一种解释是，这是马克思研究思路的逻辑需要，而且这一情况并不仅仅发生于马克思的晚年。其实，无论在早年的《德意志意识形态》中，还是在不同时期的政治经济学批判手稿中，马克思都很关注当下经济关系的源头进展，我们或许可以用经济关系的历史发生学来解释马克思的这一理论兴趣，这与马克思那追根溯源的研究品格有一定的关系。在马克思的人类学研究笔记中所关注的问题与政治经济学手稿中所讨论的问题具有历史的连贯性。

马克思对资本主义经济关系是从自然的、历史的角度去理解的，但是与前资本主义的经济关系在形式上不同。通过中介手段（货币）、资本的力量（积累劳动）而发展起来的资本主义经济关系，是在文明和合法的形式下运行的，用今天的话语也可以说是在体制和规范的程序中进行的，在形式上并没有违反自由、公正、平等的理念。

但是在现实中，社会剩余劳动在资本一段的积累以及由此所产生的贫富分化、社会分裂现象又是如何在普遍的平等交换的原则下发生的呢？马克思通过对政治经济学的批判性研究，在斯密和李嘉图已经提出的剩余劳动、剩余价值概念的基础上，形成了自己的剩余价值理论，论证了在现有劳动（工人的劳动）与既往劳动（资本）的交往中，剩余价值是活劳动创造的，资本通过占有剩余价值的途径，积累着社会财富。

这样的研究思路已经在1857—1858年的《政治经济学批判大纲》手稿中形成，并且在这部手稿中，马克思已经逐步构建了自己的政治经济学概念谱系，这部手稿也被看作是《资本论》的雏形。但是马克思显然并没有满足于这一手稿的写作，为了更好地清理和阐述自己的研究思路，马克思此时又再次重读了黑格尔的《小逻辑》。1861—1863年及其随后的经济学手稿和《资本论》，严格说来，都没有突破这一基本的研究思路。

马克思的基本研究思路、概念谱系虽然都已经在《大纲》中形成，但是在1861年马克思打算另起炉灶的政治经济学批判性研究思路中，他逐渐根据叙述的逻辑需要调整自己的写作，在《资本论》中，这样的逻辑已经体现为：资本的生产、流通、资本的总过程（生产与流通的结合）和剩余价值理论史这几个阶段。在这里，一方面，我们看到，马克思的早期问题意识在研究和叙述的过程中被日益消融于更加广泛和深入的问题之中；另一方面，由于马克思生前只是完成了《资本论》第 1 卷的编辑出版工作，这使得恩格斯编辑出版的《资本论》第 2 卷、第 3 卷实际上形成于马克思自己编辑出版的《资本论》第 1 卷之前。

由于恩格斯的主要任务是编辑、整理，而这些编辑整理的某些对象资料有可能已经为马克思在第 1 卷中有所超越、修改甚至放弃，因而有可能与第 1 卷衔接不上，具有百年之争的价值与价格的转型问题，在某种程度上也是这样的问题。当然，这一问题首先是我们人类自身的认识、思维问题，抽象的哲学概念与量化的经济学概念在什么意义上是能够相提并论的？没有价值概念，价格问题只能从边际效用的角度来理解，而没有价格概念，剩余价值如何能被政治经济学所论证？

综上所述，本文通过对马克思与恩格斯、马克思与马克思主义之间的关系进行梳理，无非是想阐述这样一个观点：无论是"马克思主义之前的马克思"还是"马克思主义之后的马克思"，无论是"回到马克思"还是"重读马克思"，提出或者追求这些思潮的人们并不是在有意识地制造什么对立论，而是在时代的语境中，强调以马克思哲学思想为核心的马克思主义问题意识，强调这一问题意识与当下世界和人类自身的命运休戚相关。

原载《南京政治学院学报》2013 年第 4 期

马克思主义的整体性探讨[*]

——理论特征、社会理想、政治立场 和理论品质的视角

刘志明[**]

关于马克思主义整体性研究可以有多种视角。[①] 2003 年 7 月 1 日, 胡锦涛在"三个代表"重要思想理论研讨会上的讲话中提出了四个有利于从整体上把握马克思主义的重要论断, 即"辩证唯物主义和历史唯物主义的世界观和方法论, 是马克思主义最根本的理论特征"。"实现物质财富极大丰富、人民精神境界极大提高、每个人自由而全面发展的共产主义社会, 是马克思主义最崇高的社会理想。""马克思主义政党的一切理论和奋斗都应致力于实现最广大人民的根本利益, 这是马克思主义最鲜明的政治立场。""坚持一切从实际出发, 理论联系实际, 实事求是, 在实践中检验真理和发展真理, 是马克思主义最重要的理论品质。"[②] 本文拟根据胡锦涛的

* 中国社会科学院创新工程项目（项目编号：10919151001003）。

** 刘志明, 中国社会科学院马克思主义研究院列宁斯大林思想研究室主任、副研究员, 法学博士。

① 如从创立主体、学术内涵、社会功能和价值观念四个定义层面对马克思主义进行整体性研究（参见程恩富、胡乐明《中国马克思主义理论研究 60 年》,《马克思主义研究》2010 年第 1 期）, 从人的自由与解放这一主题的视角对马克思主义进行整体性研究（参见高放《加强对马克思主义科学的整体研究》,《马克思主义与现实》2005 年第 2 期）, 从世界观与方法论相统一的视角对马克思主义进行整体性研究（参见张雷声《从世界观、方法论相统一角度研究马克思主义基本原理整体性》,《马克思主义研究》2012 年第 4 期）, 从马克思主义立场、观点、方法三者统一的视角对马克思主义进行整体性研究（参见顾钰民《关于马克思主义理论整体性研究的思考》,《思想理论教育导刊》2011 年第 6 期）, 等等。

② 胡锦涛：《在"三个代表"重要思想理论研讨会上的讲话》,《人民日报》2003 年 7 月 2 日第 1 版。

这四个重要论断，从理论特征、社会理想、政治立场和理论品质的视角，来探讨马克思主义整体性的问题。

一 马克思主义最根本的理论特征

众所周知，为表明马克思主义与所谓旧世界观或者旧唯物主义的区别，马克思主义创始人曾经一再强调，他们的理论是一种新世界观或者新唯物主义（恩格斯有时称"现代唯物主义"）。这无疑表明，在马克思主义创始人那里，这种新世界观或者新唯物主义就是最能从根本上揭示马克思主义与其他理论相区别的地方。简言之，就是马克思主义最根本的理论特征。

那么，马克思主义的新世界观或者新唯物主义到底"新"在何处呢？它到底是什么呢？恩格斯对此做出了明确的回答，指出，马克思主义新世界观的"新"在于它"不是单纯地恢复旧唯物主义，而是把两千年来哲学和自然科学发展的全部思想内容以及这两千年的历史本身的全部思想内容加到旧唯物主义的永久性基础上"[1]。

该怎样理解恩格斯的上述论断呢？应该可以得出这样一个结论，即马克思主义虽然继承了旧唯物主义的历史传统，但是，它也超越了旧唯物主义。马克思主义意识到，旧唯物主义有两个重大缺陷：第一，它不懂得社会实践对认识的决定作用，因而也不懂得认识主体对客体的能动作用，正如马克思本人所指出的，旧唯物主义"对对象、现实、感性，只是从客体的或者直观的形式去理解，而不是把它们当作感性的人的活动，当作实践去理解，不是从主体方面去理解"[2]。第二，旧唯物主义并不是彻底的唯物主义，而是"半截子"唯物主义，它在历史观问题上，"自己背叛了自己"，陷入了唯心主义。其原因正如恩格斯指出的："它认为在历史领域中起作用的精神的动力是最终原因，而不去研究隐藏在这些动力后面的是什么，这些动力的动力是什么。"[3] 因为完全忽视了现实的生活生产这一历史的现实基础，旧唯物主义根本不可能认识到人类历史的发展是一个自然的

① 《马克思恩格斯选集》第 3 卷，人民出版社 1995 年版，第 481 页。
② 《马克思恩格斯选集》第 1 卷，人民出版社 1995 年版，第 54 页。
③ 《马克思恩格斯选集》第 4 卷，人民出版社 1995 年版，第 248 页。

过程，有其固有的客观规律。为了克服旧唯物主义的上述缺陷，马克思主义创始人批判地吸取德国古典哲学——黑格尔的唯心主义辩证法的"合理内核"和费尔巴哈机械唯物论的"基本内核"，在总结自然科学、社会科学和思维科学的基础上创立了今天我们耳熟能详的辩证唯物主义，并运用辩证唯物主义的基本原理分析人类社会的历史及其发展，揭示了社会发展的客观规律，进而创立了历史唯物主义或者说唯物史观，从而把唯心主义从历史观这个"最后一个避难所"中驱逐出去，使历史观从此奠基于唯物主义的基础之上，因而也使马克思主义的新世界观或新唯物主义成为彻底的唯物主义。

正因为辩证唯物主义和历史唯物主义既超越了旧唯物主义，也表明了马克思主义与唯心主义辩证法的根本区别，那它毫无疑义地就是马克思主义的最根本理论特征。

值得一提的是，有学者深刻指出，辩证唯物主义和历史唯物主义不是两个主义而是一个主义，即关于整个世界包括人类社会和思维在内的既是唯物的又是辩证的主义。历史唯物主义不是辩证唯物主义之外的另一种主义，而是对马克思主义哲学不同于一切旧哲学包括旧唯物主义在内的哲学特点的强调。它既不是半截子唯物主义，也不是不彻底的辩证法，而是彻底的完备的辩证唯物主义。它的彻底性、完整性，正表现在它包括历史观在内。[1]

辩证唯物主义和历史唯物主义的世界观与方法论是无产阶级及其政党科学认识世界纷繁复杂的客观事物，把握事物发展规律的钥匙，是无产阶级及其政党推进自己事业的强大思想武器。马克思主义诞生 160 多年来国际共产主义运动的历史充分表明，世界各国共产党人什么时候真正科学深刻把握了辩证唯物主义和历史唯物主义这一马克思主义最根本的理论特征，什么时候真正懂得根据辩证唯物主义和历史唯物主义的世界观和方法论系统、具体、历史地分析世界和各国社会运动及其发展规律并积极运用社会发展规律，他们就一定能在认识世界和改造世界的过程中不断推进党和人民的事业。中国共产党 90 多年的奋斗史也充分表明，只有坚持辩证唯物主义和历史唯物主义的世界观和方法论，才能不断深化对"什么是社

---

[1] 陈先达：《毫不动摇地坚持辩证唯物主义和历史唯物主义》，《思想理论教育导刊》1999年第 9 期。

会主义，怎样建设社会主义"这一重大问题的认识，不断开辟马克思主义中国化的新境界，也才能始终站在时代的前列，团结和带领广大群众前进。

我们要想坚持和发展中国特色社会主义，要想通过全面深化改革来解决实现中国梦前进道路上面临的诸如发展不平衡、不协调、不可持续，科技创新能力不强，产业结构不合理，农业基础依然薄弱，资源环境约束加剧，城乡区域发展差距和居民收入分配差距依然较大，社会矛盾明显增多，教育、就业、社会保障、医疗、住房、生态环境、食品药品安全、安全生产、社会治安、执法司法等关系群众切身利益的问题较多，部分群众生活比较困难，一些领域存在道德失范、诚信缺失现象，以及一些领域消极腐败现象易发多发等突出矛盾和问题，那就应该如习近平同志所说，"牢固树立辩证唯物主义、历史唯物主义的世界观和方法论"①，不断适应社会生产力发展调整生产关系，不断适应经济基础发展完善上层建筑，紧紧围绕发展这个第一要务来部署各方面改革，以解放和发展社会生产力为改革提供强大牵引，更好推动生产关系与生产力、上层建筑与经济基础相适应。同时要坚持生产力和生产关系、经济基础和上层建筑之间有着作用和反作用的现实过程，并不是单线式的简单决定和被决定逻辑这一辩证唯物主义和历史唯物主义揭示的基本原理，从增强各项改革的关联性、系统性、协同性着眼，加强顶层设计、整体谋划，提出全面深化改革的方案，以适应我国社会基本矛盾运动的变化来推进社会发展。在改革开放这一事关党和国家前途命运的大是大非问题面前，我们一定要坚持辩证唯物主义和历史唯物主义的基本态度，要深刻认识到，社会基本矛盾总是不断发展的，调整生产关系、完善上层建筑的改革开放只有进行时，没有完成时，需要不断进行下去。

我们要在新的历史起点上全面深化改革，必须牢牢把握辩证唯物主义和历史唯物主义深刻揭示的人民群众是历史创造者的观点，紧紧依靠人民推进改革。要坚持把实现好、维护好、发展好最广大人民根本利益作为推进改革的出发点和落脚点，让发展成果更多更公平惠及全体人民。要处理好尊重客观规律和发挥主观能动性的关系，坚持一切从实际出发，按照客

---

① 习近平：《毫不动摇坚持和发展中国特色社会主义　在实践中不断有所发现有所创造有所前进》，《人民日报》2013年1月6日第1版。

观规律办事，一张蓝图抓到底，抓好打基础利长远的工作。同时，要鼓励地方、基层、群众大胆探索、先行先试，勇于推进理论和实践创新，不断深化对改革规律的认识。

二　马克思主义最崇高的社会理想

在深入研究人类社会尤其是阶级社会发展规律的基础上，马克思主义认为，无产阶级反对资产阶级的斗争，其结局只能有一个，那就是：资产阶级必然灭亡和无产阶级必然胜利。在马克思主义那里，无产阶级的胜利不是指它取代资产阶级成为新的剥削者、压迫者，而仅仅意味着，无产阶级和全人类获得最终的和彻底的解放。这种"最终的和彻底的解放"，一直是马克思主义孜孜以求的最崇高的社会理想，也一直是激励和鼓舞无产阶级和广大人民群众团结奋斗的思想旗帜，其基本内涵就是，在消灭资本主义私有制，或者说积极"扬弃"资本主义"私有财产即人的自我异化"的基础上，实现共产主义。

马克思主义要实现的共产主义社会是什么样子呢？马克思主义并没有也不屑于充满空想性质地详尽细致地描绘所谓的"共产主义千年王国"，而是着力在批判资本主义"旧"社会的同时，发现资本主义社会的矛盾运动中孕育的新社会的因素和前提，并根据这些"因素"和"前提"来展望和勾勒新社会即未来共产主义社会的基本特征。根据马克思主义创始人关于共产主义社会特征零散而非系统、宏观而非具体而微的一些论述，胡锦涛同志把马克思主义要实现的共产主义社会的基本特征高度概括为"物质财富极大丰富""人民精神境界极大提高""每个人自由而全面发展"①。

所谓"物质财富极大丰富"，就是说，在共产主义社会里，由于生产力的极大发展和劳动生产率的大幅提高，物质财富不断涌流，社会产品极大丰富，整个社会及其成员的需要，无论是生存需要，还是享受需要或者发展需要，都能得到充分的满足。

所谓"人民精神境界极大提高"，就是说，在共产主义社会，人民不仅同包括资本主义所有制在内的"传统的所有制"实行了最彻底的决裂，

---

① 胡锦涛：《在"三个代表"重要思想理论研讨会上的讲话》，《人民日报》2003 年 7 月 2 日第 1 版。

也同奠基于传统的所有制基础上的"传统的观念"实行了最彻底的决裂，因而完全超越了"资产阶级权利的狭隘眼界"，成为具有高度共产主义思想觉悟和道德品质的新人。在共产主义社会，人民精神境界极大提高有哪些表现呢？主要有：人民具有高度自觉的劳动态度，劳动成了人们生活的"第一需要"，已不再只是人们谋生的手段；人们习惯于履行社会义务而不需要特殊的强制机构，不拿报酬地为公共利益工作成为普遍现象；人们完全摆脱了封建的、保守的思想观念的束缚，彻底摒弃了以利己主义为核心的资产阶级思想意识，树立了以集体主义为核心的共产主义人生观、价值观和道德观；等等。

所谓"每个人自由而全面发展"，就是说，在共产主义社会，由于阶级和阶级对立的自动消亡和消除，工业和农业、城市与乡村的差别不复存在，个人奴隶般地服从分工的情形，以及脑力劳动和体力劳动的差别都将消失，也不存在以牺牲某些个人的利益和发展为代价满足另外一些人的需要的情形，人与人之间的社会关系实现高度和谐，每个人因而可以全面发展和完善自己的潜能、需要、自我意识、思想道德观念和现实的社会关系等，社会也将使其中的每个成员能够全面发挥他们的得到全面发展的才能，人类因此将开始自觉地创造自己的历史。

虽然实现共产主义是一个非常漫长的历史过程，但是，共产主义是人类社会发展的必然趋势，代表了人类社会发展的正确方向，因此，真正的共产党人要牢固树立共产主义的远大理想，坚定共产主义的理想信念。忘记共产主义的远大理想而只顾眼前，就会失去前进方向，如同离开现实工作而空谈远大理想会脱离实际一样。我们中国共产党人不仅要做中国特色社会主义共同理想的坚定信仰者和忠实践行者，也要做共产主义远大理想的坚定信仰者和忠实践行者，否则，就不是合格的中国共产党人。

中国共产党人如何能够同时既做中国特色社会主义共同理想的坚定信仰者和忠实践行者，也做共产主义远大理想的坚定信仰者和忠实践行者呢？首要的就是要在建设社会主义的整个历史进程中，始终坚持发展是解决我国所有问题的关键这个重大战略判断，把经济建设作为党和国家的中心工作，聚精会神搞建设，一心一意谋发展，推动我国社会生产力不断向前发展，推动实现物的不断丰富和人的全面发展的统一。其次，要在建设社会主义的整个历史进程中努力做到既见物又见人，既重视物质生产水平的提高又重视人的精神境界的提高。在提高人的精神境界方面，面对世界范围思想文化交流、交融、交锋形势下价值观较量的新态势，面对改革开放和发展社会主义市场经济条件下思想意识多元、多样、多变的新特点，中国共产党一定要积极培育和践行以富强、民主、文明、和谐、自由、平等、公正、法治、爱国、敬业、诚信、友善为基本内容的社会主义核心价值观。党员干部特别是领导干部要在培育和践行社会主义核心价值观方面带好头，以身作则、率先垂范，讲党性、重品行、做表率，为民、务实、清廉，以人格力量感召群众、引领风尚。

需要指出，衡量一名共产党员、一名领导干部是否具有共产主义远大理想，是有客观标准的。这种客观标准，正如习近平同志指出的："要看他能否坚持全心全意为人民服务的根本宗旨，能否吃苦在前、享受在后，能否勤奋工作、廉洁奉公，能否为理想而奋不顾身去拼搏、去奋斗、去献出自己的全部精力乃至生命。一切迷惘迟疑的观点，一切及时行乐的思想，一切贪图私利的行为，一切无所作为的作风，都是与此格格不入的。"①

三 马克思主义最鲜明的政治立场

自诞生之日起，马克思主义就不屑于隐瞒自己的观点和意图，在《共产党宣言》中它这样旗帜鲜明地公开表明其政治立场，"共产党人同其他无产阶级政党不同的地方只是：一方面，在无产者不同的民族的斗争中，共产党人强调和坚持整个无产阶级共同的不分民族的利益；另一方面，在无产阶级和资产阶级的斗争所经历的各个发展阶段上，共产党人始终代表整个运动的利益"②。"共产党人为工人阶级的最近的目的和利益而斗争，但是他们在当前的运动中同时代表运动的未来。"③ "共产党人可以把自己的理论概括为一句话：消灭私有制。"④ 从上述表述中，我们应该不难知道，共产党要坚持的"整个无产阶级共同的不分民族的利益"，要代表"整个运动的利益"和"运动的未来"，无疑是指无产阶级的根本利益，"消灭私有制"则无疑是共产党要致力实现的无产阶级的根本利益的最明确理论表达。

---

① 习近平：《始终坚持和充分发挥党的独特优势》，《求是》2012 年第 15 期。
② 《马克思恩格斯选集》第 1 卷，人民出版社 1995 年版，第 285 页。
③ 同上书，第 306 页。
④ 同上书，第 286 页。

虽然马克思主义最鲜明的政治立场首先是指以马克思主义为行动指南的无产阶级政党的理论和奋斗应该致力于实现无产阶级的根本利益，但是，在马克思主义那里，"无产阶级"无疑是包括其他以劳动而非剥削为生的阶级、阶层在内的"最广大人民"的核心部分，它最大公无私的阶级特性决定了其根本利益和"最广大人民"的根本利益是一致的。正是基于这一点，胡锦涛同志把马克思主义最鲜明的政治立场又简要概括为"马克思主义政党的一切理论和奋斗都应致力于实现最广大人民的根本利益"。

需要指出，利益在社会发展的各个历史时期都是强大有力而不可触犯的。大多数人的利益及他们争取实现自身利益的努力，更是强大有力而不可触犯的，因此，在阶级社会中，每一个企图取代"旧统治阶级的新阶级，为了达到自己的目的不得不把自己的利益说成是社会全体成员的共同利益"①。不仅如此，这个"新阶级"在其处于上升阶段时期，它自己的利益也确实代表了除旧统治阶级外的广大社会成员的共同利益（不是它自己宣称的社会全体成员的共同利益），否则，这个"新阶级"就会因为缺乏同盟者势单力薄，从而使自己取代旧统治阶级的努力归于失败。对于无产阶级运动这一"绝大多数人的、为绝大多数人谋利益的独立的运动"来说也是如此，无产阶级要"上升为统治阶级"，如果没有其他以劳动而非剥削为生的阶级尤其是农民阶级的支持，无产阶级的运动就难以获得成功，"不免要变成孤鸿哀鸣的"，在中国这样农民占绝大多数的国家中尤其如此。而要得到其他以劳动而非剥削为生的阶级尤其是农民阶级的支持，不代表他们的根本利益，不为他们的利益尤其是根本利益而奋斗，那就不可能设想能获得这种支持。

需要指出，过去的一切"新阶级"在为争取其统治地位而奋斗的过程中，为争取同盟者虽然也一定程度地代表同盟者的利益，但是，在争得统治之后，这些"新阶级"却不仅不消灭反而不断强化有利于自己的私有制，"总是使整个社会服从于它们发财致富的条件"，它们的利益因而越来越与同盟者的利益尤其是根本利益不相一致，越来越根本对立，因此，过去的一切"新阶级"虽然在历史发展的某一阶段可能代表了社会绝大多数成员的根本利益，它们在相应阶段的奋斗客观地说也有利于发展社会绝大多数成员的根本利益，但是，这种"代表"，这种"客观地""发展"只

---

① 《马克思恩格斯选集》第1卷，人民出版社1995年版，第100页。

是为争取其统治地位的目标服务的一个手段而已，而不是目标本身，因而只是暂时的。而无产阶级运动的目标不是什么"永久地"保持自己的统治地位，而是要消灭阶级，消灭私有制，并努力创造条件以便最终使无产阶级的统治自动消亡，一句话，是"为绝大多数人谋利益"，否则，无产阶级就不可能解放全人类，因而也不可能使自己获得最终的、彻底的解放。无产阶级运动目标本身决定了无产阶级及其先锋队组织——马克思主义政党在运动的整个过程中，都会始终致力于实现最广大人民的根本利益。马克思主义政党这种为最广大人民根本利益奋斗的坚定性，自然是马克思主义政治立场的最鲜明之处。

是否具有"致力于实现最广大人民的根本利益"这一马克思主义最鲜明的政治立场，是衡量一个政党是不是马克思主义政党的试金石。马克思主义政党坚持"致力于实现最广大人民的根本利益"这一鲜明的政治立场不动摇，那她就一定能赢得最广大人民的支持和拥护，不断推进党和人民的事业。中国共产党90多年的历史充分证明了这一点。

在领导中国革命、建设和改革的各个历史时期，中国共产党始终坚持马克思主义最鲜明的政治立场不动摇，始终坚持把人民利益放在第一位，把实现好、维护好、发展好最广大人民根本利益作为一切工作的出发点和落脚点，诚心诚意为人民群众谋利益。在革命战争年代，为实现民族的独立和人民的解放这一中国最广大人民的根本利益，中国共产党始终站在反对帝国主义、官僚资本主义和封建主义斗争的最前线，吃苦在前，牺牲在前。对于广大群众的切身利益问题，群众的生活问题，中国共产党一点也没有疏忽，一点也没有看轻。比如，为了维护广大工人的切身利益，中国共产党积极领导全国各地的工人运动，为实现广大工人增加工资、八小时工作制、改善劳动条件等目标而英勇斗争。为了维护广大农民的切身利益，中国共产党积极领导农民"打土豪，分田地"，实行减租减息政策，进行土地改革，帮助他们发展生产，并在这个基础上一步一步地提高他们的政治觉悟与文化程度。此外，在政治上，中国共产党在自己的根据地内广泛建立人民政权，全面实行由人民群众广泛参与的民主选举，人民群众在历史上第一次真正翻身做了主人。党的这些实际行动，在人民面前充分展现了自己"一切为了人民"的形象。

在建设和改革的和平年代，为实现国家繁荣富强和人民共同富裕这一最广大人民的根本利益，中国共产党始终坚持群众利益无小事，坚持权为民所用、情为民所系、利为民所谋，始终坚持把最广大人民的根本利益作为自己理论、路线、纲领、方针、政策和各项工作的出发点和归宿。同时，始终坚持在社会不断发展进步的基础上，使人民群众不断获得经济、政治、文化、社会和生态环境方面的实实在在的利益。新中国成立 60 多年，我们党和国家在经济建设各条战线取得了辉煌成就，我们党彻底解决了中国人民的吃饭问题，使城乡居民的生活水平实现了从贫困到温饱再到总体小康的历史性跨越，中国人民在就业、教育、医疗卫生、收入分配和社会保障等民生领域获得的巨大实惠，世界瞩目，举世公认。尤其值得一提的是，60 多年以来，在发展中人口大国里，只有中国才是世界上唯一同时实现"文盲人口减半"和"贫困人口减半"的国家。

正是因为中国共产党始终致力于实现中国最广大人民群众的根本利益，始终坚持全心全意服务人民群众，中国人民在长期的历史比较中，认定她是人民需要的真正的马克思主义政党，并坚定选择她作为自己根本利益的代表，作为实现中华民族伟大复兴的中国梦的领导力量。

在全面深化改革和发展社会主义市场经济条件下，中国共产党要保持马克思主义政党的鲜明政治本色，"仍然要坚持把人民利益放在最高位置，尊重人民主体地位，尊重人民首创精神，想群众之所忧，急群众之所难，谋群众之所需，从人民最关心最直接最现实的利益问题入手，实实在在为群众解难事、办好事，把党的宗旨落实到各项工作中"①。对广大党员领导干部来说，保持马克思主义政党的鲜明政治本色，极其重要的就是要真正站在人民大众立场上，解决好为谁掌权用权的问题。领导干部一定要牢记，一切权力属于人民，一切权力服务于人民。领导干部的权力是人民赋予的，只能用来为人民谋利益，决不能把它变成牟取个人或少数人私利的工具。须知，权力是柄"双刃剑"，领导干部手中掌握一定权力，虽然为自己创造和提供了为人民服务的机遇，但与此同时自己也容易成为权力寻租的主攻目标。领导干部一旦对社会上出现的针对自己越来越多和越来越隐蔽的拉拢腐蚀的手段和形式放松警惕，经受不住各种诱惑，就可能因为搞权钱交易而滑向腐败和犯罪的深渊。各级领导干部一定要清醒地认识到，权力就是责任，权力越大责任也越大，一定要真正在思想上解决入党为什么、当干部做什么、身后留什么的问题，任何时候、任何情况下都要

---

① 习近平：《始终坚持和充分发挥党的独特优势》，《求是》2012 年第 15 期。

以人民利益为重、全心全意为人民谋利益，都要把执政为民、为民用权作为正确使用权力的基本要求，真正做到立身不忘做人之本、为政不移公仆之心、用权不谋一己之私。

四 马克思主义最重要的理论品质

关于马克思主义最重要的理论品质，马克思主义创始人曾具体谈到了以下几个主要之点。

第一，共产主义"不是从原则出发，而是从事实出发。共产主义者不是把某种哲学作为前提，而是把迄今为止的全部历史，特别是这一历史目前在文明各国造成的实际结果作为前提"①。

第二，"正确的理论必须结合具体情况并根据现存条件加以阐明和发挥"②。

第三，"人的思维是否具有客观的［gegenständliche］真理性，这不是一个理论的问题，而是一个实践的问题。人应该在实践中证明自己思维的真理性，即自己思维的现实性和力量，自己思维的此岸性"③。

马克思主义创始人的上述论述，阐明了认识、检验和发展真理的方法，即要不断获得对事物的真理性认识，必须从事实而非抽象的原则出发，必须使理论紧密联系实际，必须用实践来检验真理和发展真理。"授人以鱼，不如授人以渔。"马克思主义提供的这种认识、检验和发展真理的方法，比起马克思主义本身提供的许多具体的真理，无疑更能体现马克思主义最重要的理论品质。

正是根据马克思主义创始人的相关论述尤其是上述论述，胡锦涛用中国式的通俗语言把马克思主义最重要的理论品质表述为"坚持一切从实际出发，理论联系实际，实事求是，在实践中检验真理和发展真理"。

这里需要指出，"实事求是"是毛泽东同志用中国成语对辩证唯物主义和历史唯物主义世界观和方法论所做的高度概括。毛泽东同志还非常形象地对实事求是做出解释："'实事'就是客观存在着的一切事物，'是'

---

① 《马克思恩格斯选集》第1卷，人民出版社1995年版，第210—211页。
② 《马克思恩格斯全集》第47卷，人民出版社2004年版，第35页。
③ 《马克思恩格斯选集》第1卷，人民出版社1995年版，第58页。

就是客观事物的内部联系，即规律性，'求'就是我们去研究。"① 习近平
同志认为，坚持实事求是，就是坚持一切从实际出发来研究和解决问题，
坚持理论联系实际来制定和形成指导实践发展的正确路线方针政策，坚持
在实践中检验真理和发展真理。并指出，坚持实事求是，探求和掌握事物
发展的规律，关键是要勇于实践、善于实践，在实践中积累经验、进行理
论升华，再用以指导实践、推动实践，在实践中使认识得到检验、修正、
丰富和发展，要始终坚持一切为了群众、一切依靠群众，从群众中来、到
群众中去的群众路线。②

从马克思主义最重要的理论品质来看，马克思主义与"理论与实践相
分离，主观与客观相脱离，轻视实践，轻视感性认识，夸大理性认识的作
用"的教条主义没有任何共通之处。把马克思主义教条化，不仅不是给予
马克思主义荣誉，恰恰相反，是对马克思主义的侮辱；不仅不会给无产阶
级的运动以正确的思想理论指导，恰恰相反，只会误导无产阶级运动，使
之遭到危害和损失；不仅不会使马克思主义永葆与时俱进的蓬勃生命力，
恰恰相反，只会窒息马克思主义的生命力，使之因为脱离实际而日益僵化
和显得"过时"。

从马克思主义最重要的理论品质来看，马克思主义与那种一味迷信或
者说神圣化狭隘的局部经验、轻视理论指导作用的经验主义也没有共同之
处。马克思主义不是不需要经验以资参考借鉴，但是却坚决反对经验主
义，因为经验主义坚持孤立、静止、片面的观点，往往用过去的、局部的
经验套实践，不能从联系、发展和全面的角度看问题，因而与教条主义一
样，同样有"理论与实践相分离，主观与客观相脱离"的主观主义的毛
病，同样是唯心主义的思想方法。这种思想方法，被无数事实和不断发展
的实践一再证明，是一种离认识和发展真理很远的错误的思想方法。

马克思主义最重要的理论品质能给我们什么启示呢？至少有这样两
点。第一，我们要在坚决抵制马克思主义"过时论"等种种否定马克思主
义错误思想的同时，不以教条主义的观点对待马克思主义，不要被马克思
主义针对具体情况、具体条件的个别词句、个别结论束缚住手脚，必须从
中国实际出发，坚持把马克思主义基本原理同中国的具体实际相结合，不

① 《毛泽东选集》第 3 卷，人民出版社 1991 年版，第 801 页。
② 习近平：《坚持实事求是的思想路线》，《学习时报》2012 年 5 月 27 日第 1 版。

断开辟马克思主义中国化新境界。我们推进改革发展、制定方针政策，都要牢牢立足社会主义初级阶段这个最大实际，都要充分体现这个基本国情的必然要求，坚持一切从这个基本国情出发。任何超越现实、超越阶段而急于求成的倾向都要努力避免，任何落后于实际、无视深刻变化着的客观事实而因循守旧、故步自封的观念和做法都要坚决纠正。

第二，我们要懂得珍惜过去积累的宝贵经验和成功做法，但不能陷入经验主义。尤其在中国成功应对国际金融危机并不断取得新的巨大成就，越来越证明中国发展模式具有许多西方发展模式不可比拟的优越性的时代背景下，我们"不能把实践中已见成效的东西看成完美无缺的模式"。我们要清醒地认识到，过去有许多做法和经验已经不适用了，必须顺应人民对美好生活的新期待，根据新的实践要求，重新学习，不断创新，与时俱进，不断促进生产关系与生产力、上层建筑与经济基础相协调，不断完善适合我国国情的发展道路和发展模式。我们必须以更大的政治勇气和智慧，不失时机深化重要领域改革，坚决破除一切妨碍科学发展的思想观念和体制机制弊端，构建系统完备、科学规范、运行有效的制度体系，使各方面制度更加成熟、更加定型。只有这样，我们才能不断增加全社会的生机活力，真正做到与时代发展同步伐、与人民群众共命运。

以马克思主义为指导思想和行动指南的各国共产党必须牢牢把握马克思主义最重要的理论品质。衡量一个国家的共产党及其各级组织是否牢牢把握了马克思主义最重要的理论品质，很重要的方面就是要看它是否敢于为了人民的利益坚持真理、修正错误，做到不唯上、不唯书、只唯实；是否具有光明磊落、无私无畏、以事实为依据、敢于说出事实真相的勇气和正气；是否能够及时发现和纠正思想认识上的偏差、决策中的失误、工作中的缺点；是否能够及时发现和解决存在的各种矛盾和问题，从而使自己的思想和行动更加符合客观规律、符合时代要求、符合人民愿望。

五　结语

我们要从整体上把握什么是马克思主义，必须坚持从它最重要的理论特征、最崇高的社会理想、最鲜明的政治立场和最重要的理论品质四个方面的有机统一来理解。事实上，这四个方面之间本身就天然存在有机的统一的联系。真正坚持辩证唯物主义和历史唯物主义的世界观和方法论，往往就会坚信共产主义社会是人类社会发展的必然趋势，就会坚定共产主义的崇高理想。而具有坚定共产主义理想并致力于实现共产主义的马克思主义政党，就一定会旗帜鲜明地表明自己为"消灭私有制"这一攸关最广大人民的根本利益而努力不懈奋斗的政治立场。真正致力于实现最广大人民根本利益的马克思主义政党和真正的马克思主义者，则一定会深刻懂得马克思主义最重要的理论品质在于它提供了认识、检验和发展真理的科学方法，而不是它提供的许多可以随着实践的发展而发展的具体的真理本身，因而也一定会自觉地与教条主义和经验主义划清界限，坚定地站在最广大人民的立场去认识世界，并一定能够正确地和完整地把握住辩证唯物主义和历史唯物主义的世界观和方法论。

　　无视马克思主义上述四个方面本身存在的有机统一的联系，把这四个方面割裂开来，或者以为只要掌握了其中的一个方面，就是从整体上把握了马克思主义，这是一种误解。把马克思主义只等同于辩证唯物主义和历史唯物主义，而把它的最崇高的社会理想、最鲜明的政治立场和最重要的理论品质一笔勾销，那马克思主义就会永远只停留在世界观与方法论的圈子里，就会最终成为一种对资产阶级和一切剥削阶级来说"无害"的认识世界的工具而已，这种马克思主义最终必定会走向无产阶级的对立面。把马克思主义只等同于它最崇高的社会理想，那这种社会理想就会因为缺乏科学的理论基础、觉悟的奋斗工具和现实的实践基础最终成为一种空想，成为乌托邦。把马克思主义只等同于它最鲜明的政治立场，那这种最鲜明的政治立场最终必定会因为没有理想目标的照耀和思想路线的指引而暗淡无光。把马克思主义只等同于它最重要的理论品质，那这种最重要的理论品质就会因为失去了马克思主义基本的立场、观点和是非界限而显得无足轻重。因此，一定要从上述四个方面的有机统一来整体上把握马克思主义。在这里，我们记住列宁的下述教导无疑是有益的："马克思主义的全部精神，它的整个体系，要求人们对每一个原理都要（α）历史地，（β）都要同其他原理联系起来，（γ）都要同具体的历史经验联系起来加以考察。"①

① 《列宁选集》第 2 卷，人民出版社 1995 年版，第 785 页。

马克思主义经典作家关于灌输的
论述及其启示

余　斌

　　灌输曾经作为思想政治教育的原则。笔者曾在《试论思想政治教育的目的、本质、原则和方法》一文中分析表明，思想政治教育的原则应当是说服，而灌输则是思想政治教育的方法。[①] 作为思想政治教育的方法，灌输本身也是思想政治教育这门学科的研究内容，是这门学科独立性的标志之一。要对各种灌输形式的针对性、有效性、时间性、所需要的条件和实施步骤及其反馈，以及灌输与反灌输等进行系统的研究。本文从马克思、恩格斯、列宁等马克思主义经典作家的论述中进一步全面考察他们关于灌输的理论并从中得到一些启示。笔者发现，习近平总书记在全国宣传思想工作会议上的重要讲话[②]的精神是与此相一致的。

一　马克思恩格斯关于灌输的论述

　　在马克思、恩格斯的著作和书信中，多次提到"灌输"这个词。这首先是因为，尽管"统治阶级的思想在每一时代都是占统治地位的思想"[③]，但这种思想能够占统治地位即为广大被统治阶级所顺从，靠的主要是"灌

---

　　* 余斌，中国社会科学院马克思主义研究院马克思主义原理研究部主任、研究员、博士生导师，主要从事马克思主义基本原理与思想政治教育研究。

　　① 余斌：《试论思想政治教育的目的、本质、原则和方法》，《中国高等教育》2011 年第 7 期。

　　② 参见 http://paper.people.com.cn/rmrb/html/2013—08/21/nw.D110000renmrb_201308 21_2—01.htm。

　　③ 《马克思恩格斯全集》第 3 卷，人民出版社 1956 年版，第 52 页。

输"这个手段。例如,"资产者认为道德教育就是灌输资产阶级的原则"①。同时,"灌输"的不仅是思想和意识,还包括谎言。在巴黎公社事件后,恩格斯在给他妈妈的信中就提道:"你们只有从《科伦日报》和《爱北斐特日报》上得到消息,而这两家报纸简直是向你们灌输谎言。"②

为了保证灌输的实施,统治者还在现实生活中采取了种种措施。例如,中国古代君主实行科举制度,从接受统治阶级儒家思想的人员中选拔官员,鼓吹半部《论语》治天下。而当年普鲁士国王弗里德里希—威廉四世为了向几乎已经不信教的重理智的官僚国家灌输基督教思想,也是想尽一切办法鼓励大家去做礼拜:"他就采取措施使一般人、特别是使官吏们更经常地上教堂,要求人们更严格地遵守礼拜日的规定,拟定出更严峻的离婚法;整顿(有的地方已经开始)神学院,在神学考试中虔诚重于知识,许多官职大半由信教的人接任;此外他还采取了许多其他众所周知的办法。这些措施和办法可以证明:弗里德里希—威廉四世是怎样顽强地力图重新把基督教直接灌输到国家里去,按照圣经道德的诫命制定国家法律。"③ 然而,"弗里德里希—威廉四世在 1848 年之后,尽管有'英勇军队',却不能把中世纪的行会制度和其他浪漫的狂念,灌输到本国的铁路、蒸汽机以及刚刚开始发展的大工业中去";"经济发展总是毫无例外地和无情地为自己开辟道路,最近这方面最显著的例子,就是我们已经提到过的法国大革命"④。

另外,灌输并不是统治阶级独享的专利。恩格斯在给马克思的信中曾提到艾韦贝克"不得不把千辛万苦地印入自己脑海里并且同样千辛万苦地灌输给工人们的一些空话,又从自己和工人头脑中再清除出来"⑤。恩格斯在给库格曼的信中也曾指出:"要想清除掉李卜克内西系统地灌输给工人的南德意志共和主义小市民的狭隘观点,那就困难得多。"⑥ 而反对马克思的巴枯宁分子也主张灌输:"用彻底研究社会生活现象的办法从我们时代的要求中,从人类深心的愿望中引出这一思想,然后力求将这一思想灌输

① 《马克思恩格斯全集》第 6 卷,人民出版社 1961 年版,第 648 页。
② 《马克思恩格斯全集》第 33 卷,人民出版社 1973 年版,第 307 页。
③ 《马克思恩格斯全集》第 1 卷,人民出版社 1960 年版,第 537 页。
④ 《马克思恩格斯全集》第 20 卷,人民出版社 1973 年版,第 199 页。
⑤ 《马克思恩格斯全集》第 27 卷,人民出版社 1972 年版,第 59 页。
⑥ 《马克思恩格斯全集》第 32 卷,人民出版社 1974 年版,第 609 页。

到我们的工人组织中去——这就是应抱的目的，等等。"马克思和恩格斯对此批评道，这些先生们"将用它绝不会有任何成果的'彻底研究'的办法引出思想。'然后'由他们将它'灌输到我们的工人组织中去'。对他们说来，工人阶级是原料，是一堆杂乱的东西，要使它成形，须经他们的圣灵的吹拂"①。

当然，灌输其实是一个中性词，灌输的东西并不都是不好的、错误的东西。例如，恩格斯曾提到优秀的德国画家许布纳尔的一幅画："从宣传社会主义这个角度来看，这幅画所起的作用要比一百本小册子大得多。它画的是一群向厂主交亚麻布的西里西亚织工，画面异常有力地把冷酷的富有和绝望的穷困作了鲜明的对比。……这幅画在德国好几个城市里展览过，当然给不少人灌输了社会的思想。……事实上社会主义今天在德国所占的地位已经比它在英国所占的地位优越十倍。"②

而马克思、恩格斯本人也进行灌输。马克思曾经提到，他曾把反俄情绪作为最无害的抗毒素灌输给波克罕。③ 恩格斯在给马克思的信中曾经提出："如果你能向波尔恩灌输一点东西，他将能写出很好的演讲词。"④ 而马克思在给恩格斯的信中提到哈尼时曾指出："他有两重精神，一是弗里德里希·恩格斯灌输给他的，一是他自己固有的。前者对他来说是一件约束疯人的紧身衣。后者是他的本性。"⑤ 马克思还批评《哥达纲领》起草者歪曲了"那些花费了很大力量才灌输给党而现在已在党内扎了根的现实主义观点"⑥。

不过，马克思、恩格斯对于灌输也存在着清醒的认识。"即使掌握了从一个大民族本身的生活条件中产生出来的出色理论，并拥有比社会主义工人党所拥有的还要高明的教员，要用空谈理论和教条主义的方法把某种东西灌输给该民族，也并不是那样简单的事情。"⑦ 恩格斯指出："对于三年来新补充的七十万人（只计算参加选举的人数），不可能象对小学生那样进行注入式的教育；在这里，争论、甚至小小的争吵是必要的，这在最

① 《马克思恩格斯全集》第 18 卷，人民出版社 1964 年版，第 45 页。
② 《马克思恩格斯全集》第 2 卷，人民出版社 1957 年版，第 589—590 页。
③ 《马克思恩格斯全集》第 32 卷，人民出版社 1974 年版，第 178 页。
④ 《马克思恩格斯全集》第 27 卷，人民出版社 1972 年版，第 124 页。
⑤ 同上书，第 215 页。
⑥ 《马克思恩格斯全集》第 19 卷，人民出版社 1963 年版，第 23 页。
⑦ 《马克思恩格斯全集》第 37 卷，人民出版社 1971 年版，第 314 页。

初的时候是有益的。"① 恩格斯还指出，"不要硬把别人在开始时还不能正确了解、但很快就会学会的一些东西灌输给别人"②；"我们的理论是发展的理论，而不是必须背得烂熟并机械地加以重复的教条。愈少从外面把这种理论硬灌输给美国人，而愈多由他们通过自己亲身的经验（在德国人的帮助下）去检验它，它就愈会深入他们的心坎"③。"不能一开始就硬塞给他们理论，但是他们自己的经验、自己的错误和这些错误的可悲后果最后会教育他们重视理论，那时一切都会就绪的。"④

二　列宁关于灌输的著名论断

关于灌输，列宁有一个著名论断，成为后来马克思主义思想政治教育灌输理论的肇始："工人本来也不可能有社会民主主义的意识。这种意识只能从外面灌输进去，各国的历史都证明：工人阶级单靠自己本身的力量，只能形成工联主义的意识，即确信必须结成工会，必须同厂主斗争，必须向政府争取颁布对工人是必要的某些法律，如此等等。"⑤

而列宁的这个观点源自考茨基谈到奥地利社会民主党的新纲领草案时所说的一段话："在我们那些修正主义批评派中，有许多人以为马克思似乎曾经断言经济发展和阶级斗争不仅造成社会主义生产的条件，而且还直接产生认识到社会主义生产是必要的那种**意识**（黑体是卡·考用的）。于是这些批评派就反驳道，资本主义最发达的英国，对这种意识却是最陌生的。……现代社会主义意识，只有在深刻的科学知识的基础上才能产生出来。其实，现代的经济科学，也象现代的技术（举例来说）一样，是社会主义生产的条件，而无产阶级尽管有极其强烈的愿望，却不能创造出现代的经济科学，也不能创造出现代的技术；这两种东西都是从现代社会发展过程中产生出来的。但科学的代表人物并不是无产阶级，而是**资产阶级知识分子**（黑体是卡·考用的）；现代社会主义也就是从这一阶层的个别人物的头脑中产生的，他们把这个学说传授给才智出众的无产者，后者又在

---

① 《马克思恩格斯全集》第 37 卷，人民出版社 1971 年版，第 435 页。
② 《马克思恩格斯全集》第 36 卷，人民出版社 1974 年版，第 576 页。
③ 同上书，第 584 页。
④ 《马克思恩格斯全集》第 37 卷，人民出版社 1971 年版，第 339 页。
⑤ 《列宁全集》第 6 卷，人民出版社 1986 年版，第 29 页。

条件许可的地方把它灌输到无产阶级的阶级斗争中去。可见，社会主义意识是一种从外面灌输（Von an Hen Hineing elraglnes）到无产阶级的阶级斗争中去的东西，而不是一种从这个斗争中自发地产生出来的东西。因此，旧海因菲尔德纲领说得非常正确：社会民主党的任务就是把认清无产阶级的地位及其任务的这种意识灌输到无产阶级中去。假使这种意识会自然而然地从阶级斗争中产生出来，那就没有必要这样做了。"①

但是，考茨基的这段话明显地将科学与意识混为一谈了。如果说在马克思恩格斯所领导的国际工人协会在英国创办之后，英国工人还缺乏现代社会主义意识，那么，这既不是由于缺乏马克思主义者的灌输，也不是由于自发的工人运动只能形成并且只会坚守工联主义的意识，而是由于英国的其他特殊条件造成的。早在 1845 年，在《英国工人阶级状况》一书中，恩格斯就指出："贫困教人去祈祷，而更重要得多的是教人去思考和行动。英国工人几乎都不会读，更不会写，但是他们自己的和全民族的利益是什么，他们却知道得很清楚。资产阶级的特殊利益是什么，他们能够从这个资产阶级那里得到些什么，他们也是知道的。虽然他们不会写，可是他们会说，并且会在大庭广众之中说。虽然他们不会算，可是他们对政治经济学概念的理解足以使他们看穿主张取消谷物税的资产者，并且驳倒他们。虽然他们完全不了解教士们费尽心机给他们讲的天国的问题，可是他们很了解人间的即政治的和社会的问题。"② "英国人的积极抗议是不会不发生影响的：它把资产阶级的贪得无厌的欲望限制在一定的范围内，使工人对有产阶级的社会的和政治的万能权力的反抗不致消沉下去。它同时也向工人证明，要粉碎资产阶级的势力，除了工会和罢工，还需要更多的东西。"③ 也就是说，现实的斗争已经教育工人阶级去超越工联主义。1854年，英国工人阶级就在曼彻斯特创办了工人议会并邀请马克思作为名誉代表参加，这个工人议会要比俄国工人创办的苏维埃早了半个世纪。但是，英国资产阶级的世界垄断地位，使得他们得以用小恩小惠来收买本国工人阶级中的一些上层人士，消解工人的社会主义意识。恩格斯曾就此指出："参与世界市场的统治，过去是而且现在依然是英国工人在政治上消极无

---

① 《列宁全集》第 6 卷，人民出版社 1986 年版，第 37 页。
② 《马克思恩格斯全集》第 2 卷，人民出版社 1957 年版，第 398—399 页。
③ 同上书，第 506 页。

为的经济基础。他们既然充当了资产阶级在经济上利用这种垄断地位的尾巴，并且毕竟总是分享资产阶级的利润，那他们自然就会在政治方面充当'大自由党'的尾巴，而这个党又给他们一些小恩小惠，如承认他们有建立工联和罢工的权利，不再坚持无限制的工作日，并给予那些报酬较高的工人以投票权。但是，一旦美国和其他工业国家的联合竞争，对这种垄断打开一个相当大的缺口（在铁的方面，这已为期不远；在棉花方面，可惜还很远），那时你就会看到，这里将会发生一些什么事情。"①

　　事实上，尽管第二国际的领导人在一战爆发时用机会主义取代了马克思主义来向各国工人阶级进行灌输，尽管考茨基在报刊上硬要工人相信各交战国的社会党人之间就反战行动达成协议是不可能的，但交战的英德两国的工人士兵却举行了联欢，在两军战壕之间的地带进行了友好接触。②这一联欢事件所表达出来的决不是工联主义意识而只能是列宁所说的社会民主主义的意识。这个意识也不能算是谁从外面灌输给英德两国工人的。相反地，倒是列宁知道这个消息后，才号召支持各交战国士兵在所有的战壕内和整个战场上举行联欢。而当苏俄红军反击波兰白军的攻击、兵临华沙城下时，英国政府对苏维埃俄国政府发出了最后通牒。这时，"虽然英国工人的领袖中十分之九是奸诈的孟什维克，工人们还是用成立'行动委员会'回答了这一举动。……'行动委员会'也是不分党派的全体工人的联合组织。这个联合组织同政府分庭抗礼，而其中的孟什维克也不得不采取半布尔什维克的立场"③。尽管这个超越工联主义的行动委员会的创立与苏俄红军的胜利进军有关，但很难说这种意识是谁从外面灌输给英国工人的。

　　其实，列宁也曾提到，不能说工人不参加创立思想体系的工作。"但他们不是以工人的身分来参加，而是以社会主义理论家的身份、以蒲鲁东和魏特林一类人的身分来参加的，换句话说，只有当他们能在某种程度上掌握他们那个时代的知识并把它向前推进的时候，他们才能在相应的程度上参加这一工作。"④既然如此，那么当马克思和恩格斯创立科学理论时，同样可以认为他们也不是以资产阶级知识分子的身份，而是以社会主义理

---

① 《马克思恩格斯全集》第36卷，人民出版社1974年版，第59—60页。
② 《列宁全集》第26卷，人民出版社1990年版，第182页。
③ 《列宁全集》第39卷，人民出版社1986年版，第278页。
④ 《列宁全集》第6卷，人民出版社1986年版，第38页。

论家的身份来创立的。

应当说，现代社会主义从马克思主义经典作家的头脑中产生出来时，并不是凭空产生的，而是与工人阶级的实践活动有着密切的关系。事实上，《共产党宣言》是马克思和恩格斯在被人邀请的情况下写出来的，而邀请者显然不会只有工联主义的意识。

总之，马克思和恩格斯并不认为他们在社会主义意识方面对工人阶级进行了灌输，他们也一再强调工人阶级的解放是工人阶级自己的事。恩格斯在马克思去世后评价马克思的贡献时也没有提到马克思曾经灌输了什么意识。

当然，列宁主张从外面把社会民主主义即现代社会主义意识灌输给工人阶级，尤其是相对落后国家的工人阶级，也没有错。毕竟，要让工人阶级自发地产生这些意识，需要经过漫长的岁月和付出不断遭受挫折的巨大代价。既然马克思主义经典作家已经发现了人类历史发展的规律，就要利用这个发现推动历史的进步，加速工人阶级的社会主义意识的形成，就像如今学校的课堂上会讲授科学知识和灌输科学意识，而不是等着学生们自己去重新发现人类花费了上千年的时间早已发现了的科学道理并自发地产生科学意识一样。

三 列宁关于灌输的其他论述

按照前面引述过的恩格斯的说法，不要把别人很快就会学会的一些东西灌输给他们，但是对于别人不是很快就会学会的东西，灌输无疑会起到节省时间，进而大大降低在黑暗中摸索的代价的作用。列宁也曾指出："俄国社会主义者越是迅速了解在现代知识水平上，不可能有马克思主义之外的革命理论，越是迅速集中他们的全部力量来把这个理论在理论上和实践上运用于俄国，革命工作的成功就会越可靠越迅速。"[①] 他还批评，"有人说我们应该把政治自由思想'逐渐地'灌输给群众，好象我们一直把这些思想向群众灌输得太快了，应该放慢一点，节制一点，这不能不说是态度冷淡和目光短浅!!"[②] 他还强调，马克思为了推动德国发生革命，

---

① 《列宁全集》第 1 卷，人民出版社 1984 年版，第 293 页。
② 《列宁全集》第 4 卷，人民出版社 1984 年版，第 276 页。

也曾在"《告同盟书》中向共产主义者同盟的盟员们强行灌输（请原谅我这么说）现在我们看来是初步常识的真理。"①

的确，俄国十月革命能够迅速成功的一个重要因素就是俄共（布）在俄国人民中间进行了有成效的灌输。"正是我们灌输到广大人民群众意识中去的这个政策，'政权归苏维埃'这个口号，使我们能够在十月间在彼得堡十分容易地取得了胜利，并把最近几个月的俄国革命变成了一次全面的胜利进军。"②

在这里，我们看到被灌输的不仅仅是意识和思想，甚至还可以包括政策和口号等；而且灌输的对象也不仅仅是工人阶级，还包括更广大的人民群众。"为了向工人灌输政治知识，社会民主党人应当到居民的一切阶级中去，应当派出自己的队伍分赴各个方面。"③"保持知识分子和小市民急于抛弃的革命斗争传统，发扬和巩固这种传统，把它灌输到广大人民群众的意识中去，把它带到必然到来的民主运动的下一次高潮中去。"④ 为了进行有成效的灌输，列宁强调要把"理论通俗化"⑤。为了吸引无产阶级中水平低的最不开展的部分，列宁指出，要"善于适应最低的理解水平，习惯于把'眼前的要求和利益'提到首位"⑥，"要善于用通俗易懂的语言，并且能够借助于日常生活中他们所知道的事实"⑦。当然，这样做的目的是为了提高工人的觉悟程度，而不是忽视工人的"先进部分的利益和要求，企图把它降低到水平低的部分的认识水平"⑧。

在列宁关于灌输的论述中，一个值得注意的方面，就是他多次提及来自资产阶级方面的反面灌输。例如，"'批评自由'就是机会主义派在社会民主党内的自由，就是把社会民主党变为主张改良的民主政党的自由，就是把资产阶级思想和资产阶级因素灌输到社会主义运动中来的自由"⑨。"俄国解放联盟中央委员会打着非党立场的幌子向工人抛出资产阶级论调，

---

① 《列宁全集》第10卷，人民出版社1987年版，第227页。
② 《列宁全集》第34卷，人民出版社1985年版，第2页。
③ 《列宁全集》第6卷，人民出版社1986年版，第76页。
④ 《列宁全集》第17卷，人民出版社1988年版，第32页。
⑤ 《列宁全集》第1卷，人民出版社1984年版，第284页。
⑥ 《列宁全集》第4卷，人民出版社1984年版，第233页。
⑦ 同上书，第277页。
⑧ 同上。
⑨ 《列宁全集》第6卷，人民出版社1986年版，第8页。

向他们灌输资产阶级思想，用资产阶级的烟雾模糊他们的社会主义意识。"① "立宪幻想，这是现在立宪民主党的数百万份报纸趁社会主义报纸被迫沉默的时机，向人民头脑中灌输的政治机会主义的和资产阶级的毒素。"② 等等。还有一些反面的灌输则来自当年俄国社会民主党内部一些成员的错误主张。例如，"普列汉诺夫的这种估计引起了数不清的背叛性的评论！无数双龌龊的自由派的手抓住了他，要把有害的思想和庸俗的妥协精神灌输给工人群众！"③ "亚·波格丹诺夫的整个写作活动不外是企图向无产阶级意识灌输经过粉饰的资产阶级哲学家的唯心主义概念。"④

　　除了反面灌输之外，列宁也注意到了灌输中一些错误的做法。例如，他批评过去和现在"都有一些人肆意歪曲学校不脱离政治的原则，简单生硬地把政治灌输给尚未准备好接受政治的正在成长的年青一代。毫无疑问，我们将坚持不懈地同这种随心所欲地运用基本原则的行为作斗争"⑤。

　　显然，正面的灌输如果不克服错误的做法，不与种种反面灌输进行斗争，就不能顺利地进行。而正面的灌输要能最终达到效果，还得依靠实践的验证来说服群众。马克思主义的共产主义"需要通过革命斗争的实践灌输给工人群众"⑥。"不能采用向工人劈头盖脑地灌输一大堆理论论证的办法。"⑦ "资本主义愈发展，政治斗争愈尖锐，就有更多的人相信我们的话，相信我们的话被实际生活（或者说被历史）所证实。"⑧ "我们提出的'全部政权归苏维埃'的口号已经经过群众长期历史经验的实际检验而成为他们的切身要求。"⑨

　　最后，在谈到培养共产主义青年时，列宁深刻地指出："培养共产主义青年，决不是向他们灌输关于道德的各种美丽动听的言词和准则。……训练、培养和教育要是只限于学校以内，而与沸腾的实际生活脱离，那我

　　① 《列宁全集》第 10 卷，人民出版社 1987 年版，第 269 页。
　　② 《列宁全集》第 12 卷，人民出版社 1987 年版，第 314 页。
　　③ 《列宁全集》第 17 卷，人民出版社 1988 年版，第 40 页。
　　④ 《列宁全集》第 24 卷，人民出版社 1990 年版，第 366 页。
　　⑤ 《列宁全集》第 35 卷，人民出版社 1985 年版，第 422 页。
　　⑥ 《列宁全集》第 42 卷，人民出版社 1987 年版，第 24 页。
　　⑦ 《列宁全集》第 39 卷，人民出版社 1986 年版，第 329 页。
　　⑧ 《列宁全集》第 13 卷，人民出版社 1987 年版，第 164 页。
　　⑨ 《列宁全集》第 34 卷，人民出版社 1985 年版，第 3 页。

们是不会信赖的。"①

四　几点启示

一直以来，有人把灌输视为思想政治教育的原则，但是，在上面所引述的马克思、恩格斯和列宁论述灌输的地方，灌输都是不能当作原则来使用的，而只能当作方法来使用。当然，这里所说的"方法"，不是指具体的操作方式，比如如何在课堂里进行讲授，要不要进行街头宣讲，如何借助纪录片和电视剧进行思想政治教育，等等，而是指总体意义上的方法。也就是说，这些课堂讲授、街头宣传、电视教育都只是在进行灌输。

因此，这些几乎都是在《试论思想政治教育的目的、本质、原则和方法》一文中所不曾提到的论述，但仍然支持该文的结论，即"思想政治教育的方法是灌输，是同一切巩固非社会主义思想体系的企图作斗争，使马克思主义理论能够持续和高强度地接触广大人民群众"。

从本文对马克思主义经典作家的引述中，还可以得到以下一些问题的启示。

一是灌输什么的问题。第一，要灌输的还是社会主义意识和无产阶级的阶级意识，要排除资产阶级思想对于人民群众的社会主义意识的干扰。第二，要灌输的是共产主义思想、现实主义的观点和马克思主义理论。这都要求使马克思主义理论能够接触到广大人民群众，尤其是要"接触到无产阶级中水平低的最不开展的部分"②。习近平总书记在全国宣传思想工作会议上的重要讲话中强调："宣传思想工作就是要巩固马克思主义在意识形态领域的指导地位，巩固全党全国人民团结奋斗的共同思想基础。""要深入开展中国特色社会主义宣传教育，把全国各族人民团结和凝聚在中国特色社会主义伟大旗帜之下。""坚持团结稳定鼓劲、正面宣传为主。"等等。这些都是与此相一致的结合当前中国实际的具体指示。

二是谁来灌输的问题。除了思想政治教育工作者，以及党员干部，理所当然地要负责对广大人民群众，尤其是工人群众进行灌输外，还要特别注意沸腾的实际生活对于广大人民群众尤其是对青少年的影响。最终要通

---

① 《列宁全集》第 39 卷，人民出版社 1986 年版，第 307 页。
② 《列宁全集》第 4 卷，人民出版社 1984 年版，第 233 页。

过社会实践活动来使得我们所灌输的思想意识等成为广大人民群众自身的要求和追求,并使其重视和自觉学习马克思主义理论,包括中国特色社会主义理论体系。这也是为什么习近平总书记在全国宣传思想工作会议上的重要讲话中强调"做好宣传思想工作必须全党动手"的原因。

三是如何灌输的问题。首先要按不同的理论和觉悟水平区分群众,分类进行灌输教育。对于尚未准备好接受政治的正在成长的年青一代,要先使其准备好;对于觉悟水平和理论水平较低的群众,要善于用通俗易懂的语言,并且能够借助于日常生活中他们所知道的事实;对于觉悟水平和理论水平较高的群众,则要引导他们完全掌握马克思主义的基本原理和相关理论,并使之能够运用于实践。总之,"用最有效的方式影响自己的听众,在阐明某个真理时,要尽可能对他们有更大的说服力,使他们更容易领会,并且给他们留下更鲜明更深刻的印象"①。习近平总书记在全国宣传思想工作会议上的重要讲话中也强调:"把握好时、度、效,增强吸引力和感染力,让群众爱听爱看、产生共鸣,充分发挥正面宣传鼓舞人、激励人的作用。"

总之,学习和掌握马克思主义经典作家关于灌输的论述,对于我们深入理解习近平总书记在全国宣传思想工作会议上的重要讲话精神,进一步落实习总书记的讲话具有十分现实的意义。

原载《思想政治教育研究》2014 年第 1 期

---

① 《列宁全集》第 21 卷,人民出版社 1990 年版,第 21—22 页。

新经济政策与列宁的社会主义观

苑秀丽　　陈张承[*]

邓小平的一句话"可能列宁的思路比较好，搞了个新经济政策"[①]，开创了理论界关于新经济政策研究的新阶段，并取得了许多有价值的成果，极大地推进了中国改革开放的伟大进程。但是在研究中，关于如何认识新经济政策与列宁的社会主义观还存在似是而非甚至错误的看法，亟待澄清。这关系到如何理解当今中国改革开放的一系列重要问题。在这个问题上，有一种观点认为，列宁的社会主义观先后经历了两个阶段：一是"战时共产主义"时期，坚持马克思的传统社会主义观，把马克思关于未来社会的设想应用于俄国；二是新经济政策时期，突破了以生产资料公有制、计划经济、按劳分配为基本特征的传统社会主义观，形成了发展商品货币关系、利用资本主义的新社会主义观。笔者并不赞同这种观点，马克思、恩格斯关于未来社会的构想，是列宁进行社会主义建设的理论指导和实践指南。列宁始终坚持马克思、恩格斯关于未来社会的科学预测，没有发生过从"传统社会主义观"向"新社会主义观"的转变。列宁一方面坚定地坚持马克思的基本理论，使社会主义建设奠定在科学的理论基础上；另一方面，又立足于苏维埃俄国落后的现实国情，开创性地探索符合实际的建设方式，解决现实问题。"新经济政策就是建设社会主义一个阶段的政策，而不是建设社会主义全过程都要采取的政策，更不是建成社会主义以后还要采用的政策。"[②]

---

* 苑秀丽，中国社会科学院马克思主义研究院琼州学院理论创新基地副研究员；陈张承，琼州学院马克思主义学院讲师。

① 《邓小平文选》第 3 卷，人民出版社 1993 年版，第 139 页。
② 有林：《重读列宁关于新经济政策的论述》，《思想理论教育导刊》2012 年第 10 期。

一 列宁关于新经济政策的基本认识

新经济政策的提出，是应对经济政治危机的选择，也体现着列宁对建设社会主义方式的理论思考。列宁提出在一定时期内允许多种经济成分发展，利用资本主义，发展商品货币关系、发展市场等，对于这些举措，一些人认为，这表明列宁改变了认为社会主义应当实行公有制、计划经济和按劳分配的认识，从而认为列宁的社会主义观发生了根本改变。但是我们全面考察列宁的思想和实践就可以发现，这样的认识没有真正理解新经济政策的转变，没有认识到这一政策转变并未抛弃马克思主义基本原则，而仅仅是建设方式改变，其实质是无产阶级在牢牢掌握政权的前提下发展商品货币关系，利用资本主义，发展落后的生产力，改善无产阶级和农民的关系，从而走向社会主义。列宁的社会主义观从未发生过根本改变。列宁实施新经济政策的目的是明确的，同时他又清醒地认识到这一政策的过渡性质及其所带来的消极影响，列宁对资本主义力量的增强一直保持高度的警醒，要完整准确地认识列宁的社会主义观。

（一）新经济政策的"退却"性质

列宁从一开始就把新经济政策的性质定为"退却"，其实质是开始做战略退却。针对一些人迷信资本家的威力，不相信社会主义发展的可能性，甚至主张对国内外私人资本做巨大让步，把实施新经济政策看成是单纯的退却，列宁提出了批评，指出各种反对派既不了解新经济政策的实质，也不了解新经济政策的退却性质。在批评种种错误言行的过程中，列宁阐述了"战略退却"的性质和意义。

新经济政策是不得已而实行的"退却"。"战时共产主义"政策面临的危机表明，在苏维埃俄国现实生产力状况下，在遭到了难以置信的破坏和缺乏物质前提的国家里，布尔什维克党没有能力带领俄国直接过渡到纯社会主义的经济成分，现实决定了必须"退却"，不能再用革命手段实行强制过渡了，"退却"才能巩固苏维埃政权已经获得的胜利。社会主义建设必须以让步、妥协等向后退的方式来推进，而不能再像以前那样以革命的、暴风骤雨的方式来进行了。

列宁认为新的政策"退却"是有原则、有限度的。新的政策是一项必要的政策转变，但毕竟不是前进运动，而是朝着自己的最终发展方向的一种后退运动，发展得好，才能促进社会主义政权的巩固；发展得不好，则会带来政治上的危险。苏维埃政权在连续遭到战争、饥荒，工业被破坏的严峻现实下，无法保住胜利果实，不得不放弃一些阵地，但是，这种"退却"是有底线的，只限于经济方面，决不是政治原则的退却，把经济的"退却"当成前进，就会丧失社会主义的政治方向，造成向资本主义的狂奔。这充分体现了列宁政治上的清醒。正是出于对"退却"性质的清醒认识，列宁一再提醒全党：新的经济政策还蕴藏着许许多多的危险，"资本主义的恢复、资产阶级的发展和资产阶级关系在商业领域的发展等等，这些就是我们目前的经济建设所遇到的危险，就是我们目前逐步解决远比过去困难的任务时所遇到的危险。在这一点上切不可有丝毫的糊涂"①。因此，列宁叮嘱全党一定要注意克服新经济政策所带来的消极影响，把它们控制在最低限度。

列宁还提出，新经济政策是一项将在合适的时机转入反攻的"退却"政策，决不是把社会主义的阵地让给资本主义，而是在用迂回的方式夺取一些阵地，以便在更有准备的时候再转入对资本主义的反攻。

（二）新经济政策与公有制

列宁坚持马克思将生产资料所有制作为社会制度的基础的观点。列宁认为，生产资料所有制是生产关系的基础，生产资料掌握在谁手里，生产条件的分配，是决定生产关系性质和社会性质最根本的东西。社会主义公有制是社会主义制度的重要基础，如果改变以公有制经济为主体的所有制形式，而将公有制让位于私有制，那就丧失了社会主义的本质。

新经济政策鼓励发展多种形式的非公有制经济，促进生产力的快速发展。但是有些人害怕非公有制经济的发展会改变苏维埃政权的社会主义性质，对此，列宁提出："让小工业在一定程度上发展起来吧，让国家资本主义发展起来吧，这对于苏维埃政权并不可怕；苏维埃政权应该正视现实，直言不讳，但它必须对此加以控制，规定这样做的限度。"② 可以看出，在容许非公有制经济发展这一问题上，是有条件的、有限度的。列宁

① 《列宁专题文集 论社会主义》，人民出版社2009年版，第286页。
② 《列宁全集》第41卷，人民出版社1986年版，第151页。

认为，苏维埃政权要掌握大量的工厂，"如果我们只把少数工厂租给承租人，而把大部分工厂保留在自己手中，那租让并不可怕；这是没有什么可怕的。当然，如果苏维埃政权把自己的大部分工厂拿去租让，那是十分荒唐的；那就不是租让，而是复辟资本主义"①。

列宁始终将非公有制经济的发展与公有制经济的发展联系起来，认为公有制才能保障社会主义的发展方向，因此，列宁认为，国营企业应当在经济发展中发挥主要作用；国营企业应当适应市场，积极参与商品生产和商品流通，并在其中发挥优势作用。他在谈到租让制的时候，这样说道："只要我们掌握着所有国营企业，只要我们精确而严格地权衡轻重，我们能把什么租出去，在什么条件下，在什么限度内可以出租，那么租让是没有什么可怕的。"② 在鼓励非公有制经济发展的同时，列宁还注重对非公有制经济的监管，一再强调资本主义的发展是在监督之下和计算之中的，他指出："做生意吧，发财吧！我们允许你这样做，但是我们将加倍严格地要求你做老实人，呈送真实准确的报表，不仅要认真对待我们共产主义法律的条文，而且要认真对待它的精神，不得有一丝一毫违背我们的法律，——这些就应当是司法人民委员部在新经济政策方面的基本准则。"③

（三）新经济政策与商品经济

列宁是逐渐认识到苏俄发展商品生产、市场对社会主义建设的重要性的。列宁曾认为社会主义不存在商品生产，甚至曾提出，在苏维埃俄国"彻底消灭商品生产的斗争已提到首位的历史关头"④。新经济政策初期实行的、实际上依然是产品交换模式的商品交换很快就在实践中遭到了失败，商品买卖取代了它。列宁开始认识到，在苏维埃的现实国情下，商业问题成了经济建设的一个实际问题，发展商业是国家经济发展的重要动力。列宁进一步发展思想，开始认识到"学会了解商业关系和经商是我们的责任"⑤，开始认识到在小农经济为主的社会主义国家必须承认并重视商品生产的作用，才能真正建立起巩固的工农联盟，"不管我们怎样觉得商

① 《列宁全集》第 41 卷，人民出版社 1986 年版，第 151 页。
② 同上。
③ 《列宁全集》第 42 卷，人民出版社 1987 年版，第 428 页。
④ 《列宁全集》第 36 卷，人民出版社 1985 年版，第 335 页。
⑤ 《列宁全集》第 42 卷，人民出版社 1987 年版，第 237 页。

业领域距离共产主义很遥远，但正是在这个领域我们面临着一项特殊任务。只有完成了这一任务，我们才能着手解决极其迫切的经济需要问题"①。

但是，关于商品经济，列宁的看法是：利用资本主义的商品经济建设社会主义，商品交换和自由贸易的发展将会造成资本主义关系在社会主义俄国的发展。所以，当后来新经济政策开始向自由贸易、商业竞争和货币流通深化时，列宁的担忧与日俱增。此外，列宁当时的认识，并未突破商品经济等于资本主义，社会主义应当实行计划经济的思想框架。列宁依然重视经济计划的制订，在他看来，经济计划依然是必要的，经济计划关系到社会主义经济发展的全局。1921 年 11 月 16 日，列宁在给国家电气化委员会主席格·马·克尔日扎诺夫斯基的信中这样写道："我觉得，关于新经济政策有必要加以补充。我认为，最好把应作的补充（从各个不同的角度来阐明新经济政策在总的范围内的地位、意义和作用）插到某些章节里去。几乎每一章都可以（而且我认为应该）增加一两页，说明新经济政策不是要改变统一的国家经济计划，不是要超出这个计划的范围，而是要改变实现这个计划的办法。"② 显然，在列宁看来，一系列新的政策转变，就是要采用商品交换与自由贸易等方式保障经济计划的实施与完成。这种认识既体现了列宁对计划经济的重视，也显示出他将新经济政策定位于一种发展手段、一种建设方式。

（四）新经济政策与资本主义

列宁认识到新的经济政策会在一定程度上恢复和发展资本主义，他说道："流转和贸易自由不可避免地要使商品生产者分化为资本所有者和劳动力所有者，分化为资本家和雇佣工人，这就是说，重新恢复资本主义雇佣奴隶制。"③ 很多言论表达了这样的看法。例如，列宁 1921 年 10 月 29日在莫斯科省第七次党代表会议上所做的报告中指出，"我们的新经济政策所造成的情况，如小型商业企业的发展、国营企业的出租等，都意味着资本主义关系的发展，看不到这一点，那就是完全丧失了清醒的头脑"④。

---

① 《列宁专题文集 论社会主义》，人民出版社 2009 年版，第 286 页。
② 《列宁全集》第 52 卷，人民出版社 1988 年版，第 40 页。
③ 《列宁专题文集 论社会主义》，人民出版社 2009 年版，第 205 页。
④ 同上书，第 285 页。

列宁在 1921 年 12 月 30 日至 1922 年 1 月 4 日《关于工会在新经济政策条件下的作用和任务的提纲草案》中指出："在容许和发展贸易自由的情况下，这实际上等于让国营企业在相当程度上改行商业的即资本主义的原则。"① 在 1922 年 3 月 27 日俄共（布）第十一次代表大会上的报告中，列宁认为，合营公司"也和我们的全部国营商业以及整个新经济政策一样，都是我们共产党人运用商业方法，资本主义方法的表现"②。

很多党员就出现了困惑，当时党内外很多人都意识到，新的经济政策必然会造成资本主义的滋长。列宁坦率承认了这一点：在贸易自由的土壤上必定会导致资本主义关系的加强，这是无法避开的事实。谁若抹杀这一点，谁就是用空话安慰自己。那么，布尔什维克党应该恢复和发展自由贸易，应该让这种自由发展起来吗？这会不会导致向资本主义过渡呢？列宁做出了肯定的回答：布尔什维克党可以承认并发展利用贸易自由。

列宁从两个方面进行了解释：一方面，列宁认为，鼓励发展贸易自由是现实条件下不得已的选择，这是基于当时俄国现实的、没有别的办法的选择，"你们能给我指出什么没有危险的革命道路、没有危险的革命阶段和革命方法吗？"③ 另一方面，列宁认为，资本主义关系的加强对于苏维埃俄国并不可怕，因为政权掌握在工人手里，只要无产阶级牢牢掌握着政权就不可能有任何改变。因此，在俄国当时的现实条件下，一定程度的资本主义的发展，有利而无害，关键在于掌握分寸。大工厂的开工，经济的发展，将会大大改善无产阶级的生活状况、生产状况，而改善的结果就是无产阶级的地位得以巩固。新的经济政策没有改变俄国社会主义制度的任何根基。

二 完整准确地理解列宁的社会主义观

在新经济政策中，无产阶级保持国家政权具有决定性意义，努力改变经济文化的落后状态是关键，积极吸取和利用资本主义的一切文明成果是主要内容。新经济政策并没有改变工人国家的实质，并没有改变列宁的社

---

① 《列宁专题文集 论社会主义》，人民出版社 2009 年版，第 299 页。
② 《列宁选集》第 4 卷，人民出版社 1995 年版，第 664 页。
③ 《列宁专题文集 论社会主义》，人民出版社 2009 年版，第 285 页。

会主义观，只是改变了社会主义建设的方法和形式。列宁期待："新经济政策的俄国将变成社会主义的俄国。"① 可以看到，在列宁那里，"新经济政策"和"社会主义"之间存在一段距离。

第一，列宁始终坚持马克思关于未来社会的科学预测。

有人将列宁关于新经济政策的探索称为冲破了"传统社会主义观"的羁绊，走向了市场经济的"新社会主义观"，这种认识是不正确的。在这些人眼里，"传统社会主义观"这个词表达的是对马克思主义的否定。马克思的社会主义观以对人类社会的基本矛盾和基本规律的科学认识为基础，为无产阶级指出了奋斗目标。他们认为，未来社会将以生产力的高度发达为基础，实行公有制、计划经济，从按劳分配走向按需分配，消灭一切阶级和阶级差别，这是社会主义必须坚持的根本原则，不存在"传统社会主义观"与"新社会主义观"的划分。

有人认为列宁的思想中存在自相矛盾，一方面说新经济政策是在改正已经犯过的错误，另一方面又认为这是在"向后转"，是在"退却"，是"改良主义的办法"。事实上，列宁的确不认为新经济政策是一个社会主义性质的措施，在某种程度上可以说新经济政策是不得已而为之的措施。列宁继承了马克思关于未来社会的科学认识并试图付诸俄国实际，但是苏维埃俄国经济落后的现实决定了不能立即实现马克思关于未来社会的理想，正是由于理想与现实之间的差距一直困扰着列宁，才使他不时出现一些看似前后矛盾的说法。比如，在刚刚推行新经济政策的 1921 年 5 月党的第十次代表大会上确认这是一个要在若干年内施行的长期的政策，却又在六个月之后急急忙忙地宣布："我们已经退到了国家资本主义。但我们退得适度。现在我们正退到由国家调节商业。但我们会退得适度。现在已经有一些迹象可以使人看到退却的终点了，可以使人看到在不很久的将来停止这种退却的可能性了。"② 作为一个马克思主义者，马克思关于未来社会的科学预测，是列宁领导苏维埃俄国进行社会主义革命和建设的理论指南，列宁始终以马克思关于未来社会的科学预测为目标，并期望早日实现这一目标。

第二，新经济政策使社会主义理想奠定于现实之上。

"战时共产主义"政策给苏维埃政权造成的危机使列宁承认：俄国不

---

① 《列宁全集》第 43 卷，人民出版社 1987 年版，第 302 页。
② 《列宁专题文集　论社会主义》，人民出版社 2009 年版，第 296 页。

具备实施马克思对未来社会的设想的现实条件，在社会生产力极度落后的小农经济条件下，试图立即实现理想是危险的，"这必将意味着苏维埃政权和无产阶级专政的垮台"①。苏维埃俄国开始了政策转变，列宁指出："目前我们踏上了实干的道路"②，"我们把社会主义拖进了日常生活"③。新经济政策是对社会主义的建设方式、发展道路的开创性探索，体现出列宁对商品货币关系、国家资本主义等的认识的变化。列宁在俄共（布）十大上所做的政治工作报告，在讲到过渡问题时说："毫无疑问，在一个小农生产者占人口大多数的国家里，实行社会主义革命必须通过一系列特殊的过渡办法，这些办法在工农业雇佣工人占大多数的发达的资本主义国家里，是完全不需要采用的。"④列宁认为，总结"战时共产主义"的教训，其中一个教训就是主观愿望与客观现实发生了冲突。我们"怀着一片好心，到农村去组织公社、组织集体农庄"，苏维埃政权在农业集体经营方面的各种试验和创举，虽然起了巨大的作用，但是结果显然已经表明，这"起了不好的作用"⑤。现实昭示出，社会主义不是仅凭革命热情，依靠坚决的不妥协的斗争就可以实现的。与那些只记住了马克思主义的某些具体结论而忘记了马克思主义精髓的人相反，列宁放弃的只是那些不符合俄国国情的东西，坚持的正是马克思主义最根本的东西——唯物史观和辩证法。在列宁看来，新经济政策就是过渡性的政策，认真地执行这些政策，促进生产力的发展，新经济政策的俄国就将变成社会主义的俄国。

社会主义在经济文化相对落后国家的首先胜利，决定了现实社会主义走向理想社会主义必然是一个长期的发展过程。要完整准确地理解列宁的社会主义观。从现实社会主义到理想社会主义必然要经历不同的发展阶段，每一个阶段必然显示出不同的表现和特征，不能将社会主义在某一发展阶段中的特征，用来混淆、否定马克思的社会主义观。将新经济政策的实施看成表明列宁的社会主义观发生了根本改变的观点，是一种误读，是用现实社会主义来评判列宁的社会主义观。新经济政策时期提倡发展商业、市场，鼓励非公有制经济的发展，鼓励积极利用资本主义，这只是列

---

① 《列宁专题文集　论社会主义》，人民出版社 2009 年版，第 199 页。
② 《列宁全集》第 43 卷，人民出版社 1987 年版，第 301 页。
③ 同上书，第 302 页。
④ 《列宁专题文集　论社会主义》，人民出版社 2009 年版，第 201 页。
⑤ 同上书，第 204 页。

宁对社会主义建设方式的大胆探索，并非表示列宁放弃了实行生产资料公有制、计划经济、消灭一切阶级的最终目标。种种对于新经济政策的错误认识表明，混淆现实社会主义与理想社会主义将会走向对马克思和列宁的社会主义观的错误理解，将会走向对什么是社会主义、什么是马克思主义的错误认识，最终影响社会主义最终目标的实现。

第三，新经济政策是目的与手段的统一。

在列宁看来，新经济政策只是一种过渡性政策、一种手段，他采取了将新经济政策与社会主义相区分的态度。新经济政策是利用资本主义的政策，是一种发展手段。在对于列宁社会主义观的认识中有这样一种说法，就是认为列宁突破了马克思的束缚，提出了发展商品经济的社会主义观，并由此认为马克思的社会主义是空想，因为他没有预料到社会主义仍然存在商品经济。事实上，列宁对商品、市场关系的认识在今天看来还很狭小，他把商品、货币、市场等同资本主义相联系，把它们看成是资本主义特有的东西，不属于社会主义。列宁当时并没有认识到"市场经济"既不姓"社"也不姓"资"，还没有达到这方面对社会主义整个看法的根本改变。

社会主义观与建设社会主义的具体手段处于不同层次。社会主义观是指对社会主义的基本认识和根本观点，具有系统性、整体性。列宁认为，尽管实现社会主义的具体方式和手段会有所不同，但所要达到的目标和体现的结果应该是一致的。"战时共产主义"、新经济政策是现实社会主义在不同时期为实现社会主义目标而采用的不同手段。列宁的思想是非常明确的：新经济政策是一种退却，它并没有放弃社会主义的目标，也不改变工人国家的实质，只是根本改变了社会主义建设的方法，由猛烈的正面冲击变为缓进的迂回包围，在迂回曲折中实现社会主义代替资本主义的目标。新经济政策是一种过渡性政策，是有限度地、暂时地利用资本主义的政策，而不是把社会主义与资本主义糅合在一起，更不是搞资本主义。社会主义的本质和目标是确定不移的，社会主义的建设方式则是多样的。如果社会主义的本质和目标改变了，那样的社会主义还能称之为马克思主义的社会主义吗？

相对落后国家建设社会主义是漫长的历史进程，在发展进程中，坚定马克思主义社会主义观是社会主义的奋斗目标不至于被淡化甚至被抛弃的根本保障。相比新经济政策的实践，当代中国的改革开放涉及的范围更广，更加复杂，同处于经济文化相对落后国家社会主义建设的征程中，这决定了列宁的探索对于中国的改革开放也有着重要的指导意义。我们党的十八大明确提出了全面深化改革开放的新要求，强调了进一步坚定推进改革开放的决心。但是，有人把改革开放定义为往资本主义的市场经济、西方"普世价值"、西方政治制度的方向改，否则就不是改革开放。对此，习近平总书记明确指出，这是曲解我们的改革开放。改革开放必须勇于解放思想，但解放思想是有方向、有立场、有原则的，改革开放也是有方向、有立场、有原则的。事实上，自从我们党开始实行改革开放以来，一直存在着两种改革观的分歧和斗争，两者在要不要改革上的分歧不大，但在改革的方向、改革的目标上却存在根本不同，也就是说有两种方向、两种前途的不同认识，到了今天，这个问题依然存在。在这个问题上，习近平总书记一再指出，我国改革开放之所以能取得巨大成功，关键是我们把党的基本路线作为党和国家的生命线，始终坚持把以经济建设为中心同四项基本原则、改革开放这两个基本点统一于中国特色社会主义伟大实践，既不走封闭僵化的老路，也不走改旗易帜的邪路，始终确保社会主义改革的性质和方向，这就为改革开放指明了正确方向。但是，在当前中国改革开放的新的重要关头，国内外依然是多种挑战和各路思潮纷纷涌起，在这种形势下，列宁关于新经济政策的清醒认识，是我们在当前全面深化改革的新时期坚持与发展马克思主义的引领与指南。

参考文献：

1.《列宁专题文集 论社会主义》，人民出版社 2009 年版。

2.《列宁选集》第 1—4 卷，人民出版社 1995 年版。

3. 程恩富：《马克思主义的当代意义》，《人民日报》2013 年 3 月 19 日。

4. 周新城：《中国特色社会主义与马克思主义基本原理的关系——兼论关于我国社会主义初级阶段基本经济制度的若干认识问题》，《中国延安干部学院学报》2011 年第 3 期。

5. 有林：《重读列宁关于新经济政策的论述》，《思想理论教育导刊》2012 年第 10 期。

6. 黄立茀：《新经济政策时期的苏联社会》，社会科学文献出版社 2010 年版。

7.〔俄〕捷利钦、张广翔：《俄罗斯学者眼中的新经济政策——中俄学者关于新经济政策的对话》，《河南师范大学学报》1999 年第 5 期。

原载《马克思主义研究》2014 年第 7 期

关于《斯大林全集》俄文版第16卷增补版的基本情况

欧阳向英[*]

《斯大林全集》中文版共13卷，中共中央马克思恩格斯列宁斯大林著作编译局翻译，人民出版社1953年9月—1956年4月出版。或许由于名为"全集"，很多人不知道它收录的斯大林著作并不全。2006年，《斯大林全集》俄文版已推出第18卷，而2011年第14—16卷的增补也全部完成。为什么要特别介绍第16卷增补版？不仅因为增补版补充的内容很多，远远超过胡佛版和1997年十月革命纪念版的含量，而且因为第16卷涵盖的历史阶段非常重要，从"二战"结束到斯大林去世，是斯大林全面领导苏联建设、积极推动国际政治经济格局变化的重要时期，对我们进一步了解斯大林、了解国际共产主义运动发展史，尤其对了解毛泽东和斯大林的交往、中苏早期关系有重要的史料价值，而第17—18卷主要收录诗歌、信件、命令等，相当于补遗。所以，本文着重介绍《斯大林全集》俄文版第16卷最新增补版的主要内容。

一 版本情况

1946年，联共（布）中央马克思恩格斯列宁研究院着手编辑《斯大林全集》，计划有16卷，由国家政治文献出版社出版。前13卷顺利问世，但斯大林逝世后，赫鲁晓夫下令中止出版，并销毁了已制好版的其他几卷。根据第1卷《出版说明》里的预告，第14卷为1934—1940年的著作，第15卷为《联共（布）党史简明教程》，第16卷则为卫国战争期间的著作。

20世纪60年代美国胡佛研究所出版了《斯大林全集》的后三卷，不

---

* 欧阳向英，中国社会科学院世界经济与政治研究所副研究员，博士。

过对这几卷的内容做了重大调整。原计划收入第 15 卷的《联共（布）党史简明教程》没有全文采用，只取其中斯大林撰写的《论辩证唯物主义和历史唯物主义》一文，将其放到第 14 卷，第 15 卷则改为卫国战争期间的著作，第 16 卷也改为收录战后的著作。

胡佛版大体得到了俄罗斯左翼学者的认可，实际上，他们一直没有放弃对斯大林文集的研究和续编。1997 年十月革命 80 周年之际，理查德·科索拉波夫牵头、工人大学主编的后三卷由莫斯科作家出版社出版。1997 年版在胡佛版基础上对第 14 卷、第 15 卷、第 16 卷各卷内容做了调整，当时只印行 2000 册，一两个月内销售一空。此后于 2004 年和 2006 年，俄罗斯先后编辑出版了第 17 卷和第 18 卷。第 17 卷主要收录斯大林 1895—1932 年的诗歌、书信、电报等，苏共中央科学方法委员会编，特维尔北方王冠科学出版公司出版；第 18 卷则查漏补缺，增补了以前未收录的 1917—1953 年的讲话、报告、书信、电报、谈话记录、批示、命令等，也有个别文章在前面卷次中有收录，但此卷录入了不同版本，署名苏共中央意识形态委员会、赫列博尼柯夫工人大学联合编辑，联盟信息出版中心出版。与此同时，苏共中央意识形态委员会、赫列博尼柯夫工人大学对 1997 年版第 14 卷、第 15 卷、第 16 卷的内容做了调整和增补。修订版仍由理查德·科索拉波夫任总编，第 14 卷收入 1934 年 3 月到 1941 年 6 月战争爆发前的著作，篇目增加了 1.6 倍，已于 2007 年由联盟信息出版中心出版。第 15 卷由于内容增补很多，共分 3 册，上册收录 1941 年 6 月到 1943 年 2 月的文章，中册收录从 1943 年 2 月到 1944 年 11 月的文章，下册收录从 1944 年 11 月到 1945 年 9 月的各种著作和文献，内容上比 1997 年版增加了近 10 倍，于 2009—2010 年陆续出版发行。第 16 卷也分 2 册，上册收录 1945 年 9 月到 1948 年 12 月的文章，下册收录从 1948 年 12 月到 1952 年战后重建和苏联经济发展期间的文章，内容比老版增加 3 倍多，于 2011 年由莫斯科 ИТРК 出版社出版。

二　主要内容

按年代排序，1997 年版（老版）中第 16 卷的重要篇目如下：《在莫斯科市斯大林选区选举前的选民大会上的演说（1946 年 2 月 9 日）》《苏联国防人民委员命令（1946 年 2 月 23 日）》《答〈真理报〉记者问》《致苏联最高苏维埃主席团》《答埃迪·吉尔摩先生》《苏联武装力量部部长令（1946 年 5 月 1 日）》《答美国合众社社长休·贝利先生（就 1946 年 10 月 23 日接到的问题）》《致贝尔格莱德斯拉夫大会的电报（1946 年 12 月 8 日）》《和埃利奥特·罗斯福的谈话（1946 年 12 月 21 日）》《在创作型知识分子会议上的讲话》《苏联武装力量部部长令（1947 年 2 月 23 日）》《和史塔生先生的谈话（1947 年 4 月 9 日）》《莫斯科贺词》《〈约瑟夫·维萨里奥诺维奇·斯大林传略〉第二版校样修改意见》《致巴锡基维先生的信（1948 年 2 月 22 日）》《在招待芬兰政府代表团的午宴上的讲话（1948 年 4 月 7 日）》《答华莱士先生》《答〈真理报〉记者问》《答美国国际新闻社欧洲分社社长金斯伯里·史密斯先生（就 1949 年 1 月 27 日接到的问题）》《致德意志民主共和国总统威廉·匹克先生和德意志民主共和国政府总理奥托·格洛杰沃的信》《致托雷斯同志的信》《致自由德国青年联盟中央委员会的信》《马克思主义和语言学问题》《回尼赫鲁先生的倡议》《和〈真理报〉记者的谈话》《致中华人民共和国中央人民政府主席毛泽东同志的信》《致共同社编辑局长岩本清先生的信》《苏联社会主义经济问题》《答美国报界编辑代表团问》《苏联青少年代表团欢迎词》《致毛泽东先生的信》《在苏共 19 大上的讲话（1952 年 10 月 14 日）》《答〈纽约时报〉外交记者詹姆斯·赖斯顿问（就 1952 年 12 月 21 日接到的问题）》。附拉伊萨·柯纽莎亚《斯大林文集及其传略出版回忆录》。

2011 年版（新版）增补的重要篇目如下：《朱可夫出访美国（1945 年 9 月 14 日）》《给莫洛托夫的电报节选（1945 年 9 月 14 日后）》《给米高扬的电报（1945 年 9 月 22 日）》《斯大林大元帅致美利坚合众国总统杜鲁门先生（1945 年 9 月 23 日）》《斯大林总理致艾德礼首相的私密信件（1945 年 9 月 24 日）》《塔斯社播发文章〈日本在满洲的秘密武器库〉（1945 年 9 月 25 日）》《同"芬兰—苏联"协会代表团的谈话（1945 年 10 月 8 日）》《斯大林大元帅致美利坚合众国总统杜鲁门先生的私密信件（1945 年 10 月 26 日）》《贝尔格莱德，基谢廖夫转铁托元帅（1945 年 11 月 2 日）》《给马林科夫、贝利亚、米高扬的电报（1945 年 12 月 6 日）》《联共（布）中央委员会政治局会议日程选（1945 年 12 月 29 日）》《同美国全斯拉夫大会主席柯尔日茨基的谈话（1946 年 1 月 3 日）》《同美国大使哈里曼的谈话（1946 年 1 月 23 日）》《同美国大使斯密特的谈话（1946 年 4 月 4 日）》《给伊朗总理艾哈迈德·苏丹的电报（1946 年 4 月 8 日）》

《同联合国秘书长特里格夫·赖伊的谈话（1946 年 7 月 23 日）》《给王世杰和蒋中正的电报（1947 年 1 月 3 日）》《与蒙哥马利元帅的谈话（1947年 1 月 10 日）》《同美国国务卿乔治·马歇尔的谈话（1947 年 4 月 15日）》《给铁托的电报（1947 年 4 月 17 日）》《致毛泽东的电文（1947 年12 月 16 日）》《同匈牙利总统吉尔季的谈话（1948 年 2 月 17 日）》《致毛泽东的电文（1948 年 4 月 20 日）》《致毛泽东的电文（1948 年 5 月 10日）》《致罗马尼亚人民共和国部长会议主席格罗查的信（1948 年 6 月 9日）》《致毛泽东的电文（1948 年 10 月 17 日）》《致毛泽东的电文（1948年 11 月 22 日）》。总的来看，《斯大林全集》第 16 卷增补版超过一半篇目涉及外交，只有一小半讲苏联内部秩序问题，这与当时苏联处在复杂的国际形势中分不开。文章体现了 1945—1952 年苏联国内外时局的特点，也反映出斯大林对这些问题的解答与思考。

第 16 卷增补版的主要内容可以分为三类：

第一，社会主义与资本主义两个阵营的关系。打着"欧洲复兴"旗号的"马歇尔计划"奠定了强大的反苏亲美联盟，欧洲被割裂成两个阵营，并最终走向对抗。社会主义苏联必须回答两种制度孰优孰劣、社会主义是不是等于极权加暴政的问题。在各种各样的访谈和问答中，斯大林论述与美国、德国、日本、英国、意大利等国的关系。如 1946 年 4 月 4 日《同美国大使斯密特的谈话》[1] 和 1947 年 4 月 15 日《同美国国务卿乔治·马歇尔的谈话》[2]，谈到美苏关系和战后关于世界秩序引发的争议，斯大林绝不退让的强硬态度使得美国人认识到解决欧洲问题必须与苏联合作。1946年，在就丘吉尔先生的演说答《真理报》记者问时，斯大林指出了共产党在战后欧洲的成长。他指出，共产党的影响不仅在东欧增长起来，而且几乎在欧洲一切以前被法西斯主义统治的国家（意大利、德国、匈牙利、保加利亚、罗马尼亚、芬兰），或者被德国、意大利、匈牙利侵占过的国家（法国、比利时、荷兰、挪威、丹麦、波兰、捷克斯洛伐克、南斯拉夫、希腊、苏联等），也都增长起来了。这不是偶然现象，而是合乎历史规律的。在法西斯主义统治欧洲的艰难年代里，共产党人是反对法西斯制度、

---

[1] 《斯大林全集》（俄文版）第 16 卷上册，莫斯科 ИТРК 出版社 2011 年版，第 258—273页。

[2] 同上书，第 500—510 页。

争取各国人民自由的可靠的、勇敢的、奋不顾身的战士。波兰选择社会主义，是波兰人民的自主选择。他们能够保卫自己祖国的利益和尊严，而这是他们的前任所做不到的。丘吉尔先生说波兰领导者可以容许任何外国代表在自己国家内实行"统治"，这种挑拨苏波关系的做法没有根据。丘吉尔这样说无非是想在保护波兰不受前苏联人侵犯的借口下，把波兰抓到自己手里，来保持自己的仲裁者地位，但是，这样的时期已经过去了。关于波兰西部边界的决定，是在三大国柏林会议上根据波兰的要求通过的。如果说丘吉尔先生用这个问题来反对前苏联，他为什么要掩盖通过这一决议的不仅有前苏联人，还有英国人和美国人这一事实呢？针对丘吉尔提出的所谓"极权主义、暴政和警察制度"的指责，斯大林一一做了回答，并分析了欧洲历史上复杂的各国关系，时至今日仍有指导意义。

此外，第16卷收录了一些私密文件，如《斯大林总理致艾德礼首相的私密信件（1945年9月24日）》《斯大林大元帅致美利坚合众国总统杜鲁门先生的私密信件（1945年10月26日）》，还有与印度独立后第一任总理尼赫鲁、德意志民主共和国总统威廉·匹克和芬兰共和国总统巴锡基维等人的交往与通信，谈到在联合国安理会框架内解决朝鲜问题、民主德国的建立和苏芬友好合作互助条约等问题，也在各种各样的访谈和问答中谈到与德国、日本、美国、英国、意大利等国的关系问题，对我们了解当时的国际形势以及两个阵营斗争的过程、矛盾的尖锐性和复杂性有重要的史料价值。

第二，社会主义阵营内部的关系。苏联与东欧国家的关系，虽然出台了《莫洛托夫计划》以克服离苏倾向，但由于历史和现实原因，就发展阶段、建设模式和谁来执政等具体问题，苏联与波兰、捷克斯洛伐克、南斯拉夫、罗马尼亚、保加利亚和匈牙利各国还存在不同程度的分歧，这在战后斯大林给南斯拉夫总统铁托的电报、致东德总统威廉·匹克的信、同匈牙利总统吉尔季的谈话等文中有一定反映。随着社会主义阵营不断扩大，苏联要加强与中国、朝鲜和越南等国交往，并协调国际立场。从第16卷中，我们可以清楚看到1947年前后斯大林对国共态度的摇摆，如他在年初还与蒋介石保持着友好联系[①]，在年底就通过苏联国防部总情报局库兹

---

① 在1947年1月3日给蒋介石的电报中，斯大林感谢蒋介石对他的新年问候，并致以同样的新年问候，表达自己对蒋先生和中国人民的美好祝愿。见《斯大林全集》（俄文版）第16卷上册，莫斯科 ИТРК 出版社2011年版，第454页。

涅佐夫上校与苏联派驻中共中央政治局总部的少校医生杰列宾（А. Я. 奥尔洛夫），积极促成 1948 年毛泽东访问莫斯科。[①] 1948 年 5 月 10 日，鉴于傅作义的部队还在发起进攻，担心毛泽东的安全，斯大林提议毛泽东考虑推迟访苏，如毛泽东决定按原计划执行，苏联将提供一切可能的帮助，包括派出一架飞机接毛泽东。[②] 由于国内战争和国际形势等多种原因，毛泽东访苏直到 1949 年年底才成行，所以文集中多封电报都在讨论毛泽东访苏，如 1948 年 10 月 17 日和 1948 年 11 月 22 日两封致毛泽东的电报都是商谈访苏的时间和计划等问题。

　　1948 年 4 月 20 日斯大林给毛泽东的电报引起相当大的争议。根据这封电报，毛泽东曾在 1947 年 11 月 30 日和 1948 年 3 月 15 日两次致电斯大林，而斯大林到 1948 年 4 月 20 日才复电，因为必须查阅一些必要的资料，并征求其他领导和相关部门意见后才能给予回答，这表明斯大林对问题的谨慎态度，也说明这些问题的重要性。对第一封电报，斯大林回复的意见是：同意毛泽东对时局的判断，但不同意"在中国革命取得彻底胜利后，将按照苏联和南斯拉夫模式，一切政党，除了共产党，都应离开政治舞台，这将大大巩固中国革命"的观点。斯大林认为："中国不同的反对党派都代表着中国居民的中间阶层并反对国民党集团，应该长期存在下去。中国共产党在保持自己领导地位的同时，应吸引团结他们以反对中国的反动势力和帝国主义强国。"斯大林建议吸收这些党派的部分代表共同组成中国人民民主政府。他说，解放战争胜利后，至少在一段时间内，具体多长时间还难以判断，中国政府应是民族革命民主政府，而不是共产主义政府。也就是说，暂时不能将全部土地收归国有、取消土地私有制，也不能不分大小没收所有地主的财产，应该等时机成熟再做这些事。对第二封电报，斯大林的复电是：同意毛泽东在此封电报中的全部结论，关于成立中央政府和吸收自由资产阶级代表进入政府的构想完全正确。[③] 据此，苏

---

　　① 就 1948 年毛泽东访问莫斯科一事，斯大林说："苏维埃政府欢迎毛泽东访苏，当然，为他与中国的联系和私人电台提供保障。"见《斯大林全集》（俄文版）第 16 卷上册，莫斯科 ИТРК 出版社 2011 年版，第 562 页。

　　② 《斯大林全集》（俄文版）第 16 卷上册，莫斯科 ИТРК 出版社 2011 年版，第 634 页。

　　③ 同上书，第 629—630 页。编入全集前，此电报载于《20 世纪俄中关系：文献与资料》第 5 卷《1946 年—1950 年 2 月的苏中关系》，第 411—412 页。（"Русско-китайские отношения в XX веке. Документы и материалы.", Том V. *Советско-китайские отношения*, 1946 – *февраль* 1950, Книга 1: 1946 – 1948 гг. сс. 411 – 412. ）

联领导人米高扬认为，正是由于斯大林的建议，中共才改变了对资产阶
级政党的政策。对于这两份电报的真实性和米高扬的看法，中国学者的
观点不尽相同。有的认为这是一份关于中国民主党派前途命运的重要文
件，有的认为这不过是毛泽东的试探之举，还有的怀疑这封电报的真实
性。

　　其实，毋庸讳言，苏共和斯大林对中华人民共和国成立前后的"建
议"或"指导"很多，但并不总是完全正确，这也正是促使中国日后走上
独立自主发展道路的原因之一。1949 年 1 月 6 日，斯大林建议毛泽东在夏
天前立即召开政治协商会议并组建民主联合政府，以防国民党反扑。①
1949 年 2 月初，在给毛泽东的电报中，斯大林表明反对外蒙古与内蒙古联
合的主张。② 1950 年 1 月 22 日，斯大林与毛泽东谈话涉及两大方面，一是
苏中关系，二是中国东北和新疆事务，涉及苏中新条约的条款、中长铁路、
旅顺口协定、大连的地位、苏中贷款协定、与新疆和满洲的贸易协定、苏
联派到中国的飞行团等重要问题，内容十分丰富。朝鲜战争爆发后，斯大
林多次致电给毛泽东和周恩来，谈赴朝作战和军事援助③，甚至具体的作战
方案④及和谈条款⑤等问题，同时也有多封电报致金日成。1952 年 8—9 月，
周恩来秘密访问莫斯科，按照毛泽东的指示，同斯大林就朝鲜形势、近年
来中华人民共和国国内形势和五年经济发展计划及旅顺口协定问题进行会
谈。会谈还涉及修筑一条或途经蒙古人民共和国领土，或途经新疆地区的
中苏之间的铁路计划。这是继毛泽东来访后，斯大林生前第二次，也是最
后一次在莫斯科会见中共中央和中华人民共和国最高层代表。自苏联档案
解密后，这些电报的内容引起各国政府和学界的高度重视。

　　第三，苏联内部问题。苏联内部存在着发展经济、团结各民族、巩固苏
维埃政权等问题。如《苏联社会主义经济问题》一文，对我们理解苏联当时
的状况及后来的演变有重要参考价值。关于计划经济，斯大林指出："国民

---

①　《斯大林全集》（俄文版）第 16 卷下册，莫斯科 ИТРК 出版社 2011 年版，第 1 页。
②　同上书，第 22 页。
③　《致毛泽东电（1951 年 5 月 26 日）》，载《斯大林全集》（俄文版）第 16 卷下册，莫斯科
ИТРК 出版社 2011 年版，第 338 页。
④　《致毛泽东电（1951 年 5 月 29 日）》，载《斯大林全集》（俄文版）第 16 卷下册，莫斯科
ИТРК 出版社 2011 年版，第 339 页。
⑤　《致毛泽东电（1951 年 7 月 3 日）》，载《斯大林全集》（俄文版）第 16 卷下册，莫斯科
ИТРК 出版社 2011 年版，第 359 页。

经济有计划发展的规律，是作为资本主义制度下竞争和生产无政府状况的规律的对立物而产生的。它是当竞争和生产无政府状态的规律失去效力以后，在生产资料公有化的基础上产生的。它之所以发生作用，是因为社会主义的国民经济只有在国民经济有计划发展的经济规律的基础上才能得到发展。就是说，国民经济有计划发展的规律，使我们的计划机关有可能去正确地计划社会生产。但是，不能把可能同现实混为一谈。这是两种不同的东西，要把这种可能变为现实，就必须研究这个经济规律，必须掌握它，必须学会熟练地应用它，必须制定出能完全反映这个规律的要求的计划。不能说，我们的年度计划和五年计划完全反映了这个经济规律的要求。"这里既有对资本主义基本矛盾的理解，也有对社会主义计划经济还不成熟的科学认识，可惜这个思想没有被执行者们充分重视，以致苏联计划经济越来越僵化。谈到社会主义经济规律的性质问题，斯大林不同意萨宁娜和文热尔"仅仅由于从事物质生产的苏联人的自觉行动，才产生出社会主义的经济规律"的结论，批评他们脱离了马克思主义，走上了主观唯心主义道路。在讨论如何把集体农庄所有制提高到全民所有制水平的办法问题时，斯大林认为"收归国有，宣布是全民财产"这一做法"完全不正确，是绝对不能采纳的"，因为"国家一定消亡，而社会是一定留存下来的"，也不能采取"把机器拖拉机站出售给集体农庄归其所有"的办法，因为农庄无力负担旧机器作废和更换新机器所受到的损失，必然破坏农业机械化，降低农庄发展速度，只有将集体农庄生产的剩余品从商品流通系统中排除出去，把它们纳入国家工业和集体农庄之间的产品交换系统，才能最终解决问题。商品流通对社会主义过渡到共产主义是有害无利的，苏联要发展自己的"产品交换"系统。"推行这种制度不能过分性急，要随着城市制成品积累的程度而定。但是应该一往直前、毫不犹豫地推行这种制度，一步一步地缩小商品流通的活动范围，而扩大产品交换的活动范围。"斯大林认为消除商品流通有助于提高全民所有制水平，并且在当时的苏联是唯一可行的，但是是否要消除商品生产，在研究马列原著并对 19 世纪末的英国进行对比分析的基础上，斯大林提出"不能把商品生产和资本主义生产混为一谈"，"它决不能发展为资本主义生产，而且它注定了要和它的'货币经济'一起共同为发展和巩固社会主义生产的事业服务"。承认社会主义存在商品生产，但是必须限制商品流通，这种思想造成了苏联"配给制"的大量存在，同时降低了社会主义经济的活力，阻碍了社会经济的发展。①

　　在《〈约瑟夫·维萨里奥诺维奇·斯大林传略〉第二版校样修改意见》中，斯大林校订了一些史实，并将部分问题细化，如改正了 1902—1913 年他被捕和被流放的次数，指出在圣彼得堡期间与他一起积极参与领导《真理报》工作的不仅有斯维尔德洛夫，还有莫洛托夫，同时去掉了许多溢美之词，如第二部分在谈到高加索联合委员会时去掉了"斯大林领导的"；第五部分谈到在列宁和斯大林领导下工人和农民在沙皇领地上建设苏维埃共和国时，将"建成了自由繁荣的苏维埃共和国"改为"开始建设苏维埃共和国"，去掉自己是"伟大苏联缔造者"的说法；第六部分去掉"直接领导决定性战役"的"直接"一词；第七部分讲布尔什维克党引领国家走向历史新阶段时，去掉了"在斯大林领导下"；第八部分讲工业化建设时，去掉了"为全国所骄傲的那些工业化巨大成就，都与斯大林的名字联系在一起"；第十部分讲苏联宪法的国际意义时，删去了"斯大林同志关于新宪法草案的报告是对马克思列宁主义宝库最宝贵的贡献，与《共产党宣言》等马克思主义的天才著作齐名"。诸如此类的地方还有很多。根据卷中附录的、亲身经历了《斯大林全集》出版过程的拉伊萨·柯纽莎亚的回忆，斯大林多次拒绝了政治局关于出版《斯大林全集》的决议，尽管最后采纳了这一建议，但在校样中无数次将归因于他个人的功绩画掉，换成"在党的领导下"；值得重视的是，他补充了"在列宁去世后，在同怀疑论者和投降派、托洛茨基分子和季诺维也夫派、布哈林分子和加米涅夫等人斗争中，形成了以斯大林、莫洛托夫、加里宁、伏罗希洛夫、古比雪夫、伏龙芝、捷尔任斯基、卡冈诺维奇、奥尔忠尼启则、基洛夫、雅罗斯拉夫斯基、米高扬、安德烈耶夫、施维尔尼克、日丹诺夫、什基里亚托夫和其他一些人的领导核心，这个核心坚持了列宁的伟大旗帜，把党团结在列宁遗嘱的周围，引领苏联人民走上了国家工业化和农业集体化的宽广道路。这个核心的领导、党和国家的指导力量是斯大林同志"。对此，拉伊萨的看法是当时党内外面临着尖锐的斗争，"第五纵队"的说法不是空穴来风，虽然斯大林同志是谦虚的，但他也必须树立威信，才能巩固以他为核心的无产阶级政权。赫鲁晓夫给斯大林泼脏水是不得人心的，也是立

<hr/>

① 上述有关苏联经济的引文见《斯大林全集》（俄文版）第 16 卷，莫斯科 ИТРК 出版社 2011 年版，第 221—227 页。

不住脚的。作为《斯大林传略》一书的集体作者之一，历史学家马恰洛夫于 1946 年 12 月 23 日记录的《斯大林对〈斯大林传略〉一书的谈话记录》，也同样说明了这一问题。后来苏共党内进一步分裂，与高层领导人对如何建设苏维埃社会主义的认识不同有关，也与肃反扩大化的执行有关，这当然是斯大林的错误，但说斯大林一开始就残酷镇压清洗干部队伍恐怕是不合实际的。①

三 增补版的可信性和编译状况

由于《斯大林全集》俄文版第 14—18 卷是一个整体，此部分将对新版的整体情况，而不仅仅对增补第 16 卷的权威性和翻译状况进行介绍。《斯大林全集》第 14—18 卷是有价值的。与原来全集中大多收录公开发表的文章、讲话不同，新版增补了一些标注"机密""秘密"的文件，多来源于解密后的苏联档案，包括俄罗斯国家社会政治史档案馆、俄罗斯联邦外交部档案馆、俄罗斯总统档案等文献，均有详细卷宗编号和页码可查，具有较为重要的史料价值。来自联共（布）中央委员会政治局和苏联部长会议的记录有编号、发出时间和地点及记录人签名，苏共高层和外国领导人日记都标明年代和页码，如斯大林 1947 年 8 月 12 日给季米特洛夫的信就来自季米特洛夫日记②；还有一些文件来自外国档案馆，如 1948 年 3 月 19 日《在克里姆林宫欢迎保加利亚政府代表团的隆重午宴上的讲话节选》来自白俄罗斯中央国家档案馆③，而 1945 年 10 月 24 日同英国外交部长大臣贝文的谈话从《外交部和克里姆林宫：关于 1941—1945 年英苏关系的英国文献》翻译而来④。文献来源的权威性和丰富性是新版内容扩充的基础，应该引起我们的重视。

对《斯大林全集》俄文版第 14—18 卷，中央编译局没有翻译，目前也无翻译计划，所以没有中文版，但一些篇目，大多是公开发表的文章和通信等被收录在 1984 年中央编译局翻译、1985 年人民出版社出版的《斯

---

① 有关《斯大林传略》的全部引文见《斯大林全集》（俄文版）第 16 卷上册，莫斯科 ИТРК 出版社 2011 年版，第 435—453 页。

② 《斯大林全集》（俄文版）第 16 卷上册，莫斯科 ИТРК 出版社 2011 年版，第 526 页。

③ 同上书，第 600 页。

④ 同上书，第 141 页。

大林文集（1934—1952）》中，还有一些文章被收录在内部刊物《马克思恩格斯列宁斯大林研究》中。无论原计划中的老版还是后来增订的新版第14—16卷，再到资料性很强的第17—18卷，我们没有完整的中译本。随着国内外对斯大林研究的深入和争议不断涌现，文集的完整性和研究的系统性成为新问题。

　　编译完整的《斯大林全集》是有必要的。一是从社会主义建设的角度看，斯大林研究、苏联模式研究对理解中国革命和建设道路具有极重要的参考价值，不应因为它的某些历史局限性而全盘否定；二是从学术研究的角度看，当前国内外对斯大林的争议很多，我们缺乏系统而权威的一手资料，分析和辩驳林林总总的观点；三是从翻译的角度看，关于十月革命和苏联建设的一些文章已有翻译基础，只是篇目并不完整，尤其缺乏以前没有公开的重要文件，也缺乏统一的版本依据。总之，对《斯大林全集》的翻译研究不应急功近利，也不能削足适履。应正确认识新版《斯大林全集》的文献和史料价值。

参考文献：

1. 《斯大林全集》（俄文版）第 16 卷（增补版），莫斯科 ИТРК 出版社 2011 年版。

2. 《斯大林全集》（俄文版）第 16 卷（旧版），莫斯科作家出版社 1997 年版。

3. 《斯大林全集》中文版，人民出版社 1953—1956 年版。

4. 顾宁：《美国胡佛研究所有关苏联档案的收藏》，《俄罗斯研究》2004 年第 3 期。

5. 沈志华：《1950：朝鲜战争是如何发生的》，《同舟共进》2010 年第 9 期。

6. 逄先知、金冲及：《毛泽东传（1949—1976）》，中央文献出版社 2005 年版。

基于马克思主义社会形态
理论的文化反思

王雪冬[*]

文化的发展与繁荣依于文化自觉与文化创新。文化自觉是前提，文化创新是动力。文化自觉首先就包括对自身文化形态的清醒认识和准确定位。我们是社会主义国家，这就决定了，我们的文化形态既不可能是古代自然主义的文化形态，也不同于资本主义的自由主义文化形态，而是社会主义的文化形态，是以人为本、以人的自由而全面的发展为价值指向和根本追求的文化形态。如果说，对于社会主义文化形态的准确认识和定位更多的是一种理论任务，那么社会主义文化体系的建设问题就是历史赋予我们的现实任务。社会主义文化体系还不成熟、不完善，它的发展与完善还需要相当长的时间。在这一过程中，我们必须始终明确，社会主义文化体系建设的基本精神和基本原则是社会主义核心价值体系，社会主义文化体系建设的根本动力在于文化创新，社会主义文化体系建设的基本目标是满足广大人民群众日益增长的文化需要，从而最终达到其最高目标即实现人的自由而全面的发展。

一 文化形态概念的三重不同含义

文化不仅具有民族性、地域性特征，同时也具有阶级性、历史性和社会性特征。在不同的社会形态下，文化呈现出不同的样态。一定的社会形态总有一定的文化形态与之相适应，这是隐含在马克思主义的历史唯物主

* 王雪冬，中国社会科学院马克思主义研究院政治与国际战略研究室助理研究员、哲学博士。主要研究方向：马克思主义社会发展理论、马克思主义国际理论。

义基本理论之中的（虽然马克思并未提出过文化形态的概念）。研究文化问题不能脱离特定的社会历史环境和特定的社会历史发展阶段。

在深入探讨文化形态问题之前，我们首先应对当前文化形态这一概念的理解和使用做一定的分析。目前，理论界大致是在三种意义上使用"文化形态"概念的：一是在历史形态学或文化形态学的意义上，二是在马克思主义社会形态理论的意义上，三是在狭义的文化类型的意义上。

历史形态学或文化形态学意义上的文化形态概念，是由德国历史哲学家、文化学家奥斯瓦尔德·斯宾格勒首先提出和使用的。斯宾格勒在其鸿篇巨制《西方的没落》中，把人类迄今为止的文化主要区分为八大文化形态，即埃及文化、巴比伦文化、印度文化、中国文化、古典文化、阿拉伯文化、西方文化和墨西哥文化。① 在斯宾格勒那里，文化形态指的是在一定地域、民族范围内自然生长起来的具有内在心灵的文化生命有机体。斯宾格勒认为，每一种文化形态都必然经历产生、发展和衰亡的历史过程。因而，每一种文化形态都不具有优越于其他文化形态的特性。

马克思和恩格斯都没有明确提出过文化形态的概念，但社会形态、意识形态概念却是他们确立的历史唯物主义的核心概念。我们完全可以由此出发，推演出其有关文化形态的相关思想。马克思在《〈政治经济学批判〉序言》中指出："大体来说，亚细亚的、古代的、封建的和现代资产阶级的生产方式可以看作是经济的社会形态演进的几个时代。"② 在每一种社会形态中都存在这样一种逻辑，即"人们在自己生活的社会生产中发生一定的、必然的、不以他们的意志为转移的关系，即同他们的物质生产力的一定发展阶段相适应的生产关系。这些生产关系的总和构成社会的经济结构，即有法律的和政治的上层建筑竖立其上并有一定的社会意识形式与之相适应的现实基础"③。这句话简化一下就是，一定的生产关系总是与生产力的一定发展阶段相适应的，而一定的上层建筑也是与一定的经济基础相适应的。生产力决定生产关系，经济基础决定上层建筑。生产力与生产关系、经济基础与上层建筑共同构成了一个社会有机体，这个有机体反映出社会的总体发展水平和发展状况，这便是马克思所说的社会形态。概言

---

① ［德］奥斯瓦尔德·斯宾格勒：《西方的没落》第 1 卷"译者导言"，吴琼译，上海三联书店 2006 年版，第 25 页。

② 《马克思恩格斯选集》第 2 卷，人民出版社 1995 年版，第 33 页。

③ 同上书，第 32 页。

之，马克思的社会形态概念指的是由生产力和生产关系、经济基础和上层建筑共同构成的社会有机体所反映出的社会发展阶段和发展状况。在一定的社会形态之下，必然有一定的社会意识形态与之相适应。而马克思所提到的"法律的、政治的、宗教的、艺术的或哲学的""意识形态的形式"，又系统地形成了一个社会的文化体系，使文化从总体上呈现出特定的形态，也即文化形态。因此，我们可以做出这样的论断：一种特定的社会形态必然有其特定的文化形态与之相适应，任何一种文化形态甚或是一种文化形式都不可能完全超出其所处的社会历史发展阶段，相反，都只能是当时社会历史阶段的反映。例如，以道德人伦为核心的儒家文化是中国2000多年封建社会的文化产物和文化映照，而西方以自由、民主、平等为核心价值观的自由主义文化则是与现代资本主义的社会形态和经济形态相适应的。从马克思主义的社会形态理论出发来考察文化形态的发展演进，实际上就是将文化放到人类社会历史的不同发展阶段中去考察、分析，与斯宾格勒将文化放到血缘、宗族、生命、意志的谱系中去研究是完全不同的。后者忽略了文化赖以产生、发展的社会历史环境和经济根源。

除了上述两种对文化形态概念的理解和使用外，国内学界更为普遍的是将文化形态概念等同于文化类型概念，并在此基础上将文化划分为主流文化、精英文化和大众文化等不同的文化形态（实际上是文化类型）。笔者认为，将文化形态概念等同于文化类型概念来使用实际上是将此概念泛化了，从而也就浅化了文化形态概念本身所具有的深刻内涵。文化类型可以按照创作主体、受众、目的等不同标准来划分，可以划分出很多不同类型，而与社会所处一定历史发展阶段相联系的文化形态则是相对确定的，不存在多种类型。因此，笔者并不同意将文化形态概念不加分析地等同于文化类型概念来使用，虽然国内学界对此似乎已经形成了一致认同。客观地说，20世纪80年代"文化热"以来的文化探讨延续至今，的确取得了不少成绩，但在某些方面不仅没有走向纵深，反而是停留在一种较为肤浅的层面上，这多少不能不说是一种遗憾。在国际社会总体和平，但深层的文化冲突和意识形态斗争又十分激烈的情况下；在我国社会主义建设事业总体走向平稳，但面临的内部矛盾又十分复杂的情况下，对于文化的深层研究和探讨是十分必要和迫切的。

二 中国文化形态的历时态与共时态分析

在不同的社会历史阶段，人类的实践能力是不同的，因而社会生产力的发展水平也是不同的，与此相应，人类的文化创造力、社会的文化发展水平也大不相同。概言之，一定的文化形态总是与一定的社会形态相适应的。封建社会时期中国的文化形态是怎样的，现代资本主义的文化形态是什么样的，我们社会主义社会的文化形态又应该是什么样的，这是需要详细比较分析的。

马克思把迄今（当时）为止的人类社会划分为亚细亚的、古代的、封建的和资本主义的几大社会形态，并统称为"人类社会的史前时期"①。他认为，真正的人类历史开始于社会主义或共产主义，也就是资本主义之后的也是他为之奋斗终生的社会形态。所谓亚细亚的社会形态相当于我们后来所说的原始社会，而古代的社会形态相当于奴隶社会。这两种社会形态之下的人们，由于认识能力、生产能力的限制，对大自然怀有一种敬畏、崇拜的心理，这种社会形态之下形成的是一种相对原始的神启文化，呈现出一种自然主义的文化形态。这种文化形态中的人们在价值观念、道德规范和生活习惯等方面呈现出一种自然群体主义的特征，崇拜自然神，服从某一特殊权威（可以是氏族首领或奴隶主）。这种自然主义的文化形态是与当时落后的生产力发展水平相适应的，也是与其特定的社会形态相适应的。到了封建社会，随着社会生产力水平和人们认识水平的提高，文化作为一个特殊的部门越来越为统治阶级所重视，于是逐步形成了一整套相对完善且意识形态浓厚的文化体系。在中国，就是一整套以儒家文化为核心的封建文化体系，"仁""义""礼""智""信""三纲五常"等成了中国封建社会的核心道德范畴和文化范畴，在价值观念、生活习惯等方方面面规范着人们的行为，从而使当时中国社会的文化呈现出强烈的伦理道德色彩，因而，中国封建社会的文化形态是一种道德本位主义的文化形态。而在西方，中世纪的宗教神学成了当时西方封建社会时期主流的文化形态，它也同样有一整套相对完善、严密的宗教教义、教规，渗透于人们的思想，从而规范人们的行为。这种以宗教为本位的文化形态与中国以道德为

---

① 《马克思恩格斯选集》第2卷，人民出版社1995年版，第33页。

本位的文化形态在本质上并无二致。在上述三个历史阶段的文化形态中，人作为个体及其个性是被淹没掉了的，前者主要是因为一种集体无意识的存在，即个体尚未（或尚无能力）意识到自己是一个独立的个体；而后者主要是由于统治阶级通过一整套完善、严密的道德文化体系或宗教文化体系对个体意识和个性制造了一种制度性压抑，从而使个体意识和个性无法得到释放。这种社会就是马克思所说的"人的依赖性"关系占主导的社会。

随着资产阶级在与封建贵族的斗争中最终取得了胜利，资产阶级的斗争口号——自由、民主、平等便成了资本主义时代的核心价值观，个体意识、个人价值得到了从未有过的彰显和强化，以至于个体往往排斥被规范，寻求彻底的自由，于是，资本主义社会人们从价值观到生活习惯变得完全自由化、个体化。与人们在精神层面的极端自由化相关的是，在物质方面，每个人自由地、努力地获取财富（甚至包括通过剥削、掠夺的手段）成了合理合法和天经地义的。在资本主义社会，人们对物质财富和资本的追求欲望逐渐膨胀。"人的依赖关系"被"物的依赖关系"取代。"物"奴役了"人"，于是，人变得不自由了，社会中存在的只有物的价值，而人的价值却没落了。这便是资本主义的文化图景。它所反映出的正是与资本主义社会形态相适应的自由主义文化形态。

马克思在其晚年与查苏利奇的通信中就预见到，由于俄国在全国范围内还存在着"农业公社"（或农村公社），这就使得"俄国可以不通过资本主义制度的卡夫丁峡谷，而把资本主义制度所创造的一切积极的成果用到公社中来"①，从而直接过渡到"现代社会所趋向的'新制度'"②，也即社会主义或共产主义制度。马克思的这个预见在他和恩格斯离世后不久终于变成了现实。在广袤的北方大地上，诞生了世界上第一个社会主义国家。这在人类历史上是具有开创性意义的。虽然这个新生的社会主义政权只存在了70年，但它的影响依然存在。今天，中国接过了社会主义的这面大旗，巍然屹立于世。中国是目前世界上最具生命力也是综合实力最强的社会主义国家。在资本主义主导的国际体系下，中国通过改革开放，极大地发展了生产力，解决了十几亿人的温饱问题，并使广大人民群众的物质文化生

---

① 《马克思恩格斯选集》第3卷，人民出版社1995年版，第765页。
② 同上书，第763页。

活得到了显著提高，不能不说是一个壮举。然而，社会主义国家在当今世界的总体实力不强，我们依然面临着资本主义世界的重重包围——军事包围和文化渗透。在这种情况下，社会主义中国要想立于不败之地，只能奋发图强，不仅要增强自身的硬实力，还要增强自身的软实力，而软实力发展的根本就在于我们的民族文化本身。民族文化的自觉是一个民族文化重现生机的前提和表现。在现阶段，我们民族文化自觉的首要任务就是，要对本民族文化所处社会历史阶段的本质属性也即文化形态有一个准确的认识和定位。作为社会主义国家，我们的文化形态既不是原始自然主义的文化形态，也不同于资本主义的自由主义文化形态，而只能是社会主义的文化形态。自由、民主、平等依然是我们的核心价值观，但这种自由是个人依于集体的自由，不是超越任何集体和规范的绝对自由；这种民主是强调阶级性的民主，是多数人的民主，是广大人民群众的民主；平等是权利、法律面前的人人平等，不是由金钱来衡量和决定的平等。在道德规范和生活方式、生活习惯方面，社会主义文化形态体现的是传统与现代的有机结合。传统文化的精华渗透到我们的道德规范和生活方式之中，同时汲取现代文明的优秀成果，完善和丰富我们的道德体系和生活方式。社会主义的文化形态是以人为本的，人是社会主义文化建设的主体，也是社会主义文化建设的目的。社会主义文化建设的根本目的就是要满足广大人民群众日益增长的文化需要，从而实现人的自由而全面的发展。

三 社会主义文化体系建设的基本原则、动力和目标

我们探讨文化形态问题是为了最终引到文化体系建设这一问题上来。为此，还需要对文化形态与文化体系之间的关系进行说明。文化形态是用来描述一种社会形态下的文化样态，包括文化特征、属性、价值指向等；而文化体系是用来说明一种社会形态或一个民族、国家的文化结构的。由此可以看出，文化形态概念是一个描述性概念，而文化体系则是一个结构性概念；前者偏重于静态描述，后者倾向于动态建构。古今中外，许多思想家都对文化做过论述：中国古人讲，文化是"以文化人"；在西方，文化的原意是对土地的耕种，后引申为对人的开化教育[①]；西方文化史学家

[①] 郑广永：《文化的超越性研究》，黑龙江人民出版社 2006 年版，第 10 页。

斯宾格勒认为文化是一个活的生命有机体；当代文化哲学则更注重文化的超越性和创造性。由此可见，"文化"本身具有动词的意味，它是指向实践的。就此而言，我们探讨文化形态问题必然引向文化体系的建设问题。

当前，我们着力加强文化体系建设，既有现实的需要，也有深刻的理论根据。现实情况是，对外我们面临着西方大国对我国政治意识形态的渗透和文化侵蚀，对内则面临国内经济、政治与文化发展不平衡、公民的社会主义理想信念缺失、道德素质下滑的现状；其理论根据就是马克思和恩格斯早就说过的，虽然"经济因素，在社会发展中起着决定作用"①，但是，"哲学、宗教、文学、艺术等等……相互作用并对经济基础发生作用"②。文化对于社会发展的反作用主要表现在它具有塑造、引导、反思和批判社会的功能。因此，在当今国际环境日趋复杂、我国的社会主义建设进入关键发展时期的情况下，重视和发挥文化在社会发展中的积极作用，努力建设、完善和巩固社会主义文化体系，尤为重要。

一个社会的文化体系是一个有机的系统，有其相应的内在结构。从组成或构成上来说，社会主义文化体系广义上包括政治法律思想、哲学、宗教、文学、艺术等不同但又紧密相连的各文化门类和文化形式。它们之间除了依靠文化的共通属性而相互交融，还要靠社会主义意识形态这一纽带联系起来，它们在一定程度上反映着社会主义的意识形态。党的十七大报告明确指出，社会主义核心价值体系是社会主义意识形态的本质体现。社会主义核心价值体系作为社会主义意识形态的本质体现，应贯穿于社会主义文化体系建设的始终，成为社会主义文化体系的精神和灵魂。各种文化门类和文化形式在建设和发展中都应始终以社会主义核心价值体系为基本原则。离开了社会主义核心价值体系，社会主义文化体系的建设就容易偏离方向。社会主义文化体系建设是整个社会主义建设事业的有机组成部分，它不能背离社会主义的方向。同时，社会主义意识形态建设也是社会主义文化建设的重要组成部分，要在繁荣文化的过程中注重加强社会主义意识形态建设。我们已经总结出了中国特色社会主义理论体系，也形成社会主义核心价值体系，但这还只是社会主义意识形态建设的阶段性成果，今后随着社会主义建设事业的发展，还要进一步探索、丰富、完善和巩固

① 《马克思恩格斯选集》第4卷，人民出版社1995年版，"说明"第19页。
② 同上书，第732页。

社会主义意识形态，以应对来自外部的思想意识渗透，以凝聚内在的民族精神和力量，实现中华民族的伟大复兴。

哲学、宗教、文学、艺术等文化形式是社会主义文化体系的主要组成部分。哲学的存在方式是反思（或思想），宗教的存在方式是信仰，文学和艺术的存在方式是审美，因而，它们追求的分别是思想的升华、灵魂的安宁和审美的享受，也即一种超越和自由，这也正是文化的本质属性——创造性和超越性。因而，我们必须尊重文化发展的规律，给文化发展以必要的、相对宽松的社会环境，正是基于此，我们才实行了"双百方针"，让各种文化形式"百花齐放、百家争鸣"。在我们的文化体系建设中，要鼓励创新，包括思想领域的创新，也包括文学艺术的创新；包括形式的创新，也包括内容的创新。创新是文化发展的内在动力，是文化生命力的体现。社会主义文化是深深植根于人民之中的文化，是真正的人民大众的文化，因而它与以往社会形态下的文化相比，具有更强的生命力和更大的优越性。文化的发展与物质生产力的发展具有不完全同步性。"经济上落后的国家在哲学上仍然能够演奏第一小提琴。"① 文化本身的创造性和超越性决定了文化能够引领社会朝着更加进步的方向发展。在社会转型的特殊时期，文化往往是先导。我们一定要抓住文化的这一特性，充分发挥其对社会发展的积极促进作用。当然，文化追求自由的超越本性，也容易在特定的历史条件下走向社会的反面，为某些外来文化所俘虏、侵蚀，这一点，也要引起我们的注意和警惕。

20 世纪 80 年代"文化热"以来，学界普遍将当前中国文化划分为主流文化、精英文化和大众文化等几种主要类型（此处用文化类型而不用文化形态概念的原因之前已做过论述），并注意到了几种文化之间的矛盾。大致来说，主流文化主要是指意识形态文化，精英文化是指知识分子文化，而大众文化则是百姓文化。三者相比较而言，意识形态文化具有权威性，精英文化追求高雅性，大众文化则更具通俗性。在社会转型的过程中，意识形态文化力图统领精英文化和大众文化；精英文化离意识形态文化较近，但不完全认可意识形态文化，同时也与大众文化保持明确的界限；大众文化远离并同样不认可意识形态文化，同时也觉得精英文化高不可攀。于是，我们看到，意识形态文化严肃而孤立，精英文化高傲而孤

---

① 《马克思恩格斯选集》第 4 卷，人民出版社 1995 年版，第 704 页。

寂，大众文化庸俗而不自知。如何才能打通三种文化之间的壁垒使文化形成一个统一的体系，是摆在我们面前的一道难题。一个社会的文化要成为一个统一、和谐的体系，就要有共同的目标、宗旨，而不是各种文化类型、文化门类各自为政。社会主义的基本目标，在经济上就是实现全体人民的共同富裕，在政治上就是实现无产阶级的彻底解放，在文化上就是实现人的自由而全面的发展。因此，社会主义文化发展的目标不是别的，就是人的自由而全面的发展。意识形态文化也好，精英文化也罢，大众文化也一样，都要"以人为本"，在哪一种文化类型中都要看到人，这个人不是个别的人，也不是某一群体的人，而是最广大的人民群众。社会主义文化不管怎么划分，都不应是部分人甚至是少数人的文化，否则就不能算是真正意义上的社会主义文化。

综上所述，社会主义文化体系建设的基本原则和精神是社会主义核心价值体系，其根本动力在于文化创新，其目标和宗旨是最终实现人的自由而全面的发展。

四　社会主义文化体系建设的长期性与历史性

一个民族的文化是源远流长的，除非这个民族彻底灭亡，否则其文化就会随着民族国家本身的发展而发展。按照马克思的社会形态理论，在一定的社会经济形态下必然有相应的文化形态与之相适应。随着社会形态的不断发展演进，文化形态也随之不断发展成熟。因而，可以说，一种社会形态存在、发展、演进的时间有多长，其文化形态的发展演进就有多长。然而，除了人类最初的社会发展阶段，越是往后的社会发展阶段其文化形态的发展越是摆脱了纯粹的自发性，越是需要人的积极主动的参与。正因如此，我们说，一个社会的文化体系是需要积极建设的。

人类迄今为止任何社会形态的存在，短则数百年，长则数千年，其文化形态的发展和文化体系的建设也大致经历了相同的时间。因而，严格地说，任何社会形态下的文化形态的发展和文化体系的建设都具有长期性和历史性，社会主义文化体系的建设也不例外。邓小平说过，社会主义初级阶段至少100年，因而，即便是在初级阶段，我们的社会主义文化体系建设至少也要100年的时间。党的十七大报告指出，我国仍处于并将长期处于社会主义初级阶段。这就要求我们必须要认识到，一方面，虽然在社会主义文化体系建设中，我们已经取得了不少成绩（尤其是在意识形态和文艺方面），但社会主义文化体系建设的任务远未完成，仍需我们付出更多的努力，包括理论研究，也包括实践探索；另一方面，在现阶段，社会主义文化体系还不成熟、不完善，还存在一些问题，将来还可能出现某些新问题，对此我们要正确面对，积极解决，而不应丧失信心，停滞不前。这些都决定了社会主义文化体系建设具有长期性和艰巨性。社会主义是通向共产主义的过渡阶段，它不仅要在物质上为共产主义的实现提供必要的经济基础，同时也必须在精神上为共产主义的实现提供必要的文化准备。就此而言，社会主义文化体系建设是历史赋予我们的现实任务，社会主义文化体系的完善与成熟是社会主义通向共产主义的必要条件。社会主义文化体系是一个开放的、不断发展的体系。我们已经在文艺领域形成了"二为""双百"方针，在意识形态领域总结出了中国特色社会主义的理论体系和社会主义核心价值体系，然而，这些政策和理论本身都需要随着时代的进步而不断向前发展。社会主义文化体系本身就是一个动态发展的体系。这与文化本身所具有的创造性和超越性是相一致的。在建设社会主义文化体系的过程中，我们要遵循并不断探索文化发展的规律，为人类文化的发展与文明的进步做出自己的贡献。

参考文献：

1. 曹卫东、张广海等：《文化与文明》，广西师范大学出版社2005年版。
2. 龚书铎：《社会变革与文化趋向》，北京师范大学出版社2005年版。
3. 邓永芳：《哲学视阈中的文化现代性》，江西人民出版社2009年版。
4. 曾小华：《文化、制度与社会变革》，中国经济出版社2004年版。
5. 唐君毅：《文化意识与道德理性》，广西师范大学出版社2005年版。

原载《中国社会科学院研究生院学报》2013年第1期

第 六 编

马克思主义经济学研究

再生产结构与资本主义经济周期的演化路径[*]

胡乐明 刘 刚[**]

一 问题的提出

经济危机与经济周期是一个具体的现实的过程。曼德尔（Ernest Mandel, 1964：336—337）将资本主义经济周期的原因分为由"商品和商品的货币等价物之间的矛盾"构成的"一般可能性"，"利润率的波动"所揭露的"调整资本主义再生产条件的一般意义"，以及需要进一步说明的"具体原因"。在他看来，说明"具体原因"就是说明资本主义生产过程"周期性地、必然地产生比例失调"。在此基础上，曼德尔提供了一个关于经济周期四阶段的过程分析，这是马克思主义经济学关于经济周期过程的经典的多部门动态模型。然而，曼德尔的分析主要集中在经济系统对再生产平衡结构的偏离与回归，并未深入解释平衡结构的重塑与演变过程，这也是传统的"比例失调论"的主要不足。随着经济的增长经济系统会发生深刻的结构变革，符合"平衡结构"的结构比例并非一成不变，也就是经济系统存在"多重再生产平衡结构"。经济增长是经济系统不断从一个平衡结构过渡到另一平衡结构的动态过程。因此，在动态上，再生产结构的约束效应不是将经济系统限定于某个唯一的"平衡结构"，而是要求经济系统必须遵守动态的结构演进路径。基于这个动态的结构演进路径界定"比例失调"，需要构建一个兼容不同平衡结构的动态的结构论框架。但

  [*] 本文为中国社会科学院创新工程项目"经济危机与经济周期的马克思主义研究"的阶段性成果。
  [**] 胡乐明，中国社会科学院马克思主义研究院教授；刘刚，曲阜师范大学经济学院。

是，由于传统研究缺乏操作这一问题的演化分析工具，传统的"比例失调论"未能成功构建类似的结构论框架。以曼德尔为例，在后来的研究中（Ernest Mandel，1975，1980），曼德尔分析了经济系统存在的各种再生产平衡结构，形成了"多重平衡结构"思想，但是由于他的分析视角更多地集中于技术和利润率等因素，经济系统在不同平衡结构之间的动态演变过程未能获得恰当的动态分析。在笔者看来，要弥补传统"比例失调论"的不足，阐明各类经济周期在"具体原因"层面的动态路径，关键在于解析经济系统在多重平衡结构之间的演化过程。综上所述，经济周期理论不仅需要研究再生产平衡结构的"约束"，更需要解释再生产平衡结构的"重塑"。换言之，需要在理论上回答：经济系统对平衡结构的偏离，是违背原有平衡结构的"短期动向"，还是导向新平衡结构的"长期态势"？

西方经济学和马克思主义经济学的已有理论，都未能有效回答上述问题。西方经济学的经济增长和经济周期理论往往过于关注总量关系而直接抽象掉了部门间的结构约束。马克思主义经济学学者的注意力尽管越来越倾向于技术、制度、"积累体制"和外部市场等因素对经济周期的影响，但是这些因素借以发挥影响的结构约束和动态路径，则往往被视为"题中应有之义"而未获得细致的探讨，马克思再生产图式所蕴含的结构分析的思想反而在里昂惕夫、斯拉法、冯·诺伊曼和帕西内蒂等结构论学者那里获得了一定程度的继承和发扬，关于内生经济增长机制的过程分析，也逐渐成为演化经济学的专长。回归再生产图式的结构论框架，借鉴演化经济学的过程论分析工具（胡乐明、刘刚，2012），探究资本主义经济周期的动态路径，是马克思主义经济周期理论的发展方向。

在《资本论》第3卷第49章"关于生产过程的分析"中，可以发现很多可供开发的"跨期结构"思想。笔者尝试以此为基础，参考冯·诺伊曼和帕西内蒂等人的多部门经济增长模型，借鉴演化经济学家阿瑟·布赖恩提出的"自我强化"和"锁定效应"，为经济系统的周期性波动提供一个动态的"结构论"解释。这一解释将说明：经济周期在其具体路径上应还原为结构问题和生产周期问题；技术、积累体制和利润率等影响经济周期的因素，都内置于资本主义经济无计划的动态不可逆的再生产过程之中，通过激化资本主义各部门强制性结构约束与异质性生产周期之间的矛盾，引发经济系统的周期波动；相关治理措施则通过缓和这一矛盾降低经济波动的危害。

二 供求关联、报酬递增与"多重平衡结构"

在彼此联系的社会分工体系中，各产业部门之间存在"交互供求"的关联机制。在这个交换体系中，一个部门的产出依赖于其他各部门在生产和消费过程中对这一部门形成的需求。只有各部门之间的生产规模符合相应的结构约束，产品才不会"过剩"，经济增长才能顺利进行。这就是供求关联思想。供求关联与报酬递增机制的结合，形成"多重平衡结构"。

（一）总量增长与结构变迁的统一性

1. 无结构的增长与周期理论

除少数结构论学者之外，西方经济学经济增长理论和经济周期理论都以总量生产函数为基础。其一般形式为 $Y = A \times F (L, K)$，其中 Y 表示产出量，A 表示技术水平，L 和 K 分别表示劳动和资本数量。在这一生产函数中，部门间的结构和比例问题被抽象掉了。经济增长和经济周期研究，所探讨的都是总产出 Y 或人均产出 Y/L 的数量变化。经济增长实际上是各经济部门作为一个整体的增长，国民经济各部门的增长都是同速度、成比例的。显然，这一认识与经济增长过程中各部门结构比例的深刻变革并不相符。结合供求关联思想，这种前提假定的局限性就更为明显。总量生产函数在抽象掉部门间结构比例的同时，也抽象掉了各部门产品因部门间比例失调和供求失衡而遭遇的"实现的困难"。这种抽象，相当于预先假定了"供求平衡"和"市场自动出清"，认定产品"有多少卖多少"，从根本上排斥了产品"相对过剩"的可能性。因此，在这些理论中，经济增长的困难和经济系统的周期性波动仅来自于外在的技术扰动（如真实经济周期理论）和货币周期（货币学派和卢卡斯）等因素；内生的供求失衡等更为关键的不稳定因素，则被排斥在分析视野之外。

2. 总量与结构相统一的再生产理论

在马克思的再生产图式模型中，扩大再生产必须遵守部门间的结构约束，其条件为：$I (V + \Delta V + M/X) = II (C + \Delta C)$。这意味着总量增长与结构变迁是统一的。笔者在简单再生产条件与扩大再生产之间做一个简要的过程分析，来说明这一点。笔者加入一个假定：资本家和工人消费的产品不同，资本家消费的奢侈品较多。在简单再生产条件下，资本家将所有的剩余价值都用于个人消费。将简单再生产转变为扩大再生产，资本家首先需要减少奢侈品的消费，其省下的剩余价值（M－M/X）则用于购买生产资料和劳动力，由此，经济系统发生相应的结构变动。由于奢侈品生产部门的需求相对缩小，奢侈品部门的库存会相应增长。同时由于被雇佣的劳动力增多，消费品部门的生产需要扩大。扩大再生产后形成的更大规模的剩余价值记为 M′，M′＞M。如果在新的水平上资本家的消费量 M′/X＝M，即资本家在扩大再生产之后形成的新的消费量与扩大再生产之前相等，那么奢侈品部门的库存将最终被消化，奢侈品部门只出现了短期产量和利润率波动。如果出现 M′/X＜M，奢侈品部门可能形成生产规模的萎缩，一部分原先就业于奢侈品部门的劳动力，将陷入失业或进入其他部门。总结上述过程不难发现：正是原先用于购买消费品的一部分剩余价值改作其他用途，才导致市场上消费资料需求量和生产资料需求量发生了相应变化，从而推动生产规模、就业量和价值总量的扩张。总量增长以结构变迁为前提，同时总量增长后经济系统形成了新的平衡结构，总量与结构相统一是再生产图式模型基本的方法论特性。

（二）部门间的供求关联机制

笔者结合再生产图式模型，进一步明确各部门的供求关联机制，分析这一机制对产品交换比例的决定作用。简单再生产条件下 I（C＋V＋M）＝IC＋IIC，II（C＋V＋M）＝I（V＋M）＋II（V＋M）；扩大再生产条件下 I（C＋V＋M）＝I（C＋ΔC）＋II（C＋ΔC），II（C＋V＋M）＝I（V＋ΔV＋M/X）＋II（V＋ΔV＋M/X）。上述两个结论是简单再生产和扩大再生产条件的推论。在这两个推论中，部门间分工和结构关系决定了市场上的不同产品之间的交易规模。形成这一原理的核心假定是：不同产品不能完全替代。如果市场上供给不足的产品可以由其他产品替换，那么不同部门之间强制的结构约束将消失。从这个意义上讲，马克思将各种产品划分为具体用途上难以相互替代的"生产资料"和"消费资料"两大部类，有效地抓住了各类产品的独特功能和不可替代性。这一假定也体现在里昂惕夫"投入—产出"理论的"互补性生产函数"和"中间产品消耗系数矩阵"上。部门间交互决定供求关系的原理，依托里昂惕夫的"中间产品消耗系数矩阵"形成了标准化的量化模型。随着萨缪尔森将这一模型应用于劳动价值论"转型问题"的讨论，这一模型及其"互补性技术关联"思想，也被逐步引入数理马克思主义经济学领域。

我们也可以基于马克思"价值形式"理论，运用供求关联原理在再生产结构中，进一步明确供求关联机制对于各部门产品交换比例和交易规模的决定作用。各部门生产其产品的目的不是获得产品的使用价值，而是获得产品的价值。表现产品价值的，正是各部门在交换体系中所获得的其他产品。一个部门的收入，不取决于自己的产品数量，而取决于再生产结构中它从其他部门所换得的产品的数量。笔者将在"非均衡"的条件下运用这一原理来探讨再生产结构中的各产品的交换比例。"如果市场的胃口不能以每码2先令的正常价格吞下麻布的总量，这就证明，在全部的社会劳动时间中，以织麻布的形式耗费的劳动时间太多了。其结果就象每个织布者花在他个人的产品上的时间超过了社会必要劳动时间一样。正像俗语所说：'一起捉住，一起绞死'。"（马克思，1972：126）著名的"第二种社会必要劳动时间"和各部门"按比例分配劳动"等理论也充分论述了这一原理，不再赘述。

综上所述，在马克思主义经济学中，需求和购买力并非来自哪一方收入水平的变化，而是取决于社会分工体系下存在供求关联的各部门的生产规模。相应地，收入来自各部门在交换过程中所换得的等价物数量，各部门在交换体系中所能换得的产品数量决定其收入水平。

（三）报酬递增与多重再生产结构

自亚当·斯密开始，报酬递增就是古典经济学的基本理论（贾根良，1998）。马克思分工理论、协作理论以及马克思对机器大工作的分析中，都明确强调了生产规模扩大对于节约生产资源降低生产成本的意义。这些分析是典型的规模经济和报酬递增思想。"竞争斗争是通过使商品便宜来进行的。在其他条件不变时，商品的便宜取决于劳动生产率，而劳动生产率又取决于生产规模。因此，较大的资本战胜较小的资本。"（马克思，1972：686—687）"在论述协作、分工和机器时，我们已经指出，生产条件的节约（这是大规模生产的特征）本质上是这样产生的：这些条件……它们在生产过程中由总体工人共同消费，……在一个有一台或两台中央发动机的大工厂内，发动机的费用，不会和发动机的马力，因而不会和它们的可能的作用范围，按相同的比例增加；……燃料、照明等等的支出，也是这样。"（马克思，1974：94）同时，企业内部更大规模的生产和分工，又要求产业规模和社会分工的扩充。"工场手工业的分工要求社会内部的分工已经达到一定的发展程度。相反地，工场手工业分工又会发生反作用，发展并增加社会分工。"（马克思，1972：391）

古典经济学的广义报酬递增机制不同于新古典经济学生产函数中狭义的要素边际报酬递增，而是囊括了经济总量扩张所推进的各种形式的效率提升机制。这一思想也成为演化经济学分析经济内生发展过程的重要理论基础（贾根良，1999）。一般认为，源于古典经济学的广义报酬递增机制包括规模经济、技术进步和结构变迁三个方面。[①]

将报酬递增与供求关联机制相结合[②]就可以阐释经济发展过程中存在的"多重平衡结构"。劳动生产率提高，依赖各部门生产规模的扩大，而一个部门产业规模的提升，又取决于其他部门规模的相应扩大。在其他部门生产规模未扩大的条件下，某一个产业"单独"地扩大其生产规模，其市场需求规模和收入水平将被限定，更高技术因生产规模无法扩充而不能实现更低的成本，从而造成亏损，使预付的生产资料和固定资本形成"资本消灭"。因此，在报酬递增的条件下，各部门在生产规模上的"结构约束"和"规模依赖"，成为各部门技术进步的相互依赖。技术进步的实现，以各部门之间符合供求比例的再生产结构的重建为条件。相应地，不同的技术水平和经济发展阶段上，存在着"多重平衡结构"。

演化经济学代表人物阿瑟·布赖恩（Arthur, W. B., 1988, 1989）分析了经济发展过程中的"自我强化"（self-reinforcing）和"锁定效应"（lock-in）。借鉴布赖恩的观点，笔者认为，如果在各个平衡结构存在相应的"结构引力"，那么，在经济系统由低到高接近某个平衡结构时，"结构引力"将成为经济运行向上的拉动，形成平衡结构的"自我强化"；在达到某个平衡结构之后，"结构引力"会成为经济运行向下的拉动，形成平衡结构的"锁定效应"。"多重平衡结构"的"结构引力"的交替作用，导致经济运行周期性地出现不同平衡结构的"自我强化"和"锁定效应"，从而形成周期性经济波动。

[①] 除规模经济和分工理论外，马克思也曾系统论述规模扩张推进协作分工和技术进步的动态机制；并通过资本有机构成提高等因素描述经济增长过程的技术进步。此外，生产力与生产关系的矛盾以及"工厂法"等理论也深入地研究了经济增长对制度变迁的推进作用。

[②] 在西方经济学中，报酬递增与产业间供求关联机制的结合就是高级发展经济学的理论基础："金融外部经济。"（杜曙光、刘刚，2013）

三 结构引力与周期性波动的内在机理

强制的结构约束通过价值革命和资本消灭迫使经济系统回归平衡结构，构成"结构引力"。各部门生产周期的异质性导致经济系统交替性地偏离和回归"平衡结构"，形成"发散—收敛"过程，构成"结构引力"具体的作用形式。部门间结构比例的跨期约束与生产周期的异质性之间的矛盾，是理解结构引力及其"发散—收敛"过程的关键。

（一）结构约束、价值革命与"结构引力"

供求关联机制形成部门间结构约束。在供求关联系统内，一个部门的收入取决于它在交换供求关联系统内所换得的产品数量。因此，一个部门的扩张需要其他部门相应扩张，否则单独扩张的部门将遭遇"价值革命"和"资本消灭"，从而迫使经济系统重新回归平衡结构。这就是部门间结构约束形成的"结构引力"。同时，"产业链"上游某些环节的"中间产品"可能需要到下一生产周期才被下游环节所使用和补偿，从而导致各部门的生产存在跨期的结构约束。但是，由即期结构形成的交换比例可能违背跨期结构约束所指定的比例关系。考虑到跨期结构与即期结构之间的矛盾，"价值革命"的可能性将大幅增加。马克思的《资本论》第3卷第49章"关于生产过程的分析"就蕴含了丰富的跨期结构思想。

在马克思的再生产图式模型中，跨越生产周期的影响因素被限制在很小的范围内。马克思假定所有生产资料在考察期间内，都会转化到产品中去，都会获得补偿。但是，不能由此认定马克思的分析中不存在跨期问题。问题的关键就在于，在产业链视角下，第一部类生产的产品是充当"生产资料"的中间产品，就即期而言，这些产品已经被购买，获得了补偿。但是，就这些生产资料的最终使命（最终要应用于消费资料的生产）而言，这些产品还将作为下游产品价值的 C 部分沉淀下来，从而获得跨期补偿。由此，生产资料部门除了受到当期补偿的结构性约束，还要面临跨期补偿的结构性约束。在"关于生产过程的分析"中，马克思在同一个生产周期内，天才地阐述了这种"当期补偿"与"跨期风险"并存的现象。马克思在批判"三位一体公式"的同时强调：在社会总产品的实现与补偿过程中，当期投入的劳动量对应当期收入量，但是，当期投入与当期补偿之间的对应关系，不能解决所有产品的补偿问题，即收入不能补偿所有产品的价值。"最后，形成不变资本的一部分产品，会以实物形式或者通过不变资本的生产者之间的相互交换而得到补偿；这是一个同消费者毫无关系的过程。"（马克思，1974：955）即资本家预付资本中用于购买不变资本的那部分投资，实际上补偿了尚未进入消费领域的生产资料的价值。资本家与资本家之间的交互购买还可以获得更为全面的概括。著名的卡莱斯基法则（Kalecki，C. M.，1980）在此基础上阐述了更为全面的等式关系：$IM + IIM = I (\Delta C + \Delta V + M/X) + II (\Delta C + \Delta V + M/X)$，即利润 = 投资 + 资本家消费，"资本家阶级的利润决定于他们自己的投资，而不是相反"（孟捷，2004）。但是，如果因此就认定资本家之间"自我增殖"的资本积累可以顺利地无限循环下去，就会进入错误的方向。生产资料的价值，最终必须用于生产消费品。因此，所有的生产资料，最终都要进入未来的生产过程中成为 IIC 的构成部分。

关于 IIC 部分，马克思认为"价值革命"和"资本消灭"是客观存在的："在再生产的正常状态下，只有一部分新追加的劳动用在不变资本的生产上，因而用在不变资本的补偿上，这就是原来用来补偿生产消费资料即收入的物质要素时用掉的不变资本的那部分（此外，从价值方面来看，由于劳动生产力的变化，这个不变资本也可能贬值；但这种情况只与单个资本家有关），这个不变资本在再生产过程中，从物质方面看，总是会处在各种会使它遭到损失的意外和风险中。……因此利润的一部分，即剩余价值的一部分，从而只体现新追加劳动的剩余产品（从价值方面来看）的一部分，必须充当保险基金。"（马克思，1974：957—958）这里的"保险基金"指的是剩余价值中用于填补"价值革命"形成的损失，从而不能用作"消费基金"和"积累基金"的那部分。马克思的分析指出，由于消费品可能无法获得补偿或无法投入生产（需求不足形成过剩产能），沉淀于消费品中的生产资料的价值可能因此而损耗。在调整经济结构的过程中，需要由"保险基金"去填补的价值损耗，可能会经常出现，其数额可能是庞大的。本文将这种分析称为马克思的"跨期结构"思想。

马克思"跨期结构"思想说明，当期获得补偿的生产资料最终要在未来的生产周期中沉淀在具体产品中获得补偿。但是，在未来的生产周期中，产品能够在交换体系中换得多少其他产品，不取决于跨期结构，而由即期部门间的结构比例决定。沉淀在消费品中作为 IIC 部分的价值，可能遭遇"价值革命"。例如，依据结构约束，某些部门扩张其生产资料投资的同时，其他与之相交换的部门需相应扩大生产能力。否则，未来的生产周期中，由即期的部门间产量结构所决定的交换体系内，产能扩张的部门将无法在交换中获得足够的其他产品，从而出现过剩产品或过剩产能，形成"价值革命"。只有先行部门缩减其生产能力或其他部门的生产规模跟进，经济系统回归"平衡结构"，"价值革命"的惩罚才会结束。"价值革命"强制经济系统遵守结构约束，形成迫使经济系统回归"平衡结构"的"结构引力"。

（二）部门间生产周期的异质性

"结构引力"在解释演化经济学"自我强化"和"锁定效应"的同时，也导致另一个悖论：如果"结构引力"是经济增长过程中唯一的僵化的动态法则，经济系统将在"结构引力"的作用下固守"平衡结构"，平稳增长。那么，增长速度的周期性波动，将不是经济系统内生的不稳定因素导致的，而只能是由外在因素的冲击造成的。可见，将"结构约束"作为唯一的动态法则，将不可避免地滑入西方经济增长理论的"稳态路径"信仰。克服这一局限，需引入各部门生产周期的异质性。

如果各部门的生产周期是同质的，那么，各部门按照"平衡结构"的要求"步调一致"地扩大规模、提高技术将是可能的，甚至是有保障的。生产周期同质性也是西方经济学经济增长模型"稳态路径"背后的重要假定。在此基础上，经济的周期性波动只能来自于技术、货币、制度甚至心理等因素的外在冲击。即使将这些因素"内生"到经济增长过程中，通过这些"内生"因素的"扰动"解释经济系统的周期性波动，也不是完全的经济周期"内生"理论。经济系统生产周期自身所蕴含的波动性，才是经济周期最根本的内生基因。结构约束限定了各部门经济增长的动态法则。生产周期的异质性则导致各部门"步调不一"的生产周期难以符合结构约束所限定的动态法则。两者的矛盾性就是资本主义经济内生的不稳定基因。技术和制度等因素通过激化生产周期异质性与结构约束性之间的矛盾导致经济波动加剧。同时，经济系统对"平衡结构"的偏离和重塑，也需以此为基础展开讨论。

固定资本是异质性生产周期的典型代表。除固定资本更新外，各生产部门从投资到完成全部预付资本的周转，其生产周期也各不相同。笔者只选取最典型的固定资本更新问题阐述经济增长过程的内在不稳定性。为了表述的方便，细化固定资产"生产周期"的两方面含义：从开始投资到建成投产，称为"投产周期"；从开始投入使用到完成周转最终报废，称为"周转周期"或"运转周期"。

回到在第一部分所举的例子。如果资本家形成的奢侈品消费在较长时期没有恢复到其原有水平，那么，奢侈品领域将出现不可避免的"资本消灭"。考虑固定资本一旦形成无法回收，其"资本消灭"的规模将很大。在这种情况下"资本消灭"与整体生产规模的扩张是同时发生的。固定资产生产周期较长的特点还会导致"加速数"作用。在例子中，消费品部门会发生持续的扩张，消费品部门对固定资产的需求，会形成固定资产生产规模的扩张。假定固定资本折旧占不变资本的比重为50%，折旧率为10%，那么，消费品生产规模扩大引发的固定资本扩张的比例将是$[(C \times 50\%) / (C + V + M)] / 10\%$。记剩余价值率为$m'$，资本有机构成比率为$c'$，固定资本折旧在不变资本中的比率为$\lambda$，折旧率为$\gamma$，这一比例为$(c' \times \lambda) / [(1 + c' + m') \gamma] = (\lambda / \gamma) / [1 + (1/c') + (m'/c')]$。这一比率与折旧率负相关，与资本有机构成正相关。在剩余价值率m'和生产资料中固定资本所占比率λ不变的前提下，资本有机构成越高，单位产品价值中固定资本折旧所占比重越多，产品需求引发的固定资本生产规模的扩张幅度越大。

传统上将（C + V）视为"预付资本总量"的同时抽象掉了固定资本。考虑到产品价值总量中不变资本C的一部分是固定资本形成的折旧，预付的投资规模将不再是$C + V = V(1 + c')$而是$V + C \times [(1 - \lambda) + (\lambda / \gamma)] = V(1 + C')[(1 - \lambda) + (\lambda / \gamma)]$。在结构平衡，过剩产能消失时（通常为经济周期的恢复或繁荣阶段），固定资本"完全开工"，增加一单位就业所需增加的生产资料数量不是c'，而是$c' \times [(1 - \lambda) + (\lambda / \gamma)]$。相应地，在固定资本未能"完全开工"的条件下（通常为经济周期的危机和萧条阶段），增加一单位就业所需增加的生产资料则降低为$c' \times (1 - \lambda)$。固定资产投资的意义并非局限于固定资本投资自身，而是投资一旦形成就已经预先地指定了固定资本生产部门的生产规模。一单位最终消费品的生产需要经历不同的"中间产品"阶段，每个阶段都存在相应的"固定资本投资"，制造这些"固定资本"又会引发固定资本制造领域形成的更大规模固定资本投入。因此，就业量和消费品需求规模增加引发投资加倍增长的倍数（或加速数）和波长都将非常可观。另外，一旦固定资本投资形成了"过剩的生产能力"，就业增长过程中所需生产资料的投入量也将大幅度萎缩。由于固定资本的存在，经济周期不同阶段投资额与边际就业量①之间的比率将出现剧烈的波动，这是影响经济周期的重要因素。

（三）"发散—收敛"过程

结构约束与生产周期异质性的矛盾所引发经济系统周期性偏离和回归"平衡结构"，形成动态的"发散—收敛"过程。本文从处于"平衡结构"的稳定状态开始展开这一动态过程。为了标识多部门"步调不一致"的增长过程，笔者以就业量，即再生产图式的 V，作为经济增长过程的参照物，假定存在一个匀速的人口增长速度即就业增长速度。

经济系统处于"平衡结构"，过剩产能消失，就业量和消费品需求规模的增加，引发相应的"加速投资"，其规模将非常庞大，因此在接下来的生产周期中形成更大规模的就业量和消费品需求规模。由于生产资料和固定资本生产部门的资本有机构成较高，这些部门生产扩大形成的就业量增长幅度相对较低。所以，消费品产量和就业量增速低于第Ⅰ部类增长速度，生产资料和固定资产的"潜在生产能力"会超过就业量增速，从而超出部门间供求体系所能吸收的范围。但是，由于大量的固定资本投资尚处于"投产周期"，潜在的生产能力尚未释放，供给过多的市场价格信号不会形成，因此已经处于相对过剩状态的固定资本的投资不会停止。随着固定资本结束"投资周期"，形成实际产能，就业量和消费品产量将难以吸收先行部门形成的生产能力，从而导致一些部门的产能超出"平衡结构"的比例约束，形成过剩产品或过剩产能，"价值革命"和"资本消灭"不可避免。可见，受部门间生产周期异质性的影响，经济系统不会在供求关联的约束下"平滑"地停止于某个符合"规模约束比例"的"平衡结构"上。相反，在"供求平衡""过剩产能"消失的条件下，部门间的供求关联机制反而充当了生产资料和固定资产投资"过度加速"的"传送带"。在进入符合比例要求的"平衡结构"之前，经济系统不是平滑"收敛"

---

① "边际就业量"是笔者想到的最为准确的表述，当然这里完全排除了边际主义的均衡性和稳定性意味。

的，反而会形成"发散"式增长，使一部分部门的生产超出结构约束。甚至可以这样认定：部分周期较长的生产部门形成生产能力和产品的过剩，是经济系统进入"平衡结构"的前奏。

生产资料和固定资产生产部门的过度增长，形成经济系统偏离"平衡结构"的"发散"过程。固定资产结束"投产周期"过剩产品进入市场，"发散"结果显露的同时，"收敛"过程开始。这个"收敛"过程也是"平衡结构"形成和自洽的动态过程。处于"过剩状态"的生产部门会出现利润率下滑，停止固定资产投资。在这个过程中，就业量依然继续增加，伴随就业量增长的投资规模则仅限定在流动资本的投资规模上，其比例由 $c' \times [(1-\lambda) + (\lambda/\gamma)]$ 下降为 $c' \times (1-\lambda)$。在这个过程中，"过剩部门"存在一个能够承受"亏损"状态的"承受周期"。如果"承受周期"内就业量和消费品需求规模能够跟上来，"过剩部门"的过剩状态将结束，利润率也将恢复。否则，"过剩部门"的某些固定资产将最终报废，甚至减缩其就业规模，劳动力将转移到后进部门。① 这是一个经济增长速度相对下降的过程，同时各部门之间的规模比例"收敛"到符合供求关联要求的"平衡结构"上。

周而复始！"收敛"的完成，也是下一轮"发散"的开始。随着后进部门赶上，或先行部门生产能力因"亏损"而被破坏，先行部门的生产过剩状态将结束，就业量增长对固定资产投资和生产资料部门的"加速"拉动又将重新开启。

综上所述，部门间跨期结构约束和异质性生产周期之间的矛盾，导致经济系统形成周而复始的"发散—收敛"过程。在这个过程中，"平衡结构"被反复违背和遵守，形成周期性的"结构重复"过程。这就是"结构引力"发挥作用的具体形式。在上述过程中，匀速的就业增长是经济增长的唯一动力②，经济增长速度围绕就业增长速度上下波动。如果在

---

① 这是一个"资本消失"的过程，企业的各类资产价值将因此而下降，企业因资产价值下降形成"现期成本"减少。在此基础上，企业的利润率会因"资本消失"和"现成成本"下降而提高，从而恢复生产。这是一个"利润率"波动与"价值革命"交互融合的动态过程。

② 以匀速的人口增长速度作为经济总量扩张的动力和参照，是经济增长和经济周期理论的基本惯例之一。正是人口和就业数量的增长，构成经济系统持续获得总量扩张的动力。就业增长只是经济增长的外在动因，而非经济波动的内因。即使没有人口增长，随着固定资产的耗尽和更新，结构约束与异质性生产周期之间的矛盾也会周期性爆发。另外，考虑到后面的分析，这里外置的匀速就业增长，也可以视为经济系统"市场扩张"的形式之一。

上述分析中取消人口和就业量的增长，经济系统将在进入"平衡结构"后停滞于原有规模上，经济的周期性波动将完全取决于固定资本耗尽后的更新过程。

四　结构变迁、结构重塑与不同波长的经济周期

上述"发散—收敛"过程只是对既有平衡结构的不断"重复"，未"重塑"新的平衡结构。实现对"过程分析"与"多重平衡结构"的综合，关键是解释经济系统如何"重塑"出新的平衡结构，从而就经济系统在不同平衡结构之间"转换"，进行具体的过程分析。明确了这一转换过程也将明确回答经济系统对既有平衡结构的偏离是违背原结构的短期动向，还是导向新平衡结构的长期态势。本文将这一转换过程称为"结构变迁"过程。在每一次结构变迁过程中，既有平衡结构的"锁定效应"和新平衡结构的"自我强化"交替发挥作用，形成经济增长速度的周期性波动。结构重复和结构重塑都会形成不同幅度的经济波动，具体而言可分为三个层级结构变迁与四种波长的经济周期。

（一）结构变迁：不同平衡结构之间演化的比较静态分析

经济系统从既有"平衡结构"向下一个"平衡结构"过渡的过程，就是"结构变迁"过程。在这个过程中，经济系统脱离既有平衡结构的"锁定效应"，受下一个平衡结构的"结构引力"的吸引，进入"自我强化"路径。这一过程能否成功，决定经济系统对既有平衡结构的偏离，是违背既有结构的短期动向还是导向下一个平衡结构的长期态势。在理论上对两者做出界分，关键在于说明两个平衡结构如何交替发挥作用，也就是，两个平衡结构是否会同时形成"结构引力"？是否存在两个平衡结构的"结构引力"相互"拉锯"的状态？解开这些疑问首先需回答：新平衡结构被"重塑"的同时，旧平衡结构是否依然有效，其"结构引力"是否继续发挥作用？笔者认为，问题的关键在于说明平衡结构从何而来，一个平衡结构在什么条件下得以形成并获得其"结构引力"。

解开上述疑问，需对"平衡结构"进行更为细致的剖析。先明晰本文的"结构关联"和"平衡结构"思想。不同产品不能相互替代，即各部门

之间的交叉供求弹性稳定不变①，各部门之间形成"交互供求"的交换体系。各部门的规模比例，决定各种产品之间的交换规模和单位产品的交换比例。在结构比例"不平衡"时，交换体系中某些产量或产能过多的部门将无法在交换中获得足够的补偿，形成"价值革命"和"资本消灭"。相应地，如果不同产品之间的交换比例准确反映产品的价值或生产价格，资本获得平均利润，经济系统不必在"价值革命"和"资本消灭"强制下进行调整，各部门的比例结构就达到了平衡结构。平衡结构下各部门之间的结构比例和交换比例，反映各部门产品的价值和生产价格，而产品的价值和生产价格又取决于各部门的生产率水平。

上述结论以产品不能相互替代、部门间交叉需求弹性固定为前提。外生的分配关系、技术联系和生活方式变革，会改变各部门之间的交叉需求弹性。例如，各部门劳动者与资本家的收入比例变化，或劳动者消费习惯改变，各部门收入增长所形成的消费品购买结构会发生变化；技术变革会导致最终产品所需的"中间产品"数量或种类发生变化。需要指出的是，如果上述分配关系、技术联系和生活方式变化未影响各部门的"生产率"水平，那么，上述因素形成的"结构变迁"，只是各部门依据新的交叉需求弹性调整其生产数量的动态过程，各部门之间的交换规模发生变化，但单位产品之间的交换比例不会改变。后者依旧取决于各产品的价值或生产价格。或者说，交叉需求弹性改变导致的"结构变迁"只是各部门适应新的交叉需求弹性，使部门间单位产品的交换比例在新的交换规模上重新体现产品价值和生产价格的调整过程。各部门生产率是决定"平衡结构"的最为关键的因素。综上所述，各部门生产率水平、分配关系、技术联系和生活方式等因素是决定"平衡结构"的基本要素。生产率水平决定不同平衡结构下单位产品之间的交换比例，其他因素决定部门间交叉需求弹性和交换规模。

明确了"平衡结构"的决定因素，回答前面提出的各种疑问就相对容易了。可以明确，在两个相邻的"平衡结构"之间不会出现它们的"结构引力"相互"拉锯"的状态。"平衡结构"取决于经济系统的生产率水

---

① 一般而言，产品类别划分越细，相邻类别的产品进行替代的可能性越大，如肉、菜、水果等产品之间的相互替代；如果实行较宽口径的产业部门划分标准，上述产品均列入食品类别，食品与其他产品之间的相互替代程度将基本消失。同样道理，生产资料的"替代性"也往往局限于细分的相邻部门之间。

平、分配关系、技术联系和生活方式。一旦这些因素确定，经济系统导向哪个"平衡结构"将被确定下来。因此，经济系统不会同时出现两个有效的"平衡结构"。如果这些决定因素发生了变化，既有平衡结构的"结构引力"将消失，经济系统的"发散—收敛"过程将服从新平衡结构的"结构引力"。即使原平衡结构在消失前已经释放了反映其"结构引力"的价格和需求拉动等信号，这些信号也无法形成抗衡新平衡结构的"结构引力"。因为在"发散—收敛"过程的作用下，经济系统持续处于不稳定的波动状态，只有持续不断的价格和需求拉动信号才能够形成足够强的"结构引力"，否则原有市场信号所形成的产量变化，将形成新结构下的"价值革命"和"资本消灭"，迫使经济系统导向新平衡结构。

（二）结构重塑：新平衡结构形成的动态演化过程

明确了平衡结构的决定因素，"结构重塑"问题也就相应解决了。各部门生产率水平、分配关系、技术联系和生活方式变化之后，经济系统符合新的决定因素的平衡结构也将相应调整，新的平衡结构将被"重塑"。那么，这些平衡结构的影响因素是外生给定的还是由经济系统内生决定的？笔者认为，"中间状态"可能更为合理，生产率水平、分配关系、技术联系和生活方式等因素，既受外生的技术变革和制度变迁等因素影响，也会受到经济增长过程的影响，在经济增长和经济波动的视角下，处于"半内生"状态。这也是曼德尔在晚近资本主义和经济长波理论中所采取的观点（孟捷，2011）。

在阐述"结构引力"和平衡结构的决定性因素时，笔者暂时搁置了广义"报酬递增"假定。重新引入"报酬递增"条件，生产率水平、分配关系、技术联系和生活方式等因素，将不再完全为外生因素。经济系统将在报酬递增机制的影响下，影响这些决定平衡结构的相关因素，形成动态演化的"结构重塑"过程。报酬递增机制是指经济系统随着总量规模的扩张形成的效率提升过程，其具体机制包括规模经济、技术进步和制度变迁三个方面。简言之，报酬递增是指更大的生产规模往往可以形成较高的规模经济效应，推进技术进步或催生更为高效的制度安排，从而提高经济运行的效率。在广义报酬递增机制的作用下，经济系统将在经济增长的同时，通过影响生产率水平、分配关系、技术联系和生活方式等因素，实现"结构重塑"。第一，在生产率水平方面，在报酬递增提升各部门生产率水平的过程中，各部门生产率的提升幅度往往各不相同。因此，由生产率水平决定的单位产品交换比例需相应调整，从而形成新平衡结构。第二，在分配关系方面，报酬递增机制的作用下，各部门可能在总量扩张的过程中形成新的分工协作关系和组织关系，生产单位产品所需的工人数量、熟练工人所占比重以及劳资力量对比等因素可能发生相应变化，从而形成新的分配格局，导致各部门收入所对应的消费品购买结构发生变化，改变部门间交叉需求弹性，形成新的平衡结构。第三，在技术联系方面，在报酬递增机制的作用下，各部门在规模扩大的过程中，随着专业化水平的提高，促进技术变革，新的技术可能带来生产工具和原材料的变革，改变上下游产业之间的技术联系，从而在各部门之间形成新的交叉需求弹性。第四，在生活方式方面，报酬递增在提升总体生产效率的同时，提高了资本家和工人的人均收入水平，随着人们的消费水平提高，消费结构将发生变化，从而改变部门间的交叉需求弹性。

报酬递增机制影响下生产率、分配关系、技术关联和生活方式伴随经济总量增长而形成的变化，都具有"半内生"的演化性质。除了报酬递增机制下总量规模对相关因素的影响外，技术水平、工艺流程、生活方式、消费习惯、分配格局等因素也具有其相对独立性，受各自发展规律和历史路径的影响，也可能受到外生的政策导向、文化背景和偶然事件的影响。

（三）三个层级的"结构变迁"与四个波长的经济周期

在结构重塑的过程中，新结构与既有结构的差异越大，结构变迁过程中"自我强化"和"锁定效应"的作用强度和影响周期越大，由此形成的经济波动的波长越大。视幅度大小，"结构变迁"分为不同层级，每一层级的"结构变迁"对应相应波长的经济周期。由此，不同波长的经济周期，不仅可以依据经验数据进行划分，也被赋予不同层级的理论含义。

"结构重复"的"发散—收敛"过程，对于解释经济系统内生的波动性路径具有重要的意义。它表明，经济系统一旦达到某种"平衡结构"的就会自然地形成脱离"平衡"的不稳定性因素，说明不稳定性内在于经济系统的增长过程之中。这种未能"重塑"新平衡结构的经济波动，其波动幅度很小，甚至不易察觉。本文将这种最低层级的周期性波动，称为第一层级的波动，这也是波长最小的经济周期。这种波动具有两方面的内容：第一，随着人口或就业量的匀速增长，新增人口和就业量增长引发的消费品需求形成加速的固定资本更新和第Ⅰ部类扩张，导致经济系统交替偏离和回归既有平衡结构，形成动态的"发散—收敛"过程。第二，随着最陈旧的固定资产结束其"周转周期"，固定资产的更新导致加速增长，从而引起类似的"发散—收敛"过程。这两方面内容往往会彼此交融，共同作用。

除上述最低层级的周期性波动，如果经济系统能够"重塑"新的平衡结构，形成"结构变迁"，将导致在"多重平衡结构"之间，经济系统在"结构引力"的作用下，在经过具体"平衡结构"前后交替出现"自我强化"和"锁定效应"。在这个过程中，经济系统将形成较大幅度的经济波动，形成波长较长的经济周期。仅就其逻辑层级而言，视变动幅度的大小，至少存在三个层级的"结构变迁"，从而赋予"多重平衡结构""自我强化"和"锁定效应"三个层级的差别，形成三个层级和波长的"周期性波动"。

第一，"规模经济"提升生产率形成的"结构变迁"与周期性波动。这种层级的"结构变迁"其实是"结构重复"的"伴生现象"。换言之，绝对的"结构重复"只有纯粹的理论意义。受规模经济的影响，经济系统在总量增长的过程中，往往难以保持各部门生产率提升的同步性。生产条件差异形成"规模经济"效应的差别，从而导致各部门生产率水平的差异，形成新的平衡结构。在既定技术水平上，完全由规模经济因素导致的"结构重塑"，其新平衡结构与既有平衡结构的差异往往相对较小，由此形成的"自我强化"和"锁定效应"也相对不明显。所以，这一层级的"结构变迁"对应波动幅度较小的第二层级的经济周期。在上述过程中，新平衡结构发挥"结构引力"具体的作用形式是"发散—收敛"过程。相应地，在这种"结构引力"的作用下形成波动的过程中，也伴随着第一种层级的波动。简言之，这一层级的"结构重塑"以"结构重复"为具体路径，这种"结构重塑"形成的第二层级的"周期性波动"以第一层级的波动为具体路径。高层级的"结构变迁"和"周期性波动"以次级的"结构变迁"（重复）和"周期性波动"为具体路径——这是不同层级的结构变迁和经济波动的基本规律。

第二，"技术变革"提升生产率形成的"结构变迁"与周期性波动。上述规模经济条件下的"效率提升"可以视为规模扩大形成的"成本节约"，是相同的生产技术在更高的生产规模上形成的"生产率"差异所导

致的。各生产部门除了规模变动形成的效率扰动外，生产中也可能形成
"工艺创新""技术改造""技术升级"，这些技术的变动，同样会形成更
高水平的"生产率"，从而导致各部门的生产率水平形成更大幅度的差异，
进而改变部门间单位产品的交换比例，"重塑"新的平衡结构。另外，新
技术的产生也可能带来原材料和生产工具的变革，改变部门间技术联系，
通过影响部门间交叉需求弹性，重塑平衡结构。总之，技术变革通过影响
生产率水平和部门间技术联系，引发较大幅度的"结构变迁"，形成第二
层级的"结构变迁"和第三层级的周期性波动。

　　第三，生产方式变革（产品创新＋制度变迁）形成的"结构变迁"与
周期性波动。较大幅度的技术变革，往往伴随产品创新和制度变迁，甚至
从根本上改变经济社会的生产方式和生活方式。相对于前面两种类型的
"结构变迁"，产品创新会形成再生产结构的"质变"。由于原先不存在的
产品形成，或原有产品被淘汰，参与再生产结构的生产部门发生了变化，
经济系统会进入"全新的"再生产结构。相应地，整个社会的组织结构、
制度规范甚至生活方式都可能形成较大幅度的变革。这种更高层级的"结
构变迁"，可以称之为第三层级的"结构变迁"。这种"结构变迁"所造
成的"自我强化"和"锁定效应"则形成第四层级的周期性波动。资本主
义经济的长周期通常体现为经济系统对"全新的"平衡结构的"重塑"
过程。

五　影响因素与理论对话

　　技术、制度、利润率和市场扩张等因素对经济周期的影响，通过激化
结构约束与部门间生产周期异质性的矛盾发挥作用。分析这些因素对变迁
过程的影响，可以同各类经济周期理论对话，阐明这些因素影响经济周期
的动态路径。

（一）资本消失与利润率下降

　　著名美国马克思主义经济学家克莱曼（Andrew Klima）通过系统的理
论分析和翔实的经验研究认为，当前资本主义经济危机源于20世纪70年
代开始的大衰退。长期的利润率下降和大规模的资本消灭，是构成这一趋
势的关键（克莱曼，2013，第124页）。因此，克莱曼提出以历史成本计

算利润率，反对现期成本计算原则，以体现经济系统在衰退过程中形成的"资本消灭"；剔除资本重新计价后由"成本节约"形成的利润率升高的假象（克莱曼，2013，第116页）。结合本文提供的动态路径，克莱曼揭示的观点可能更易于理解。以"资本消灭"和"现期成本利润率"来修复利润率下降趋势，实际上是结构约束与异质性周期之间的矛盾被激化后未能获得缓解的结果。受"发散—收敛"过程和"结构变迁"的影响，经济系统必然周期性地脱离平衡结构，形成"价值革命"，从而导致利润率下降。这种利润率下降是产品过剩、价格下降的结果。如果在先行部门的承受期内，经济系统能够及时回归平衡结构或导向新的平衡结构，那么产品过剩和产能过剩状态将消失，产品价格将逐步恢复，利润率下降将获得修复。这种修复是一种实际的"价格修复"。相反，迫使企业承认失败，降低既有资产的价值评估，通过降低"成本基数"来恢复利润率，则是一种假象的"成本修复"。克莱曼的实证结果则表明，资本主义经济长期衰退的原因正在于，经济系统未能及时回归"平衡结构"，企业无法按照恢复后的利润率对其既有资产进行准确的估价，反而需要在"现期成本"中承认"资本消灭"。

（二）技术和积累体制

依据新熊彼特学派、法国调节学派和美国积累的社会结构学派的观点，技术和积累体制也是解释经济长期波动的重要因素（孟捷，2011）。结合本文的分析不难理解，新技术和新体制的意义就在于"重塑"新的平衡结构，使经济系统在偏离既有"平衡结构"后，及时导向新的平衡结构。相反，如果新的技术和积累体制不能出现，无法形成新平衡结构，"结构重复"过程将不断持续，导致经济系统反复遭遇"发散—收敛"过程造成的"价值革命"和"资本消灭"。此外，在本文的分析中"结构变迁"的幅度越大，变迁过程中"自我强化"和"锁定效应"形成的波动幅度越大。因此，避免长时期衰退的关键在于推进生产方式变革，通过产品创新和体制创新"重塑"全新的"平衡结构"，使经济系统在较短的时期导入新平衡结构的"自我强化"路径。否则，较长时期的经济衰退将无法避免。从这个意义上讲，当前新自由主义积累体制的失败（孟捷，2012），其原因可能不仅在于这一积累体制对现有"平衡结构"的排斥，这一积累体制阻碍生产方式变革，导致全新的"平衡结构"难产，也是重要原因。

(三) 消费不足与市场扩张

卢森堡是消费不足论的代表,她"把争论提高到一个更值得注意的水平。她提出了积累的扩大再生产的来源问题"(曼德尔,1964,第 380页),即剩余价值的购买力和实现问题。"剩余价值既不能由工人也不能由资本家来实现,而是由那种属于非资本主义的生产方式的社会阶层或社会阶级来实现。"(卢森堡,1959,第 276 页)由此,卢森堡认为资本主义的扩大再生产,必须以持续不断的市场扩张为条件。卢森堡的观点受到了学者们的批评。罗斯多尔斯基(1992,第 70—79 页)认为卢森堡"只是在资本一般的意义上说明危机,忽视了现实的危机只能产生于许多资本之间的竞争"(谢富胜等,2010)。在本文提供的多部门框架内,卢森堡提出的剩余价值的购买力和实现问题,可以在部门间"交互供求"的结构体系内获得解决。各部门的购买力取决于其他相关部门的生产,在新的平衡结构上,剩余价值所代表的新增产量和价值量可以在经济系统内获得购买和补偿。在理论上,剩余价值的购买力可以在新平衡结构上由经济系统内部各部门间的交换体系内源地解决。英国学者克拉克(Simon Clarke,2011,第58 页)认为,卢森堡也承认了这种内源解决方式在理论上的可行性。

虽然理论依据存在局限性,但是卢森堡所揭示的市场扩张趋势却是资本主义发展的根本趋势之一。在本文的分析框架中,市场扩张是破解"锁定效应"推进"结构重塑"的关键。由于社会分工体系是封闭的,产品的交换比例完全取决于各部门之间的产量结构。因此,任何偏离平衡结构的变动,都会遭遇"价值革命"和"资本消失"的惩罚,构成强制性"结构引力",在平衡结构上形成"锁定效应"。只有改变经济系统的生产率水平、分配关系、技术联系和生活方式,形成新的平衡结构,才能克服既有平衡结构的"锁定效应"。然而,一部分先行部门的扩张,往往难以全面影响经济系统整体的生产率水平、分配关系、技术联系和生活方式,从而难以"重塑"新的平衡结构。所以,封闭条件下,对既有平衡结构的偏离往往只能构成违背既有结构的"短期动向",难以导向新的平衡结构。但是,如果引入开放的市场条件,允许先行部门将其过剩产品出口到外部市场从而获得补偿,那么,强制的结构约束将被放松,平衡结构的"锁定效应"将被削弱。作为经济系统打破既有平衡结构时的"回旋余地",外部市场对于持续稳定的经济增长具有重要意义。

六　结论与政策启示

部门间供求关联机制与各部门报酬递增机制的共同作用，导致资本主义经济在增长过程中存在多重"平衡结构"。经济系统违背平衡结构所遭遇的"价值革命"和"资本消失"，构成强制经济系统遵守平衡结构的"结构引力"。经济系统在经过不同"平衡结构"前后，受"结构引力"吸引，交替出现的"自我强化"和"锁定效应"，构成经济周期的结构论解释。部门间跨期结构约束与异质性生产周期的矛盾，导致系统围绕"平衡结构"形成"发散—收敛"过程，构成"结构引力"动态的作用形式。以经济系统内生的"发散—收敛"过程为具体路径，资本主义经济不断经历不同层级的"结构重塑"（重复），形成不同波长的周期性波动。每一层级的"结构变迁"和"周期性波动"以次级的"变迁"和"波动"为具体路径。技术、积累体制、利润率和外部市场等因素，通过激化或缓和部门间结构约束与异质性生产周期之间的矛盾影响经济系统的周期性波动。分析这些具体的影响因素及其发挥作用的动态路径，可以实现与不同经济周期理论的对话，并为经济周期的治理提供相应的政策启示。具体而言，政策启示至少包括以下三个方面的内容。

第一，制定长期的技术进步和制度创新战略。防范经济波动危害的关键在于避免经济周期下行阶段形成的经济衰退和危机。较大幅度和较长时期的经济衰退，来自较大幅度"结构变迁"之后高层级的"平衡结构"所引发的"锁定效应"。制定长期的技术进步和制度创新战略，为持续的"结构重塑"制订长远的战略规划，是避免经济增长陷入长期衰退的关键。在这方面，发达国家既有的技术进步和制度变迁历史，已经向发展中国家显示了长远的结构变迁所需的技术和制度条件，有助于发展中国家结合其他国家的经验教训，制定和执行长期的技术进步和制度创新战略。

第二，提高先行部门的带动能力。无论是最低层级的"发散—收敛"过程，还是较高层级的"结构变迁"，经济系统的结构调整和经济波动过程都存在率先扩张的先行部门。部分生产周期较长的产业部门往往会在率先扩张之后形成"过剩产能"，面临"价值革命"造成的经济损失。降低经济波动的关键就在于降低这些先行部门率先扩张的代价，提高先行部门的带动能力，加速后进部门的跟进速度。应选择那些带动范围大、带动作用强的先行部门作为战略产业。在后进部门尚未跟进，或战略产业畏惧潜在风险不敢率先扩张时进行适当保护，以补贴和信贷支持等手段为战略部门提供相对宽松的资金链条件，提高其对潜在风险和产能过剩的承受能力。同时，优化战略产业与关联产业之间的交易条件，加强技术和商务联系，提升带动能力。

第三，优化对外扩展，坚持以我为主。除技术进步和制度创新外，利用外部市场克服对系统内各部门的需求依赖，弱化形成"锁定效应"的"结构引力"，也是克服"结构锁定"加速"结构重塑"的重要途径。因此，加强外部市场扩展，为国内"先行扩张"的产业部门提供更大的"回旋余地"是推进经济系统顺利实现"结构变迁"的重要保障。需要强调的是，就克服"结构锁定"而言，外部市场扩展的关键在于服务国内的结构调整，而非仅仅占领国外市场。由于国外市场也处于其他国家的生产结构体系之中，过多依赖国外市场，容易遭遇外国经济波动的损害。在加强外部市场扩展的同时，坚持以我为主，以推进国内结构调整为主线加强对外开放的战略规划，对于改进我国的对外开放战略，具有重要的意义。

参考文献：

1. ［美］安德鲁·克莱曼：《大失败：资本主义生产大衰退的根本原因》，周延云译，中央编译出版社 2013 年版。

2. 杜曙光、刘刚：《"中等收入陷阱"经济学基础再发现》，《河北经贸大学学报》2013 年第 5 期。

3. 胡乐明、刘刚：《论马克思主义经济学与经济学诸流派的沟通——以演化经济学为例》，《当代经济研究》2012 年第 12 期。

4. 贾根良：《报酬递增经济学回顾与展望一》，《南开经济研究》1998 年第 6 期。

5. 贾根良：《报酬递增经济学回顾与展望二》，《南开经济研究》1999 年第 1 期。

6. ［德］卢森堡：《资本积累论》，生活·读书·新知三联书店 1959 年版。

7. ［英］克拉克：《经济危机理论：马克思的视角》，北京师范大学出版社 2011 年版。

8. 《马克思恩格斯全集》第 23 卷，人民出版社 1972 年版。

9. 《马克思恩格斯全集》第 25 卷下，人民出版社 1973 年版。

10. ［比利时］曼德尔：《论马克思主义经济学》，商务印书馆 1964 年版。

11. 孟捷：《劳动价值论与资本主义生产中的不确定性》，《中国社会科学》2004 年第 3 期。

12. 孟捷：《资本主义经济长期波动的理论：一个批判性评述》，《开放时代》2011 年第 10 期。

13. 孟捷：《新自由主义积累体制的矛盾与 2008 年经济—金融危机》，《学术月刊》2012 年第 9 期。

14. 谢富胜、李安、朱安东：《马克思主义危机理论和 1975—2008 年美国经济的利润率》，《中国社会科学》2010 年第 5 期。

15. Arthur, W. B. , "Self-reinforcing Mechanisms in Economics", *The Economy as an Evolving Complex System*, No. 5, 1988.

16. Arthur, W. B. , "Competing Technologies, Increasing Returns, and Lock – in by Historical Events", *The Economic Journal*, Vol. 99, No. 394, 1989.

17. Kalecki, C. M. , *Determinants of Profit*, In *Selected Essays on the Dynamics of the Capitalist Economy*, Cambridge：CUP, 1980.

18. Mandel E. , *Late Capitalism*, London：NLB, 1975.

19. Mandel, E. , *Long Waves of Capitalist Development*：*A Marxist Interpretation*：*Based on the Marshall Lectures Given at the University of Cambridge*, Verso, 1980.

金融垄断资本与食利性帝国[*]

陈人江[**]

金融资本的统治已成为我们时代的主要特征。列宁曾指出："金融资本对其他一切形式的资本的优势，意味着食利者和金融寡头占统治地位，意味着少数拥有金融'实力'的国家处于和其余一切国家不同的特殊地位。"[①] 这也是当代世界最真实、最鲜明的写照。不过，今天的金融资本所体现的食利性与腐朽性较之列宁的时代，已是有过之无不及。要对今天的金融资本统治做更深刻的批判和反思，不应只局限于对金融危机问题的探讨，更要从对金融资本本质的理论剖析入手，并上升到对当代世界统治格局的分析。

一 作为金融资本本质属性的寄生性和投机性

货币资本在资本主义社会占有支配性的地位。它不仅是资本主义社会财富的尺度——价值与剩余价值的直接和现实的形式，而且能够带来新的价值。因为商品生产循环必须以资本家用货币来购买生产资料和劳动力才得以开启，最后又以交换价值在货币形式上实现为终点——只有卖出商品，重新换回货币，生产循环才算结束，且这一交换价值是增殖了的交换价值。借贷资本的出现，改变了这种生产的价值增殖逻辑。货币所有者仅仅凭借货币所有权，通过转让其使用权，就能获得报酬（利息），从而借此取得瓜分剩余价值的权力，它充分体现了资本的"以钱生钱"的纯粹逻

* 本文为中国社会科学院重点基金资助课题"金融资本与帝国主义理论的建构"阶段性成果。

** 陈人江，中国社会科学院马克思主义研究院助理研究员，研究方向为马克思主义基本原理、国际政治经济学。

① 《列宁选集》第 2 卷，人民出版社 1995 年版，第 624 页。

辑。对"以钱生钱"的偶像崇拜在生息资本形式中达到顶点。在生息资本形式中，一切确定的有规律的货币收入都只是被看作资本的利息，而不管这一收入是否确实由该资本生出。马克思认为，"以钱生钱"的货币资本循环形式，"最明白地表示出资本主义生产的动机就是赚钱。生产过程只是为了赚钱而不可缺少的中间环节，只是为了赚钱而必须干的倒霉事。（因此，一切资本主义生产方式的国家，都周期性地患上一种狂想病，企图不用生产过程作媒介而赚到钱）"①。资本一旦投入生产过程中，就相当于被束缚住了，它被固定在机器、厂房、劳动力商品等形式上，无法自由地回收和立即兑现收益，体现在货币形式上的资本则具有相当大的灵活性，可以自由支配，并且能更快地兑现收益。但是，要使资本为其所有者保持货币资本形式，就必须使货币资本变成虚拟资本——一种利润获取凭证或资本所有权证书，货币所有者才能通过出卖对利润的要求权随时将自己的资本作为货币资本收回；而要使货币资本不断转化为虚拟资本，虚拟资本又不断转化为货币资本成为可能，就必须能通过对虚拟资本的买卖实现差额利润，从而才能不断刺激买卖。换而言之，投机是虚拟资本交易的天然属性。寄生性、投机性在资本增殖上的逻辑主导权在此已得以清楚的揭示。

资本主义社会的生产和交换具有内在的不稳定性，为了抵御经济过程随时可能中断的风险，信用即货币资本的借贷和商品交易的延期付款就成为必要的，而且经济规模越大，经济主体对信用关系就越依赖。在现代资本主义社会，货币资本集中掌握在银行和包括以证券交易所为中心的资本市场、基金组织、信托公司等非银行的金融机构手中，它们作为社会资本的代理人，收集、管理和分配资本，并从提供信用和管理、经营货币资本的职能中收取利息、佣金和取得其他资本收益。随着信用的发展，资本所有权与资本职能的分离日益普遍化，借助于信用，人们用于产业投资和金融投机的资本越来越不是自己的钱，而是别人的钱。这样一方面导致了大规模金融投机事业的兴起——因为联合的社会资本是通过资本所有权证书被占有的，这种资本所有权证书本身就代表着货币资本的虚拟化，然后再通过二级市场上的多次赌博性交易（即证书所有权的多次转移），就使同一份现实财产出现了多重虚拟化。在信用扩张刺激下，按照同一路径，虚

① 马克思：《资本论》第2卷，人民出版社2004年版，第67—68页。

拟资本的虚拟资本，即金融衍生品也被大量制造了出来，以扩大投机分利，而这正是今天的金融市场发生的状况。另一方面，在生产集中的基础上促进了产业组织形式的新变化，即股份制的出现，它预示着一种新型所有制结构的诞生。在股份制结构中，资本所有者不参与企业生产过程，只是凭借资本所有权证书（股票、债券等）来索取该资本所实现的剩余价值的一个相应部分，企业的具体经营管理事务则交由其代理人（企业经理）执行。正如法国经济学家杜梅尼尔和莱维所指出，资本所有者与企业生产、管理的分离形成了对资本家的控制权的威胁，但他们通过金融机构，却可以行使这种管理的控制权和资本的分配权（这一点在 20 世纪 70 年代末 80 年代初以来的新自由主义时代尤为明显——笔者注），"这样，就可能将资本所有者与他们的金融机构（银行、基金等）联系起来"①。这二者的权力都表现为从单纯的货币资本占有权中衍生出来的（以利息、股息、租金等形式）对利润的瓜分权和索取权，即"金融权力"，实现这种权力的资本就是金融资本。②

尽管金融资本的利润归根结底来源于产业资本带来的剩余价值，但并不意味着金融资本的积累与产业资本的积累是一个完全重合的过程。金融资本的积累实际上以两种方式进行：与产业资本直接结合，通过商品生产循环的中介运动，以股息、红利的形式占有生产过程创造的剩余价值的一部分，这时它对产业投资起到了推动作用；不与产业资本结合的纯粹生息方式——它通过绕开生产过程，对与产业投资需求无关的虚拟资本投资来实现，这一方式具有完全的投机、赌博属性。③ 在这种情况下，增殖之所以能够实现，不是因为生产领域生产出了剩余价值，而只是由于价值的虚幻膨胀，并在虚拟资产价格波动的表面下，大资本家剥夺了小资本家，投

---

① ［法］热拉尔·迪蒙、多米尼克·莱维：《新自由主义与第二个金融霸权时期》，《国外理论动态》2005 年第 10 期。

② 笔者的金融资本概念部分借助了热拉尔·杜梅尼尔（也有人将其译作"热拉尔·迪蒙"）和多米尼克·莱维对"金融资本"的解释（参见［法］热拉尔·迪蒙、多米尼克·莱维《新自由主义与第二个金融霸权时期》，《国外理论动态》2005 年第 10 期；《关于新自由主义的危机——热拉尔·杜梅尔访谈》，《国外理论动态》2010 年第 7 期）。但与杜梅尼尔和莱维强调"金融资本"与"金融业资本"的区别不同，笔者认为，金融资本也应包括金融业资本，否则就无法全面理解 20 世纪 80 年代初以来的经济投机化、赌博化过程。

③ 谢安平：《企业法人恶意破产与金融债权保全》，《北京工商大学学报》（社会科学版）2012 年第 1 期。

机的幸运儿剥夺了非幸运儿，社会现实财富没有任何增加，只是发生了转移。然而，即便是产业繁荣时期，与第一类投资紧密相关的金融资本也出现投机高涨。例如，始于 19 世纪中期的欧洲和美洲的铁路建设，就曾带动了大规模的铁路投机狂潮。而每当产业积累出现困难和障碍时，金融资本会更倾向于以第二种方式来实现积累。

20 世纪 70 年代初，资本主义发达国家普遍出现了利润率下降、产业资本积累放缓乃至生产停滞的状况，大量缺乏有利可图投资渠道的过剩资本于是日益抽离了产业部门，涌入金融领域。因此，20 世纪 70 年代末以来，金融资本的积累主要采取了后一种方式，即虚拟资本完全脱离产业而自我循环的方式，这意味着金融资本的投机性更加明显，其食利性进一步加强。

二　金融垄断资本与食利经济的增长

信用制度和股份制加速了货币资本的集中，并使它日益掌握在极少数人手里。少数私有者仅用自己的一大宗股票，就能支配整个公司和社会的财富，这导致了大资本对中小资本的排挤，造成了金融资本的膨胀和垄断。反过来，金融资本的垄断形态又进一步扩大和加速其积累过程。因为掌握了资本主义社会财富的直接形式（货币），金融资本家能够介入社会经济的各个领域：控制银行，购买工厂、企业，参与基础设施的投资，吞并商业，投机国债，占有土地和自然资源，控制消费品分配——货币资本就像魔杖一样能使金融资本家更为自由、灵活和有效地占有一个个高额利润的部门，同时又能够较为自由地退出已下降到一般利润率以下的部门。金融资本扩张的最终结果就是金融垄断资本的产生。

新自由主义时代以来，西方发达国家的整个经济体向投机、食利的经济模式转变，也使金融垄断势力大大增强。

首先，"解除金融管制"的政策极大地推动了美国等发达国家的虚拟资本膨胀，金融机构发明了层出不穷的金融衍生品，通过高杠杆化来获取高额利润。金融衍生品已过度泛滥：全球金融资产呈现出金字塔结构，其中，金融衍生品占了 80%，金融债券和货币供应量分别只占 10%。[1] 在全

---

① 谢安平：《企业法人恶意破产与金融债权保全》，《北京工商大学学报》（社会科学版）2012 年第 1 期，第 178 页。

球流动性中，金融衍生品也占了绝大部分。2009 年金融衍生品竟提供了全球高达 82% 的流动性，为世界 GDP 的 1048%！[①] 衍生品交易的增长也极为迅速，从 2002 年到 2008 年，光是衍生掉期交易的名义价值就翻了 4 倍，相当于美国 GDP 的 25 倍多。[②]

其次，在实体经济持续低迷，金融系统流动性过剩的条件下，负债被当作刺激消费需求和投资需求，以维持和扩大积累的最重要渠道。2000 年美国股票市场泡沫破灭后，房地产市场的抵押贷款成为负债消费驱动型经济的核心。在廉价信贷的带动下，房地产消费持续增长，价格不断上涨，也刺激了对资产市场的投机，而房地产价格上涨所引起的财富效应又支持了债务融资。债务成为金融机构对企业利润和居民收入掠夺的重要手段。一方面，个人、家庭以及企业被允许以任何资产作为抵押，向银行或住房抵押贷款公司贷款，一旦资产价格下跌，借款人只能继续承受高额债务，并面临丧失抵押品赎回权的危险；另一方面，银行把抵押贷款视为确定能够带来利息的资产，将其债券化了，并从发行、销售抵押贷款债券中获取佣金，购买这种债券的基金组织和机构投资者则从资产价格上涨中受益。于是 20 世纪 70 年代以后，美国由原先基于支持生产过程的股票的垄断经济逐渐转向了基于债务证券化的赌博套利经济。银行通过制造资产价格泡沫，吸引更多的人进入市场，从而将个人收入越来越大的一部分转化成为银行带来利息的借贷资本，而反复抵押贷款融资则进一步导致债务积累，同时虚拟信贷以多倍规模被制造出来。当信贷扩大到没有偿还能力的人群时，也埋下了引发危机的地雷。

再次，养老基金、保险公司、共同基金、投资公司等机构投资者逐渐取代了传统银行和家庭，成为金融市场最重要的融资和投资主体。机构投资者从储户和私人投资者那里以借款的方式募集货币资本，这些资本被聚敛在他们手中，转化成了一个巨额和集中的量。在很大程度上，少数掌握着巨额投资资金的机构投资者已经左右着投资方向，控制着经济剩余的分配，从而成为新的金融垄断资本集团。据统计，2000 年，美国家庭持有的

---

① 张幼文等：《金融危机后的世界经济：重大主题与发展趋势》，人民出版社 2011 年版，第 68 页。

② 同上书，第 42 页。

公众股份额为 42%，机构投资者则占了 46%。① 从 1987 年到 2000 年，机构投资者在美国 1000 个企业中的持股数占总股数平均比例从 46.6% 上升至 61.4%，到了 2007 年年底，这一数字已达到空前的 76.4%。而在机构投资者所有权最大的企业中，所有权也出现了前所未有的集中。1985 年，机构投资者在所有企业中的所有权还都低于 60%，到了 2007 年，已有 17 家公司的机构投资者所有权达到或超过 60%，其中 6 家公司的机构投资者所有权甚至达到或超过 70%。这表明，机构投资者已成为大企业的垄断所有者。在财富分配上，机构投资者同样占据了主要份额。统计数据显示，从 1995 年到 2005 年，机构投资者总资产的增长翻了 1 倍多，2005 年的金融资产总额达 46 万亿美元。截至 2006 年年底，包括养老保险基金、投资公司、保险公司、银行和基金会在内的所有机构投资者所控制的总资产额已达到 27.1 万亿美元，比 1980 年的总资产额增长了 9 倍，而其持有的所有股票市场价值占美国股票市场总值也从 1980 年的 37.2% 上升至 2006 年的 66.3%。② "世界几大私募股权公司，例如黑石集团（Blackstone）、得州太平洋集团（Texas Pacific Group）或者 KKR（Kohlberg Kravis Robert & Co.），其中任意两家控股公司年净收入总额累加起来都超过了大部分美国公司的年净收入额。"③

机构投资者大都缺乏监管，透明度较差，他们热衷于进行投机性很强的风险投资，投资资本则全部通过外界筹措。例如，养老基金的资金来自居民的存款。由于国家社会福利的缺失，这些资金是低收入者未来生活的唯一保障，但是，金融垄断资本集团却把居民的收入和储蓄变成牟取巨额投机利润的重要源泉。

与此同时，在新自由主义条件下，金融垄断资本加强了对产业组织利润的侵蚀。一个多世纪以前，马克思曾经深刻揭露过法国路易·波拿巴时代设立的动产信用公司的实质，指出其目的并非对外声称的那样是为了鼓励和资助工商业，而只是想利用工商企业，从股票发行和收购中取得投机利润。这个例子已经显示了金融寡头迫使产业企业屈从于其财富积累的未

① ［美］詹姆斯·克罗蒂：《新自由主义对非金融企业影响的分析》，载刘元琪《资本主义金融化与国际金融危机》，经济科学出版社 2009 年版，第 99 页。
② 美国经济咨商局 2008 年《机构投资报告》（Institutional Investment Report）。
③ ［印度］C. P. 钱德拉塞卡尔：《当代资本主义经济危机背景下的美国次贷危机》，载刘元琪《资本主义金融化与国际金融危机》，经济科学出版社 2009 年版，第 51 页。

来迹象。今天，这种"把工业封建主义（指股份公司——笔者注）变成了证券投机的纳贡者"的思想，正是投资银行业务和证券市场的指导原则。以美国为例，一方面，利润率下降和 20 世纪 80 年代初沃尔克冲击的高利率导致的恶性竞争，使包括大型垄断企业在内的产业企业不得不屈从于由垃圾证券支持的恶意并购运动（这在 20 世纪 80 年代中期达到高潮）。而企业靠负债支撑的并购行为，又加剧了利息负担。实际利率在整个 20 世纪 80 年代一直高于战后前 30 年的 2—3 倍，直到金融危机爆发后的 2008 年左右才回落到 20 世纪 50 年代最低水平。相应地，产业部门的利息负担从 20 世纪 70 年代以来不断上升。企业利息支出占税后利润份额从 1966 年的 11% 左右到 1970 年骤然上升至近 34%，此后直至 2008 年一直维持在不低于 20% 的高位，其中 1980 年、1990 年和 2002 年更是达到了 45% 的峰值。① 另一方面，在普遍追求短期资本收益的融资压力下，企业被迫不再致力于长期稳定发展的目标，而是向以高股价和高股息回报的"股东利益至上"治理模式转变。非金融企业支付给股东的股息（扣除利息支出后）占可分配利润之比从 20 世纪 70 年代的最高值 60% 多上升到今日的 80% 多，2001 年左右和 2008 年左右甚至达到最高值——临近 100%！② 由此，产业部门的大部分经济剩余被金融部门攫取，产业企业所掌握的现金流则相对萎缩，反过来又导致投资率进一步下降。此外，企业不再被看作是一个固定和稳定的统一体，而是由可拆分的各个部分组成的集合体。对投资和收购企业的机构投资者等金融集团来说，企业资产越流动和越容易变卖越好。他们要求企业对资产进行拆分和重组，剥离不良资产，以此抬高股价，或低价收购企业及公共部门资产，并在资产价格泡沫膨胀推动下，通过变卖资产来获取高额盈利。

在自身收益下降和金融收益持续上升的挑战下，产业企业做出的反应同样是将资金从生产活动中抽出，越来越多地投资于金融领域，因而内部也日益金融化了，这进一步加剧了整个经济的投机性和食利性，同时又使金融机构对产业企业的投资和资金管理的控制日益增强。

金融资本所攫取的利润上升可从下列美国经济统计数据中看出。仅以

---

① 参见［美］埃尔多干·巴基尔、艾尔·坎贝尔《新自由主义、利润率和积累率》，美国期刊《科学与社会》2010 年第 3 期。

② 同上。

行业划分，包括金融、保险、房地产和租赁在内的广义金融业增加值占GDP 比重在 20 世纪 60 年代以后持续上升。这一增加值占比在 1960 年为14.2%，1986 年上升到 18%，超过了制造业，到了 2009 年已达 21.5%。相比之下，金融业①的利润占全部行业总利润的比重呈现出更为明显的上升幅度。1960 年的金融业利润占比为 17.3%，经过 20 多年的小幅波动，到 1985 年为 20.8%。整个 20 世纪 90 年代，这一数字在 25%—35% 徘徊，超过了战后历史最高水平，到 2001 年则迅速增长至 41.3%，2003 年更是达到了 43.8% 的最高点。此后几年，由于受美国利率上调影响，金融利润占比不断下降，直至降到 2007 年 26.6% 的低点，2008—2009 年开始有所回升，但基本低于制造业的下降幅度②。考虑到产业企业的金融化问题，产业部门与金融部门的利润分界正变得模糊不清，如果不以行业划分，则金融资本所取得的利益份额只会更多。

种种证据表明，金融资本已经取得了对经济的主导权，形成了金融资本的垄断。掌握金融所有权的金融寡头和食利者阶层对社会财富的掠夺和控制达到了一个相当大的规模。处于美国财富金字塔尖的 1% 的富人中，来自金融部门的日益增多。根据美国威廉姆斯学院的一项研究："金融界的富人从 1979 年占财富值的不到 8% 跃升至 2005 年 13.9%，而在最富有的 0.1% 人群中，金融界富人则从 1979 年的 11% 上升至 18%。"③ "现在，身居美国财富金字塔顶端的 1% 人口每年收入占全国总收入将近四分之一。若以所拥有的财富而论，这 1% 人口所控制比例达 40%。而在 25 年前，这两个数字分别为 12% 和 33%。"④ 另据一项研究，20 世纪八九十年代，在绝大多数经合组织成员国中，金融机构和金融资产持有者的收入占国民收入的比例都大大高于 20 世纪 70 年代。⑤

三　金融垄断资本统治下的食利性帝国

20 世纪 70 年代末以来，世界经济的一个重大变化是，金融垄断资本

---

① 金融业在这里指仅包括金融和保险在内的狭义金融业。

② 根据《美国总统经济报告（2010）》，表 91《行业公司利润 1960—2009》计算。

③ 张晓华：《美国 1% 俱乐部：金融新贵日益壮大》，《南方都市报》2012 年 2 月 13 日。

④ ［美］斯蒂格利茨：《1% 的人所有、1% 的人治理、1% 的人享用》（http://wen.org.cn/modules/article/view.article.php/2545）。

⑤ ［美］戈拉德·A. 爱泼斯坦：《金融化与世界经济》，《国外理论动态》2007 年第 7 期。

的对外扩张和掠夺借助了经济全球化的名义，使其在广度上和深度上都达到一个前所未有的规模。以美国为核心的金融垄断资本不仅控制了本国的产业部门和金融部门，而且加强了对广大发展中国家的渗透和支配，苏东剧变导致的社会主义阵营瓦解和中国改革开放，更是将一大批原社会主义国家纳入了整个国际资本统治体系。

以美国为核心的金融垄断资本国际统治体系有两大支柱，其中之一是全球产业分工体系。经过 20 世纪 80 年代以来的全球产业结构调整，所形成的现有国际分工格局加剧了全球金融投机倾向。发达国家内部不同程度地出现了制造业在国民产业结构中所占比例的下降，产业部门参与金融活动趋势加强的状况，其中尤以美国为甚。与此形成鲜明对照的是，一些发达国家在国内只保留服务业、少量高科技产业和军工战略产业，向外则大规模转移资本有机构成低的产业，把发展中国家变为全球产业链的制造业终端平台，这样既可以充分利用发展中国家的廉价劳动力和廉价原料，又可以加剧发展中国家中小资本的竞争，压低它们的利润空间，从而提高西方跨国资本从制造业中牟取的利润份额。不仅如此，发展中国家制造的廉价消费品出口到美国等发达国家，又支持了这些国家自身的借债消费经济，亚洲东部、东南部已经成为这样的为不事生产的金融富国集团提供消费品的主要生产基地。例如，中国作为世界上最大的制造业大国，占 GDP 60% 以上的生产额来自于外资企业，对外贸易由低利润的加工贸易所主导，其中 50% 以上的贸易出口额来自于外资企业，这些物美价廉的消费品又主要出口到美国和欧洲。中国制造，美国消费，是直至今日整个世界经济的主要驱动力。另外，美国等金融富国利用在技术研发上的领先地位和知识产权保护，对发展中国家的新技术收取高额专利费用，它们不光能从中获取垄断技术租金，还可以限制发展中国家的产业升级，把发展中国家现有的产业"纳贡"地位维持下去。这导致了金融富国内部产业进一步空心化和剩余价值激增，资本过剩更为严重。这些因素共同推动了金融富国的进一步金融化，加剧了其垄断资本的寄生性和腐朽性，金融垄断资本集团盘踞于国际产业体系之上，更加贪婪地吮吸从海内外源源不断输送而来的利润和利息。全球层面的产业资本主义与金融资本主义的矛盾由此在一定层面上转化为广大发展中国家与以美国为核心的少数金融富国之间的矛盾。

美国对世界货币体系的垄断构成其金融垄断资本全球统治的另一大支

柱。自1973年美元与黄金脱钩以后，世界货币体系就废除了金本位制，由美元来充当国际流通和结算货币。美元成为世界货币，意味着美国能够不生产，仅仅依靠印刷自身几乎无价值的美元纸币，就能一本万利地套购世界其他地区的具有真实价值的商品、服务和资源，这是美元霸权的基础，因而也是垄断了纸币发行权的美国金融寡头集团洗劫世界财富的基础。美元作为世界货币的特殊地位，不仅加深了世界分工体系中美国与其他国家的不等价交换，而且有利于美国通过这一分工体系向其他国家转嫁危机。比如，美国在经济扩张期，为抑制通货膨胀和防止经济过热而大规模增加外贸赤字，推动对美出口国的经济过热，美国在经济衰退期大幅度降低外贸赤字则加剧对美出口国的生产过剩。此外，美元作为世界绝大多数国家的储备货币，美国不仅从中获取大量铸币税收益，而且美元储备国（除了日本，主要集中在中国、俄罗斯、印度、韩国等发展中国家）反过来大量购买低息的美国国债，使美元重新回流美国国内，填补其国内资金缺口，帮助平抑通货膨胀。这种美元循环方式，已经把美元储备国紧紧绑在美国经济的战车上，它们的投资收益与维持美元币值紧密挂钩，因而甘愿成为美国寄生性地利用美元霸权负债消费模式的"资本纳贡者"。更为重要的是，美国虽然是世界最大债务国，但它反过来对许多发展中国家是主要的债权国。一些外汇储备窘困，又需要用美元来进行国际贸易结算的国家（通常是处于工业化进程加速阶段的发展中国家）不得不向美国借款，美国得以利用这些国家的美元债务来对其进行剥削，进而控制其国家经济。20世纪70年代末80年代初，发展中国家尤其是拉美爆发债务危机，根本原因就在于美国商业银行大肆向拉美、东亚国家放贷，并在美国利率大幅度提高的压力下，导致这些国家对美元负债最后不堪承受。

国际性的金融机构，尤其是国际货币基金组织（IMF）和世界银行充当了金融垄断资本全球扩张和统治的强有力工具。美国在这两个组织中占有绝对主导地位，使二者在很大程度上代表了美国国家及其金融利益集团的根本利益。IMF通常以国际债权人（主要是美国债权人）的面貌出现，利用发展中国家原本的债务危机或金融风暴后这些国家产生的债务危机，以资金援助为借口，逼迫债务国接受其提出来的一系列苛刻条件。IMF开出的药方一般是要求债务国政府实行紧缩政策，削减开支，同时进行产业改革（即变卖国有资产，实施私有化）以扩大政府资金，保障债务偿还，并更进一步提出债务国向外国资本开放国内市场和金融市场。一旦债务国实施这些举措，只会导致一系列严重的社会经济后果，并使自身完全沦为国际垄断资本的附庸。紧缩政策不仅恶化民众生活，导致和加剧社会不公，而且使国家债务不降反升。政府在外部压力下进行私有化，开放国内市场，国际垄断资本随后便大举入侵，或兼并或接收这些国家的国有企业或公共部门，取得了这些产业原先具有的垄断地位和权力，从而能够击垮该国民族资本；或者收购银行，操纵汇率和股市，控制其金融系统，国家经济命脉完全被国际金融寡头集团所把控。借助 20 世纪 90 年代以来的债务国或发展中国家的私有化浪潮，以美国跨国企业为首的国际投资者以极其低廉的价格收购和占有了第三世界的土地、矿产、水电、运输系统等公共资源和国有工厂。但这些国际投资者主要感兴趣的不是扩大这些企业的生产规模，从实际生产经营中获取利润，而是通过金融机构一系列带有投机策略的操作，如哄抬企业股票价格或资产（尤其是房地产、自然资源）价格，推高金融泡沫，或收取垄断租金和垄断利润，而这通常又以要求被收购企业裁员、压缩部门规模、资产重组为前提条件。① 在这种金融投机性质的跨国投资策略主导下，发展中国家的私有化不仅不能推动国内产业进一步发展，带来就业增长机会，分享经济全球化的成果，相反还导致国内产业萎缩，成为国际金融垄断资本集团刀俎上的鱼肉。

控制和垄断世界能源和其他大宗商品（例如石油、天然气、粮食等），同样是金融垄断资本统治世界的重要途径，因为由此可以掌握全球大宗商品定价权，获取高额垄断利润，这也相当于控制了世界经济命脉。为了达到这一目的，控制能源或大宗商品原产地是非常必要的，甚至不惜采取战争的极端手段。冷战结束以来，在外部最大的直接威胁者苏联消失之后，并且经济统治逻辑日益增强的情况下，美国仍然坚持甚至强化穷兵黩武的军国主义政策和行径，其背后主要就是借助地缘政治控制来垄断世界稀有资源分配权的诉求。这意味着，即便帝国主义经过了 19 世纪末以来的一系列形式上的发展变化，其作为资本积累根本要求的本质依然没变。而且经过"二战"，其他前帝国主义国家已基本处于美国单级军事霸权的控制之下，美国帝国主义的实力空前强大。在今天的全球化运动中，金融垄断

① 迈克尔·赫德森关于第三世界国家，尤其是苏联解体后俄罗斯私有化的研究更为详细地说明了这一点。参见［美］迈克尔·赫德森《私有化与资本主义金融化》《走向后食利者经济秩序之路》，载刘元琪主编《资本主义金融化与国际金融危机》，经济科学出版社 2009 年版。

资本依然需要帝国主义来维持和开辟统治疆土，构筑一个比 19 世纪末 20 世纪初的金融资本主义更为腐朽和庞大的食利者的帝国。这个帝国的利益某种程度上同时也等同于作为世界体系霸主的美国的国家利益。

但是，一小撮人以食利的、投机的方式来控制和垄断整个社会资本和世界资本，从而能够以无偿剥夺绝大多数人的劳动来满足自身利益的金融垄断资本统治的世界帝国真的能永久维持下去吗？5 年前国际金融危机爆发，至今阴霾未散的事实表明，这一帝国内部结构本身是千疮百孔的，且世界各国掀起的反金融垄断资本统治运动，如声势最为浩大的"占领华尔街"运动，反映出越来越多民众开始觉醒。然而，除非意识到金融资本天生具有寄生性和投机性，意识到正是资本主义私有制特有的内在矛盾提供了金融垄断资本得以产生，且其社会统治向现实性转化的根本条件；否则，只幻想对金融垄断资本管束的改良，不敢言对金融垄断资本的消灭，只反金融垄断资本，不反资本主义生产方式的主导地位，就不会彻底推翻金融食利者帝国的统治。历经危机和民众的反抗斗争，以华尔街为代表的全球金融垄断资本集团几近摇摇欲坠，似倒非倒，这说明，反金融垄断资本全球统治的世界进步运动，不光在实践上，同时也在理论上还有很长的路要走。

第 七 编

马克思主义史学研究

后现代主义和历史认识

于　沛*

后现代主义（postmodernism）今天虽已是一种世界性的文化思潮，但要概括性地回答"什么是后现代主义"仍是一件难事。一般认为，后现代主义产生于20世纪60年代的欧美；70年代末80年代初，法国哲学家雅克·德里达（Jacques Derrida）、米歇尔·福柯（Michel Foucault）、吉尔·德勒兹（Gilles Louis René Deleuze）、J. F. 利奥塔（J. F. Lyotard）和让·波德里亚（Jean Baudrilltard）等，将西方后现代文化形式的讨论，上升到具有广泛意义的哲学高度。他们在批判现代主义（modernism）的基础上形成了后现代主义哲学，扩大了后现代主义的传播。

后现代主义不仅在哲学，而且在戏剧、音乐、绘画、影视、文学、语言学、历史学、社会学、心理学、法学、人类学、地理学以及建筑设计和社会意识形态等领域，都产生了广泛影响。20世纪90年代初，已可清楚地看到后现代主义在中国史学界的影响。绝大多数中国学者最初因其理论充斥着大量十分抽象、武断与晦涩的概念而不屑一顾，但随着后现代主义在国内外史坛的咄咄逼人，特别是一些人公开提出"用后现代主义史学理论推进中国史学的发展"，中国史学将发生一场"深刻的革命"；中国史学的出路寄希望于"后现代主义"等，我们就不能继续失语，不予理会了。

近年来，一些学者开始深入研究后现代主义对历史研究的挑战，不断深化对所谓"后现代史学"①的认识。笔者不揣肤浅，仅就"后现代主义与历史认识"略陈管见，主题是坚持对马克思主义的自觉自信，回应后现

---

* 于沛，中国社会科学院世界历史研究所研究员。

① 所谓"后现代史学"这个术语或概念并不准确，具有完备科学形态的"后现代史学"在哪里呢？谁也没有见到，至少在今天并不存在。论及"后现代史学"时，实际上多指后现代主义对历史学所产生的诸多影响。鉴于"后现代史学"似约定俗成在使用，本文为方便叙述也借用。

代主义的挑战；在与"后现代史学"的撞击中发展马克思主义历史认识理论。不妥之处，请学界同人和各界读者不吝指正。

一　从后现代思潮到"后现代史学"

早在 19 世纪 70 年代，英国的美术界在批判印象主义画派时，一些画家最早使用了"后现代"（postmodern）这一概念，一般认为，以 19 世纪德国哲学家尼采（F. W. Nietzsche）为代表的非理性主义哲学，是"后现代主义"的重要源头。尼采宣称"上帝死了"，要"重估一切价值"。他的叛逆思想以及他所宣扬的非理性主义和虚无主义，成为后现代主义的理论来源之一。1919 年，法国画家马塞尔·杜尚（Marcel Duchamp）给达·芬奇笔下的蒙娜丽莎加上了式样不同的山羊胡子以示和传统"决裂"，"带胡须的蒙娜丽莎"成为西方美术史上的名作，形象地宣示了这种后现代主义的精神。

后现代主义对史学的影响或挑战，有一渐进的发展过程。后现代主义对史学发生影响的关键一步，是对语言在历史叙事建构中所起作用方式的分析。这一步是因瑞士语言学家、现代语言学结构主义奠基人费尔迪南·德·索绪尔（Ferdinand de Saussure）提出的理论而实现的。1913 年 2 月，索绪尔在日内瓦去世后，他的学生们将课堂笔记整理后出版了著名的《普通语言学教程》。索绪尔将语言区分为共时性的语言和历时性的语言。语言是某一言语群体（speech community）中的主体，在言语行为中积累下来的"存储的宝库"组成的。他认为，语言是一种符号系统，包括"能指"（signifier）和"所指"（signified）两部分。"把语言看成是由（作为听觉因素的）'能指'和（作为他所指称的概念的）'所指'构成的符号链条的研究途径，使历史学家能够摆脱将历史描述的客体解释为外在于语言，有待于运用言辞进行系统陈述的做法。"① 索绪尔首先提出在语言形成过程中意指行为的任意性。20 世纪 50 年代末，法国学者罗兰·巴特（Roland Barthes）、列维－斯特劳斯（Claude Lévi-Strauss）和拉康（Lacan Jacaueo）等，充分肯定了索绪尔的研究工作，认为他的理论的提出，在文学、文化

---

① ［美］维克多·泰勒等编：《后现代主义百科全书》上，章燕等译，吉林人民出版社 2011 年版，第 294 页。

学、人类学和精神分析等领域，都有革命性的意义。基于对欧美语言学中盛行的结构主义的批判，德里达提出了"解构主义"（deconstruction）的理论，即与索绪尔有关。"解构主义"是一种文本阅读模式，它既是一种理论也是一种实践，最初多用于哲学和文学理论的研究中，后成为多种学科，包括建筑学、神学和历史学在内的理论研究。

在论及"后现代史学"的发展，即史学的"后现代转向"（postmodern turn）时，除作为广阔的背景要述及"语言学转向"（linguistic turn）外，在西方史学自身的发展中，多涉及法国年鉴学派，认为年鉴学派是"后现代史学"发展进程中的一个重要阶段，或重要事件。如10年前问世的专著《后现代与历史学：中西比较》即如此。作者在《年鉴学派与历史观念的更新》一节中写道："科学理性在20世纪虽然遭到一些人的怀疑，但其影响力却不见减弱。从总体倾向来看，历史学家仍然为科学方法所强烈吸引。他们把19世纪西方史学的缺陷归咎于历史学中科学方法贯彻得不彻底，于是他们希望在更大规模上与社会科学结盟，以求历史学的更新。……法国年鉴学派正是在这样的背景下产生的。有所不同的是，年鉴学派的发展，让人逐渐认识到科学理性的缺陷，从而改变了人们的历史观与时间观。在这个意义上说，年鉴学派是西方史学在21世纪变迁的一面镜子。"[①] 至于年鉴学派是不是"西方史学在21世纪变迁的一面镜子"，尚有待时日由实践回答，但可以肯定的是第二次世界大战后，年鉴学派"反传统"在史坛产生了巨大冲击，却是不争的事实。

1947年，法国史学家弗尔南·布罗代尔完成的《菲利浦二世时代的地中海和地中海世界》，被认为是与西方传统史学分道扬镳的标志性作品。这部作品不是仅仅追问"个人规模的历史"是如何发生的，而是在探究"群体和集团史……这些深海暗流怎样掀动了地中海的生活"，更重要的是探究"人与他周围环境的关系"是如何发展变化的。[②] 该书不以政治、军事史为主，而首先是地理与生态环境、文化与心态结构，其次是社会人口和社会经济形态，最后才以这些为基础，来阐述政治、军事史。他提出历史研究中的短促迅速与动荡的"短时段"、节奏缓慢的"中时段"和几乎静止的

---

① 王晴佳、古伟瀛：《后现代与历史学：中西比较》，山东大学出版社2003年版，第95页。
② ［法］弗尔南·布罗代尔：《菲利浦二世时代的地中海和地中海世界》，唐家龙等译，商务印书馆1998年版，第8—9页。

"长时段"概念。他将历史分为结构的历史、情势的历史与事件的历史三个层次，而影响历史进程的是前两个层次，因为它们形成于长时段和中时段中。布罗代尔认为在较长时间内形成的社会趋势不会因为某些事件的影响而迅速转变，它仍会带着惯力向前推进很长一段距离。事件只能改变个人，而不能决定性地改变社会历史的命运。在他看来，事件虽然引起人们极大的兴趣，但它不过是地中海表面的湍流、泡沫。因长时段是在相当时间内起到作用的一些因素，如地理格局、气候变迁、社会组织等，所以布罗代尔十分重视人口统计学和地理学的研究成果。《菲利浦二世时代的地中海和地中海世界》问世后，遭到一些知名学者的批评，① 布罗代尔对此并不予理会。1966 年，这部著作再版时，虽有大量的增补和改写，但其理论与方法，以及基本内容没有本质的改变。这些增补和改写主要是增加了大量统计表格，"计量"的因素愈益突出；删去了第一部分的"结论：地理史学与决定论"，表明他对"世界""合一性"等基本概念的新认识。这些修改表明，"布罗代尔并不是像伊格尔斯认为的那样'是一位彻头彻尾的历史主义者'，而是一位十足的反历史主义者"。② 这些在布罗代尔后来完成的三卷本《15—18 世纪的物质文明、经济和资本主义》中，也可以看出。

将"后现代史学"的发展与年鉴学派联系在一起，很容易造成误读，即认为"后现代史学"是年鉴学派发展的产物，甚或认为前者与后者在理论与方法上有直接的渊源，而实际上绝非如此。③ 之所以将"后现代史学"与年鉴学派联系在一起，可能是从表象出发，从年鉴学派问世时相对于西方传统史学而言的那种"标新立异""离经叛道""反传统"，以及对西方传统史学的剧烈冲击。迈开史学的"后现代转向"的重要一步，是和"历史的语言学转向"或"历史哲学的语言学转向"密切联系在一起的，西方

---

① 这些批评主要来自法国哲学家阿尔都塞（Louis Althusser）、保罗·利科（Paul Ricoeur）等。阿尔都塞认为：历史学家的观念中，只存在各种各样的时代，短期的、中期的、长期的；只探究各个时代的相互关系；历史学家并没有将各个时代作为不同的时代同整体的结构联系起来。保罗·利科认为：布罗代尔在把历史作为研究对象的同时，排除了作为历史研究最为重要的一个方面——"叙事"。他在《时间与叙事》中指出，叙事（recil）有两种含义，其一即意味着历史。

② 于沛主编：《20 世纪的西方史学》，武汉大学出版社 2009 年版，第 87 页。

③ 如伊格尔斯曾说："'年鉴派'历史学家们、计量史学家们和马克思主义者都沿着同一个方向在行动，尽管他们的社会政治观点不同。他们大家都以自己已经克服了自从兰克以来史学家们把叙事的焦点集中在左右了历史学的伟大事件、人物和思想上的那种狭隘的局限性而感到自豪。"[美]伊格尔斯：《二十世纪的历史学——从科学的客观性到后现代的挑战》，何兆武译，辽宁教育出版社 2003 年版，第 3 页。

的两位历史哲学家，即美国的海登·怀特（Hayden White）和荷兰的弗兰克·安克斯密特（Frank Ankersmit）是这一过程的领军人物。他们是后现代主义在史学理论领域的主要代表人物。

海登·怀特的后现代主义史学思想，集中体现在 1973 年出版的《元史学：十九世纪欧洲的历史想像》（以下简称《元史学》），以及《话语的比喻：文化批评论集》（1978 年）、《形式的内容：叙事话语与历史表现》（1987 年）、《比喻实在论：模拟效果研究》（1999 年）等著作中。"元史学"，英语为"metahistory"，直译是"史学之后"，一般认为，可能是联想到"形而上学"（metaphysic，直译是"物理学之后"），才翻译出"元史学"这一术语。在西方，《元史学》被认为是自英国柯林武德（Robin George Collingwood）的《历史的观念》以来，史学理论方面迄今最重要的著作，是"后现代史学"的先声。海登·怀特认为，"他在《元史学》这部著作中获得了两项理论成果，一是确立历史作品普遍存在着诗学本质，二是展示了一种被称为'历史的'思想模式的一般性结构理论"①。在他看来，史学是一种研究和表现方式，史与诗并不存在截然断裂的鸿沟，任何史学作品都包含了一种深层结构，它是诗学的，实质上也是语言学的，是一种未经批判而被接受的范式。史学无科学性可谈，历史著作普遍存在着诗学本质。因此，人永远不能找到"历史"，因为历史已经逝去，不可能再重现或复原，人们只能找到关于历史的叙述，或找到被阐释和编织过的"历史"。怀特强调，真实的历史是不存在的，因历史呈现出历史哲学的形态，所以历史不可能只有一种，有多少种理论的阐释，就会有多少种历史。

荷兰历史哲学家弗兰克·安克斯密特倡导从美学的观点看历史书写。他的主要著作有：《叙事的逻辑：历史学家的语言语义学的分析》（1983 年）、《历史与转义》（1994 年）、《美学的政治学》（1997 年）、《历史表现》（2001 年）、《政治表现》（2001 年）、《崇高历史经验》（2005 年）等。他试图在哲学逻辑中追溯历史叙事的复杂性，并且在此基础之上建立一种叙述哲学的结构。在他看来，历史叙述就像肖像画，它不是有关对象的摄影反映，却是人物风神的丰富表现。历史写作在满足理性的、科学的探究要求的同时，审美也是其内在固有的要素。安克斯密特认为，"只要

---

① 陈新：《诗性预构与理性阐释——海登·怀特和他的〈元史学〉》，《河北学刊》2005 年第 3 期。

我们在处理叙事实体时采取的是美学而非认识论的路数，对历史学家语言的实体化并不会将历史写作变为懒惰的自我反观。这就是美学优于认识论的地方"①。他还特别强调，这也是海登·怀特的入手处。

除海登·怀特和安克斯密特外，波兰史学家菲利克斯·托波尔斯基（Topolski Century）主编了《现代主义与后现代主义之间的历史编纂：历史研究方法论文集》（1994 年），英国历史学家凯斯·詹京斯（Keith Jenkins）著《关于"历史是什么"——从卡尔和艾尔顿到罗蒂和怀特》（1995 年），艾伦·蒙斯洛（Alun Munslow）著《解构历史》（1997 年），乔易丝·阿普尔比（Joyce Appleby）著《历史学视野中的知识和后现代主义》（1997 年）等。这些著作都为后现代主义在史学中的渗透起了推波助澜的作用。凯斯·詹京斯 1997 年编的文集——《后现代历史学读本》，在西方史学界有较大影响。该文集也收有少数反后现代主义学者的文章，如英国史学家劳伦斯·斯通（Lawrence Stone）、乔弗莱·艾尔顿（Geoffrey Elton）等，但文集从整体上却是倾向于后现代主义的，J. F. 利奥塔、米歇尔·福柯和安克斯密特等人的文章都在其中。凯斯·詹京斯认为，传统历史学家是由不关心政治的愤世嫉俗者、保守主义者、浪漫主义者、社会民主主义者、基督徒以至一些过时的经验主义、马克思主义历史学家组成的广泛的信仰群体，传统的历史研究不过代表了"中产阶级的意识形态"，只有后现代主义才能改变这一切。

后现代主义是一阵内容极其庞杂的文化思潮，表现自然也五花八门，主要是否认本体、本原、基础和原则；否认整体性和同一性，反对理性，消解现代性和主体性；主张多元、多变、多维、多样和怀疑；强调通过所谓"永恒的变化"反对僵化，张扬活力，力主一切都没有确定性，而只有模糊性、间断性、散漫性、不确定性、无序和凌乱、反叛与变形，以及断裂和倒错等，这一切在"后现代史学"中，都有直接或间接的具体反映。

二　"后现代史学"的内容和对历史认识的"解构"

在现代西方学术语境中，近代德国历史学家尼布尔（B. G. Niebuhr）是举足轻重的人物之一，"他把处于从属地位的史学提高为一门尊严的独

---

① ［波兰］埃娃·多曼斯卡编：《邂逅：后现代主义之后的历史哲学》，彭刚译，北京大学出版社 2007 年版，第 91 页。

立科学；他的崇高人格成为后一代伟大历史家的典范或鼓舞力量"①。19
世纪，史学成为一门学科的重要标志，是19世纪史学的科学化消解了与
修辞学和文学2000余年的联系，更重要的是，"形成了一种新的历史意
识，这种历史意识不仅能评论自身与先前文明的关系，也能评论与西方文
明在时空相异的其他文明。19世纪西方许多伟大的史学家（包括马克思在
内）获得的地位不依赖于他们的理论或支撑其概括的材料的性质，而依赖
于他们阐释那个时代为止的历史的连贯性的附有启迪的洞察，所以即使发
现了新的理论或材料，也不能动摇他们的历史地位"②。总之，"19世纪标
志着对历史发展的恩典充满了信心的高峰"③。近代以来西方的历史认识，
无论是对人类客观历史进程的认识，还是对作为科学学科之一的史学自身
发展的认识，其主流都聚集在现代主义（modernism）的旗帜下，现代主
义史学建立在启蒙运动以来科学的基础上，将科学、艺术、文化等纳入历
史认识视野，现代主义历史研究重视人类历史演变的趋势，崇尚历史进步
的观念，认为人类历史是一线发展的统一过程；其研究方法的突出特点，
是讲求理性与逻辑，实验求证。但是，并不是所有的人都是这样认识现代
主义的，尽管这些都是基本事实。

在后现代思潮影响下，西方学术界一种有影响的观点认为："现代主
义是一个历史阶段：坚持浪漫主义晚期和维多利亚时代的理想，大约终结
于第二次世界大战结束之际（所谓现代主义全盛时期），抑或仅仅是作为
对一系列大家所认同的文体、文化和哲学概念和实践，在意识形态上的称
谓而已；现代主义要么是后现代主义所反对的并因而界定为自己的对立
面，要么是后现代主义从中演进而来并将永远保存的一种原型。"这一观
点特别强调："如果后现代主义概念本身是变动不居的，那么最有效的办
法就是姑且承认现代主义包含着各种不同层面的观点，但每一种都不够全
面；现代主义既是一个历史时代也是意识形态的时代；既是后现代的发端
又是后现代思想要加以解构的。"④ 总之，现代主义是作为后现代主义的陪

① ［英］乔治·皮博迪·古奇：《十九世纪历史学与历史学家》上，耿淡如译，商务印书馆
1989年版，第92页。
② 何平：《西方历史编纂学史》，商务印书馆2010年版，第3页。
③ ［美］伊格尔斯：《二十世纪的历史学——从科学的客观性到后现代的挑战》，何兆武译，
辽宁教育出版社2003年版，第162页。
④ ［美］维克多·泰勒等编：《后现代主义百科全书》下，章燕等译，吉林人民出版社2011
年版，第409页。

衬而存在的，若没有后现代主义，现代主义也就没有存在的理由和价值，甚或没有存在的可能。这真是奇怪的思维，一种令人费解的逻辑。然而，后现代主义在认识上的偏见却是如此根深蒂固。

后现代主义，意即超越现代主义，即全盘否定理性主义和启蒙运动。其主要目的，是向知识的客观性与语言的稳定性等传统观念提出挑战。"它的兴起，使得人们对进步的信念、历史时代划分的方法、个人能知能行的观念，都产生了疑问。"① 这些在历史研究中，特别是在历史认识过程中的具体体现，是直接将理性主义的历史认识引入困境，以致彻底推翻历史认识的前提和基础。

进入 20 世纪，实证主义（positivism）对史学仍有广泛的影响，历史知识首先是关于"事实"的知识。1938 年，美国历史哲学家莫里斯·曼德尔鲍姆（Maurice H. Mandelbaum）在《历史知识问题——对相对主义者的答复》中，批判了西方广泛流行的"历史知识怀疑论"，用了不少于 1/2 的篇幅，对历史相对主义进行了批驳。他首先引用了欧洲启蒙思想家卢梭（Jean-Jacques Rousseau）的一段话，说明历史相对主义的主要表现，即"历史中描述的事实并非那些已发生的事实本身的精确图像：这些事实在历史学家的头脑中改变了形态，它们按照某些旨趣铸造自己，它们染上了历史学家的偏见的色彩"②。莫里斯·曼德尔鲍姆信奉并论证了"历史知识的客观性"，强调"历史是对已经发生的事件系列所作的叙述性记事"；历史学家的主要任务是历史"记述"（account）或"叙述"（narrative），而"记述""叙述"，或对已经发生的事件所做的"叙述性记述"，"是从实际地存在事件之间的那些起决定性作用的相互关系的角度对这些事件的叙述。历史学把事件看作演变的产物和演变的产生者"③。他明确指出，相对主义对无可争论的历史知识的看法是错误的，"它之所以是错误的，正是由于相对主义者把他们的论证建立在对历史综合做出一种错误理解之上"④。不言而喻，莫里斯·曼德尔鲍姆这里所论及的"叙述性记事"或"叙述性记述"，

①　［美］乔伊斯·阿普尔比等：《历史的真相》，刘北成等译，中央编译出版社 1999 年版，第 184 页。

②　［美］莫里斯·曼德尔鲍姆：《历史知识问题——对相对主义者的答复》，北京大学出版社 2012 年版，第 11 页。

③　同上书，第 9 页。

④　同上书，第 15 页。

都是历史认识的重要过程或重要内容。如果说对"历史事件"的叙述或记述是错误的，那么，在后现代主义者看来，历史认识过程中则无所谓正确或错误与否，因为他们首先就不承认存在有客观的"历史事件"，否认叙事再现历史实在的可能性。从下面的阐释中不难看出，"后现代史学"所持的极端历史相对主义立场，比20世纪上半叶的相对主义史学走得更远。

"解构主义"是后现代主义思潮的内核之一，也是"后现代史学"的理论渊源之一。"解构主义"形成于20世纪60年代中期，创始人是法国哲学家德里达。他认为符号本身能够反映真实，对单独个体的研究，比对整体结构的研究更重要。在西方哲学中，很难为解构主义下定义，解构主义究竟是一个"思想的学派"，一种文本"阅读模式"，或者是"文本物体"，从没说清楚过。"解构主义"反对结构主义，它的基本主张是强调传统的形而上学的一切领域，一切固有的确定性、既定界限、概念、范畴等，都应推翻；彻底否定"结构主义"所强调相对的稳定性、有序性和确定性，这样，启蒙运动以来人们确信无疑的"真理""理性""意义"等传统的东西，都在"解构"的范围之内。追求真理不过是"西方的一大幻想"，通过历史认识理论求解历史的真理，自然也在"幻想"之列。

除尼采哲学外，德国哲学家马丁·海德格尔（Martin Heidegge）的存在主义哲学也是德里达解构主义重要的思想来源。德里达将西方哲学的传统归结为"逻各斯中心主义"（logos-centrism），在海德格尔反形而上学、反逻各斯主义的理论影响下，对柏拉图、亚里士多德、笛卡尔直至康德、黑格尔的形而上学传统进行了彻底的批判，提出了针对逻各斯中心主义的一整套销蚀的理论。

从解构主义出发，一切原来认为是统一、一致和静止固定的东西，包括现代主义的认识论，都要做彻底的解构。如果说分析的历史哲学着重强调史家的主体性的话，后现代史学则是通过分析语言的运用和语言的结构来解构传统史学。德里达认为，只存在文本，文本没有固定的意义，作品的终极不变的意义是不存在的。我们所了解的历史事实只是通过语言中介构建的历史；主观与客观之间，并没有严格的界限，这样也就从根本上否定了进行历史认识的可能，历史的真相我们永远无法知道。

1969年，福柯发表《知识考古学》。他认为，人除了使用话语权利构建历史之外，根本没有能力推敲出所谓"真实的历史"这一使命。"不连续性、断裂、界限、极限、体系、转换等概念的引入给整个历史分析提出的不仅是程序问题，也是理论问题。而这些问题正是我们要在此探讨的。……然而我们也只是在一个特殊的范围中考察它们，即在那些界限如此不清、内涵如此模糊以致我们把它们称为观念史，或者思想史，或者科学史，或者认识论的学科中来考察它们。"福柯强调："首先应该完成一项否定性的工作，即摆脱那些以各自的方式变换连续性主题的概念游戏。"①福柯彻底否定历史一线进化的历史理性认识，提出用"考古学"（archae-ology）和"系谱学"（genealogy）代替"历史学"（history）。这使一些人声称福柯之后，"没有人再敢说自己发现了历史的真实"，他们认为《知识考古学》完成了对"旧观念历史传统的颠覆"，于是，已经看到了"史学之死"，已经"敲响了历史的丧钟"等喧嚣一时。

20世纪70年代，海登·怀特撰写《元史学》的目的，如其所言"是针对实证主义、针对某种实证主义的历史观念的"；它"所做的、或者力图做的，就是要解构所谓历史科学的神话"。②怀特在《元史学》中提出，"历史意识将敞开胸怀，重新建立它与诗学、科学与哲学的宏大关怀的联系"③，这是一种全新的历史哲学观点，以致一些人认为怀特所启动的叙事的历史哲学（亦称"叙事主义历史哲学"），为西方传统的历史哲学重新开辟了一个崭新的平台。怀特以19世纪的黑格尔（Georg Wilhelm Friedrich Hegel）、马克思、尼采和克罗齐（Benedetto Croce）四位哲学家，儒勒·米什莱（Jules Michelet）、托克维尔（Alexis de Tocqueville）、兰克（Leopold von Ranke）和布克哈特（Max Burckhardt）四位历史历史学家为例，对他们的著作从文字风格、修辞形式等方面做了深入的比较分析。怀特认为，即使历史学家有意识地摆脱政治、宗教等主观因素的影响，他们还会受到另一种主观的甚至是先验的，即文字风格、修辞形式因素的影响。因为历史著作不可避免要通过语言来叙述，这一"叙述"，实际上就是讲故事（story-telling），历史事件不过是"故事的因素"；既然是故事就会有情节，于是历史学家写作时，自然而然地就会"编织情节"（emplotment）。至于

---

① ［法］米歇尔·福柯：《知识考古学》，谢强等译，生活·读书·新知三联书店1998年版，第23页。

② ［波兰］埃娃·多曼斯卡编：《邂逅：后现代主义之后的历史哲学》，彭刚译，北京大学出版社2007年版，第15页。

③ ［美］海登·怀特：《元史学：十九世纪欧洲的历史想像》，陈新译，译林出版社2004年版，第594页。

编织什么样的情节，讲什么样的故事，则与历史学家个人的文化背景、性情、嗜好等因素有关。这样，既然历史和文学都是人们想象的产物，所谓历史事实还有什么"事实"可言呢？历史的真实性在"编织情节"的过程中，就已荡然无存了。怀特认为历史叙事本质上属于语言学，他用诗学的方法来解读历史文本。历史学家的研究工作与文学家的创作活动，没有根本的区别。如果说史学与文学有区别，这区别就在于历史学家是在"发现"故事，而文学家则是在"创造"故事。

海登·怀特认为，马克思对历史的理解是"19世纪将历史研究转变成为一种科学的最一贯的努力"，也是"分析历史意识与历史存在的实际形态之间关系的最富成效的努力。在其著作中，历史反思的理论与实践同它们诞生的社会理论与实践紧密相连"。① 但是，他的"叙事的历史哲学"，却与马克思主义的历史唯物主义大相径庭。海登·怀特关于历史是一种文学的解释；历史叙述的三种解释模式，是情节解释、形式论证解释和意识形态解释；以及他的历史诗意化的研究等，并没有解决"探寻历史学的真正本质""重塑历史学的尊严"这样的任务，相反却瓦解了确定历史客观真理的基础，亦即颠覆了科学的历史认识的基础。否定历史事实的客观性，否定判断历史描述准确与否的标准，在"讲故事"的基础上，如何去认识历史，揭示历史的真理性内容？

1973年《元史学》问世后，海登·怀特并没有因受到西方史坛的诸多批评而改变自己的观点。21世纪初，他为自选集《后现代历史叙述学》中文本专门撰写了《"形象描写逝去时代的性质"：文学理论和历史书写》《讲故事：历史与意识形态》等文章。他始终认为："历史话语理论家目前提出的问题是讲故事——或用更为规范的术语说，我们可称之为话语叙述模式的东西——本质上是不是意识形态的。这一问题对历史理论具有重要意义，因为历史话语传统上已经将叙事或讲故事描绘成再现，甚或解释的首选模式。"② 总之，赋予"讲故事"的绝不是"修辞"或"恢复对历史的兴趣"的功能，而是表达历史进程的清晰的体验和思考的模式。

自20世纪70年代末以来，美国史家格奥尔格·G. 伊格尔斯（Georg

---

① ［美］海登·怀特：《元史学：19世纪欧洲的历史想像》，陈新译，译林出版社2004年版，第52页。

② ［美］海登·怀特：《后现代历史叙述学》，陈永国等译，中国社会科学出版社2003年版，第345页。

G. Iggers）曾多次对海登·怀特的观点提出异议。他认为，"怀特缩小历史学术研究，特别是历史哲学和虚构文学之间的区别。用学术的方法再现过去的每一次努力首先是一次'诗化行为'（Poetic Act）"。伊格尔斯进而分析道："怀特的错误在于他认为因为所有的历史记述包含虚构因素，所以它们基本上是虚构的，可以不受真理的控制。对他而言，不仅事件的任何层面有许多不同的可能解释，文献的任何部分也有许多可能的解释，而且它们有相同的真理价值。"伊格尔斯针对怀特不断强化、彰扬历史研究的"诗化行为"指出："人们可以从文学、美学的角度或从学术的角度来处理历史。双方各有存在的合理性。但事实上怀特把第二种选择作为一种幻想摈弃了。"① 这显然失之偏颇。然而，这并不仅仅是"偏颇"。联想到海登·怀特还曾讲过，"历史作为一门学科现今处境不佳，因为，它已看不见它在文学想象中的起源。……通过再一次将史学与其文学基础更为紧密地关联起来，我们不但能防止意识形态的扭曲，也将创造一种历史'理论'，没有这种理论，历史就不能成为一门学科"②。在这里，怀特实际上已将是否接受他的理论，当成评判历史学能否成为一门学科的唯一标准。在他看来，启蒙时代以来的传统的历史学学术研究已经死亡了，代之而起的只能是"历史的语言学转向"或"历史哲学的语言学转向"，即史学的"后现代转向"。在海登·怀特看来，具有现代意义的历史学科，只能建立在后现代主义理论的基础上，尽管他在不同的场合坚称自己是马克思主义者，在政治上是一个社会主义者，从来不承认自己是后现代主义者。③

　　海登·怀特《元史学》问世 10 年后，安克斯密特的《叙事的逻辑：历史学家的语言语义学的分析》在 1983 年出版，这部著作进一步扩大了"后现代史学""叙事的历史哲学"的影响，使其继怀特之后，成为"后

---

　　① 参见［美］伊格尔斯《学术与诗歌之间的历史编撰：对海登·怀特历史编撰方法的反思》，陈恒译，载《书写历史》，上海三联书店 2003 年版，第 2—18 页。在这篇长文中，伊格尔斯曾说："我完全被怀特搞糊涂了。"

　　② ［美］海登·怀特：《后现代历史叙述学》，陈永国等译，中国社会科学出版社 2003 年版，第 192 页。

　　③ 例如，怀特在接受波兰亚当·密克维茨大学史学理论与史学史助理教授埃娃·多曼斯卡采访时，就有如上表述。参见［波兰］埃娃·多曼斯卡编《邂逅：后现代主义之后的历史哲学》，彭刚译，北京大学出版社 2007 年版，第 22 页。2007 年 11 月 7 日，怀特在北京"今日历史学：个人的思考"国际学术研讨会（中国社会科学院世界历史所等主办）发言时，第一句话就是：我是一名马克思主义者……

现代"的又一代表人物。安克斯密特和怀特有共同的理论倾向，他从不讳言，美国新实用主义哲学家罗蒂（Richard Rorty）和怀特，同是他灵感的主要源泉。

安克斯密特的历史哲学思想有三个核心概念，分别是"叙述体"（narrative substance）、"历史表现"（historical representation）和"崇高历史经验"（sublime historical experience）。这是三个既有联系又有区别的概念，安克斯密特力图通过对这些概念的阐释，从一新的视角深化叙事的历史哲学的研究。他在其代表作之一《历史表现》（2001 年）的"中译本前言"中写道："《元史学》是德里达有名的话'文本之外一无他物'的史学版：在他们两个人这里，对文本的唯一关注让人忽视了文本所指以及文本与世界的关系。这也可以解释为何有那么多的评论者由怀特的史学理论中推出相对主义或是怀疑主义的立场。……因此，我的观点是，怀特的史学理论对关注历史写作的史学家意义巨大——但它对怎样才是对过去的最好描述的问题没有给出回答。"① 如果说怀特主要是通过"文学理论"构建史学文本的叙述结构，那么，安克斯密特则是在当代西方"语言哲学"的背景下展开自己的历史哲学的思考的。他将美学研究中的一些范畴，如"表现"等纳入自己的研究领域，执意在《历史表现》等著作中，能够对怀特的理论"有所补救"。实际上这是做不到的。因为从"叙述的历史哲学"到"后现代史学"理论中所蕴含的相对主义、怀疑主义和虚无主义等对启蒙运动以来历史认识的破坏，不可能通过安克斯密特的"语言语义学"的转向有所改变。

20 世纪 90 年代以后，安克斯密特开始以"历史表现"概念，取代他原来所用的"叙事实体""历史叙事"和"叙事性解释"等术语，原因是"叙事"更多是与"讲故事"直接联系在一起的。为了避免"叙事"可能导致的与"讲故事"有关的一切联想，需要"对叙事概念进行改造，历史表现因此就成了一个替代性的选择。从词义上来说，表现（represent）是对于一度在场或出现（present）、而如今已然缺席或不在（absent）的东西的再现（re-present），而历史学文本所要做的，正是要将已经不在的过去的某个部分重新呈现出来。当然，这种重新呈现不可能是、也不应该是兰

---

① ［荷兰］F. R. 安克斯密特：《历史表现》，周建漳译，北京大学出版社 2011 年版，第 33 页。

克'如实直书'那种意义上的对于历史'本来面目'的复原，而是以对于和过去相关的事实性陈述的组织和编排，呈现出对于过去某一部分的解释。历史表现所指陈的，就是作为整体的历史文本，而不仅限于以讲故事为特征的历史文本。"①

不言而喻，这种"对叙事概念进行改造"，或张扬"历史研究中的理性主义美学"，并没有改变叙事主义历史哲学的基本内容。抛开烦琐的推理和概念转换，"讲故事"从本质上看，还是"讲故事"，这一切与其启蒙运动以来的历史认识，无论是感性的、考实性的历史认识；还是理性的、价值判断的历史认识，都风马牛不相及。安克斯密特自己对此也不持否定意见。"叙述主义的史学理论乃居于启蒙和历史主义史学之间的 *juste milieu*［中道］。与历史主义者站在一起并与启蒙相对立，它允许实体性变化，承认真陈述的本体论对推进我们对过去的理解不甚适当（虽说也不是完全不适当）。与启蒙站在一边并与历史主义相对立，它不指望一个带有实体的世界的清单，那是历史主义希望过去自身中所有的。对于叙述主义者来说，这些实体只存活在语言层面中：它们是叙述体。"② 当代西方史学研究实践表明：在海登·怀特和实证研究之间，安克斯密特并没有找到能连接两者，或介于两者之间，独辟蹊径的一条新的历史哲学道路。

三 "钟馗打鬼"：加强马克思主义
历史认识理论研究

2006 年 6 月 27 日，应中国社会科学院世界历史研究所的邀请，美国芝加哥大学历史系教授艾恺（Guy Salvatore Alitto）来所做题为"后现代思潮与历史学"的演讲。③ 艾恺早年就读于哈佛大学，师从美国著名中国学家费正清与史华兹。他指出，后现代思潮从产生之日起，批评它的声音就没有间断过。但是在美国学术界，对它所做的批评还是远远不够的。由于

---

① 彭刚：《叙事的转向：当代西方史学理论的考察》，北京大学出版社 2009 年版，第 57 页。

② ［荷兰］F. R. 安克斯密特：《历史表现》，周建漳译，北京大学出版社 2011 年版，第 141 页。

③ 关于这次演讲，本文限于篇幅，不可能做更多介绍。笔者曾写有《一种值得重视的观点——从芝加哥大学艾恺教授在北京的演讲说起》（《史学理论研究》2010 年第 1 期；《新华文摘》2010 年第 11 期转载），有兴趣的读者可参考。

后现代主义者多采取一种恃才傲物、自命不凡的态度，许多批评并没有对它产生实质性影响。艾恺教授希望中国学者能够认清后现代思潮的种种弊病，免受其害，而且还要像中国的"钟馗打鬼"一样，在批判后现代思潮这个"鬼"时做出自己的贡献。

艾恺在演讲中指出，后现代主义与 18 世纪以来欧洲的反启蒙运动一脉相承，其实质在于否定传统，否定 18 世纪启蒙运动以来的理性主义。后现代主义者将主体意识推至极端。他们反对真理，认为真理是启蒙主义的产物，应予彻底摒弃。后现代主义者主观武断，否认客观存在，用"解构"和"颠覆"的方法，把猜测性的理论冒充为有根据的科学。艾恺还认为，用后现代主义的概念或理论进行历史研究，使这种研究没有实在的历史内容，而且对一些陈旧、往往是不言自明的观点，用十分抽象、艰深与晦涩的概念进行表述，让人永远无法理解其实质。从后现代主义的理论出发，不可能正确地、完整地说明任何一个复杂的历史现象或历史过程，对历史研究没有任何科学价值可言。

艾恺上述对的观点，在西方学术界有一定的代表性。20 世纪 80 年代以来，对"后现代史学"的批判成为西方史学理论的重要内容之一。这方面的内容实在太多，不妨信手拈来介绍一二。如英国史家艾尔顿（Geoffrey Elton）认为，后现代主义立场与职业化的历史研究是完全相悖的，"荒谬绝伦"，"毫无意义"，是"异端""病毒"。他呼吁年轻的历史学家要抵御"来自德里达和福柯理论中的'致癌物质'"。英国剑桥大学近现代史钦定讲座教授理查德·艾文斯（Richard J. Evans）在《捍卫历史》一书中，把后现代主义者看成在历史学科大门口的"智识领域的蛮族"（intellectual barbarians），他们正"在历史学的城下逡巡，腾腾杀气扑面而来"[1]。在后现代主义的挑战下，历史学不再有"事实与虚构"的界限，其造成的严重恶果是"以对一手材料的严格探究为基础的做法，遭到了猛烈的抨击。越来越多的人在自己的著作中否认所谓历史真相和客观性的存在"。"越来越多的历史学家停止了对真相的追寻，放弃了对客观性的信仰，而且不再以科学性的取径来探索过去。"[2] 美国三位著名女史家乔伊斯·阿普尔比（Joyce Appleby）、林·亨特（Lynn Hunt）、玛格丽特·雅各

---

① ［英］艾文斯：《捍卫历史》，张仲民等译，广西师范大学出版社 2009 年版，第 9 页。
② 同上书，第 4、5 页。

布（Margaret Jacob）等都认为，后现代的理论使"历史学的科学性与文化基础业以动摇"，将导致"历史学的瓦解"。英国著名史家劳伦斯·斯通（Lawrence Stone）则"疑惑历史可能正朝向一个变得会灭绝的学科的路上走"，因而，"我们应该与来自极端相对主义者——从怀特到德里达——的攻击，进行战斗；（历史学）这项专业知识是在 19 世纪晚期，从研究证据的过程中好不容易才发展起来的，我们应该为保持这一专门知识而战"。① 鉴于"后现代史学"日益嚣张，他呼吁史家要"并肩作战"。

我国台湾地区也有一些史家对"后现代史学"持否定立场，这些人多有在欧美求学或工作的背景。台北"中央"研究院历史语言研究所黄进兴研究员与艾恺系校友，同是哈佛大学历史学博士。他认为，在学术史的发展中，典范更迭、新旧交替十分正常，"惟'后现代主义'的出现，却迥异于先例，他志不在修正或取代前身，而是要全盘否定该学门存在的理由"。"后现代史学"有愈演愈烈之势，"亟思取代'现代史学'的地位，尤有过之，甚至否定所有先前历史存在的正当性"。"'后现代史学'由于其独特的语言观点，对传统史料与史著均起了极大的质疑，其破坏力难以估量。"② 后现代主义者自然招致了"历史杀手"的恶名。黄进兴研究员的老师、台湾大学杜维运教授也指出："后现代主义逆流进入史学之中，以勇锐之气，剽悍之情，毫无同情地攻击历史，必欲置历史于死地而后已。然其所发议论，大半为吊诡之论，似是而非，荒诞不经，真知历史者必知其非。"③ 杜教授长年从事中国史学史及中西史学比较研究，在 1962 年、1974 年曾两度赴剑桥大学学习。他对"后现代史学"的批评，建立在对现代中西史学深刻了解的基础上，可谓言简意赅，入木三分。

国内学术界一般认为，后现代思潮对历史学的挑战，主要表现在以下两个方面：一是对传统历史认识论和历史编撰学的挑战；二是在后现代史学思潮影响下历史研究兴趣的转移。④ 在中国，对当代中国历史科学而言，这两方面的挑战实际上是一个方面的挑战，即对以唯物史观为理论基础的历史认识理论的挑战，因历史认识理论是马克思主义历史观的重要组成部

---

① 参见于沛主编《20 世纪的西方史学》，武汉大学出版社 2009 年版，第 232 页。
② 黄进兴：《后现代主义与史学研究》，生活·读书·新知三联书店 2008 年，参见《他山之石，可以攻错》（简体版序）第 2 页，第 1 章，第 3—4 页。
③ 杜维运：《后现代主义的吊诡》，台湾《汉学研究通讯》2002 年第 81 期。
④ 仲伟民：《后现代史学：姗姗来迟的不速之客》，《光明日报》2005 年 1 月 27 日。

分之一，所以也是对马克思主义历史观的挑战。美国思想史教授大卫·哈兰（David Harlan）认为，后现代理论使历史研究面临着"一场大规模的认识论危机"①。因为在后现代主义者看来，认识论无法弥补"过去"与"历史书写"之间的断裂。而这种断裂是本体论形成的，从而也否定了历史本体论，即关于一般历史过程性质和特点的理论，总之，历史是不可知的，历史学科正在走向终结。至于历史研究兴趣的转移，后现代史学中，历史研究中的"宏大叙事"（mata-narrative，或 master-narrative）不见了，这仅是外在的表现。"通常情况下，'历史'以一种'宏大叙事'的方式履行其文化导向功能。它通过描述读者所处世界的诞生与发展，使这个世界在其规范的结构中得以合法化，并同时使它拥有了一笔宝贵的经验财富，借助于这笔财富，就可以解决导向问题，以达到社会的一致性。"② 不言而喻，如此神圣的宏大叙事消失了，与其说这是"历史研究兴趣的转移"，不如说是以实证主义和理性分析为核心的现代主义史学的瓦解。

"后现代史学"的历史研究，放弃了现代史学强调的"史料优先"的传统，不再是从原始史料出发，而是刻意凸显话语之间的交流、转换，重点是文本与文本之间的互动，而不是在实证与批判的基础上，重建历史的生动图景。在历史叙述之外，不存在任何客观历史。这与马克思所说的"现代历史著述方面的一切真正进步，都是当历史学家从政治形式的外表深入到社会生活的深处时才取得的"③ 截然对立。福柯通过对疯癫、惩罚、性等微观主题的研究，致力于解构启蒙运动以来居历史研究主流的宏大叙事，在"恢复历史的多元面貌"的旗号下，彻底否定以理性为核心的历史进步观、线性发展观和历史连续性。这样，在后现代史学家看来，历史不过是"那些稍纵即逝"没有内在联系的"事件"的堆积。传统历史学研究中的"宏大叙事"，被日常生活、底层人物、突发事件、妇女、性行为、精神疾病等微观和细节的历史代替。"宏大叙事"被"碎化"了。"后现代"把令人敬畏的历史研究变成了"编故事"，把历代史学家视如生命的历史编纂变成"玩儿历史"。这样，历史学的学术功能和社会功能、历史学的科学性和其作为独立学科存在的合理性，自然也都不存在了。

---

① 参见 [英] 艾文斯《捍卫历史》，张仲民等译，广西师范大学出版社 2009 年版，第 4 页。

② [德] 约恩·吕森：《历史思考的新途径》，綦甲福等译，上海世纪出版集团 2005 年版，第 15 页。

③ 《马克思恩格斯全集》第 12 卷，人民出版社 1962 年版，第 450 页。

19世纪中叶,马克思主义的历史观形成时,首先要回答的是社会历史发展是否有规律,以及社会历史发展的动力等,更多关注的是历史运动的过程,重点是历史本体论的问题,而对于历史认识的性质和特点的研究,亦即历史认识理论的研究,则在其次。19世纪距今,一个半世纪过去了,世界政治、经济、文化、科学迅速发展,人类社会已经发生了翻天覆地的变化。马克思主义学说的本质决定,它是一个开放的体系,它在积极把握时代的脉搏,回答现实提出的重大理论问题的实践中与时俱进,马克思主义的历史观自然也随着时代的发展而发展。在深化研究后现代思潮,回应"后现代史学"的挑战中,系统研究历史认识理论的客观要求进一步凸显出来。从本体论、认识论和方法论的结合上,加强马克思主义历史认识理论研究具有重大的理论意义和现实意义。"后现代史学"的直接理论成果之一,是叙事的历史哲学的形成,叙事的历史哲学的价值不在于它回答了什么,而在于它提出了什么?对于它所提出的问题,如何从马克思主义的历史认识论理论出发做出科学的回答,是摆在广大史学工作者面前的现实的任务。

2008年,笔者曾指出:"历史认识论是当代历史唯物主义新的生长点之一。""历史认识理论强调历史认识主体的主体意识和主体性,并非是在否定唯物史观的基本原理,并非是在宣扬主观唯心主义,恰恰相反,这是在坚持唯物史观基本原理的基础上,和庸俗唯物论、机械决定论和历史宿命论划清界限。"① 近年,一些同行也提出类似的观点,如"意识与社会存在的关系,在历史认识活动中表现为历史认识的主观形式与客观内容的关系。……作为现代历史哲学,唯物主义历史观也必须解决历史认识的主观形式与客观内容的关系这一历史认识论的基本问题",马克思主义历史观的现代形态是历史本体论、历史认识论和历史方法论的统一,因此,"历史认识论是马克思主义历史观的理论生长点"②。还有论者提出,"如果从认识论的角度发展马克思主义历史观的话,那么,其结果应该是历史认识论,而历史认识论某种程度上应该是对在历史学的基础上整合起来的各门具体社会科学的认识论反思"③。这些都表明,马克思主义的历史认识

---

① 于沛:《历史认识概论》,中国社会科学出版社2008年版,第18、19页。
② 杨耕:《马克思主义历史观研究》,北京师范大学出版社2012年版,第6—7页。
③ 赵家祥主编:《马克思主义历史哲学》第5卷,载袁吉富《历史认识论和历史方法论》,吉林人民出版社2006年版,第19页。

论，是回应"后现代史学"严峻挑战的理论武器。

马克思、恩格斯在《德意志意识形态》中曾深刻地指出："迄今为止的一切历史观不是完全忽视了历史的这一现实基础，就是把它仅仅看成与历史过程没有任何联系的附带因素。因此，历史总是遵照在它之外的某种尺度来编写的；现实的生活生产被看成某种非历史的东西，而历史的东西则被看成是某种脱离日常生活，某种处于世界之外和超乎世界之上的东西。"① 正是在这部著作中，马克思主义创始人系统阐述了唯物史观基本原理，第一次使用了"唯物主义历史观"这一术语。他们书中对19世纪上半期以思辨哲学方式出现的使实在神秘化的哲学形态的批判，对于我们今天认识"后现代史学"，仍具有积极的指导意义。怀特在《元史学》中，曾提及"就任何声称具有'真实'世界图景之地位的历史概念而言，马克思对其中包含的意识形态蕴涵的敏感度比任何其他思想家都要强。马克思自己的历史概念绝不是反讽式的，但是他的却成功地揭示了每一种历史概念的意识形态蕴涵"②。应该说，怀特这里所述基本正确，但需要补充的是，马克思"意识形态蕴涵的敏感度"是与马克思学说的历史使命联系在一起的，明确这一点，对于我们认识"后现代史学"，同样有重要的意义。

与后现代主义者的主张相反，马克思主义的历史认识论与历史本体论是一个有机的整体，这是马克思主义历史哲学与后现代的、叙述的历史哲学的原则区别。马克思主义"把经济的社会形态的发展理解为一种自然史的过程"③，人类历史发展是服从于一定规律的自然历史过程，历史的发展是绝对的，不取决于人的意志和愿望，这是历史认识的科学前提。人类社会的历史发展，一般要经过原始社会、奴隶社会、封建社会、资本主义社会，最后到共产主义社会五种社会形态更替的过程，但个别国家或地区，由于某些历史环境的特殊性或发展的不平衡等原因，可在一定条件下，不经过某一个甚至数个发展阶段，直接进入较高级的阶段。马克思坚持辩证的历史决定论，提出各民族可以根据不同的历史条件，选择自己独特的发展道路。科学的历史认识，是认识主体对人类历史过程的正确的反映，其中就必然包含历史的绝对性的内容，虽然这种"绝对性"依然是相对性的

① 《马克思恩格斯文集》第1卷，人民出版社2009年版，第545页。
② ［美］海登·怀特：《元史学：十九世纪欧洲的历史想像》，陈新译，译林出版社2004年版，第52—53页。
③ 《马克思恩格斯文集》第5卷，人民出版社2009年版，第10页。

认识。社会的进步、科学的发展，其中包括历史学理论方法论的不断发展，将帮助历史认识主体对人类历史过程有更深刻、更准确的认识，从而使历史认识的相对性和绝对性在新的水平上更加完美、辩证地统一在一起。马克思主义创始人在一个半世纪之前曾预言："无论哪一个社会形态，在它所能容纳的全部生产力发挥出来以前，是决不会灭亡的；而新的更高的生产关系，在它的物质存在条件在旧社会的胎胞里成熟以前，是决不会出现的。"① "较低的经济发展阶段解决只有高得多的发展阶段才产生了的和才能产生的问题和冲突，这在历史上是不可能的。……每一种特定的经济形态都应当解决它自己的、从它本身产生的问题，如果要去解决另一种完全不同的经济形态的问题，那是十分荒谬的。"② 无论是两位伟人在世时，还是他们逝世后的整个世界历史进程都充分证明，他们对历史的科学认识无懈可击，因为他们的结论一次次为确凿的历史事实所证实。

英国史学家埃里克·霍布斯鲍姆（Eric Hobsbawm）指出："实证主义可以说是 18 世纪启蒙运动的一个迟产儿，在 19 世纪就无法赢得我们足够的尊敬。他对历史学的主要贡献是把自然科学的概念、办法和模式引进到社会科学的研究中，并把自然科学中似乎很适当的发现应用于历史学。……但实证主义的缺陷在于，它对代表人类社会特征以区别于那些直接从非社会因素的影响中产生、或是区别于以自然科学的模式的现象乏善可陈。它对人类历史特征的看法，如果不是形而上学的，就是属于思辨性的。""历史变革的主要动力因此来自以历史为主的社会科学（如德国经济学派的'历史学派'），但主要来自马克思，他的影响家喻户晓。"③ 然而，在历史认识问题上，"后现代史学"轻率地颠覆传统的历史观，否定历史的客观实在性，否定历史矛盾运动的客观规律性，随心所欲地去解读历史，这无论对实证主义史学，还是对马克思主义史学，"后现代史学"都是一种倒退。

"后现代状况之下，历史学的根本目的显然不是为了过去而研究过去。历史研究作为一种参与社会实践的独特方式有其现实的意义。""作者死了""文本之外无他物"这类后现代口号，"为公众的历史解释提供了理

---

① 《马克思恩格斯文集》第 2 卷，人民出版社 2009 年版，第 592 页。
② 《马克思恩格斯文集》第 4 卷，人民出版社 2009 年版，第 458—459 页。
③ ［英］霍布斯鲍姆：《史学家：历史神话的终结者》，上海人民出版社 2002 年版，第 164—165 页。

论的依据"。① 这些事实所蕴含的史学的社会功能以及史学对现实的关注和干预等，虽然早已有之，但在新的历史条件下，这一切又被赋予了新的社会内容，从而有了新的社会意义。在这种情况下，加强马克思主义历史认识理论的学习和研究是十分必要的。马克思主义自问世以来，始终是推进世界历史进程的强大理论武器，对马克思主义学说不能"神化"，也不能"矮化"和"钝化"。若说需要加强，是因"后现代史学"的挑战所激发也是事实，毋庸置疑，不同学术观点的交锋、学术竞争是发展科学的正确道路。1853 年 9 月 3 日，马克思写给恩格斯的信中写道："正是'愚蠢的朋友'，才对每个小学生都知道的东西，即真理通过论战而确立，历史事实从矛盾的陈述中清理出来，表示大惊小怪。"② 今天重温马克思的这封信，我们对当代中国历史科学的光明未来更加充满信心。

---

① 陈新：《历史认识——从现代到后现代》，北京大学出版社 2010 年版，第 238 页。
② 《马克思恩格斯全集》第 28 卷，人民出版社 1973 年版，第 286 页。

改革开放前后两个历史时期的
关系研究述评

宋月红[*]

中共十一届三中全会决策实行改革开放，实现了党史、国史上具有深远意义的伟大转折，由此，新中国的历史进程形成改革开放前后两个历史时期，即社会主义革命和建设时期、改革开放历史新时期。改革开放以来，党正确认识和处理这两个历史时期的关系，为马克思主义中国化与时俱进发展、改革开放坚持正确的道路与发展方向提供了重要的历史依据和思想认识基础。改革开放前后两个历史时期的关系问题，集中反映了新中国的社会性质和发展阶段，体现了新中国历史发展的主题与主线、主流与本质，是党史、国史研究中需要正确认识和把握的重要历史理论问题。但这一问题的研究尚处于起步阶段，现阶段有必要加强新中国历史进程和改革开放史的基本问题与前沿问题的研究，同时从中国特色社会主义道路、理论体系和制度的形成与发展，深入探讨这两个历史时期的历史地位与作用及其相互关系。

一　改革开放前后两个历史时期
关系问题的产生与提出

自改革开放伊始，这一关系问题就出现了，并随着改革开放的不断推进而逐步显现。

改革开放前后两个历史时期，以改革开放为标志而产生和形成，因此改革开放前后两个历史时期的关系问题首先源于中共十一届三中全会。十

---

* 宋月红，中国社会科学院当代中国研究所理论研究室主任、研究员。

一届三中全会重新确立了马克思主义的思想路线、政治路线和组织路线，结束粉碎"四人帮"以来党的工作在徘徊中前进的局面，停止使用"以阶级斗争为纲"的口号，高度评价关于真理标准问题的讨论，确定了解放思想、开动脑筋、实事求是、团结一致向前看的指导方针，把党的工作中心转移到社会主义现代化建设上来。① 改革开放的开启，一方面存在如何认识改革开放前历史时期的问题，另一方面则面临如何进行改革开放的问题。科学对待前者，是正确把握后者的重要政治前提和思想认识基础。

如何认识改革开放前的历史时期，集中表现为如何评价毛泽东的历史地位和怎样对待毛泽东思想。毛泽东思想是马克思列宁主义在中国的运用和发展，是被实践证明了的关于中国革命的正确的理论原则和经验总结。② 毛泽东思想形成于新民主主义革命时期，并在新中国成立后继续丰富和发展。在这一历史时期，以毛泽东为核心的中共第一代中央领导集体带领全党全国各族人民完成新民主主义革命，建立新中国和完成社会主义改造，确立了社会主义基本制度，把半殖民地半封建的旧中国建设成为独立的人民当家做主的社会主义新中国，为当代中国一切发展进步奠定根本政治前提和制度基础。改革开放前的历史时期，社会主义革命和建设的成就是主要的，但是，由于对什么是社会主义和怎样建设社会主义处在初步探索阶段，缺乏经验，理论准备不充分，发生了如"大跃进"和"文化大革命"等严重曲折与错误。由此，在中共十一届三中全会前后，一些人把毛泽东思想同毛泽东晚年错误相混淆，对党的领导和社会主义制度产生怀疑甚至否定，社会上也出现了一股"非毛化"思潮。如何评价毛泽东的历史地位和怎样对待毛泽东思想的科学体系，成为新阶段必须解决的重大问题。在这一问题上，若继续坚持"两个凡是"则不可能结束徘徊不前的局面，甚或延续历史的错误；如果否定毛泽东的历史地位、放弃毛泽东思想的指导地位，则将失去前进的科学理论基础和正确方向。

改革开放坚持什么样的指导思想、道路与方向，关系改革开放的前途命运。在中共十一届三中全会前后，邓小平阐述了毛泽东思想在党和社会主义事业中的指导地位和精神实质。针对"两个凡是"，他指出：毛

---

① 《三中全会以来重要文献选编》下，人民出版社1982年版，第821页。
② 同上书，第826页。

泽东思想是个体系，是发展了的马克思主义①，"必须世世代代地用准确的完整的毛泽东思想"② 指导党和社会主义事业。他在中共十一届三中全会召开前的中央工作会议上指出，只有思想解放了，我们才能正确地以马列主义、毛泽东思想为指导，解决过去遗留的问题，解决新出现的一系列问题，正确地改革同生产力迅速发展不相适应的生产关系和上层建筑，根据我国的实际情况，确定实现四个现代化的具体道路、方针、方法和措施。③ 中共十一届三中全会在公报中指出，毛泽东的伟大功勋不可磨灭。如果没有毛泽东的卓越领导，没有毛泽东思想，"中国革命有极大的可能到现在还没有胜利"。党在理论战线上的崇高任务，就是领导、教育全党和全国人民历史地、科学地认识毛泽东的伟大功绩，完整地、准确地掌握毛泽东思想的科学体系，把马列主义、毛泽东思想的普遍原理同社会主义现代化建设的具体实践结合起来，并在新的历史条件下加以发展。④ 这些重要思想落实在《关于建国以来党的若干历史问题的决议》（以下简称"第二个历史决议"）中，在改革开放历史新时期进一步确立和巩固了毛泽东思想的指导地位，并初步阐述了适合中国国情的社会主义现代化建设道路的基本内涵，为改革开放奠定了思想理论基础和基本发展道路。

如何进行改革开放的问题，则集中表现为改革开放与坚持四项基本原则的关系问题。改革开放之初，党内和社会上出现了资产阶级自由化思潮，散布所谓社会主义不如资本主义的言论者有之，要求削弱甚至取消党的领导和人民民主专政者有之，公然反对马列主义基本原理者也有之。这些言论否定坚持四项基本原则的历史必然性，严重干扰改革开放选择什么样的道路与方向。为此，邓小平在 1979 年党的理论工作务虚会上指出，在中国实现四个现代化，必须在思想政治上坚持四项基本原则，⑤ 这四项基本原则，是在新中国成立以来的历史发展中形成和确立的，也是党长期以来所一贯坚持的。改革开放是实现社会主义现代化建

---

① 《邓小平文选》第2卷，人民出版社1994年版，第43页。
② 《邓小平思想年谱（1975—1997）》，中央文献出版社2011年版，第48页。
③ 《邓小平文选》第2卷，人民出版社1994年版，第141页。
④ 《中国共产党第十一届中央委员会第三次全体会议公报》，《人民日报》1978年12月24日。
⑤ 《邓小平文选》第2卷，人民出版社1994年版，第164页。

设事业的必由之路，坚持四项基本原则是实现四个现代化、实行改革开放的根本前提。

改革开放前后两个历史时期的关系问题已经产生和提出，以邓小平为核心的第二代中央领导集体从正确评价毛泽东的历史地位、坚持和发展毛泽东思想、坚持四项基本原则等根本问题上给予了回答，把新中国成立以来历史发展的连续性与阶段性辩证地统一起来，并在此基础上统一了全党的思想认识，实施和推进改革开放。

二 党关于改革开放前后两个历史 时期关系的论述及其发展

中国共产党高度重视历史经验研究，在对历史的深入思考中探索中国革命、建设和改革的规律，在对历史发展的正确把握中走向未来。改革开放以来，党正确评价毛泽东的历史地位，科学揭示毛泽东思想的完整体系和活的灵魂，推进马克思主义中国化，开辟和拓展中国特色社会主义道路，创立和发展中国特色社会主义理论体系，确立和完善中国特色社会主义制度。在这一历史进程中，改革开放前后两个历史时期的关系问题始终是一个具有基础性的理论与实践问题。党在改革开放以来的各个历史阶段不断深化对这一问题的认识，形成和发展了关于改革开放前后两个历史时期关系的一系列论述，奠定了正确认识改革开放前后两个历史时期及其相互关系的思想理论基础。

（一）马克思主义中国化"两次历史性飞跃"

从党的思想理论发展史来说，马克思主义中国化是新中国成立以来继新民主主义革命时期历史发展的一条主线。这条主线在改革开放历史新时期以正确评价毛泽东的历史地位和科学揭示毛泽东思想为认识基础发展起来，"第二个历史决议"比较完整、系统地奠定了这一认识基础。邓小平在指导这个决议起草的过程中确定了三条基本原则，其核心就是确立毛泽东的历史地位，坚持和发展毛泽东思想。他指出，毛泽东思想这个旗帜丢不得。丢掉了这个旗帜，实际上就否定了我们党的光辉历史。要写毛泽东思想的历史，毛泽东思想形成的过程。要把毛泽东思想的主要内容，特别是今后还要继续贯彻执行的内容用比较概括的语言写出来。"如果不写或写不好这个部分，整个决议都不如不做。"① 党的"第二个历史决议"对过去"左"倾错误和毛泽东晚年的错误做了科学分析，维护了党在长期斗争中形成的优良传统、毛泽东思想的科学真理和毛泽东的历史地位，指出党在新中国成立以后的历史，总的说来，是党在马克思列宁主义、毛泽东思想指导下，领导全国各族人民进行社会主义革命和社会主义建设并取得巨大成就的历史。尽管在"第二个历史决议"通过时，改革开放从决策到实施还不到三年时间，还处于开创阶段，但这个决议的精神实质在于坚持和发展毛泽东思想，因而在党的指导思想上把改革开放前后两个历史时期贯穿起来。

随着改革开放的推进，党在探索和回答什么是社会主义和怎样建设社会主义的基础上，逐步形成"邓小平建设有中国特色社会主义理论"。中共十三大指出马克思主义与中国实践的结合有两次历史性飞跃。② 就是发生在新民主主义革命时期的第一次飞跃和发生在中共十一届三中全会以后的第二次飞跃。党在实现马克思主义中国化的两次飞跃中，先后在总结历史经验的基础上找到了有中国特色的革命道路和开始找到一条建设有中国特色的社会主义道路，开辟了社会主义建设的新阶段。这些论述把改革开放前后两个历史时期统一于马克思主义与中国具体实际的有机结合，以及党对中国革命与建设道路的探索与开辟的历史进程之中，同时阐明了改革开放前后两个历史时期在社会主义建设中的连续性与阶段性的特征。

（二）从两次"伟大革命"到三次"历史性的巨大变化"

改革的性质与特征问题，是认识改革开放前后两个历史时期关系的重要基础与依据。随着改革由农村转入城市而全面展开，邓小平指出，改革是"一场解放生产力的革命"③。同时，他强调，改革是社会主义制度的自我完善。④ 中共十四大就中国近代以来的历史发展提出了两次"伟大革命"。其主要内容是，以毛泽东为核心的第一代中央领导集体把半殖民地半封建的旧中国变成独立的人民当家做主的社会主义新中国，是中国有史以来最伟大的革命，开辟了中国历史的新纪元。以邓小平为核心的第二代

---

① 《邓小平文选》第2卷，人民出版社1994年版，第291—292、298、299页。
② 《十三大以来重要文献选编》上，人民出版社1991年版，第56页。
③ 《邓小平思想年谱（1975—1997）》，中央文献出版社2011年版，第523页。
④ 《邓小平文选》第3卷，人民出版社1993年版，第142页。

中央领导集体把中国由不发达的社会主义国家变成富强民主文明的社会主义现代化国家，是又一次伟大革命。这场新的革命，是在过去革命取得成功和社会主义建设取得巨大成就的基础上进行的，是在党领导下有秩序、有步骤地进行的。它不是要改变社会主义制度的性质，而是社会主义制度的自我完善和发展。它也不是原有经济体制的细枝末节的修补，而是经济体制的根本性变革。①

改革是一场革命，实行改革必然引起中国社会和中国历史发展的深刻变化。中共十五大就 20 世纪中国的历史提出了三次"历史性的巨大变化"。这三次历史性的巨大变化是：辛亥革命开创了完全意义上的近代民族民主革命，中华人民共和国的成立和社会主义制度的建立，改革开放为实现社会主义现代化而奋斗。其中，第二次历史性的巨大变化是中国共产党成立后，在以毛泽东为核心的第一代中央领导集体的领导下完成的。中国人民从此站起来了，并且从新民主主义走上社会主义道路，取得建设社会主义的巨大成就。第三次历史性的巨大变化则是在以邓小平为核心的第二代中央领导集体的领导下开始的新的革命。在新中国成立以来革命和建设成就的基础上，党总结历史经验和教训，成功地走出了一条建设有中国特色社会主义的新道路。② 这些论述把改革开放前后两个历史时期与中国近代以来的历史相联系，阐明了这两个历史时期在历史发展上的继承与发展、区别与联系。

（三）从"三个永远铭记"、改革开放"十个结合"的历史经验到"三件大事"、中国特色社会主义"三位一体"

人类社会进入新世纪，中共十六大从中华民族伟大复兴的历史进程，阐述了党在新民主主义革命时期、新中国成立以来和中共十一届三中全会以来的历史发展，把改革开放前后两个历史时期统一于中华民族伟大复兴的历史进程之中。党在新民主主义革命时期，团结和带领全国各族人民完成民族独立和人民解放的历史任务，为实现中华民族伟大复兴创造了前提。新中国成立后，创造性地完成由新民主主义到社会主义的过渡，实现中国历史上最伟大、最深刻的社会变革，开始了在社会主义道路上实现中

① 《十四大以来重要文献选编》上，人民出版社 1996 年版，第 3 页。
② 《十五大以来重要文献选编》上，人民出版社 2000 年版，第 2—3 页。

华民族伟大复兴的历史征程。中共十一届三中全会以来，党找到建设中国特色社会主义的正确道路，赋予民族复兴新的强大生机。①

中共十七大召开，正值改革开放前后两个历史时期各 29 年，并即将迎来改革开放 30 周年。十七大提出了"三个永远铭记"，指出改革开放伟大事业，是在以毛泽东为核心的第一代中央领导集体创立毛泽东思想，带领全党全国各族人民建立新中国、取得社会主义革命和建设伟大成就，以及艰辛探索社会主义建设规律取得宝贵经验的基础上进行的；是以邓小平为核心的第二代中央领导集体科学评价毛泽东和毛泽东思想，彻底否定"以阶级斗争为纲"的错误理论和实践，做出把党和国家工作中心转移到经济建设上来、实行改革开放的历史性决策，确立社会主义初级阶段基本路线，创立邓小平理论，带领全党全国各族人民开创的；是以江泽民为核心的第三代中央领导集体捍卫中国特色社会主义，创建社会主义市场经济新体制，开创全面开放新局面，推进党的建设新的伟大工程，创立"三个代表"重要思想，带领全党全国各族人民继承、发展并成功推向 21 世纪。②"三个永远铭记"全面阐述了中共三代中央领导集体在中国革命、建设和改革中的历史地位，特别是在改革开放伟大事业上的历史关系。

中共十七大总结改革开放的历史经验，提出了"十个结合"：在改革开放的历史进程中，把坚持马克思主义基本原理同推进马克思主义中国化结合起来，把坚持四项基本原则同坚持改革开放结合起来，把尊重人民首创精神同加强和改善党的领导结合起来，把坚持社会主义基本制度同发展市场经济结合起来，把推动经济基础变革同推动上层建筑改革结合起来，把发展社会生产力同提高全民族文明素质结合起来，把提高效率同促进社会公平结合起来，把坚持独立自主同参与经济全球化结合起来，把促进改革发展同保持社会稳定结合起来，把推进中国特色社会主义伟大事业同推进党的建设新的伟大工程结合起来。③ 胡锦涛在纪念十一届三中全会召开30 周年大会的讲话中系统阐述了"十个结合"的基本内涵，指出改革开放30 年来，党的全部理论和全部实践，归结起来就是创造性地探索和回答了什么是马克思主义、怎样对待马克思主义，什么是社会主义、怎样建

---

① 《十六大以来重要文献选编》上，中央文献出版社 2005 年版，第 43 页。
② 《十七大以来重要文献选编》上，中央文献出版社 2009 年版，第 6—7 页。
③ 同上书，第 8 页。

设社会主义，建设什么样的党、怎样建设党，实现什么样的发展、怎样发展等重大理论和实际问题。30 年的历史经验归结到一点，就是把马克思主义基本原理同中国具体实际相结合，走自己的路，建设中国特色社会主义。①

胡锦涛在中国共产党成立 90 周年庆祝大会上指出，党完成和推进了"三件大事"。第一件大事是完成了新民主主义革命，实现了民族独立、人民解放，成立了中华人民共和国，开启了中华民族发展进步新的历史纪元。第二件大事是完成了社会主义革命，确立了社会主义基本制度。第三件大事是进行了改革开放新的伟大革命，开创、坚持、发展了中国特色社会主义。这三件大事，从根本上改变了中国人民和中华民族的前途命运，不可逆转地结束了近代以后中国内忧外患、积贫积弱的悲惨命运，不可逆转地开启了中华民族不断发展壮大、走向伟大复兴的历史进程。党经过 90 年的奋斗、创造和积累，开辟了中国特色社会主义道路，形成了中国特色社会主义理论体系，确立了中国特色社会主义制度。② 这一重要论述把党史与近代以来中华民族发展史结合起来，把党领导的革命、建设和改革的历史进程相互统一起来，同时把中共十七大提出的改革开放以来发展进步的根本原因，即开辟了中国特色社会主义道路和形成了中国特色社会主义理论体系，丰富发展为开辟了中国特色社会主义道路，形成了中国特色社会主义理论体系，确立了中国特色社会主义制度，比较完整地揭示了中国特色社会主义"三位一体"的基本内涵。

（四）从当代中国发展进步的根本政治前提和制度基础到"两个不能否定"

中共十八大系统阐述了中国特色社会主义开创、坚持和发展的理论与实践，进一步科学揭示了改革开放前后两个历史时期的内在联系，强调了中共十七大所提出的社会主义革命和建设时期新民主主义革命的胜利、社会主义基本制度的建立，为当代中国一切发展进步奠定了根本政治前提和制度基础。虽然经历了严重曲折，但党在社会主义建设中取得的独创性理论成果和巨大成就，为新的历史时期开创中国特色社会主义提供了宝贵经

---

① 《十七大以来重要文献选编》上，中央文献出版社 2009 年版，第 808—809 页。
② 胡锦涛：《在庆祝中国共产党成立 90 周年大会上的讲话》，《人民日报》2011 年 7 月 2 日。

验、理论准备和物质基础。改革开放历史新时期确立了社会主义初级阶段的基本路线、社会主义市场经济体制的改革目标和基本框架、社会主义初级阶段的基本经济制度和分配制度，坚持以人为本、全面协调可持续发展，开创中国特色社会主义，并不断在新的历史起点上坚持和发展中国特色社会主义。①

坚持和发展中国特色社会主义，是中共十八大的精神实质。十八大以来，以习近平为总书记的党中央就改革开放前后两个历史时期的关系问题提出了"两个不能否定"。习近平在新进中央委员会委员、候补委员学习贯彻十八大精神研讨班开班式上的讲话中，从六个时间段分析了社会主义思想从提出到现在的历史过程，即空想社会主义产生和发展，马克思、恩格斯创立科学社会主义理论体系，列宁领导十月革命胜利并实践社会主义，苏联模式逐步形成，新中国成立后党对社会主义的探索和实践，做出进行改革开放的历史性决策、开创和发展中国特色社会主义。他指出，中国特色社会主义，是科学社会主义理论逻辑和中国社会发展历史逻辑的辩证统一，是根植于中国大地、反映中国人民意愿、适应中国和时代发展进步要求的科学社会主义。我们党领导人民进行社会主义建设，有改革开放前和改革开放后两个历史时期，这是两个既相互联系又有重大区别的时期。（1）中国特色社会主义是在改革开放历史新时期开创的，但也是在新中国已经建立起社会主义基本制度并进行了20多年建设的基础上开创的。（2）这两个历史时期在进行社会主义建设的思想指导、方针政策、实际工作上有很大差别。（3）改革开放前后两个历史时期决不是彼此割裂的，更不是根本对立的，本质上都是我们党领导人民进行社会主义建设的实践探索。他强调，不能用改革开放后的历史时期否定改革开放前的历史时期，也不能用改革开放前的历史时期否定改革开放后的历史时期。要坚持实事求是的思想路线，分清主流和支流，坚持真理，修正错误，发扬经验，吸取教训，在这个基础上把党和人民的事业继续推向前进。② 这一重要论述科学阐明了改革开放前后两个历史时期的辩证统一关系和社会主义建设的实践探索这一共同本质。

---

① 《中国共产党第十八次全国代表大会文件汇编》，人民出版社2012年版，第10—11页。
② 《毫不动摇坚持和发展中国特色社会主义 在实践中不断有所发现有所创造有所前进》，《人民日报》2013年1月6日。

在推进马克思主义中国化的历史进程中，中国共产党关于改革开放前后两个历史时期关系的论述，必将随着改革开放的历史进程不断丰富和发展，并作为思想理论基础，指导党史、国史特别是改革开放前后两个历史时期关系问题的研究。

三 关于改革开放前后两个历史时期关系问题的研究现状与趋势

关于改革开放前后两个历史时期关系问题的研究，以中共十八大的召开和 2013 年 1 月 5 日习近平在新进中央委员会的委员、候补委员学习贯彻中共十八大精神研讨班上发表讲话为标志，可以划分为前后两个阶段。在前一个阶段，改革开放 30 年和新中国成立 60 年的历史进程与经验，中国特色社会主义道路、理论体系和制度，以及改革开放的历史必然性及其在新中国历史上的地位与作用，成为党史、国史研究的重要内容。这些研究不可避免地联系到新中国成立至改革开放前的历史，进而从新中国历史的整体性与阶段性上提出了改革开放前后两个历史时期的关系问题。对于这一问题的认识，大体形成两种基本相反的观点，一是"非统一说"，二是"统一说"。其中，"统一说"居于主流地位。"非统一说"认为，中国在改革开放前后两个历史时期处于两种不同性质的社会和时代，具体表现为"彼此割裂说"或"相互否定说"，如把改革开放前说成是专制主义的，把改革开放后说成是民主社会主义或社会民主主义的；如以毛泽东的晚年错误否定毛泽东的历史地位，把毛泽东思想与中国特色社会主义理论体系分割开来；如以社会主义市场经济体制否定计划经济体制的历史地位、作用与贡献；再如把中国特色社会主义看成是"新民主主义的回归"；等等。与此相反，"统一说"则认为，改革开放前后两个历史时期是新中国成立以来历史发展的阶段性与连续性的统一。持此说中比较有代表性的是围绕中国特色社会主义道路的内涵与实质，研究改革开放前后两个历史时期的性质及其相互关系；从马克思主义中国化的历史发展认识改革开放前后两个历史时期的思想理论基础；① 从方法论上探讨如何正确评价改革开放前

---

① 张浩：《从〈论十大关系〉和"科学发展观"的比较中看新中国两个三十年》，《新西部》2011 年第 4 期。

后两个历史时期。[1]

在"统一说"中，朱佳木从概念上提出了改革开放前后两个历史时期的关系问题，并做出了具有代表性的研究成果。他从正反两方面分析了改革开放前后两个时期的历史发展及其成就，以及根据改革开放前的社会历史条件探讨了这一时期失误和错误的根源、性质与特点，认为改革开放前后两个时期，虽然存在很大差别，但都是党领导的人民当家做主的历史和建设社会主义国家的历史。前一个历史时期是后一个历史时期的基础，后一个历史时期是前一个历史时期的继承和发展。没有前一个历史时期，就不可能有后一个历史时期；而没有后一个历史时期，前一个历史时期也难以为继。两个历史时期都统一于对科学社会主义基本原则的坚持和对社会主义社会的建设。[2] 他还从三个方面对改革开放前后两个时期的关系做了探讨：一是如何看待改革开放前的失误和错误，认为要把失误和错误与那段历史取得的成就放在一起比较，分清主流与支流；对失误和错误进行具体分析，不能因为有些事情中有失误、错误，就对那些事情全盘否定；把失误和错误放在当时特定的历史条件下分析，把在当时可以避免的和由于客观条件限制难以避免的错误区分开来；分析造成失误和错误的主观原因，同时也要把好心办坏事与个人专断与专制制度加以区别。二是如何看待改革开放前的历史对改革开放的意义，认为改革开放前为改革开放提供了政权稳固、社会安定、国际环境相对有利的政治前提；奠定了以人民代表大会制度、中国共产党领导的多党合作和政治协商制度、民族区域自治制度为核心的社会主义基本政治制度，以及以生产资料全民所有和集体所有为基础的基本经济制度的基础；奠定了物质技术基础、必要的工作机构、干部队伍和经验；提供了一定的思想保证；提供了正反两方面经验。三是如何看待改革开放前后两个时期的异同，认为主要表现在党的指导思想，经济制度、体制、发展战略和对外联系，政治体制，文化和社会事业，国际关系等方面。[3] 改革开放两个历史时期的差异凸显出改革开放历

---

① 梅宏：《如何正确看待新中国成立后的两个30年》，《中国井冈山干部学院学报》2012年第4期。

② 朱佳木：《正确看待改革开放前后两个时期的历史及其联系，深刻认识和准确把握中国特色社会主义道路的实质》，《中共党史研究》2008年第1期。

③ 朱佳木：《从改革开放前后两个时期的历史性质及其相互关系上认识中国特色社会主义道路的内涵》，《当代中国史研究》2008年第1期。

史新时期的特点和它相对于改革开放前的重大发展，其中的共性则把改革开放前后两个历史时期有机地联系在了一起。

正确认识和把握改革开放前后两个历史时期的关系，需要深化研究改革开放史。张星星认为，深化改革开放史研究，一是要大力宣传改革开放以来取得的伟大成就，这是改革开放历史的主流；二是集中围绕中国特色社会主义这一时代主题，深入总结改革开放以来创造的宝贵经验；三是科学分析改革开放以来探索中遇到的新问题；四是正确看待改革开放进程中出现的不同认识。[①] 这一研究成果对于全面而深入地开展改革开放史研究，以便正确地认识和把握改革开放前后两个历史时期的关系问题，具有方法论意义。

在后一个阶段，中共十八大和习近平关于改革开放前后两个历史时期关系的论述，把改革开放前后两个历史时期关系问题的研究引向深入。这一阶段在前一个阶段研究的基础上，集中阐释了改革开放前后两个历史时期是"两个相互联系又有重大区别的时期""本质上都是我们党领导人民进行社会主义建设的实践探索"的内涵与意义，进一步深化了对如何正确认识改革开放前后两个历史时期关系问题的方法论研究。在这一阶段，比较有代表性的成果主要是：第一，中国社会主义建设的上下篇。唐洲雁把改革开放前后两个历史时期的探索分别作为中国社会主义建设的"上篇"和"下篇"，认为这是两个既相联系又相区别的历史时期，前者为后者奠定了基础，后者是对前者的飞跃。[②] 第二，改革开放前后两个历史时期是新中国历史发展的连续性与阶段性的统一。2013 年 1 月 26 日，党史、国史学界召开了主题为"改革开放前后两个历史时期的关系"理论座谈会，与会专家学者阐释了改革开放前后两个历史时期在物质、理论、制度、道路等方面的历史与逻辑关系，认为改革开放前后两个历史时期是新中国历史发展的连续性与阶段性的统一，是吸取历史经验教训与新的历史条件下实践探索的有机结合，是历史的否定之否定的辩证发展。不能因改革开放的必然性和转折性而否定新中国历史发展的整体性和统一性，也不能因改革开放前历史发生曲折与错误而掩盖其历史成就与经验，更不能因改革开放以来成就辉煌、国力增强而忽视存在的问题与教训。第三，对"什么是

---

① 张星星：《积极推进和深化改革开放史研究》，《北京党史》2012 年第 5 期。

② 唐洲雁：《全面认识中国特色社会主义的探索实践》，《光明日报》2013 年 1 月 11 日。

社会主义"的认识差异是改革开放前后两个历史时期的重大区别。张启华认为，两个历史时期的重大区别在于对"什么是社会主义"的认识存在差异，前30年的探索出现失误，没能成功找到一条正确的建设社会主义道路，但就"致力于探索"而言，两个历史时期一脉相承，改革开放前的探索为改革开放新时期的探索提供了包括经验与教训的有益借鉴。① 第四，"两个不能否定"论是坚持和发展中国特色社会主义的必然要求。齐彪认为，"两个不能否定"论直接关系到中国特色社会主义的两个关键性的问题，即在中国要不要坚持社会主义、要不要搞改革开放的问题。这是坚持和发展中国特色社会主义的根本问题。否定了改革开放前后两个历史时期中的任何一个时期，就没有中国特色社会主义，就否定了中国特色社会主义。"两个不能否定"论是进一步统一对党的历史的认知，把全党全国人民凝聚在中国特色社会主义伟大旗帜下、走向未来的重要思想基础。② 第五，坚持和发展中国特色社会主义是继往和开来的统一、历史和现实的结合。齐卫平认为，改革开放后进行的中国特色社会主义建设不是零起点，不是抛开前面的历史另起炉灶，而是在很多方面体现了对改革开放前的历史时期的继承。坚持和发展中国特色社会主义，是继往和开来的统一，是历史和现实的结合。③ 第六，站在人民的立场上研究历史。李慎明认为，审视历史，不能简单地站在个人得失立场，必须跳出个人局限，站在人民和历史乃至站在全人类文明进步的角度去观察问题，方可能得到事物的真谛与本质。④

　　改革开放前后两个历史时期及其相互关系，蕴含着科学社会主义理论逻辑和中国社会发展历史逻辑的辩证统一，体现了新中国历史发展的连续性与阶段性的辩证统一。正确认识和把握这两个历史时期及其相互关系，有利于深刻揭示新中国历史发展的主题与主线、主流与本质，深入认识坚持和发展中国特色社会主义的历史必然性和规律性，并在此基础上逐步形成关于改革开放前后两个历史时期关系的历史理论。

　　改革开放前后两个历史时期贯穿整个新中国成立以来的历史。现阶段，深化研究改革开放前后两个历史时期的关系问题，除不断丰富研究素

---

① 张启华：《正确看待改革开放前后历史的辩证关系》，《当代中国史研究》2013 年第 2 期。
② 齐彪：《"两个不能否定"的重大政治意义》，《光明日报》2013 年 5 月 7 日。
③ 齐卫平：《如何正确对待改革开放前后两个历史时期》，《人民日报》2013 年 6 月 25 日。
④ 李慎明：《正确评价改革开放前后两个历史时期》，《红旗文稿》2013 年第 9 期。

材、扩大研究范围和创新研究方法外，还需要围绕基本问题和前沿问题进行系统性和综合性的研究，着力探讨改革开放前后两个历史时期关系的理论与方法论。其中，关于改革开放前后两个历史时期关系的基本问题主要是：新中国成立以来马克思主义中国化继承与发展的历史进程与经验；新中国成立以来政治、经济、文化、社会和外交等的理论与实践；当代中国发展进步的根本政治前提与制度基础的奠基、巩固与发展；改革开放的社会历史条件、发展进程与基本经验；中国特色社会主义的开创、坚持和发展。目前有关这些问题，专题史、领域史研究有了一定基础，制度史、政策史研究较强，但战略性、宏观性和系统性研究比较薄弱。为此，需要加强国史的通史性研究，并通过改革开放前后两个历史时期的比较研究，揭示这两个历史时期之间的连续性、阶段性与转折性。

改革开放前后两个历史时期的关系随着改革开放的深入实践而发展，是动态的而非静止的，是开放的而非封闭的，必将产生新的情况和问题。为此，需要跟踪前沿问题进行研究。对于前沿问题的研究，有利于把握改革开放前后两个历史时期关系的新发展和新内涵，并带动相关问题和领域的研究，其前沿问题主要有：第一，新中国成立以来的社会形态和社会矛盾运动，即社会主义革命、建设和改革的历史进程、规律与特点，包括新民主主义向社会主义社会过渡，社会主义基本制度的确立、发展与完善，社会主义全面建设和中国特色社会主义。第二，改革开放理论，包括什么是改革开放和怎样改革开放，特别是改革开放的基本内涵、道路与方向，以及改革开放的历史经验、改革开放史的认识论与方法论等。第三，"中国道路""中国经验"及其国际比较。第四，新中国成立以来党关于国史的论述，以及国史研究的理论与方法等，包括国史的主题与主线、主流与本质，如何正确评价毛泽东的历史地位和揭示毛泽东思想的科学体系，如何对待国史中的曲折与错误，以及国史的分期标准和阶段划分等。通过对这些问题的研究，可以进一步揭示新民主主义向社会主义社会过渡的历史必然性，回答改革开放是社会主义制度的自我完善和发展、中国特色社会主义是社会主义而非其他什么主义，并以改革开放前后两个历史时期关系的理论丰富、发展国史和国史研究的理论与方法。

原载《当代中国史研究》2013 年第 6 期，《新华文摘》2014 年第 6 期

唯物史观与中国历史研究的发展

左玉河[*]

恩格斯在马克思墓前的讲话中说，马克思一生有两大发现：一是唯物史观，二是剩余价值理论。产生于 19 世纪中期的唯物史观，对于 20 世纪中国历史学产生了巨大影响。今天，深入研究马克思的唯物史观，回顾唯物史观对 20 世纪中国历史学的影响，对于指导我们的中国近代史研究具有重要的意义。笔者仅就下面三个问题谈谈自己的体会。

一 唯物史观为什么对历史研究具有指导意义

马克思在《共产党宣言》《〈政治经济学批判〉导言》，恩格斯《在马克思墓前的讲话》等经典文献中，阐述了唯物史观的基本原理，并对唯物史观的重大指导意义做了充分的肯定。列宁、斯大林、毛泽东等革命导师对唯物史观也做过精辟阐述。唯物史观的创立，宣告了唯心史观在关于人类社会历史认识中占统治地位的局面的彻底结束。正如恩格斯所说："人们的意识决定于人们的存在而不是相反，这个原理看来很简单，但是仔细考察一下也会立即发现，这个原理的最初结论就给一切唯心主义，甚至给最隐蔽的唯心主义当头一棒。关于一切历史性的东西的全部传统的和习惯的观点都被这个原理否定了。政治论证的全部传统方式崩溃了。"[①] 笔者研读马、恩、列、斯、毛等经典作家关于唯物史观的论述后，认为只有运用唯物史观，才能在研究人类社会历史时，避免唯心史观的那些主要缺点。

---

　* 左玉河，中国社会科学院近代历史研究所马克思主义史学理论研究室主任、研究员，博士生导师。

　① 《卡尔·马克思〈政治经济学批判〉》，载《马克思恩格斯全集》第 13 卷，人民出版社1962 年版，第 527 页。

第一，唯物史观正确说明了社会历史发展的终极原因。"在此以前，社会学家不善于往下探究象生产关系这样简单和这样原始的关系，而径直着手探讨和研究政治法律形式，一碰到这些形式是由当时人类某种思想产生的事实就停留下来；结果似乎社会关系是由人们自觉地建立起来的。"与此不同，"唯物主义继续深入分析，发现了人的这些社会思想本身的起源，也就消除了这个矛盾"。① 这就是说，思想的进程取决于事物的进程的唯物主义结论，纠正了唯心史观本末倒置的缺点，为科学探究历史运动的规律找到了可靠基石。

第二，唯物史观把历史的发展归结为社会形态有规律的更替过程。"在这以前，社会学家在错综复杂的社会现象中总是难于分清重要现象和不重要现象（这就是社会学中的主观主义的根源），找不到这种划分的客观标准。唯物主义提供了一个完全客观的标准，它把生产关系划为社会结构，并使人有可能把主观主义者认为不能应用到社会学上来的重复性这个一般科学标准，应用到这些关系上来。当他们还局限于思想的社会关系（即通过人们的意识而形成的社会关系）时，始终不能发现各国社会现象中的重复性和常规性，他们的科学至多不过是记载这些现象，收集素材。一分析物质的社会关系（即不通过人们意识而形成的社会关系：人们在交换产品时彼此发生生产关系，甚至都没有意识到这里存在着社会生产关系），立刻就有可能看出重复性的常规性，把各国制度概括为社会形态这个基本概念。只有这种概括才使人有可能从记载（和从理想的观点来评价）社会现象进而以严格的科学态度去分析社会现象。"②

第三，唯物史观所以能够区划社会形态，正确说明社会形态的发展是一个自然的历史过程，根据在于它"把社会关系归结于生产关系，把生产关系归结于生产力的水平"③。以往持唯心史观的某些史学家、思想家，虽然也提出过历史是一个有规律的过程的思想，但是，他们在解释这一过程的规律性时，却从人们的理性或从"绝对精神"去寻求根据，因而找不到正确答案。唯物史观与此相反，它从社会生产力发展的水平，去认识生产关系发展的水平，从生产关系、社会关系的状况去认识思想关系的状况，

① 《什么是"人民之友"以及他们如何攻击社会民主主义者?》，载《列宁全集》第1卷，人民出版社1984年版，第109页。

② 同上书，第109—110页。

③ 同上书，第110页。

这样关于社会历史发展的终极原因，和由这一终极原因所带来的一系列层次性的变动，全能得到科学说明，这样才能把人类社会历史看作和自然界一样，是一个可以认识的自然历史过程。

第四，和一切蔑视劳动人民群众的唯心史观不同，唯物史观认为，既然人类社会发展的历史是生产发展的历史，是生产方式发展的历史，那么，它首先应该是从事物质资料生产的劳动人民群众的历史。人民群众是人类历史的创造者，是历史发展的决定力量。认为英雄创造历史的错误被纠正了，历史恢复了本来的面目，劳动人民群众恢复了在历史上应有的地位。

第五，唯物史观第一次提供可能使关于社会思想史的研究建立在科学的基础上，与那种从思想解释思想的唯心史观划清了界限。如同列宁所说："唯物主义关于思想进程取决于事物进程的结论，是唯一可与科学的心理学相容的。"① 唯物史观不仅正确揭示了社会存在决定社会意识，社会意识根源于社会存在，而且，正确说明了社会意识对社会存在在怎样的条件下发挥怎样的反作用。资产阶级社会学家把唯物史观歪曲为否定社会意识能动作用的经济唯物论是没有任何根据的。总之，由于唯物史观的创立，人们找到了科学解释人类社会历史的理论武器，这就为真正的历史科学的诞生奠定了基础。

马克思主义经典作家是首先用唯物史观解释人类社会历史的典范，他们重视历史研究，并始终把唯物史观作为进行这一研究的指南。他们不仅给我们留下了如《法兰西内战》《德意志形态》等许多宝贵的历史著作，而且给我们留下了关于如何运用唯物史观研究历史的方法。以他们的创造性理论和历史研究工作为起点，马克思主义的历史科学一步一步发展起来了。100 多年来，无论在中国或在外国，马克思主义史学工作者运用唯物史观重新研究全部人类社会的历史，批判了唯心史观的谬误，根据大量可靠的史实，阐明了社会历史发展的规律，把剥削阶级史学家颠倒了的历史重新颠倒过来。和以往的剥削阶级的史学相对比，马克思主义历史科学的成绩和胜利充分证明了唯物史观战无不胜的力量。

---

① 《什么是"人民之友"以及他们如何攻击社会民主主义者?》，载《列宁全集》第 1 卷，人民出版社 1984 年版，第 109 页。

二 唯物史观如何促使中国历史学的发展

唯物史观作为一种解释历史的理论和方法论，产生于 19 世纪中叶，20 世纪初传入中国。它在中国的传播、为中国学人所接受，并创立中国马克思主义史学的过程，充分显示了唯物史观强大的生命力和科学价值。可以肯定地说，再没有任何一种理论比唯物史观对中国历史学的影响更为巨大了。

中国的马克思主义史学流派，是伴随着马克思主义的传入和新民主主义革命的展开而产生并发展的。李大钊、郭沫若是该学派的先驱，继起者有吕振羽、范文澜、翦伯赞、侯外庐等人，他们都写出了具有科学价值的史学名著。

李大钊是中国马克思主义史学的开创者，他最先将唯物史观应用于史学研究。自 1920 年起，他在北京大学、女子高等师范等高校开始开设"唯物史观研究""史学思想史""史学要论"等课程，并先后发表了《唯物史观在现代史学上的价值》《研究历史的任务》等论文，1924 年出版了《史学要论》一书。在这些论著中，李大钊对以往的旧的历史观进行了深刻批判："神权的、精神的、个人的、退落的或循环的历史观可称为旧史观，而人生的、物质的、社会的、进步的历史观可称为新史观"①；他批评旧史观指导下的旧史学"简直是权势阶级愚民的器具"②。只有新的唯物史观才是"奋兴鼓舞的历史观，乐天努力的人生观"③。李大钊运用唯物史观对历史研究提出了一系列崭新的见解，他明确了历史研究的对象，指出历史是"人类生活的行程"，"是有生命的东西"，"进步的东西"，"发展的东西"，"历史就是人类的生活并为其产物的文化"④。同时，李大钊还明确了历史研究的任务："一、整理事实，寻找它的真确的证据；二、理解事实，寻出它的进步的真理。"⑤ 对于后一点，他在《史学要论》中做了深刻阐发。他认为史学的要义有三："（一）社会随时代的经过发达进化，

---

① 《史观》，载《李大钊选集》，人民出版社 1959 年版，第 289 页。
② 《唯物史观在现代史学上的价值》，载《李大钊选集》，人民出版社 1959 年版，第 338 页。
③ 《时》，载《李大钊选集》，人民出版社 1959 年版，第 488 页。
④ 以上均见《史学要论》，人民出版社 1959 年版。
⑤ 《研究历史的任务》，载《李大钊选集》，人民出版社 1959 年版，第 484 页。

人事的变化推移，健行不息。就他的发达进化的状态，即不静止而不断的移动的过程为考察，是今日史学的第一要义。（二）就实际发生的事件，一一寻究其证据，以明人事发展进化的真相，是历史的研究的特色。（三）今日历史的研究，不仅以考证确定零零碎碎的事实为毕乃能事；必须进一步，不把人事看作片片段段的东西；要把人事看作一个整个的，互为因果，互有连锁的东西去考察他。于全般的历史事实的中间，寻求一个普遍的理法，以明事实与事实间的相互的影响与感应。在这种研究中，有时亦需要考证或确定片片段段的事实，但这只是为于全般事实中寻求普遍理法的手段，不能说这便是史学的目的。"这些论述，讲清了整个历史研究的任务和考证在这当中的地位，在今天，对我们仍具有启发指导意义。

　　郭沫若是中国马克思主义史学的又一位杰出的奠基人。他在 1929 年写成、1930 年出版的《中国古代社会研究》一书中，运用唯物史观的理论和方法，对甲骨文、金文和先秦文献进行综合研究，揭示了中国古代社会的面貌和发展规律，开辟了中国史研究的科学道路，是中国史学根本性质上的重大变革，标志着中国马克思主义史学的正式形成。随后，郭沫若写出了《甲骨文字研究》《卜辞通纂》《殷契萃编》《殷周青铜器铭文研究》《两周金文辞大系考释》《金文丛考》《古代铭刻汇考》以及《青铜时代》《十批判书》等，在学术上都有很大的影响。在郭沫若《中国古代社会研究》的带动下，中国历史学领域出现了吕振羽、侯外庐、范文澜、翦伯赞、胡绳等著名史学家，出版了吕振羽的《史前期中国社会研究》（1934 年）、《殷周时代的中国社会》（1936 年）、《中国社会史诸问题》（1942 年），侯外庐的《中国古代思想学说史》（1945 年）、《中国近世思想学说史》（1945 年）、《中国古代社会史》（1945 年），范文澜的《中国通史简编》（1942 年），翦伯赞的《中国史纲》（1961 年），胡绳的《帝国主义与中国政治》（1949 年），向达的《唐代长安与西域文明》（1930年），周谷城的《世界通史》（1949 年）等一大批马克思主义史学著作。这些著作表明，中国马克思主义史学已经逐步成长起来，它们不仅是中国马克思主义史学在各个领域的开创之作，而且大多也是 20 世纪中国史学发展历程上的名著，其中有的著作经过修订，成为传世之作，表明了马克思主义史家追求真理的严肃态度和科学精神。

　　马克思主义的唯物史观，促进了中国历史学研究方向的转变，使历史研究从描述孤立的主要是以政治事件为主的方面，转向面对社会和经济这一复杂而长期的过程的研究，使历史学家认识到需要研究人们的生活物质条件，并重视人民群众对历史的作用。马克思的社会阶级结构观念以及他对阶级斗争的研究，引起了中国历史学家对社会制度的研究。侯外庐在1946年强调说，中国学人按照马克思主义的理论、方法论，已经"学会活用自己的语言而讲解自己的历史与思潮了"，这是对20世纪前期历史观念发展的很好的概括。

新中国的成立，使中国的历史科学取得了新的进展。广大史学工作者自觉地学习并运用辩证唯物主义和历史唯物主义理论作为自己工作的指南。马克思主义史学工作者的队伍大大加强，从中央到地方，以及许多高等院校都设立了历史、考古等研究机构，数以万计的史学工作者在这些机构中进行着分门别类的研究工作。经过他们的辛勤劳动，一大批通史、断代史和专史相继出版，各种历史刊物相继创办，并且标点校勘了《二十四史》《资治通鉴》等大型著名史籍，汇编了一大批历史资料丛书，关于中国近代史的几套资料丛书就是其中比较突出的成就。在"百花齐放、百家争鸣"方针指导下，科学研究的广度和深度不断增加，曾经对中国历史上的许多问题展开热烈讨论，如中国古代奴隶制社会和封建制社会的分界问题、中国封建社会的发展阶段问题、近代史分期问题、中国封建社会的农民战争问题、封建土地所有制的形式问题、汉民族形成问题、中国资本主义萌芽和资本主义发展的问题、历史人物评价问题，等等。通过这些问题的讨论，大大推进了我们对于中国历史的研究，大大提高了我们对于唯物史观准确理解的程度和具体运用的能力。

三　在新世纪如何坚持和创造性地运用唯物史观

马克思主义唯物史观的创立，使关于人类社会历史的研究走上了科学的道路，从而造成了马克思主义历史科学健康发展的基本趋势。唯物史观在20世纪中国史学的发展中，显示出无可替代的重要作用。唯物史观对20世纪中国史学的重大影响，主要集中在四个方面：（1）唯物史观要求研究全部历史，也可以说是要研究整体的历史。（2）唯物史观告诉人们，人类社会的历史是一个自然发展过程，因而是有规律可循的。（3）唯物史观要求人们用辩证的观点、方法看待人类社会历史的发展，这是因为唯物史观同马克思主义的唯物辩证法是密切联系、不可分割的。（4）唯物史观最鲜明地提出了人民群众对于推动历史发展的巨大作用。

然而，应该清醒地看到，新世纪的中国史学在运用唯物史观方面也面临着多方面的挑战：（1）由于历史的原因，马克思主义唯物史观的基本原理被误解或歪曲，造成严重的思想混乱，一些错误的理论观点和思想倾向在社会生活和学术研究领域有比较明显的表现。（2）苏联解体、东欧剧变，国际上出现攻击、否定马克思主义的社会思潮，作为在国内历史研究领域的反映，出现了对唯物史观基本原理感到困惑，甚至认为唯物史观是已经过时的思想倾向；或主张指导思想多元化，不赞成以唯物史观作为历史研究的理论指导。（3）外国史学理论大量涌入国内，在吸收、借鉴的同时，也出现了不加分析、不加选择地照搬照抄，误认为这些理论可以代替唯物史观的科学理论。（4）现代社会发展和科学技术革命提出许多新的、重大的理论问题，迫切需要从理论与实践的结合上做出回答，要求唯物史观不断丰富自己的概念、方法和理论范畴。因此，唯物史观在当前的发展既面临着严峻的挑战，同时也面临着有利的、新的发展机遇。

面对挑战，首先，我们应该坚信：唯物史观作为一种有效的解释历史的方法并没有过时，因为马克思、恩格斯在批判和否定 19 世纪的资本主义的过程中形成的科学历史理论，至今仍然表现出难以否定的合理性。现代西方史学总是利用唯物史观的一些基本观点或与唯物史观近似的观点来考察世界历史。这主要表现在：（1）唯物史观把人类历史看作一个客观的、自然的、有规律的发展过程，这种方法已经成为西方史学主流所采用的基本方法。（2）唯物史观认为物质生产是社会生活的基础，历史过程的决定性因素归根结底是现实生活的生产和再生产，这种基本思路贯穿于英、美主流史学著作之中。（3）在历史唯物主义的方法论中，阶级分析方法是极其重要的组成部分，也是近现代西方史学家分析历史问题的主要方法之一。（4）唯物史观将黑格尔的辩证思想应用到社会历史当中，认为社会真理具有相对性和时间性，否认人类社会存在永恒的终极真理，也为现代西方历史哲学所认同。因此，必须发展和完善唯物史观，使之在新的历史条件下继续保持解释利器的功能。

其次，应该看到，唯物史观虽然是新世纪中国史学研究的指导思想和理论体系，但它本身也需要不断发展和丰富。我们必须注意四个方面的问题：（1）从过去把唯物史观简单化、教条化、以理论代替学术和把唯物史观片面化、绝对化、以原则代替具体研究的阴影中走出来，正视严重的教训，重新学习理论，改进运用方法。（2）进一步认识唯物史观基本原理的科学价值。（3）在唯物史观与具体的研究对象相结合的过程中，推动理论上的创新。（4）运用唯物史观，要有气度，要有吸收其他有益的理论和方法论的雅量与勇气。

为此，我们必须清除人们赋予唯物史观本来所没有甚至是后人搞错的含义，把握其基本理念，正本清源，真正"回到马克思"，创造性地发展唯物史观。同时需要注意的是，回到马克思，重新研读马克思主义经典著作是完全必要的，但不能把马克思的唯物史观仅仅理解成是马克思、恩格斯本人所写的文本，后人对马克思主义的正确理解和发挥创造也是对唯物史观的发展，我们必须尊重这些积极成果。

尤其值得注意的是，在坚持唯物史观的同时，必须创造性地运用唯物史观。所谓创造性地运用唯物史观，就是要克服史学研究领域里的教条主义。史学领域里的教条主义，主要表现为把马克思主义唯物史观的理论观点简单化、绝对化、公式化，完全背离了从史实出发、具体问题具体分析的唯物辩证方法。这种倾向最初是由于幼稚地、简单地理解唯物史观而发生的，以后，随着现实生活中的阶级斗争扩大化而日趋发展，直至被搞到极其荒谬的地步。教条主义的史学研究方法是一种很坏的学风，危害十分严重。它使一些同志在研究问题时，不是实事求是，不是先占有大量的材料，不是具体分析具体历史现象所包含的具体矛盾，而是采取断章取义的方法，随意剪裁甚至曲解史料，为自己所要论证的观点填补例证。在这些同志看来，最有力的论据不是在史实之中，最科学的结论不是来自具体的辩证的分析，而是一切都应以本本为转移，以引证权威的片言只语为满足，根本取消了生动活泼的独立思考和史学研究的唯物论基础。这样的例子很多。例如，有些同志在研究农民战争问题时，往往不是从一个时代的既定的经济状况、阶级力量对比出发，引用大量的综合的资料，做具体的切合实际的分析，而是抽取一两件个别的、片断的材料，回避或歪曲其他一些材料，简单地套用某种流行的公式，如先说阶级矛盾尖锐、危机四伏，农民起义终于爆发；继之则就农民起义的口号、纲领，说明它的反封建性质；最后从农民阶级的局限性解释农民起义必然失败，并论及农民起义或多或少推动了历史前进。这种教条主义的"以论带史"的研究方法将生动的、丰富多彩的农民斗争史变成了千篇一律的、刻板的公式，乍看起来，似乎有理，但实际上，根本不能具体解释任何一次农民起义所包含的具体特点。对此，恩格斯有过严肃批评："如果不把唯物主义方法当作研究历史的指南，而把它当作现成的公式，按照它来剪裁各种历史事实，那末它就会转变为自己的对立物。"[①] 教条主义的史学研究必然是主观主义的，理论脱离实际的。针对这种倾向，我们必须强调创造性地运用唯物史观，把唯物史观理论和客观历史实际结合起来，坚持对具体的历史现象做具体的分析，从中抽象出符合客观历史实际的规律来。

历史科学的任务是通过历史的现象来认识历史的本质。20 世纪中国史学发展的历程告诉我们，认识人类社会发展的历史不能依靠其他的思想武器，只有唯物史观才是唯一科学的历史观，只有它才能指引我们从复杂的历史现象中揭示出历史的规律性来。新世纪的中国历史学，必须坚持唯物史观的理论指导；新世纪的史学研究者，必须创造性地把唯物史观和具体历史实际结合起来，为促进中国马克思主义历史学的繁荣而努力。

原载《河北学刊》2013 年第 5 期，

人大复印资料《历史学》2013 年第 7 期全文转载

[①] 《致保·恩格特》（1890 年 6 月 5 日），载《马克思恩格斯全集》第 37 卷，人民出版社 1971 年版，第 410 页。

陈云认识和对待国史的立场和方法

邱　霞[*]

陈云是以毛泽东为核心的党的第一代中央领导集体的重要成员，是以邓小平为核心的党的第二代中央领导集体的主要成员，享年90岁，革命和建设生涯长达70多年。他一生注重学习和运用马克思主义哲学，坚持用辩证唯物主义和历史唯物主义指导各项工作实践。十一届三中全会以后，陈云在配合邓小平带领全党和全国人民拨乱反正、开启改革开放伟大事业的过程中，坚持唯物史观，以马克思主义的立场、观点和方法，观察、分析问题，对新中国成立以来特别是"文化大革命"期间，党和国家的重大事件和重要人物给予了客观准确的评价。陈云对国史和国史人物的正确认识和评价，不仅在历史转折时期发挥了稳定大局、拨正航向的重大作用，对当前的国史研究坚持唯物史观和正确的理论与方法也有着重要的启示意义。

一　要站在党的立场上，从大局、全局和人民的最高利益、长远利益出发，对待新中国成立以来特别是"文化大革命"期间党和国家的历史

古往今来，一切文明的民族和国家没有不重视自己的历史的，世界上没有哪一个民族和国家是背弃自己的历史而走向辉煌的。然而，粉碎"四人帮"以后，国内出现了一股打着清算毛泽东的旗号，极力贬低、攻击毛泽东和毛泽东思想，否定毛泽东的历史地位，从而否定32年新中国历史的思潮。这股思潮的实质是否定中国共产党的领导，否定中国的社会主义制度和方向。这是关乎全党利益、全民族利益乃至国际共产主义运动利益的大问题。

---

* 邱霞，中国社会科学院当代中国研究所副研究员。

对此，邓小平站在历史的高度坚定地指出："对毛泽东同志的评价，对毛泽东思想的阐述，不是仅仅涉及毛泽东同志个人的问题，这同我们党、我们国家的整个历史是分不开的。要看到这个全局。"① 这"不只是个理论问题，尤其是个政治问题，是国际国内的很大的政治问题"②。他在不同场合反复强调，"毛泽东思想这个旗帜丢不得。丢了这个旗帜，实际上就否定了我们党的光辉历史"③，"我们一定要高举毛主席的伟大旗帜。毛主席的旗帜是全党全军全国各族人民团结的旗帜，也是国际共产主义运动的旗帜"④。

在这个带有根本性意义的大问题上，陈云与邓小平的认识不谋而合。陈云主张，一定要敲定毛泽东的功过，确立毛泽东的历史地位，坚持和发展毛泽东思想。他指出："'文化大革命'不能说毛泽东没有一点责任，但是我们对毛泽东的评价不会像赫鲁晓夫对斯大林那样。在这个问题上，要平心静气，要掌握分寸，慎重考虑，不能感情用事。这不仅是中国的问题，也是世界的问题。"⑤ 以苏联为前车之鉴，赫鲁晓夫简单粗暴地否定了斯大林，实际上等于否定了苏联和苏联共产党的历史，后果不堪设想，历史已为明证。这一主张反映了陈云认识和对待国史的根本立场，即对新中国成立以来特别是"文化大革命"期间党和国家的历史，包括对毛泽东和毛泽东思想的评价、对林彪江青两案的处理等，必须站在党的立场上，着眼大局、全局，着眼人民的最高利益和长远利益。

陈云在 1979 年 3 月会见马来亚共产党总书记陈平时指出："毛泽东发动'文化大革命'，主要是为了防止中国变修、出现像赫鲁晓夫那样的事件，最初也不是要搞那么大。"⑥ 这是客观的认识。邓小平也说过："一九五七年反右派斗争还是要肯定。三大改造完成以后，确实有一股势力、一股思潮是反社会主义的，是资产阶级性质的。反击这股思潮是必要的。我多次说过，那时候有的人确实杀气腾腾，想要否定共产党的领导，扭转社会主义的方向，不反击，我们就不能前进。"⑦ 为什么"文化大革命"后来出现了严重的后果？原因有很多。陈云总结指出："党内民主集中制没

① 《邓小平文选》第 2 卷，人民出版社 1994 年版，第 299 页。
② 同上。
③ 《邓小平年谱（一九七五——一九九七）》上，中央文献出版社 2004 年版，第 684 页。
④ 同上书，第 435 页。
⑤ 同上书，第 237—238 页。
⑥ 同上书，第 237 页。
⑦ 《邓小平文选》第 2 卷，人民出版社 1994 年版，第 294 页。

有了，集体领导没有了，这是'文化大革命'发生的根本原因。"① "从七大到全国胜利前，我们党都很民主。建国初期，民主集中制也贯彻得很好。从一九五八年起，特别是一九五九年庐山会议，民主集中制传统被一点一点地破坏。在'文化大革命'中，林彪说什么'顶峰'、'一句顶一万句'，民主集中制搞得很不好。这其中有许多帮倒忙的人。"② 林彪、"四人帮"就起了很坏的作用。陈云的观点是，要把毛泽东发动"文化大革命"的动机和实际的结果区分开。毛泽东发动"文化大革命"的初衷是可以理解的，就是为了防止中国变修。这个问题即使在今天，也不能说完全解决了。至于严重的后果，要从制度上找原因，而不能单纯地把错误归咎于某个人或某些人。这个问题在今天，也仍然不能说完全解决了。

事实上，毛泽东为中华民族和中国共产党立下了不朽的丰功伟绩，在近代中国历史上是任何人都不可比拟的。但是，在"文化大革命"后的短时期内，要正确评价毛泽东，突出他的历史功绩，并不容易。有的人在"文化大革命"中受到迫害，一时不能客观理智地做判断；有的人不了解毛泽东和中国革命的历史，容易错误地轻易地做判断；还有的人居心叵测，借以否定毛泽东来达到他们不可告人的目的。陈云力主："一定要在我们这一代人还在的时候，把毛主席的功过敲定，一锤子敲定，一点一点讲清楚。这样，党的思想才会统一，人民的思想才会统一。如果我们不这样做，将来就可能出赫鲁晓夫，把毛主席真正打倒，不但会把毛主席否定，而且会把我们这些做含糊笼统决议的人加以否定。"③ 陈云认为，肯定毛泽东的历史功绩是正确评价毛泽东的前提和基础。对毛泽东的历史功绩，陈云强调了五条：一是培养了一代人，一大批干部；二是正确处理了西安事件、制定了抗日战争期间我们党的一系列方针政策并写了许多重要著作；三是延安整风时期倡导学习马列著作，特别是学哲学，对于全党思想提高、认识统一起了很大作用；四是毛泽东的一整套理论和政策对中国革命的胜利起了决定性的作用；五是毛泽东在党内的威望是通过长期的革命斗争实践建立起来的，老一代人拥护毛泽东是真心诚意的。④

1981 年 6 月，十一届六中全会通过了《关于建国以来党的若干历史问

---

① 《陈云文选》第 3 卷，人民出版社 1995 年版，第 274 页。
② 《陈云年谱（一九〇五——一九九五）》下，中央文献出版社 2000 年版，第 237 页。
③ 《胡乔木传》编写组：《胡乔木谈中共党史》，人民出版社 1999 年版，第 75 页。
④ 参见《陈云文选》第 3 卷，人民出版社 1995 年版，第 284—285 页。

题的决议》（以下简称《决议》）。邓小平认为《决议》实事求是地、恰如其分地评价了"文化大革命"，评价了毛泽东同志的功过是非。① 陈云对《决议》的起草做出了重要贡献。他先后多次同起草小组负责人谈话，在谈话中表达自己对这段历史及毛泽东的看法，提出对决议起草的重要意见。据《陈云年谱》记载，他在决议起草期间关于起草意见的重要谈话有七次：1980 年年底同胡乔木谈两次，1981 年年初同邓力群谈四次，1981 年 3 月 24 日同前去探望他的邓小平专门做了一次谈话。《决议》数易其稿，征求了近万人的意见（除党内人士，还包括各民主党派、民主人士甚至外国党和国家领导人的意见），集中了全党的智慧，站在党的立场上，着眼于大局和长远，最终给予了毛泽东科学的评价。《决议》指出："毛泽东同志是伟大的马克思主义者，是伟大的无产阶级革命家、战略家和理论家。他虽然在'文化大革命'中犯了严重错误，但是就他的一生来看，他对中国革命的功绩远远大于他的过失。他的功绩是第一位的，错误是第二位的。他为我们党和中国人民解放军的创立和发展，为中国各族人民解放事业的胜利，为中华人民共和国的缔造和我国社会主义事业的发展，建立了永远不可磨灭的功勋。"② 陈云在《决议》通过后，称赞"改得很好，气势很壮"③。

此外，对林彪、江青两个反革命集团案的处理意见，也体现了陈云坚持党性立场的一贯的国史观思想。他主张："对于这场政治斗争，不能从局部角度、暂时的观点来处理，必须从全局观点、以党的最高利益、长远利益为出发点来处理。"④ 当时有一种认识影响很大，认为"文化大革命"主要是林彪、"四人帮"两个反革命集团的犯罪活动，有人甚至提出八届十二中全会、九大都是非法的，"文化大革命"就是一场"反革命政变"。中央政治局开会讨论，许多同志都主张判江青死刑。陈云的观点是，党内斗争不能开杀戒是一个底线，不能让人产生党内存在残酷权力斗争的印象，这不利于党的最高利益和长远利益。他指出，"文化大革命"是一场内乱，这是一场政治斗争，是在特定的历史条件下的政治斗争，这场政治

---

① 参见《邓小平文选》第 2 卷，人民出版社 1994 年版，第 307 页。

② 中共中央文献研究室：《三中全会以来重要文献选编》下，中央文献出版社 2011 年版，第 155—156 页。

③ 当代中国研究所：《中华人民共和国史稿》第 4 卷，人民出版社、当代中国出版社 2012 年版，第 101 页。

④ 《陈云文选》第 3 卷，人民出版社 1995 年版，第 304 页。

斗争被若干个阴谋家、野心家利用了。在这场斗争中，很多干部、党员、非党人士受到了伤害。但是，我们必须看到，这场政治斗争的特定的历史条件，对这场政治斗争的处理，"应该使我们党今后若干代的所有共产党人，在党内斗争中取得教训，从而对于党内斗争采取正确的办法"①。司法机关最终以"只审罪行，不审错误"的做法，严格区分触犯刑律和违反党纪两种不同情况，判处江青死刑，缓期两年执行。

陈云在 20 世纪 80 年代中期同离任的秘书话别时又谈道，"审判'四人帮'，政治局开会讨论，许多同志主张江青判死刑。我说不能杀，同'四人帮'的斗争终究是一次党内斗争。有人说，党内斗争也可以杀。我说党内斗争不能开杀戒，否则后代不好办"②。对待 1989 年的政治风波，陈云坚持了同样的党性立场。他认为，这场风波是新中国成立以来没有发生过的非常复杂的政治事件，也是我们党内在特定历史条件下的一场特殊的政治斗争。当时中央常委有两种不同的声音，加上中央有些报纸进行了错误的宣传，使得中央和地方的不少领导同志都不了解真实情况。陈云主张："对于这场政治斗争，应该采取正确的党内斗争方针来处理。就是说，应该从全局的观点，即从党的最高利益、长远利益为出发点来处理。对犯有错误的同志的审查，应该是实事求是的。当然，对于那些触犯法律的，应当依法惩办。"③ 从党的最高利益和长远利益来看，这样的处理方法有利于安定团结，有利于团结教育大多数。

二　要实事求是，自觉地运用唯物辩证法，力求全面准确地评价国史人物，客观稳妥地解决国史遗留问题

十一届三中全会重新确立了党和国家马克思主义的思想路线、政治路线和组织路线。为了把思想统一到全会的路线上来，把工作重点真正转移到社会主义现代化建设上来，对领导人的是非功过、对"文化大革命"必须做出客观的评判，对共和国历史上的一批重大冤假错案必须给予适时平

---

① 《陈云文选》第 3 卷，人民出版社 1995 年版，第 304 页。
② 《陈云年谱（一九〇五——一九九五）》下，中央文献出版社 2000 年版，第 381 页。
③ 《陈云文选》第 3 卷，人民出版社 1995 年版，第 369 页。

反。这在当时已经是十分重要且不可回避的，但绝非易事，必须要有正确的原则方法。陈云的一贯原则是："我们观察、分析和解决问题的方法，是唯物辩证法，也就是毛主席说的实事求是，从实际出发。"① 这是陈云认识和对待国史的基本方法。运用正确的方法，陈云在转折的关键时期，为全面准确地评价国史人物、客观稳妥地解决国史遗留问题做出了重大贡献。

当时社会上还存在着与否定毛泽东思想相对应的另一股极端倾向，就是神化毛泽东、教条化毛泽东思想，以"两个凡是"为代表。陈云主张实事求是。1977 年 9 月 28 日，陈云为纪念毛泽东逝世一周年撰写了《坚持实事求是的革命作风》一文，文章开门见山，在开头即亮明了观点："实事求是，这不是一个普通的作风问题，这是马克思主义唯物主义的根本思想路线问题。我们要坚持马克思列宁主义，坚持毛泽东思想，就必须坚持实事求是。如果我们离开了实事求是的革命作风，那末，我们就离开了马克思列宁主义、毛泽东思想，而成为脱离实际的唯心主义者，我们的革命工作就要陷于失败。所以，是否坚持实事求是的革命作风，实际上是区别真假马克思列宁主义、真假毛泽东思想的根本标志之一。"② 正确评价毛泽东，陈云的实事求是、自觉运用唯物辩证法的原则方法体现在两个层面：一是既要充分肯定毛泽东的历史功绩，同时也要客观地承认他晚年所犯的错误，否则就不能得出正确的结论；二是既要评判新中国成立以后毛泽东的功过，同时也不能忘记新中国成立以前他的功绩，否则同样不能得出正确的结论。

陈云认为："要求革命领袖没有缺点、错误是不可能的，是空想。这不符合辩证唯物论，也不符合毛泽东同志本人的意见。"③ 1980 年 11 月上旬，他对负责起草《决议》的胡乔木讲："毛主席的错误问题，主要讲他的破坏民主集中制，凌驾于党之上，一意孤行，打击同他意见不同的人。"④ 同时，他主张对毛泽东晚年错误的原因做实事求是的分析：第一，作为一个教训来说，党中央是有责任的，没有坚决斗争。在整个党中央中，不能说整个党中央毛主席的责任是主要的。"假如中央常委的人，除毛主席外都是彭德怀，那么局面会不会有所不同？应该作为一个党中央的集体，把自己的责任承担起来。在斗争时是非常困难的，也许不可能。"

---

① 《陈云论党的建设》，中央文献出版社 1995 年版，第 218 页。

② 《陈云文选》第 3 卷，人民出版社 1995 年版，第 441 页。

③ 同上书，第 242 页。

④ 《陈云年谱（一九〇五——一九九五）》下，中央文献出版社 2000 年版，第 260 页。

第二，毛主席的错误，地方有些人，有相当大的责任。"毛主席老讲北京空气不好，不愿待在北京，这些话的意思，就是不愿同中央常委谈话、见面。他愿意见的首先是华东的柯庆施，其次是西南，再其次是中南。"① 总的来说，陈云认为，毛泽东在"文化大革命"中是犯了错误的，主要错误是破坏民主集中制，但是错误不是他一个人的，中央领导集体也是有责任的，地方上也有责任。这是实事求是的结论，符合历史实际。

对于新中国成立以后32年党的工作中的错误，陈云也没有回避。他的观点是，"是成绩就写成绩，是错误就写错误；是大错误就写大错误，是小错误就写小错误"，但是一定要写得准确，论断要合乎实际，要"反复推敲，反复斟酌，使它能够站得住，经得起历史的检验"②。邓小平也讲，"这中间有过曲折，犯过错误，成绩是主要的"③，要进行实事求是的分析。毛泽东在20世纪40年代初就指出，中国共产党是"为民族、为人民谋利益的政党，它本身决无私利可图"④。对新中国成立以后我们所走过的曲折道路，必须实事求是地看到它是一个新生的落后社会主义大国发展中的必经阶段的一面。正如陈云所说："民主革命胜利以后，恢复经济和社会主义改造，都很成功。但在社会主义革命和社会主义建设中也有缺点和错误。为什么？因为没有自己的经验，光有别人的经验不行。"⑤ 他在80年代末还指出："'九溪十八涧'，总要摸着石头过。"⑥

陈云认为，毛泽东在新中国成立以后特别是"文化大革命"当中犯了"左"倾错误，但是评价毛泽东不能只局限于"文化大革命"十年和他晚年的错误⑦。他自觉地运用唯物辩证法，全面地、发展地看待国史人物，建议在《决议》中增加对新中国成立以前28年历史的回顾。1981年3月，陈云同《决议》起草组的另一重要成员邓力群谈话时指出："《决议》要按照小平同志的意见，确立毛泽东同志的历史地位，坚持和发展毛泽东思想。要达到这个目的，使大家通过阅读《决议》很清楚地认识这个问题，就需要写上党成立以来六十年中间毛泽东同志的贡献，毛泽东思想的贡

① 《陈云年谱（一九〇五——一九九五）》下，中央文献出版社2000年版，第260—261页。
② 《陈云文选》第3卷，人民出版社1995年版，第283页。
③ 《邓小平文选》第2卷，人民出版社1994年版，第302页。
④ 《毛泽东选集》第3卷，人民出版社1991年版，第809页。
⑤ 《陈云文选》第3卷，人民出版社1995年版，第242页。
⑥ 《陈云年谱（一九〇五——一九九五）》下，中央文献出版社2000年版，第413页。
⑦ 参见《胡乔木传》编写组《胡乔木谈中共党史》，人民出版社1999年版，第75页。

献。"他认为:"有了党的整个历史,解放前解放后的历史,把毛泽东同志在六十年中间重要关头的作用写清楚,那末,毛泽东同志的功绩、贡献就会概括得更全面,确立毛泽东同志的历史地位,坚持和发展毛泽东思想,也就有了全面的根据;说毛泽东同志功绩是第一位的,错误是第二位的,说毛泽东思想指引我们取得了胜利,就更能说服人了。"①

同时,陈云主张要在党内干部和青年中提倡学哲学、学历史,《决议》增加新中国成立前的这段历史正好还可以达到这个目的。因为毛泽东在新中国成立前 28 年领导中国革命的过程中有大量的哲学著作,代表性的有《矛盾论》《实践论》等。陈云回忆,毛泽东三次亲自跟他讲过要学哲学。延安时期,有一段时间他的身体不大好,需要休息,利用这个机会,他认真研读了毛泽东的主要著作和毛泽东起草的重要电报,收益很大。他由此深刻地领会到,工作要做好,一定要实事求是。陈云认为,新中国成立以后我们的一些工作发生失误,原因还在离开了实事求是的原则。正确评价新中国成立以来的历史,正确评价毛泽东和"文化大革命",也离不开实事求是,离不开马克思主义的原则、方法。因此,他提出在党内、在干部中、在青年中提倡学哲学,有根本的意义。只有掌握了马克思主义哲学,思想上、工作上才能真正提高。同样,也要学历史。青年人不知道我们的历史,特别是中国革命、中国共产党的历史,就不能正确理解新中国成立以后的历史,不能准确理解毛泽东。这个问题,当时是这样,现在也是这样,这是一个有着更加深远意义的思考。陈云认为:"这件事情现在要抓,以后也要抓,要一直抓下去。"②

此外,陈云还主张实事求是地对待新中国成立以后特别是 20 世纪 50 年代中后期到"文化大革命"期间的一批重大冤假错案,予以平反。这也是陈云坚持实事求是国史观原则的体现和结果。他在 60 年代初就讲过:"真事说不假,假事说不真,真理总归还是真理,历史实践是会证明谁是谁非的。"③ 新中国成立以后,几次政治运动中出现了不少冤假错案。对"反右倾"运动时对许多干部的错误批评,陈云在 60 年代就指出过:"对于那些犯了一般性质的错误,而被当成右倾机会主义的,要恢复名誉。"④

---

① 《陈云文选》第 3 卷,人民出版社 1995 年版,第 283—284 页。
② 同上书,第 285 页。
③ 同上书,第 376 页。
④ 同上书,第 285 页。

粉碎"四人帮"以后，陈云认为当时的两件大事——一件是如何看待"天安门事件"，一件是邓小平复出工作，这两件事是连着的。1977 年 3 月的中央工作会议上，陈云向上海代表团提交书面发言指出：当时绝大多数群众是为了悼念周总理，尤其关心周恩来同志逝世后党的接班人是谁。至于混在群众中的坏人是极少数。需要查一查"四人帮"是否插手，是否有诡计。他明确指出："邓小平同志与天安门事件是无关的。为了中国革命和中国共产党的需要，听说中央有些同志提出让邓小平同志重新参加党中央的领导工作，是完全正确、完全必要的，我完全拥护。"① 就在这次会上，还有领导同志坚持认为"天安门事件"是"反革命事件"，粉碎"四人帮"后"继续批邓、反击右倾翻案风"是正确的。

在 1978 年中央工作会议上，陈云首当其冲提出要平反冤假错案。他后来回忆："一九七八年底的中央工作会议上，我也是顶的，讲了彭德怀的问题，超出了当时华国锋关于平反冤假错案不得超出'文化大革命'时期的界限。"② 陈云当时提出："对有些遗留的问题，影响大或者涉及面很广的问题，是需要由中央考虑和作出决定的。"③ 他列举了薄一波等 61 人所谓叛徒集团一案的问题，陶铸、王鹤寿等的问题，彭德怀的问题，邓小平的问题，以及康生的严重错误问题，提请中央给予考虑和解决。陈云认为，对做了革命工作的同志，"对他们做出实事求是的经得起历史检验的结论，这对党内党外都有极大的影响。不解决这些同志的问题，是很不得人心的"④。对刘少奇案的平反，陈云也起了关键的作用。他指出，对刘少奇问题、叛徒定性问题等，必须摆在当时的历史条件下去看，不能拿现在的情况看过去。陈云认为："刘少奇是党的副主席、国家主席，掌握党政军大量机密。如果他真的是内奸，要出卖是很容易的，但没有材料能够说明这一点。"⑤ 他主张，刘少奇冤案是党和国家的事情，这个案子是要平反的，但是不能像"四人帮"那时那样，随便栽赃，随便定性，而要逐条甄别，重新调查。"要否认那些罪名，也让它公布于世，经得住历史的检验，

---

① 《陈云文选》第 3 卷，人民出版社 1995 年版，第 230 页。
② 《陈云年谱（一九〇五——一九九五）》下，中央文献出版社 2000 年版，第 381 页。
③ 《陈云文选》第 3 卷，人民出版社 1995 年版，第 232 页。
④ 同上书，第 233 页。
⑤ 中共中央文献研究室：《陈云传》下，中央文献出版社 2005 年版，第 1522 页。

让世人来检验。"① 在邓小平和陈云的共同努力下，十一届五中全会为刘少奇平反。全会公告指出："五中全会为刘少奇同志平反，不仅是为了刘少奇同志个人，而且是为了党和人民永远记取这个沉痛的教训，用一切努力来维护、巩固、完善社会主义民主和社会主义法制，使类似刘少奇同志和其他许多党内外同志的冤案永远不致重演，使我们的党和国家永不变色。"② 经陈云直接提议复查和平反的党的重要领导人和文化界著名人士还有瞿秋白、张闻天、萧劲光、马寅初、潘汉年、徐懋庸等。

三　陈云认识和对待国史的立场和方法
对当前国史研究的启示

国史研究，这里专指中华人民共和国史研究。从性质来讲，国史研究旨在"为共和国立传、为人民写史"，是有着特殊的政治性与人民性的史学研究；从内容来讲，国史研究作为当代中国史研究，一头连着历史，一头连着现实，既要总结共和国历史发展的一般规律，又要关注历史现实的社会经济问题；从功能来讲，国史研究除了存史、资政、育人，更重要的是还有"护国"的作用。可见，国史研究不仅具有重大的史学意义，同时还具有重大的政治意义，由此也具有相当的难度。因此，在国史研究中，坚持正确的理论指导与科学的方法十分重要。陈云认识和对待国史的立场和方法，恰为当前国史研究坚持唯物史观和正确的理论与方法提供了学习的依据。

（一）国史研究要坚持以唯物史观为指导，坚持唯物史观的立场，坚决抵制历史虚无主义，真实反映全党和全国人民在党的领导下建设中国特色社会主义的伟大实践

国史研究作为一门政治性和意识形态性都很强的历史分支学科，其"指导思想不同，历史观不同，即使是对于同一个历史事实，也会得出不同甚至完全相反的结论。指导思想和历史观错了，得出的结论肯定是错误

---

① 中共中央文献研究室：《陈云传》下，中央文献出版社 2005 年版，第 1521 页。
② 中共中央文献研究室：《三中全会以来重要文献选编》上，人民出版社 1982 年版，第441—442 页。

的"①。应当说，坚持马克思主义的唯物史观，还是坚持资产阶级的唯心史观，是国史研究中最根本的问题。唯物史观是人类科学思想中的最大成果之一，它实现了人们社会历史观的彻底变革，使"过去在历史观和政治观方面占支配地位的那种混乱和随意性，被一种极其完整严密的科学理论所代替"②，使历史学成为真正的科学。然而自20世纪80年代以来，一股旨在否定新中国历史，包括十一届三中全会前后两个30年的历史，否定中国共产党历史地位的历史虚无主义思潮甚嚣尘上。历史虚无主义是一种唯心主义的历史观，以政治诉求为依据，片面引用史料，不尊重历史事实，任意歪曲历史，公开反对马克思主义和唯物史观的指导地位，对国史研究产生了十分消极的影响。

任何人研究历史都不可能缺失历史观，任何历史研究的结论也都不可能没有立场，绝对的客观。社会科学研究是不可能实现完全的价值中立的。有些历史研究者声称没有立场，实际上，他们在"把历史唯物主义视为一种非学术、非文化、非生活的意识形态话语而加以排斥的同时，也就从根本上改变了历史研究的原有宗旨，而有意无意地接受了另一种历史观的支配"③。陈云正确对待国史的启示意义在于：告诉我们研究国史必须站在马克思主义和党的立场上，坚持以唯物史观为指导，从大局、全局和人民的最高利益、长远利益出发，对待新中国成立以来包括改革开放前后两个30年党和国家的历史，这样才能真实地反映共和国的历史和中国特色社会主义的伟大实践，才能捍卫中国共产党的执政地位和中国特色社会主义制度。国史研究和国史研究者坚持怎样的立场具有根本性的意义，要搞清楚国史研究的目的是什么，国史研究为谁服务？知道为谁写史，才能写出好的国史。

（二）国史研究要坚持历史唯物主义的科学的方法论，全面地、发展地、联系地看待和研究国史事件和国史人物，实事求是地分析国史研究中的重点、难点、热点问题，力求得出合乎历史真实、反映客观规律的结论

国史研究还要坚持科学的方法。正如翦伯赞在他的《历史哲学教程》

---

① 陈奎元：《以唯物史观为指导，大力开展国史研究》，《当代中国史研究》2003年第6期。
② 《列宁选集》第2卷，人民出版社1995年版，第311页。
③ 侯惠勤：《略论唯物主义历史观对于历史研究的意义》，《历史研究》2008年第6期。

序言里提出的："无论何种研究，除去必须从实践的基础上，还必须要依从正确的方法论，然后才能开始把握其正确性。""从一切错综复杂的历史事件中去认识人类社会之各个历史阶段的发生、发展与转化的规律性，没有正确的哲学做研究的工具，便无从下手。"① 而唯物史观作为科学的方法论，"为社会科学提供了唯一正确的理论和方法，使得社会历史的研究第一次有可能克服人们过去对于历史和政治所持的混乱和武断的见解"②。马克思、恩格斯在《德意志意识形态》中这样描述唯物史观的研究方法："这种历史观和唯心主义历史观不同，它不是在每个时代中寻找某种范畴，而是始终站在现实历史的基础上，不是从观念出发来解释实践，而是从物质实践出发来解释观念的形成。"③ 毛泽东将其用中国语言概括为"实事求是"。陈云对于国史的正确认识和评价正是由于坚持了唯物史观实事求是的原则方法。

对国史事件和国史人物的研究，要力求全面、深入、客观，对国史研究中的重点、难点、热点问题，要尽可能地掌握史料，认真考证，实事求是地反映历史事实，从而总结经验、发现规律、预测未来。如果不能如此，研究成果的价值就会大打折扣，甚至可能在研究中得出错误的结论。这是陈云正确认识国史给我们的第二个启示。《历史决议》已经对改革开放以前的历史做出了客观的结论，但是直到今天仍然有学者不客观地、片面地、孤立地研究具体问题，弃事实于不顾，得出貌似正确的虚假结论，迷惑大众，造成了十分不好的社会影响。事实上，无论是对改革开放以前的历史，还是对改革开放以后的历史，都应该做到：一切从实际出发，实事求是，是成就就写成就，是失误就写失误，对失误进行具体分析，把历史事件和历史人物放到历史条件中去认识。

在已公开出版的文献著作中，直接反映陈云认识和对待国史的内容并不多，但意义重大。陈云始终坚持历史唯物主义的立场和方法，认识和评价国史人物、分析和对待国史问题，为当前的国史研究和国史研究者坚持唯物史观和正确的理论与方法树立了光辉的典范。

---

① 翦伯赞：《历史哲学教程》，北京大学出版社 1990 年版，第 2—3 页。
② 艾思奇：《辩证唯物主义历史唯物主义》，人民出版社 1962 年版，第 207 页。
③ 《马克思恩格斯选集》第 1 卷，人民出版社 1995 年版，第 92 页。

中国早期马克思主义史学思想
"为史学界开一新纪元"

杨艳秋[*]

以五四运动前后为开端，至 1927 年大革命失败，是中国马克思主义史学的酝酿与初步建立时期，也是中国马克思主义史学理论的奠基时期。这一时期，李大钊、瞿秋白、蔡和森、李达等早期中国马克思主义理论的传播者和宣传者，对唯物史观理论进行了系统的宣传和阐释，并运用其基本原理于历史和社会的研究，将中国史学引向了一个崭新的领域，实现了中国史学史上的伟大变革，中国马克思主义史学从此起步。

一 马克思主义史学与中国革命紧密相连

中国马克思主义史学从起步开始，便是中国共产党革命事业的组成部分。1921 年，中国共产党的建立，使中国马克思主义史学具备了政治组织形式的基础。1922 年，党的第二次代表大会通过《中国共产党第二次全国大会宣言》，运用唯物史观解析了社会，第一次提出近代中国半殖民地半封建性质的论断，指出中国革命是由无产阶级领导的"民主革命"。当时的形势迫切需要用历史事实来阐释革命纲领，现实的需求推动早期马克思主义者走上了历史研究之路，这使早期中国马克思主义史学的研究重点集中在当代中国工农运动史、中国近代革命史、中共党史三个革命现实亟须关注的领域。可以说，中国马克思主义史学因当时中国革命发展的需要应运而生。

杨艳秋，中国社会科学院历史研究所研究员。

二 唯物史观奠定马克思主义史学的理论基础

起步阶段的中国马克思主义史学思想的特点，主要表现在以下几方面。

一是以唯物史观为核心的史学思想奠定了马克思主义史学的理论基础。唯物史观是马克思主义辩证唯物论在社会历史领域的运用，即自历史自身的认识得出的见解思想，再运用于历史研究，是一种崭新的历史哲学。它运用历史主义的方法对社会进行考察，从事实出发，历史地看待问题、分析问题，从经济上认识历史的发展变化，代表了现代历史发展的方向，"实为史学界开一新纪元"。

二是李大钊等早期马克思主义史学家运用它来分析历史与社会问题。李大钊的《史学要论》运用唯物史观，系统地阐述了历史学若干重要的理论问题，是中国马克思主义史学理论的奠基之作。此后，瞿秋白的《社会科学概论》、蔡和森的《社会进化史》、李达的《现代社会学》等论著，对唯物史观的一系列原理进行了更全面、更系统的阐发，并努力阐明社会发展的一般规律。中国早期马克思主义史学家的研究实践，为后来的马克思主义史学的科学研究提供了示范。他们以唯物史观为核心的史学思想，使中国的历史研究奠定在了一个新的唯物史观的理论基础之上。

三 唯物史观强调历史学理论探索

运用唯物史观的原理，重新探讨了历史学的基本理论与重要的历史理论。在历史学理论的探索中，李大钊做出了突出贡献。李大钊明确提出要用马克思主义的唯物史观来指导历史研究，发展了马克思主义关于历史本质的认识。他指出，迄今为止的中国史研究，"全为循环的、神权的、伟人的历史观"所支配，必须根据新史观、新史科，把旧历史一一改做。他运用唯物史观，对历史学的概念做了比较科学的解释，认为历史是"社会的变革"，是"整个的人类生活"，将史料、历史、史学明确地区分开来。李大钊还对历史学的任务、性质、体系、功能及史学与其他学问的关系进行了系统论述，具体分析了历史学的现状，指出其成为历史科学的途径，为创建中国马克思主义史学构建出基本的理论框架。

对历史理论问题的探索主要表现在两个方面：一是对历史发展规律的探讨。马克思主义的唯物史观和以往的旧史观不同，它抓住了现代历史认识的本质，从对生产力和生产关系矛盾运动的考察中，确认人类社会的发展是一个自然的历史过程。早期的马克思主义思想家充分认识到这一点，他们指出，人类社会的发展有它自身的规律，人类历史有着不以人的意志为转移的客观规律，他们强调"历史的根本理法"，"历史的发展是有因果律的"，社会的发展"具有普遍世界一切民族之通性"。他们突破了中国封建史学的"循环论"，认为历史发展是"循环着前进的、上升的，不是循环着停滞的，亦不是循环着逆返的"。二是历史发展的动力问题。早期马克思主义者主张以经济为中心考察社会变革的缘故，因为经济关系能如自然科学发现因果律。他们反复阐明，经济条件是社会一切变更的终极原因和伟大动力，社会的变革，最终是由经济条件来决定的，生产力是社会发展的原动力。他们指出：历史上种种现象之所以发生，其原动力皆在于经济，"社会进化之原动力实为生产力"。因此，他们在对历史发展动力的认识上，突破了资产阶级的"英雄史观"，批评了"历史为少数伟大人物的产儿"的观点，认为人类的真实历史，不是少数人的历史，历史的纯正主人"是人民群众，决不是几个伟人"。

历史研究之所以成为科学，主要是基于对历史规律性的认识。中国早期的马克思主义史学家对历史学的基本理论和重要的历史理论的认识和探讨，为中国马克思主义史学的科学研究开启了道路。

四　强烈现实性和鲜明阶级性共塑马克思主义史学

在这一时期里，史学研究的主体基本上是由中国早期马克思主义者构成，早期的马克思主义史学家也是马克思主义理论家和社会主义运动活动家。这一时期的马克思主义学者以战斗的姿态涉足史学领域，他们的唯物史观历史实践在解释历史的同时，又反过来用历史促进唯物史观的宣传，证明唯物史观革命理论的现实性及科学性，从而指导当时的无产阶级革命斗争。这种与当时革命形势和社会实际的紧密结合，体现了早期马克思主义史学思想的现实性特征和鲜明的阶级性特征。

此外，由于这一时期的马克思主义史学论著大多不是单纯谈历史，史学研究和社会学、经济学、政治学的研究彼此渗透结合，这就使中国早期马克思主义史学思想往往和马克思主义的哲学、政治、经济思想联系在一起。

原载《中国社会科学报》2013 年 11 月 6 日第 520 期

西方全球史中的帝国主义*

董欣洁**

一

学界一般认为，"帝国主义"（imperialism）这个概念本身是在 19 世纪中后期欧洲列强殖民扩张时期出现的，有关其定义不少。爱德华·W. 萨义德在《文化与帝国主义》中提出，帝国主义引出了各种问题、怀疑、争辩和意识形态问题。① 这实际上说明了帝国主义相关问题研究的复杂性。例如，《不列颠简明百科全书》将帝国主义定义为："国家扩张势力与领土的政策、行为和主张，特别是经由直接占领土地或对其他地区进行政治与经济控制来实现。"② 在我国，根据《现代汉语词典》，"帝国主义"意指"资本主义发展的最高阶段。它的基本特征是垄断代替了自由竞争，形成金融寡头的统治"，同时也指帝国主义国家。③

实际上，虽然帝国和帝国主义现象在资本主义制度产生之前就已存在，但是 19 世纪 70 年代以来即现代的帝国主义与此前的帝国主义是有明显区别

---

* 本文为 2012 年度国家社科基金青年项目 "西方全球史学研究"（项目批准号：12CSS017）的阶段性成果。

** 董欣洁，中国社会科学院世界历史研究所副研究员。

① ［美］爱德华·W. 萨义德：《文化与帝国主义》，李琨译，生活·读书·新知三联书店2003 年版，第 3—4 页。

② 《不列颠简明百科全书》（修订版）第 1 卷，中国大百科全书出版社 2011 年版，第 384页。

③ 中国社会科学院语言研究所词典编辑室编：《现代汉语词典》第 6 版，商务印书馆 2012年版，第 287 页。此版第 287 页将 "帝国" 解作 "一般指版图很大或有殖民地的君主国家，如罗马帝国、英帝国。没有帝王而向外扩张的国家，有时也称为帝国，如希特勒统治下的德国叫第三帝国"。

的。列宁从政治经济学的角度揭示了这个本质区别，即"帝国主义是作为一般资本主义基本特性的发展和直接继续而生长起来的"①。也就是说，帝国主义不是简单的一种对外政策，而是资本主义的一个发展阶段，是资本主义发展到了垄断阶段，金融资本形成统治。列宁指出，"帝国主义是资本主义的垄断阶段"，具有五个基本特征：（1）生产和资本的集中发展到这样高的程度，以致造成了在经济生活中起决定作用的垄断组织；（2）银行资本和工业资本已经融合起来，在这个"金融资本的"基础上形成了金融寡头；（3）和商品输出不同的资本输出具有特别重要的意义；（4）瓜分世界的资本家国际垄断同盟已经形成；（5）最大资本主义大国已把世界上的领土瓜分完毕。②列宁分析批判了考茨基和霍布森关于帝国主义的论述，指出在帝国主义阶段，资本主义表现出特有的寄生性和腐朽性。同时，资本主义的发展在这一阶段比从前要快得多，只是发展更加不平衡。③

帝国主义时代同时也是殖民主义时代，或者说这一时期的帝国主义是一种殖民帝国主义。对帝国主义列强而言，殖民地对于其完成资本原始积累、解决资本主义内在扩张需求具有十分重大的意义，但其残酷压榨和血腥掠夺自然激起殖民地人民的反抗，民族解放运动蓬勃兴起，社会主义革命不断发展，世界殖民体系最终土崩瓦解。"二战"之后，国家主权原则得以在全世界范围内确立，成为公认的国际法和国际关系基本原则。到20世纪50年代末，正如霍布斯鲍姆所言，"幸存的老帝国已经清楚，有形的殖民统治得彻底放弃"④。与"二战"后世界形势的变化相适应，帝国主义也在发展自己的新手段和新途径，从有形的直接统治向无形的间接统治转化，并竭力美化其侵略行径。"当代帝国主义""新帝国主义""新殖民主义""美帝国主义""霸权主义"等名词，所描述的便是帝国主义并未停止在全球范围内进行掠夺和扩张的现实。

当今世界，经济全球化把各国前所未有地紧密联系在一起，由于一国内部往往会有其他国家的利益存在，这就使得通过武力扩展有形边界的可能性和必要性都比"二战"前大大降低，而像经济安全或文化安全这样的

---

① 《列宁专题文集 论资本主义》，人民出版社2009年版，第175页。

② 同上书，第175—176页。

③ 同上书，第97页。

④ ［英］艾瑞克·霍布斯鲍姆：《极端的年代》，马凡等译，江苏人民出版社2011年版，第228页。

无形边界如何操控，成为令发展中国家的政治家们殚精竭虑思考的问题和任务。在以信息技术为代表的新科技革命背景下，现代帝国主义控制发展中国家的有效形式就是跨国公司，借此实现其利润最大化。跨国公司的活动范围要比传统的、有形的殖民帝国的疆域广阔得多。可以说，在经济全球化进程中，发达国家对发展中国家的经济控制程度已经远远超过了殖民时期宗主国对殖民地的控制程度。以美国为首的西方发达国家，借民主、自由和人权之名，推出所谓"人权高于主权""国家主权终结论""国家主权过时论"等种种花样翻新的帝国主义性质理论，继续对发展中国家行野蛮掠夺和残酷剥削之实，不仅要攫取巨额的经济利润，而且大肆输出西方发达国家的价值标准和思想观念，甚至公开践踏国际法，粗暴干涉发展中国家内政，试图重塑世界。

现代帝国主义的突出特点，正是寻求建立一种拥有国际规则制定权和解释权的全球性机制，力图使自身合法化和普世化。对于发展中国家而言，面对纷繁复杂的国际政治现实，其影响既有积极的一面，也有消极的一面，甚至暗藏凶险和陷阱。以中国为例，以美国为首的西方发达资本主义国家发起了对中国的贸易战、汇率战、金融战、能源战、粮食战，等等，企图攫取巨额利润（在有些领域已经牟取了暴利）。这已经对中国人的日常生产和生活造成深刻的不利影响。换言之，发展中国家在经济全球化进程中必须维护好自己的有形或无形的各种利益边界，即维护好各领域、各层次的国家主权和国家利益，防止发达资本主义国家通过金融等手段转嫁危机，保护自身多年建设的成果，否则本国人民付出种种代价、通过辛苦劳动获得的经济发展红利，就有被发达国家跨国垄断资本以各种明暗手段吞噬的可能。这就要求包括中国在内的发展中国家要充分重视帝国主义的当代表现和动向，提高对复杂国际局势的应变能力，切不可坐等问题不断蔓延以致贻误解决问题的最佳时机。我们必须警惕某些西方学者所声称的"帝国主义是资本主义的一个发展阶段，它已经让位于国际公司资本主义"①，或者"应该用帝国概念来代替帝国主义，帝国主义概念已经过时"等②为西方霸权主义张目的各种似是而非的观点。也正因为如此，我

---

① 曹义恒、曹荣湘主编：《后帝国主义》，中央编译出版社2007年版，第27页。
② ［美］迈克尔·哈特、［意大利］安东尼奥·奈格里：《帝国》，江苏人民出版社2005年版，"序言"第2—3页。

们不仅要关注帝国主义的各种当代表现和动向，而且应当充分重视和深入考察西方历史学对帝国主义的相关研究。

<h1 style="text-align:center">二</h1>

在西方学术界，"帝国主义"一词本身是一个寄托着复杂含义与情感的概念。正如有学者指出，帝国主义和殖民主义在英美精英文化中曾经具有积极意味，但两次世界大战之后则再难以公开地为其唱赞歌。① 不过，这并不妨碍西方学界或明或暗地为其国家的帝国主义行径开脱。特别是在历史编纂学领域，西方始终有一些学者为帝国主义列强的侵略行径辩护，或者有意淡化西方帝国主义的残酷血腥色彩。

例如，1932 年出版的由美国史学家海斯、穆恩、韦兰三人合著的《世界史》一书，将帝国主义解作"文明国家要统治较弱的或者'落后的'民族，如非洲的黑人和印度各民族，这种欲望和政策就叫做帝国主义"②。该书将欧洲各国对亚非拉地区的血腥殖民和侵略美化成"一点一点地把它们的文明传播到全世界"，而"要引导千百万陌生人走上欧洲文明和进步的道路是一个负担，而且是一个沉重的负担"，③ 这堪称是一种极端观点，显然是对客观人类历史的蓄意歪曲。该书还将欧洲强国推行帝国主义的动机归纳为四点：（1）爱国者渴望使他们的国家拥有更多的领土；（2）商人们渴望得到可以销售制成品和获得原料的殖民地，还想在他们自己的国旗保护下的矿山等处投资，这种经济动机也许是帝国主义最强烈的原因；（3）认为占领某一地区是国防所必需；（4）传教的精神——渴望使落后的种族开化或者基督教化。④ 不难看出，其中对帝国主义的美化维护与主观臆断溢于言表。但即便如此，该书上述文字也难以掩盖帝国主义"渴望得到可以销售制成品和获得原料的殖民地"等重要特征。

20 世纪中期以来，作为西方世界史重构潮流的产物，西方全球史以研究"跨文化互动"为宗旨，追求中立价值判断，涌现出众多的通史和专题

---

① Frank Furedi, *The New Ideology of Imperialism*, Pluto Press, 1994.

② ［美］海斯、穆恩、韦兰：《世界史》，冰心、吴文藻、费孝通等译，翦伯赞作序，世界图书出版公司 2011 年版，第 487 页。

③ 同上书，第 470 页。

④ 同上书，第 488 页。

研究论著。与西方传统的带有明显"欧洲中心论"色彩的世界史研究相比，全球史在破除西方惯有的文化偏见方面做出了更加积极的努力，在世界通史编纂领域进行了颇有价值的学术探索。在总体上，专题类全球史著作固然也含有对帝国主义的相关研究，如克罗斯比的《生态帝国主义》（*Ecological Imperialism：The Biological Expansion of Europe*，900 - 1900），等等，但此类研究主要仍体现在通史类的全球史著作当中。因此，考察西方通史类全球史著作有关帝国主义的论述，不仅有助于我们进一步分析西方学者对帝国主义的认识，而且也有利于我们更加深入地把握西方全球史的特点和内涵。

（一）全球史对帝国主义的界定

纵观西方通史类的全球史著作，可以看出，从 20 世纪中期以来，其对帝国主义的界定颇具差别。

作为全球史观首倡者的杰弗里·巴勒克拉夫，1978 年出版了其所主编的《泰晤士世界历史地图集》。该书在"欧洲的殖民帝国 1815—1914"中认为，巨大新帝国的建立发生在 19 世纪最后 25 年间；在"帝国主义和民族主义 1919—1941"中认为，到 20 世纪 20 年代，欧洲帝国在亚洲和北非发展到顶峰。[1] 该书对帝国主义做了两点区分：一是区分了不同时期的帝国主义，在"希腊文明的传播"中，该书指出此时的殖民扩张运动不是近代意义的殖民地，它们是独立于母邦的城邦，虽然剥削土著，但与 19 世纪的抢地运动相比规模就小得多了。[2] 二是区分了欧美帝国主义的不同表现。在"形成中的美国：向西部扩张 1783—1890"中，认为"在欧洲列强忙于在非洲和亚洲追求帝国梦想之际，美国得以享受到建立它的内向的帝国的好处。向西部扩张的运动可以理解成为国内的帝国主义。它与欧洲的帝国主义活动具有一些类似的动机，但结果则迥然不同"。[3] 巴勒克拉夫主编的《泰晤士世界历史地图集》于 1999 年出版了新修订版，中译本名为《泰晤士世界历史》，新版主编为理查德·奥弗里（Richard Overy）。该书对 19 世纪的帝国主义做出了一些阐释，认为欧洲帝国主义的关键在于工业力量和技术实

---

① ［英］杰弗里·巴勒克拉夫主编：《泰晤士世界历史地图集》，生活·读书·新知三联书店 1982 年版，第 244、260 页。

② 同上书，第 75 页。

③ 同上书，第 220 页。

力，全世界广大地区对于欧洲的技术几乎没有什么抵抗力，这使欧洲得以保持技术优势。随着海运航线和铁路线的稳固发展，原材料开始流向欧洲和美洲，在那里加工成昂贵的制成品，再销回原材料提供地区以赚取利润，传统的民族经济成了欧洲和北美帝国主义经济扩张的牺牲品。①

斯塔夫里阿诺斯在其 1999 年的新版《全球通史：从史前史到 21 世纪》中区分了帝国主义和新帝国主义两个概念。他认为：帝国主义是指一个国家、民族对另一个类似集团的政治的或经济的、直接的或间接的统治或控制，新帝国主义则指 19 世纪后期欧洲的巨大扩张；新帝国主义与旧时一个国家对另一个国家的帝国主义控制不同，因为它不是简单地要求进贡，而是完全改变被征服的国家，而传统的帝国主义包含剥削，但不包含根本的经济变化和社会变化。② 与之类似，理查德·W. 布里特和柯娇燕等人的《地球与人类》一书将 19 世纪的帝国主义与此前的帝国主义做了区分，并也冠以"新帝国主义"之名。他们指出，欧洲的帝国主义传统可以追溯到 12 世纪，新帝国主义的特征就是此时的领土征服激增，远超 16 世纪的西班牙扩张，新帝国主义并非简单地攫取土地，而是运用经济和技术手段把独立的国家重新组织起来并带入世界经济体系。③ 这两部著作中的"新帝国主义"，实际上是指 19 世纪中后期的帝国主义。

杰里·本特利与赫伯特·齐格勒在《新全球史：文明的传承与交流》中也注意到了帝国主义在不同历史阶段的差异。该书把帝国主义解为"16 世纪到 19 世纪欧洲列强的扩张及其对非洲、亚洲国家的征服和殖民"④。该书认为"建立帝国并不是世界历史上的新鲜事。然而到 19 世纪，欧洲观察家们注意到，此时的帝国与早先有所不同。因此，在这一世纪中叶，他们开始谈论帝国主义，到 80 年代，这个新创造的概念进入了西欧各国的流行语言。在当时的语言中，帝国主义指欧洲国家——也包括后来的美

---

① [英] 理查德·奥弗里：《泰晤士世界历史》，原版主编为杰弗里·巴勒克拉夫（Geoffrey Barraclough），毛昭晰等译，希望出版社、新世纪出版社 2011 年版，第 245、254 页。

② [美] 斯塔夫里阿诺斯：《全球通史：从史前史到 21 世纪》，吴象婴、梁赤民、董书慧、王昶译，吴象婴审校，北京大学出版社 2006 年版，第 811、813、506 页。

③ Richard W. Bulliet, Pamela kyle Crossley, Daniel R. Headrick, Steven W. Hirsch, Lyman L. Johnson, David Northrup, *The Earth and Its Peoples*, Wadsworth, 5th edition, international edition, Cengage Learning, 2011, p. 740.

④ [美] 杰里·本特利、赫伯特·齐格勒：《新全球史：文明的传承与交流》（第 3 版）下册，魏凤莲等译，北京大学出版社 2007 年版，第 1237 页。

国和日本——对世界的控制",有时这种控制是通过旧的手段如武力完成的,但更为经常的是通过贸易、投资和商业活动,是列强从殖民地中获利,在不直接进行政治控制的前提下影响殖民地的事务。① 另外,威廉·J. 杜伊科和杰克逊·J. 施皮尔福格尔在他们的《世界史》一书中,把 19 世纪西方向亚洲和非洲的经济扩张过程称为帝国主义。②

还有一些全球史著作在宽泛的意义上使用帝国主义概念。例如,克雷格·A. 洛卡德在《社会、网络和转换:全球史》中,把帝国主义解释为"一国或一个民族对另一国或另一民族的直接或间接的控制或统治"。他认为,欧洲入侵非洲社会的主要后果之一就是帝国主义,西方争夺非洲殖民地的充分发展是随着欧洲的快速工业化而开始的。③ 皮特·N. 斯特恩斯在其著作中则将帝国主义解为"扩展统治的政策或者凌驾于另一国或地区的权威"④。他还认为,虽然西方的政治模式和文化影响仍然相当强劲,但正式的帝国主义在很大程度上已经是过去的事情。⑤

菲利普·费尔南德兹－阿迈斯托编著的《世界:一部历史》(第 2 版)提出,16—18 世纪,帝国发展成为世界历史最显著的特点之一,不仅通过征服,也通过合作来扩张,它们通常不是靠武力形成的,是因为没有一个国家有足够的资源来完成这样一个任务,帝国主义有助于把人类引入一个崭新的演变时代;⑥ 19 世纪后半叶全球历史的新特点是白人帝国的崛起。⑦该书没有对帝国主义做出明确定义,但实际上其运用更加宽泛。

(二) 全球史视野中作为竞争性社会组织的帝国和帝国主义

在一些通史类全球史著作中,帝国和帝国主义具有作为相互竞争的社会组织的含义。例如,约翰·R. 麦克尼尔和威廉·H. 麦克尼尔在《人类

---

① [美] 杰里·本特利、赫伯特·齐格勒:《新全球史:文明的传承与交流》(第 3 版)下册,魏凤莲等译,北京大学出版社 2007 年版,第 962—963 页。

② William J. Duiker, Jackson J. Spielvogel, *World History*, 6th edition, international edition, Wadsworth, Cengage Learning, 2010, p. 615.

③ Craig A. Lockard, *Societies*, *Networks*, *and Transitions*, *A Global History*, 2nd edition, international edition, Wadsworth, Cengage Learning, 2011, p. 429.

④ Peter N. Stearns, *World History*, *The Basics*, Routledge, 2011, p. 194.

⑤ Ibid. , p. 179.

⑥ [美] 菲利普·费尔南德兹－阿迈斯托编著:《世界:一部历史》(第 2 版)下册,钱乘旦审读,叶建军等译,北京大学出版社 2010 年版,第 609—610 页。

⑦ 同上书,第 964—965 页。

之网：鸟瞰世界历史》中提出帝国是推动都市网络不断扩展的有意识组织之一。该书认为，"各种网络皆具有社会生活无意识、无组织的特征。然而无论如何，它们自身之中也包含着一些有意识的组织——如各种血缘组织、部落、教堂、公司、军队、匪帮团伙、帝国等等——所有这些组织皆拥有自己的领袖，他们都行使着非同寻常的权力。为了追求自身的利益，这些领袖致使都市网络不断地扩展。……在以往岁月中，由这种动机所驱使的扩展给生活在都市网络之外的人们造成了极大的灾难，在捍卫自己的民众、财富、资源或宗教信仰方面，他们的组织相对贫乏。而在这些灾难中幸存下来的那些人们发现，自己已经身陷于一个全新的经济、政治和文化联系之中，简而言之，已置身于一个陌生的网络之中。因此，那些社会组织的领袖们为了拓展自己的权势和地位，一直在（即或有时是无意识的）推动自己所处的网络向外持续不断地扩张"①。显然，在麦克尼尔看来，这些不断扩张的网络不断发生着竞争。

埃德蒙·帕克三世、大卫·克里斯汀、罗斯·E. 杜恩在他们的《世界史：大时代》一书中对各时代的帝国进行了分析。该书认为大时代四（前 1200—500 年）中的帝国之所以被称为帝国不仅是因为面积大，而且因为它们是由一个单独政府和一个特定血统的精英阶级统治着语言、民族和宗教不同的其他各个民族；大约公元 300—400 年，帝国的这种建立周期陷于停顿；在大时代五（300—1500 年）中，西非、中美洲和南美洲首先出现大帝国，一些帝国甚至比上个时代的大汉帝国和罗马帝国还大，其中最大的是 8 世纪的阿拉伯穆斯林帝国和 13 世纪的蒙古帝国；在大时代六（1400—1800 年）中，西班牙、葡萄牙、荷兰、英国、法国等航海帝国崛起，相比之下，美洲的阿兹特克帝国和印加帝国虽然地域辽阔，但更类似于前一时代亚欧非大陆上的农耕式国家，而非新型的枪炮帝国，因此只能迅速地衰落。② 克雷格·A. 洛卡德在《社会、网络和转换：全球史》中分析到，强有力的社会形成帝国自古即有，但数个世纪之后帝国变得更大和更复杂，17 世纪中期超过 2/3 的世界人口都生活在其经济基础主要为农业的几个大帝国之中，所有的帝国都依靠军事力量，特别是火药武器，

---

① ［美］约翰·R. 麦克尼尔、威廉·H. 麦克尼尔：《人类之网：鸟瞰世界历史》，王晋新、宋保军等译，北京大学出版社 2011 年版，导论第 4—5 页。

② ［美］埃德蒙·帕克三世、大卫·克里斯汀、罗斯·E. 杜恩：《世界史：大时代》，杨彪等译，华东师范大学出版社 2012 年版，第 46、55、77 页。

而大英帝国与荷兰和其他强国不同，它们更主要地依靠世界贸易。① 上述
著作也都暗含着把帝国主义国家视作竞争性社会组织的意味。

  这方面最典型的著作当数菲利普·费尔南德兹－阿迈斯托编著的《世
界：一部历史》（第 2 版），此处不妨稍加详述。从其通篇结构来看，把帝
国主义视作人类社会组织发生的竞争堪称其内在线索之一。该书上下两卷
目录中便频繁出现帝国和帝国主义的字样。② 这在通史著作中是不多见的。
可以说，《世界：一部历史》把"作为竞争组织的帝国主义"阐述得淋漓
尽致。该书提出："数百年甚或数千年以来，一种统治全世界的权力观念
驱动着欧亚大陆的帝国主义。"③ 在被描绘为"扩张的世界"的第 15 章
中，该书主张："从 1460 年开始，扩张活动在世界上遥遥相隔的国家内，
星火燎原般迅速展开，扩张时代真正开始了。不过，这一现象并不像有些
历史学家说的那样，仅仅是欧洲扩张的现象，而是全球扩张的现象。世界
并没有被动地等待欧洲的扩大，以使其像被魔棒点中那样得到改变，其他
社群早就在创造自己的奇迹，使国家成为帝国，使文明得到开化。"④ 在

---

  ① Craig A. Lockard, *Societies*, *Networks*, *and Transitions*, *A Global History*, 2nd edition, international edition, Wadsworth, Cengage Learning, 2011, p. 720.

  ② 该书在第二篇"农耕者与建造者，公元前 5000—前 500 年"中，全书目录首先出现了
"帝国"一词，而该词被冠在中国和南亚国家头上，则是第五章"重建世界：复苏、新发端及其
局限"中的第三节"中国和南亚的诸帝国与复苏"。第三篇"轴心时代，公元前 500—公元 100
年"，其中第七章冠以"伟大的帝国"之名。随后第四篇"间歇性转变，公元 3—10 世纪"中的
第八章名为"后帝国世界：欧亚与非洲的帝国问题，公元 200—700 年"。目录中第一次出现"帝
国主义"则是在第六篇"严峻考验：13 和 14 世纪欧亚大陆的危机"，其中第 15 章"扩张的世界：
14 世纪末和 15 世纪的经济复苏"下辖各节标题为"软弱的非洲帝国""美洲的生态帝国主义"
"新兴的欧亚帝国""中国帝制的局限性""海洋帝国的开端""欧洲的前景：问题与希望"。第 16
章"帝国竞技场：16 和 17 世纪的新帝国"下辖各节标题为"海上帝国：葡萄牙、日本和荷兰"
"陆上帝国：俄罗斯、中国、印度莫卧儿和奥斯曼土耳其""美洲的新陆上帝国""全球贸易平
衡"。第 21 章"全球接触时代：18 世纪帝国的扩张与接交"下辖各节标题为"受限或衰落中的亚
洲帝国主义：中国、波斯和奥斯曼""印度的帝国权力逆转：莫卧儿衰落和英国崛起""荷兰东印
度公司""黑色大西洋：非洲、美洲及奴隶贸易""新大陆的陆地帝国"。第九篇"进步的挫折，
至大约 1900 年"，其中第 25 章"19 世纪西方称霸世界：权力的西移和全球帝国的崛起"下辖各
节标题为"鸦片战争""白人帝国：崛起和抵抗""帝国统治的方法""商业帝国主义""'新欧
洲'的帝国主义""别处的帝国：日本、俄罗斯和美国""建立帝国的基本理由"。参见［美］菲
利普·费尔南德兹－阿迈斯托编著《世界：一部历史》（第 2 版）上册，钱乘旦审读，叶建军等
译，北京大学出版社 2010 年版，"目录"第 1—11 页。

  ③ ［美］菲利普·费尔南德兹－阿迈斯托编著：《世界：一部历史》（第 2 版）上册，钱乘
旦审读，叶建军等译，北京大学出版社 2010 年版，第 105 页。

  ④ 同上书，第 558 页。

"软弱的非洲帝国"一节中，该书提到了 15 世纪 50 年代葡萄牙与地处西非的马里的第一次接触，认为"由于缺少一个强大的非洲国家，欧洲人不再把非洲黑人视作与他们平等的人，这就形成了世界历史上的一个悲剧"①。该书将"美洲的生态帝国主义"解为："自从有创造力的历史学家阿尔弗雷德·克罗斯比 1972 年创造生态帝国主义这个词后，历史学家就一直用它指称欧洲帝国主义殖民者给他们的殖民地带来的全面环境变化。这个词也适合土著的美洲帝国"，并且认为，"在阿兹特克和印加帝国无限扩张的背后，不存在任何复苏动力。……它们在本质上都属于传统的美洲帝国，并且都已超越了现实对其潜能的限制"②。在"中国帝制的局限性"一节中，该书提出："中国统治者就通过巩固他们的陆上帝国和限制海上帝国主义，确保了国家的长治久安。结果，世界上所有在最近 500 年内创立起来的海上帝国都走向了崩溃，而中华帝国仍然屹立在那里。"③ 在论及欧洲开拓大西洋线路时，该书声称："欧洲向大西洋延伸，这可能既不是由于它的科学或实力，也不是由于它的幻想或铤而走险。这是一场空间上的比赛，欧洲从后面赶超了过来。在那些通往印度洋的繁荣文化看来，没有必要为了寻求新的资源，去开发遥远的陆地和海洋。但对于需要金钱的欧洲而言，它得利用大西洋上的新产品。它就如同今天的不发达国家，迫不及待地争夺从石油到天然气的海外财富。在某种程度上，它的努力最终得到了报偿。"④ 上述文字中对史实的扭曲，或者措辞的武断，以及不适当的类比，都是显而易见的。

《世界：一部历史》甚至明确主张，帝国主义并非是西方特有的罪恶，亚洲、非洲和美洲土著人民缔造并领导的这一时期的一些帝国，都给人留下了深刻的印象；欧洲的帝国通常依靠的也是非欧洲合作者，因为这些人能看到和欧洲人合作的优势；甚至在 19 世纪，帝国主义扩张并不是白人的特权，其他的非洲土著国家也试图扩张，但是或早或晚全都屈服于欧洲人。⑤ 这些观点已经明显在为帝国主义列强的侵略行径张目了。

---

① ［美］菲利普·费尔南德兹－阿迈斯托编著：《世界：一部历史》（第 2 版）上册，钱乘旦审读，叶建军等译，北京大学出版社 2010 年版，第 561 页。

② 同上书，第 565、570—571 页。

③ 同上书，第 582 页。

④ 同上书，第 594—595 页。

⑤ 同上书，第 610、972 页。

（三）全球史视野中作为人类互动路径的帝国主义

通史类全球史著作对帝国主义的研究还体现出另外一层含义，这就是将帝国主义视作世界不同地区人类之间互动的路径。杰里·本特利、赫伯特·齐格勒的《新全球史：文明的传承与交流》认为，19 世纪全球性帝国的建立显著加快了世界一体化的步伐。[1] 菲利普·费尔南德兹－阿迈斯托提出："15 世纪的扩张仍是一种新的发展，并且可能导致世界的变化。15 世纪 90 年代所开辟的新航线不仅连接了人口稠密的欧洲大陆中心带、美洲和非洲，还从海上把欧洲和亚洲相连。由此，我们可以看到一个彼此联系的世界框架的开端，世界体系可以覆盖整个地球。这个世纪扩张的帝国正在彼此靠近，它们相互接触的地方，成了传播的贸易、技术、概念、情感与生活方式的规模空前的竞技场，其结果将改变此后三个世纪的世界，造成全球性对抗、贸易、冲突、接触传染以及文化上和生态上的交流。"[2] 约翰·R. 麦克尼尔和威廉·H. 麦克尼尔在《人类之网：鸟瞰世界历史》中把欧洲帝国主义放在了第七章"打破旧链条，拉紧新网络（1750—1914）"之中，无疑也蕴含此意。他还论及了互动的后果，指出工业化使得欧洲各国的领土扩张代价极低，因此变得更有诱惑力，工业化和其他因素的作用在地缘政治上造就出一批新的胜利者和失败者。[3]

罗伯特·提格诺、杰里米·阿德尔曼、史蒂芬·奥隆等人的《世界的聚合与分离》一书，把帝国主义与世界经济的一体化联系起来，指出帝国主义列强在本国与殖民地之间建设了铁路网络，促进了人员和货物从腹地向海岸流动。[4] 该书进而提出，世界从政治上分裂为帝国式民族国家和殖民地，塑造了工业社会和非工业社会的经济分裂。[5] 前文提到的理查德·W. 布里特和柯娇燕等人的《地球与人类》一书中，其所主张的"新帝国

① 参见［美］杰里·本特利、赫伯特·齐格勒《新全球史：文明的传承与交流》（第 3 版）下册，魏凤莲等译，北京大学出版社 2007 年版，第 991 页。

② ［美］菲利普·费尔南德兹－阿迈斯托编著：《世界：一部历史》（第 2 版）上册，钱乘旦审读，叶建军等译，北京大学出版社 2010 年版，第 598 页。

③ 参见［美］约翰·R. 麦克尼尔、威廉·H. 麦克尼尔《人类之网：鸟瞰世界历史》，王晋新、宋保军等译，北京大学出版社 2011 年版，第 230—239 页。

④ Robert Tignor, Jeremy Adelman, Stephen Aron, et al., *Worlds Together, Worlds Apart: A History of the World from the Beginnings of Humankind to the Present*, W. W. Norton & Company, 2008, p. 736.

⑤ Ibid., p. 760.

主义并非简单地攫取土地，而是运用经济和技术手段把独立的国家重新组织起来并带入世界经济体系"①，也暗含这层意味。

皮特·N. 斯特恩斯在其著作中指出，在整体上，19 世纪晚期的欧洲帝国主义，曾经被解释为对所谓本地民族的压榨，其中区别可能仅在于不同群体设法摆脱欧洲完全控制的程度而已，但事实上帝国主义是一个互动的过程，在此过程中当地民族设法通过很多方式表达自己，而不仅仅是简单地对欧洲人的指令做出反应，欧洲人在此过程中也同样受到影响。② 他将这种相互关系称为"作为互惠的相遇"，认为"接触是相互的经历，制造了相互的妥协和调整"，③ 进而提出，被征服群体的经历，如帝国主义统治下的非洲，必须通过互动来研究，而非仅仅是压榨。④

埃德蒙·帕克三世、大卫·克里斯汀、罗斯·E. 杜恩在《世界史：大时代》中把人类社会的交流网络越来越紧密的趋势称为"全球大联合"，指出这一网络发展最显著的例子就是亚、欧、非历史上第一次大规模与美洲人（从 16 世纪初开始）和澳大拉西亚人（从 18 世纪末开始）的交往，西欧人的思想传播到世界其他地方，并成为指导人类处理问题的各种方法，这些智力和文化发展有助于将理性科学作为衡量和解释自然世界以及人类行为的标准。⑤

从上述全球史著作来看，无论是将帝国主义视作一种竞争性的社会组织，还是将其视作一种互动路径，实际上都隐含着相同的思路和意图，即试图把浸透血腥的帝国主义洗白出来。西方通史著作的内在要求之一，无疑是要建立对西方文明本身的自我认同，全球史也不例外。对帝国主义的研究不仅涉及对西方历史的认识，而且关系到西方国家当今的国际政治形象及政策取向。因此，西方全球史在编纂中对帝国主义的回护之情显而易见。换言之，其历史反思是以不危及西方文化自信心为前提的。有些全球史研究者对这个问题并不讳言。例如，皮特·N. 斯特恩斯等人的《全球

---

① Richard W. Bulliet, Pamela kyle Crossley, Daniel R. Headrick, Steven W. Hirsch, Lyman L. Johnson, David Northrup, *The Earth and Its Peoples*, Wadsworkth, 5th edition, international edition, Cengage Learning, 2011, p. 740.

② Peter N. Stearns, *World History*, *The basics*, Routledge, 2011, p. 134.

③ Ibid. , p. 133.

④ Ibid. , p. 136.

⑤ ［美］埃德蒙·帕克三世、大卫·克里斯汀、罗斯·E. 杜恩：《世界史：大时代》，杨彪等译，华东师范大学出版社 2012 年版，第 71—72 页。

文明史》就一方面指出"保持公允和周全的视野是最根本的",另一方面公开承认"但这样说容易,实际做到却很难"。①

<h1 style="text-align:center">三</h1>

正如帕特里克·曼宁指出的,全球史本身就是全球范围内人类社会的交往史。② 因此,对于西方全球史而言,帝国主义无疑是具有首要意义的课题。③ 在总体上,西方全球史编纂中的帝国主义研究具有以下三个特点。

首先,在如何界定帝国主义的问题上,全球史研究者的观点不尽相同,基本来说可以分为大致两种,区别在于是否由时间上的区分(重点在 19 世纪)而进行性质上的判断。从其著作发表的时间来看,全球史对帝国主义的态度和立场,在某种程度上从批判逐渐趋向更加宽松,或者按全球史的术语来说逐渐趋向"中性"。这也可从 2001 年"9·11"事件后西方的政治氛围发生变化得到印证。④ 例如,"帝国主义学派最聪明的历史学者"⑤ 尼尔·弗格森便公开提出 21 世纪比以往更需要帝国,而美国则有充足的理由来扮演自由帝国的角色,可以参见他的《帝国》与《巨人》等作品对帝国主义的阐述。⑥ 可以说,晚近的全球史著作对待帝国主义问题,已经再无当年巴勒克拉夫那样鲜明的批判立场。巴勒克拉夫曾经明确指出,1947 年后帝国主义仍然普遍存在,其形式可能改变但其本质不变,虽然欧美帝国主义列强已从政治性帝国撤退,但其经济力量使其具有世界性的杠杆,世界并非由平等的民族组成,事实上在很多重要领域不平等都加剧了。⑦ 有关帝

---

① [美] 皮特·N. 斯特恩斯等:《全球文明史》(第 3 版)上册,赵轶峰等译,中华书局 2006 年版,第 470—471 页。

② Patrick Manning, *Navigating World History: Historians Create A Global Past*, Palgrave Macmillan, 2003, p. 3.

③ Jerry H. Bentley, "The New World History", in Lloyd Kramer, Sarah Maza, eds. , *A Companion to Western Historical Thought*, Oxford, 2002, pp. 393 – 416.

④ 参见 [英] 大卫·哈维《新帝国主义》,初立忠、沈晓雷译,社会科学文献出版社 2009 年版,第 15 页。

⑤ [英] 艾瑞克·霍布斯鲍姆:《霍布斯鲍姆看 21 世纪》,吴莉君译,中信出版社 2010 年版,第 37 页。

⑥ Niall Ferguson, *Empire: How Britain Made the Modern World*, Penguin Books Ltd. , 2004, and *Colossus: The Rise and Fall of the American Empire*, London, 2005.

⑦ Geoffrey Barraclough, *Turning Points in World History*, Thames and Hudson, 1979, pp. 72 – 73.

国主义研究的这种现象也表明，半个多世纪以来，随着世界形势的变化，西方全球史处于演变之中。

正如列宁所言，泛泛地谈论帝国主义而忘记或忽视社会经济形态的根本区别，必然会变成最空洞的废话或吹嘘，就像把大罗马和大不列颠相提并论那样，就是资本主义过去各阶段的资本主义殖民政策同金融资本的殖民政策也是有重大区别的。① 世界历史上不同时期的不同国家，是否能够界定为帝国（如在帝国主义列强瓜分非洲狂潮中一度击退了意大利的入侵，但在 1935 年被意大利占领的埃塞俄比亚），其作为是否可界定为帝国主义（如所谓的中国海上帝国主义），显然是可商榷或有很大争议的，有些甚至并不符合历史事实。而且，正如有学者指出，对历史上每一次领土扩张的原因都归咎于一个简单的、套用的定式是不客观的。②

其次，倘若单纯把帝国主义视作相互竞争的社会组织来理解，在纵向时间上不加区分地使用帝国和帝国主义的概念，罗列不同历史阶段的现象，而不进一步分析现象背后的深层原因，或者在横向空间上混淆欧洲帝国主义侵略和其他地区的移民现象，把欧洲帝国主义夹杂在"亚洲帝国主义""非洲帝国主义""欧亚大陆的帝国主义"等诸种名词之间使用，连欧洲的殖民地也被冠以"帝国"之名，那么按照上述思路，就容易造成帝国主义和殖民主义自古以来便存在、现代欧洲国家只不过是在包括亚非拉地区在内的世界帝国主义竞争中脱颖而出的印象，欧洲帝国主义的原罪感被大大拉低。同时，这种做法也容易掩饰矛盾的深刻性，并不足以解决西方历史认识中存在的问题。实际上，如何认识欧洲帝国主义直接关系到西方全球史能否切实突破"欧洲中心论"的局限，超越对以往历史的曲解或刻意歪曲，进而更加科学地考察全球文明的演变。

最后，全球史把帝国主义视作全球互动得以进行的一种平台或路径，把帝国主义与奴隶制的废除、生态物种的交流、全球移民、环境变迁等内容联系在一起，从开阔学术视野的角度来看自有其积极意义；但是，脱离帝国主义与资本主义的关系这一核心问题而在含混的状态上使用帝国和帝国主义这两个名词来做局部的细节探讨，显然难以对不同历史事件或历史

---

① 参见《列宁专题文集 论资本主义》，人民出版社 2009 年版，第 169—170 页。
② ［美］腾尼·弗兰克：《罗马帝国主义》，宫秀华译，上海三联书店 2008 年版，"前言"第 1 页。

进程做出科学、准确的判断和解释。例如，18—19世纪欧洲人大规模自愿外迁，目的地多为欧洲的殖民地，"他们是在向当地的野蛮居民传播一套优越的世俗文化，在向异教徒传递基督耶稣的圣言"①；这与主要来自西非的约1200万人被迫迁移到新大陆相比，②在性质上是完全不同的。又如，西方全球史注重考察帝国主义者与殖民地人民之间的冲突、协商与合作等复杂的互动过程，但是这并不意味着可以忽视帝国主义本身制造民族压迫的性质，因为正如列宁所言，"帝国主义是金融资本和垄断组织的时代，金融资本和垄断组织到处都带有统治的趋向而不是自由的趋向……民族压迫、兼并的趋向即破坏民族独立的趋向（因为兼并正是破坏民族自决）也变本加厉了"③。或者又如霍布斯鲍姆所言，"不论那些强权如何吹嘘他们的征服行动为受害者带来多少好处，或白人自以为是的优越性为其他有色民族做了多好的安排"，"帝国从未替自身领土之外的世界，创造过任何和平与稳定"，"所谓的'征服者的善意'或他们带来的善果，都只是帝国主义的修辞罢了"。④

综上所述，西方全球史对帝国主义的研究表明，自巴勒克拉夫以来，随着世界形势的变化，全球史表现出一个演变的过程；晚近的西方全球史著作对帝国主义的研究，既不能科学地说明推动历史演变的各种力量之间错综复杂的关系，也不能阐明世界历史进程本身的多样性和统一性，实际上暴露出西方全球史在基本历史文化立场方面的局限，其中一些学者的著作更是难脱有意歪曲历史之嫌。作为一种历史现象和现实存在，帝国主义无疑是历史编纂学中的一个重要研究领域。对不同历史时期和不同地域空间的各种表象，都需要历史学家谨慎地加以对待，才能透过表面的、偶然的历史现象，穿透原始材料观察整体，把握帝国主义的社会经济实质，尽可能地还原历史真实。只有真实的世界历史，才能展示当代世界的根本基础和轮廓，使人们更加清醒地面对未来。

---

① ［英］德里克·希特：《公民身份——世界史、政治学与教育学中的公民理想》，郭台辉、余慧元译，吉林出版集团有限责任公司2010年版，第183页。

② ［美］哈立德·科泽：《国际移民》，吴周放译，凤凰出版传媒集团、译林出版社2009年版，第2—3页。

③ 《列宁专题文集　论资本主义》，人民出版社2009年版，第206—207页。

④ ［英］艾瑞克·霍布斯鲍姆：《霍布斯鲍姆看21世纪》，吴莉君译，中信出版社2010年版，"序"第6页，第29—30页。

第 八 编

马克思主义文学
理论研究

当代西方文论若干问题辨识

——兼及中国文论重建

张 江[*]

以20世纪70年代末80年代初为节点，当代西方文艺理论开始在中国产生影响，并逐渐演变为显学，受到学界的高度推崇。文艺理论研究言必及西方，西方文艺理论成为评价和检验中国文学艺术实践的标准、文艺理论建设的基本要素。当下，我们面临一个难以解脱的悖论：一方面是理论的泛滥，各种西方文论轮番出场，似乎有一个很"繁荣"的局面；另一方面是理论的无效，能立足中国本土，真正解决中国文艺实践问题，推动中国文艺实践蓬勃发展的理论少之又少。中国文艺理论建设和研究渐入窘境。我们必须深刻反思：究竟应该如何辨识当代西方文论？它对中国文艺实践的有效性如何？在西方文论的强势话语下，中国文艺理论建设的方向和道路何在？

对这些问题做出清晰、科学、全面的回答，是一项系统而浩大的工程，试图在一篇文章中加以解决，实在难以实现。本文对当代西方文论的辨析，暂以引入国内较早并产生重大影响的几个流派为例，对中国文论重建的探讨，也只是有针对性地提出宏观构想和基本方向，更具体的问题将在日后的文章中一一阐述。

一 当代西方文论的理论缺陷

20世纪的西方文艺理论，与此前的现代文论和古典文论相比，确实取

* 张江，中国社会科学院副院长、教授。

得了突破性进展。尤其是在理论观照的广度和触及的深度，以及对文艺学科独特性的探求和专业化程度的提升方面，都极大地推进了文艺理论自身的发展。但必须认识到，当代西方文论提供给我们的绝不是一套完美无缺的真理，而仅仅是一条摸索实践的轨迹记录。这意味着，它自身还存在种种缺憾和局限。对此，个别学者已有警悟，并著文反思，① 但还远远不够。

需要说明的是，百年来的当代西方文论思潮迭涌、流派纷呈，其丰富性和驳杂性史所未见。各种思潮、流派在研究范式和观点立场上常存迥异，甚至根本对立。因此，本文对其理论缺陷的论断，只能采取分门别类的方式进行，不可能全部囊括。

（一）脱离文学实践

西方文论中诸多影响重大的学说与流派，不同程度地脱离文学实践和文学经验，运用文学以外其他学科的现成理论阐释文本、解释经验，进而推广为具有普适性的文学规则。这些理论发生的起点往往不是鲜活的实践，而是抽象的理论。在许多情况下，文学文本只是这些理论阐述自身的例证。这让我们对一些西方文论的科学性产生疑问。弗洛伊德的精神分析文论就是这方面的典型。

弗洛伊德不是文学批评家，他的学说首先是作为心理学理论提出的。早在 1896 年，他就创造并使用了精神分析一词，1900 年完成《释梦》，构造了他精神分析的理论框架。他的文学观，以及对文学和文艺的表述，都是在这一理论成形后，作为对精神分析学说的证明和应用而逐步形成的。从时间上看，《作家与白日梦》（1908 年）、《列奥纳多·达·芬奇和他对童年的一个记忆》（1910 年）、《米开朗基罗的摩西》（1914 年）、《歌德在其〈诗与真〉里对童年的回忆》（1917 年）、《陀思妥耶夫斯基与弑父者》（1928 年）等被反复引用的文论著作，都是在精神分析理论形成以后完成的，其重要观点无一不是依据精神分析理论衍生而来。更重要的是，这些著作的主要思想和观点都是为了印证弗洛伊德自己的精神分析学说，而不是要建构系统的文学和艺术理论。如果把他的学说作为文艺理论来看，有两个问题值得讨论。

---

① 例如，朱立元的《对西方后现代主义文论消极影响的反思性批判》（《文艺研究》2014 年第 1 期）、孙绍振的《文论危机与文学文本的有效解读》（《中国社会科学》2012 年第 5 期）、曹顺庆的《唯科学主义与中国文论的失语》（《当代文坛》2011 年第 4 期）、陆贵山的《现当代西方文论的魅力与局限》（《外国文学评论》2008 年第 2 期），等等，均有对当代西方文论的理性反思。

一是理论的前提。弗洛伊德评论文学和艺术的各种观点和立论有其既定前提，即其精神分析理论的重要观点"俄狄浦斯情结"。为了用这一"情结"解读文学及其历史，做出符合自己愿望的结论，他可以只凭猜想、假设而立论，然后演绎开去，统揽一切。哪怕是明知其逻辑起点错误，也决不悔改。《列奥纳多·达·芬奇和他对童年的一个记忆》就是很好的说明。

弗洛伊德是把这部著作当作精神分析传记来写的。1909 年 10 月，他在写给荣格的信中说："传记的领域，同样是一个我们必须占领的领域。"接着又说，"达·芬奇的性格之谜突然间在我面前开豁了。靠着他，我们将可在传记的领域踏出第一步"。他把达·芬奇当作一个精神病患者来分析和认识，告诉朋友说"自己有了一个'显赫'的新病人"。① 弗洛伊德不是从达·芬奇的作品入手展开分析，而是以其俄狄浦斯情结为前提，从达·芬奇浩如烟海的笔记中找到一个童年记忆，由此记忆生发开去，做出符合他自己理论期待的结论。达·芬奇在笔记中写道："我忆起了一件很早的往事，当我还在摇篮里的时候，一只秃鹫向我飞来，它用尾巴撞开了我的嘴，并且还多次撞我的嘴唇。"② 从这个记忆出发，弗洛伊德认定：第一，"在古埃及的象形文字中，秃鹫的画像代表着母亲"③，达·芬奇刚出生就失去父爱，秃鹫是达·芬奇生母的象征，秃鹫的尾巴就是母亲的乳房，"我们把这个幻想解释为待母哺乳的幻想"④。第二，达·芬奇在 3 岁或 5 岁时，被当初弃家另娶的生父接到一起生活，达·芬奇有了两个母亲的经历，"就是因为幼年时有过两个爱他的漂亮年轻妇人，他后来所绘画的蒙娜丽莎，才会流露出那样暧昧的、朦胧的笑容。蒙娜丽莎的永恒性，正是达·芬奇在经验与记忆间跳跃所产生的创造性火花所造就的"⑤。这就是达·芬奇的恋母情结，正是这一情结造就了达·芬奇的千古名作。

秃鹫这一意象来源准确吗？作为全部立论的前提，它是可靠的吗？不幸的是，早在 1923 年，弗洛伊德还在世时，就有人指出，他使用的那个达·芬

---

① ［美］彼得·盖伊：《弗洛伊德传》（上），龚卓军等译，鹭江出版社 2006 年版，第 302 页。

② ［奥地利］弗洛伊德：《列奥纳多·达·芬奇和他对童年的一个记忆》，载车文博主编《弗洛伊德文集》第 4 卷，长春出版社 1998 年版，第 459、464 页。

③ 同上。

④ 同上。

⑤ ［美］彼得·盖伊：《弗洛伊德传》（上），龚卓军等译，鹭江出版社 2006 年版，第 306 页。

奇笔记的德译本是有错误的，nibbio 一词的原意是"鸢"而非秃鹫。"鸢"是一种普通的鸟，与母亲形象毫无关联。立论的前提错了，无论有怎样的理由，"弗洛伊德建筑在误译上面的整个上层建筑，却仍然无法逃避整个垮下来的命运"①。更让人无法接受的是，就算没有误译，弗洛伊德又是如何确认，达·芬奇了解并按照他的愿望来使用这个意象呢？没有什么考证，也无确切的根据，弗洛伊德靠的是猜测和推想。他推测说，达·芬奇"熟悉一则科学寓言是相当有可能的"，因为"他是一个涉猎极为广泛的读者，他的兴趣包括了文学和知识的全部分支"，"他的阅读范围怎么估计都不会过高"②，"我们在列奥纳多的另一幅作品中找到了对我们猜想的证明"③。弗洛伊德的用词是"可能的""估计"，而没有任何实际的根据，尤其是"猜想"，几乎是这篇文章的基本方法，他由猜想出发，千方百计寻找证明，哪怕被事实证明是错误的，也要恪守"猜想"。由"鸢"到"秃鹫"的误译，弗洛伊德是知道的，但"终其一生，却从未就此做出更正"④。为什么会如此？原因很多，但根本而言，弗洛伊德明白，放弃了这一前提，全部猜想就会被推翻，他最得意的这一作品就难以被接受。

二是理论的逻辑。在《释梦》中，弗洛伊德为了证明其精神分析理论的正确，提到了 50 部以上西方古代和近代的重要文学作品，远自古希腊的荷马史诗，近到与他同时代的乔治·艾略特的《亚当·贝德》。但无论怎样广博深厚，他的立足点都是援引文学作品为例，证明释梦理论的正确。笔者不否认弗洛伊德的一些文学感受是有见识的，开辟了新的研究方向，但细读其文本，可以认定，弗洛伊德从理论而不是从文学经验出发的文学批评，在根本上颠倒了理论和实践的关系，颠倒了认识和实践的关系，并且在逻辑上，他的推理和证明方法有重大缺陷。

对古希腊悲剧《俄狄浦斯王》的分析，被视作弗洛伊德重要的文学批评文本，但其本意只是要利用这一文本论证"恋母情结"。弗洛伊德从"亲人死亡的梦"说起，总的线索是，人们会经常梦到自己的亲人死亡，"男

---

① ［美］彼得·盖伊：《弗洛伊德传》（上），龚卓军等译，鹭江出版社 2006 年版，第 308 页。

② ［奥地利］弗洛伊德：《列奥纳多·达·芬奇和他对童年的一个记忆》，载车文博主编《弗洛伊德文集》第 4 卷，长春出版社 1998 年版，第 465 页。

③ 同上书，第 489 页。

④ ［美］彼得·盖伊：《弗洛伊德传》（上），龚卓军等译，鹭江出版社 2006 年版，第 308 页。

子一般梦见死者是父亲，女子则梦见死者是母亲"①，而这种现象是由儿童的性发育所决定的。儿童的性欲望很早就觉醒了，"女孩的最初感情针对着她的父亲，男孩最初的幼稚欲望则指向母亲。因此，父亲和母亲便分别变成了男孩和女孩的干扰敌手"。这一类感情很容易变成死亡欲望，由此经常出现"亲人死亡的梦"。弗洛伊德进一步补充说，通过"对精神神经患者的分析毫无疑问地证实了上述的假设"②。在此前的表述中，弗洛伊德未对这种现象做指称明确的命名，他一直在阐释梦。而接下来的论证值得讨论。弗洛伊德说：

> 这种发现可以由古代流传下来的一个传说加以证实：只有我所提出关于儿童心理的假说普遍有效，这个传说的深刻而普遍的感染力才能被人理解。我想到的就是伊谛普斯王的传说和索福克勒斯以此命名的剧本。③

这就是"俄狄浦斯情结"的原始论证。其逻辑方法是：第一，作者的"发现"，即儿童心理的假说在先。第二，这个"发现"要由一个"古老的传说"来证实。第三，这由古老传说证实的"发现"，又用来证实（作者用的是"理解"）那个"古老的传说"。第四，"我想到的就是"一句进一步证明了作者的论证程序是，先有假说，再想到经典；用经典证明假说，再用假说反证经典。

此处的逻辑问题是，弗洛伊德关于儿童性心理的假说与俄狄浦斯王的相互论证是循环论证，是典型的逻辑谬误。可以表达为：假说是 P，传说是 Q。因为 Q，所以 P；因为 P，所以 Q。这种循环论证在逻辑上无效。

接下来，弗洛伊德关于莎士比亚《哈姆雷特》的论证犯了同样的错误。在对文学史上有关主人公性格的长期争论表达了自己的立场后，弗洛伊德对他的"恋母情结"做了如下证明：

其一，"我是把保留在哈姆雷特内心潜意识中的内容转译为意识言词"④。这是用剧中人的故事证明精神分析理论的正确，哈姆雷特自己没有

---

① ［奥地利］弗洛伊德：《释梦》，孙名之译，商务印书馆2009年版，第252页。
② 同上书，第253页。
③ 同上书，第257页。
④ 同上书，第262页。

察觉的俄狄浦斯情结就是对弗洛伊德理论的验证。

其二，"如果有人认为他是一个癔症患者，我只能认为那也是从我的解释中得出的推论"①。意即只有用他的理论才可以证明剧情的合理，深入理解了剧情，就能更深入地认识弗洛伊德的理论有效。

这仍是一组循环论证。用《哈姆雷特》的剧情证明自己的理论正确，再用该理论去证明剧情的合理与正当。

这种脱离文学经验、直接从其他学科截取和征用现成理论的做法，不是文学理论生成的本来过程，尽管也会对文学理论和批评的发展产生积极影响。弗洛伊德写作《释梦》时，既无意研究文学理论，也无意于文学批评，其本意是借用各种理论，当然也包括文学，证明精神分析理论和方法的正确。脱离了文学经验和实践，弗洛伊德的精神分析文论无法提出科学的审美标准，指明文学理论生成和丰富的方向，更无法指导文学的创作和生产。这不仅是精神分析文论的重大缺陷，而且是西方当代文论诸多学派的通病。发展到文化研究更是达到极端，理论的来源不是文学实践，甚至连研究对象也偏离了文学本身，扩展到无所不包的泛文化领域。

（二）偏执与极端

从理论背景来看，许多西方文论的发生和膨胀，都是基于对以往理论和学说的批判乃至反叛。西方文论的"两大主潮""两次转移""两个转向"，②基本上是对以往理论和方法的颠覆。从立场表达和技术取向上分析，它的深度开掘以致矫枉过正，是可以理解的。但是，任何具有合理因素的观点若推延过分，都会因其偏执和极端而失去合理性。从 20 世纪初开始，在 100 多年的时间里，当代西方文论流派繁多、更迭迅速，最终未能形成相对完整系统的理论，原因正在于此。在这方面，俄国形式主义就很能说明问题。

俄国形式主义的出现给传统文学批评以强烈冲击。相对于此前以社会

---

① ［奥地利］弗洛伊德：《释梦》，孙名之译，商务印书馆 2009 年版，第 262 页。
② "两大主潮"指的是当代西方人本主义和科学主义两大哲学主潮；"两次转移"指的是当代西方文论研究重点的两次历史性转移，即从重点研究作家转移到重点研究作品文本，从重点研究文本转移到重点研究读者和接受；"两个转向"指的则是"非理性转向"和"语言论转向"。参见朱立元主编《当代西方文艺理论》，华东师范大学出版社 2005 年版，第 2—8 页。

学批评为主流的理论传统，形式主义的批评家苦心致力于文学形式的理论探讨与研究，并做出极富创造性的理论贡献，其价值不容否定。形式主义的诸多优长特质已渗透于当代文论的肌理之中，如人体自主呼吸般地发挥着作用。但是，把形式作为文学的唯一要素，并将其作用绝对化，主张形式高于内容，用形式规定文学的本质，这种理论上的偏执与极端，最终让包含诸多合理因素的形式主义走上了末路。"尽管俄国形式主义后期已开始注意把文艺作为社会诸多系统中的一个系统，但仍未完全摆脱对文艺进行形式结构分析的束缚，这也从根本上影响了他们试图解答文艺的特殊性问题的初衷"[1]，在批评史上留下了遗憾。

俄国形式主义的重要代表雅各布森认为，现代文艺学必须使形式从内容中解放出来，使词语从意义中解放出来，文艺是形式的文艺。为证明这一点，他具体阐发说，造型艺术是具有独立价值的视觉表现材料的形式显现，音乐是具有独立价值的音响材料的形式显现，舞蹈是具有独立价值的动作材料的形式显现，诗则是具有独立价值的词的形式显现。雅各布森的观点有合理的一面。形式是文艺的表现方法，文艺的形式确证了文艺的存在。形式的演进和变化是艺术进步发展的重要标志。各种文艺形式有其独立的价值。我们可以独立于艺术的内容，仅对其形式做深入的探索。但是，文艺并非为形式而存在，文艺因其所表现的内容而存在，形式为表现内容服务。艺术形式的独立是相对的，在艺术创作和表演的实际过程中，形式不能离开内容而独立存在。从文艺的起源来说，无论音乐、舞蹈还是各种造型艺术，总是先有内容，后有不断创造和繁衍的形式。形式演进的目的只有一个，就是为了更好地表达内容。没有了内容，形式则不复存在。诗歌也不例外。无论怎样强调形式本身的独立价值、执着于词语本身的意义，最终还是要落在它所要表达的内容上，形式无法逃离内容。我们可以用形式主义大师自身的理论阐释来证明这一点。

日尔蒙斯基的形式主义立场是极端的。他长于讨论诗歌的节奏和旋律。在诗歌的形式上，他执着地强调诗歌的"音乐灵魂"，赞成"音乐至上"，并为此引证德国语言学家西威尔斯的观点："在诗语里，音乐不仅是对内容的'本能的补充'（UngesuchteBeigabe），而且常常具有独立的、或

① 朱立元主编：《西方美学思想史》（下），上海人民出版社2009年版，第1261页。

者甚至是主导的艺术意义。"① 但是，在有关《浮士德》一段对话的讨论中，日尔蒙斯基传达了与其本身立场并不相同的信息。为了驳斥一些人对西威尔斯的质疑，日尔蒙斯基转述了西威尔斯对歌德《浮士德》中第一段独白的"精辟分析"。这段分析大意是说，在这部剧里，诗歌朗诵的音调高低是诗歌艺术的重要表现形式，"语调程序的意义在于对个别独白部分及说话人变化着的情绪进行艺术表征"②。但是，这种艺术表征或者说形式表征，其目的是什么？是为了形式的显现吗？日尔蒙斯基强调：

> 我可以说，在浮士德与瓦格纳对话中，他们外表与性格之间的对比也是通过话语的特征来强调的：首先引人注目的是说话人与众不同的词汇和表达方式，此外还有语调。而其中的差别，某种程度上是在于这一点，即瓦格纳总是犹豫不决、欲言又止地提出问题，而浮士德则以毋庸置疑或者训导的口吻作出回答。③

这段话有三个要点值得注意：第一，它肯定了"话语特征"表达的是剧中人物的"外表和性格"，同时要显现他们之间的"对比"。第二，这里所说的"与众不同的词汇"，并不具有脱离本身能指和所指的独立意义。第三，"语调"在诗歌形式上似乎更具有独立性，是日尔蒙斯基所执着的"音乐至上"的物质载体，也参与人物形象的塑造。由此提出的问题是，这些形式的目的是什么？结论只有一个，即为了表达瓦格纳的柔弱、浮士德的强悍。而这已经是内容。日尔蒙斯基自己的论述证明了笔者的判断，形式主义强调的形式，无论怎样独立，最终是为内容服务。形式上的功夫，是为了更好地表达内容。此类例子在形式主义者的著作中俯拾皆是。

另一位形式主义大师埃亨巴乌姆有句名言："形式消灭了内容。"在《论悲剧和悲剧性》中，他通过分析席勒的古典悲剧《华伦斯坦》，证明形式如何消灭内容，是形式而非内容创造了悲剧效果。但是，细读席勒原著，似乎很难得出这一结论。华伦斯坦是历史上的真实人物，在 17 世纪欧洲三十年战争中发挥了重要作用，为以德意志帝国为主的天主教联盟屡

---

① ［俄］维克托·日尔蒙斯基：《诗的旋律构造》，载［俄］什克洛夫斯基等《俄国形式主义文论选》，方珊等译，生活·读书·新知三联书店 1989 年版，第 307 页。
② 同上书，第 310 页。
③ 同上书，第 311 页。

建战功。由于与皇帝菲迪南二世的矛盾，也由于政治上的动摇和私欲，华伦斯坦背叛了天主教联盟，企图把自己的军队交给敌人。然而，在最后关头，华伦斯坦被自己的亲信暗杀。席勒在剧中用大量笔墨描写了华伦斯坦之死。埃亨巴乌姆对此做出结论：这部悲剧的价值是在审美上引起了"怜悯"，这种怜悯不是因为内容打动了观众，而是形式作用的结果。

> 艺术的成功在于，观众宁静地坐在沙发上，并用望远镜观看着，享受着怜悯的情感。这是因为形式消灭了内容。怜悯在此被用作一种感受的形式。①

他所说的形式有几个方面的含义，但主要指的是"延宕"，"用席勒本人的话来说，就应该'拖延对感情的折磨'"②。华伦斯坦在与敌手较量的最后关头，或因为性格，或因为命运，没有采取更有力、更彻底的手段解决问题，丧失了机会，无功而死。这个分析是有道理的。从原作看，在最后关头，即主人公将被暗杀的那晚，他明知面临危险，仍优柔寡断，直到最后的死亡。作者用最后一幕的3—12场戏"延宕"这一过程，把主人公以致观众的感情"折磨"至极处，让人们对华伦斯坦没有丝毫愤慨，反而满怀怜悯。延宕在起作用。但问题是，作者在延宕什么，或者说用什么在延宕？对此，应对以下一些细节进行分析。

第一，华伦斯坦与其妹迭尔次克伯爵夫人的对话。整个第三场都是主人公与伯爵夫人的交流，其核心内容是伯爵夫人的担心，表达对华伦斯坦的担忧。她不相信主人公的劝慰，她要带着他逃命。在此过程中，华伦斯坦走到窗前观察星象，表现了无法排遣的忧郁和彷徨。他反复安慰伯爵夫人，劝她安下心来早去就寝，可伯爵夫人一唱三叹、恋恋不走，说梦，说忧，说恐惧，让最后的会面充满温情，用伯爵夫人的亲情"折磨"主人公和观众。

第二，华伦斯坦的老朋友戈登的表现。从第四幕的第一场可知，戈登在30年前就与主人公共事，他们感情深厚。在第四、五场中，戈登和身边的人一起劝华伦斯坦放弃对皇帝的背叛。他们用星象暗示命运，用天启

---

① ［苏联］鲍里斯·埃亨巴乌姆：《论悲剧和悲剧性》，载［俄］什克洛夫斯基等《俄国形式主义文论选》，方珊等译，生活·读书·新知三联书店1989年版，第40页。

② 同上书，第37页。

宣托劝导，甚至跪下恳请主人公退却，戈登的诚意和真情令人感动。第六场，当曾是主人公亲信将领的布特勒带人来刺杀华伦斯坦时，戈登在幕后做出了妥协软弱的选择："我怎么做好呢？我是设法救他？"犹豫着，但还不失良心。接着他做出了决定："啊，我最好还是听天安命。"否则，"那严重的后果不能不由我担任"。① 然后，他又劝阻凶手，恳求他拖延一段，哪怕是一个小时，又象征性地阻挡了一下，最终还是软弱地让布特勒得手。老朋友的软弱和背叛，盘桓往复，令人唏嘘。

第三，伯爵夫人的死。华伦斯坦死后，维护他的伯爵夫人也要英勇地陪他去死。尽管有人劝她说皇上已经宽容，皇后也会同情。但她无意回头。她历数华伦斯坦一家人不幸的结局，冷静地安排了后事，甚至交出房屋的钥匙，既豪迈又怨愤地对劝慰者唱道："你总不会把我看得那样低贱，/以为我一家没落了还要苟活在人间。""与其苟且偷生，/宁肯自由而勇敢地升天。"来人大喊救命，伯爵夫人却冷静而决绝地说："已经太迟了。/在几分钟内我便要了结此生。"② 这是最后的悲壮与伤情。伯爵夫人的死，让人们心底升起无尽的同情和怜悯。

作为一种艺术形式和手段，延宕有所依附。延宕是内容的延宕，空洞的、脱离内容的延宕没有意义。人们怜悯华伦斯坦，是因为他战功卓著却误入歧途；身边亲近的人背叛他，他却毫不知晓；为了实现野心，亲人无一存活；唯一逃过的妹妹也要为他陪葬。席勒用翔实具体的内容延宕着华伦斯坦的死，延宕着剧中人的命运，延宕着接受者的审美过程，他们对华伦斯坦质询、赞美、怨愤，于是，怜悯产生了。席勒用形式负载着内容，形式没有消灭内容，相反，形式借助内容而存在，并更好地彰显了内容。

考察文学批评史，"形式消灭内容"并非形式主义的原创，实际上最早出自席勒本人。埃亨巴乌姆用席勒的悲剧发挥此论，并将之推向极端。但是，席勒原文并非如此简单和偏执。

　　艺术家的真正秘密在于用形式消灭内容。排斥内容和支配内容的艺术愈是成功，内容本身也就愈宏伟、诱人和动人；艺术家及其行为

---

① ［德］席勒：《华伦斯坦》，郭沫若译，人民文学出版社 1955 年版，第 455、468、469 页。
② 同上。

也就愈引人注目，或者说观众就愈为之倾倒。①

席勒立意于"形式消灭内容"，这一表达有其具体含义。所谓"消灭内容"，不是弃绝内容，而是让内容隐藏于形式之中，通过成功的形式更好地表达内容，使内容而非形式深入人心。由此，艺术家及其艺术行为才能为人所注意，观众的赞扬和投入既指向形式也指向内容。形式永远消灭不了内容。埃亨巴乌姆片面使用了席勒的话，只强调了前一句，放弃了后两句，漠视内容的力量，把形式推向极端，表面上看是张扬了形式主义，实际上瓦解了这一本来极有价值的理论。这也恰恰是整个当代西方文论的悲哀。

（三）僵化与教条

当代西方文论的某些流派存在僵化与教条的问题。以格雷马斯的矩阵理论为例。法国结构主义文论家格雷马斯从语义学研究开始，从俄国学者普罗普的民间故事形态研究延伸，借助亚里士多德逻辑学命题与反命题的诠释，提出了叙事学上的"符号矩阵"。其理论初衷是，借用数学和物理学方法，将文学叙事推演上升为简洁、精准的公式，构造一个能包罗全部文学叙事方式的普适体系，使文学理论的研究科学化、模式化。格雷马斯认为，所有的文学故事或情节均由若干人物或事件的对立构成，这些对立的人物和事件因素全部展开，故事就得以完成。他用矩阵符号表达这一思想。

用数学的眼光看，格雷马斯的所谓矩阵是一种幼稚的模仿，并不具备数学矩阵的严整性和深刻性，更无矩阵方法的精致和严密。符号矩阵只是一个文学比喻，徒有矩阵的模样。它可以用文字表述为：设正项 X，则必有负项反 X，同时伴有与正项 X 相矛盾但非对立的非 X，以及与反 X 相矛盾但非对立的非反 X。它们相互交叉，组合出多种关系，全部的文学故事就在这种交叉和关系中展开。以《西游记》为例，孙悟空和妖怪是 X 与反 X；唐僧和猪八戒、沙僧是非 X，那些放出妖怪的各路神仙则为非反 X。利用这些要素和关系，就能说明这部古典小说的全部情节。四项要素，仅

---

① ［德］席勒：《论素朴的诗和感伤的诗》，转引自鲍里斯·埃亨巴乌姆《论悲剧和悲剧性》，载［俄］什克洛夫斯基等《俄国形式主义文论选》，方珊等译，生活·读书·新知三联书店 1989 年版，第 35 页。

单项要素之间组合，就是 24 种选择。如果是单项对双项、多项对多项，其关系选择将是天文数字。并且，创作者还要在故事展开过程中不断引入许多新的因素，其变换可能更高得惊人。但无论如何变换，发明者认定，其定位和关系依旧可以用四个要素构成的矩阵模式来规定。

格雷马斯的符号矩阵在西方文学符号学理论中具有很高地位，代表了该学派的一般倾向和追求，其表述方法也有自身的优势。用符号学的方法研究文学的结构，寻找小说叙事的基本因子，并给予模式化的表达，有其合理的一面。但是，文学不是数学，文学创作和鉴赏不应该也不可能用数学的方法来规范。就格雷马斯的符号矩阵而言，且不论它能否真正揭示文学叙事的基本方法，仅从文本解读来看，它聚焦于文本自身，割断文学与社会实践的联系，忽视作者的创造性因素，这违背了文学的一般规律。更重要的是，文学本身的丰富性和生动性被完全抹杀，故事变成公式，要素变成算子，复杂的人物及情感关系变成推演和逻辑证明，这从根本上否定、消解了文学，文学的存在成为虚无。笔者不否认文学的要素分析，所有的文学故事都是由人物和情节构成的。从原始神话到当下各种主义的叙事，都可以找到主要角色和基本线索，都可以简化为表意的核心因子。而且，所有的文学创作者都是先有故事结构和主体线索的考量乃至设计，才开始展开并最后完成其叙事。所有的文学故事都必须采纳和使用一些基本元素，离开了这些元素故事就不存在了。同时，这些基本元素不仅是文学故事，也是其他艺术形式的构成要素。例如，一个舞蹈是由故事或情节贯穿的，表达着舞者的情感乃至思想，民间的口技亦可表达类似 X 与反 X 的纠缠。而文学的特质在于，它运用自己的艺术手段，如比喻、隐喻、暗喻，延宕、穿插、联想等，使这些基本要素变换为文学的文本。文学文本具有自己的特征，其他艺术形式无法替代。这正是文学的魅力所在，绝非一个简单的符号矩阵所能规范。

1985 年，美国杜克大学教授、著名的西方马克思主义学者杰姆逊在北京大学演讲时，用格雷马斯的符号矩阵分析中国传统小说《聊斋志异》中的一个故事，以其分析为例，可以看出符号矩阵以致文学符号学的得失。为论述方便，以下全文引用这个故事，其名《鸲鹆》。

王汾滨言：其乡有养八哥者，教以语言，甚狎习，出游必与之俱，相将数年矣。一日，将过绛州，而资斧已罄，其人愁苦无策。鸟云："何不售我？送我王邸，当得善价，不愁归路无资也。"其人云："我安忍。"鸟言："不妨。主人得价疾行，待我城西二十里大树下。"其人从之。携至城，相问答，观者渐众。有中贵见之，闻诸王。王召入，欲买之。其人曰："小人相依为命，不愿卖。"王问鸟："汝愿住否？"言："愿住。"王喜。鸟又言："给价十金，勿多予。"王益喜，立畀十金。其人故作懊恨状而去。王与鸟言，应对便捷。呼肉啖之。食已，鸟曰："臣要浴。"王命金盆贮水，开笼令浴。浴已，飞檐间，梳翎抖羽，尚与王喋喋不休。顷之，羽燥。翩跹而起，操晋声曰："臣去呀！"顾盼已失所在。王及内侍，仰面咨嗟。急觅其人，则已渺矣。后有往秦中者，见其人携鸟在西安市上。①

　　杰姆逊的分析，先是找出故事里的基本要素：人（鸟主人，文中称"其人"）、反人（买鸟者，文中称"王"）、非人（八哥）。根据格雷马斯的要求，一个符号矩阵必须是四项，这第四项杰姆逊颇费周折，最后将之定义为"人道"。随后，通过符号矩阵的深层解析，杰姆逊写道："这个故事探讨的问题似乎是究竟怎样才是文明化的人，是关于文明的过程的。这个过程中包含有权力、统治和金钱，而这个故事探讨的是应该怎样对待这些东西。一方面是人的、人道的生活，另一方面是独裁统治和权势，怎样解决这之间的冲突呢？八哥无疑是故事提出的解决方法。"②且不论这一判断是否合理，是否能为我们接受，单就以下三个方面而言，杰姆逊的分析就存在明显的缺陷：第一，杰姆逊的结论不是一个文学的结论，而是一个伦理学甚至哲学的结论，这种社会学分析，不是文学符号学探讨文学自足形式的本意。第二，杰姆逊的方法是用先验的恒定模式套用具体文本，并根据人为的设计生硬地指定四项要素，没有也要生造齐全，那个本不存在的"人道"，让他得出虽深奥却颇显离奇的结论。第三，就文本所表现的文学的丰富性、生动和情趣而言，这一矩阵分析抽象而生涩，既无审美又无鉴赏，完全失去批评的意义。这一点尤为重要。文学作品表达的理念无论如何深奥，必须是生动而可感的，否则，将失去文学的特质，与哲

――――――――

① 蒲松龄：《全本新注聊斋志异》（上），朱其铠等校注，人民文学出版社1989年版，第397页。

② ［美］杰姆逊：《后现代主义与文化理论》，唐小兵译，北京大学出版社1997年版，第122—123页。

学、社会学、伦理学无异，甚至与数学、物理学无异，从而必将被其他思想表达形式取代。符号矩阵以至文学符号学，甚至结构主义的失败就在于此。

可以认定《鸲鸽》是一篇短篇小说，叙事方式是单线的，其艺术性集中在对鸟（八哥）的刻画上。鸟被拟人化了，它极尽聪明以至狡猾。它与主人的关系以"狎"为标志。狎者，亲近而戏习，戏耍味道甚浓，含下流色彩和浓重的贬义，所谓"狎妓"是也。"狎"定义了鸟的本质、主人的本质、故事的本质，各色人等的关系集中在这一"狎"字上。小说以"狎"为统领渐次展开：主人与八哥出游，游资耗尽，八哥出计，假意出售自己且售予达官贵人，得钱后远处会合。在此框架下，作者精心设计了细节上的五狎：为达到目的，人鸟合作进入王邸，八哥诱王买下自己，并建议"给价十金，勿多予"，骗取重金，又做出与王同立场的姿态，此一狎；主人得钱疾走，鸟与王戏言"应对便捷"，先"呼肉啖之"，再求浴，逃离了鸟笼，此二狎；浴罢，飞起檐间，"梳翎抖羽"，一边继续与王"喋喋不休"，急于逃离却做亲热状，此三狎；羽毛一干"翩跹而起"，且"操晋声"戏王"臣去呀"，此四狎。最后一狎，"后有往秦中者，见其人携鸟在西安市上"，开辟了一个新的空间。表层意思是鸟与主人安全会合，狎计成功。然深层含义是，其人携鸟于"市"，是在故技重施，寻找以至创造机会"狎"人骗金。小说的文学性甚浓，结构并不复杂，只在细部的生动性上落笔："梳翎抖羽"，"喋喋不休"；不急不躁，"翩跹而起"；非出晋地却"操晋声"戏王。面对这种生动与丰富，格雷马斯的符号矩阵无法下手，所谓文学性的深度批评诉求很难实现。用恒定模式拆解具体文本，难免削足适履、谬之千里。按照中国传统习俗，旧时玩鸟且可出游者，大抵为市井流氓。文本中鸟与王的关系只是骗与被骗的关系。故事就是写王的愚蠢、鸟的下作。这里没有文明的意思，也没有人道的意思，更没有解决人道与独裁统治及权势冲突的意思。杰姆逊用其模式进行的分析可谓过度阐释，而更深层的，是用其恒定的思维模式做了过度阐释。套用科学主义的恒定模式解析文本，其牵强和浅薄由此可见一斑。

用恒定模式阐释具体文本，是科学主义诉求的直接表现。科学主义是推动当代西方文论发展的主要动力。它主张用自然科学的理论、原则、方法重构文学理论的体系，并将之付诸实践，分析和批评文学作品，强调文学研究的技术性，追求文本分析的模式化和公式化，苦心经营理论的精准和普适。这种努力在一定程度上可以改变文学批评的主观化和随意化倾向，用数学、物理学的方法总结文学发展的一般规律，并给人文科学研究的思维方式注入新的因子，带来新的概念、范畴以及逻辑方法，为文艺理论和批评研究打开新的思路。但是，人文科学特别是文学，毕竟不同于自然科学，二者在研究对象与路径上有根本差别。自然科学的研究对象是客观物质世界，其存在和运动规律并不以人的意志为转移，科学工作必须以局外人的眼光观察和认识世界，不能以个人的主观意志和情感改变对象本身及其研究。文学则不同。文学创作是作家独立的主观精神活动。作家的思想和情感支配文本，以在场者的身份活动于文本之中。即便有真正的零度写作，作家的眼光以至呼吸仍左右文本内在的精神和气韵。作家的思想是活跃的，作家的情感在不断变化，在人物和事件的演进中，作家的意识引导起决定性作用。文学的价值恰恰聚合于此。失去了作家意识的引导和情感投入，文学就失去了生命。而作家的意识可以公式化吗？作家的情感可以恒定地进行规范吗？如果不能，那么文本的结构、语言，叙事的方式及其变换同样不能用公式和模板来框定。进一步说，作家的思想情感以生活为根基，生活的曲折与丰富、作家的理解与感受，有可能瞬息不同，甚至产生逆转和突进，作家创造和掌握的文本将因此而翻天覆地，这是公式和模板难以容纳的。

二 西方文论与中国文化的错位

除了上述这些固有的缺憾和问题，理论的有限性也是我们在面对西方文艺理论时必须考量的因素。当代西方文艺理论是西方多种文化元素交互作用的结果，深刻地包含并释放着独特的历史、社会、风俗、宗教等的长久积淀。西方文化土壤上生长的理论之树被移植到中国后，很难真正落地生根、开花结果，尤其是与文学艺术关系密切的语言差异、伦理差异、审美差异，更决定了我们对其必须持审慎姿态。

（一）语言差异

语言论转向是当代西方文论发展的重要标志和内容。"从俄国形式主义、布拉格学派、语义学和新批评派，到结构主义、符号学，直至解构主义，虽然具体理论、观点大相径庭，但都从不同方面突出了语言论的中心地位。"① 语言中心论打破了西方文论的传统局面，开辟了一个重新认识、评价和指导文学发展的新视角，其意义不可低估。以语言中心论为基干，后来的诸多学派依附于此，生发了许多观点、学说，形成一个很大的局面。但是，所谓语言中心论，是西方语言的中心论，其全部理论依据西方表音语言的特质，其分析和结论更贴近表音语言系统及西方语言文学。一个基本事实是，西方语言与汉语言，无论在形式还是表达上都有根本性的差别，用西方语言的经验讨论和解决汉语言问题，在前提和基础上存在一些根本的对立。不能简单照搬，也不能离开汉语的本质特征而用西方语言的经验改造汉语。有关于此，在汉语的语言学、语义学、语法学等诸多方向的研究上，远的不说，从《马氏文通》开始，百年多的奋争，我们的经验和教训多不胜数。实践证明，语言的民族性、汉语言的特殊性，是我们研究汉语、使用汉语的根本出发点，也是我们研究文学、建构中国文论的出发点。离开了这一出发点，任何理论都是妄论。

西方的语言中心论以索绪尔的语言论为起点和主干。他的一系列观点和结论被西方学者无限制地推广到各个领域和学科，特别是西方文艺理论和批评中。该领域的诸多学派以索绪尔的方法论为指导，一些重要观点以他的研究为基础，许多重要范畴从他的概念中推衍出来。从语言与文学的关系看，索绪尔的影响无处不在。但是，索绪尔自己曾指出，世界上有两种文字体系：一是表意体系，其特质是"一个词只用一个符号表示，而这个符号却与词赖以构成的声音无关。这个符号和整个词发生关系，因此也就间接地和它所表达的观念发生关系。这种体系的典范例子就是汉字"②。二是表音体系。索绪尔清醒地指出："我们的研究将只限于表音体系，特别是只限于今天使用的以希腊字母为原始型的体系。"③ 这就证明，第一，索绪尔的语言符号理论不是普遍适用的，它主要适用于表音系统的印欧语系，它的一些支配着印欧语言的基本原则，对汉语言不会全部有效，它的结论对汉语言的有效性要认真评估，绝不可照抄、照转、照用。第二，索绪尔语言学的一些基本概念及其运用，不可直接推广到文字学领域，更不可无边界地推广到文学的研究上。它的基本原则、概念与文学理论、文学

---

① 朱立元主编：《当代西方文艺理论》，华东师范大学出版社 2005 年版，第 7 页。
② ［瑞士］索绪尔：《普通语言学教程》，高名凯译，商务印书馆 2009 年版，第 38 页。
③ 同上书，第 39 页。

批评的间离，需要合理借渡，简单推广不是索绪尔的本意。

　　根本而言，语言是民族的语言。世界各民族在漫长的生活和劳动中，创造了自己的语言。各民族语言之间，有的具有亲属关系，有共同的来源和相互影响、借鉴的关系。这类语言之间的相通程度较高，彼此的差异是相对的。但是，也有很多相互之间没有丝毫亲属关系的语言体系，它们没有共同的来源，彼此的差异是绝对的。"汉语和印欧系语言就是这样。"①造成这种语言差别的因素很多，其中地理上的间隔是最表面的一种。最根本、最深刻的原因，在于民族的精神。对此，西方语言学家有丰富的论述。1806 年，洪堡特就明确指出，语言是一个民族生存所必需的"呼吸"（Odem），是其灵魂之所在。通过一种语言，一个人类群体才得以凝聚成民族，一个民族的特性只有在其语言中才完整地铸刻下来。② 1836 年，洪堡特提出了著名的语言学论断："民族的语言即民族的精神，民族的精神即民族的语言。"③ 在论及汉语的语法特点与汉民族精神时，他又指出："我仍坚持认为，恰恰是因为汉语从表面上看不具备任何语法，汉民族的精神才得以发展起一种能够明辨言语中的内在形式联系的敏锐意识。"④ 对此，中国的语言学者也有精彩论述。徐通锵就曾指出："不同民族思维方式的差异、知识结构的差异和科学研究方法论的差异，等等，归根结底，都与语言结构的差异相联系。"⑤ 申小龙曾举例说："对于中国人来说，由于'天人合一'的哲学精神，向来把人看作是自然的一部分，人与万物密不可分，所以语言中的以物喻人，以一物喻另一物、化物为人，化此物为彼物，将万物赋予人的情感色彩和思想观念的现象比比皆是"，"从中你可以体会到人、自然与神的同一"⑥。这可以看作语言与民族精神之间关系的生动说明。

　　语言的民族精神体现在其具体表达上，特别是在不同语言的转换之中，这种精神上的差别表现得尤其明显。这在中国古典诗词中随处可以找

---

　　① ［瑞士］索绪尔：《普通语言学教程》，高名凯译，商务印书馆 2009 年版，第 267 页。

　　② ［德］洪堡特：《论人类语言结构的差异及其对人类精神发展的影响》，姚小平译，商务印书馆 2009 年版，"译序"第 39 页，第 52、316 页。

　　③ 同上。

　　④ 同上。

　　⑤ 徐通锵：《语言论：语义型语言的结构原理和研究方法》，东北师范大学出版社 1997 年版，第 41 页。

　　⑥ 申小龙主编：《语言学纲要》，复旦大学出版社 2003 年版，第 315 页。

到例证。下面笔者细读一首古诗及其英译，体味其本来精神，比较两种民族语言中包含的不同思想意蕴。

> 朝辞白帝彩云间，千里江陵一日还。
> 两岸猿声啼不住，轻舟已过万重山。

李白的七绝《早发白帝城》明朗简洁，没有生僻字和深奥用典，在中国被用作儿童学习古典诗词的样本、识字的教材，千百年来家喻户晓。它的音韵、节奏，可为文盲所记诵；它的意境、情趣，可为村妇所共鸣。没有人会提出这样的疑问：这是谁辞白帝城？在什么时候？"朝辞白帝彩云间"的"辞"为什么没有主语？"千里江陵一日还"是哪一日？这些在汉语中本非问题，而在不同民族语言的转换上，却产生很大歧义。以下是弗莱彻的英译：

Po – ti amid its rainbow clouds we quitted with the dawn, A thousand li in one day's space to Kiang – ling are borne. Ere yet the gibbon's howling a-long the banks was still, All through the cragged Gorge our skiff had fleeted with the morn. ①

直译回来，第一句和第四句可以是这样的句子：

> 在白帝城它自己的虹云之间，我们已伴着黎明离开。
> 我们的小船已在早晨掠过全部多岩的峡谷。

先说主语。李白的原诗四句，本没有主体。他写的是一种感受。浩荡长江上轻舟一瞬掠过无穷景色，其迅捷、其美妙、其时光流淌，任人去体味。如果是归乡，可以是欣喜；如果是会友，可以是心切；如果是游玩，可以沉浸其中。这种体味，可以是我，可以是你，亦可以是我们和他们。只要是人，无论是谁。只要在场，其情境即如此。如果给出一幅水墨图画，小小轻舟凌波而下，舟上可有人影绰绰，亦可渺渺不见其人，就仿佛

---

① W. J. B. Fletcher, *Gems of Chinese Verse*, Shanghai: The Commercial Press, 1932, p. 26.

"野渡无人舟自横"的妙境。不需要主语，天地间自有人在，受者也在其中。清代乾隆御定《唐宋诗醇》卷7就有"顺风扬帆，瞬息千里，但道得眼前景色，便疑笔墨间亦有神助。三四设色托起，殊觉自在中流"的评语。这体现了中国古典美学精妙而宏大的追求，是古老民族的精神写照。英译因为主谓结构的要求，须有主语"我们"（we）。就如此一个小小的"we"，这千古绝唱的天之浑美荡然无存。

再说时态。汉语本无词语时态的变化，它的时态暗含于字与词的调遣之中。《早发白帝城》本无须突出时态，何时发生的事情与美学的批评无关。四句诗强调的是迅捷，是变幻的景色与声响，有正在进行的味道。这是一个过程，它展开的时间可以任意。至于这只船，它的目的地，早到与晚到，到与不到，是无关紧要的。诗性专注的是过程，无论何时展开或进行，它的关注都在过程。林木高深，高猿长啸，空灵飞动的快意，瞬间穿越的时空之美，由古至今不曾消解。英译第一句用了一个过去时（quitted），说"已"离开；第四句用了一个过去完成时（had fleeted），说已完结，这符合英语基本语法要求，但并非原诗本意。原诗的"已过"，是要表达啼声未住，轻舟飞越，山影与猿鸣浑然无迹，把"快"和"疾"的物理概念上升为精神感受，绝非过程完结之意。这种理解包含了多重审美上的转换和移情，很难为不同美学背景的人所领悟。更易造成歧义的是对原诗最后一句"轻舟已过万重山"的解释。已者，完结也，汉语副词的标准含义。但这个"已"只是已过这一段的意思，时空还在延伸，审美继续深入，英语过去完成时的简单替代，使中国古典美学的时空意念和纯美境界破碎不堪。①

对此，20世纪法国诗人、批评家克罗德·卢阿深有体会："中国古典诗人很少使用人称代词'我'，除非他本人是施动者、文中角色和起作用的人。因动词的无人称和无时态造成的意义不确定、含糊不清，代词的省略都不是中文的弱点。这是他们在天地万物间的一种态度。"②他的话切中要害，很有"个中滋味"的意思。在中国古典诗词中，没有主语、没有时态的表达极为普遍。有许多作品，作者本人是动作者的，也基本不出现主

---

① 对这句诗，中国学者翁显良译为：Out shoots my boat. The serried mountains are allbehind。参见毛华奋《汉语古诗英译比读与研究》，上海社会科学院出版社2007年版，第188页。

② ［法］克罗德·卢阿：《〈偷诗者〉引言》，麻艳萍译，载钱林森编《法国汉学家论中国文学：古典诗词》，外语教学与研究出版社2007年版，第399页。

语。主语和时态可以暗含，并推广为一般，诗人的感受由此趋向永恒。从现代叙事学理论来说，诗人和小说家用现在时替代过去时，具有特殊的诗学意义。消弭时空界限，用当下的情境、气氛、节奏，以及当事人的即时动作和对话，把历史暗换为现实，生出跨时空的体验和对话，这是文学独有的技巧和魅力。

我们无意评论弗莱彻的译作，何况它已是近百年前的旧译，只想借此说明，不同民族语言的特殊性，决定着各民族文学之间的巨大差异。这种差异不仅贯穿于文学创作和作品，而且深深地贯穿民族的文学观念和理论之中。20世纪30年代，海德格尔在与日本学者手冢富雄的一次对话中尖锐地质疑："对东亚人来说，去追求欧洲的概念系统，这是否有必要，并且是否恰当。"因为他体会"美学这个名称及其内涵源出于欧洲思想，源出于哲学。所以，这种美学研究对东方思想来说终究是格格不入的"①。在更根本的语言学角度上，"对东亚民族和欧洲民族来说，语言本质始终是完全不同的东西"②。这进一步启示我们，西方文论的语言学转向，是以索绪尔的语言学研究为基础的，它所指引的西方文学理论以至美学的巨大变化以印欧语言的本质为根据。这里不排除一般方法论的意义，但根本而言，它的全部法则、概念、范畴不能简单适用于其他语言体系，尤其是以象形和表意为基础的汉语言系统。萨丕尔指出："每一种语言本身都是一种集体的表达艺术。其中隐藏着一些审美因素——语音的、节奏的、象征的、形态的——是不能和任何别的语言全部共有的。"③他判定："企图用拉丁、希腊的模子来铸造英语的诗，从来没有成功过。"④汉民族语言，几千年的历史，丰富的文学经验，千古回响的传世绝唱，宏观指向字字珠玑，细微之处气象万千，绝非另一种语言能够比对。"艺术家必须利用自己本土语言的美的资源"⑤，这是萨丕尔的真诚劝诫。我们总是疑惑，西方语言学家、文学理论家、文艺批评家反复强调的东西方文明的差别，特别是其自身理论的有限性，这是借鉴和运用任何外来理论的基本前提，为什么没有被中国的引进者所重视？难道是没有读到，抑或不愿意读到？

---

① ［德］海德格尔：《在通向语言的途中》，孙周兴译，商务印书馆2009年版，第87页。
② 同上书，第109页。
③ ［美］萨丕尔：《语言论：言语研究导论》，陆卓元译，商务印书馆2009年版，第206页。
④ 同上书，第210页。
⑤ 同上书，第207页。

（二）伦理差异

东西方伦理传统的差别是明显的。这种差别深刻影响甚至左右了文学的演变和发展。古老的神话和传说表现了民族的伦理和道德，同时又反作用于它，为道德和伦理的习得与养成提供了最生动的载体和手段。原始的神话和传说对民族文学的影响同样是深刻的。某些神话和传说承载着混沌的原始意象，作为一种民族记忆，在民族文学的长河中潜动，自始至终。神话和传说也影响民族的审美取向，甚至决定着民族文学的接受和评价尺度。这就回到了我们的问题：立足于西方神话和传说的文学及其理论，会恰当贴合于其他民族的文学和批评吗？笔者从有关人类起源的神话说起。

希腊神话从母子婚娶、众神弑父开始。两代神人持续弑父，成就了希腊神话故事的基本格局。古代希腊神话和传说开篇说道，天地之初，大地之神盖亚从混沌中诞生，自生了天神乌兰诺斯，乌兰诺斯反娶盖亚为妻，母子结合，繁衍后代，有了被统称为提坦神的群神家族。在这一家族中，母子结合而生的儿女形象恐怖狰狞，他们共同憎恨自己的父亲。父亲折磨母亲，幼子克罗诺斯受命于母，挥剑重伤生父，取代生父为新王。新王娶其亲姐为妻，生下宙斯，宙斯率领兄妹结成同盟，与生父征战 10 年，父亲被众儿女打入地狱，宙斯成为新王。这些故事在希腊神话和传说中不占有重要地位，后来的神话研究也少见深入的分析和论述。但是，恰恰是这些不为人重视的前神话（宙斯前的神话），传递了值得注意的信息。其一，母子结合或者说婚配，是众神及人类诞生的起始。混沌之初本无伦理，但作为神话能够被记录和流传，就证明这种婚配关系为希腊以至欧洲大陆诸民族所接受，没有在伦理认知上给予绝对的排斥，否则，不会产生和流传这样的神话。其二，在希腊初民的幻想中，两次类似弑父行为的记载和传播，证明了弑父、弑王是夺得统治权力的重要方式，它是政治，不是人伦，有其合理性。其三，从时间上判断，上述神话虽简单、原始，但相关传说在前，其他更复杂、更精致的同类传说在后，这就更加充分地证明，"娶母""弑父"，作为分立、单独的行为，在民族心理上是可以容忍的，为以后更深入的发挥做好了准备。从时间上判断，乌兰诺斯娶母为妻，克罗诺斯弑父为王，宙斯率众兄妹将其父打入地狱，后来的俄狄浦斯弑父娶母，是一种当然的延续。与以前的故事相比，俄狄浦斯故事的关键是，把弑父和娶母这两件事情集中到一起，用一个确切的结果，表达民族神话中蕴藏的伦理倾向。它从根本上改变了先前传说的性质，由人类起源和王位争夺的想象，转向人伦是非的辨析，突出了伦理判断的目的性。这种变化表现在：其一，主人公弑父娶母的行为是神对其父作恶的惩罚；其二，主人公为摆脱神谕命运而极尽挣扎；其三，俄狄浦斯落难之后光荣赴死。这三方面的内容，既给予俄狄浦斯弑父娶母行为以充分的逻辑根据，又在情感上制造了强烈的悲剧气氛，引导人们得出一个结论，即俄狄浦斯是个好国王、好丈夫、好儿子，他弑父娶母的行为应该得到理解和同情，神话的承继与传播由此取得道德上的合理性。

俄狄浦斯的神话传说对西方文学影响深远。据弗洛伊德总结，有不同国家、不同时代的三位文学巨匠以此为主题，创作了戏剧或小说，令后人高山仰止。一部是索福克勒斯的希腊悲剧《俄狄浦斯王》，直接描写俄狄浦斯弑父娶母的故事，是此类作品的原始起点。一部是莎士比亚创作的悲剧《哈姆雷特》，我们只能说它被附会于这个神话，将过去被认为是写命运不可抗争的主题，附会成哈姆雷特因恋母情结作祟而行动迟疑的心理表现。一部是陀思妥耶夫斯基的小说《卡拉马佐夫兄弟》，卡拉马佐夫的儿子弑父，是作者恋母情结的隐晦表达。[1] 就对这些作品的认识而言，我们不否认弗洛伊德另辟蹊径的视角和努力，但是，这种分析和推论并非普遍适用。

与西方文学相比，在这一问题上，中国文学有完全不同的面貌。我们可以从中国古代神话和古典文学作品中找到有力的证据，如中国古代关于伏羲、女娲兄妹结为夫妻创造人类的神话。

> 昔宇宙初开之时，有女娲兄妹二人，在昆仑山，而天下未有人民。议以为夫妻，又自羞耻。兄即与其妹上昆仑山，咒曰："天若遣我二人为夫妻，而烟悉合；若不，使烟散。"于烟即合。其妹即来就兄，乃结草为扇，以障其面。今时取妇执扇，象其事也。[2]

---

① ［奥地利］弗洛伊德：《陀思妥耶夫斯基与弑父者》，载车文博主编《弗洛伊德文集》第4卷，长春出版社1998年版，第535—553页。

② 李冗：《独异志》8卷下，载袁珂《古神话选释》，人民文学出版社1979年版，第45页。

这一神话不仅为多种汉语言史料所记载，而且仍广泛保存于中国西南苗、瑶、壮、布衣等多民族的口头传说之中。这些传说在细节上各有差异，但伏羲、女娲由兄妹结为夫妻，创造或再造人类的主题则是一致的。这是与希腊神话、传说的重大区别。在中国古代，兄弟娶姐妹为妻，尽管仍是血亲，且"又自羞耻"，但在伦理辨识上可以被接受。兄妹为夫妻、造人补天能成为神话，并在各民族的传说中久远流传，本身就是证明。在婚配制度上，中国古代很早就禁止血亲兄妹通婚，但表兄妹，无论是堂表还是姨表兄妹通婚，则是一种普遍现象，表兄妹的通婚除了当事人相恋相亲以外，通常有两个原因：一是大家族的政治或经济目的，政治上为了结成更巩固的同盟，经济上为了财富为本家族所占有；二是氏族成员之间的信任和聚合，双方相互了解，甚至"青梅竹马"，从而"亲上加亲"。但是，在中华民族的神话和传说中，没有母子为夫妻的记载，没有母子乱伦的传说。在中华民族的意识中，母子、父女不可乱伦，更不可婚配，这是不可触碰的伦理底线。在初民的幻想中，无论怎样夸张，婚配关系最终止于兄妹，绝无可能为母子或父女。像西方神话那样将婚配变幻到母子，是绝对不可以接受的。在中国古代，可以为政权"弑父"，但不可以娶生母，更不可以为了娶母而弑父。在种种亲属群体中可能发生乱伦，但绝不可"恋父""恋母"。这可以在中国古典名著中找到根据。

《红楼梦》是清代著名历史小说、社会小说、言情小说。在这部小说中，中国社会的万千人伦现象都有生动表达。它的表达基于历史和生活的真实，是作者对当时中国社会的深刻体验。关于性和人伦关系，生活中存在的，小说多有言及，梳理起来，大致可以分为两类：一类是正当的人伦关系。贾宝玉爱的是林黛玉，他们是姑表亲；薛宝钗嫁给了贾宝玉，他们是姨表亲。三方互为表兄姐妹。贾宝玉爱林黛玉是真情，薛宝钗嫁贾宝玉是利益。这种关系是正当的人伦关系，在中国封建社会甚为普遍。另一类为非正当关系。一种是封建社会所允许的所谓妻妾制，贾府中的贾赦、贾政以及贾琏、贾珍都有妻妾，有人甚至一妻多妾；一种是制度和伦理都不允许的关系，最典型的是贾珍与秦可卿的苟且，他们是公媳关系。此外如王熙凤与贾蓉的暧昧不清，他们是婶侄关系。对于前一类关系，即正当的表兄妹的恋爱婚姻关系，在神话传说和文学经典中都有记载以至颂唱。南宋诗人陆游的一首《钗头凤·红酥手》，为后人吟唱；当代小说家巴金《家》中的主人公觉新与梅表姐的爱情，令世人惋叹。至于那些归于乱伦的不正当关系，有些《红楼梦》里没有涉及，如叔嫂不伦（如《水浒》中潘金莲企图勾引武松）、子与父妾不伦（如武则天嫁唐高宗李治）、子与后母不伦（如《雷雨》中的周萍与繁漪），等等，都是中国传统伦理道德所严厉禁止的。无论怎样严厉，此类事情总要发生，且历朝历代禁而不止。而在中国历史上及当下，母子乱伦、父女乱伦，无论是民间神话传说，还是正典的文艺作品，都不会有此类记载和表述。罕见案例也许会有，但绝不会以传说和文学的形式进入阅读和写作。这也是底线，否则意味着对这种极端乱伦行为的容忍和妥协，意味着对中国伦理道德的最后颠覆。

我们回到对西方文论的认识上来。自弗洛伊德始，精神分析学派提出人类共有的"俄狄浦斯情结"，构造一套理论和方法，用于普遍的文艺理论研究和批评，其推广和应用的逻辑起点值得怀疑。东西方的伦理传统不同，立足于西方伦理传统的理论和批评并不适用于东方传统伦理影响下的文学经验。东方民族很难接受"俄狄浦斯情结"及其文学表达，个人的心理缺乏经验，民族的道德准则断然拒绝。汉语言民族的神话和传说、汉语言文学的景深，没有此类线索和轨迹。将根据西方神话和传说而生成的理论作为普遍适用的批评方法和模式，无限制地推广到所有民族的文学和批评，会生出极大的谬误。我们至少能够判断，以"恋母情结"为逻辑起点的精神分析方法不适用于中国的文学批评。用荣格的原型理论来分析，这一认识就更加清楚。荣格从神话以及他的病人的梦和幻想中发现了集体无意识。他认为集体无意识是人类自原始社会以来世世代代普遍性的心理经验的长期积累，其内容就是"原型"。原型作为潜在的无意识进入创作过程，在远古时代表现为神话，在各个时代转移为不同的艺术形象，并不断地以本源的形式反复出现在艺术作品与诗歌中。如果该理论有效，那么不同民族的不同神话会产生相同的集体无意识吗？如果自原始社会以来世世代代的普遍性心理经验有根本差异，那么它们经过长期积累会产生相同的内容吗？远古时代的神话形象不同，作为潜在的无意识进入创作，会有相同的结果和形象吗？道理很清楚，原型不同、本源不同、集体无意识不同，作为结果的文学当然不会相同。所以，汉语言民族的文学中没有弑父娶母的原型，更不要说反复出现。笔者再用弗莱的文学是"移位的神话"（displaced myth）来阐明这一道理。就人类起源的猜测看，西方的神话是母子相交而生成，东方的神话是兄妹相配而繁衍。远古时期东西方神话互不交接，各自生长，作为神话移位的文学，必然有极大不同，以至根本性的差别。文学对神话的移位只能是本民族神话在文学中的移位，而不是跨民族的移位。吉尔伯特·默里的"种族记忆"说也可证明该判断。默里由《金枝》的启发而认为，某些故事和情境"深深地植入了种族的记忆之中，可以说是在我们的身体上打上了印记"①，所以，原始的神话和传说对文学产生血脉般的影响。中国社会有一种现象，青年男女相恋，许多以兄妹相称，尽管他们既不是表兄妹，更不是亲兄妹，但是，无数的民歌、情歌都称情哥哥、情妹妹，这能否从女娲伏羲的神话中找到"种族记忆"的线索？文学如此，依据西方文学史经验生成的理论和方法，更是如此。依据西方神话和传说生成的理论及方法，不可能无界限地适用于世界各民族文学的批评。

（三）审美差异

审美作为民族心理的重要组成部分，有着漫长的积累和演变过程。在此过程中，多种物质和文化元素参与其中，相互碰撞与融合，形成了各民族审美的独立特征，深刻影响文学艺术的创造和传播。民族审美心理的承继和演进，构造了民族审美的集体性倾向，这种倾向决定了民族的文学艺术呈现多向度的差别，决定了文学艺术产品的公众接受取向和评价标准。

民族审美心理和经验对文艺理论及批评的影响同样是深刻的。审美先于理论，理论服从审美，个体审美抽象升华为集体审美，集体审美决定理论走向，理论校正、归并个体审美。这是民族审美和理论的一般规律，背离这一规律，任何理论都难以行远。因此，西方文论对中国文学的有效性，取决于民族审美经验的接受程度。这一判断可以通过对法国荒诞派戏剧和理论的分析得到证明。

尤奈斯库是法国荒诞派戏剧及理论的代表性人物，他的名作《秃头歌女》是荒诞派的奠基性作品。这部以反理性、反真实、反戏剧面目出现的荒诞剧，从内容到结构以至题目本身都荒诞到极点，可以作为分析的样本。确切地说，《秃头歌女》是没有剧情的。剧中人物和对话都是荒诞的表征，就像台上站着或坐着几个神经不甚健全的男女在妄自呓语。

---

① 转引自朱立元主编《当代西方文艺理论》，华东师范大学出版社 2005 年版，第 166 页。

　　马丁夫人　我能买把小折刀给我兄弟，可您没法把爱尔兰买下来给您祖父。

　　史密斯先生　人固然用脚走路，可用电、用煤取暖。

　　马丁先生　今天卖条牛，明天就有个蛋。

　　史密斯夫人　日子无聊就望大街。

　　马丁夫人　人坐椅子，椅子坐谁？

　　史密斯夫人　三思而后行。

　　马丁先生　上有天花板，下有地板。

　　史密斯夫人　我说的话别当真。

　　马丁夫人　人各有命。

　　史密斯先生　你摸我摸，摸摸就走样。

　　史密斯夫人　老师教孩子识字，母猫给小猫喂奶。

　　马丁夫人　母牛就朝我们拉屎。①

　　从头到尾没有情节可言。如此对话，没有表情和声调，翻来覆去地重复；没有确指，更无逻辑；自说自话，互不搭界；几个人物场上场下随意转动，对话的夫妻之间互不相识。布景里有个英国式的大钟，不按时报点，一会儿十下，一会儿三下，表现得神秘鬼祟。

　　结构也是荒诞的。一个独幕剧，各场之间没有联系，前后颠倒也不会有太大影响。人物出场谁先谁后，台词多一句少一句，怎样开头和结尾，全无道理。例如结尾，剧作家的原本设想是，两对夫妇争吵以后，舞台空出，无人，无物，无声。藏在观众里的临时演员假装起哄，经理和警察上场。警察用机关枪扫射观众，经理和警长欢颜相庆。这样荒诞无比的结尾是不是有什么哲学、美学、戏剧学上的考量？对此没有资料可证。但有记载的是，剧作家认为如此结尾费用会很高，简单一些可以省钱。于是改成现在的样子，就是一切从头再来，马丁夫妇在台上重复史密斯夫妇开幕时的台词，好像是意味深长的循环往复。

　　甚至戏剧名称的产生都充满离奇荒诞色彩。剧中从头到尾根本没有"秃头歌女"这个角色。该剧原本打算题为《英国时间》或《速成英语》，

---

　　①　［法］尤奈斯库：《秃头歌女》，载黄晋凯主编《荒诞派戏剧》，中国人民大学出版社1996年版，第331页。

只是因为在排练时，那位饰演消防队长的雅克先生不很敬业，错把"金发女郎"念成"秃头歌女"，在场的尤奈斯库大喜过望，认定这个提法当作题目更能表达他的意思，于是"秃头歌女"这四个字便保留了下来。

尤奈斯库对传统戏剧理念的颠覆，关键是对故事性和情节性的消解和拒斥，用荒诞的手法极大地挑战了人们对"戏剧"本身及其核心要素的界定，重新建构起另一种戏剧。凭借引人入胜的故事和环环相扣的情节支撑起来的传统戏剧，在尤奈斯库看来低级拙劣。他曾强烈表达对传统戏剧的不满甚至厌恶，认为希腊悲剧和莎士比亚的戏剧不具备戏剧特点，"高乃依使我感到厌烦"，"席勒对我来说，是不能忍受的"，"小仲马的《茶花女》充满了一种可笑的感伤"，"易卜生呢？滞重；斯特兰贝格呢？笨拙"。对传统戏剧倚重的情节，尤奈斯库更是不以为然，"情节，在我看来是任意安排的。我觉得整个戏剧，都有某种虚假的东西"。①只有像荒诞派那样消灭情节、不可理喻的戏剧，尤奈斯库认为才是真实的，而且是一种"超现实的真实"。

尤奈斯库用荒诞不经的理论标尺丈量西方传统戏剧经典，所得结论尽管偏激——事实上，那些伟大的剧作家和作品，因为动人的故事和跌宕的情节，以及艺术家精湛的表演，仍被全世界的民众所喜爱，充满生命地活跃在舞台上，历经千百年而不衰——但必须承认，尤奈斯库及其荒诞派戏剧理论的探索是有意义的，他对西方社会的剖析和批判显示了卓越的见识和锐利的锋芒。荒诞派戏剧之所以能在西方产生，并在戏剧舞台风行几十年，受到各方面的称赞欣赏，证明它的存在是有道理的，更证明它反语言、反理性的极端立场在民众审美层面具备一定的接受基础。否则，不会有荒诞派戏剧的出现，即使出现也不会被接受，遑论流传下来。

类似于荒诞派理论所主张的非理性、无情节等，在中国的审美传统中则很难被接受。对故事和情节的天然亲近感深深融入中华民族的文化基因。一般认为，中国是诗的国度，抒情传统发达，叙事传统薄弱。这一说法有一定道理。但只要细加考察就会发现，中国古典文学在抒情传统之下，同时并行着坚实而绵延的叙事传统。"诗缘情而绮靡"，但落实到操作层面，"情"往往"倚事"而发，倚事抒情，无事不情。这是中华民族传

————————

① ［法］尤奈斯库：《戏剧经验谈》，载黄晋凯主编《荒诞派戏剧》，中国人民大学出版社1996年版，第45、46、39页。

统审美取向规约而成的表达习惯。因此，自《诗经》以降，几千年的中国文学史，小说、散文、戏剧等先天具备叙事色彩的文体自不必说，就是诗歌这一以抒情为主的文体，也往往具有故事化、情节化的特点。哪怕是一首小小的抒情诗，也要讲故事、拟情节，以叙事表情写意。没有情节的文学作品，在丰富多彩的中国文学史上很难留下痕迹。民族的集体审美落实于作品的情节及其安排，这种心理世代传承，形成巨大的审美惯性，决定作品的接受和影响程度。不妨举一首小词为例。

> 胡马，胡马，远放燕支山下。跑沙跑雪独嘶，东望西望路迷。迷路，迷路，边草无穷日暮。①

这是中唐诗人韦应物的一首重在抒情的小令，以《调笑令》为牌，集中表达了主人公孤独而迷茫的意绪，凝聚和传递着无限凄迷而又于心不甘的寂寥。这首词的艺术和美学含量丰富，凭借线条、色彩、音响的重叠交织，把词这一文体的独特魅力发挥到极致。更重要的是，它用短短32个字，虚构了一个故事，拟设了一组情节。一匹被放逐的孤马，盘桓于大漠边塞的沙雪之上，没有同伴，去路难寻，湮没在苍茫草原上同样苍茫的落日之中。用情节延宕故事，用叙事统领抒情，抒情寄托于叙事，由事而情。

这首小令的叙事要素完备。它的时间、地点、人物非常清楚：早春的黄昏，燕支山下的大漠，失意寂寥的孤马；它的动作、声响、情绪融于一体：寻觅的奔跑，不平的嘶叫，无路可去的迷茫；它有结局：困顿于此，与边草日暮为伴。

叙述者的身份颇有意味，叙事主体在场与不在场，造成了故事的几重悬念。第一，诗人就是主人公，拟化为马，在场直接叙述。事业上的失落和失意，情绪上的惶惑和不平，几番挣扎，依然空荡无凭，边草暮日投射一抹悲壮色彩，叙事者主观意图明显。第二，诗人是主人公，但不在场，他规定故事主人公的一切动作和企图，全方位地展开叙述。迷失方向，在忧虑和不甘中多方奔突，没有结果，不见希望，主人公消解于无边草莽的

---

① 韦应物：《调啸词二首·其一》，载陶敏、王友胜校注《韦应物集校注》，上海古籍出版社1998年版，第596页。

苍凉之中。叙事者隐身于场外，客观描述色彩浓厚。第三，他既不是主人公，又不在场，完全叙述一个他者的故事。无助也好，独嘶也好，大漠落日只是个背景，冷静、客观、无情，最终感受由受者自主推进，与作者无关。这种叙事方式给我们多重阅读期待。诗人究竟是什么身份？为什么要创作这首词？为什么要这样写？对此尽可任意猜想：他是戍边大漠的孤独将士，因思乡难归而郁闷；他是流放边塞的失意文人，因怨谤受贬而不甘；抑或他就是一多情善感的有闲人，一种传说、一个眼神，甚至是半阶音响，激起他心底丰饶的诗意。

应该说，这首小令并非唐宋词中的极品，我们只是解读它叙事抒情的意图和技巧。此类表达在中国古代诗词中俯拾皆是："儿童相见不相识，笑问客从何处来"，将"少小离家老大回"的五味杂陈推演为问答；"马上相逢无纸笔，凭君传语报平安"，将"故园东望路漫漫"的伤感演绎于对话；"今宵剩把银釭照，犹恐相逢是梦中"，把刻骨相思索隐成动作；"松下问童子，言师采药去。只在此山中，云深不知处"，简直是对话式的短篇小说。重故事，重情节，欲抒情而叙事，依叙事而抒情，已经积淀为民族诗学的基本法则，体现了民族审美取向的基本特征。美总是具体的。寓道理和情感于故事和情节之中是美的，叙事者和感受者融为一体的视角是美的，将虚幻无形的体验物化为实在和有形的具象是美的。形而下地表达形而上的道，是民族审美的追求。用这一标准衡量，符合它的就易于被接受，背离它的就要被疏离，任何理论、任何作品，恐怕难有例外。

从一定意义上说，西方的文学艺术是西方审美传统的凝练和外化，西方的文艺理论反过来又体现和强化着这种审美传统，从而在总体上形成了互相契合的整体。中华民族积淀和遵从的审美传统，无论宏观取向还是微观特征，与之有千差万别。罔顾这一事实，对西方文艺理论横加移植，结果只能是既与审美传统主导下的文艺创作有隔，又与中华民族在审美传统支配下的接受规律相违。理论由此成为无效的理论。

三　中国文论建设的基点

对西方文论的辨析和检省，无论是指出其局限和问题，还是申明它与中国文化之间的错位，最后都必须立足于中国文论自身的建设。明确了这一点，接下来的问题就是：当代西方文论为中国的文论建设提供了哪些镜鉴？我们应从中吸取哪些经验和教训？在世界文论频繁的范式转换中，中国文论如何自处？这是我们当前迫切需要解决的问题。

（一）全方位回归中国文学实践

中国的文论建设，必须从中国文学实践出发。

提出这一命题，可能遇到如下质疑：为什么要从中国文学实践出发？实践之于理论，是必需的前提和条件吗？文学理论究竟应从哪里来？这是文学理论的一个基本原点问题。这一问题解决不好，文学理论的发展必然从根本上走向偏误。

之所以出现这样的疑问，是因为近一个世纪以来文学理论的发展，尤其是当代西方文学理论的发展，似乎越来越有力地证明，文学理论的来源未必就是文学实践。佛克马、易布思就曾明确表达过这种观点："弗洛伊德的心理学对心理分析学派的文学批评理论无疑产生过影响。马克思文学批评理论与特定的政治学和社会学观点纠结在一起。格式塔心理学派对于人们探讨一种文学系统或结构肯定具有启发的作用。俄国形式主义不仅受惠于未来主义，而且也受惠于语言学的新发展。有些文学理论派别与文学创作的新潮流更接近一些，有些则直接由于学术和社会方面的最新进展，还有一些处于两者之间。仅将现有各种不同的文学理论派别的产生原因，给予一种概括性的解释，是没有多大裨益的。"① 他们拒绝承认文学理论是"一种概括性的解释"，实际上是认为，文学理论的来源未必是文学实践。

这一结论犯了一个基本的逻辑错误，即混淆了"实然"和"应然"的关系。两位学者在上文中所描述的现象是真实存在的。20世纪以来的西方文学理论，确实越来越多地"受惠于"包括心理学、语言学、人类学等其他学科的理论创造。但是，仅凭这些并不足以证明文学理论可以甚至应该离开文学实践。

从文学发生学的角度来说，总是先有文学，后有文学理论。这一点举世皆然。没有文学的产生和存在，也就不可能有文学理论的出现。可以肯定地说，如果没有古希腊悲剧的繁荣发展，就不会有亚里士多德的《诗学》；没有莎士比亚的戏剧探索和1767年汉堡民族剧院的52场演出，历

---

① ［荷］佛克马、易布思：《二十世纪文学理论》，林书武等译，生活·读书·新知三联书店1988年版，第2页。

史上也不会留下莱辛的《汉堡剧评》；同样，没有现实主义、浪漫主义、象征主义的创作潮流，也不会诞生相应的文学理论思潮。文学理论来自文学实践，并以走向文学实践为旨归，这是一切文学理论合法性的逻辑起点。

文学理论是关于文学的理论，本质上是对某一特定时期文学实践的经验总结和规律梳理。其中最重要的，是文学理论对文学创作取材、构思、技法以及对文学作品审美风格、形式构成、语言特质的理论归纳和概括。在总结和梳理过程中，理论的应有之义还包括"问题域"的拓展和思维方式的切换。例如，在文学实践环节，"文学是什么"这类"元问题"，不是创作者或接受者需要思考的问题，而文学理论一旦出现，类似问题就成为无法绕过的核心问题。答案从哪里来？——来自实践。理论家要想给出一个令人信服的回答，必须以实践为对象，认真梳理、仔细甄别。例如，在西方有人将文学的本质界定为"模仿"。无论这种"模仿"指的是对自然的模仿，还是对"理式"的模仿，得出这一结论的前提，无一不是对文学实践的理解、把握，以及在此基础上对文学与自然、与"理式"之间关联的考察。理论的编码体系，是把感性的、直接的、朴素的经验理性化、一般化。经此演练后，文学实践的影子可能已经淡化，甚至荡然无存，但文学理论最原始的出发点依然在文学实践，否则就难以被称为文学理论。

当代西方文论中的某些思潮流派，直接"征用"其他学科的现成理论，不但不能证明文学理论可以越过文学实践，反而暴露了其自身存在的致命缺陷。笔者提出这样的论断，并不意味着文学理论要自我封闭，打造学科壁垒。在当下的学术研究中，无论是自然科学还是人文社会科学，学科间的碰撞和融合已成为重要趋势，在相当程度上推动了学术研究的进步。但这种学科间的碰撞和融合，只能是研究方法和思维方式的启迪，而不能是理论成果的简单翻版，落实到文学理论上也是如此。然而，实际的情况却是，包括弗洛伊德、索绪尔、哈贝马斯、德里达、福柯、萨义德、列维－斯特劳斯等在内，以及文化研究兴起后爆得大名的一大批学者，都被归置在文学理论家的行列，相关理论也被当作文学理论。事实上，这些学者及其思想为文学理论提供的仅仅是一种观念启迪或思维工具。正如乔纳森·卡勒所言，"这种意义上的理论已经不是一套为文学研究而设的方法，而是一系列没有界限的、评说天下万物的著作，从哲学殿堂里学术性最强的问题到人们以不断变化的方法评说和思考的身体问题，无所不容"①。当代西方文论因为有这些思想资源，就省略和放弃了对文学实践的爬梳，其结果是，文学理论无关文学、没有文学，或者文学只是充当了理论的佐证工具，其学科特性受到了前所未有的削弱，成了凌空蹈虚的"空心理论"。有西方学者甚至由此对文学理论本身产生了怀疑，认为"事实上并没有什么下述意义上的'文学理论'，亦即，某种仅仅源于文学并仅仅适用于文学的独立理论"②。这是近年来西方文论饱受质疑的重要原因之一。正如有学者所言，文学理论的初衷"是试图从自身外围的学术领域中来获得启发、寻找出路，结果却邯郸学步，丢掉了自身"③。

文学理论在生成过程中接受其他学科研究方法、研究思路的启迪和影响，这无可厚非，不应排斥，但其前提和基础一定是对文学实践的认真研习和深刻把握。缺少了这一点，一切文学理论都是没有生命力的。

中国当代文学理论建构始终没有解决好与文学实践的关系问题。与西方情况稍有不同的是，西方文学理论脱离实践，源自对其他学科理论的直接"征用"，中国文学理论的问题则源自对外来理论的生硬"套用"，理论和实践处于倒置状态。20 世纪 50 年代，苏联的文学理论以体系化的整体形式被平移到中国，迅速居于主导地位。它所确立的"现实—本质—反映"的理论框架，成为中国文学理论建构的宏观前提。季莫菲耶夫的《文学原理》、毕达可夫的《文艺学引论》等苏联教材成为中国文学理论的直接思想来源。这种状况一直持续了 30 年。进入新时期后，文学理论风向陡转，苏联的文学理论迅速被西方文学理论刷新和覆盖。遗憾的是，这种变化只是理论引渡空间的转移，理论的诞生方式依然如故。

当前中国文学理论建设最迫切、最根本的任务，是重新校正长期以来被颠倒的理论和实践的关系，抛弃对一切外来先验理论的过分倚重，让学术兴奋点由对西方理论的追逐回到对实践的梳理，让理论的来路重归文学实践。

这种回归必须是全方位的回归。文学实践是一个复杂的有机系统，由创作、文本、接受等若干环节组成。回归中国文学实践，就是要把中国文

---

① ［美］乔纳森·卡勒：《文学理论入门》，李平译，译林出版社 2013 年版，第 4 页。

② ［英］特雷·伊格尔顿：《二十世纪西方文学理论》，伍晓明译，北京大学出版社 2007 年版，"第二版序言"。

③ 姚文放：《从文学理论到理论——晚近文学理论变局的深层机理探究》，《文学评论》2009 年第 2 期。

学理论的建构基点定位在中国文学的现实上，系统研究中国文学创作、文本、接受规律，在此基础上形成有中国特色的文学理论体系。例如，东西方作家各自依托的文化母体不同，思维方式也有差异，那么，中国作家的创作在选题、运思、表达上有什么独特性？又如，在文学接受层面，"期待视域"是姚斯接受美学的核心概念，按照这一概念的意涵，"一部文学作品，即便它以崭新面目出现，也不可能在信息真空中以绝对新的姿态展示自身"①，必然受到既往审美体验和生活经验的左右和限制。不同接受主体存在个体差异，但中华民族作为一个文化共同体，必然存在通约性。这种通约性是什么？这需要通过对中国文学接受实践进行认真考察后方能得出。

中国文学理论建设全方位回归中国文学实践，有一点不可或缺，也至关重要，那就是以文本为依托的个案考察。这是建构中国特色文学理论体系最切实有效的抓手，也是最具操作性的突破点。以诗学理论为例。要想准确把握中国当代诗歌的意象设置特征、诗性营构技巧、语言运用规律，基本路径是，将大量当代诗歌汇集在一起，选取一定数量有代表性的诗作，逐一进行文本细读。一行一行地品读，一个意象一个意象地分析，一个字一个字地推敲，千百首诗歌完成后，中国当代诗歌的基本特征就自然呈现。具备了这一扎实的基础后，再进行由个别到一般、由特殊到普遍、由具象到抽象的归纳演绎，使之系统化、理论化。这才是中国诗学及中国文学理论应有的生成路径。与西方现成理论的直接引进相比，这种理论建构方式或许要艰难、迟缓得多，甚至略显笨拙，但却是最有效、最坚实、最经得住历史考验的理论。更重要的是，这样的文学理论才能是中国的文学理论。

这并不是要重蹈西方文本中心主义的覆辙，也与英美新批评所倡导的细读法批评存在本质差异。西方文论中的文本中心主义以及由此催生出的文本细读，其逻辑前提是将文本视为独立自主的封闭体系，无视甚至否认作者、读者以及时代环境等外部因素对文本产生的规约和影响。布鲁克斯甚至认为只有文本研究才是文学批评。笔者倡导的文本细读，并不以狭隘的文本观为基础。文本只是整个文学实践活动中的一个重要环节，其生成

---

① ［德］姚斯：《走向接受美学》，载［德］姚斯、［美］霍拉勃《接受美学与接受理论》，周宁、金元浦译，辽宁人民出版社1987年版，第29页。

和定型受到各种复杂因素的影响和制约。文本在文学理论建构中只是依托，而不是全部；文本细读也只是所有理论建构行为的第一步，而不是终点。在文本细读中归纳概括出的结论，要放置在文学实践的有机系统中进行综合考量，由此探寻进一步的规律、奥秘。

由具体到抽象，再从抽象走向具体，这是理论运行的基本方式。是否以文学实践为出发点，不但决定着理论的前提是否正确、恰切，以及理论本身的形态和合理性，还直接关系到抽象的理论能否再一次走向具体、指导实践，也即理论的有效性问题。这是由理论内部的逻辑自洽规律决定的。可以说，从中国文学实践出发，是所有中国文学理论建构的核心和关键。

（二）坚持民族化方向

文学理论有没有民族性，文学理论建设是否需要坚持民族化方向？近年来，国内学界对此问题的讨论并不充分，认识上也混沌模糊。要么躲躲闪闪，避而不谈；要么折中处理，底气不足。而对西方文论的大肆追捧和直接移植，事实上暗含了这一判断：文学理论没有民族边界，具有放之四海而皆准的普适性。基于此种认识，在近些年的中国文学理论建设中，对民族性的热情渐渐让位于对普适性的追求。

文学理论以文学为研究对象，文学理论的民族性很大程度上由文学的民族性传递而来。

任何一个国家或民族的文学创作，都是其历史记忆、风俗传统、审美习惯或直接或间接的发散，不可避免地打上鲜明的民族文化烙印。每个人都生活在民族文化传统织就的巨大场域之中，作家也不例外。在文学创作中，这种积淀在作家意识深处的文化基因，无论本人情愿与否，都会不可遏止地灌注在作品的肌理之中。题材的偏好、主题的设定、气质的凸显、韵味的生成，等等，每个方面都包含着丰富的民族精神信息。

有一种观点认为，文学的民族性只存在于前现代社会的封闭形态中，如今，全球化时代已经到来，各民族之间的交流、碰撞、互融成为常态，在世界一体化格局中，文学的民族性不复存在，取而代之的是"世界的文学"。常见的举证是马克思和恩格斯在《共产党宣言》中的一句话："民族的片面性和局限性日益成为不可能，于是由许多种民族的和地方的文学形成了一种世界的文学。"笔者认为，将这句话作为否定文学民族性的根据，有断章取义之嫌。为了清晰完整地还原马克思和恩格斯"世界的文学"的本义，不妨将该段原文照录于此：

> 资产阶级，由于开拓了世界市场，使一切国家的生产和消费都成为世界性的了。……旧的、靠本国产品来满足的需要，被新的、要靠极其遥远的国家和地带的产品来满足的需要所代替了。过去那种地方的和民族的自给自足和闭关自守状态，被各民族的各方面的互相往来和各方面的互相依赖所代替了。物质的生产是如此，精神的生产也是如此。各民族的精神产品成了公共的财产。民族的片面性和局限性日益成为不可能，于是由许多种民族的和地方的文学形成了一种世界的文学。[①]

要准确理解"世界的文学"，如下几个关键点须引起注意：其一，在这里，马克思和恩格斯是在以批判的立场，分析和预言资本主义如何实现对世界的经济主宰，以及在此基础上的文化占领，而并不是对未来理想世界的预言和想象。其二，这里所说的"文学"，与我们今天使用的"文学"有本质的不同。德文"Literatur"一词泛指包括科学、哲学、宗教、艺术等一切书写的著作和文本，实际上是指一切精神生产的产品和文化。因此，"不能简单地狭义地套用马克思和恩格斯这个论断，而应该理所当然地在作为精神生产的共同性和一般意义上来理解马克思和恩格斯对'世界的文学'的论述"[②]。其三，"民族的片面性和局限性"不等于民族性。联系上文，马克思和恩格斯先阐述的是物质生产的世界性，指出"过去那种地方的和民族的自给自足和闭关自守状态"，已经被世界范围内的往来和交换所取代，重在强调地方性和民族内部的"小循环"发展成为一种世界性的"大循环"。精神的生产与之相同。所以，这里"民族的片面性和局限性"，应指精神生产的自给自足、闭关自守状态，而非精神产品的民族性。其四，所谓"世界的文学"，是由"许多种民族的和地方的文学"形成的。也就是说，作为"世界的文学"的汇集要素，"民族的和地方的文学"属

---

① 《马克思恩格斯选集》第1卷，人民出版社1995年版，第276页。
② 陆贵山、周忠厚编著：《马克思主义文艺论著选讲》，中国人民大学出版社2011年版，第146页。

于自身的一些特征还存在，包括民族性特征。

的确，信息化和全球化的裹挟，会在一定程度上对一个国家或民族的文化传统造成冲击和影响，但这并不意味着文学民族性的丧失。首先，一个民族文化传统的生成，经过了长期的凝练、沉淀、塑形，具有稳定性，并不像想象的那样脆弱。其次，即便这种文化传统被另一种更强势的力量完全瓦解或同化，其结果也只是一种文化传统对另一种文化传统的替代，文学的民族性依然存在。

文学实践活动的展开和文学理论的生产，都生发于同一个文化母体，氤氲其中，受其影响。从这个意义上说，文学理论的民族性也是一个国家或民族特有的文化传统、思维定式和审美惯性作用的结果。

很长时间以来，一直存在这一否定文学理论民族性的辩解："文艺理论是一门严肃的探究真理的科学，而科学是没有国界的。"① 文学理论究竟应被称为"科学"还是"学科"，学界争讼已久。从近年来文学理论的发展来看，多数学者倾向于"科学"称谓。将文学理论归为"科学"，事实上包含了对历史上文学理论主观化、随意性的抵制，具有积极意义。对此，也有学者持不同意见，如韦勒克就有所保留。"文学研究，如果称为科学不太确切的话，也应该说是一门知识或学问。"② 实际上，文学理论是不是"科学"，这或许并不是一个十分重要的问题，关键是我们对"科学"这一概念本身如何理解和界定。即便我们将文学理论视为科学，也应意识到它与自然科学存在本质的不同。

这种不同体现在，自然科学理论主要行使的是"发现"的职能，即通过科学的手段和反复的研究达到对世界的深层认知，或者说是对世界的某种规律和机制的把握。这种规律和机制是客观的，不以人的意志为转移，也不随社会历史条件的变化而变化。所以，自然科学是没有国界、没有民族性的。一旦人类掌握了这种客观规律，不但可以解释自然界的各种现象，还可以超越已知预测未知。③ 而包括文学理论在内的人文科学与此不同。笔者承认，人文科学领域也有规律存在。例如，在中国诗歌发展过程中，诗人们渐渐发现，如果按照一定的句式排列、满足一定的韵律，诗歌

---

① 金惠敏：《马克思主义文艺理论民族化异议》，《文学自由谈》1986 年第 1 期。
② ［美］韦勒克、沃伦：《文学理论》，刘若愚等译，江苏教育出版社 2005 年版，第 3 页。
③ 众所周知的例子是，1869 年，门捷列夫发现了化学元素周期律，并根据这一规律预言了当时不曾发现的三种新元素。其后不久，三种元素相继被发现，预言被证实。

吟诵起来就朗朗上口，易于传播，由此出现了相关诗学理论。但是，这类规律不是超越时空的绝对存在，其形成建立在当时汉语言的构词特征、发音特征，以及人们长期以来形成的审美接受习惯的基础之上。而语言是不断变化的，人们的审美接受习惯也不是恒定不变的，所以，与之相对应的规律随之处于动态之中。这种规律若放置在另一套语言体系上，或移植到另一种审美传统中，可能是无效的。人文科学领域中的许多事实，如文学创作，掺杂了很多主观性、历史性因素，很难用一套绝对的规律把握，必须充分考虑其有限性，即其发生和成立的因素、条件、语境等诸多限制。以自然科学的普适性否定文学理论的民族性，是对人文科学独特性的抹杀。

与上述对文学理论民族性的否定同时存在的，还有另一种观点：承认文学理论的民族差异，但拒绝文学理论建设的民族化方向，认为未来的文学理论建设，应过滤掉民族差异性，探求适用于所有文学的共同本质、原理、规律，从而建构起一套具有普适价值的"世界性的文学理论"。刘若愚的《中国文学理论》就存在这一理论冲动。在"导论"中，作者坦言，写作该书的终极目的，"在于提出渊源悠久而大体上独立发展的中国批评思想传统的各种文学理论，使它们能够与来自其他传统的理论比较，从而有助于达到一个最后可能的世界性的文学理论（an eventual universaltheory of literature）"①。这种颇具折中主义意味的理论设想似有一定道理，但稍加追问就会发现，这同样是一厢情愿的幻想。

实际上，这一设想人为地将文学理论进行了分层化处理，目的是区分出"哪些特征是所有文学所共同具有的，哪些特征是限于以某些语言所写以及某些文化所产生的，而哪些特征是某一特殊文学所独有的"②。持类似观点者多倾向于认为，基于实际文学作品或距离文学实践活动较近的那部分文学理论，如作品构成论中的语言、类型、风格、叙事策略、抒情手法等具有民族性，一般不可通约；而本体论层面的原理、本质、规律，各民族之间是相通的，因此是普适的。这种观念的可疑之处在于：首先，对文学理论而言，是否存在这种泾渭分明的层级架构？换言之，关于文学的所谓本质、原理、规律，与文学实践，与其他具体文学理论之间有无关联？

---

① 刘若愚：《中国文学理论》，杜国清译，江苏教育出版社 2006 年版，第 3 页。
② 同上。

难道它们不是出自对文学实践的梳理和提升，而是另有来路？如果同样来自文学实践，为什么偏偏它们没有民族特性？其次，对文学而言，是否存在一套固定的、唯一的本质、原理、规律？笔者并不认同后现代主义的"反本质主义"提法。本质是存在的，只是事物的本质总是随着时空条件的发展变化而发展变化。文学理论是关于文学的一种历史性、地方性（民族性）知识建构，不存在凌驾于历史和民族之上的终极本质。正是由于这一原因，近年来文学研究的理路发生了深刻的变化。传统的文学理论惯于追问"文学到底是什么"，今天，理论家更倾向于追问"到底哪些因素促使我们做出了这样的论断"。事实上，在刘若愚"宏大"的理论抱负中，他本人也始终处于矛盾的心态，一方面踌躇满志地要创建"世界性的文学理论"，另一方面又不得不承认这是一种"遥远而且被认为不可达到的目标"。①

正视文艺理论的民族性，坚持民族化方向，这是中国未来文艺理论建设必须遵循的原则。落实到具体实践层面，一是要回到中国语境，二是要充分吸纳中国传统文论遗产。中国语境，包括中国特有的历史文化、鲜活的现实经验，是中国文艺理论滋长的天然土壤，不可疏离，不可替代。中华民族 5000 年的历史文化，是中国文艺理论最丰实的精神给养，也是永远摆脱不了的文化脐带。当代中国在文学艺术领域积累的大量经验，正有待文艺理论的整理、提升。同时，还要对中国传统文论遗产进行价值重估和精神接续。这并不是要把中国传统文论原封不动地翻检出来，不加改造地重新启用。中国传统文论面对的是古典文本，提炼归纳的是彼时彼地的文学经验。时代变了，语境变了，中国文学的表现方式也变了，甚至汉语言本身也发生了巨大的历史变异。在此情势下，用中国古典文论套用今天的文学实践，其荒谬不逊于对西方文论的生搬硬套。我们所说的吸纳传统，指的是要从更根本、更宏观，即思维和方法的意义上，吸收古典文论的正面经验。唯有如此，中国未来的文艺理论所发出的，才是中国的声音。

（三）外部研究与内部研究的辩证统一

在韦勒克、沃伦的著作《文学理论》中，文学研究第一次被区分为

---

① 刘若愚：《中国文学理论》，杜国清译，江苏教育出版社 2006 年版，第 4 页。

"外部研究"和"内部研究"。按照这种说法，20 世纪以来的当代西方文艺理论，经历了从"外部研究"到"内部研究"，最后又返回"外部研究"的复杂过程。当代西方文论一个世纪以来的探索和演进，对中国的文艺理论建设当不乏启示意义。

在 19 世纪和 20 世纪初期，以作者为中心的外部研究是文学理论的主要范式。浪漫主义、现实主义和实证主义作为 19 世纪占主流地位的理论思潮，尽管在观念上彼此存在诸多差异，但都以作家研究为重点。浪漫主义文论所格外看重的主体性、重情主义和表现理论，无一不指向创作主体。现实主义文论亦如此，强调作家要真实地再现社会生活，以理性眼光和批判精神塑造典型环境和典型人物。实证主义则更注重作家的种族、时代、环境及生平经历的研究，使之与作品形成印证关系。20 世纪初，当代西方文论仍承袭这一路向。象征主义、意象派和表现主义文论自不必说，在理念上有重大突破的精神分析批评和意识流文论，尽管其理论已经清晰呈现出 20 世纪文论的非理性主义和人本主义哲学取向，表现出与此前文论明显的断裂痕迹，但其研究重点没有发生位移。

以俄国形式主义为发端，当代西方文论的研究理路开始发生重大变化。包括作家研究在内的外部研究逐渐受到质疑乃至最后被摒弃，以文本为中心的内部研究日益受到重视并成为时尚。形式主义之后，语义学和新批评派声名鹊起，至此，抛开一切外部因素，以文本为本，执着于在文本内部搜寻文学规律，成为文论研究的主流。到了结构主义，之前西方文论家一直津津乐道的作者中心被颠覆，"作者死了"成为结构主义者最响亮的口号。在这一时期的西方文艺理论家眼中，只有文本，别无其他。内部研究由此风行西方数十年，可谓声势浩大。

20 世纪六七十年代，情况再次发生变化，名噪一时的内部研究式微，西方文论又一次回到外部研究的轨道上。但这次回归不再是回到作者中心，而是走向读者中心，研究重点落在文学作品的接受问题上。解释学和接受理论就是这种理论转向的产物。当代西方文论这次向外部研究的回归走向了更加开放的"外部"，即文化研究的兴起。它与传统文论的外部研究不同之处在于，后者的研究视野虽徘徊于文本外部，但其指向在文本，文化研究则走向了与文学文本关系更为遥远和脆弱的"泛文化"领域，比如对大众文化、流行文化、文化工业甚至日常服饰、生活方式、身体政治的关注和研究。

那么，如何看待西方文论这 100 多年的轮转？中国的文艺理论建设应从中吸取怎样的经验和教训？

必须承认，西方文论从外部研究到内部研究的历史切换有不容否定的积极意义。美国当代学者 M. H. 艾布拉姆斯在《镜与灯——浪漫主义文论及批评传统》一书中曾提出文学四要素的观点。他认为，文学作为一种活动，总是由世界、作家、作品、读者四个要素构成。四个要素中的核心是作品，即文本。没有文本，作家不成其为作家，读者的阅读行为也无法展开。在文学活动的链条中，正是文本将其他三个要素勾连起来成为整体。此外，文学理论既然以总结、提炼文学规律为要务，对文学文本奥秘的揭示就应成为文学研究合情合理的主要任务。但是，传统的外部研究始终没有进入文本内部，"过分地关注文学的背景，对于作品本身的分析极不重视，反而把大量的精力消耗在对环境及背景的研究上"①。在这种情况下，内部研究的出现具有积极意义。把文学研究的重点从社会学意义上的因果印证拉回文本，一定程度上就是让文学研究回归文学。深入到文本肌理内部，通过微观、具体的文本细读，梳理和把握文学作品的形式特征、叙事特征、语词特征、修辞特征、结构特征等，对把握文学自身规律、找到文学之为文学的根本要义不可或缺。

但是，内部研究只局限于文本，一叶障目，不见泰山，最终必然陷入困境。当代西方文论所有的内部研究，本质上都是一种"文学技术学"的研究，只从技术操作层面分析阐释，寻找规律。形式主义执着于形式技巧；叙事学归纳总结的是文学叙事的一般模式；结构主义则从索绪尔的结构语言学出发，探寻文学作品作为有机整体呈现出的表层和深层结构特征，把文学文本当作封闭的自足体，乃至一堆无生命的普通物件，运用物理学的办法，挥动解剖刀，从材料到质地到结构一一拆解，以为如此便能窥探到文学的真正奥秘。这种研究思路虽因迎合了自然科学的治学理路而得到不同程度的支持，但其致命的缺陷在于，无法从"意义"层面对文学作品做出解释。而意义，即情感和思想，是文学作品的灵魂。任何文学作品，其意义获取都是由作者完成的，至多在读者接受中进一步添加，仅仅通过语词或形式进行一定规律的组合，并不能生成各不相同的意义。又如，内部研究一直认为，文学是一个封闭自足的体系，它发展演进的动力

---

① ［美］韦勒克、沃伦：《文学理论》，刘若愚等译，江苏教育出版社 2005 年版，第 155 页。

源于自身。那么，如何解释以下现象：如果没有现实的种种不堪和丑恶，何以产生批判现实主义？如果没有现代资本主义社会人的异化现象，荒诞派戏剧从何而来？如果鲁迅不是生活在旧中国那样的现实环境中，没有目睹国人精神的麻木和自欺，又如何有《阿Q正传》这一经典面世？推动文学之流滚滚向前的力量，当然包含着自身的内动力，但是，外力的作用，如政治、经济、文化等的影响和促动也显而易见。内部研究企图用文本解释一切，最终难以为继。

恩格斯在《反杜林论》中曾说："当我们通过思维来考察自然界或人类历史或我们自己的精神活动的时候"，只"正确地把握了现象的总画面的一般性质，却不足以说明构成这幅总画面的各个细节"，这是不够的，因为"我们要是不知道这些细节，就看不清总画面"。"为了认识这些细节，我们不得不把它们从自然的或历史的联系中抽出来，从它们的特性、它们的特殊的原因和结果等等方面来分别地加以研究。"[①] 文学研究亦是如此。传统的外部研究只是总体上厘清了文学活动的一般特性，仅限于将文学活动放在人类其他生产实践活动和社会活动的维度内考察，这种宏观把握是必需和重要的，但不应是我们认识活动的全部或终点。为了对文学实践活动有更清晰、更细腻的认识，我们不得不将之从纷繁复杂的社会存在中抽离出来，只专注于文本，从形式、语言、结构等各个方面加以考察。这就是当代西方文论内部研究，即俄国形式主义、英美新批评、结构主义等诸多流派存在的必要性和合理性。

恩格斯曾指出，"把自然界分解为各个部分，把各种自然过程和自然对象分成一定的门类，对有机体的内部按其多种多样的解剖形态进行研究，这是最近400年来在认识自然界方面获得巨大进展的基本条件"。但是，恩格斯马上指出了另一个问题："这种做法也给我们留下了一种习惯：把自然界中的各种事务和各种过程孤立起来，撇开宏大的总的联系去进行考察，因此，就不是从运动的状态，而是从静止的状态去考察；不是把它们看作本质上变化的东西，而是看作永恒不变的东西；不是从活的状态，而是从死的状态去考察。这种考察方式被培根和洛克从自然科学中移植到哲学中以后，就造成了最近几个世纪所特有的局限性，即形而上学的思维

---

① 《马克思恩格斯选集》第3卷，人民出版社1995年版，第359页。

方式。"① 恩格斯这段话并非针对文学研究，但由于他阐释的是一种思维方式，所以对文学研究也有极强的适用性。当代西方文论的内部研究所存在的问题，正是恩格斯早在19世纪70年代就指出的思维方式上的错误。只看到一个个孤立的文本，斩断文本与其他一切外部联系，否定文学活动与政治、经济、文化等"宏大的总的联系"，甚至连作家的作用也一并否定，这种"只见树木，不见森林"的思维方式，如恩格斯所说，"迟早都要达到一个界限，一超过这个界限，它就会变成片面的、狭隘的、抽象的，并且陷入无法解决的矛盾"②。所有坚持内部研究的诸多流派，最后无一例外地走向终结，正是这一论断的佐证。

中国的文艺理论建设，必须从中吸取教训。对文学研究来说，外部研究是必要的，但只有外部研究还远远不够；内部研究也是必需的，但只满足于内部研究也万万不可。关键是要认识、处理好外部研究与内部研究的关系问题。事实上，文学活动作为人类特有的一种精神现象，本身就是由一系列外部特性和内部特性共同组成的。其运演既受外部的"他律"制约，也受内部的"自律"驱动。两者之间不是对立的存在，而是和谐统一的关系，它们的合力决定了文学的样态和发展。不能用外部研究取代内部研究，也不能用内部研究否定外部研究。中国的文艺理论建设，如果不想重蹈当代西方文论的覆辙，不走西方理论家的歧路，就必须建构外部研究和内部研究辩证统一的研究范式。

我们从未否定外来理论资源对中国文论建设产生的积极影响，但需要强调的是，面对任何外来理论，必须捍卫自我的主体意识，保持清醒头脑，进行必要的辨析。既不能迷失自我、盲目追随，更不能以引进和移植代替自我建设。遗憾的是，近代以来积贫积弱的特殊历史，以及当前中西话语间的总体失衡，导致很多学者缺乏应有的理论自信，并片面认为，只有追随西方潮流，才是通达世界的捷径。事实证明，这不但不是捷径，反而是歧途。融入世界，与西方平等对话，这种企望本身无可指责。但是，对话的前提必须是，我们的理论与西方相比要有异质性，有独特价值。拾人牙慧、邯郸学步，充其量只是套用西方理论，将中国的文学文本作为西方理论的佐证，如此怎能拥有对话的资质和可能？因此，实现与西方平等

---

① 《马克思恩格斯选集》第3卷，人民出版社1995年版，第360页。
② 同上。

对话的途径，一定是在积极吸纳世界文艺理论发展经验的基础上，立足本土，坚持以我为主，坚持中国特色，积极打造彰显民族精神、散发民族气息的中国文艺理论体系。

新中国成立后俄苏马克思主义文论
在中国的基本走向[*]

丁国旗[**]

一

20 世纪中国文论的发展，始终与俄苏马克思主义文论的译介与研究无法分开。从 20 世纪二三十年代开始，普列汉诺夫、列宁、卢纳察尔斯基、托洛茨基、沃罗夫斯基、弗里契等人的文论思想分别被鲁迅、冯雪峰、郭沫若、胡风、蔡仪、瞿秋白等人，通过日文和俄文两种文字译入之后，这些文论思想就与中国新民主主义革命的需要相伴生，逐渐在我国文论中占据了主流地位。作为马克思主义中国化的经典文本，1942 年毛泽东《在延安文艺座谈会上的讲话》的发表，最终证明了俄苏文论与中国文论以及中国革命文艺理论相结合，结出了完美的理论成果。这一成果的影响一直到 1949 年新中国成立以后，甚至可以说一直到"文革"结束以后才基本停止。

俄苏马克思主义文论对中国的持续影响，是与社会主义的政治意识形态性质紧密相关的。因此，新中国成立后 60 年，俄苏马克思主义文论在中国的走向，就与中国与苏联两国的政治关系的远近亲疏，与中国在社会主义建设中的思想、政治、经济等领域的发展与独立等不可分割。学界习惯于将新中国成立后 60 年分为前后两个 30 年，从 1949 年到 1978 年前后为第一个 30 年，这 30 年又以 1966 年为界限从而主要分为两个时间段，即

---

  [*] 本文为国家社科基金重大项目"新中国外国文学研究 60 年"（项目编号 09&ZD071）的阶段性研究成果。
  [**] 丁国旗，中国社会科学院文学研究所研究员，文学博士，主要从事马克思主义文艺学、美学和文学基础理论研究。

前"十七年"和"文革"十年。1976 年至 1978 年作为前后 30 年的过渡时期，也是"拨乱反正"时期。1978 年党的十一届三中全会以后的 30 年，开始进入"新时期"，这是具有中国特色的社会主义建设大发展的时期。如果按照这种分期来审视俄苏马克思主义文论在中国的发展情况，我们能做出的基本判断应该是：前"十七年"虽然中苏关系面临了许多问题与考验，但总体上说是俄苏马克思主义文论在我国最受追捧的时期，出现了新中国成立后译介与研究的第一次高潮。"文革"十年是极左文艺思潮盛行泛滥的时期，包括俄苏马克思主义文艺理论在内的整个马克思主义文论都遭到了前所未有的破坏和背弃。新时期之初，伴随着学术界对反映认识论文艺观及其庸俗的经济决定论文艺观的批判与论争，对俄苏马克思主义文艺理论的研究再一次出现了高潮；然而随着之后西方文艺理论思想及新的方法论的大量引入，西方文论慢慢占据了我国文艺理论的主流地位，包括俄苏马克思主义文艺理论在内的整个马克思主义文艺理论开始慢慢失去往日的风光，逐渐丧失了其作为主流文艺理论思想一家独大的地位。今天，马克思主义文艺理论在我国文艺理论建设中位于主导地位，俄苏马克思主义文艺理论、经典马克思主义文艺理论、西方马克思主义文论与中国古典文论、西方文论一起，共同成为我国文艺理论进步发展的资源与基础，仍然得到学界的重视与研究。

二

有学者认为，20 世纪 50 年代的中苏文学关系大致可以分为三个阶段："全盘苏化"的 50 年代初期、文学理论"解冻"的 50 年代中期以及自觉回归苏联文论的 50 年代后期。[①] 新中国成立初期，出于对美国等西方国家的敌视与国家安全方面的考虑，我国采取了"一边倒"的外交政策，即新中国的外交完全倒向社会主义阵营一边。与"一边倒"的外交政策相适应，中外文论之间的交流主要以中国译介苏联文论为主，美国等西方国家的文艺理论虽偶有介绍，但主要目的不在于"交流"，而在于批判，以防范各种形式的"修正主义"意识形态对知识分子阶层的侵蚀。当然，苏联文论译介的"一边倒"除了国家外交这一政治背景原因外，其文化背景原

---

① 陈建华：《二十世纪中俄文学关系》，高等教育出版社 2002 年版，第六章相关内容。

因则至少可以追溯到 1940 年的《新民主主义论》和 1942 年毛泽东的《在延安文艺座谈会上的讲话》（以下简称《讲话》），特别是《讲话》，可以说，《讲话》中所谈到的文艺的"工农兵方向"、文艺属于党在一定历史时期的政治路线的性质、文艺的源泉是来自社会生活等文论主张，已经为新中国文艺理论的主要框架定下了基调，这就直接决定了新中国成立后我国文艺理论对外交流的主要方向。因此，苏联文论的翻译与介绍自然应该是新中国成立后我国文论必然要做的事情。

50 年代初期，列宁、斯大林等革命领袖的文艺论著及相关的一些研究著作都很好地翻译了进来。列宁的《党的组织和党的文学》（司徒真译，新潮书店 1950 年版），《论托尔斯泰》（林华译，北京中外出版社 1952 年版），斯大林关于民间文艺的论述及他的"社会主义现实主义"创作原则、文学艺术的"竞赛"原则、语言的非阶级性问题等①；列宁与斯大林和苏联文学关系的研究著作许多也在这时候翻译了过来，如由叶高林等著、陈汉章等译的《列宁、斯大林与苏维埃文学》（人民文学出版社 1951 年版），由叶戈林著、水夫译的《斯大林与文学问题》（人民出版社 1953 年版），以及《斯大林与文艺》（人民文学出版社 1950 年版）、《斯大林与文化》（1951 年）等。除此之外，在 1953 年至 1954 年由上海新文艺出版社出版了七辑《文艺理论学习小译丛》，分别译介了大量苏联文坛、文论的最新动态。

新中国成立初期，我国文艺界对日丹诺夫主义的介绍和接受，也成为当时译介的重要内容。安德烈·日丹诺夫是斯大林在文艺界实行一系列文艺政策的执行者和忠实代表，日丹诺夫的用政治宣判的方法解决文艺问题，成为斯大林时期苏共文艺界的主要理论思想。日丹诺夫等人明确表示文学家应"以政策为指针"，苏联文学就是在"反对一切敌视苏联人民的资产阶级思想形态的斗争中成长和巩固起来的"。应该说，新中国成立初期，日丹诺夫主义一定程度上适应了一个新生政党对国家意识形态建设的需要，因此这种思潮在 50 年代初的中国影响甚大，直接与毛泽东文艺思想一起成为当时我国文艺理论界的主要思想。早在 1949 年 5 月，日丹诺夫演讲文集《论文学、艺术与这些诸问题》② 就在中国出版，新中国成立

---

① 介绍进来的主要有斯大林给高尔基、比尔－别洛采尔科夫斯基、杰米扬·别德讷衣等几位作家的信，以及 1950 年由解放社出版的《马克思主义与语言学问题》等。

② ［苏联］日丹诺夫：《论文学、艺术与这些诸问题》，葆荃、梁香合译，上海时代书报出版社 1949 年版。

后苏共一系列决议、报告和文章当时都被一一翻译过来。1949 年 10 月 25 日，由毛泽东亲笔题写刊名的《人民文学》创刊。作为新中国最为重要、最为突出也最具权威性和代表性的文学刊物——《人民文学》在其创刊号的"发刊词"中，强调"最大的要求是苏联和新民主主义国家的文艺理论"，创刊号的社论题名为《欢迎苏联代表团，加强中苏文化交流》。

日丹诺夫的影响在新中国成立之初的确是比较强大的，1951 年，日丹诺夫关于《星》与《列宁格勒》两杂志的报告连同 1946 年联共中央关于文学艺术的系列决议一起，被列为当年文艺界整风学习的官方文件。日丹诺夫式的批判风格——政治宣判、无限上纲、人身攻击与谩骂式的"批评"渗透到新中国成立后的历次思想大批判运动中。当时的文艺界，不仅领导人从上至下把日丹诺夫式的政治干预看作加强党对文艺工作领导的必要手段，而且文艺理论家们与作家们也都诚惶诚恐地按照官方要求的标准校正着自己的方向。1951 年 5 月，周扬在中央文学研究所的一次讲演中说道："我们必须向外国学习，特别是向苏联学习，社会主义现实主义的文学艺术是中国人民和广大知识青年的最有益的精神食粮，我们今后还要加强翻译介绍的工作。"① 1952 年，洪吉诺夫率领苏联文化工作者代表团访问中国，时任《文艺报》主编的冯雪峰发表社论《最难得的学习机会》，表达了对苏联文化的仰慕，苏联的经验被誉为我们的"教科书"。1953 年 11 月，周扬还认为："关于社会主义现实主义，苏联的理论家写了很多文章，数也数不清的，但最有权威的还是在 1934 年日丹诺夫第一次对于社会主义现实主义的解释，也是最正确的。"②

在 20 世纪 50 年代初期，文艺理论界组织了全国大规模的理论学习，由此引发了对文艺理论教材教学的讨论。从 1951 年 11 月到 1952 年 4 月，《文艺报》开展了关于高校文艺学教学的大讨论，③ 文艺学教学不突出毛泽

---

① 周扬：《周扬文集》第 2 卷，人民文学出版社 1985 年版，第 61 页。
② 同上书，第 196 页。
③ 在中国 20 世纪 50 年代建构一体化的文艺观念过程中，苏联文论起了极为重要的作用，而《文艺报》又在其中扮演了一个十分重要的角色。如现实主义问题的论争、真实性问题的论争、典型问题的论争等，都是由《文艺报》发起的。《文艺报》主要是在历次重大文艺论争中，通过译介苏联文论来引导国内文艺潮流的。《文艺报》的译介工作强化了现实主义的地位，为真实性原则找到了合法性依据，同时又深化了对典型问题的认识。但《文艺报》的译介也存在着缺点，主要是对苏联文艺思想缺乏应有的批判和反思，助长了对苏联文艺观的盲从倾向。详情见陈国恩、祝学剑《1950 年代文艺论争与苏联文论传播中的〈文艺报〉》，《江汉论坛》2008 年第 2 期。

东文艺思想，理论脱离实际，流于教条主义受到了理论界批评；1951 年的文艺学教材大讨论则批判了文艺学教学中的资产阶级观点，这样一来，新中国成立前从西方引进的或自编的文艺教材被要求停止使用。而当时中国并没有自己的文艺理论教材，因此，1953 年，查良铮翻译了季莫菲耶夫的《文学原理》，1954 年春至 1955 年夏，依·萨·毕达可夫在北京大学中文系为文艺理论研究生讲授"文艺学引论"，1958 年高等教育出版社正式出版了他的讲稿《文艺学引论》。① 这两本书给中国文学理论带来了一个基本框架，对中国以后的教材体系产生了深远的影响。季莫菲耶夫是苏联文艺学的权威，毕达可夫师承季莫菲耶夫，他们的文艺教材体系和观点是一脉相承的。除此之外，1956—1957 年北师大请了柯尔尊，他的讲稿以《文艺学概论》为名，1959 年由高等教育出版社出版。

在 50 年代不长的时间里，翻译出版了苏联的文艺理论和美学教材 10 余种，其中产生重要影响的还有维诺格拉多夫的《新文学教程》（1952年）、季莫菲耶夫的《文学发展过程》（1954 年）、涅多希温的《艺术概论》（1953 年）、契尔柯夫斯卡雅等的《苏联文学理论简说》（1954 年）、叶皮诺娃的《文艺学概论》（1958 年）、从苏联大百科全书选译的《文学与文艺学》（1955 年）等；还翻译或编译出版了《文艺理论译丛》《苏联文学艺术论文集》《苏联美学论文集》等数种。由此，在拒绝西方文艺学教材之后，苏联文艺学教材在新中国成立后的高校文艺学教学中占据了中心地位。尽管 50 年代中期，国内也出现了由我国学者自编的文艺学教材，但其观点和体系都来自苏联文艺学教材。在相当长的时间内，中国马克思主义文论家、批评家理论的开展要依赖苏联文论。童庆炳、陈雪虎认为："苏联文论体系通过两条渠道进入中国，一是翻译，几乎所有在苏联占主流地位的理论专著和论文及教材，都一一被译介进来，如季莫菲耶夫的三卷本《文学原理》，涅多希温的《艺术概论》；一是请专家来华讲座，如北大请了毕达可夫，北师大请了柯尔尊，他们在中国开班设课，编写出版讲义，其授课对象是新中国第一代的青年文艺学教师，其影响是巨大的。"② 在谈到 50 年代苏联文论对中国文学理论研究与教学的积极影响，

---

① 此书由北京大学中文系文艺理论教研室翻译，于 1956 年由北京大学印刷厂付印，后经整理于 1958 年由高等教育出版社出版。

② 童庆炳、陈雪虎：《百年中国文学理论发展之省思》，《北京师范大学学报》（社会科学版）1999 年第 2 期。

曾经参加了北京大学举办的"文艺理论进修班"的著名文艺理论家张文勋先生在他的回忆访谈中说:"当时的文艺学确实是个空白,那时主要有毛泽东的《在延安文艺座谈会上的讲话》,主要是文艺为工农兵服务、普及与提高,更谈不上系统的、严格的、体系性的理论了。苏联的文艺理论把列宁的反映论运用到文学理论中,还是比较新的。季莫菲耶夫的文学理论还是有他的体系,文艺与社会的关系这些基本原理都有。他也提出了一些理论,他是按照马列主义提出来的,主要是反映论。文艺反映社会生活、文艺的技巧(也就是创作方法),我们过去也有,但没有他这么系统。季莫菲耶夫的教材也涉及文艺发展史,主要讲文艺思想发展的历史,也是有理论性的。我们把它弄过来以后,至少是把我们过去的理论系统化了。"[1]50 年代初期的中苏文论的"亲密接触"可以说是空前绝后的,它以日丹诺夫主义的追随肇始,以毕达可夫来华讲学为高潮,其思想中所具有的文学的"党性"原则与"政治"要素成为俄苏马克思主义文艺理论在 50 年代初期对中国影响的重要标志。

1953 年之后,苏联文学进入"解冻时期",开始就一些马克思主义文艺理论中十分重要的命题,如文学中的人性问题与人道主义问题、如何深化文学的现实主义精神问题、如何更好地处理文学的党性原则与作家的创作自由问题等进行讨论与反思,突破了一些原来设定的理论禁区,修正了许多对于文学艺术问题的错误认识,从而为马克思主义文学理论研究的深入开展提供了难得的契机。由于当时中苏之间文化交流的信息十分通畅,苏联文艺界的理论动态与思想动态都能够很快地传播到国内。因此,苏联文艺界"解冻时期"对文艺问题的论争与思考,对国内的文艺理论界也产生了直接的影响。

1956 年 2 月 24 日,赫鲁晓夫在主持召开的苏共二十大上发表了反斯大林的"秘密报告",从根本上否定斯大林,组织了对过去某些案件的复查和平反工作,在社会主义阵营产生了巨大的震动。中共中央认为苏共"开始在一系列原则性问题上背弃马克思列宁主义","中苏两党的分歧是从苏共二十大开始的"[2]。因此,苏共二十大之后,我国国内政策出现调

---

① 张文勋、李世涛:《关于北京大学文艺理论进修班(1954—1956)的回忆——张文勋先生访谈录》,《文艺理论研究》2007 年第 2 期。

② 《关于国际共产主义运动总路线的论战》编辑部:《关于国际共产主义运动总路线的论战》,人民出版社 1965 年版,第 55—63 页。

整，开始以苏联为借鉴，探索适合中国情况的建设社会主义的正确道路。正是在这样的背景下，1956 年 4 月 28 日，毛泽东在中央政治局扩大会议上提出了"百花齐放、百家争鸣"的方针，即艺术问题上百花齐放，学术问题上百家争鸣。此后，文艺界的高层领导也开始在公开场合支持对苏联文艺理论的单一化的批评，秦兆阳的《现实主义——广阔的道路》、钱谷融的《论"文学史人学"》、巴人的《论人情》等一批切中时弊的理论文章相继发表。与此相适应，我国高校文艺学教材的编纂也开始试图突破苏联毕达可夫等建立的"苏联框架"，先后有蒋孔阳的《文学的基本知识》（中国青年出版社 1957 年版），霍松林编著的《文艺学概论》（陕西人民出版社 1957 年版），冉欲达等编著的《文艺学概论》（辽宁人民出版社 1957 年版），李树谦、李景隆编著的《文学概论》（吉林人民出版社 1957 年版），以及北大中文系 1955 级编著的《毛泽东文艺思想概论》等。尽管这些教材依然在强调文艺为政治服务的意识形态功能，但却是中国学者自身努力的成果，这些成果构成这一阶段中国学者对自身文艺理论追求的积极探索。

　　1956 年 10 月匈牙利事件给国际社会带来了巨大震动，国际上掀起了"反苏""反共"浪潮，对苏联为首的社会主义国家的文学进行肆意攻击，所有这一切迫使阶级斗争的神经再一次紧绷在中国国家领导人的意识之中，1956 年 11 月召开的中国共产党八届二中全会，决定从 1957 年起开展党内整风运动。对意识形态层面的控制的加强，在文艺理论方面的体现则是高调提出"保卫社会主义现实主义"① 文艺斗争路线。与捍卫苏联共产党主导的"社会主义现实主义"原则相一致，当时中国科学院文学研究所苏联文学组编写了《苏联文艺理论译丛》，包括《苏联作家论社会主义现实主义（第一次苏联作家代表大会前后的有关言论)》（人民文学出版社 1960 年版）、《世界文学中的现实主义问题》（主要是关于苏联文艺界有关

---

　　① 1958 年 7 月，由译文社编辑、作家出版社出版的《保卫社会主义现实主义》第 1 辑出版，同年 10 月，该系列的第 2 辑出版。第 1 辑"前言"，在介绍该书编选背景时有这样的话："为了保卫马克思列宁主义的文艺思想和社会主义现实主义文学，苏联和其他社会主义国家的文学界，在各国兄弟党领导下，对敌人进行了坚决的反击，同时也对错误的文艺思想和文学作品展开了讨论和批判。经过一两年时间大规模的辩论和斗争，马克思列宁主义原则终于在文学战线上取得了又一次伟大的胜利。""前言"指出："为了帮助我国读者比较全面和系统地了解这次斗争的情况，我们从两年来国外报刊上选择一部分最主要的有关这次斗争的批评文章，编辑成专集，以资参考。"（见"前言"第 1—2 页）

"社会主义现实主义"的几次大规模讨论文章，人民文学出版社 1958 年版）；同时当时还翻译出版了一批有关社会主义现实主义的著作，如留里科夫的《关于社会主义现实主义的几个问题》（殷涵译，作家出版社 1956 年版）、奥泽洛夫的《社会主义现实主义的若干问题》（戈安译，新文艺出版社 1957 年版）、阿·杰明季耶夫的《社会主义现实主义——苏联文学的主要方向》（曹庸译，新文艺出版社 1957 年版）、特罗斐莫夫的《社会主义现实主义——苏联艺术的创作方法》（牛冶译，新文艺出版社 1958 年版）等论著。1958 年 10 月，苏联学者谢皮洛娃著《文艺学概论》① 由罗叶、光祥、姚学吾、李广成翻译出版。在这本翻译的《文艺学概论》中，可以看到 20 世纪 50 年代末期社会主义对文艺研究的深刻影响，文学艺术已经成为意识形态的一种特殊形式，在这一思想指导下，"社会主义现实主义"自然成为解读所有文艺现象的不二准绳。进入 1959 年之后，前阶段向苏联文论靠拢的路线并没有大的改变，4 月苏联理论家维诺格拉多夫的《新文学教程》② 出版。

实际上，50 年代末苏共二十大、匈牙利事件等一系列在社会主义阵营里的重大事件的发生，致使中苏关系的"蜜月期"已经出现了冷却的征兆，尤其在文论界有一个非常值得注意的现象是：1958 年 5 月，毛泽东在中共中央第八届代表大会第二次会议上提出了"无产阶级文学艺术应该采用革命现实主义和革命浪漫主义结合的创作方法"，这一"两结合"的方法的提出，实际上对苏联主导的"社会主义现实主义"原则提出了挑战，是我国高层在文艺理论上自觉自主、试图走出苏联影响的一种表现。1959 年夏秋，中印之间发生了边界武装冲突，"这次事件不仅成为中印关系的转折点，而且成为中苏关系公开恶化的起点"。③ 从 1960 年起，文艺上的修正主义被视为一种国际性现象，人性论和人道主义则被看作修正主义者的主要思想武器。与此同时，苏联文学开始被定性为"苏修文学"。从此我国对苏联文学和文论的态度急转直下，由全面学习、全面接受转向全盘批判、全盘否定。有关苏联文学和文论中的人性论、人道主义等著述，以

① ［苏联］谢皮洛娃：《文艺学概论》，罗叶、光祥、姚学吾、李广成译，人民文学出版社 1958 年版。
② ［苏联］维诺格拉多夫：《新文学教程》，以群译，上海文艺出版社 1959 年版。
③ 这里的说法参考了沈志华主编《中苏关系史纲——1917—1991 年中苏关系若干问题再探讨》（增订版），社会科学文献出版社 2011 年版，第 252 页。

及苏联对现代主义的重新探讨等著述，都被列入"现代修正主义文艺思潮"在内部翻译出版，专供批修参考之用。这就是那套内部的"黄皮书"（因其封面是黄色而得名）。①

三

20世纪60年代，中苏两国关系交恶后，中国科学院外国文学研究所从1961年起创办了侧重文艺理论批评的内部刊物：《现代文艺理论译丛》《现代文艺理论译丛》（增刊）、《外国文学现状》《外国文学现状》（增刊）。这些内部刊物重点介绍国外（特别是苏联和其他社会主义国家）文艺理论和美学方面的论著和论争、文艺批评的倾向、文学史上重大问题的评价、创作思想的演变等内容。1961年，陆梅林先生翻译了苏联科学院学者集体撰写的《马克思列宁主义美学原理》一书，该书从美学发展史、艺术对现实的审美关系、美学范畴、艺术种类、创作方法等几个方面展开了对马克思主义美学思想的叙述，显示了马克思主义方法在美学、艺术学领域中的变革意义和巨大威力。② 此外，还有对苏联文论的相关反思和批判类著作在我国出版，1978年1月，《勃列日涅夫集团关于文艺问题的决议和言论选编》出版（北师大外国问题研究所苏联文学研究室编，人民文学出版社出版）。

60年代中期，中苏边境冲突不断，次数、范围、形式和规模都出现了逐渐升级的状况。③ 而国内在社会主义建设探索中开展的"大跃进"、人民公社化运动连续3年多的失误，造成了国家经济形势的严重恶化。在这种内忧外患的相互作用下，毛泽东将中国集中反帝的外交战略调整为反帝反修，于是苏联成为中国国家安全的一个假想敌，敌友角色的质变转换彻底

---

① 吴元迈：《"把历史还给历史"——苏联文论在新中国的历史命运》，《文艺研究》2000年第4期。关于"黄皮书"，可参见郑异凡《中苏论战中的"反面材料"——"灰皮书"之来龙去脉》，《百年潮》2006年第7期；张惠卿《"灰皮书"的由来和发展》，《书之史·出版史料》2007年第1期；王巧玲《黄皮书、灰皮书：一代人的精神食粮》，《新世纪周刊》2008年6月30日。
② 参见孙伟科《陆梅林对马克思主义美学研究的贡献》，《高校理论战线》2009年第4期。
③ 据1969年5月25日《人民日报》刊载，从1964年10月到1969年3月，由苏方挑起的边境事件达4189起，比1960年至1964年增加了一倍半，两国的领土摩擦最终导致了1969年3月2日爆发的珍宝岛武装冲突。这里的数据转引自沈志华主编《中苏关系史纲——1917—1991年中苏关系若干问题再探讨》（增订版），社会科学文献出版社2011年版，第431页。

扭转了中苏关系的发展方向。1966 年 5 月 4 日到 26 日，中共中央政治局扩大会议在京召开，5 月 16 日中共中央政治局扩大会议发出了一项通知（以下简称《五·一六通知》），要求"高举无产阶级文化革命的大旗，……彻底批判学术界、教育界、新闻界、文艺界、出版界的资产阶级反动思想……"《五·一六通知》标志着"无产阶级文化大革命"正式开始了，对"苏修"文艺和文论的批判随之也愈演愈烈。有学者指出："从中外文化交汇来审视，50 年代中期之前（中苏关系正常时），是单向性的'受动'阶段，到 60 年代初（中苏关系因意识形态分歧公开化而破裂），由'一边倒'的单向受动转入全盘批判、全盘否定。斯大林去世后，苏联文艺进入了'解冻'时期……之后，苏联在美学和文艺学研究方面又有了新的发展，取得了许多新的重要成果。然而，由于中苏意识形态分歧加剧和两国关系的恶化，苏联的一大批被'解冻'的真正具有价值的艺术理论成果却无法被译介到中国来。这标志着中外文化交汇在由'受动'转为'主动'中走向自我封闭。这个阶段一直持续到'文革'结束。"①

四

俄苏文论重新走进人们的视野，是在粉碎"四人帮"之后。有学者指出："进入新时期以来，马克思主义的社会批评所面对的第一个冲击，便是由它自身的尴尬处境所带来的'回归'浪潮。""'回归自身'便成为马克思主义的社会批评为挽救危机而发出的第一声呼号。"② 由此在我国学术界展开了有关马克思主义文艺理论哲学基础的讨论、马克思主义文艺理论"体系论"争论、关于《手稿》是否为马克思主义成熟思想，以及"异化"与人道主义的讨论等。然而，在这些讨论中，俄苏马克思主义重新被提及的时候，几乎常常是被作为反思的对象，作为庸俗的机械反映论的理论来看待的。20 世纪 80 年代中期以后，尽管波斯彼洛夫《文学原理》（1985 年）在苏联文论界自成一派，但仍是"意识形态论"的调子，它的译出，使已厌倦了苏式文论的学者们大减胃口。③ 欧美文论的大量译介，

---

① 柏柳：《二十世纪中国的艺术研究——从中西文化交汇的背景上所作的考察》，《文艺研究》2005 年第 5 期、第 6 期。

② 於可训：《社会学批评在新时期的更新和开放》，《文艺争鸣》1987 年第 1 期。

③ 古风：《20 世纪我国文学理论教材的主流话语论析》，《学术月刊》2002 年第 7 期。

给中国的文艺理论界带来了更多新的观念与方法，加上进入新时期之后，文学理论也在解放思想、改革开放、市场转型等社会发展的大语境下，伴随着整个国家的政治、经济、思想、文化的重大变化而发展变化。"文学理论作为一种思想和意识，在整个社会生活中的重要性大大降低了，不再被看作是阶级斗争的晴雨表，不再是政治家们发动政治运动的工具，逐渐地获得了独立的学科地位，从而从'中心'逐渐过渡到'边缘'。"① 俄苏马克思主义文论似乎一下子就被淹没在了西方文论与市场经济的大潮之中，悄无声息了。

文艺理论从"中心"走向"边缘"，从以往历史来看显得有些不够正常，然而就实际情形而论，这恰恰是它正常的表现。过去它的至高的地位，是被绑架在政治战车上的缘故，那时它其实没有多少的独立与自主。而恰恰是它现在的"边缘"地位，使它回归到学术的常态之中，能够得到更为客观科学的研究状态。已经被"边缘"的俄苏马克思主义文艺理论实际也没有走出人们的视野，译介仍在继续，研究也在继续，而且产生不少学术价值很高的研究成果。1992 年由北京师范大学出版社出版的刘宁、程正民的《俄苏文学批评史》，成为我国第一部系统论述俄苏文学批评史的专著，也是高校文科教材，它的出版填补了国内这方面研究的空白。该书建构了一个科学的俄苏文学批评史体系，将别林斯基、车尔尼雪夫斯基、杜勃罗留波夫所代表的革命民主主义文学批评，与列宁、普列汉诺夫、沃罗夫斯基所代表的马克思主义文学批评，做了详细的区分，具有重要的理论价值与意义。② 1999 年，刘宁主编的《俄国文学批评史》由上海译文出版社出版。该书除了以整整一章专门论述伟大革命导师列宁的文艺思想之外，同时也研究了普列汉诺夫、沃罗夫斯基、卢纳察尔斯基、高尔基的文论。进入新世纪以来，随着历史的发展，新中国成立后我国文论出现的"一边倒"现象和"文革"极左文论离我们越来越远，一些痛苦的记忆与体验也逐渐从老一代学人敏感的神经中变得模糊而不再沉重；加上新时期之后，经历了西方文论大量译入后的众声喧哗，以及 20 世纪 90 年代以来全球化思潮与消费社会的洗礼、网络图像带给文学艺术的冲击之后，我国

---

① 童庆炳、陈雪虎：《百年中国文学理论发展之省思》，《北京师范大学学报》（社会科学版）1999 年第 2 期。

② 何茂正：《踏踏实实的开创性工作——评〈俄苏文学批评史〉》，《苏联文学联刊》1993 年第 3 期。

学术界已经变得更加成熟而稳重，中西交流的对话与同步发展，也让中国学人有了更多的从容与自信。20世纪兴起于西方的文化研究热所引发的文学与文学研究的"越界"与"扩容"、文学研究的文化史转向，文学社会学的回归以及文学反映论思想的重提等，为马克思主义文艺理论的再次复兴创造了条件，俄苏马克思主义文论也就在这种新的条件下，作为我国文论发展的重要理论资源，重新引起了学界的重视，人们开始以一种真正的客观科学的研究态度来审视它的价值与意义。

庄桂成认为，过去学界对苏联文论及其与中国文论关系的反思，大多看到了不利的负面因素，看到的是苏联模式的文论对中国文论包括中国文论教材的消极影响。然而，任何事情都要一分为二地看，苏联文论的输入，对中国文论发展的积极作用也是巨大的。"正是因为有了后来苏联文论等非东方文论中'异质性'因素的强烈而持久的刺激，才导致了中国文论的'现代性'逐渐萌生。"[1] 在作者看来，"中国文论的现代转型，就是中国文论从'古代'型的文论，转化为'现代'型的文论，这个转型的方向就是科学化和人本化"[2]。而苏联文论输入中的"科学理性"因素、苏联文论输入的"审美—人学"因素，对中国文论的现代转型恰恰起到了重要的作用。从20世纪20年代起，苏联各种"科学的艺术论丛书"[3] 传入中国，使得中国文论学者也试着用社会学的方法解释文学的根本问题，开始把文学置于社会科学的框架中去理解，使得中国出现了众多的以马克思主义"唯物史观"为理论基础的文论。"到了20世纪50年代，各种苏联文论教材传入中国，更加强化了中国文论中的科学化因素。苏联的文论教材有科学严谨的体系，对我国文论教材有示范作用。我国建国初期的文论教材，在体系上几乎无一不受苏联的影响。""苏联的'解冻文学'等也

① 庄桂成：《中国文论现代转型中的"苏联"因素》，《当代文坛》2011年第4期。
② 庄桂成：《论中国文学批评视野下的现代转型》，《华中师范大学学报》2004年第2期。
③ 20世纪20年代末30年代初，由冯雪峰主编，上海水沫书店和光华书局出版的"科学的艺术论丛书"中，就有许多是苏联文学论著。例如，普列汉诺夫：《艺术论》，鲁迅译，光华书局1930年版；普列汉诺夫：《艺术与社会生活》，冯雪峰译，水沫书店1929年版；波格丹诺夫：《新艺术论》，苏汶译，水沫书店1929年版；卢那察尔斯基：《艺术之社会的基础》，冯雪峰译，水沫书店1929年版；卢那察尔斯基：《文艺与批评》，鲁迅译，水沫书店1929年版；弗里契：《艺术社会学》，天行（刘呐鸥）译，水沫书店1930年版；沃罗夫斯基：《社会的作家论》，画室（冯雪峰）译，光华书局1930年版；［日］藏原惟人、外村史郎辑译：《文艺政策》，鲁迅译，水沫书店1930年版。

对中国文论中的'人学'思想产生了重要的影响，包括50年代中期的中国文学和文论'短暂的春天'，以及20世纪70年代末80年代初的文学思想解放，都不能说与之无关。"① 美国批评理论家魏伯·司各特曾经说过："显而易见，只要文学保持着与社会的联系——永远会如此——社会批评无论具有特定的理论与否，都将是文艺批评的一支活跃力量。"② 我们也就此相信，包括俄苏马克思主义文艺理论在内的、以探讨文艺与社会的关系为主要特征的马克思主义文艺理论，不仅在过去，而且在今后都会是我国乃至世界其他诸多国家指导文艺工作的重要的思想财富。

原载《学习与探索》2013年第10期

---

① 庄桂成：《中国文论现代转型中的"苏联"因素》，《当代文坛》2011年第4期。

② ［美］魏伯·司各特：《西方文艺批评的五种模式》，重庆出版社1983年版，第66页。

第 九 编

国际共产主义
运动研究

"斯大林热"持续不衰的当代因素

——记斯大林逝世 60 周年

李瑞琴[*]

2013 年 3 月 5 日是斯大林逝世 60 周年。这对于被俄罗斯历史学家及政治家重点关注的斯大林问题,自然是非常重要的研讨契机。《苏维埃俄罗斯报》以编者的话"他的时代还会再来"为序语,连续发表《再次占主导地位的思想》《代表人民意志的领袖》《希望与痛苦并存于心》《沉重的责难》等文章,纪念他们笔下的伟人。《真理报》发表了回忆性文章《斯大林没有死而是隐藏在某处》。《共青团真理报》以介绍新著《斯大林之后的俄罗斯》等方式,予以纪念。在此类话题中,《自由思想》杂志牵头召开的圆桌会议,尤以具有时代性特征的主题"斯大林于当代社会的作用"别开生面。会议于 2013 年 2 月 27 日在莫斯科独立新闻中心举行,有近百位历史学家、社会学家、作家等社会科学工作者参加。会前,莫斯科各主要街道都张贴有欢迎参加研讨会的宣传公告。圆桌会议的主持人说:"《自由思想》杂志的前身是 1924 年出版的《布尔什维克》,1952 年至 1991 年被称为《共产党员》,年纪大的人都记得,它曾是国家社会科学领域的主要理论杂志,我们打算在当代恢复它的地位。我们今天讨论的重要问题也将推动这一目标的实现。"[①] 以下是研讨会主要内容的概述。

---

* 李瑞琴,中国社会科学院马克思主义研究院研究员。

① Михаил Делягин, Значение Сталина для Современного Общества. Круглый Стол, 《Однако》, http://www.odnako.org/blogs/show_ 24218/ 02 марта 2013.

一 "斯大林热"持续不衰值得重视

当代俄罗斯经济学家及政治家、全球化研究所主任、《自由思想》杂志主编杰里亚金·米哈伊尔为圆桌会议的主持人。他提出了一个重要的观点,即要重视"斯大林热"在俄罗斯持续不衰这一社会现象。

米哈伊尔说,尽管斯大林去世已久,但他仍然使俄罗斯社会和个人对其有着极大的兴趣。这种状况在 20 世纪上半叶的巅峰时期,曾是世界历史的主要潮流。他借用一位著名学者的话说,人们不是对国家的过去情有独钟,直白地说,那是对斯大林本人。无论什么时候,似乎他的活着还像是事实,甚至当代人民的生活还依赖于与他相关的联系。人们对斯大林的关注不仅与日俱增,而且肯定性的评价越来越多,即使是那些与当年镇压事件有联系的人也如此。自由党联合派做梦都没有想到,他们挑衅性推出的"去斯大林化"运动,以惊人的耻辱失败了。"去斯大林化"本身没有任何实质性含义,没有系统的内涵,在这个意义上,也不属于意识形态的争斗,而只是他们寻找的又一个靶心。他们只是想利用斯大林这个主题,因为斯大林是很容易被发现的资源。但是,他们触犯斯大林的结果,就是使他们自己成为被诅咒的对象。如同前几年关于"俄罗斯名字"的评选,出乎恶劣的组织者们的意愿,斯大林的名字始终遥遥领先。

米哈伊尔强调,对斯大林关注度的持续不衰,对斯大林态度的截然不同,都说明,恢复斯大林的地位与国家未来的命运休戚相关。如何采取历史的方法分析,考察斯大林对当代俄罗斯社会日益增长的影响这一现象,值得进行认真而全面的讨论。

二 斯大林对当代俄罗斯发展的重要历史作用

与会者普遍认为,俄罗斯社会对斯大林关注度居高不下,在于斯大林对当代社会有着不容忽视的影响和作用。搞清楚斯大林对当代社会的影响和作用,就能找到"斯大林热"持续不衰的背后动因。这是一个问题的两个方面。与会者们结合自己的研究领域,围绕会议的这一主题进行了深入研讨。不少学者虽然没有强调分析方法的属性,但是仍然能够按照历史唯物主义的方法指导研究,并得出客观、理性的结论。

苏联、俄罗斯作家联盟会员、传记作家、俄军事科学院名誉会员斯维亚托斯拉夫·雷巴斯认为，斯大林时代与当代俄罗斯同样面临着国家现代化的重大任务，这是斯大林备受关注的主要原因。在俄罗斯历史上，20世纪初斯托雷平政府应该能够实现现代化，但却失败了。斯托雷平改革进展很缓慢，1906—1916年只有24%的农民脱离村社，工厂吸纳农村剩余人口严重不足。农村约有30万潜在失业人员，其中深受压迫、随时可能爆发愤怒情绪的贫困人口约10万，留下极大的社会隐患。由于斯托雷平改革触犯了执政者和经济界的巨大利益，1916年，阴谋反对沙皇尼古拉·亚历山德罗维奇的，不是布尔什维克，而是国家杜马和精英们，上层人士有3/4的人反对沙皇。将军、金融家、实业家乃至整个莫斯科都参与了阴谋。俄罗斯帝国没有完成工业革命。马克斯·韦伯在一篇关于俄罗斯的命运和前途的文章中写道，因为没有完成工业革命的使命，王室政权即将失败，"解决这些问题，只能经过一个长期的社会革命专政时期。布尔什维克要完成这一切，必须以激烈的方式实现现代化，可以说是用一种热情，他们没有其他方式可选择"[1]。马克斯·韦伯所指的以激烈方式实现现代化，集中体现为斯大林时期的集体化。

雷巴斯说，苏联集体化是斯托雷平现代化改革失败这枚硬币另一面的延续。如果将苏联的集体化进行历史类比，16世纪英国就有所谓的"血腥立法"。当时，在欧洲市场经济条件下，与城市发展相联系的羊毛产业的发展，促使出现"圈地运动"。农民被赶出土地，对不服从者给予鞭打、割耳、流放等处罚。中国与此领域相关研究的学界人士都清楚，这是西方工业化初期，资本原始积累过程剥夺农民土地，迫使他们流落到城镇，沦为出卖廉价劳动力的商品的暴力行为。1942年8月，丘吉尔来到莫斯科，时值斯大林格勒战役，丘吉尔问斯大林，何为苏俄最糟糕时期？斯大林答：集体化时期。丘吉尔熟知历史，他没有提及"血腥立法"，也没有谈"圈地运动"，只是说，英国不可能在短期内付出这样的代价。[2] 而斯大林的一生，正处于苏俄从农业社会在"短期内"向工业社会急剧转变的历史环境中，应当在这样的特殊历史环境中，评价斯大林的功过，认识所谓

---

① 转引自 Михаил Делягин, Значение Сталина для Современного Общества. Круглый Стол,《Однако》, http：//www. odnako. org/blogs/show_ 24218/ 02 марта 2013。

② 同上。

"集体化好不好"的问题。历史上任何巨大进步的取得往往以巨大的牺牲为代价。如同世界上那些著名的战役,为了战争胜利而牺牲的人们,自己原则上是得不到利益的。但伟大的政治家注定不看牺牲和代价,他们只看事件的重要性和结果。斯大林时代付出的牺牲没有白费,俄罗斯至今仍然享受着社会主义现代化建设的成果。部分精英想"去斯大林化",这个目的肯定达不到。

雷巴斯是一位高产的人物传记作家,他的《斯大林:命运和策略》一书被学界认为是一部有重大价值的著作,是俄罗斯最好的关于斯大林的著作之一。此外,他还著有斯托雷平、白党总督古杰波夫、安德烈·葛罗米柯等人的传记。

作家、哲学家米哈伊尔·韦勒认为,近年来以如此激烈的、高调的姿态讨论斯大林的历史作用,是由于当代政府未能制定出有效的发展政策,而且服务于大多数人的政治目标一再降低。在发言中,他联系俄罗斯历史、世界历史,用历史的方法和经验分析了斯大林问题。

韦勒说,人不能同时做所有的事情。一位伟大的统治者,克服巨大阻力以推行改革,这并不是因为他多么人性化和明智,而四周都是愚蠢的混蛋。相反,这是社会发展的客观要求。对于某些时期来说,动荡不安是时代的必然。腐朽卑污的社会被荡涤后,国家会进入一个相对平稳的时期。希腊、罗马、波斯的历史都如此。虽然变革是历史发展的必然,但是变革依然伴随着巨大的阻力,这是社会惯性和历史规律。斯大林时代,国家就面临着需要变革的严峻局面,也必然要经历动荡的历史阶段。大多数处在13世纪的民族,都遭受过蒙古人的侵略,成吉思汗是那时的法西斯。但是在蒙古历史中成吉思汗是最伟大的历史人物、强国的建设者,他拓展了面积最大的帝国。再如,为什么意大利人需要恺撒?他离开我们不止2000年了,但是,人们对他的评价仍然极高。对历史上每一个执政悠久的国家领导者的认识都如此。如同凡人那样,这些伟大的历史人物也希望个人生活幸福,但实际做起来,有时会损害自己的利益,有时只能根据个人的需要,最大限度地重组自己周围的一切。一个历史人物的生命意义在于他与某种大的、总体事物发展变化的特殊联系。历史评价对此的关注自然应更多、更高、更重要。相对于生命意义的实现,人们不会介意某个历史人物当时采取的具体措施及其造成的生活状况。

韦勒说,一直以来,当人民相信斯大林是一个"超人"、高呼"斯大林万岁"时，他们这样做是发自内心的。人创造了这样一种方式，人对自己的社会进行分类。群体从他们的行列里选择领导者，然后自身臣服于他。斯大林仅仅是因此而第一次成为苏联力量化身的领导者。斯大林研究为什么会历久不衰，总被人记住，总是被写成不同的小说和剧本？因为俄罗斯人通过他自身的巅峰时期，体察到"俄罗斯是不朽的"。像伟大的拿破仑时期的法国，俄罗斯的伟大时期也不人性化，没有风度，不是很好，但苏联时代成就了国家的伟大和力量。

主持人米哈伊尔补充说：俄罗斯的"斯大林热"之所以持久不衰，最主要的还是因为本国的当代领导过于平庸。如俄罗斯人仍然穿着斯大林时期的军大衣，斯大林去世 60 年了，新的服装行业还没有建立起来。一些在斯大林去世后暂停的社会机制，如当时被称为小企业的合作，以及用于军事工业综合体和其他许多领域的规划体制和经济核算体制，今天还在运用。

俄罗斯历史学家及社会学家、作家安德烈·伊里奇，以及当代俄罗斯著名记者、左翼政治活动家阿纳托利·巴拉诺夫都认为，"斯大林热"持续不衰的主要原因在于，斯大林是俄罗斯的形象，而且这个形象无人可替代。斯大林的形象对俄罗斯来说，就是那个时代的缩影，凝聚了他们这一代人一生中可能发生的一切。

伊里奇说：苏联解体已经 20 年了，伴随"去斯大林化"的运动，苏联被破坏，"去斯大林化"造就了改革的无赖。20 年来这些人始终煽动反斯大林的情绪。他们为什么会如此讨厌斯大林？他去世 60 年了，苏联解体也 20 年了，出现这种现象有一个非常重要的因素，斯大林不只是一个人，而是一种社会历史现象。斯大林在世时，自己也明白这一点。当斯大林的儿子瓦西里抱怨，学校里有对他不好的态度和低的评估时，斯大林告诉儿子，你虽然是斯大林的儿子，但不是斯大林。甚至斯大林自己也不是"斯大林"，他指着自己的肖像说：这里是"斯大林"。历史地看，斯大林是俄罗斯社会发展关键时期的一个关键人物。如当年亚历山大·雅科夫列夫说，他们打碎的不是苏联，而是通过打碎主要人物斯大林，来打碎成千上万年俄罗斯历史积累的一切范式。斯大林是这样的人：1927—1929 年，他把国家从世界革命引导到一国建设社会主义；1943—1944 年，他领导苏联人民击败了德国的侵略；并于 1952 年使国家经济得以全部恢复，不是像西方经济学家预言的那样，要用 20 年，而是只用了 7—8 年。此外，斯大林展示了对西方主导的全球化一个真正的替代方案：一派反资本主义的、非帝国主义的苏联社会主义前景。伊里奇说，戴高乐的特勤局长米勒博金曾说，1917 年后，俄罗斯经历过许多噩梦，那里发生的最积极的事情，就是列宁及后来斯大林建立的国家。斯大林给了俄罗斯一个梦幻般的礼物，缔造了苏俄几十年的强国形象。16 世纪当俄罗斯作为一个大国出现时，欧洲政治中心的政策就是使俄罗斯欧洲区"无人化"，消除地缘经济和政治的对手是他们的客观需要。1991 年西方联手终于使苏联解体，尽管如此，俄罗斯仍然有核武器，仍然有一个斯大林奠定的基础。这就是为什么 20 年过去了，斯大林仍然处在时代中心的最重要原因。

三　当代俄罗斯在斯大林问题上要记取的教训

俄罗斯政治家、作家尤里·博尔德列夫从媒体利用斯大林时期的严重错误操纵社会舆论这一现状，着重谈了当代俄罗斯要高度警惕的问题。他指出，像对任何强有力的人物那样，对斯大林的评价权，高度集中在政府、寡头联合控制的大众媒体手中，它们利用发达的技术操纵社会，并不断强硬地分裂社会，在社会分裂的状态下，毁灭着俄罗斯人的社会意识。他举例说，一个在大型国防企业做领导的朋友，诚实、优秀、聪明，朋友的母亲当年因为说了农场的坏话而被杀死。此后，当遇到斯大林的问题时，这个朋友都不能克服斯大林是他家庭敌人的感觉。对斯大林持负面评价的绝大多数俄罗斯人，处于一种是否愿意接受这一切的矛盾心理。这样说并不是要贬低斯大林的作用，谴责他。正是因为这个矛盾，有人不断抛出有针对性的讨论，企图分裂社会。他再次提醒俄罗斯人民，当前的任务是社会团结和振兴国家，不容许来自外部和内部的势力利用斯大林问题分裂俄罗斯社会，使俄罗斯成为外部势力的傀儡。

博尔德列夫强调：第一，俄罗斯人民要理解斯大林的象征意义，无论如何，这个人建设了一个有强大实力、目标明确的国家。第二，评价一个历史人物离不开他所处时代的潮流。当斯大林及苏联在展示自己的力量时，英国也在一切领域拓展和延伸其影响力，法兰西帝国也在为自己的利益进行斗争，20 世纪 40—50 年代摧毁了旧帝国的美国，更试图创造新的帝国主义机制。俄罗斯在评价历史人物时，没有必要走极端，他们每个人都承载着自己的历史使命，都有自己建立新世界秩序的想法，并尽最大努力将其付诸行动，这无可指责。为此而指责苏联、斯大林，没有道理。第三，当代俄罗斯要注意一个非常重要的现象，斯大林的形象常常被用于蛊惑人心，甚至做一些完全相反的关联。当前俄罗斯最大的危险是，搞阴谋诡计的人一方面分裂社会，另一方面控制着社会，试图再次控制民意，攫取、利用民众。从这个意义上说，重要的是当代俄罗斯人必须看到，斯大林是那个时代凝聚整体的形象，是一种不惜以任何方式防止国家可能出现危险的力量的化身。

雷巴斯说，苏联崩溃20年来国家发展的结果已经表明，俄罗斯走错了路。当代俄罗斯严峻的形势，意味着争取人们思想的紧迫性。雅科夫列夫在他的最新著作中如此说过，他们想以"好的列宁"打败"不好的斯大林"，然后以"好的普列汉诺夫"打败"不好的列宁"，再以"不好的普列汉诺夫"从总体上抹黑苏维埃政权。西方政治学家布热津斯基为了破坏俄罗斯，把希特勒等同于斯大林，这种谬论也成功地渗透到了社会生活中。因此，争取人们的思想，客观认识斯大林对历史和当代的重要作用和影响，是今天面临的一场真正的战斗。斯大林没有参与其中，他应该是历史学家、档案学家的研究对象。

四 当代俄罗斯应该历史地看待斯大林问题

巴拉诺夫认为，斯大林所犯错误有其时代的局限性，而当代政治精英反对斯大林的动机却是极其阴暗的。他说，斯大林是一个有坚定信念的人，这在当今俄罗斯政界是极其缺乏的。斯大林有明确的思想，提出了国家社会政治发展的方向，这些思想和实践活动伴随着他的一生。现在俄罗斯政界反对斯大林的政客不是什么光明正大的人，也不是思想一致的追随者。他们想的是一回事，说的是一回事，而做的又是另一回事。当代政治精英不仅无法同斯大林相比拟，而且同所有与列宁、托洛茨基同时代的政治家都无法相比。因此，很遗憾，当代俄罗斯的政治经济制度转轨，前景并不乐观。

巴拉诺夫指出，列宁、斯大林时期的意识形态不是直线式的，建设共产主义的目的，是要建立一个新的、无阶级的社会，这个社会将消除人对人的剥削，实现这一远大目标需要走漫长的曲折道路。十月社会主义革命胜利后，国家着手实施具体的发展政策。由于环境的变化，有些政策很快需要大幅度调整。例如，列宁被迫实行了极端的战时共产主义政策、余粮征集制，以后又开始实行新经济政策。到了斯大林时期，烦琐、棘手的问题更多，解决起来更需要假以时日。理想和现实总是不一致的，这不仅是斯大林的问题，也不仅仅是布尔什维克的问题，这可能是人类发展的共同问题。因此，当人们回顾这段历史时，没有必要限于庸俗的理解，这段历史已经开创了社会发展新的前提条件，历史将继续以自己的方式为自己开辟道路。

巴拉诺夫说，布尔什维克的悲剧在于，创建了某种先决条件后，不得不面临独特的、极其曲折的发展道路。历史已经证明，曾经创造了自身发展先决条件的资本主义，不可能一下子消除封建残余甚至更早的社会发展阶段的形式。经济自由主义、私有制和企业主的自由，与社会的政治自由、平等、博爱并没有立竿见影的必然联系。美国的奴隶制作为封建主义的残余，保持的时间比其他国家都长，废除奴隶制的残余直至肯尼迪时代才得以成功。先决条件建立后，真正的自由和真正的人权、民主的开始，需要进行非常艰苦和困难的斗争。同样的事情也发生在斯大林时代的苏联。当新建设起来的社会经济制度没有迅速通向自由王国，或者暂时没有建立起通往自由王国的道路，那么，脱离这个新的社会经济制度历史全过程的整体走向，孤立地评价斯大林其人其事，就不会是成功的。这才是问题的本质。斯大林从来没有放弃过马克思主义的信仰和理想，直到最后他都是一个彻底的马克思主义者。理论和现实的差异来源于时代的局限性，这不能不伤害到他。同样，这种差异也伤害了他的环境和社会。

巴拉诺夫认为，资本主义私有制生产关系的矛盾，驱使它迟早会过渡到某种扬弃自己的不同发展阶段。这或许是在马克思主义经典著作中描述的共产主义，或许是某种不同表达的其他形式。无论怎样，这一过渡的历史阶段已经开始，虽然不一定是在俄罗斯。任何这样的过渡阶段，在其漫长历程中都要付出沉重的社会代价。没有理由凭空相信，百年后的社会就能完成历史过渡，因而变得更人性化和先进。在漫漫长路中，过渡成本的历史付出不以人们的意志为转移，更不排除这些成本将显著高于斯大林时代。

主持人米哈伊尔补充说，一位 20 世纪 60 年代的苏联无党派人士，曾经花费了很大精力，通过实验，想以数学模型证明，集体化对于卫国战争是一个悲剧性的错误，斯大林可以选择另外的方案。但结果是，花费了 10

年的时间，却以准确的数学完美地证明：用另一种方式为保卫国家做战争准备在原则上是不存在的。也就是说，只有斯大林关于集体化和工业化的政策，才能避免卫国战争的失败。他引用一位学者的话来这样概括斯大林：如果说斯大林具有残酷性，那是因为他的超责任意识。米哈伊尔最后重申：第一，谁忘记斯大林，谁就是忘记了历史，就是重复地谴责自己。第二，以现代观点来看，无产阶级专政似乎是一件可怕的事情，但在它当年的实施时期，却比现代资产阶级民主更为民主。

众所周知，长期以来无论在俄罗斯国内还是在世界其他各国，学界关于斯大林问题的研究存在诸多分歧，有些观点甚至严重对立。这些严重分歧不能不影响对历史人物的客观评价，不能不影响世界社会主义运动如何正确记取历史的经验和教训。苏联解体20年来，俄罗斯发展历程的艰难曲折，促使俄学者将目光投向历史的宏大叙事，理性地看待曾经被严重妖魔化、被自由派千方百计妄图从人民记忆中抹去的斯大林。从斯大林逝世60周年的研讨会中，我们可以感受到这样一种新气象，研究斯大林问题的科学方法论被适时地提高到首要位置，成为一个突出的亮点。学者们普遍强调，要历史地看待斯大林时期的成就和错误，现实地看待斯大林对于当代俄罗斯的影响和作用。尤其难能可贵的是，学者们又重新开始自觉地运用历史唯物主义的方法论，将斯大林问题的研究置于世界历史进程的大背景下，置于俄罗斯历史发展的曲折道路中，置于人类历史发展的长河中去考量。这对于客观评价斯大林以及客观评价苏联社会主义历史，无疑具有非常积极的意义。

原载《中国社会科学内部文稿》2013年第3期

若干社会主义国家的最新探索

潘金娥　贺　钦　荀寿潇　刘　玥[*]

随着现实社会主义国家新一轮改革实践的不断深化，"什么是社会主义""如何建设社会主义"的历史命题成为社会主义国家亟待解答与创新的时代工程。2010—2012 年，越南、古巴、老挝和朝鲜四国执政党先后召开了党的代表大会，总结和反思本国社会主义建设的历史经验与教训，制定了符合本国国情的中长期发展战略与规划。从总体上看，上述四国执政党主要从思想理论建设、执政党队伍建设、国家经济和政治改革等方面进行了总结和新的探索。

一　坚持理论创新，努力建构具有本国特色的理论和话语体系

把马克思主义普遍原理同本国社会主义建设的具体实践相结合，是社会主义各国的共识。中国共产党努力把马克思主义中国化，提出了中国特色的社会主义理论体系，越南和朝鲜两国执政党在这方面也做了一些探索。

（一）越南致力于构建以胡志明思想为主体的思想理论体系

经过十多年的探索，越共九大正式提出了建立"社会主义定向的市场经济体制"和建设"属于人民、来自人民和为了人民的社会主义法权国家"的经济和政治体制改革目标，并逐步丰富其具体内涵。这是越南共产

---

* 潘金娥，中国社会科学院马克思主义研究院当代世界社会主义研究室主任、研究员；贺钦、荀寿潇、刘玥，中国社会科学院马克思主义研究院当代世界社会主义研究室助理研究员。

党理论创新的成果，也是其努力构建本国话语体系的体现。在越共十一大召开前，由越共中央政治局委员、越共中央理论委员会主席苏辉若主持，旨在形成越共理论体系的一项国家级重大课题就已经展开，并准备命名为"胡志明时代的发展主说"。但由于理论界对"发展主说"的名称有不同意见，因而其最终未能写进十一大通过的修订后的党的纲领和政治报告。但是，新纲领对胡志明思想的根源、胡志明思想的地位和作用做了补充，提出："胡志明思想是关于越南革命基本问题的一系列全面而深刻的观点，是创造性地运用和发展马克思列宁主义于我国的具体条件的成果，它继承和发展了我国民族的美好传统价值，吸收了人类文明的精华，它是我们党和人民无比巨大而宝贵的精神财富，永远照亮我国人民争取胜利的革命事业的道路。"据悉，越南共产党今后还将继续以胡志明思想为基础，形成越南本国的理论体系。

越南还从理论上不断对本国社会主义的特征进行重新概括。越共十一大通过的《越南社会主义过渡时期国家建设纲领》（2011 年增补）将越南社会主义的特征定义为："我们正在建设的社会主义社会是一个：民富、国强、民主、公平、文明的社会；由人民当家做主；有以现代生产力和与之相适应的进步的生产关系为基础的高度发达的经济；有具有浓郁的民族特色的先进文化；人们生活温饱、自由、幸福，并具备了全面发展的条件；全体越南各民族平等、团结、互相尊重、互相帮助、共同发展；建立了在共产党领导下的属于人民、来自于人民和为了人民的社会主义法权国家；与世界各国建立了友好与合作关系。"其中，值得注意的是，修订后的纲领把"主要生产资料以公有制为主体"从越南社会主义的特征中去掉，代之以"现代生产力和与之相适应的进步的生产关系"。由于所有制问题是社会主义的核心问题之一，关于越南社会主义的新特征的规定在越共党内存在不同意见，也引起了我国理论界的关注。越南社会主义的这些变化，值得进一步的研究和观察。

（二）古巴共产党以马克思列宁主义、马蒂主义和卡斯特罗思想为指导

马克思列宁主义、马蒂主义和卡斯特罗思想是指导古巴共产党和古巴人民进行社会主义革命与建设的一脉相承的思想体系。马克思主义是古巴官方意识形态重要的精神内核，而马蒂主义和卡斯特罗思想既是古巴马克思主义本土化的逻辑延续与创新，也体现了古巴民族精神的传承与升华。

何塞·马蒂（1853—1895）是古巴伟大的民族英雄、诗人和思想家，他深刻的时代洞察力源自其丰富的革命实践与思考。马蒂一方面积极投身于解放祖国的革命洪流，奔走于西班牙、美国等地宣传革命思想，组织革命队伍；另一方面高举爱国主义旗帜，笔耕不辍，抨击殖民政府的罪恶。马蒂有关建立"自由的、有尊严的共和国"、世界平衡、追求社会公正平等及"我们的美洲"的思想代表了马克思主义古巴化的历史性丰碑，是卡斯特罗治国思想的重要来源。

菲德尔·卡斯特罗是领导古巴半个多世纪社会主义革命与建设的杰出领袖，也是 20 世纪国际舞台上最具影响力的第三世界领导人之一。卡斯特罗思想主要涉及民族独立、社会公正、国际主义、反帝国主义、全球化、塑造新人、党的建设和军队建设等领域。自 2006 年逐渐淡出政坛后，卡斯特罗仍坚持思考与写作，指导和鼓励古巴人民科学清醒地认识世界形势，创新社会主义制度。我国国内出版的《总司令的思考》（2008 年）、《卡斯特罗语录》（2010 年）等集中代表了卡斯特罗思想的最新成果。

（三）老挝人民革命党越来越注重对凯山·丰威汉思想的研究

老挝人民革命党尽管还没有明确提出本国的思想体系，仍然继续强调以马克思列宁主义为指导，但老挝学者越来越注重对凯山·丰威汉思想的研究。老挝人民革命党党刊《党建》杂志的开篇多数是阐发凯山·丰威汉思想的精髓的文章。其中以凯山·丰威汉关于党建的思想和关于过渡时期经济建设的理论得到的关注最多。由于老挝更多地学习和效仿越南，老党八大前的报告几乎都是请越南理论家帮助其完成的，因此可以预见，一旦越南推出以胡志明思想为主体的理论体系，老挝很可能将形成以凯山·丰威汉思想为框架的老挝人民民主社会主义理论体系。

（四）朝鲜劳动党以"金日成—金正日主义"为指导思想

朝鲜劳动党致力于突破对马克思主义的教条式理解，建立本国的社会主义理论体系。一方面，朝鲜认为"马列主义无法为现实的革命提供现成的答案"，不能教条式地服从马列主义。另一方面，在反思传统马列主义的同时，朝鲜当局强烈批判了与马列主义竞争的伪社会主义派别。

2010 年 9 月 28 日，朝鲜劳动党第三次代表会议决定修改党章。其中，劳动党的定义由"伟大领袖金日成同志创建的主体型的马克思列宁主义革命政党"改为"伟大领袖金日成同志的政党",党的最终目标由"实现全社会的主体思想化和建设共产主义社会"改为"实现全社会的主体思想化和人民大众的绝对自主",删除了"共产主义"字眼。2012年4月11日,朝鲜劳动党第四次代表会议再次修改党章,新党章规定,朝鲜劳动党以"金日成—金正日主义"为唯一指导思想,"朝鲜劳动党是伟大的金日成同志和金正日同志的党",并补充了有关金日成和金正日革命业绩的内容。"金日成—金正日主义",包括主体思想和先军思想。4月13日,朝鲜第十二届最高人民会议第五次会议通过了修改宪法的决定,修改后的宪法仍以主体思想和先军思想作为指导思想。

朝鲜国内学者对主体思想和先军思想的合理性进行了论证。金亨国指出,主体思想是以民为天的思想,这是因为:(1)主体思想有史以来第一次阐明了一个真理,即革命和建设的主人是人民大众,推动革命和建设的力量也属于人民大众,从而科学地论证了世间最珍贵、最有力量的是人民大众;(2)主体思想把人民大众看作革命的主人,坚持一切为人民大众服务,相信人民大众无穷无尽的力量,确定了依靠人民大众的力量推进革命的观点和立场。李政哲论述了先军思想阐明的革命和建设的根本原则,首先强调的是军事先行的原则,其次是先军后劳的原则。沈胜建论述了体现了思想论的朝鲜劳动党先军政治的独创性,认为其独创性在于以两个理论为基础:一是对思想和枪杆子的相互关系的新看法和观点,二是关于革命主体的伟大力量本质上是其伟大的思想精神力量的新看法和观点。

朝鲜国内学者还站在主体思想、先军思想的立场上分析了马克思主义等先行革命理论的局限性。如金德贤就"革命的主力军"问题进行了论述,强调先军的观点,认为革命的主力军是人民的军队,而不是马克思主义理论所说的无产阶级。金尔焕分析了先行革命理论在社会主义和民族主义关系方面的局限性,认为先行社会主义理论将二者视为两种不可共存的思想潮流,只是正确阐明了社会主义与资产阶级民族主义之间的对立,而未能阐明社会主义与民族主义的关系。

我国学者李明杰等分析了主体思想在朝鲜发展中的作用,认为主体思想是马克思主义哲学与朝鲜实践相结合的过程中形成的重要成果之一,既与马克思主义哲学一脉相承,又有其独特的创造与发展,应辩证地看待朝鲜主体思想对"以人为本"的继承与发展,以及它对中国特色社会主义建设理论与实践的借鉴。郭沅鑫指出,长期以来,朝鲜劳动党在以金日成理论为基础构建的"主体思想"指导下，坚持走与众不同的道路，强化朝鲜劳动党的治国之本。

可见，朝鲜劳动党在反思传统马列主义的同时，更加强调建设本国社会主义的指导思想体系和独特的话语体系，这实际上也反映了朝鲜劳动党基于当前朝鲜所面临的国内外环境而做出的应对。

二　加强执政党建设，保持党的先进性

加强执政党的建设是现实社会主义国家增进党和国家民族的团结、有序推进社会主义建设的共同经验和根本保证。过去几年来，越南、古巴、朝鲜和老挝四国的执政党都在理论与实践方面做了积极的探索。

（一）越南共产党召开十一届四中全会，加强整顿党员队伍和党风建设

越共一向重视党风建设，以提高党的战斗力。2007 年以来，越南在全国范围内掀起了"学习和践行胡志明道德榜样运动"，越共十一大决定把这项运动长期进行下去。2012 年 2 月，越共召开了专门讨论党风建设问题的十一届四中全会，再次掀起了全面、大规模、大力度的整党运动，提出今后要大力转变党的建设工作，继续落实好党的十一大提出的党的建设的"八项任务"。与此同时，还要解决好以下三个问题：第一，要杜绝和抵制部分党员干部政治思想、道德和生活作风退化的现象，以提高党的领导能力和战斗力，巩固党员的信心和人民对党的信心。第二，加强各级领导和管理干部的队伍建设，以满足工业化、现代化事业和融入国际的要求。第三，明确区分各级党委最高领导人和各级政府机关首长个人与党委、机关和单位之间的权力和责任，继续革新党的领导方式。决议还明确提出了解决上述问题的具体办法。其中最值得注意的是，要求从中央到地方的各级党员干部，尤其是管理和领导岗位的领导干部，要做好批评和自我批评工作，特别强调中央领导要发挥模范带头作用。从 2012 年 7 月份开始，越共已从政治局开始自上而下地逐步开展该决议的实施工作。这份决议具有很强的针对性，力度也空前强大，如果能够真正落到实处，无疑将提高党员干部队伍的素质。然而，在推行的过程中，必定会遇到不少的障碍和阻力，其实际效果目前还难以下定论。

（二）古巴共产党召开第一次全国代表会议，讨论党建和思想观念转变问题

2012 年 1 月 28—29 日，古巴共产党首次召开全国代表会议，重点讨论了古巴共产党的建设及思想观念转变等议题。会议通过的《古巴共产党工作目标》指出，古巴共产党是古巴社会和国家的最高领导力量，是革命的合法成果，是有组织的先锋队；古共是马克思主义、列宁主义的党，是马蒂思想的党，是古巴唯一的政党，其主要使命是团结所有的爱国者建设社会主义，保卫革命的成果，并为在古巴和全人类实现公正的理想而继续斗争；古共第一次代表会议的任务是以客观和批评的视角来评估党的工作，锐意革新，积极进取，使党的工作与时俱进。会议还明确了古巴共产党未来的工作方向和目标，强调党建工作的重要性，即从党的领导、组织和思想上确保经济模式"更新"的路线、方针和政策的贯彻与执行。会议决定，党和政府主要领导人实行任期制，任期最多不超过两届，每届五年，这意味着古巴将结束事实上的领导干部终身制。

（三）老挝人民革命党积极开展党建研究与思想政治工作

老挝学者万赛分析了老挝人民革命党的组织机构，指出老挝目前中央、地方和基层的金字塔式组织机构在特定时期有利于国家发展，但随着革新开放的深入，出现了由机构臃肿、党政职能不分派生的诸多问题。因此，他认为应该按照以下思路改善老挝人民革命党的组织机构：（1）实现执政党领导程序法制化；（2）根据本国国情循序渐进地走老挝特色的改革之路；（3）明确党政的职能设置和分工，使党既能发挥领导作用，又能避免和国家其他机关作用重合。

（四）朝鲜劳动党召开会议修改党章，加强党的组织建设

朝鲜宪法规定，朝鲜民主主义人民共和国建立在以工人阶级领导的工农联盟为基础的全国人民思想政治的统一之上，朝鲜民主主义人民共和国在朝鲜劳动党的领导下进行一切活动。朝鲜劳动党自 1980 年六届一中全会以来，一直没有对领导机构进行大规模调整，30 年来，劳动党中央不少成员相继辞世。2010 年 9 月 28 日，朝鲜劳动党召开第三次代表会议，选举产生了最高领导层，健全了朝鲜劳动党的中央组织。会议通过的《关于修改朝鲜劳动党党章的决定》补充了党章中关于党员义务、各级党组织工

作、强化党对人民政权和青年同盟的领导、提高朝鲜人民军内部党组织作用等内容。2012 年 4 月 11 日，在朝鲜劳动党第四次代表会议上，根据修改后的新党章，朝鲜劳动党新设劳动党第一书记一职，规定第一书记作为党的首脑，代表和领导朝鲜劳动党，贯彻落实金日成和金正日的思想和路线。

三 深化改革，谋求发展，维护稳定

处理好改革、发展和稳定之间的关系，是社会主义国家谋求健康、持续、快速发展的前提和共同要求。过去几年来，越南、古巴、老挝和朝鲜在推进社会主义建设和改革方面各有特色。

（一）越南经济和政治革新进入深水领域

在经济方面，越南在过去 26 年的改革过程中经济革新成就显著，但也积累了一些问题，而且日益显现。越共十一大报告把这些问题概括为："经济发展还不稳定，质量、效果和竞争力低下，按照工业化、现代化方向调整经济结构进展缓慢，宏观指标不够平衡，分配制度还有很多不合理之处。"为此，越共十一大通过的《2011—2020 经济社会发展战略》提出了进一步深化经济改革的设想，其中比较具有创新意义的是提出了"五个发展"的观点：第一，快速发展要与可持续发展相结合，可持续发展是贯穿发展战略的一个要求；第二，要同步、协调进行经济革新与政治革新，目标是在越南建设一个民富、国强、民主、公平、文明的社会主义国家；第三，扩大民主，最大限度地发挥人的作用，把人看成发展的主体、主要力量和发展的目标；第四，伴随着日益提高的科技水平，大力发展生产力，同时完善社会主义定向的市场经济的生产关系；第五，在日益广泛而深入地融入国际的条件下，坚持建设更加独立自主的经济体制。与此同时，该战略还确定了今后需要突破的三个重点环节，即完善社会主义定向的市场经济体制、发展人力资源、加强基础设施建设等。本文认为，越共十一大提出的这"五个发展"的观点体现了越南的社会主义目标和时代发展要求，"三个突破"则抓住了越南经济存在问题的关键之处，只有在这三个方面真正实现突破，越南经济发展的空间才能打开。然而，在全球化背景下，国际经济危机对越南经济造成冲击，当前，越南政府正设法应对来自国有企业和金融领域出现的亏损等棘手问题。由于上述两个领域属于经济发展的方向性问题和核心问题，因此越南能否按社会主义方向完善经济体制并推进下一步的经济革新，关系重大。但在这一点上，越南理论界和政府主管部门的意见不尽一致。

在政治领域，越共十大以来，越南的政治体制改革明显加快，引起学者的广泛关注。有学者对越南当前加大民主进程持肯定态度，认为越南实行的民主是"可控的民主"。清华大学的陈明凡认为，民主化是越南政治革新的一条主线，越南共产党总结国内外历史经验和教训，选择了适合本国国情的社会主义民主化道路。越南的许多做法和经验对我国具有借鉴意义和参考价值。2011 年 1 月越共十一大召开，我国不少学者认为此次会议标志着越南革新取得突破性进展。如广西大学学者黄骏提出：越共十一大的召开对于越南今后的发展具有重要的意义，越南今后改革的走向将是坚持革新开放路线，创造性地运用和发展马列主义；在大力发展经济的同时重视有效增长及可持续发展，注重社会的和谐稳定发展。同时，越共将继续加强党的领导力和战斗力，进一步改善党和政府的管理，不断扩大和加强与各国及各政党间的多样化关系。陈元中等学者认为，越共十一大在发展社会主义过渡时期的基本理论、丰富社会主义定向的市场经济理论、强调发扬社会主义民主与发挥全民族大团结的统一、建设思想纯洁和政治坚定的党等方面做出了创新。

本文认为，以上对越共十一大的评价过于简单。实际上，越南关于社会主义观点的变化究竟是进步还是倒退，还有待进一步观察。

（二）古巴谨慎探索经济模式更新

自 2011 年 4 月古巴共产党第六次全国代表大会公布《古巴党和革命的经济和社会政策纲要》以来，古巴新一轮经济改革——社会主义经济模式更新——正式拉开大幕。此次改革旨在解决长期困扰古巴经济和社会发展的诸多体制弊端和结构性矛盾，为古巴进一步巩固和完善社会主义制度扫清障碍。哈瓦那大学古巴经济研究中心教授李嘉图·托雷斯·佩雷兹认为，古巴经济早在 20 世纪 90 年代初爆发危机前的很多年，就已陷入了严重的效率低下和外部依附（尤其是资源和金融依附），近 20 年来，古巴基础设施建设领域生产成本居高不下，经济效益持续恶化，生产力受到严重束缚。启动古巴社会主义经济模式更新，是以劳尔为中心的古巴新一代领导人勇于创新的战略选择，具有深刻的历史必然性与紧迫性，改革成败将直接决定古巴社会主义的前途与命运。

古巴社会主义经济模式更新将坚持社会主义计划经济体制，并考虑合理利用市场因素，在维护社会公平的基础上追求经济效率与活力。调整收入分配、改革双重货币体制是古巴社会主义经济模式更新亟待解决的两大社会经济难题。此外，古巴新经济模式还力图重启 2000 年前后的经济改革进程，内容包括：鼓励外资，权力下放，活跃国有经济，争取国际贸易多元化；创新和发展农业、服务业等重点领域的生产关系和所有制形式；因地制宜地管理和计划各生产与服务中心的经济活动，改善预算与监管系统，协调各部门的商品货币关系；提高国有企业在融资、技术、市场等领域的竞争力；鼓励个体经济发展，促进就业，深化按劳分配制度；等等。中国社会科学院徐世澄研究员认为，《古巴党和革命的经济和社会政策纲要》统一了思想，达成了共识，为古巴未来的经济变革确定了方向，而经济改革本身力度大、势头猛、涉及面广，对今后古巴的发展具有很大的推动作用。

古巴社会主义经济模式"更新"意义重大，但挑战重重。美国安默斯特学院政治学教授哈维尔·克拉雷斯认为，古共六大公布的古巴社会经济发展纲要首次对古巴的发展瓶颈做出了内源性分析，指出尽管古巴领导人意识到了古巴现有模式的缺陷，但对产权和政治权利的问题仍有所保留。因此，虽然模式"更新"将有助于古巴减少贫困，但无法彻底改变古巴"有平等、无增长"的发展困境，它将成为古巴历史上持续时间较长的改革与调整期。中国社会科学院拉美所研究员袁东振认为，古巴经济模式更新是古巴 30 年改革进程的逻辑延续，古巴的改革开放取得了显著成就，但在改革进程中也出现收入分配差距扩大问题以及卖淫、腐败、盗窃等不良现象，古巴"改革"是困难时期被迫做出的调整或开放，是暂时的"让步"，具有一定的应急性、阶段性特征，因此，困难一旦缓和，政策就会出现反复。古巴哈瓦那大学古巴经济研究中心教授李嘉图认为，古巴沉重的历史遗留问题在一定程度上制约着古巴今天的改革路径与成效，指望一个文件就能同时解决所有问题是不现实的，但纲要的提出确实向前迈进了一大步，纲要的实施将是一个巨大的挑战，因此要保持必要的灵活性。

古巴启动社会主义经济模式更新一年来，举国上下热议不断，各项措施初见端倪，社会经济总体平稳，但抵制情绪、官僚作风等负面因素时有发生，因此古巴改革远非坦途。

（三）老挝确定未来发展的突破口

老挝人民革命党第九次全国代表大会提出了未来 5 年的总体发展任务，期待在解放思想、发展人力资源、改革妨碍发展的行政管理制度以及扶贫四个方面有所突破。大会通过了 2011—2015 年经济、社会和文化的方针和任务，认为当前必须贯彻"建设省成为战略单位、建设县成为全面坚强的单位、建设村成为发展单位"的方针。

老挝中央政治局委员坎培·班玛莱通在老挝《人民报》上发表了题为《思想突破的理论思路在于发展》的文章，阐释了"四个突破"中的第一个突破的理论和实践意义，认为思想突破的提出是国家稳定、持续发展的重要保障。在理论上，思想突破意味着解放思想、开辟新思路、迈出新的发展脚步；在实践上，思想的突破要着眼于实践，以实践为真理，并最终运用到社会主义建设事业中去，具体要做到听取多方意见、民主协商讨论社会主义革新开放事业的各项重大问题。最后，作者还特别强调，思想突破的同时要时刻保持警惕，突破是为了更好地建设社会主义，而不是掉转矛头攻击社会主义。

由于老挝的社会主义建设开始较晚，在理论方面也刚刚起步，因而其政治报告偏重于政策的操作性和实践性。但可以预见，今后老挝执政党将越来越注重思想理论建设。

（四）朝鲜酝酿改革开放引猜测

自从 2002 年 7 月朝鲜实施经济管理改善措施以来，外界普遍期待朝鲜走向进一步的改革开放，但朝鲜并未像部分学者预测的那样逐步走向全面的改革开放，而是有进有退。一方面，朝鲜颁布了《国家经济开发十年战略计划》，进一步完善外商投资法律体系，成立国家合营投资委员会，加快罗先经济特区的建设，加强同中国、俄罗斯、东南亚国家和欧洲国家的关系，展现出经济方面改革与开放的趋向。尤其是 2011 年年底金正恩接掌政权后，其年龄、西方留学背景以及不同于以往朝鲜领导人的工作作风，令国际社会对其产生期待。另一方面，朝鲜实行了货币改革，客观上打击了市场势力。2012 年 7 月 29 日，朝鲜祖国和平统一委员会发言人表示，所谓朝鲜"政策改变"和"改革开放"的传闻是无稽之谈，称朝鲜将坚持"主体""先军"和社会主义的道路，依靠自己的力量完成国家统一和建设强盛国家。

无论是从维护国内稳定、确保民心的角度看，还是从维护国家安全的角度看，朝鲜领导人一定会根据国内外环境的变化，对经济政策进行调整，推动经济发展，对这一点，中外学者已达成共识，但对朝鲜会如何实现这种变化，学者们观点不一。王志伟认为，朝鲜希望通过朝鲜半岛核问题来推动安全问题的解决，同时寻找一条能够推动经济发展、适合朝鲜国情的渐进的改革发展道路。李善友认为，先军思想与经济改革在朝鲜将继续并存：一方面，在朝美关系依然紧张、朝鲜国内自生的市场因素逐渐成长的过程中，还需要先军政治的动员和压制作用；另一方面，尽管市场的影响增大，但在朝鲜占统治地位的依然是计划经济，国防工业依然在经济中占绝对优势。因此，还不能说朝鲜经济发生了根本性变化，但在未来，如果实现了朝美关系正常化，朝鲜的安全顾虑消除之后，很可能会走上改革开放的道路。邓聿文认为，在内外压力下，朝鲜不排除会选择某个点试探性地进行对外开放，但朝鲜不可能像30多年前的中国一样，把改革尤其是开放上升为国家的根本国策，因为朝鲜已丧失了中国当年决定推行改革开放的内外环境和条件，一旦实行改革开放，朝鲜将很难避免大规模的社会抗争和社会运动。不开启这个转轨进程，是朝鲜现政权最保险的做法。斯坦福·哈格和马库斯·诺兰德则通过数据证明，虽然朝鲜政府还没有大张旗鼓地实行改革开放，但朝鲜的经济和社会已经悄然发生了变化。尽管朝鲜中止了经济改革并制造了第二次核危机，但朝鲜经济的对外开放程度明显提高了。

本文认为，朝鲜目前的确在进行一些经济的调整，也取得了一定的成效，并在2011年实现了小幅增长。但是，朝鲜的经济调整仍然只是局部的，并未成为全党全国的共识。朝鲜经济依然面临着各种困难：缺乏资金、缺乏能源和生产资料，缺乏有效率的经济管理机制和资源配置机制，等等。在维护国内稳定和国际安全的双重考虑下，朝鲜政府不太可能实施全面的改革开放，但会根据本国国情继续进行小幅调整，并通过建设经济特区实行局部开放，从而获取经济发展所需要的资金、能源、生产资料以及先进的管理方法。

四 结语

近几年来，在资本主义世界经济动荡的背景下，社会主义各国也难以置身世外，越南、古巴、老挝和朝鲜等国的经济或多或少受到了一定程度的影响。这对于社会主义国家的发展来说既是挑战，同时也是各国推进改革的契机。目前，包括中国和上述四国在内的世界上五个社会主义国家都根据自己的国情或大胆或谨慎地进行着不同程度的改革。毫无疑问，社会主义改革的进程是艰难的，既要把握好方向，同时又要有新的突破，因此需要承担一定的风险。考察和分析国外社会主义国家的改革和发展现状，将有助于我们积极开拓建设中国特色社会主义的思路，吸取经验和教训，在改革的过程中尽量避免走弯路。

原载《国外理论动态》2013 年第 1 期

试论西方社会主义运动的发展前景

刘向阳[*]

从历史上看，资本主义的每次经济危机和随之而来的长期停滞都能激发一轮强大的社会主义运动的兴起。这场由美国次贷问题引发的金融危机沉重打击了资本主义制度，由危机带来的社会冲突和社会动荡也遍布整个西方社会。这种情况是否预示着社会主义运动在西方的复兴？

一 金融危机与社会主义运动的必然性

很多西方学者认为，当前的金融危机不是生产过剩的危机，只是虚拟经济的危机，是发达国家物质生产能力不足的问题。他们由此宣布马克思主义的经济危机理论已经过时，从而否认社会主义的历史必然性。

实际上，从美国的"次贷危机"到后来的"金融危机"，再到欧洲的"债务危机"，只是资本主义经济危机的现代表现形式，其实质仍然是生产过剩的危机，并未超越马克思的逻辑。因为生产资料的私人占有导致劳动与资本之间收入分配的两极分化，贫富分化导致购买力不足，购买力不足说明资本主义生产的相对过剩。为了提高购买力增加有效需求，只好借债消费。随着债务越来越多，违约率不断上升，金融危机终于爆发。

作为资本的总代理人，资本主义国家的政府行为主要以提高资本的利润为导向，工人地位被不断降低，社会福利日益受到限制。这种态势造成了一种以利润增长和工资停滞为特征的资本扩张，同时出现了剩余价值的创造条件与实现条件之间的矛盾。利润增长与工资停滞相结合产生了一个与需求相对的潜在生产过剩的危机。为了应对这个危机，"透支消费"和

---

* 刘向阳，中国社会科学院马克思主义研究院当代世界社会主义研究室助理研究员。

"财政赤字"（国家层面上的透支消费）成为西方社会普遍采取的办法。从实际结果来看，"透支消费"暂时填补了收入与消费之间的缺口，取得了明显的效果，一定程度上掩盖了资本主义扩大再生产与有效需求不足的矛盾。但"透支消费"不能从根本上解决"生产过剩"的问题。因为有效需求不足的根源在于资本主义内在矛盾，"透支消费"只是把资本主义内在矛盾的爆发从当下推到了未来。

由于资本的全球化，全球范围内的生产过剩与某些国家内的生产能力不足并不矛盾。随着以制造业为中心的物质生产不断向国外转移，大量资本转移到利润更高的金融服务业，一些发达资本主义国家出现"产业空心化"现象，使物质生产在国民经济中的地位急剧下降。在物质财富没有增长甚至减少的情况下，用货币来衡量的财富却高速增长。大多数的富裕国家只是货币财富较多的国家，不一定是物质财富较多的国家。国外有学者曾指出，一个国家的经济最重要的就是要有"生产性"，这种"生产性"不仅是霸权国家盛衰的重要基础，也是一般国家经济繁荣与衰退的基础。仅从表面来看，发达资本主义国家的这次金融危机有其历史、体制等原因，但首要原因是这些国家缺乏物质生产的强力支撑。

资本主义当前的危机是全球化资本主义历史中的第四次机体危机，再次证明生产社会化与生产资料私人占有之间的矛盾在资本主义的框架内无法克服。资本主义的这一固有局限性，使社会主义取代资本主义成为历史的必然。西方的财政紧缩和长期的经济停滞，已经导致西方社会的反紧缩抗议活动和自发的占领运动的常态化，这些为推动新的社会主义运动的发展提供了机会，并再次把社会主义取代资本主义置于世界政治议程上。

二　西方现状与社会主义运动复兴的可能性

随着金融危机的深入发展，西方国家普遍出现了经济增长停滞、失业率畸高、贫富差距扩大等问题，特别是劳资矛盾日益激烈，社会主义运动呈现出复兴的迹象。

社会主义话语在西方的重新流行，为社会主义的复兴提供了舆论铺垫。对于此点，马克思的《资本论》在西方的畅销及马克思多次被评为千年伟人是最有力的注解。左翼组织和学术机构，通过举办一系列国际研讨会，如美国纽约左翼论坛、巴西圣保罗论坛、国际共产主义者研讨会、社会党国际大会等，对资本主义经济、社会、政治模式进行反思，深入探究资本主义危机与社会主义前景等重大现实和理论问题。正是左翼人士和这些论坛为社会主义鼓与呼，才使社会主义理念日益深入人心。

工人阶级开始觉醒，主要表现是反紧缩运动和自发的占领运动风起云涌。这些运动的参加者多是地铁工人、环卫工人、快递工人之类的蓝领工人和提供公共服务的政府雇员，行业多是为资本主义生产服务的第三产业，诉求多是反对裁员、增加薪资和抗议政府的财政紧缩政策。与历史上资本主义经济危机所引发的罢工运动相比，不但罢工的主体（以前主要是生产领域的工人）不同了，罢工的频率降低了，罢工活动的持续时间也变短了，而且参与罢工活动的劳动者人数也有所减少。同时，罢工运动的影响与结果也不相同。由于发达资本主义国家的阶级矛盾总体上趋于缓和，阶级间的激烈对抗并不突出，通常采取劳方向资方做出更多妥协的方式来进行。

当前发生的罢工和示威，从表面上看是劳动阶层面对生存状况恶化而寻求自我保护的直接反应，仍然是一种为捍卫自身经济利益而采取的经济斗争。但是，以"消灭私有制"为目标的社会主义和共产主义，以工人阶级为力量的"革命的"社会主义，这样的"社会主义不通过革命是不可能实现的"。由于主客观条件尚不具备，这些抗议活动一开始就显得轰轰烈烈，但很难演化成颠覆资本主义制度的政治斗争。虽然西方发达国家的工人运动主要表现为经济斗争，但是它的积极意义是值得肯定的。经济斗争是政治斗争的前奏，经济斗争也是社会主义运动复兴的前兆。

社会主义运动的新组织方式开始萌芽。

"占领华尔街"原本是加拿大的广告克星媒体基金会在它的网站上提议的一个构想，公布不久就有上万人在互联网上回应，最后演变为一场规模巨大、影响广泛的"占领一切"的运动。占领运动的发起倡议最初发布在网络平台上，随后通过互联网和移动通信的传播，获得了一定的响应；运动的最初照片和视频又通过互联网传播，获得了更多的支持和参加者的进入；现场的参加者通过互联网与移动通信与更多的网友进行直播式的互动交流，又获得了新的支持者和参加者。如此循环，关注者、支持者、参加者越来越多，社会影响越来越大。"占领运动"也许不是传统意义上的社会主义运动，但社会主义运动可以利用互联网更迅速和更有效地聚集工人阶级，从而产生更广泛的社会影响。可以说，便捷的互联网社交媒体是现在的和未来的社会主义运动不可缺少的工具，是一种新的组织方式。

有利于社会主义复兴的因素和迹象还有很多，如果能在下述几个方面积聚更多的正能量，西方社会主义运动的前景更令人期待。

（一）替代领导力量和外部环境的问题

冷战结束以来，以共产党为代表的传统意义上的左翼力量普遍遭到削弱。近年来，西方左翼政党的政治立场趋于温和，政党政策对传统的工人阶级和新兴的中产阶级都缺乏吸引力。从当今资本主义世界的实际情况来看，西方国家的一些共产党组织沦为一部分信奉马克思主义的知识分子的学术沙龙。在金融危机爆发以来的示威和罢工活动中，只有极少数行动是没有任何组织领导的工人的自发行为，大规模的、产生一定影响的罢工抗议都是由各种各样的工会组织的，共产党等左翼组织的影响很微弱。实际上，资本主义的工会更多的是在孤立和压制工人的行动，阻止工人团结起来反对其共同敌人——资产阶级。新的社会主义运动的替代领导力量尚处于萌芽中。

与冷战时期相比，社会主义运动的外部环境发生了重大变化，主要是失去了来自苏联等社会主义国家的直接或间接的物质支持和舆论支持。现实中的社会主义国家对资本主义制度没有形成巨大的挑战力和威慑力；对资本主义国家的劳动大众来说，也没有强烈的吸引力和感召力。因此，虽然发生全球性的金融经济危机，但资强社弱的国际格局并没有多少改观，因而社会主义运动的外部环境也没有实质性改善。

（二）中产阶级对社会主义的态度问题

金融危机爆发以来，中产阶级虽然不断受到挤压，越来越多的人滑向社会底层，但仍然是西方资本主义社会的主体人群。中产阶级作为西方舆论的时髦术语，本身就是一个模糊的阶层划分，从资本与劳动的矛盾关系来看，他们中的绝大部分最适合被称为"劳动大众"，也就是工人阶级。国外有学者认为，当今资本主义剥削的主要方式已从对劳动时间的剩余价值榨取转换为对知识产权的私有化或对其他资源的垄断所带来的租金的占有，非物质的智力劳动产生了一个新兴的工薪资产阶级。他们虽然出卖自己的劳动力，但分享着新技术带来的工资和特权。在他们看来，资本主义的问题不在于其收入和财富的不平等制度，而在于其经济体系的不稳定。

处于社会中间的政治与经济地位，决定了中产阶级的大多数并不热衷传统意义上的工人运动，而赞同对资本主义进行改良。中产阶级代表着先进生产力，是主要的社会财富创造者，也是各种社会活动的主要参与者。社会主义运动离不开中产阶级的关注与参与。

中产阶级在政治生活态度上的冷漠性和利己性使西方社会"碎片化"，工人阶级（中产阶级中的绝大多数）作为一个整体从事政治行为的能力被削弱，难以对社会主义运动的复兴施加更大影响。中产阶级认为个人的日常生活和政治活动之间有一定差距，对政治不感兴趣，对意识形态越来越冷淡。这一点可从下面有关"社会主义"的图书出版情况窥见一斑（见表1）。

（三）社会主义话语的影响力问题

从2008年的金融危机开始，西方社会有关社会主义的出版物每年呈递增趋势（见表1）。在亚马逊网上书店，标题中有"Socialism"一词的公开出版物累计达30300多种。

表1　2006—2012年亚马逊每年新增标题中有"Socialism"一词的公开出版物统计

亚马逊每年新增"Socialism"出版物						
年份	2006	2007	2008	2009	2010	2011	2012
数量	633	915	944	1933	2257	1617	1960

这种情况说明，西方社会还有一部分知识分子在反思资本主义的固有缺陷和探索社会主义的现实问题。没有革命的理论，便没有革命的行动，这对西方的社会主义运动的复苏来说是利好的消息，但同时也不能忽视社会主义话语在西方曲高和寡的窘境。亚马逊网上书店的"平均顾客评论"（Avg. Customer Review）的多寡可以近似看作某种图书的销售数量和读者的关注度，在以"Socialism"作为标题的图书中，截至2013年2月5日，有评论的图书10744种，评论次数在4个以上的只有19种，10个以上的只有5种，25个以上的仅有3种，*Liberty Versus the Tyranny of Socialism：Controversial Essays* 是评论次数最多的一本（27个评论），绝大部分图书只有1个评论。从上面的数据可以近似得出这样的结论："Socialism"一类的图书销售情况并不乐观，也从侧面印证了西方社会对社会主义相关问题感兴趣的读者人数并不很多。这种局面表明，已经知识化的中产阶级对资本

主义社会的主流价值与现存秩序有着较强的认同感，缺乏对社会主义的热情。西方资本主义国家通过公共舆论和教育体制不断灌输资产阶级的生活方式和价值观念，使资产阶级意识形态日益生活化和文化化。社会主义运动如要复苏，工人阶级必须彻底摆脱资产阶级意识形态的控制和影响。

三 资本主义的自我调整与社会主义运动的长期性

从本质上来说，社会主义运动是随着资本主义生产力的发展而引起的社会变革运动。资本主义的生产力与生产关系的矛盾运动影响着西方社会主义运动的发展，决定其高潮与低潮、胜利与挫折。

在发达的资本主义世界，一直没有发生社会革命，其中的原因，首先是西方发达国家的普遍富裕。在社会动乱中，损失最大的是普通公众，社会革命的代价过高，人心思稳是大势所趋，这是经济增长和财富积累的必然结果。解决了生存问题的大多数人一般是没有革命意愿的，而绝对贫困的人只是西方社会中的少数，他们所代表的不是先进生产力，即使有革命的意愿，也没有发动革命的能力。

社会主义、共产主义是建立在生产力的巨大进步基础上的。虽然发达资本主义国家"普遍富裕"，但是离马克思、恩格斯所描述的"各尽所能，按需分配""每个人的自由发展是一切人自由发展的条件"的理想状态还很遥远。要达到或接近这个理想状态，即物质财富的巨大增长、社会的全面进步和人的全面发展，包括资本主义在内的人类社会还要奋斗相当长的一段时期。

资本主义在其发展的历史进程中出现了多次大转变，每次转变都使生产关系发生重大调整，使生产力出现飞跃发展。在资本主义的以往调整中，"福利国家"显然是成功的。发达国家的社会福利从无到有、从少到多，甚至实现从摇篮到坟墓的全面保障，这是人类社会的巨大进步，是值得肯定的。当然，"福利国家"之类的自我调整只是在资本主义私有制允许的范围内所做的局部改良，没有也不可能消除资本主义的内在矛盾。但是"福利国家"对社会主义运动的长期抑制作用是客观存在的。

从历史经验来看，资本主义的自我调整将是一个持久的过程，与之相伴随的替代资本主义的社会主义运动也是一个大跨度的历史时代。资本主义从诞生至今已有500多年的历史，作为一种社会形态，与中国封建社会长达 2000 多年的历史相比，还是一个少年。通过自我调整，资本主义还有继续创造更高生产力的潜力，还是能够应对这次经济危机的，问题的关键是如何进行调整和恢复活力的时间长短。面对这次经济危机，美国总统奥巴马形象地描述为资本主义患了心脏病，虽然病人活过来了，正在渐渐康复，但是康复的速度非常缓慢。

人类社会的进步是极其缓慢的，翻天覆地的社会变革是相对的、暂时的。一次危机、一次动荡，不可能撼动资本主义制度。由债务危机引致的社会冲突和社会动荡，会慢慢唤醒劳动大众的阶级意识和革命意愿。在此背景下，工人阶级统一认识，实现劳动大众的广泛联合，共同反抗压迫和剥削。从这层意义上来说，金融危机或许成为西方社会主义运动复兴的一个契机。

原载《人民论坛》2014 年第 12 期

关于经济危机下世界青年
抗议浪潮的思考

宋丽丹[*]

目前，全球15—24岁的年轻人数量占人口总数的1/6以上，[①] 即12亿左右。他们的经济地位普遍较低且无保障，更容易成为资本主义经济危机的受害者，因而他们的反抗也更为普遍和激烈。在2007年美国次贷危机爆发前后，出现了一个以游行示威、学潮甚至骚乱为主要形式的海外青年抗议浪潮。

一 海外青年抗议浪潮的规模和特点

本文中的海外青年抗议指以青年为主体，不是由工会或政党组织的社会抗议活动。

首先，此次海外青年抗议浪潮的高涨，表现为短时间内（从2005年至今）在多国大规模爆发并迅速遍及全国，具有全国甚至国际影响。参加者从数万到数百万人，其中欧洲的学生运动涉及的国家最多，规模也很大，并且相互响应。

其次，发达资本主义国家如法国、英国、西班牙和希腊等连续爆发大规模青年抗议活动，成为海外青年抗议浪潮的热点地区。以警察枪杀无辜青年为导火索，2005年的法国、2008年的希腊和2011年的英国，接连爆发近几十年来规模最大的骚乱。为抗议政府在教育或其他社会领域的新自由主义改革，法国（2006年、2010年）、希腊（2006年6月—2013年）、

* 宋丽丹，中国社会科学院马克思主义研究院助理研究员。

① ［美］大卫·E.布鲁姆：《前途未卜的年轻人——感到受挫和愤怒的全球青年要求实施变革》，《金融与发展》2012年3月号，http://www.imf.org/external/chinese/pubs/ft/fandd/2012/03/pdf/fd0312c.pdf。

意大利（2008 年）、奥地利（2009 年）、智利（2006 年、2011—2013 年）、加拿大（2012 年）、西班牙（2011 年）和美国（2011 年）等，均爆发了所在国 30 多年来最大的学生罢课和示威抗议活动。

此外，人们看到，2011 年年初由突尼斯小贩自焚触发的"阿拉伯之春"，2011 年 9 月的"占领华尔街"运动，2011 年以色列的"帐篷之城"运动，2012 年南非的矿工"暴动"，2012 年年底印度女大学生被轮奸引发的全国抗议和骚乱，2013 年分别发生在巴西、土耳其和瑞典的骚乱……在各国此起彼伏的罢工、游行示威和骚乱中，都有一个鲜明的特点——运动参与者以青年为主，打先锋的学生身影尤为引人注目。

纵观海外青年抗议，不难发现，骚乱的导火索通常与警察的滥杀或执法不当有关，而学潮的起因往往与教育或劳工领域的新自由主义改革相关，这二者的背后都存在深刻的社会矛盾。

先看北方青年的骚乱。2005 年 10 月，两名北非裔少年为躲避警察的追捕不幸触电身亡，在法国造成了长达三周、被认为是自 1968 年"五月风暴"以来法国最严重的骚乱。2008 年 12 月，希腊警察在与青年的冲突中打死 15 岁的少年，引发全国主要城市多日骚乱。2011 年 8 月，英国因一名 29 岁的黑人男青年被警察枪杀，引发近年来规模最大的骚乱。从这三起骚乱来看，发达国家青年尤其是少数族裔青年面临的生存困境，是这些骚乱发生的深层原因。

再看南北青年的学潮。2006 年 3 月，法国各地 30 多万大学生罢课抗议《首次雇用合同》的新劳工法案，并与工人一同组织了有 300 万人参加、自法兰西第五共和国成立以来规模最大的一次游行。2010 年 10 月，为抗议法国政府的养老金改革，法国 400 多所中学的学生罢课，声援全国范围的罢工。2008 年、2010 年和 2012 年，英国大学生接连举行大规模示威活动，抗议政府上涨学费、取消教育补贴。2006 年 5 月至今，希腊大学生针对政府的高等教育改革和削减教育开支的全国性抗议运动，几乎没有停止过。在"占领华尔街"运动爆发之前的 2006 年，为反抗教育部门的新自由主义改革，希腊学生占领了 90% 以上的大学。2011 年 9 月 8 日，希腊 420 所高校中有 283 所被学生占领。[1] 2006 年，智利高中生要求政府提

---

① Nikos Anastasiades, Xekinima and Danny Byrne, "Huge Student Movement Kicks off an Autumn of Struggle", 2011, September 9, Solialistworld. com, http：//www. socialistworld. net/doc/5274.

高教育质量的抗议活动，导致该国教育部垮台，并引发数月的政治危机。从 2011 年 3 月开始，智利的中学生和大学生发起了持续一年多的示威游行和罢课，抗议教育领域内推行的新自由主义政策，并得到智利群众尤其是工人的支持。这一斗争已经不再局限于教育领域，而是将抗议的矛头直指过去 30 年智利的新自由主义"发展"模式。2012 年 8 月，智利学生再次发动全国规模的抗议活动并持续至今。2008 年 10 月，意大利教育部门推出一套旨在削减教育经费的教改方案，遭到从小学生到大学生在内的学生及其家长的抗议。2009 年，奥地利 6 万多名大学生，举行了 30 多年来最大的罢课抗议活动。从 2010 年开始，美国的学生们就以罢课、占领学校等形式抗议教育经费的削减和学费上涨，并积极参加"占领华尔街"运动。2012 年 2 月至今，加拿大东部魁北克省爆发了加拿大历史上持续时间最长、参与人数最多的学潮，学生们抗议政府计划在七年间将学费提高 82%。这一运动还得到了多国学生的支持，"全球学生运动组织"（La Global Education Strike）在 2012 年 11 月筹办世界范围内、历时一周的全球学生大游行，旨在抗议教育商业化趋势。①

冷战结束后，世界共产主义运动步入低潮，资本主义全球化进入"新自由主义"时期。这一时代背景下的青年抗议浪潮，主要有以下两大特点。

其一，北方青年抗议浪潮的斗争矛头直指金融资本。一方面，自 20 世纪 80 年代以来，发达资本主义国家经济日益金融化，此次危机最初就爆发在金融领域，并迅速蔓延至整个资本主义经济体系。但这些危机的始作俑者非但没有受到惩罚，还得到政府毫无道理的救助。另一方面，体现金融资本利益的新自由主义已经推行多年，加剧了社会的不平等。大学生这一曾经有着光明前途的"天之骄子"，现在也面临毕业即失业，或即使幸运地找到工作也难以偿还学生贷款的困境。因此，北方青年抗议运动中虽然有要求推翻资本主义制度、实现社会主义、追求社会公平的口号，但得到广泛响应的号召仍然集中在对金融资本的控诉上，"我们都是99%"②是对这一思想的集中表达。同时，青年们已经清醒意识到，体现金融资本利益的新自由主义政策，是要使整个社会商品化，而这样的市场经济必然

---

① Matthew Brett and Rushdia-Mehreen, "Beyond the Québec Student Strike", *Global Research*, 2012, October 10, http://www.globalresearch.ca/beyond-the-quebec-student-strike/5307822.

② http://www.wearethe99percent.us/, http://wearethe99percent.tumblr.com/.

导致两极分化，如果不对这一进程加以抵抗和阻止，青年们就毫无未来可言。这也许就是金融垄断资本主义给此次青年抗议浪潮烙下的最深印记。

其二，信息技术在南北青年抗议浪潮中的作用突出。Web 1.0 时代（指第一代互联网应用）是用户通过浏览互联网获取信息。进入 21 世纪尤其是自 2006 年以来，Web 2.0 时代（第二代互联网应用）使互联网用户不再只是被动地接收信息，而是可以通过"脸书"等网站成为网络内容的提供者、发布者和传播者。2011 年先后发生的"阿拉伯之春"和"占领华尔街"运动及其后的很多抗议活动，都离不开网络对信息和号召的发布，各种有关"维基"或"推特"革命的说法不胫而走。虽然这种说法有待商榷，但是不可否认，信息技术在号召青年抗议的信息发布和传播上起到了非常重要的作用。

二　海外青年的生存困境

经济危机恶化了人们尤其是青年的社会处境，与青年生存发展密切相关的教育和就业问题尤为严重。

（一）上学难

教育尤其是高等教育，对于劳动者取得在劳动力市场中的竞争优势至关重要。然而，教育费用不断上涨，使多数青年及其家庭难以承担。

首先，教育费用的上涨是 20 世纪 80 年代以来的一个长期过程，危机只是加快了这一进程。教育领域的"改革"使政府不断降低对公共教育的投入，美国"联邦、各州以及地方为每个大学学生所支付的费用，剔除通胀因素，已经达到了 25 年来的低点"①。在加拿大，"30 年前，学费占大学年运营费用的比例不到 1/7——随着政府把负担转嫁给学生及其父母——现在超过了 1/3"②。国家把本该承担的大部分教育费用，推给了劳动者，学费逐年上涨，到了学生及其家长不堪承受的地步。

其次，资本逐利的本性也使得教育尤其是高等教育，成为一项必须追

---

① 乔磊：《教育贷款负担重　大学生成债奴》，美国《侨报》2012 年 7 月 27 日，http：//epaper.uschinapress.com：81/qiaobao/html/2012—07/27/content_ 701444.htm，2013 年 1 月 4 日。

② Cedric Gerome, "Students Take 'Indefinite' Strike Action," March 2, 2012, http：//www.socialistworld.net/doc/5616，2013 年 1 月 4 日。

逐利润的产业。2012 年美国大学理事会发布的数据显示，在过去 10 年中，社区学院的平均年费用增长了 40%，而四年制公立大学的学费上涨了 68%。[①] 据媒体报道，目前葡萄牙每天有近 100 名大学生因学费问题而辍学。[②] 而诸如"学费年年涨，学生抗议无效，英国医学院 8% 学生卖淫"[③]、"德国三成大学生愿卖淫求学"[④]、"求包养网站暴红美国，女大学生用户多当妓女卖淫"[⑤] 等报道不断见诸报端。

再次，用于解决消费不足的信贷消费的膨胀会引起通货膨胀，其后果之一就是学费的上涨，但同时期劳动者的实际收入不升反降，因而多数情况下只有通过借贷，他们的孩子才能上得起学。据美国联邦储备银行纽约分行估计，现有 3700 万美国人欠着学生贷款债务，[⑥] 约 1/5 的美国家庭负有学生贷款债务。[⑦] 根据美国教育部的统计，约 2/3 的学士学位获得者是靠贷款读的大学，包括从政府或是私人处获得的款项。但是，总的借款人数应该更高，因为并没有跟踪调查是否有人向家庭成员借款。[⑧] 目前，美国学生债务已经突破 1 万亿美元大关，超越信用卡债务而成为美国国民第一大债务负担。[⑨]

---

① Liberto, J., "Obama's College Tuition Plans Face Tough Fight." 2012, September 17, http://money. cnn. com/2012/09/17/pf/college/college-costs-obama/index. html.

② 马洁君：《葡萄牙一女大学生借助"脸谱"网站筹钱付学费》，2013 年 1 月 4 日，新华网（http://news. xinhuanet. com/edu/2012—11/30/c_ 113863070. htm）。

③ 《学费年年涨 学生抗议无效 英国医学院 8% 学生卖淫》，《半岛网·城市信报》2012 年 3 月 1 日，http://news. bandao. cn/news_ html/201203/20120301/news_ 20120301_ 1825194. shtml，2013 年 1 月 4 日。

④ 《德国三成大学生愿卖淫求学》，2013 年 1 月 4 日，美国中文网（http://news. sinovision. net/portal. php? mod = view&aid = 171573）。

⑤ 任安理、刘皓然：《求包养网站暴红美国 女大学生用户多当妓女卖淫》，《环球时报》2012 年 11 月 21 日，http://world. huanqiu. com/well_ read/2012—11/3296239. html，2013 年 1 月 4 日。

⑥ Tyler Durden, "Student Loan Debt Slaves In Perpetuity—A True Story of 'Bankruptcy Hell'", April 26, 2012, http://www. zerohedge. com/news/student-loan-debt-slaves-perpetuity-true-story-bankruptcy-hell, 2013 年 1 月 22 日。

⑦ Hope Yen, "Student Debt Hits Record 1 in 5 U. S. households", Associated Press, September 27, 2012, http://usatoday30. usatoday. com/news/nation/story/2012/09/27/student-debt-hits-record-1-in-5-us-households/57847628/1, 2013 年 1 月 4 日。

⑧ Jill Schlesinger, "Student Loan Debt Nears $1 Trillion: Is It the New Subprime?", November 28, 2012, http://www. cbsnews. com/8301—505145_ 162—57555780/student-loan-debt-nears- $1-trillion-is-it-the-new-subprime/, 2013 年 1 月 4 日。

⑨ Tyler Durden, "Student Loan Debt Slaves in Perpetuity—A True Story of 'Bankruptcy Hell'", April 26, 2012, http://www. zerohedge. com/news/student-loan-debt-slaves-perpetuity-true-story-bounkruptcy-hell, 2013 年 1 月 22 日。

最后，经济危机以来，多国在削减教育开支的同时纷纷上调学费，给学生及其家长带来了更大的经济负担。自 2007 年年底金融危机以来，美联储的数据显示，美国学生总债务的增长超过 56%。[①] 2012 年英国大学学费上涨了 2 倍，成千上万的学生无法负担学费，从而使英国大学的入学申请人数下降了几乎 8 个百分点。[②] 智利多年的新自由主义政策已经使教育成为一门生意，学生们背负沉重的债务负担，然而政府仍要进一步私有化教育产业。

由于多数学生毕业后难以找到称心的工作，偿还学生贷款成为难题。英国《经济学家》杂志提出"毕业即失业"的说法，指出美国大学生超四成毕业后找不到工作。[③] 根据前述美联储的报告，美联储自己证实，学生贷款泡沫正在形成。[④] 同时，由于学生贷款不允许贷款人像抵押贷款或信用卡贷款那样通过破产而清零，这是否会带来新的"次贷危机"呢？

（二）就业难

失业是资本主义社会的常态，青年就业尤为艰难。2012 年全球有 7500 万青年面临失业（比经济危机前的 2007 年增加近 400 万人），约 12.7% 的年轻人处于失业状态。[⑤] 如今，世界上出现了一个新名词"NEETs"，是"没工作、不在校、没有接受职业培训"的英语首字母缩写，专门用来形容"三无"青年。目前，发达国家有 2600 万、第三世界国家有 2.6 亿的年轻人是"NEETs"，几乎是全球年轻人口的 1/4。"NEETs"增长最显著的地方是发达国家。2008 年经济危机以来，发达国家约 1/6 的年轻人是"NEETs"。[⑥]

---

① Jill Schlesinger, "Student Loan Debt Nears ＄1 Trillion: Is It the New Subprime?", November 28, 2012, http: //www. cbsnews. com/8301 - 505145-162 - 57555780/student-loan-debt-nears - 1-trillion-is-it-the-new-subprime/, 2013 年 1 月 4 日。

② Andre Damon, "A Lost Generation and the Struggle for Socialism", September 6, 2012, http: //www. wsws. org/en/articles/2012/09/pers-s06. html, 2013 年 1 月 4 日。

③ 《大学生毕业即失业 全球 3 亿青年没工作》，《新快报》2013 年 6 月 2 日第 8 版，http: //epaper. xkb. com. cn/view. php? id =865136, 2013 年 9 月 11 日。

④ Tyler Durden, 2012. "The Scariest Chart of the Quarter: Student Debt Bubble Officially Pops as 90 + Day Delinquency Rate Goes Parabolic", http: //www. zerohedge. com/news/2012—11—27/scariest-chart-quarter-student-debt-bubble-officially-pops-90-day-delinquency-rate-g, 2013 年 1 月 22 日。

⑤ 吴陈、王昭:《国际劳工组织报告称今年将有近 7500 万年轻人失业》，2012 年 5 月 22 日，http: //news. xinhuanet. com/world/2012—05/22/c_ 112012738. htm, 2013 年 1 月 4 日。

⑥ Andre Damon, "One quarter of world's youth without jobs or education", 21 August, 2013, http: //www. wsws. org/en/articles/2013/08/21/pers - a21. html.

欧盟统计局公布的最新数据显示，欧元区和欧盟失业率同比均出现上升，危机仍不见底，25 岁以下年轻人失业率依然远远高于平均水平[①]。国际劳工组织报告指出，发达国家的青年失业率在 2008—2012 年猛增了 25%，达到 18.1%，报告预测，到 2018 年，全球青年人失业率将为 12.8%，[②] 青年失业问题将不会得到任何改善。

应该指出，很大一部分被定义为"被雇佣的"年轻人，从事的是临时或非正式工作。2012 年国际劳工组织指出，年轻人的临时工作自经济危机以来已经增长了 2 倍。值得注意的是，发达国家从事兼职工作的年轻人从 2000 年的 20% 左右上升到 2011 年的几乎 1/3。世界上 90% 的年轻人生活在第三世界国家，他们中有超过一半的人被非正规经济部门雇佣。[③]

年轻人失业问题，可谓"冰冻三尺，非一日之寒"。首先，企业更倾向于雇用正值壮年、经验丰富同时办事稳重的中年人。过去，在经济繁荣时期，年轻人还有很多就业机会，但随着危机的到来，由于年轻人参加工作时间短、解雇成本低，企业解雇的对象中首当其冲的就是年轻人。年轻人被解雇的可能性是年纪较大者的 3 倍，很多人甚至放弃了找工作。[④] 这也提高了年轻人的失业率。其次，随着生产力水平的提高，纺织业和汽车业这两大传统主导产业，在 20 世纪都经历了大量收缩劳动力使用量的过程，而可大量吸收劳动力的新主导产业尚未出现。服务业虽然吸收了大量年轻人就业，但与传统产业相比，就业总量还是不大，而且提供的工作极不稳定，报酬低。再次，为应对日益激烈的竞争，降低雇佣成本成为企业发展趋势，临时雇佣、外包雇佣流行；同时，在发达国家，资本纷纷涌入金融业，但金融业的就业量非常狭窄。这使"'实习一代'和'不稳定一代'这样的名词已经进入欧洲国家的日常语言"[⑤]。最后，过去一些国家的年轻人失业率在经济衰退期间迅速攀升，但衰退过后迅速下降。这一次长时间的经济衰退造成了特别的问题。国际劳工组织在《2013 全球年轻人就

---

① 帅蓉：《欧元区去年 11 月份失业率维持高位》，新华网布鲁塞尔 2014 年 1 月 8 日电（http：//news. xinhuanet. com/world/2014－01/09/c_ 118887636. htm）。

② 谢飞：《希腊青年失业率再创新高》，《经济日报》2013 年 5 月 14 日第 4 版。

③ Andre Damon, "One quarter of world's youth without jobs or education", 21 August, 2013, http：//www. wsws. org/en/articles/2013/08/21/pers－a21. html.

④ 赵纪萍综合编译：《全球年轻人深陷失业危机》，《社会科学报》第 1365 期第 7 版。

⑤ 宋丽丹：《国外共产党论当前资本主义经济危机及世界形势》，《当代世界与社会主义》2012 年第 3 期。

业趋势》中指出，经合组织的大部分成员国中有 1/3 或更多年轻人已失业至少半年，相比 2008 年增长 25%。[1] 这表明，在金融垄断资本主义阶段，工作岗位的数量在下降，导致以青年为主体的产业后备军在不断地扩大。

三　海外青年抗议浪潮高涨的原因及其趋势

（一）危机使资本主义固有的基本矛盾充分展现，社会两极分化日益加深，是海外青年抗议活动发生的根本原因

发达资本主义国家青年的生存困境，与这些国家工人经济地位的日益下降密切相关。"二战"后，资本主义经历过一个高速发展的黄金时期，但自 20 世纪 70 年代以来，工人的经济地位每况愈下。首先，劳动者收入并没有随劳动生产率的提高而上升，反而下降。以美国为例，1979—2007 年美国每小时产值上升了 1.91%，但实际平均时薪下降了 0.04%。[2] 其次，发达国家的贫困率上升。以美国为例，到 2012 年 11 月美国有约 4970 万人处于贫困线以下，占总人口的 16.1%。[3] 欧洲委员会的最新数据表明，欧洲约 4000 万人正在遭受"严重的物质剥夺"。[4] 发达国家尚且如此，第三世界国家的情况就更为恶劣，仅在孟加拉国，失业人口就已经超过 3000 万。[5] 工人经济地位的日益下降，意味着作为劳动后备军的青年们的发展日益艰难。

危机来临后，"经济衰退和羸弱复苏致使大批工薪阶层人士及其家庭的积蓄蒸发。经通货膨胀率调整后，美国家庭收入中值去年环比下降 2.3% 至 4.9445 万美元，比 2000 年减少 7%"[6]。与此同时，各项针对劳动

---

① 赵纪萍综合编译：《全球年轻人深陷失业危机》，《社会科学报》第 1365 期第 7 版。

② 吴筱筠、丁俊萍：《新自由主义与经济金融危机——美国学者大卫·科兹对当前经济金融危机原因及其影响的分析》，载李慎明主编《世界在动荡、变革、调整》，社会科学文献出版社 2012 年版，第 292 页。

③ Andre Damon, "The Social Crisis in the US", November 24, 2012, http: //www. wsws. org/en/articles/2013/08/21/pers－a21. html.

④ Mark Blackwood, "Britain: Soup Kitchens Become Part of Mainstream Welfare Provision", November 28, 2012, http: //www. wsws. org/articles/2012/nov2012/food－n28. shtml, 2013 年 1 月 4 日。

⑤ Ruhin Hossain Prince, "Contribution of CP of Bangladesh", December 11, 2011, http: //www. solidnet. org/bangladesh-communist-party-of-bangladesh/2290－13－imcwp-contribution-of-bangla-desh-en, 2013 年 1 月 4 日。

⑥ 《美贫困人数创 52 年新高》，《京华时报》2011 年 9 月 15 日。

人民的紧缩政策不断推出："在卢森堡，紧缩政策已使卢森堡所有的劳动者仅在 2011 年 5 月至 10 月之间月工资就下降了 12.5%，但与此同时，10% 的家庭拥有国家 80% 的财富。2011 年，英国家庭实际收入正在以近 11% 的速度下降，这是 34 年来的最大降幅。"① 与之对照的是，危机成为垄断资产阶级趁火打劫的最好时机。2008 年金融危机爆发后的几年，为了救市（即救大资本），"大量资金被注入经济——其中美联储投入了数万亿美元，欧盟也超过一万亿美元"②；危机爆发之后的 2011—2012 年，美国最富的前 400 人的净资产增长了 13%，达到 1.7 万亿美元，与之形成对照的是，当年美国经济的增长速度仅为 1.7%,③ 他们的净资产占美国真实国内生产总值 13.56 万亿美元的 1/8,④ 阶级分化的鸿沟进一步扩大。目睹社会不公的青年，自然无法平静，他们只能用自己的行动抗议无法带来公正发展的资本主义私有制。

（二）政府反危机的紧缩措施，直接或间接地严重损害了青年的生存与发展，这是导致海外青年抗议活动高涨的直接原因

紧缩措施简单说来就是减少政府支出、增加百姓支出，如降低公务员薪水、减少公共设施的投资、降低福利水准或增加税率等。对于年轻人来说，减少对教育的拨款就要增加学费，延长退休年龄意味着增加养老金的缴费年限，减少公共投资和职工收入下降都意味着需求降低，年轻人更难找到工作。

与失业率密切相关的青年贫困率也上升了。现在许多养不活自己的年轻人，不得不与父母同住，被迫"啃老"。2008 年，欧盟 18—34 岁的年轻人中，46% 与父母同住。⑤ 这一比率在崇尚独立的西方国家显然是非常高的。

---

① 宋丽丹：《国外共产党论当前资本主义经济危机及世界形势》，《当代世界与社会主义》 2012 年第 3 期。

② ［美］彼得·胡迪斯：《超越经济紧缩对资本主义结构性经济危机的反思》，《社会科学报》2012 年 11 月 28 日。

③ Shannon Jones, "Net Worth of Richest Americans Soars by 13 Percent in 2012", September 21, 2012, http: //www. wsws. org/articles/2012/sep2012/rich - s21. shtml, 2013 年 1 月 4 日。

④ 路透社报道：《最富的 400 个美国人：盖茨 19 年稳居榜首》，2012 年 9 月 20 日，http: // news. mydrivers. com/1/241/241831. htm, 2013 年 1 月 4 日。

⑤ Corbis 图库：《失业的欧洲青年人，失落的一代来源》，《海外文摘》（半月刊）2012 年 5 月 10 日，http: //www. qikan. com. cn/Article/ovhw/ovhw201209/ovhw20120915. html, 2013 年 1 月 4 日。

根据美国的一项调查:"18—29 岁的人群中:39%的人没有健康保险,23%的人表示他们买不起日用品,20%的人有超过 1 万美元的信用卡欠款,49%的人为还债不得不从事不情愿的工作,24%的人为省钱搬回家与父母同住,20%的人因此推迟了婚期,18—34 岁的人群中有 22%已经推迟了生育。"①

在这样的环境中,青年承担着越来越大的经济和社会压力。因之,在多国都出现了政府每每推出紧缩措施都遭到青年的激烈抗议的景象,如法国青年对政府《首次雇佣合同》和养老金改革的强烈反对,因为青年已经从自身经历中,切实感受到资本对劳动人民的剥削和压迫直接危害了他们的利益和未来。

(三)青年抗议预示人类历史转折期的到来

从这几年的经验来看,青年抗议浪潮推迟了资产阶级对社会权益的侵蚀,"魁北克相对较低的学费是 1995 年和 2005 年的重要学生罢课抗议运动的直接结果……这清楚地表明群众斗争是迫使新自由主义进攻在教育领域或其他领域撤退的决定性因素。成千上万的魁北克学生参加的正是这种群众的、长期的斗争。他们清楚地了解,他们的斗争是为了他们未来——这种未来正被市场经济制度的'逻辑'日益破坏——进行的总斗争的一部分"②。无论是在希腊、意大利,还是西班牙,学生斗争的高涨都使工会面临群众要求发动总罢工以支持学生斗争的压力,从而在各国掀起了学生斗争与工人斗争相互支援的局面。2011 年的"阿拉伯之春"也是由青年抗议活动引发的,它直接导致了突尼斯、埃及和利比亚政权的更迭,使叙利亚等阿拉伯国家政局动荡,对世界地缘政治的影响至今仍在持续。

自 2008 年以来,《资本论》《共产党宣言》和《政治经济学批判大纲》在西方社会的销量激增,《共产党宣言》成为仅次于《圣经》的历史最畅销图书。③ 英国伦敦"马克思主义 2012 节"的组织者约瑟夫·楚纳拉

---

① Nancy Hanover, "US Student Loan Debt: Where Did It Come from and Who Benefits?", May 29, http://www.wsws.org/en/articles/2012/05/loan - m29.html, 2013 年 1 月 4 日。

② Cedric Gerome, "Students Take 'Indefinite' Strike Action", March 2, 2012, http://www.socialistworld.net/doc/5616, 2013 年 1 月 4 日。

③ Stuart Jeffries, "Why Marxism Is on the Rise Again", July 4, 2012, http://www.guardian.co.uk/world/2012/jul/04/the-return-of-marxism, 2013 年 1 月 4 日。

指出："马克思主义兴趣的再次流行，尤其在年轻人中的流行，是因为它提供了分析资本主义尤其是资本主义危机——我们现在就身陷其中——的工具。"①

"危机以来，一项社会调查显示，20%的被调查者赞成社会主义经济制度，其中30岁以下年轻人中的1/3，即33%的人更喜欢社会主义。这种情况在美国是前所未有的。"② 随着危机的深入和青年反抗斗争的开展，将有更多的年轻人会更清醒地认识资本主义，更客观地评价马克思主义，甚至走上革命的道路。

但也应该看到，作为阶级斗争一部分的青年抗议运动虽然声势浩大，但自发性强，且多数斗争目标仍停留在抗议具体政策和体制的范围内。另外，资本主义国家对共产党的防范和限制，使马克思主义政党普遍比较弱小，难以引领抗议浪潮的发展方向。目前看来，由于世界范围内仍未出现革命高潮，青年抗议的力量无法融入推翻资产阶级统治的斗争中去，近期难有大的作为。但它的大规模出现无疑昭示着，资本主义的统治遭遇重大的合法性危机，日益恶化的生态危机也在不断加剧这一危机，人类历史又来到了一个转折时期。

四　青年抗议运动呈现的几个问题

（一）如何看待网络在青年抗议中所起的作用

有人认为，"维基革命"或"推特革命"的出现，使"旧的政治组织不再重要，传统左翼的组织动员机制已没有影响力，青年们不需要领导者，因为他们中的许多人既无时间也无意识等待接受任何政党的指引"③。事实上，现在每天都有许多呼吁举行抗议行动的网页或信息出现在网络上，但能够组织成为现实抗议行为的则少之又少，而能够形成大规模抗议行动的更是凤毛麟角。

① Stuart Jeffries, "Why Marxism Is on the Rise Again", July 4, 2012, http://www.guardian.co.uk/world/2012/jul/04/the-return-of-marxism, 2013年1月4日。

② 刘淑春:《全球金融危机背景下的美国工会运动和美国共产党》,《马克思主义研究》2011年第9期。

③ Jonny Jones, "Social Media and Social Movements", *International Socialism*, Issue 130, April 4, 2011, http://www.isj.org.uk/? id=722#130jones_7.

在当代社会，信息的传播在组织社会运动方面固然十分重要，但缺少物质准备，如参与人员、组织机构和舆论营造，光是有网上的呐喊显然是远远不够的。在奥巴马 2008 年的竞选中，网上募捐和网络拉票活动之所以获得巨大成功，离不开他的竞选团队在线下的苦心经营。"阿拉伯之春"的开展，"一方面突尼斯事件使人们获得信心，另一方面埃及活动家开展了一些系统性的工作，如在一些很少有人接触到互联网的地区散发传单并高举标语牌"①。尤其要注意的是，在埃及"革命"的幕后推手中，有许多组织都得到西方长期的人员培养和资金支持。"占领运动"、学生运动的开展也离不开大量社会主义者和激进主义活动家的推动，② 更别说工人阶级对这些抗议运动的实质支持了。

此外，网络看起来是虚拟的，实则是有其物质基础的。服务器、光纤电缆等这些网络的必备实体，是政府的管控对象。因而，既然信息技术可以被青年用为召集示威、发布组织信息的工具，那么政府也可以通过监控网络和手机的信息平台，掌握青年动态，甚至在必要时采取非常手段切断这种信息途径。2011 年英国骚乱平息后，英国政府旋即着手抓捕网络"肇事者"并将其判以重刑，"英国首相卡梅伦呼吁，英国警方和情报部门应专门研究限制微博、社交网站等媒体的使用，一旦发现骚乱者利用这些网络工具策划暴力、动乱和犯罪，要下令中断网络的社会服务"③。

尽管信息技术的运用已经成为当下海外青年抗议活动区别于之前社会运动的一个新特点，但所谓的"旧的政治组织已经无关紧要"的断言和"维基革命"的说法，其实是掩盖西方国家正在加紧利用网络进行线上"软实力"、线下"硬实力"控制的烟幕弹。简言之，信息技术决不可能取代物质手段和现实斗争，但弱者必须善用网络，以取得最广泛的支持和同情，并使其转变为现实的物质力量。

（二）透过青年抗议认识西方民主的虚伪本质

本次海外青年抗议浪潮，在南北国家都有爆发，但际遇却大为不同。

---

① Jonny Jones, "Social Media and Social Movements", *International Socialism*, Issue 130, April 4, 2011, http://www.isj.org.uk/? id =722#130jones_ 7.
② 中央组织部党建研究所课题组：《英国骚乱的原因及启示》，《党建研究》2011 年第 11 期。
③ 同上。

加拿大魁北克学生抗议运动是该国历史上持续时间最长、规模最大的学生示威运动，但直到爆发 100 天时，西方主流媒体几乎都只有零星报道，罢课斗争只能主要通过网民零星地对外宣传。这是西方国家对付本国抗议的第一手，即新闻封锁，避免示范效应。而当阿拉伯地区的青年抗议活动兴起时，迅即得到西方主流媒体铺天盖地的报道，全程追踪，不遗余力地鼓吹是阿拉伯人民追求民主自由的时候了。

2011 年，穆巴拉克为控制局势曾切断埃及网络及通信服务 5 天，西方媒体认为他完全是把"笨手笨脚的专制带进了 21 世纪"①。但在西方要求更严厉地管控网络的呼声不断，2010 年美国参议院提出《网络空间国有资产保护法案》被指将授予总统"必要时"随时切断网络的大权。② 2012 年，英国针对骚乱的发生提出《通讯数据法案》草案，"新的提案要求英国的通讯公司保留更多的数据细节，包括访问过的网站，哪怕站点中的页面已经不存在了"③。

西方国家对付本国抗议的第二手，体现在新闻报道的调门上。主流媒体将本国抗议称为"迷失一代"④ 的泄愤行径，而将"阿拉伯之春"称为"阿拉伯觉醒"⑤，法国和欧盟还将自焚身亡而引发"阿拉伯之春"的突尼斯小贩列为"英雄"。⑥ 同样是在阿拉伯国家，当君主专制的巴林、也门等国发生青年抗议时，西方国家却不像对待利比亚、埃及等世俗国家那样同样待之，而是低调处理，不予支持。西方国家的"新闻自由"，只有在报道对立国家的负面新闻时才会充分体现，其实质是维护统治阶级的整体利益。

---

① King, C., "The Internet, Social Media and Mubarak's Dangerous Game", February 8, 2011, http://www.ecommercetimes.com/story/71809.html.

② McCullagh, D., "Senators Propose Granting President Emergency Internet Power", June 10, 2010, http://news.cnet.com/8301 - 13578_ 3 - 20007418 - 38.html.

③ "Theresa May Sets out Plans to Monitor Internet Use in the UK", http://www.bbc.co.uk/news/uk-politics - 18434112.

④ Strauss-Kahn, D., "Saving the Lost Generation", http://blog-imfdirect.imf.org/2010/09/14/saving-the-lost-generation/.

⑤ Adeed Dawisha, "The Second Arab Awakening, Revolution, Democracy, and the Islamist Challenge from Tunis to Damascus", April, 2013, http://books.wwnorton.com/books/The-Second-Arab-A-wakening/.

⑥ Mohamed Bouazizi Square Inaugurated in Paris in Tribute to Tunisian Revolution, http://www.thefreelibrary.com/Mohamed + Bouazizi + Square + inaugurated + in + Paris + in + tribute + to + Tunisian... - a0260310961; "Tunis Renames Square after Man Who Sparked Protests", Reuters, February 17, 2011, http://www.swissinfo.ch/chi/detail/content.html? cid =31449394.

第三手体现在经济援助的区别上。无论是"占领运动"还是学生罢课，要想坚持下去，精神和物质的援助都是必不可少的。只要在西方国家有利益需要的地方发生动乱，马上就会有西方各种基金会、人权团体的支持接踵而至，但发生在它们本国的抗议只能主要靠个人捐助来维持。

埃及"革命"是"阿拉伯之春"的重要转折点，其幕后主要推手"4月6日青年运动"成员，曾远赴塞尔维亚向参与推翻米诺舍维奇的塞尔维亚青年运动（简称"Otpor"，意为"抵抗"，该组织得到西方国家支持）取经。[1] 该组织还与海外埃及人成立于卡塔尔的"变革学院""埃及民主学院"（该项目旨在促进埃及人权及选举监察，获得美国拨款援助）密切合作，筹划抗议活动。[2]

西方国家在本国和他国青年抗议上的区别对待，赤裸裸地显露出西方民主的双重标准和局限性。它所追求的不是真理和自由，而是对二者的绝对控制，以便在全球范围内维护国际垄断资本的利益。

（三）各方政治势力对青年的争夺

某些阶级、种族或群体受到歧视和压迫，是资本对雇佣劳动的剥削和压迫在社会生活领域的自然延伸。这种歧视和压迫也是阶级矛盾的一种表现，但它带给被歧视者和被压迫者的认知，不可能是直接将矛头对准资本主义制度，而通常是将不满和愤怒发泄给整个社会和不相干的人们。统治阶级也善于利用此种情绪转移阶级矛盾的焦点，如将社会问题归咎于移民政策、福利政策等因素，这使鼓吹种族主义、民族沙文主义和法西斯主义的极右翼势力尤其是新法西斯主义政党近年来有崛起之势，而某些恐怖主义势力也利用这种情绪寻找青年为之效忠。这两种势力都鼓吹以极端手段解决问题，营造社会不满情绪，在年轻人中的影响巨大。在近年的挪威枪击案和美国连续发生的严重枪击案、爆炸案中，主角都是年轻人，挪威枪手还自诩为极右翼组织"圣殿骑士团"的一员。据称是"欧洲圣战组织基

---

① Olena Nikolayenko, "Youth Movements in Post Communist Societies: A Model of Nonviolent Resistance", *CDDRL Workingpapers*, Number 114, June, 2009, Stanford University, http://iis-db. stanford. edu/pubs/22553/No_ 114_ Nikolayenko_ Youth_ movements. pdf.

② Ben Smith, " The Most Influential American Political Figure You've Never Heard of", February 14, 2011, http://www. politico. com/blogs/bensmith/0211/The_ most_ influential_ American_ political_ figure_ youve_ never_ heard_ of. html.

地秘密小组"成员的四名英国籍巴基斯坦裔人，为了报复英国参与对阿富汗及伊拉克的军事行动，制造了2005年伦敦大爆炸。

此外，强烈的不满导致的自发抗议，最具突发性和破坏性。最初是对黑人青年被警察滥杀的抗议，之后演变为英国2011年的大规模骚乱，被视为"对社会现象不满而引发的综合性'泄愤'行为"①。可见，抗议行为如果得不到正确的指导和组织，极可能发展成单纯的"泄愤"——骚乱。在希腊2008年的"骚乱"中，除了无政府主义团体在"美丽的城市，美丽的燃烧"口号下尽可能地制造暴力外，还有便衣警察加入到暴徒队伍中去制造混乱。② 而政府则以"法律和秩序"的名义予以镇压。

目前，北方青年抗议活动还更多地局限于指责新自由主义政策和金融寡头的统治，提出诸如"不要左翼、不要右翼，要前途，要工作"③ "免费教育"④ 等口号。这表明青年抗议活动，从整体上还不能从制度层面来审视斗争的对象和性质。这就造成了当前海外青年抗议的最大缺陷：把斗争的矛头指向矛盾的结果而不是原因，缺乏彻底的理论以指导彻底的运动，获得的力量支持也必将越来越少，在取得当局一定的妥协后便偃旗息鼓。这样，海外青年抗议活动的结果，往往要么被资产阶级选举政治所利用，如美国总统选举利用对"占领运动"的相关争论；要么被反动势力利用——进行政权更迭，如"阿拉伯之春"后的突尼斯、埃及；要么就是无法突破社会僵局，国家陷入动荡，有法西斯主义趁机崛起的危险，如希腊目前的形势。

总之，"面对着规律的、没完没了的危机的资本主义制度，只能通过将越来越多的工人抛入匮乏和贫困来延续生存，年轻人面临的惨淡前景不过是资本主义制度的失败带来的最显著表现"⑤。只有消灭资本主义制度，才有可能给全体年轻人带来生存的尊严和个人的发展。

---

① 中央组织部党建研究所课题组：《英国骚乱的原因及启示》，《党建研究》2011年第11期。

② Andros Payiatsos and Xekinima, "The 'December Days' Rising of Greek Youth", January 20, 2009, http：//www. socialistworld. net/mob/doc/3399, 2013年1月22日。

③ 郑若麟：《多种因素糅合出欧洲"愤怒的一代"》，《文汇报》2011年8月13日第6版。

④ BBC, "Chile Students Resume Protests for Free Education", 8 May, 2013, http：// www. bbc. co. uk/news/world-latin-america – 22459229.

⑤ Andre Damon, "One Quarter of World's Youth without Jobs or Education", 21 August, 2013, http：//www. isidewith. com/article/one-quarter-of-worlds-youth-without-jobs-or-education#.

参考文献：

1. ［美］贝弗里·J. 西尔弗：《劳工的力量：1870 年以来的工人运动与全球化》，张璐译，社会科学文献出版社 2012 年版。

2. ［美］保罗·克鲁格曼：《美国怎么了？——一个自由主义者的良知》，刘波译，中信出版社 2008 年版。

3. ［美］大卫·哈维：《新自由主义简史》，王钦译，上海译文出版社 2010 年版。

4. ［美］文森特·帕里罗等：《当代社会问题》，周兵等译，华夏出版社 2002 年版。

5. ［日］大前研一：《M 型社会》，刘锦秀、江裕真译，中信出版社 2010 年版。

6. ［美］迈克尔·耶茨：《从统计数字看当前美国工人阶级状况》，郭懋安编译，《国外理论动态》2006 年第 8 期。

7. ［美］约瑟夫·斯蒂格利茨：《1% 的"民有、民治、民享"》，宋丽丹译，《环球时报》2011 年 10 月 18 日。

8. 张海涛：《三说美国：国家垄断资本主义危机》，当代中国出版社 1998 年版。

9. John Bellamy Foster, "Aspects of Class in the United States: An Introduction", *Monthly Review*, Volume 58, Number 3, July-August 2006.

原载《中国社会科学内刊》2013 年第 2 期

第 十 编

国外马克思主义研究

塞耶斯的公正思想及其启示

冯颜利[*]

英国肯特大学欧洲文化与语言学院教授塞耶斯作为"正统的马克思主义者",在英美马克思研究学界影响较大,已出版《柏拉图的理想国导读》(1999 年)、《马克思主义与人性》(1998 年)、《社会主义与民主》(1991年)、《社会主义、女性主义和哲学:一种激进的哲学观》(1990 年)、《社会主义与道德》(1990 年)、《事实与理性,辩证法与认识论》(1985 年)、《论黑格尔、马克思与辩证法》(1980 年)等著作。① 塞耶斯通过对马克思公正思想的研究,展现了自己的公正思想。

一 塞耶斯对伍德、卢克斯、柯亨、 格拉斯的双重批判

塞耶斯认为,分析哲学的许多文章都集中在各种道德问题的辩论上,尤其集中在马克思是否批判资本主义不公正这一问题上。他详细分析了伍德、卢克斯、柯亨、格拉斯等分析马克思主义者的观点,试图厘清马克思与公正的关系。在塞耶斯看来,伍德和卢克斯认为马克思没有批判资本主

---

* 冯颜利,中国社会科学院国外马克思主义研究部副主任、研究员、博士生导师。

① Professor Sean Sayers' Main Books: *Plato's Republic: An Introduction*, Edinburgh: Edinburgh University Press, 1999; *Marxism and Human Nature*, London and New York: Routledge, 1998; *Socialism and Democracy* (edited with David McLellan), London: Macmillan, 1991; *Japanese Translation Masatoshi Yoshida*, Tokyo: Bunrikaku Publishers, 1996; *Socialism, Feminism and Philosophy: A Radical Philosophy Reader* (edited with Peter Osborne), London and New York: Routledge, 1990; *Socialism and Morality* (edited with David McLellan), London: Macmillan, 1990; *Reality and Reason. Dialectic and the Theory of Knowledge*, Oxford and New York: Basil Blackwell, 1985; *Korean Translation Sang-Heon Ahn*, Chungbuk: Chungbuk National University, 1998; *Hegel, Marx and Dialectic: A Debate* (with Richard Norman), Brighton: The Harvester Press, and Atlantic Highlands, NJ: Humanities Press, 1980; *Aldershot and Brookfield VT: Gregg Revivals*, 1994.

义不公正。例如，伍德强调，"尽管资本家的剥削使雇佣工人异化、非人化和人格降低"，马克思也是这样批判的，但是"这与资本主义是否正当、是否公正没有丝毫关系"。① 伍德之所以得出这种结论，是因为他认为在纯粹的相对主义和道德绝对主义之间只能选择一个，马克思把公正和权利作为意识形态概念，并对它们进行了社会历史的解释。因此，这些概念不可能构成普遍的或超越历史的有效性的绝对标准。伍德进而认为，这就意味着这些概念纯粹是相对的，并完全内在于产生它们的条件。因此，这些概念不可能为批判这些条件提供基础。"对马克思来说，经济交易或经济制度的公正与否要依其与占统治地位的生产方式的关系而定。如果一项经济交易与生产方式相协调，那它就是公正的；如果它与生产方式相矛盾，那它就是不公正的。"② 根据这种解释，现存秩序从定义上说，都是"公正的"和"合理的"。资本主义社会流行的公正合理的标准，是完全相对的，并且是内在于资本主义制度的。它们只能用来批判那些偏离资本主义道德规范的具体行为，如欺诈和偷窃等行为，但是，它们不可能为评估或批判统治秩序提供基础，人们也不可能利用它们来批判其他社会形式。伍德和卢克斯认为，马克思在自我实现和自由解放的概念中发现了这些标准，但是这种标准不可能在有关公正的观念中找到。为了支持这种观点，伍德强调，马克思再三批判那种认为他的理论需要诉诸公正原则的观点，马克思仅仅是在批评某种形式的社会主义，如蒲鲁东的社会主义（蒲鲁东的社会主义就诉诸公正原则）。不仅如此，伍德还指出在工资合同包含着等价交换（工人使用其全部劳动力以获得报酬）这层意义上，马克思认为以资本主义为基础的工资合同是"公正的"。③

塞耶斯指出，柯亨、格拉斯与伍德正好相反。柯亨和格拉斯肯定马克思批判了资本主义的不公正性，强调马克思常常以道德的名义谴责资本主义。例如，马克思批判资本家的财富是建立在"盗窃他人的劳动时间"④的基础上。马克思还无数次用"抢夺""侵占""盗用""抢劫""赃物"

---

① Wood, A. W., *Karl Marx*, London: Rout_ ledge & Kegan Paul, 1981, p. 43.

② Wood, A. W., "Marx on Right and Justice: A Reply to Husami", in M. Cohen, T. Nagel and T. Scanlon, *Marx, Justice and History*, Princeton: Princeton University Press, 1980b, p. 107.

③ Wood, A. W., "The Marxian Critique of Justice", in M. Cohen, T. Nagel and T. Scanlon, *Marx, Justice and History*, Princeton: Princeton University Press, 1980a, pp. 3 –41.

④ 《马克思恩格斯文集》第8卷，人民出版社2009年版，第196页。

等说法来抨击资本主义。① 但是，问题的解决可能并非像柯亨和格拉斯所说的那样简单。柯亨和格拉斯的此类话语不可能与伍德所做的纯粹相对主义的解释相协调，也不能以用法随意或带修辞色彩为借口而将其忽视。它似乎表明，马克思已经准备好谴责资本主义制度的不公平性，尽管马克思并不认为这是自己的主要目的。很显然，马克思坚信在某种程度上，资本主义的确具有不公平性。不仅如此，有一点是显而易见的，即尽管马克思主义在处理这些问题时常常碰到很多困难，但大多数社会主义者还是认为资本主义是不公正的、邪恶的。对柯亨和格拉斯来说，这就足以证明马克思主义包含了"独立和先验的公正标准"。事实上，依这些学者之见，马克思主义是建立在这样一个原则上的，那就是没有人将存在手段据为私有的道德权利，这被称为"一种事实上的自然权利观念"②。

在塞耶斯看来，这种对马克思思想的理解是有问题的。因为，不仅马克思自己十分明确地反对这种观点，而且更重要的是，马克思整个方法中最重要的方法——唯物主义与历史主义的方法，本身就是对这种观点最明显的反驳。当然，柯亨和格拉斯很清楚这一点，但是他们对这些证据傲慢地采取了置之不理的态度。但不幸的是，这些证据明显具有分析方法的独有特征。格拉斯指出："马克思确实把资本主义看成是不公平的，但马克思自己并不认为他自己是这么想的。"③ 这表明格拉斯在一定程度上认为马克思很有可能是自我矛盾的。然而，不论是格拉斯还是柯亨，在这里都没有给出充足的理由来证明马克思在这件事情上是自我矛盾的。导致他们得出这一结论的原因，非常明显地体现在柯亨下面的一段话中："因为……马克思并不认为，从资本家的标准来讲，资本家是盗窃者，而且马克思确实认为资本家是在盗窃，因此马克思的意思一定是资本家在某种适当的非相对主义的意义上是盗窃者。一般说来，盗窃就是不正当地拿了别人正当拥有的东西，因此，盗窃就犯了不公正之罪，并且'以盗窃为基础'的制度就是不公正的制度。"④

---

① Husami, Z. I., "Marx on Distributive Justice", in M. Cohen, T. Nagel and T. Scanlon (eds), *Marx*, *Justice and History*, Princeton: Princeton University Press, 1980, pp. 42 – 79.

② Geras, N., "The Controversy About Marx and Justice", *New Left Review*, Vol. 58; cf. Cohen, G. A. (1988a), "Freedom, Justice and Capitalism", *New Left Review*, 1985, p. 13.

③ Ibid., p. 12.

④ Cohen, G. A., *Review of A. W. Wood*, *Karl Marx*, Mind, 1983.

　　塞耶斯认为，柯亨和格拉斯的上述论点前提并没有问题。为了批判资本主义制度，马克思确实使用过公正、平等甚至权利等概念。但是，可以肯定的是，也不能用伍德所主张的那种纯粹相对主义的话语进行解释。当然，也不能简单地得出这样的结论：马克思肯定是在诉诸非相对主义的——普遍的和超越历史的标准。这里，柯亨实际上在事先假定：要么是彻头彻尾的相对主义，要么是彻底的绝对主义。如果公正的标准是历史的、相对的，那么它们就完全内在于产生它们的制度，并且只能在那一制度下使用。为了评价所有社会制度，就需要绝对的标准。正如我们已经看到的那样，恰恰是这些假定在支持伍德的观点。但是，如果要理解马克思的方法，那么就要否定这些假定。因为正是这些假定把马克思的方法简单地排除在视野之外了。

二　马克思评判资本主义不公正时
并未诉诸公正的绝对标准

　　塞耶斯认为，公正问题是马克思和黑格尔著作中常见的主题。许多学者对此都做过研究，其中最著名的是卢卡奇，最近的则是柯纳科斯基。甚至波普，这位对马克思和黑格尔最不赞成也最不敏感的著作家也意识到了公正问题在马克思著作中的重要性，并捕捉到其主旨。① 事实上，波普为整个探讨提出了很重要的问题，这些难题无论是在马克思的著作中还是别的地方都没有明确的答案。塞耶斯明白这一点，并认为对这些问题的探究远远超出了他目前探讨的范围。分析哲学长期拒斥黑格尔，在分析的马克思主义关于马克思和道德的整个激烈争论中，几乎没有涉及这些主题，既没有批判也没有其他的讨论。相反，这场争论的各方力图把马克思的思想塞进分析哲学非历史或反历史的范畴中。这些分析哲学的范畴在事实和价值、绝对主义和相对主义之间强加一种非此即彼的选择，这就把前文所述的思想简单地排除在视野之外了。

　　当马克思评判资本主义是不公正的时候并没有诉诸公正的绝对标准，

---

　　① Popper, K. R., *The Open Society and its Enemies*, Vol. 2: *Hegel and Marx*, London: Routledge & Kegan Pad, 5th edn.: ch22; Lukaes, G., *TACTICS, ETHICS*. *Political Writings* 1919 – 1929, London: New Left Books, 1972, pp. 3 – 11; Kolakowski, L, P. S. Falla, *Main Currents in Marxism* (3 vols), Oxford: Oxford University Press, 1978.

因为马克思并没有把资本主义看作绝对的不公正或绝对的不道德。马克思指出：“你们认为公道和公平的东西，与问题毫无关系。问题就在于：在一定的生产制度下所必需的和不可避免的东西是什么？”① 这说明，马克思将公正与生产方式联系起来，根据一定历史条件下生产方式的内容和具体要求来考察公正。塞耶斯认为，马克思的方法是一种历史的方法。相对于封建社会而言，资本主义社会带来了公正和权利方面的进步。也就是说，从资本主义的标准来看，封建的等级制度与特权秩序就显得更不公正，而资本主义似乎是一种更高级的社会形态。但是，随着一种更新的、更高级的社会主义产生条件的出现，以及伴随它而出现的新道德越来越清晰，这些标准以及产生这些标准的社会，就逐步变得越来越有局限，越来越不公正。

因此，马克思确实批判了私人所有制，但他不是从绝对的道德标准出发来批判的。与此相反，他评判的基础非常明确，是历史的和相对的。所以，他指出：“从一个较高级的经济的社会形态的角度来看，个别人对土地的私有权，和一个人对另一个人的私有权一样，是十分荒谬的。”② 奇怪的是，格拉斯引用这段话是要说明，马克思相信绝对的公正标准。但是，令格拉斯感兴趣的主要是后面一段话，因为马克思接着写道：“甚至整个社会，一个民族，以至一切同时存在的社会加在一起，都不是土地的所有者。他们只是土地的占有者，土地的受益者，并且他们应当作为好家长把经过改良的土地传给后代。”③ 格拉斯认为马克思在这里依据“私人所有权和对生产资源的控制，没有任何道德的合理性”④ 的原则，谴责私人财产的不公正性。尽管马克思的这些话是一种不很典型的道德主义，但也没有理由因这些话以偏概全。因为马克思所要表现的主题，很明显正好与此相反。马克思认为，所有权的主张，尽管看起来是一种永恒的自然权利，但事实上是社会关系的产物，“创造这种权利的，是生产关系”⑤。

因此，马克思对资本主义的批判，没有诉诸绝对的标准，也没有简单

---

① 《马克思恩格斯文集》第 3 卷，人民出版社 2009 年版，第 56 页。

② 《马克思恩格斯文集》第 7 卷，人民出版社 2009 年版，第 878 页。

③ 同上。

④ Geras, N., "The Controversy about Marx and Justice", *New Left Review*, 77; HUSAMI, Z. I., "Marx on Distributive Justice", in M. Cohen, T. Nagel, T. Scanlon, *Marx, Justice and History*, Princeton: Princeton University Press, 1985, p. 50.

⑤ Ibid..

地陷入资本主义的秩序，没有以纯粹相对主义的方式受资本主义标准的束缚。正如马克思所言，对资本主义的批判，是"从一个较高级的经济的社会形态的角度来看"①的。但是，这种解释完全被伍德、柯亨和其他分析的马克思主义者强加给马克思的非此即彼的方案简单地排除了。例如，伍德明确指出："有人也许会认为，可以用适合于后资本主义生产方式的公正或权利的标准来谴责资本主义的不公正性。毫无疑问，可以这样来谴责资本主义，但是，既然任何这样的标准都不能合理地用于分析资本主义，那么任何这样的谴责都是错误的、令人迷惑和没有根据的。将后资本主义评判标准，运用于资本主义生产，这种诱惑只会来自于……把后资本主义社会看作一种永恒的评判结构这种观点。而这种永恒的评判结构与如下观点背道而驰：目前的事物状态是需要评估的并且会发现不足之处。"②塞耶斯对此分析指出，这段话中的假定具有分析方法的典型特征。如果资本主义和社会主义是完全不同的并且是没有任何关系的社会制度，也许上述说法或许会有一定的道理。但是，情况并非如此，社会主义是从资本主义发展而来的。后资本主义社会，并非像伍德所言，是完全外在和完全不同于资本主义的；相反，后资本主义是内在于资本主义，并且本质上两者是联系在一起的。

正如马克思所表明的那样，社会主义诞生的条件和资本主义的代理人，都产生于资本主义内部，是资本主义自身的产物。这些力量和其所预示的新社会秩序，构成了社会主义者评判资本主义的物质基础。因为一旦这些同资本主义制度相矛盾并最终导致资本主义灭亡的力量开始觉醒，一旦取代资本主义的新社会轮廓开始明朗，那么一种新的观点就会出现，根据这种观点，现今的状况应该受到批判。"如果我们在现在这样的社会中没有发现隐蔽地存在着无阶级社会所必需的物质生产条件和与之相适应的交往关系，那么一切炸毁的尝试都是唐·吉诃德的荒唐行为。"③

伍德、柯亨和其他学者所采用的分析方法，完全排除了这些思想。他

① Geras, N. , "The Controversy about Marx and Justice", *New Left Review*, 77；HUSAMI, Z. I. , "Marx on Distributive Justice", in M. Cohen, T. Nagel, T. Scanlon, *Marx, Justice and History*, Princeton：Princeton University Press, 1985, p. 50.

② Wood, A. W. , "Marx on Right and Justice：A Reply to Husami", M. Cohen, T. Nagel and T. Scanlon, *Marx, Justice and History*, Princeton：Princeton University Press, 1980b, p. 29.

③ 《马克思恩格斯文集》第8卷，人民出版社2009年版，第54页。

们对黑格尔主义和辩证思维完全持敌视态度。① 在他们看来，不同的生产方式是完全孤立和自主的系统，彼此之间只有区别而无任何联系。资本主义和社会主义被一堵形而上学的墙彼此分开。这种观点不仅是完全非历史的，而且完全是反历史的。

三　马克思的公正是历史的，是相对与绝对的统一

塞耶斯一直认为，马克思把历史发展看成进步的，因为这种发展包括了生产力的发展，生产力的发展又包含着人类能力的增长。格拉斯、柯亨和埃尔斯特等却认为，马克思把社会主义社会看成是比资本主义社会"更高级的"社会形态，是因为社会主义社会更公平、更公正。那么，道德上也更进步吗？如果道德上更进步，它采用一种什么形式呢？

格拉斯和埃尔斯特强调，在《哥达纲领批判》一书中，马克思把社会主义的按劳分配原则描述为超越资本主义原则的一种"进步"，因资本主义允许一个人只靠所有权生活。并且马克思明显认为，更进一步的发展将在"更高级的"共产主义社会获得，那时，商品按需分配。这种思想可以概括为：公正的标准在整个历史中是发展进步。因为，后来在同样的著作中，马克思指出："在共产主义社会高级阶段……才能完全超出资产阶级权利的狭隘眼界，社会才能在自己的旗帜上写上：各尽所能，按需分配！"② 这些众所周知的话常常用来论证随着丰富充裕条件的到来，需求的权利原则将一起被超越。

卢克斯详细地探讨了这种情形，他认为马克思的观点应归于传统的公正思想，这种公正思想最著名的代表是休谟。③ 休谟认为，公正原则不是所有社会的特征，对公正原则的需求仅仅起源于某种环境：相对匮乏的条件。这似乎表明，马克思正沿着类似的线索思考，尽管他确定的"公正的环境"包括阶级划分的那些东西。格拉斯对这种解释提出了质疑。④ 他认

① Sayers, S. , "Marxism and the Dialectical Method: A Critique of G. A. Cohen", in S. Sayers, P. Osborne, *Socialism*, *Feminism and Philosophy*, London: Routledge, 1990b.

② 《马克思恩格斯文集》第 3 卷，人民出版社 2009 年版，第 435—436 页。

③ Hume, D. , *An Enquiry Concerning the Principles of Morals*, in Enquiries, Oxford: Clarendon Press, 1st edn, 1894. : 183ff. ; Lakes, S. , *Marxism and Morality*, Oxford: Oxford University Press.

④ Geras, N. , "The Controversy about Marx and Justice", *New Left Review*, 1985: 60f.

为，马克思的意思只是说在共产主义社会将没有与资产阶级的斗争。根据这种考察，公正原则只随着阶级的划分和国家的出现而发展，并且当这种划分在未来的共产主义社会最终被克服时，公正的原则注定要消亡。公正的历史在其取代中达到顶峰。

这种理由并没有排除道德进步的思想，但是它的确驱除了像格拉斯、柯亨和埃尔斯特这些学者描述的一些东西。因为他们认为，马克思具有一种在资本主义向共产主义转换过程中将逐渐实现的"超越历史的"和"普遍的"公正思想。作为马克思思想的一种考察，这是完全站不住脚的。不仅马克思本人反复批判这种公正观念，它也完全偏离历史考察。因为后者表明的是，没有唯一普遍正当的社会秩序。不同的社会形式，由不同的公正原则支配，起源于不同的条件和不同的时代。不同的社会形式对其特定的条件和时代来说都是必然的和正当的，并且随着时间的推移，随着新社会秩序条件的发展，它们也将失去它们的必然性和正当性。公正和正当的原则都是社会现象，也都是历史现象。虽然格拉斯、柯亨等人对普遍原则的认识各不相同，但是都把那些原则视为"普遍的"和"超越历史的"，并将其归于马克思。例如，格拉斯认为的普遍原则是，劳动的那些人"有资格"享受他们的劳动产品，其理由是"如果有些人的努力未获得报酬而其他人不进行任何努力就能享受好处的话，就会违背道德的平等原则"[①]。但是，对这些思想的理解在现代与古代社会是完全不同的。亚里士多德就认为，劳动的成果应该大体上由不生产它们的那些人来享受，他指出劳动致使工人不适合欣赏劳动的产品，整个人类的享受能力的提高需要的是休闲和不工作的生活。[②] 这些亚里士多德式的观点现在似乎是荒谬的和不公正的，但是它们在古代和中世纪似乎是正当的和不证自明的，并成为当时道德思想的主要特征。不仅亚里士多德这样认为，几千年来的无数学者也这样认为。简单地认为这些人都是错误的，只有在现代才能正确地理解永恒的公正原则，并把这种观点归于马克思，毫无疑问是荒谬的。

当然，流行的道德标准应用于不同的社会和不同的时期，这完全是可能的。正如恩格斯所说："讲一些泛泛的空话来痛骂奴隶制和其他类似的现象，对这些可耻的现象发泄高尚的义愤，这是最容易不过的事情。可

---

① Geras, N., "The Controversy about Marx and Justice", *New Left Review*, 1985: 60f.
② Aristotle, 1941b: Bk 8.

惜，这样做仅仅说出了一件人所共知的事情，这就是：这种古希腊罗马的制度已经不再适合我们目前的状况和由这种状况所决定的我们的感情。但是，这种制度是怎样产生的，它为什么存在，它在历史上起了什么作用，关于这些问题，我们并没有因此而得到任何的说明。"① 企图把绝对的公正标准应用于资本主义社会时，也会产生类似的问题。柯亨坚持认为，马克思主义包含了一种超越历史的公正观念，这种观念谴责资本主义，因为它包含剥削，所以本质上是不公正的。另外，柯亨指出，马克思认为资本主义（与它包含的社会剥削关系），在其起始阶段，是生产力发展的一种必要条件，是从封建社会较低的生产力水平到所需要创造的"公正的"（没有剥削的）社会主义社会生产力的一种必要条件。正如柯亨所言，"剥削对生产进步来说不仅是不可避免，而且简直就是不可避免的。没有进步的公正不是一种可行的历史选择，因为公正不是一种可行的历史选择"②。

诉诸理性的普遍标准来解决道德争端，最终是不会令人满意的。正如黑格尔批评康德时所言，在纯粹理性的基础上试图证明公正的原则，是注定要失败的。如果理性是纯粹形式的和纯粹抽象的话，那么它不可能产生具有内容的原则。然而，如果理性具有内容，那么它在历史上是发展的和变化的。③ 理性，也具有历史，它不是一个普遍的和永恒的诉求法庭。用麦金泰尔的话说，"理性本身，无论它是理论的还是实践的，都是具有历史的概念……具有诸种理性，而不是一种理性……正如……具有多种公正，而不是一种公正一样"④。总而言之，公正的原则不是永远自明的，也不是永远合理的，它们是历史的和相对的。黑格尔和麦金泰尔坚持认为，现代自由主义的公正观念，相对盛行于早些时候的和适合证明奴隶和农奴制度的那些观念，已经发展进步了。因此，麦金泰尔指出，不同的理性观念和不同的公正观念，都是连续传统的部分，合理性的证明标准本身都是从部分历史中出现的，也是历史的部分，并且在相同传统的历史中，通过超越原有的局限性和对原有缺陷矫正的方式，证明它们是正当的。因此，

---

① 《马克思恩格斯文集》第 9 卷，人民出版社 2009 年版，第 188 页。

② Cohen, G. A., *History, Labour, and Freedom：Themes from Marx*, Oxford：Clarendon Press, 1988b, p. 304.

③ Hegel, G. W. F, T. M. Knox, *The Philosophy of Right*, Oxford：Clarendon Press, 1942：§ 135ff.

④ Macintyre, A. *Whose Justice? Which Rationality?* London：Duckworth, 1988.

对麦金泰尔来说，犹如对黑格尔一样，公正和合理性的不同形式的传承本身就是合理的和进步的。

马克思主义并不接受这种观点，这种观点与黑格尔哲学也不同。因为它质疑这种思想，即公正思想史可以根据那些思想本身的逻辑来理解。相反，我们必须关注产生这些思想的社会形式的发展。正如马克思所言："道德、宗教、形而上学和其他意识形态……没有历史，没有发展，而发展着自己的物质生产和物质交往的人们，在改变自己的这个现实的同时也改变着自己的思维和思维的产物。"① 后来，恩格斯增加了一个重要的和必需的限制条件，他承认任何特殊领域的观念的发展都能达到一种"相对自主"的程度。这种思想否定了黑格尔的目的论观点：理性是它们发展的动力。历史的发展，大多是非理性因素作用的结果。这些发展创造了现代生活的社会物质条件，正如地理发现创造了地表的面积一样。但是，这些发展过程的结果是，理性的发展不断增加，条件不断丰富，人类不再仅仅服从于他们生活的社会物质条件。因为，环境也是人们创造的，聚集在一起的人们逐渐有意识地并合理地控制他们的生活条件。我们最终能够控制现代生产力。正如恩格斯所言："于是，人在一定意义上才最终地脱离了动物界，从动物的生存条件进入真正人的生存条件……只是从这时起，人们才完全自觉地自己创造自己的历史。"②

四 塞耶斯公正思想的启示

通过分析塞耶斯对马克思关于公正问题的研究，不仅能在与柯亨、伍德、格拉斯等分析马克思主义者的主张的比较中把握塞耶斯的公正思想，而且有助于把握马克思公正思想的实质，进而为繁荣发展中国特色社会主义提供理论思考。

（一）社会公平正义是马克思一生重视的诉求

塞耶斯认为，分析马克思主义强调哲学分析而拒斥辩证法的做法，使得马克思陷于自我冲突之中。尽管在马克思的文本中，马克思批判甚至拒

---

① 《马克思恩格斯文集》第 1 卷，人民出版社 2009 年版，第 525 页。
② 《马克思恩格斯文集》第 9 卷，人民出版社 2009 年版，第 300 页。

斥道德或正义的论辩，但这并不意味着马克思认为道德或正义是过时的语言垃圾。① 马克思虽然没有集中论述公正问题的著作，但在对资本主义的批判和对共产主义的设想的基础上，形成了自己的公正思想。正如列宁所言："马克思恰恰是把他一生的很大一部分时间、很大一部分著作和很大一部分科学研究用来嘲笑自由、平等、多数人的意志，嘲笑把这一切说得天花乱坠的各种边沁分子，用来证明这些词句掩盖着被用来压迫劳动群众的商品所有者的自由、资本的自由。"②

马克思对资本主义生产过程进行分析后指出："资本主义生产——实质上就是剩余价值的生产，就是剩余劳动的吮吸——通过延长工作日，不仅使人的劳动力由于被夺去了道德上和身体上正常的发展和活动的条件而处于萎缩状态，而且使劳动力本身未老先衰和过早死亡。"③"工人生产得越多，他能够消费的越少；他创造的价值越多，他自己越没有价值、越低贱；工人的产品越完美，工人自己越畸形；工人创造的对象越文明，工人自己越野蛮；劳动越有力量，工人越无力；劳动越机巧，工人越愚笨，越成为自然界的奴隶。"④ 马克思进而认为，在资本主义社会，人们的权利是按照资本来进行分配的。占有资本越多，享有的权利就越多，就越能"公正"地享有权利。对于除了自己的劳动力外一无所有的无产者来说，留给他的就是义务。马克思强调，"权利决不能超出社会的经济结构以及由经济结构制约的社会的文化发展"⑤。一个人能享有多少权利，能在多大程度上实现权利，完全取决于他的经济地位。⑥ 资本家占有大量生产资料，而工人除了劳动力之外一无所有，不得不出卖劳动力以维持生计，二者在生产中处于完全不同的地位。马克思对离开交换领域的劳动力买卖双方的变化，做了生动形象的描述："原来的货币占有者作为资本家，昂首前行；劳动力占有者作为他的工人，尾随于后。一个笑容满面，雄心勃勃；一个战战兢兢，畏缩不前，像在市场上出卖了自己的皮一样，只有一个前

① ［英］肖恩·塞耶斯：《当代马克思主义研究：从理论走向现实》，林进平译，《马克思主义与现实》2013 年第 1 期。
② 《列宁选集》第 3 卷，人民出版社 1995 年版，第 810 页。
③ 《马克思恩格斯文集》第 9 卷，人民出版社 2009 年版，第 307 页。
④ 《马克思恩格斯文集》第 1 卷，人民出版社 2009 年版，第 158 页。
⑤ 《马克思恩格斯文集》第 3 卷，人民出版社 2009 年版，第 435 页。
⑥ 梅荣政：《马克思主义经典作家对资产阶级民主的批判分析及当代意义》，《社会主义研究》2002 年第 6 期。

途——让人家来鞣。"① 只要私有制还存在，只要人们在经济上没有获得平等，就不可能真正实现社会公正。

公平正义是人类社会发展进步永恒的价值取向。一部人类文明史，就是不断追求公平正义的历史。正是对公平正义的不懈追求推动着人类社会不断进步发展。进入阶级社会以来，由于阶级剥削、阶级压迫，人与人之间产生了极大的不平等。公平正义的社会就成为人们梦寐以求的理想社会。对马克思主义有重要影响的空想社会主义者们也把公平正义作为理想社会的重要尺度。莫尔的《乌托邦》、康帕内拉的《太阳城》所描绘的未来社会就是公平正义的社会。圣西门、傅立叶、欧文则提出了"实业制度""和谐制度""共产主义公社"等设想来体现对社会公平正义的追求。但是，在存在着阶级剥削和阶级压迫的社会，公平正义自然无从实现。人们对公平正义的追求，只能是一种理想诉求，缺乏现实的根基。只有马克思才为公平正义铺就了现实之路。马克思指明了实现公平正义的条件、途径和主体。他们强调私有制是社会不公的根源，只有消灭私有制，实行生产资料公有制，才能为公平正义奠定坚实基础；劳动是实现公平正义的手段；人民群众是维护公平正义的真正力量。马克思不仅为实现公平正义提供了理论指南，而且积极投身无产阶级革命和人类解放事业，以实际行动体现着对公平正义的追求。

（二）运用马克思主义正确认识发展中出现的公平正义问题

塞耶斯认为，马克思的历史唯物主义不是把辩证法拒之门外的历史唯物主义。从现阶段的发展来看，社会主义正面临着一系列问题，完全自由市场并不是解决社会主义社会经济社会问题的万能良药。资本主义终将被取代，这是社会主义的坚定信念，也是历史发展的必然结果。在塞耶斯看来，社会向更高级阶段发展不仅是一个理想，而且是历史和现实本身的运动。人类的道德、正义处于不完善到完善的不断发展之中，是相对和绝对的统一体。但分析的马克思主义把辩证法拒之门外，认为马克思要么是纯粹的道德相对主义，要么是道德绝对主义。他们把马克思主义描述为一种机械的、技术决定论的唯物主义，难以还原历史过程的复杂性和丰富性。事实上，马克思一直强调公正属于历史范畴，公正的具体内容以当时社会

---

① 《马克思恩格斯文集》第5卷，人民出版社2009年版，第264页。

明显的不公正和进步阶级的公正要求为历史依据。

社会主义社会是共产主义社会的第一阶段。我国处于并将长期处于社会主义初级阶段，这一基本国情决定在发展中国特色社会主义进程中必然会出现一些阶段性矛盾，存在一些不和谐因素。当前，中国特色社会主义事业取得举世瞩目的巨大成就，社会生产力迅速发展，综合国力显著增强，人民生活水平不断提高。但是，我们清醒地看到，前进道路上仍然存在不少问题。发展中不平衡、不协调、不可持续问题依然突出；城乡区域发展差距和居民收入分配差距依然较大；一些领域消极腐败现象易发多发，反腐败斗争形势依然严峻；一些不公正现象已成为潜规则，破坏正常社会秩序；等等。这些问题已经成为影响国家长治久安、制约社会和谐发展的重要因素。无数史实证明，没有公平正义便没有稳定的社会秩序。历史上不可胜数的揭竿而起，大都源于社会的极端不公。处于社会主义初级阶段的中国，必须经过相当长的时期才能改变生产力的落后状态，建立起社会主义的强大物质基础。在此基础上，不断建设社会主义政治文明、精神文明、生态文明和和谐社会，不断实现公平正义。我们必须高度重视发展中存在的问题，以马克思主义理论为指导，科学认识当前我国社会主义建设进程中出现的新情况、新问题，采取切实有效的措施认真加以解决，坚决维护社会公平正义，把公平正义放到更突出的位置，既要做大"蛋糕"，又要公平分好"蛋糕"。

（三）公平正义是中国特色社会主义的现实要求

党的十八大报告强调："必须坚持维护社会公平正义。公平正义是中国特色社会主义的内在要求。要在全体人民共同奋斗、经济社会发展的基础上，加紧建设对保障社会公平正义具有重大作用的制度，逐步建立以权利公平、机会公平、规则公平为主要内容的社会公平保障体系，努力营造公平的社会环境，保证人民平等参与、平等发展权利。"[①] 公平正义体现在人们的社会交往关系中，与社会制度的属性紧密相连。马克思主义在阐释公平正义的内涵时，注重从制度属性上进行历史性把握。在包括资本主义社会在内的剥削阶级占统治地位的社会，由于生产资料总是由少数人占有，所谓公平正义，自然是徒有其名。恩格斯指出，在资本主义社会"法

---

① 《中国共产党第十八次全国代表大会文件汇编》，人民出版社 2012 年版。

律上的平等就是在富人和穷人不平等的前提下的平等，即限制在目前主要的不平等的范围内的平等，简括地说，就是简直把不平等叫做平等"①。社会主义建立在生产资料公有制基础之上，从根本上解决了人与人不平等的根源问题，为公平正义的实现奠定了坚实基础。社会主义就是在推翻不公平正义的旧社会的基础上建立起来的，公平正义是其内在要求。不重视、不维护公平正义，就不是社会主义；坚持社会主义，就必须高度重视、切实维护公平正义。

党的十八届三中全会强调："紧紧围绕更好保障和改善民生、促进社会公平正义，深化社会体制改革，改革收入分配制度，促进共同富裕，推进社会领域制度创新，推进基本公共服务均等化，加快形成科学有效的社会治理体制，确保社会既充满活力又和谐有序。"② 社会主义社会应当比以往任何社会形态都更加公平正义。公平正义不仅是一个价值问题，更是一个制度问题。科学合理的制度是维护社会公平正义的根本保证。只有通过科学的制度安排，对有限的社会资源进行合理分配，才能有效调节利益关系，化解矛盾冲突，才能维护社会公平正义。导致社会不公的一个关键原因，就在于制度安排问题和制度设计的问题。社会主义制度具有公平正义属性，但这并不意味着社会主义社会的一切具体制度都是公平正义的。维护社会公平正义，最现实的途径就是不断完善中国特色社会主义制度，充分发挥制度对维护社会公平正义的保证作用，通过制度创新，妥善协调社会各方面的利益关系，正确处理人民内部矛盾和其他社会矛盾，保证人民享有广泛的民主权利和自由，保证人民平等参与、公平发展，让人人沐浴公平正义的阳光。

---

① 《马克思恩格斯全集》第 2 卷，人民出版社 1957 年版，第 648 页。
② 《中共中央关于全面深化改革若干重大问题的决定》，人民出版社 2013 年版，第 4 页。

萨特自然辩证法批判的理论误区

陈慧平[*]

    在近年来的西方哲学研究中，萨特并不是热门话题，但这并不意味着萨特已经过时，实际上，萨特在中国思想界始终是一个重要的象征符号和精神寄托。在日新月异的科技与社会实践面前，一些人文知识分子既无力解释与把握，又不甘于被边缘化的状态，打着人类、人本的旗号争取"主体"地位便成为不二的选择。这也就不难理解，为什么中国改革开放30多年来，与存在主义哲学相耦合的唯心主义人性论始终暗流涌动。在一些学者看来，只有否定了马克思主义的历史唯物主义和辩证唯物主义，尤其是否定了作为其基础的自然辩证法，才能罢黜资本和生产力的一统天下，才能建造一个散发着人性光辉的世界。这种想法没有任何新奇之处，不过是继承了萨特的精神衣钵，20世纪60年代，萨特在《辩证理性批判》中就试图对自然辩证法进行否定。

    《辩证理性批判》是萨特后期主动"接近"马克思主义的著作。在这部著作中，萨特郑重其事地对自然辩证法提出了批判：他首先在理论前提下从抽象的人性论出发，把人与自然（主体与客体）截然二分，否认自然界存在辩证法，然后再立足于主观主义认识论，把自然、客体全部归于主体麾下，用人学辩证法取代自然辩证法。在理论主旨上，萨特对自然辩证法的批判最终服务于存在主义"崇高的"道德形而上学的目的。

    萨特的理论误区不难识别，抽象的人性论、主观主义认识论和道德形而上学也是近代以来哲学家们致力于批判的对象，但错误观念从来不会一劳永逸地被埋葬，浅尝辄止的表层批判与外部批判更是于事无补，打着人本主义旗帜的各种主体形而上学一而再，再而三地占据学术主流地位即是

---

* 陈慧平，中国社会科学院马克思主义研究院副研究员。

明证。为了摆脱唯心主义世界观的干扰，推动马克思主义的健康发展，从萨特的自然辩证法批判入手，借助深刻的哲学思维以及自然科学的新成果，从学理上进一步揭示抽象的人性论、主观主义认识论和道德形而上学的错误是必要的。

一　理论前提的误区：抽象的人性论

抽象的人性论是对人的共同本质的抽象理解，如资产阶级人性论，其特点是避开人的阶级性、社会性来谈论人的本质。抽象人性论虽臭名昭著，却根深蒂固，一方面是因为它的背后依托着强大的传统文化，另一方面是因为它把人从自然和历史发展的大背景中孤立出来，在人们容易感知的狭小范围内"义正词严地捍卫"人的本质、人的自由、人的主观能动性，前者是它日常生活的基础，后者则是它的哲学基础，两方面都具有迷惑性，彻底突破殊非易事。萨特对自然辩证法的批判正是建立在这种抽象人性论的基础上。

萨特在《辩证理性批判》中指责自然辩证法"是无人性的辩证法，它不承认人的独特性，把人的思维辩证法消融于宇宙辩证法中，并把万物之灵的人降低为宇宙中的一个普通存在物"[1]。从抽象的人性论出发，萨特认为自然界与人类社会完全不能相提并论，它们是截然不同的两种存在，具有截然不同的性质，辩证法只能存在于人类社会，人类辩证法是自足的，不需要再从自然中寻找来源。萨特抽象人性论的哲学基础集中体现在《存在与虚无》中，萨特在这本书中称："存在不是别的，它就是人作为个体的探索行动。"[2] 存在有两个组成部分："自为"（being-for-itself）、"自在"（being-in-itself）。"自为"非其所是，是其所非，是自由的、能动的；"自在"则是僵死的、被动的，是成全"自为"、供"自为"使用的"黏土"。剥去其哲学术语的玄虚，可以说"自为"主要指人，"自在"主要指自然，在萨特看来，不是自然的演化孕育出人，而是人在行动中发现了自然，赋予自然以存在以及辩证特征。把人与自然截然二分与抽象人性论在此合二而一。

---

① Sartre, Jean-Paul, *Critique of Dialectical Reason*: *Theory of Practical Ensembles* (vol. 1), trans. Alan Sheridan-Smith, London: Verso, 2004, p. 26.

② Sartre, Jean-Paul, *Being and Nothingness*: *An Essay in Phenomenological Ontology*, trans. by Hazel E. , Barnes, New york: Philosophical Library, 1993, p. 619.

值得注意的是，萨特的抽象人性具有隐蔽性。萨特宣称"存在先于本质"，甚至还批判以往的抽象人性论，认为人没有固定的本性，"因为没有上帝提供一个人的概念……人除了是自己塑造的形象外，什么都不是。这就是存在主义的第一原则"①。然而，尽管萨特批判了上帝的虚幻，拒绝把"神性"以及康德所论证的"理性"当作人的本质，但他却仍然陷入了抽象人性论的窠臼，因为他在否定了神性和理性之后，不自觉地把感性的意志和自由抽象为人的本质，把人的主观性抬高到上帝的位置。"除了人的宇宙，人的主观性的宇宙外，没有任何其他的宇宙……之所以把存在主义称为人道主义，是因为存在主义告诉人们：除了他自己，他不必遵从任何其他规律，人是自己的立法者。"② 他所说的"存在先于本质"中的"存在"不是客观，自然、历史、社会融为一体的存在，而是排除了自然和历史的大背景，把人类社会从自然界孤立出来的主观的、抽象的存在。"何谓存在先于本质？它的意思就是说首先有人的存在，然后人在世界舞台上展现自己，再然后人据此为自己的本质下定义。"③ 在萨特看来，人性或者说人的本质是有的，人本身的自由就是绝对的前提，思维到此为止，杜绝进一步追问，杜绝向外从自然演化中寻找。

抽象人性论的哲学基础或者说最大谬误就是撇开自然演化谈论人类社会，撇开社会关系谈论个体自由是其连带形式。人是大自然的产物，但是进入文明社会以来，人却生活在第二自然——人文世界中。对于人文学者来说，把人与自然截然二分，把人为的、精神的当作与自然的、物质的相对立的存在，并尽可能地使前者脱离后者，这种理论倾向以不同面貌反复出现在历史进程中，萨特的自然辩证法批判即是其中一例。把人类与宇宙自然演化的大背景割裂开来，这种形而上学世界观表面看来使人类世界自成一统，似乎提升了人类的尊严，实际上，一个抽象的与真实图景不相符合的世界观弊大于利，它将导致失败的实践。

马克思在批判费尔巴哈的抽象人性论时明确指出："人的本质并不是单个人所固有的抽象物。"无论神性、理性，还是感性（意志等）都不是人的

---

① George, Novack, ed., *Existentialism Versus Marxism*: *Conflicting Views on Humanism*, New york: Dell publishing Co., 1966, p. 74.

② Sartre, Jean-Paul, *Existentialism Is a Humanism*, New Haven & London: Yale university Press, 2007, pp. 52–53.

③ Ibid., p. 22.

本质。作为大自然的产物，人不可能脱离自然系统而存在，人的身体本身由成千上亿的基本自然粒子组成，这些粒子容纳在一个复杂的自然结构中。人的能动性也建立在其自然成分之上，人的对象化活动更是与自然浑然一体。"人直接地是自然存在物。人作为自然存在物，而且作为有生命的自然存在物，一方面具有自然力、生命力，是能动的自然存在物；这些力量作为天赋和才能、作为欲望存在于人身上；另一方面，人作为自然的、肉体的、感性的、对象性的存在物，和动植物一样，是受动的、受制约的和受限制的存在物，也就是说，他的欲望的对象是作为不依赖于他的对象而存在于他之外的。"① 人类历史有自己的运行规律，但这些规律并没有从根本上脱离整个自然系统的规律，"历史可以从两方面来考察，可以把它划分为自然史和人类史。但这两方面是不可分割的；只要有人存在，自然史和人类史就彼此相互制约"②。自然史与人类史并不是相互分割的，而是内在统一的，要想真正把历史唯物主义的原则推进到底，仅仅停留在人类史的层面上是不够的，还必须从自然史的维度揭示历史发展的客观规律。

抽象人性论把自然当作被动的、僵死的存在，实际上，自然界并不是人类世界之外的僵硬客体，而是生生不息的人类母体，是社会历史的永恒基础。自然演化过程是宇宙从无生命到生命、从生命到人和人的精神的进化过程，这一过程也是作为宇宙物质基础的基本粒子结构层次的进化过程，并以时间为主导，以空间为场所，呈现出错综复杂的时空交织的拓扑结构，宇宙系统—物质系统—生命系统—社会系统—信息系统，这是迄今为止自然演化的大致图景，从根本上说，所有的生命，无论哪里的，无论古代还是现代的，都可看作是向笼罩在巨大星体能量之中的宇宙中的能量流和物质交换现象。人类社会不但没有脱离自然界，而且根本就是自然界演化的结果和展现形式。英国人类学家泰勒从考古学和人类学角度进行了实地考察，得出结论："人类的历史是自然历史的一部分，或者甚至是一小部分，我们的思想、愿望和行动是和那些像支配着波的运动、化学元素的化合及动植物的生长的如此确定的规律相适应的。"③ 通过天文望远镜和生物显微镜，加之其他高科技虚拟工具，当代科学正在构造一个囊括事物的起源、发展

---

① 《马克思恩格斯全集》第42卷，人民出版社2001年版，第167—168页。
② 《马克思恩格斯选集》第1卷，人民出版社1995年版，第66页。
③ [英] 泰勒：《原始文化：神话、哲学、宗教、语言、艺术和习俗发展之研究》，广西师范大学出版社2005年版，第2页。

和未来的图景。新出现的图景是一幕宇宙发展的戏剧，包括我们人类自身。从银河系到飞舞的雪花，从星系、地球到生物，从生物进化到人类文明，一个根本性的存在模式穿过所有的存在和科学领域，恰如一个时间箭头把宇宙和自然的演化与人类社会的发展紧密联系起来。见图1。

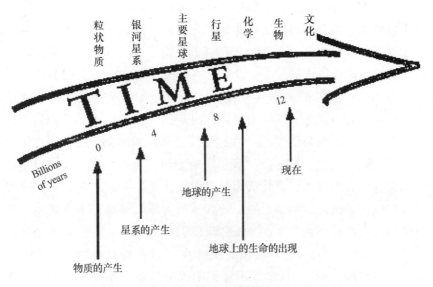

图1 自然演化过程与人类社会发展紧密联系

资料来源：Eric J. Chaisson, *Cosmic evolution: the rise of complexity in nature*, Harvard Uuniversity Press, 2001, p. 4.

二 理论论证的误区：主观主义认识论

在理论论证上，与抽象人性论一脉相承，萨特的自然辩证法批判采取的是主观主义认识路线。

（一）萨特从笛卡尔的"我思故我在"出发，认为自然辩证法不是自然界所具有的，而是人为添加到自然界中的

在萨特看来，"我思故我在"是真理中的真理，因为它立足于人的认识这一坚实基础上，任何理论如果不从"我思"出发都是远离真理的谬误。[1]

---

[1] Sartre, Jean-Paul, *Existentialism Is a Humanism*, New Haven & London: Yale university Press, 2007, p. 40.

用"我思"这把尺子来检验事物,不但辩证法是人为添加的,连自然本身都是主观意识的产物,因为"自然"是通过"我思"被人们认识的,在认识的过程中,作为概念的自然被"歪曲"成了真正的自然。以此类推,自然辩证法不是别的,它只不过是人类思想的天然局限性的副产品,是人们把人类辩证法的特征运用到自然中,相当于把自然拟人化的修辞手法,从修辞手法中推不出自然辩证法的实际存在,而只能说它是人的主观认识的结果,恩格斯在《自然辩证法》中阐述的三定律就是如此。萨特进一步为他的主观认识论提供依据:"一切真正的思想正如它在历史的具体运动中形成自身一样,必定被歪曲成一种客体,只有当它降变成一种僵死的客体,一种结果时,它才重新成为真理。因此,一种越过人的认识界限而肯定事物存在的观点被采纳了。"① 在这里,萨特玩弄两面手法,既肯定"我思"高于一切的地位,又认为"我思"有难以克服的局限性,结合对苏联模式马克思主义的批判,萨特认为自然辩证法是马克思之后的一些马克思主义者在错误认识论的基础上提出的。他指责苏联马克思主义者把认识的统一性归结为物质一元论中,"自然辩证法不是别的,它只是关于物质客体的形而上学虚构"②。把"认识的统一性"归于自然事物,在萨特看来这是典型的"唯心论"。科学既不能证明人的认识根源于自然,也不能证明自然界是辩证法的,"科学规律是被事实所检验的理论假说,目前来说,自然界是辩证的,这种说法并没有事实的支撑"③。因此,"辩证法必须再次返回(意识),必须在它露出端倪的地方抓住它,而不是在尚不理解的地方去空想它"。萨特在注释中特别指出:"只要我们还不知道生命是怎样出现的,不知道物种是怎样演化的,那么,宣布生物的进化或生命的出现是自然辩证法的例证便毫无益处。"④

总之,自然辩证法是人为添加的。从萨特的主观认识原理看,理解只是人的意识行为,自然辩证法不具有可理解性,人有对自身的意识,而自然没有,而且自然界排除了人,不具有人所特有的"主观性和计划性",从而不具有辩证性;自然是偶然的、盲目的、荒诞的,它服从于

---

① *Critique of Dialectical Reason: Theory of Practical Ensembles* (vol. 1), trans. by Alan Sheridan-Smith, London: Verso, 2004, p. 27.

② Ibid., p. 29.

③ Ibid., p. 28.

④ Ibid., p. 34.

决定论，不存在自我否定和超越的可能，从而不具有辩证性。总之，辩证法是属人的，辩证法是主、客体的相互作用，辩证法只存在于人类历史领域，只有在社会历史领域，辩证法才具有可理解性，辩证法也才得以存在。

（二）萨特认为辩证法是整体化运动，而整体化依赖于人及其意识，自然界显然不具有这种整体化，因而谈不上什么自然辩证法

萨特认识到辩证法是动态的，是多面相存在的整体化运动，"辩证法只能在整体化运动中体现自身，辩证法规律只不过是整体化运动的法则"①。但是萨特却从主观主义认识论出发，把整体化片面地理解为思维整理历史存在的一个范畴，这一范畴最终来源于个体人及其意识。"存在不能归结为认识，但是认识参与了存在。思维对存在的辩证符合乃是由于思维——就其属于存在而言——是按照现实的规律而发展自己的……打开历史辩证法的钥匙就是马克思《哲学的贫困》中的一句名言：生产关系构成一个整体。无论你考察什么事情，都要把它同生产关系（即基础）这个历史的整体联系起来。一旦人们把社会的一般结果看作本身是建立在这个总体即生产关系之上的，那么甚至克利奥佩特拉的鼻子也要从另外的观点来看了。而这个整体基于这个事实，即人本身，亦即生物学上的个人，是一个整体：在既定历史条件下他的需要，劳动和享受。人们正是必须在这种实践的物质性的水平上去寻找这个整体，而经济现实或生产事实的总体最后即依赖于每个人个体整体。"② 自然界既没有人，也没有人的意识，因此从根本上也就不可能有整体化特征。萨特强调，在自然界，否定之否定不一定是肯定，因为否定之否定只有在属人的总体化范围内才成为肯定。萨特认为，自然辩证法无法提供对两个重大问题的解答：为什么在自然界和人类历史中有这样一种叫作否定的东西？为什么否定之否定服从肯定？"一种物质变化既不是一种肯定，也不是一种否定。"③

① Sartre, Jean-Paul, *Critique of Dialectical Reason*：*Theory of Practical Ensembles*（vol. 1），trans. by Alan Sheridan-Smith, London：Verso, 2004, p. 47.

② 李瑜青、凡人主编：《萨特哲学论文集》，安徽文艺出版社1998年版，第136页。

③ Sartre, Jean-Paul, *Critique of Dialectical Reason*：*Theory of Practical Ensembles*（vol. 1），trans. by Alan Sheridan-Smith, London：Verso, 2004, p. 84.

（三）萨特坚称人类历史领域具有独特性，如果用自然辩证法来囊括人类辩证法，而不是相反，就剥夺了人类历史的独特性，使理性变成了"没有血肉的骨头"

萨特声称人类历史独立于整个自然界的演化。自然因素对人类实践有影响，但自然是通过社会中介而对社会发生作用的，寒冷地区的人们根据寒冷的自然特点组织自己的生活，但寒冷对于人来说并不是自身有辩证特征的现象，它只是在人的感知中存在的现象。只有当自然已经完全体现在各个层次的人类社会之中，被人们普遍认识和感知，它才被赋予一种"起作用的角色"。物质条件虽然强行规定了它们事实上的必然性，但离开了人，这种必然性就不存在。萨特断章取义地用马克思的话来证明这一点，"意大利没有煤，这个国家的工业演变都取决于这个不可还原的既定条件。但是，马克思经常强调，地理的既定条件只有在一定的社会里，根据这个社会的结构、经济体制和从自身产生的机构，才能产生作用。这点除了说明自然事物只能通过人类意识来理解之外，还能说明什么呢"①。

从主观主义认识论出发，萨特强调历史辩证法是自然辩证法的根源而非相反。"我们且看恩格斯告诉我们'自然界和人类社会的历史的最普遍的规律'是什么：它们归结为下面三个规律：量转化为质和质转化为量的规律；对立的相互渗透的规律；否定的否定的规律。所有这三个规律都曾经被黑格尔以其唯心主义的方式当作思维规律加以阐明，错误在于：这些规律是作为思维规律强加于自然界和历史的，而不是从它们当中抽引出来的。"② 萨特认为一旦恩格斯将辩证法运用到自然领域，辩证法便失去了人性与合理性，人类历史也失去了独特性，因为辩证法涉及的已不是与人有关的事物，而仅仅是外在的、偶然的规律，恩格斯把偶然性规律变为不言自明的真理，理性也随之沦落为非理性，成了没有血肉的一根骨头。

纵观萨特对自然辩证法的批判，其主观主义错误论证不仅表现在片面地强调人及其意识，而且表现在对自然科学缺乏必要的了解，作为一个知名的人文学者，萨特的科学素质令人无法恭维，即使用 20 世纪 60 年代的自然科学成果，也可以证明他的观点是错误的。乔治·诺瓦克编著的《存

---

① Jean-paul Sartre, *The Problem of Method*, trans. by Hazel E. Barnes, London: Methuen & Co Ltd. , 1963, p. 164.

② Sartre, Jean-Paul, *Critique of Dialectical Reason: Theory of Practical Ensembles* (vol. 1), trans. by Alan Sheridan-Smith, London: Verso, 2004, pp. 30 – 31.

在主义与马克思主义：人文精神的冲突》一书就记载了当时的物理学家维格尔（Vigier, Jean-Pierre）对萨特的批驳，批驳的场合是辩论会，时间是1961年12月7日，地点是巴黎大礼堂。以存在主义哲学家萨特为代表的一方认为辩证法是通过人的行动产生的，辩证法思想仅仅局限于人类历史领域，马克思主义的辩证唯物主义是僵化的教条。以年轻的法国物理学领军人物让－皮埃尔·维格尔为代表的一方认为辩证法是普遍规律，适用于自然、社会和人的意识等所有领域，马克思主义的辩证唯物主义是正确的，当然它也需要随着自然科学不断向前发展。① 遗憾的是这本书至今也没有译介到国内，没有引起中国学者的关注。

　　针对萨特自然辩证法批判的第一个论证：自然辩证法是人为的虚构，自然界不具有辩证性，而且也没有科学证据证明在物理、化学层面存在辩证法。维格尔批驳道："首先以达尔文的进化论为例，达尔文是马克思的同时代人，但在思想路径上与马克思不同，马克思自己也承认他的辩证法思想受到了达尔文的物种演化论的启发。当然，达尔文的一些观点在今天看是过时的，但它的精华却仍然保持着正确性：生命的历史是不断进化的，这一过程或者称之为辩证法，或者称之为矛盾进程，或者称之为总体化。……从生物学和社会学领域起步，进化的观念已经被科学界广泛接受。今天，进化的观念已经从天文学渗透到化学和物理学领域。总之，历史、进化、发展等等这些带有时间性的概念在我们看来就是自然界存在辩证法的合乎逻辑的展现。……其次，科学领域对事物所进行的辩证法或者进化论分析也深入到物质系统的内部，例如，在经典物理学中，物质被认为是惰性的，但自然科学的新成果却显示出物质根本就不是惰性的，相反，它们有着复杂的结构并处于不断变动的状态。在一般人看来，我眼前的桌子是惰性存在物，但我们知道它是由成千上万异常复杂的分子组成，而且内部的分子运动堪称剧烈，这些分子自身又分裂为无数活动的原子。最后，原子也不是最终存在物，它们还会分裂为基本粒子，这些基本粒子同样呈现出复杂的运动状态。宏观加速器实验告诉我们，微观世界无非由不变的惰性物组织，相反，它有着惊人的复杂运动。质子和中子被粒子云团环绕，这些粒子的生成与毁灭的速度是惊人的，它的指令中枢也惊人地

---

　　① George Novack, ed., *Existentialism Versus Marxism: Conflicting Views on Humanism*, New York: Dell Publishing Co., 1966, pp. 243 - 258.

复杂，新近被发现的介子同样是由复杂的粒子组成。……科学日益证明着赫拉克利特曾经阐明的辩证法的内涵：一切事物都是流动的，一切事物都是都是暂时的，一切事物都是处于剧烈变动中的。"①

针对萨特的第二个论证：自然界没有整体化运动，因而不是辩证的。维格尔批驳道："所有的自组织存在物的行为模式都是整体化的，而且所有的整体化都会细分为更为精细的整体化，例如，巨大分子（giant mole-cules）。再如地质学存在物，地球就是一个整体，尽管它是太阳系的微小组成部分，太阳系是银河系的微小组成部分，而银河系本身就是一个物理—化学整体。整体化这一现象在环绕我们的自然界中随处可见。"② 萨特把整体化运动局限于人类历史无疑是一种偏差，而且他在引用马克思的话来为自己的观点提供支撑时曲解了马克思，马克思说的"生产关系构成一个整体"首先指的是建立在生产力之上的生产关系，而生产力必然联系着自然物质世界。其次，生产关系的整体性不是静态的，而是动态的，动态的整体化是人类与自然的能量、信息等的不停交换运动，个体主体的活动只是其中的要素，而不是其基础。

针对萨特的第三个论证：历史辩证法是独特的，不能用自然辩证法来囊括历史辩证法。维格尔批驳道：强调历史领域的辩证运动性的独特性，这一点丝毫也不会减弱自然辩证法的确证度，因为在自然演化的整体辩证运动中，每个层面的动力都有其独特性。"历史并不是科学之王，它只是科学共同体的一个普通组成部分，用以研究人的行为。"③ 维格尔认为，萨特的主观主义思维方式本身存在问题，什么叫不能用自然辩证法囊括历史辩证法？自然辩证法是历史辩证法得以成立的条件，而且在人类产生以前就一直存在着。自然辩证法是人类社会辩证法的来源，历史唯物主义要充分地阐明它的原理、发挥它的作用必须经由辩证唯物主义，必须在自然辩证法的大框架下去合理地运用，而这并不是否认历史唯物主义有自身的独特性。④

应该说，维格尔对萨特的批驳是切中要害的，也是站得住脚的。而

① George Novack, ed., *Existentialism Versus Marxism: Conflicting Views on Humanism*, New York: Dell Publishing Co., 1966, pp. 245 – 246.

② Ibid., p. 250.

③ Ibid., p. 251.

④ Ibid., p. 245.

且，根据最新生物进化认识论的研究成果，个体的认识依赖于一种先天判断系统，先天判断不是康德所说的先验结构，而是自然选择的结果，它们是大自然选择机制的产物。在人所拥有的全部生物特征中，只有那些最有利于生存条件的性状才能稳定下来，而认知能力就是这种稳定了的性状之一。另外，人类的认识总是随着自然科学的发展而不断突破旧的禁锢，"近代哲学的认识论转向不是依靠自身的逻辑，不是靠思辨推理出来的结果，没有自然科学这一外来的刺激，认识论不会成为哲学的中心问题"[1]。

三 理论主旨的误区：道德形而上学

萨特虽然不认同康德的先验理性，但非常赞赏康德的道德形而上学，以及"人是目的"的说法，他对自然辩证法批判的最终落脚点和理论主旨就是道德形而上学。立足于抽象人性论的世界观、主观主义的认识论与道德形而上学的价值观是三位一体的，世界观与认识论最终服务于价值论，持有抽象人性论与主观主义认识论必然会选择道德形而上学的价值观。

强调人类的尊严与普世价值是萨特道德形而上学的两个主要方面。萨特称："只有存在主义维护了人类的尊严，它是唯一不使人成为物的哲学。如果一个人接受了任何一种唯物主义理论，他就会把所有的人，包括他自己当作物，当作了像桌子、椅子、石头一样的被决定物。我们的目的正是要建立一个人类的王国，使其作为区别于自然界的一个价值载体。"[2] 为什么萨特要批判自然辩证法？为什么他认为自然辩证法是错误的？关键的一点是因为自然辩证法没有维护人类的尊严，这是萨特对之进行批判的重要理论主旨。从存在主义视角看，人是通过自己的道德选择造就自己的，这是人类的尊严和最高价值的体现，人类个体虽然千差万别，但在这一点上是普遍的、共同的。"每个人通过呼吸、吃喝、睡觉或者其他随便什么方式生活，都是在创造普世价值。"[3] 萨特强调普世价值就在于人通过自由承担责任。

从道德形而上学出发来批判自然辩证法，其主要内容也就不外乎对人

---

① 赵敦华：《西方哲学简史》，北京大学出版社 2000 年版，第 274 页。

② Sartre, Jean-Paul, *Existentialism Is a Humanism*, New Haven & London: Yale University Press, 2007, p. 41.

③ Ibid. , p. 43.

的尊严和自由受阻表示不满。根据自然辩证法，人的超越能力只有在遵循客观规律的基础上才是可能的，对此萨特极为不满，主张人是特殊的，要求把"在劳动和行动中超越的能力归还给特殊的人"①。他批判自然辩证法无人情味，按照萨特的逻辑，当人服从规律的时候，规律就是无人情味的，只有当人支配规律的时候，规律才是有人情味的。他举了例子：当人们说地球在旋转时，会感到自己面对的是一个不受控制的事实，作为认识主体和道德主体的人无形中被贬低和消除了。这样的例子显然是荒唐的，是道德形而上学的矫情。萨特同样不满意于自然辩证法对阶级斗争的理解。恩格斯曾批判杜林对阶级斗争的理解，认为他忽视了经济因素的重要性。萨特以此为把柄批判道："如果两个阶级，其中的每一个都是经济发展的惰性产物，如果它们是由生产方式的变革以相同的方式锻造出来的……贫困者是无能的，富人也是无能的，那么斗争便消除了……由此在资本家和雇佣工人之间出现的对立，再也不符合一般的斗争那样的斗争名称了。"② 萨特认为，强调经济因素在阶级斗争中的重要性，这是经济主义的观点，而阶级斗争应该是人类尊严和自由意志的体现，强调经济因素势必减弱人类的尊严和意志，这也是萨特难以接受的。

无论如何，萨特的道德形而上学中的"尊严"和"自由"是徒有其表的伪概念。阿多诺批判萨特所提出的绝对自由是个荒谬的概念，正如把个体"我"作为世界来源一样的荒谬。"绝对自由的主体不可能摆脱它的制约环境：它不可能打破外部束缚，不可能脱离主宰它的自然力量，这种不可能性同样是绝对的。……如果一个主体被抽象到一个纯粹意识的地位，他除了作出自由选择而外没有别的选择，如果他的自由选择是命定的，这样的主体也就悖论地走向了自身的反面，它不再是自为的存在，而成为了自在的存在，一种纯粹的物质存在。"③ 辩证唯物主义认为，运动是世界的存在方式，世界在普遍联系中永恒发展着，"存在"不是"现在"，"现实的人"也不是"现存的人"，把人从普遍联系和永恒发展中孤立出来，从

---

① Jean-paul Sartre, *The Problem of Method*, trans. by Hazel E. Barnes, London：Methuen & Co Ltd., 1963, p.100.

② Jean-paul Sartre, *Critique of Dialectical Reason*, trans. by Sheridan-Smith, NLB. CDR, 1976, p.711.

③ Theodor A. Adorno, *Negative Dialectics*, trans. E. B. Ashton, New York：Routledge, 2004, p.50.

"现存的人"出发去追求自由，"自由"就会与外部环境格格不入，成为虚幻的主观意识。尽管后期萨特的自由观已有很大的改观，但由于道德形而上学的立场没有改变，萨特的自由观始终在主观与客观之间摇摆，最终也没有找到一个值得称道的出路。正如乔治·诺瓦克所说："萨特以为自由仅仅通过个体无折扣的、无条件的自主性就可以得到保证，但事实上，这种独立自主的主体形而上学与实际社会和政治领域中的个人经验是不相融的，这一事实使萨特不得不转向马克思主义。"① 然而，"无论是作为一个存在主义者的萨特，还是向马克思主义靠拢的萨特，相互矛盾的观念使他的立场难以统一，充满了无法协调的张力，他孜孜不倦地进行的思想探索非但没有解决问题反而使问题更加难以解决"②。

在道德形而上学的框架内不可能解决任何社会问题，贬低客观规律，不理会自然和社会条件制约的政治追求只能以失败告终。自然的演化不会终结于人类社会，而人类社会却是始终在生生不息的自然演化的作用下展现自身，自然辩证法告诉我们："历史同认识一样，永远不会在人类的一种完美的理想状态中最终结束；完美的社会、完美的'国家'是只有在幻想中才能存在的东西；相反，一切依次更替的历史状态都只是人类社会由低级到高级的无穷发展进程中的暂时阶段。每一阶段都是必然的，因此，对它发生的那个时代和那些条件说来，都有它存在的理由；但是对它自己内部逐渐发展起来的新的、更高的条件来说，它就变成过时的没有存在的理由了；它不得不让位于更高的阶段，而这个更高的阶段也要走向衰落和灭亡。"③ 要使现存世界革命化，不能仅靠道德激情及其所引发的群众热情，而必须靠科学的理论和为真理而奋斗的精神去引导群众在持久的实践活动中创造历史。要认识和解决现存状况，就必须立足于超越现存的历史高度，从未来汲取实践的力量。④

道德形而上学的最大误区是把人当作已成之物，当作自然界的最终目的，以人的生物性存在为中轴来编织价值之网。阿多诺在批判存在主义时提出了一个深刻的问题："人应该成为什么样的？人绝不仅仅是他已经是

① George Novack, ed., *Existentialism Versus Marxism: Conflicting Views on Humanism*, New York: Dell Publishing Co., 1966, p. 27.

② Ibid., pp. 27-28.

③ 《马克思恩格斯选集》第4卷，人民出版社1995年版，第216—217页。

④ 参见侯惠勤《马克思主义哲学的共产主义底蕴》，《中国社会科学报》2013年4月24日。

的样子,他只是暂时被拴在了过去的岩石之上。事实上,人不仅仅是他过去和现在所是的样子,他还将成为他可能成为的,他期待成为的,成为他还没有确切地阐述清楚的人的形象,将成为的和已成为的对人来说是同样重要的。围绕'存在'这两个字形成的各种学派,即使是最具唯名论特色的学派,都没有能力进行人的自我反省、自我超越,他们用来作为思想资源的个人主体仍然是过去的、不变的、抽象的人的形象。"① 人的尊严和自由意志是道德形而上学的支点,在生物基因和传统文化的作用下,这个支点可能会长期存在,但这并不意味着它是一成不变的。哥白尼告诉我们地球不是宇宙的中心,达尔文告诉我们人不是地球的中心,弗洛伊德告诉我们人在很大程度上受潜意识本能的支配,人们难道因此而丧失了尊严和自由吗?没有。说到底,历史就是人寻求自我、突破自我的过程,只有落后的阶级才拒绝变化,而拥抱变化,在正确的路径上努力开拓的先进的阶级终将扫清障碍,创造历史的新篇章。

参考文献:

1.《马克思恩格斯选集》第 1—4 卷,人民出版社 1995 年版。

2.〔德〕黑格尔:《自然哲学》,商务印书馆 1980 年版。

3.〔英〕A. N. 怀特海:《科学与近代世界》,商务印书馆 1989 年版。

4. Jean-Paul Sartre (Author), Adrian van den Hoven (ed.), *We Have Only This Life to Live*: *The Selected Essays of Jean-Paul Sartre, 1939 – 1975*, New York: NYRB Classics, 2013.

5. Jonathan, Webber (Ed.), *Reading Sartre*: *On Phenomenology and Existentialism*, London: Routledge, 2010.

6. David, Mills, Daniel, *Sartre's Existentialism and Humanism*, London: SCM Press, 2007.

7. Richard Rorty, *Philosophy and the Mirror of Nature*, New Jersey: Princeton University Press, 2008.

8. Steven F. Savitt, *Time's Arrows Today*, Cambridge: Cambridge University Press, 1995.

原载《马克思主义研究》2014 年第 3 期

---

① Theodor. A. Adorno, *Negative Dialectics*, trans. E. B. Ashton, New York: Routledge, 2004, p. 51.